本书系国家社会科学基金重大项目
"德国古典哲学与德意志文化深度研究"
（批准号12&ZD126）成果之一

邓晓芒作品 · 句读系列

第四卷 黑格尔
《精神现象学》句读

邓晓芒 著

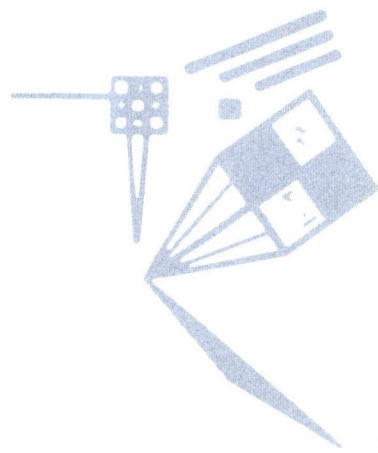

人民出版社

第三篇 （AA）理性 [①]

第五章　理性的确定性与真理性

好，我们今天开始新的一章，这是第五章——理性的确定性与真理性。首先我们看这个大标题，大标题是一个 (C) [中文译作"第三篇"]，C 后面又有一个括号，括号里面是 AA，两个并排的 A，这是黑格尔的一种特殊的标记方法。(C) 本来是第三篇，第一篇是"(A) 意识"，第二篇是"(B) 自我意识"，第三篇是"(C) 理性"。应该说，整个《精神现象学》就是这三篇，或三大部分，后面部分都是属于这第三篇之下的，即在"理性"部分下面又分四章：一个是理性的确定性与真理性，一个是精神，一个是宗教，一个是绝对精神。与前面四章加起来，全书总共八章。但是奇怪的是，"理性"的标题号 (C) 后面还紧跟着一个 (AA)，与后面的 (BB)、(CC)、(DD) 相对应，分别标明第五、六、七、八章，似乎这后面三章又是和理性章 (AA) 平列的，而不是下属于理性的。那么，"理性"这个标题究竟是第三篇 (C) 的总标题，还是仅仅表示 (C) 之下的 (AA) 的

[①]　以下凡引黑格尔的原文，以及拉松本所加的带方括号的标题，第一次出现时均加下划线以示区分。另，所注边码大括号 {} 中为德文考订版页码；方括号 [] 中为贺麟、王玖兴中译本 1979 年版上册的页码，后面转入下册时则代表下册页码。

1

分标题？如果是前者，那凭什么后面三章可以和它并列？如果是后者，那第三篇这个总标号就是没有标题的空号。我们在这里可以看出黑格尔的某种犹豫，就是究竟是否把后面的"客观精神"（伦理）和"绝对精神"（宗教和绝对认知）全部纳入到"理性"这个主观精神的范畴之下，或者说，究竟以精神本身的立场来看待精神现象学，还是仅仅立足于"理性"来限定精神现象学？这种犹豫或矛盾直到后来的《哲学百科全书》才被敲定，即把精神现象学坚决限定在主观精神即理性的范围内，而把客观精神和绝对精神都分出来，看作主观精神的外化。而在这部《精神现象学》中，这还是个悬而未决的问题，为了符合书名的设计，它把一切精神现象全部都纳入理性之下进来加以考察了，但毕竟还是觉得客观的伦理宗教等等精神现象与主观的理性具有某种并列关系。这一点我们在前面一开始讲"绪论"时就已经作了交代。

实际上，"理性"之下最基础的当然就是"理性的确定性与真理性"，也就是作为理性的理性本身，它是第五章的内容。"理性"本身讲到三个问题，也就是观察的理性即理论理性、实践的理性、理论和实践相统一的理性（历史理性），一直到《精神现象学》的上卷结束，这是第一大部分。中文我们把它翻译为"第三篇（AA）"，对应它原来的（C）（AA）。这个"AA"其实就是理性里面作为理性的理性，或者我们简单说就是理性本身，它就是第五章。我们要谈理性的话首先要讲理性本身，然后从理性本身里面又生长出理性的其他几个领域，包括精神，也包括宗教，还包括绝对认知。宗教、绝对认知其实都是精神，都属于精神，在黑格尔后来著作的表述里，它们属于绝对精神，而这里的"精神"章（第六章）属于客观精神，精神的部分属于客观精神，意识、自我意识和理性这三部分在后来黑格尔的表述里面则属于主观精神。主观精神、客观精神和绝对精神，他后来是这样分的。在《精神现象学》这个地方还没有这样分，《精神现象学》后来被收到《哲学百科全书》里面的只是作为主观精神的一部分，在那里面的"精神现象学"就只是意识、自我意识和理性，就没有后面的精神、宗教和绝对认知了，就把客观精神和绝对精神放到另外的地方去了。这是体系的一般结构的变化，《精神现象学》的结构和后来《哲学百科全书》的结构是不一样的。在学界有很多人研究，也有人做博士论文，讨论这个《精神现象学》结构的变化，这里头还有很多名堂，我们在这个课堂上不能够展开。我们今天所要进入的是继"意识"和"自我意识"之后的第三个大的部分，就是"理性"，其中第一个环节就是理性本身。第五章，它就是"理性的确定性与真理性"，讲的就是理性本身，作为理性的理性。我们究竟怎么理解理性？理性的确定性是怎么样的，理性的真理性又是怎么样的？然后从这个基础之上我们才去继续进一步探讨，理性是如何变成精神的，或者说理性如何变成客观精神的，那就是下卷所要讲的主题了。理性如何变成客观精神，变成伦理，变成道德，变成国家、社会历史，然后宗教，宗教里面包含艺术，最后绝对认知，那就是哲学。那么进到哲学，最后得出的结果就是为《逻辑学》提供了前提，是这么样一个结构。我们今天进入的就是理性本身，它标为第五章。

　　理性的概念我们上次已经读到了，上次我们读到的最后一句话，就是把理性这样一个概念推出来了，但是它还不叫概念，叫表象。他最后一句话是这样讲的："但是在这个对象里，对它来说，作为这样一种个别意识的它的行为和存在，就是**自在的**存在和行为，在其中**理性**这一表象就对它形成了，这就是意识的确定性的表象，即确信在它的个别性里它绝对**自在地**存在着，或它就是一切实在性。"理性这一表象，是一个什么样的表现呢？理性这一表象就是"意识的确定性的表象"。什么东西是有确定性的呢？就是"在它的个别性里它绝对**自在地**存在着，它就是一切实在性"。这是通过基督教的漫长的发展过程最后到达新教所得出来的一个结果。新教的结果是什么呢？就是说，它确信的一点，意识在它的个别性里，它绝对是自在的存在。意识在它的个别性里就是具有确信的信徒，基督徒在他的个别性里，他信仰上帝。那么他信仰上帝，这个信仰不是他自己突发奇想要去信仰，或者是一个偶然的机缘触发出来，而是绝对自在地存在的，就是肯定要有这个信仰，这是上帝规定好了的，恩赐给他的。既然是上帝赐给他的，那这个信仰，就是一切实在性，其他的都不足道。唯独信仰、因信称义，因信而得救，因信而得生命，其他的东西都不要说了，唯独依靠他的个别性、他的信仰，他此时此刻坚定的信仰，因为这个信仰是上帝规定好了的。他有这样一个信仰，就是自己的个别性就是绝对实在，那么这里就有理性的表象了。为什么有理性的表象呢？理性的表象就是意识在它的个别性里有了一种绝对的存在，并且是一切实在性，它可以根据它自己的个别性，可以有信心地去把握一切存在。人的个别行为打着上帝的旗号成为了一种普遍性的神圣性的行为，这是新教所得出来的一个成果。当然近代以来，文艺复兴以来，科学的发达对宗教形成了巨大的冲击，但是这个冲击是表面的，这个冲击只是说你依据信仰还是依据理性。过去的那种信仰是盲目的，但是在新教中，信仰为理性奠定了基础，就是把人的这样一种个别性和所有现实世界的那些世俗事物区别开来，把它直接地和神、和上帝的存在结合在一起，信仰就不再只是主观中的事，而是客观自在的事了，它就是上帝存在的表现，我们抓住了自己的个别性就抓住了绝对的客观存在。这是基督教新教给近代科学提供的一个前提。不要忽视了这个前提，虽然它打着信仰的旗号，打着上帝的旗号，但实际上为人的个别性做了奠基。虽然它好像是不相信自己的个别性，我的信仰不是由我自己决定的，是由上帝决定的，但是现实中实际上他还是自己决定。所以它实际上是以上帝为掩护，而把人的这种主体性，把人的这种个别性，把它悄悄地树立起来了。那么进入近代以后，自然而然、顺理成章地，这种个别性就理直气壮地把自己奠立为基础，它不是主观任意的，而是客观必然的，是主客观统一的，这就成了理性了。自己的个别性就具有普遍性，就具有一切实在性，人为自然立法，所有的实在性都要在这个个别性上面来得到评价，来得到展开。为什么？因为它是上帝给的，是上帝定的。这当然是一个旗号，打着上帝定的旗号，实际上把自己的个别性扩展到无所不包。这个近代的

邓晓芒作品 · 句读系列

第四卷 黑格尔
《精神现象学》句读

邓晓芒 著

人民出版社

目　录

1

科学精神有它的宗教的渊源。当然我们还可以追溯到古希腊的理性，但是在精神方面，在自我意识的结构方面，可以从宗教方面找到它的根源。所以在宗教发展到它的近代阶段的时候，它为近代理性奠定了基础。但是在上一章里面最后这里只是提出了理性的表象，还没有展开讨论，究竟这个理性的表象是怎么样的？它如何进展到理性的概念？理性的确定性是怎么样的？它的真理性又在哪里？这就是我们今天要读的。我们来看这个开头，他说：

意识在把握到个别的意识自在地即是绝对的本质这一思想时，就返回到了它自身。

这第一句话就把我们刚才讲的东西概括了。"意识在把握到**个别的意识自在地**即是绝对的本质这一思想时"，个别的意识，在基督教看来，最个别的意识就是自己的信仰。我信，我信上帝，这才是自在的个别意识，其他的都不是个别的意识，都是被我所放弃了的个别性。你肚子饿了想吃饭，想赚钱，想干什么世俗的活，那都不是个别的，那都是没有办法。唯独能够为个别所决定的意识那就是自己的信仰，天主教把它归于人的自由意志，而新教把它归于上帝的恩赐，上帝的宠爱，使这种个别意识成了自在的绝对本质。意识在把握到这个思想时，"就返回到了它自身"，就是说，意识就从自我意识返回到了对象意识。从基督教这个发展的最后的成果里面，意识领会了这样的思想，就是说我自己做出来的东西它自在地是绝对本质，它不是我随便地想要信或者不信的，它客观上就是绝对的本质。虽然它是我个别的意识，但是客观上它是有绝对的本质的。这样一个思想，当我把握到、领会到了的时候，我就返回到了意识自身，就是回到了对象意识自身，那就是回到了意识开头的那种感性确定性的状态，对意识的对象进行一种完全客观的经验观察。经验科学当然已经是理性的一种形态了，但是还不是理性的真理性，还只是理性的确定性的表象，它还有待于向理性的真理性迈进和发展。那么我们先来看看，这样一种意识自身的结构是怎么形成的。他说：

对于不幸的意识来说，**自在存在**乃是它自己的**彼岸**。

这是讲以前宗教意识里面充满的是不幸的意识，而对不幸的意识来说，自在的存在是它自己的彼岸，那是高不可攀的，是遥远的，不能到达的，所以才有不幸。如果你到达了，那就没有不幸了。而在新教里面，这个彼岸到达了，上帝在我心中，我的信仰就是上帝给的，就是上帝显灵。所以在新教那里已经开始扬弃不幸意识，客观上说已经走出不幸意识了，当然表面上还保持着。虽然上帝在我心中，但是上帝还是很遥远。作为一个宗教信徒来说，他不能够自称为上帝，他还是要把上帝放在彼岸，所以他还是有一种不幸意识的形式。虽然实质上客观上他已经走出不幸的意识了，但是他还有这样一种形式，什么形式呢？就是自在的存在在他的彼岸。比如中国的禅宗，没有彼岸，都在一念之间，立地成佛、顿悟成佛，那就没有宗教意识了，所以禅宗很难说是一种本来意义上的宗教，顶多你可以说这是一种中国化了的宗教。它把天地之间，把彼岸和此岸凝聚为一点，顿悟，在一瞬间我就成佛了，此岸和彼岸就打通了。一旦打通了，那就不是本来意义上的宗教了。那么对不幸的意识来说，自在的存在是它的彼岸，所以有不幸。如果没有彼岸，就没有不幸，就只有幸福意识了。

但是这个意识的运动在自身中已经做到了将自己充分发展的个别性，或者说，将本身就是**现实意识**的个别性，建立为它自己的**否定者**，即建立为**对象性**的一端；

这个长句子由分号隔开有三部分，这里只是其中的第一部分。"但是这个意识的运动"，这个意识的运动就是把握到了个别的意识自在地就是绝对本质，就是返回到对象意识自身的这样一种运动；这样一种运动"在自身中已经做到了将自己充分发展的个别性，或者说，将本身就是**现实意识**的个别性，建立为它自己的**否定者**，即建立为**对象性**的一端"。就是这个运动使得意识在自己身上已经做到了将充分发展的个别性建立为对象一端，在更高层次上完成了对象意识的建构。个别性在这个时候已经充分发展起来了,原来是很单薄的,现在已经有了丰富的内容,具有了现实意识。例如,笛卡尔的"我思故我在"就是一种充分发展了的个别性,它本身就有非常丰富的感性的内涵,表现为"我怀疑"的现实意识,怀疑这个怀疑那个。之所以怀疑这个怀疑那个,就是因为这些东西都在我的内心,都在我心中,所以它是非常现实地向我呈现出来的。但是这样一些个别的现实的内容都是必须否定掉的,都是必须怀疑掉的,所以他讲,将这些作为现实意识的个别性建立为它自己的否定者,就是把它个别性里面的这些东西都否定掉,建立为对象性的一端,对象性的一端就是存在,"我在"。其他的都被否定了,感性,知觉,知性,包括数学啊等等所有这些东西都被否定了,它们都不存在,都被否定了,只有一个东西存在,那就是我思,我在思,这样一个事情,这个在思、在怀疑、在否定的"我"是存在的。对象性的一端本来是绝对的意识,本来是上帝,就是彼岸的那个不变的意识。我要信仰上帝,把上帝作为对象来信仰。但是现在呢,这个意识自己把自己建立为它的否定物,建立为它的另外一端,建立为它的绝对的存在。这个时候已经不叫上帝了,因为它已经不是彼岸的了,它已经被纳入到此岸,纳入到此岸那就不是上帝了。我们说上帝在我心中,但如果上帝真的在你心中,那就不是上帝了,那就不是一种宗教信仰了,那就是一种近代的意识结构。对上帝的信仰就成为了一种对自身能够把握对象的信念,或者确定性,首先是确信"我思故我在",然后在这个"我在"的牢固基础上建立起整个可信的对象世界来。那么这样一个对象性的一端就不再是格格不入的,不再是远在天边的,而是由这种充分发展了的个别性自己建立起来的。我否定自己现实意识的个别性,把它建立为对象性的一端,也就是把它当作自己观察和认识的客观对象,这就是理性起步的地方。

或者说,它将自己的自为的存在从自身中逼出来并将它造就为存在;

这个跟上面是一个意思,但是说得更加思辨。"或者说,它将自己的自为的存在从自身逼出来","它"就是个别性,本来是自为的存在,它是能动的，它是活动的，它为自己而发出种种行动，做出很多行为。意识的自为存在就是我思，从我思里面逼出一个什么东西呢？逼出来一个我在，"并将它造就为存在"，现在这是唯一绝对的存在。笛卡尔的原则是怀疑一切，怀疑一切就是怀疑一切的存在。我怀疑一切的结果是什么呢？就是唯有一个东西我不再怀疑，这就是"我在怀疑"。这个东西我不能怀疑，这个东西我怀疑的话，我也就已经在怀疑了，所以这个怀疑肯定是存在的。那么这就是把所有东西都去掉以后，把这个我思、我怀疑这样一个存在逼出来了，通过怀疑把它逼出来了，这个东西最后被逼出来，它是存在的。这个存在就是对象性的一端，我把我在当作我思的对象，一端是我思，另一端是我在。当然这两端其实都是一回事情，都是我思，都是意识，但是它把它分成了两端。那么这个时候，它就将自为的存在从自身逼出来，自为的存在本来在它的内部，这个时候它把它逼出来，逼到外面去，并将它造就为存在，变成一个存在的对象，变成对象性的一端了。

　　在这里，对意识来说也形成了它与这个共相的**统一**，这个统一对我们来说，由于被扬弃了的个别的东西就是这个共相，而不再发生于意识以外，而且由于意识在它的这个否定性之中保持着它自身，从而这个统一在意识本身中就是意识的本质。

　　"在这里"，在这样一个运动过程中，"对意识来说，也形成了它与共相的**统一**"。这个共相是什么呢？共相在这里就是指存在。对意识来说，意识自己意识到它和共相是统一的，或者说意识和存在是统一的，思维和存在是统一的，我思故我在嘛。我思，不光是我思，既然是我思，那就是我在啊。所以对意识来说，它意识到我思和存在是统一的。我思是我的个别的特殊的活动，而存在，是一个共相，所有的东西都可以说是存在，但首先我确立的是我在。我就是这个共相，所有的存在都离不开我思，都离不开我在，所有的存在首先都是因为我在。所以我在是一个共相，我思则是一个个别性，而这两者是统一的，我思故我在是统一的。这对意识来说是这样的，那么这个统一对"我们"来说，对旁观者来说，"由于被扬弃了的个别的意识就是这个共相，而不再发生于意识以外"，被扬弃了的个别意识就是我思，我思在我在里面被扬弃了，我思就是我在，它就是共相，它不再发生于意识之外。哪怕它成了我在，那还是"我"在啊，还在我的意识之中，不在意识之外。"而且由于意识在它的这个否定性之中保持着它自身"，意识在它的否定性中，在它对自身的个别性加以否定的过程中，它仍然保持为一种意识，怀疑嘛，我思嘛，我思把我怀疑的一切内容都否定了，但是我思还是一种意识，还保持着它的意识，保持着它自身。"从而这个统一在意识本身中就是意识的本质"，这是旁观者看出来的，从旁观者可以看出来，这种统一，这种意识和共相、思维与存在的统一，在意识本身中就是意识的本质。或者思维与存在的统一就是思维的本质，意识和对象的统一，这种统一就是意识的本质，它统一于思维或意识本身。这是由笛卡尔的我思故我在的命题所证明的，就是意识的本质就是要达到意识和存在的统一、思维和存在的统一。一切意识的本质就是意识与存在的统一，"我思故我在"体现了思维与存在的统一，体现了意识的本质。思维与存在的统一，统一于什么呢？统一于思维本身，统一于意识之中。当然，这是一个唯心主义的命题，唯心主义讲思维与存在的统一，但是统一于意识之中，统一于思维之中。这和唯物主义讲思维与存在的统一是不同的，或者说是相反的。

　　意识的真理性就是在那将两端绝对分立地展示出来的推论过程里显现为中项的那个东西，它对不变的东西表示个别的东西曾放弃了自己，而对个别的东西则表示不变的东西对它而言已不再是一端，而是已与它和解。

　　"意识的真理性就是在那将两端绝对分立地展示出来的推论过程里显现为中项的那个东西"，意识的真理性，我们刚才讲了意识的本质，意识的本质就是思维与存在的统一。那么意识的真理性是什么呢？意识的真理性就是两端的中项，是在思维与存在两端绝对分立地展示出来的推论过程里，把两端联系起来的中项。思维与存在绝对分立地展示出来的

推论,这个不是指笛卡尔的"我思故我在",因为在笛卡尔看来,"我思故
我在"这个命题不是一个推断,而是一个直观,从"我思"直接就看出了
"我在",在其中思维和存在不是绝对分立的。只有思维和上帝的存在才
是绝对分立的,一个在此岸,一个在彼岸。但是笛卡尔试图在这两端之
间建立起一个推论,由思维来对上帝的存在进行一番"本体论的证明"。
笛卡尔论证说,我在还不是一个绝对的存在,因为我思在怀疑过程中已
经表明它的存在是不完满的,为什么要怀疑呢? 当然是因为不完满才怀
疑嘛。那么这样一个不完满的存在既然是不完满的,它不能独立存在,
它要由更完满的东西产生出来,那就是上帝。笛卡尔对上帝存在的本体
论证明就是这样来的,他是要说明"我思故我在"这个命题是哪来的。"我
思故我在"固然是第一个命题,但是它发现了自己的不完满性,同时发现
这个不完满的我心中有一个最完满的上帝的观念,这个观念是从哪里来
的呢? 肯定不是由我这个不完满的东西自己产生出来的,因为由不完满
的东西中产生出完满的东西是不合逻辑的,就像无中不能生有一样,结
果也不能大于原因。由此就推出来,这个上帝肯定存在于我之外,是它
才使得我存在起来的。两端在基督教那里,一端是此岸的我的个别性,
一端是彼岸的上帝;在笛卡尔这里,这个两端仍然有,虽然他把思维和存
在两端合二为一,不再是宗教意识了,但是他在理论上仍然有两端,要证
明一个上帝的存在,才能证明思维和存在真的合二为一。他要解释这个
上帝的观念是怎样到我心里面来的。所以"我思故我在"虽然不是一个
推论,但是由此可以推出上帝的存在,这却是一个推论。那么这个推论
的中项是什么? 它是靠什么推论出来的呢? 什么是作为中项的意识的真
理性? 这就是笛卡尔从"我思故我在"里面所总结出来的一条思维的原
则,用笛卡尔的话来说就是:"凡是我清楚明白地意识到的就是真的",或
者说凡是我清楚明白地意识到的就是真理。这就是从"我思故我在"里
面总结出来的"意识的真理性",他运用这样一个中项推出了一个上帝的
存在。比如说,不完满的东西不可能得出完满的结果,只有完满的东西

才可能成为不完满的东西的原因，这是清楚明白的，是按清楚明白的原则所得出来的。凡是清楚明白的就是真的，意识的真理就是这个中项，就是这个原则。所以他讲，意识的真理性就是在那将两端绝对分立地展示出来的推论过程里显现为中项的那个东西，显现为中项的那个东西就是清楚明白的原则。什么清楚明白？就是理性的清楚明白，就是理性直观的自明性，以及理性的不矛盾性、逻辑的清晰性和一贯性、同一性。这就是它的中项，通过中项来展开推论，推出上帝的存在，就把思维和存在这绝对分立的两端联系起来，构成了一个推论。"它对不变的东西表示个别的东西曾放弃了自己，而对个别的东西则表示不变的东西对它而言已不再是一端，而是已与它和解"，借助于这个中项，两端都可以互相沟通。一方面呢，它对不变的东西表示个别的东西否定了自己，它对上帝表示个别的东西知道自己是不完满的，按照清楚明白，按照逻辑的一贯性，个别的东西经历了那么样一个怀疑、动摇的过程，那么它肯定是不完满的，在上帝面前它要否定自己；而另一方面，它对个别的东西则表示不变的东西对它而言已不再是一端，而是已与它和解。不变的东西，上帝，不再是一端，不再是不可理解的、不可证明的，而是已与它和解。上帝与个别的东西相和解，或者说上帝就是由个别的东西自己推出来的，通过清楚明白这样一个原则，这样一个中项，把上帝推出来了。清楚明白的原则，不仅适用于我思，个别的东西，而且适用于上帝，无所不包，凡是我清楚明白地意识到的，那就是真的，就是真理。所以意识的真理就是这个中项，就是这样一个清楚明白的原则。凭借这个清楚明白的原则，我就可以把我的个别性和上帝的永恒性连接起来，形成一个推论。从我思故我在推出上帝在我在以外存在，这是笛卡尔的证明所表明的，那么这样一个上帝与我思达到的和解，就是思维和存在在对立中的和解，它们不再是格格不入的，上帝是由我的理性建立起来的，那么当然它与我的理性是很亲和的，内在相通的。这个就与基督教的宗教意识已经大不一样了，虽然它还是一种不变的意识，但这个不变的意识、上帝只不过是一个绝对的代名词，它不再具有那种信仰和非理性的色彩，它是与理性沟通的，上帝是可以通过理性来证明的。从宗教的不幸意识过渡到理性，就是这样过渡来的，我们不再凭盲目的信仰，而是凭借理性来证明上帝的存在。对此我们也可以参看黑格尔的《小逻辑》中"思维对客观性的第一种态度"部分，特别是§36。下面：

这个中项就是直接认知着两端并联系着两端的统一，而对这两端的统一的意识，——这个统一对意识因而对**自己**说出了这两端，——就是确信它即一切真理。

"这个中项就是直接认知着两端并联系着两端的统一"，就是通过清楚明白的原则这个中项，我可以直接认知两端，一方面我可以认知我思故我在，我思故我在完全是通过清楚明白这样一个原则建立起来的，那么上帝也是通过清楚明白的原则推出来的，这就把这两端联系起来、统一起来了。直接认知两端并联系着两端的统一。清楚明白这个理性的原则，或者说抽象同一性原则，它统一了自我和上帝。"而对这两端的统一的意识，——这个统一对意识因而对**自己**说出了这两端，——就是确信它即一切真理"，两个破折号是我加的，中间是说明"对这两端的统一"的，这个统一是什么样的统一呢？这个统一是意识到了的，它对意识、因而对自己说出了这两端。就是说，这个统一告诉意识它有两端，并且对它自身也表述了两端，表明它就是这两端的统一。"对**自己**说出了这两端"，"自己"打了着重号，指这个统一本身。这个统一，一个是对意识说出了这两端。一个是对自己，对这个统一本身说出了这两端。为什么是"因而"对自己？因为这种统一本身就在意识中，对意识表明了的东西就是对它自己表明的东西。那么对这样一种统一的意识，"就是确信它即一切真理"。就是说，这个中项就是这个两端的统一，而对两端统一的这个意识就是意识到它即一切真理，就是确信它即一切真理。或者可以翻译为："就是对它即一切真理的确定性"，既然已经意识到这两端的统一了，那就表明所有的真理都包括在这个中项中了，就在意识中确立起了这一确信。所以它可以成为中项，因为它就是确定的真理，凡是我清楚明白地意识到的就是真的，这样一种意识，就是它即一切真理这个确定性。这是理性的确定性，理性的确定性在哪里？就在这条原则，清楚明白，后来胡塞尔把它归结为自明性，或者明证性(Evidenz)。胡塞尔的明证性、自明性就是从笛卡尔来的，这也就是理性的确定性。所以胡塞尔是现代最大的理性主义者，现象学的理性主义者，他就是立足于清楚明白的自明性。我们这里用笛卡尔的命题来解释了理性的确定性和真理性，解释了这个第五章的标题，这是近代哲学、近代意识的开端，就是确立起了理性的原则。我思故我在，从形式上来看，它确立的是理性的确定性原则。理性的原则就是清楚明白，理性应该清楚明白，有了理性的清楚明白，我就可以把握一切真理，不管是现实生活的真理，还是彼岸的真理，都可以把握，它可以把握一切。

[I. 唯心主义]

上面讲的只能算是解题，即对什么是"理性的确定性和真理性"加以解释，还不能算本章的序言。接下来的这个"唯心主义"的标题才进入到这一章的序言，或者说引言。按照黑格尔的惯例，每一章都有一个小引，有的是展示这一章的发展脉络，有的是剖析这一章主题的逻辑结构，还有的是进入到这一章必须预先掌握的一些准备性的概念。我们在这里遇到的就是最后这种情况，即要进入到这一章，首先必须了解的是后面第一节要讲的"观察的理性"、也就是科学理性是一种什么样的结构。至于再后面要讲的第二节，实践的理性，以及第三节，两种理性的统一，这里并未提及。从笛卡尔这里产生了近代的唯心主义，当然这个唯心主义，黑格尔主要是把它局限于唯理论。这里有三个分标题，一个是"唯心主义"，一个是"范畴"，一个是"统觉与事物的矛盾"，前两个是德文拉松版加的，后一个是我改动的，原来标为"空虚的主观唯心主义的知识"，我觉得不太切合内容。实际上这三个小标题都是讲从笛卡尔到康德的科

13

学理性观，讲以笛卡尔和康德为代表的有关理性的确定性的思想，这种科学理性的思想支配了后面要讲的观察的理性，从自然科学到人的科学。

正因为自我意识就是理性，它迄今对于他在的否定关系就翻转为一种肯定关系。

上述这样一个确定性成为推论的中项，它就是理性的原则。自我意识已经意识到这样一个理性的原则，并把它作为中项来进行推论。"正因为自我意识就是理性，它迄今对于他在的否定关系就翻转为一种肯定关系"，他在，Anderssein，另外的存在。迄今为止，自我意识对于他在都采取一种否定的态度，特别是在不幸的意识中，整个外部世界都成为了虚无的、无意义的东西，非本质的东西。而现在当自我意识提升到理性时，这种否定的关系就翻转为一种肯定关系了。自我意识在笛卡尔的怀疑里面也是否定，对一切他在加以否定，对一切未经我证明过的东西都加以否定；但是一旦自我意识提升到了理性的原则："凡是我清楚明白地意识到的都是真的"，这样一种否定的关系就翻转为一种肯定的关系了。既然一切清楚明白地意识到的都是真的，那么数学、牛顿物理学、机械力学在他看来是清楚明白的，所以这些东西都是真的，都是肯定的。所以在笛卡尔那里有一种二元论，一方面他是唯心主义，另一方面他对物理学有一种唯物主义的肯定态度。但是在黑格尔看来，这样一种肯定态度它还是建立在意识之上的，它的基点还是唯心主义。唯心主义并不否定客观世界，唯心主义恰好是要从唯心主义的立场去肯定客观世界，肯定他在，肯定他在的世界；然而它最初是否定这个世界。他讲"迄今对于他在的否定"，这个在基督教里面就已经是这样了，一切他在都是具有否定意义的，都是虚无的，都是空虚的，都是微不足道的，唯有信仰，它是实在的，其他都是不实在的。所以宗教本来是对一切世俗的东西作出否定，但是新教借助于上帝又对它们作出了肯定，在新教里面已经是这样了。新教徒的所谓天职的观念，所谓劳动的观念，所谓这个成就、业绩这样一些观念，是在否定的基础上通过上帝的保证又恢复了肯定态度。不过这种肯定仍然是借助于彼岸来设定的, 在世俗生活中还是否定一切的。那么笛卡尔就是在世俗生活中, 首先通过怀疑否定了一切, 然后通过清楚明白的原则从世俗中推出了上帝, 最后通过上帝的保证, 恢复了世俗生活和科学的真理, 或者说打着上帝的旗号, 而恢复了人世间的真理性。

迄今为止, 自我意识曾经只关心它的独立和自由, 为了拯救和保持其自身, 为自己付出了牺牲**世界**或它自己的现实性的代价, 这两者在它看来都显得是对它自己的本质的否定。

这是回顾了在此之前, 在笛卡尔之前, 在近代以前, "自我意识曾经只关心它的独立和自由"。比如说我们前面讲到的斯多葛主义, 斯多葛派只关心它的独立和自由, "为了拯救和保持其自身, 为自己付出了牺牲**世界**……的代价", 斯多葛主义付出了牺牲世界的代价, 世界在我看来都是虚无的, 我只要求我自己的独立和自由。"或它自己的现实性的代价", 这就是不幸的意识, 不幸的意识也是这样, 为了拯救自己的灵魂, 付出了牺牲其现实性的代价, 世俗生活全都要牺牲掉。不幸的意识是这样的, 把眼光转向上帝, 不要对着现实、世俗生活, 从奥古斯丁就强调这样, 要把眼光转向上帝, 牺牲了自己的现实性。斯多葛主义和不幸的意识都是为了自己的独立和自由, 为了拯救和保持自身, 为自己付出了牺牲世界或它自己的现实性的代价, 牺牲世界也牺牲了自己。一直到文艺复兴发现了人, 发现了世界, 发现了自然, 但是发现了以后, 还是把它牺牲掉了。"这两者在它看来都显得是它自己的本质的否定", 这两者就是这两方面的牺牲, 它们在自我意识看来一度都是对自己的本质的否定。世界这个词, Welt, 在德文里面有世俗生活的意思, 或者人间、世界、尘世。一个是世界, 一个是自己的现实性, 劳动、欲望、享乐, 这两者都显得是对自我意识的本质的否定。那么它的本质在哪里? 一个在脱离世界的内心, 一个在脱离现实的彼岸。世界也好, 它自己的现实性也好, 都显得是对它自己的本质的否定。这是回顾以前。下面:

但是, 自我意识作为给它自己担保的理性, 就已接受了对这两者的 [155]

15

平静的心态，能够容忍它们；因为它确定它自己就是实在性，或者说，它确定一切现实性无非就是它自己；它的思维自身直接就是现实性；因而它就作为唯心主义而与现实性发生关系。

这又回到了现代了。前面一段话是回顾，迄今为止曾经是这样的，自我意识以否定世界、否定自己的现实性作为代价来维持它自己的独立。"但是，自我意识作为给它自己担保的理性"，现在自我意识成了理性，而理性是给自我意识担保的，由理性来担保，就是说它不再寄托于彼岸了，它的本质不再寄托于一个彼岸的上帝，而是寄托于理性。以前是上帝给它担保，现在呢由理性给自我意识担保。这样一种由理性担保的自我意识"就已接受了对这两者的平静的心态"，这两者，一个是世界，一个是自身的现实性。自身的现实性包括劳动、欲望和享受，世界就是客观世界。可以说，一个是世界的现实性，一个是他自己的现实性，一个是自然，一个是人，文艺复兴已经发现了自然和人，但是还是要把它们牺牲掉，陷入不幸的意识。而笛卡尔以来，有了理性的担保，自我意识就接受了对这两者的平静的心态。对人也好，对自然界也好，自我意识都获得了一种平静的心态，一种淡定，一种容忍，"能够容忍它们"。虽然自我意识本身还不是这个世界，不是这种现实性，但是它可以把它们都包容进来。"因为它确定它自己就是实在性"，所有这些世界也好，个人的现实性也好，它们不都是实在性，而实在性是什么呢？实在性就是自我意识，就是作为理性的自我意识，它们的实在性就在于理性。所以作为理性的自我意识它就可以容忍这些东西了，因为它确定地知道它自己就是所有这些东西的实在性，它们之所以是实在的，就是因为自我意识是理性。"或者说，它确定一切现实性无非就是它自己"，一切现实性，不管是世界的现实性还是它自己的现实性，无非就是它自己，这一点是确定的。自我意识通过理性带来了所有世界的现实性，这个世界是由理性造成的，理性的法庭是判定一切事物的现实性的标准，所以它知道一切现实性无非就是它自己，就是理性的自我意识，或者说就是自我意识的理性，所有的现实性逃不出理性的范围。"它的思维自身直接就是现实性",我思故我在,我的思维已经直接的就是现实的存在了,直接就是现实性了。"因而它就作为唯心主义而与现实性发生关系",从我思故我在这样一个基本原则出发,自我意识就作为唯心主义,——唯心主义也可以翻译为"观念论",——而与现实性发生关系。观念论不是和现实性毫无关系的,观念论就是最起码的现实性,就是最基本的现实性,是我思故我在的现实性。那么它就作为唯心主义而与现实性发生关系,只有通过这种唯心主义,自我意识才能够与现实性发生关系,只有通过"我思故我在",观念才能与现实发生关系。否则的话,你怎么证明一切事物有现实性呢?隔得那么远,它又不是你的,你怎么知道有现实性呢?那么首先我们要把这个现实性确立起来,它是建立在自我意识之上的,建立在我思之上的,一切现实性都是建立在"我思"之上的,那么从这个立场出发,我才能跟现实性发生关系,否则的话就没有关系,那就是彼岸。

由于自我意识这样理解自己,在它看来仿佛世界现在才第一次对它形成起来了似的;此前,它不了解这个世界;它对世界加以欲求,进行加工,由它抽身退回到自己,为自己取消世界,也取消作为意识的它自己——既取消对世界作为本质的意识也取消对世界的虚无性的意识。

"由于自我意识这样理解自己",怎么理解自己?就是把自我意识理解为理性,自我意识这样理解自己,自我意识就是理性啊。"在它看来仿佛世界现在才第一次对它形成起来了似的",也就是说一旦自我意识把自己提升到了理性这样一个层次,那么在它的眼睛里世界仿佛是第一次才在它面前形成起来的。我们就此可以想到笛卡尔的一个沉思的原则,即凡是未经我思考过的东西,我都暂时把它撇在一边,都把它作为可怀疑的东西,只要有一点怀疑,我就把它撇开,我要找到一个对我来说完全不可怀疑的东西来作为我的基点,在这个基点上面重建我的世界。以前的世界观所包含的乱七八糟的东西全部被我清除掉了,一个人一辈子一定要有一次,要把以前盲目接受下来的东西全部呕吐出来,全部吐掉,只要有一点怀疑，我就要吐掉，看看最后还剩下什么东西。如果最后还剩下一点不可怀疑的，那就是我找到的基点，那么在这个基础上再去重建我的世界。我把这个世界否定掉了，并不是说我把这个世界抛弃了，而是把它存而不论，把它悬置起来，胡塞尔讲的"悬置"也是从这里来的。我先把它们都怀疑一遍，既然它有一点可疑的地方，我就把它存疑，就把它悬置起来放在那里，我先不管它，我去找那个基点；一旦找到那个基点，我就用这个基点作为标准，来逐个地衡量它们，看哪些东西经得起推敲、站得住脚，以此来重建这个世界。所以自我意识一旦达到这个层次上，一旦把自己理解为一种理性，那么对它来说，仿佛世界第一次才对它建立起来似的。这个世界需要靠我自己去重建，那么当然好像世界是这个时候才对我形成起来似的。"此前，它不了解这个世界"，这个世界充满着错误，充满着漏洞，充满着误解，充满着可以怀疑可以质疑的东西，那怎么能够了解呢？世界尚未经过甄别，没有经过鉴别。"它对世界加以欲求，进行加工，由它抽身退回到自己，为自己取消世界，也取消作为意识的它自己"，在此之前都是这样的，在此之前"它对世界加以欲求，进行加工"，进行加工就是劳动。"由它抽身退回到自己"，这里还是回顾以前走过的道路，比如文艺复兴，文艺复兴对世界加以欲求，进行加工；新教对宗教进行改革，"由它抽身退回到自己"。文艺复兴的原则和新教的原则前面都经历过了，都是它不了解这个世界的表现。它可以对这个世界进行欲求，加工，也可以从这个世界抽身退回它自己，退回它的内心。"为自己取消世界，也取消作为意识的它自己"，这是解释退回到自己，退回到自己干什么呢？为自己而取消世界，所有的世界、世俗生活都是不足道的；也取消作为意识的它自己，包括它退回到的那个信仰的意识也要把它取消掉，信仰的意识也不是你的意识，而是上帝的启示，上帝的安排。一方面取消了世界，另一方面，连自己也取消掉了，连自己的意识也取消掉了。破折号，破折号的后面进一步解释这两个取消，"既取消对世界作为本质的意识也取消对世界的虚无性的意识"，取消世界意味着什么呢？一方面取消世界作为本质的意识，取消世界并不是真的取消了世界，世界还在那里，取消世界不过是取消了我们对世界作为本质的意识。取消世界实际上是在意识中取消世界。取消了世界作为本质的意识。世界当然还在，但那不是本质，我意识到它不是本质。"也取消对世界的虚无性的意识"，世界是非本质的，但并不是虚无的，世界的虚无性意识也要取消，我用世界的虚无性来对待世界，这个意识也被取消了。这是跟前面讲的，"也取消作为意识的它自己"这一句对应的。前一句"为自己取消世界"，跟它对应的是"取消世界作为本质的意识"；后一句"也取消作为意识的它自己"，对应的就是，"也取消对世界的虚无性的意识"。对世界的虚无性的意识，还是你的意识，还是你自己的意识，这个意识也要取消。总之你要把你的一切意识都放弃，都加以取消，一个世界的意识，一个是你自己的意识，两个都要取消。文艺复兴，发现了人，发现了自然，发现了世界。但是新教把这些取消了，确立了因信得救，但是呢，新教最后又把因信得救的这个"信"本身也取消掉了。"因信得救"这个信仰，不是由你决定的，一切都要依赖于上帝。所以这两方面都取消了，一个是世界，一个是它自己，在新教里面最后都取消了。这就给自我意识作为理性这样一种态度扫清了地盘。

而在这里，只有在它的真理丧失了坟墓以后，在对它的现实性的取消本身也被取消，而意识的个别性对它成了自在的绝对本质以后，它才第一次发现世界是**它自己的**新的现实世界，它才对世界的保持感兴趣，而在以前，它的兴趣只在于世界的消失；因为世界的**持存**对它来说成了它自己的**真理性**和**在场**；它确信在此它只经验到自己。

前面都是回顾，回顾文艺复兴怎么样，新教又怎么样。"而在这里，只有在它的真理丧失了坟墓以后"，在自我意识的真理丧失了坟墓以后，前面讲过，早期基督教的自我意识的真理在世俗世界中留下了它的坟墓，到了新教便把这个坟墓放弃掉了，我们的眼光要朝向天上嘛，所以在意识的世俗世界中所留下的坟墓也丧失掉了。"在对它的现实性的取消本身也被取消"，对它、对自我意识的现实性的取消本身也被取消，就是你把自我意识的现实性取消，这个取消也被取消，你对自己的现实性加以取消，这个取消也不是你想取消就取消的，这不是你的取消，这是上帝的安排，这个取消也被取消了。你不要刻意去取消，你只有依赖上帝，新教最后的原则就是把人引向这样一个方向，就是你对现实性的取消也要取消，所以你就非常的淡定，你对现实性就有一种平静的心态了，因为你已经站在一个更高的层面上，你已经站在上帝的层面来看待这些东西了。"而意识的个别性成了它自在的绝对本质以后"，这就是笛卡尔的原则了，就是你对现实性的取消，你暂时也放在一边。"而意识的个别性成了它自在的绝对本质"，我思故我在，我思就是意识的绝对本质，就是意识的自在存在。"以后"，在发生了上面这三件事以后，一个是"在这里，在它的真理丧失了坟墓以后"，这是取消了现实中所留下的真理的痕迹，就像耶稣基督，人们总是盼望着在现实中看到耶稣基督复活，但是我们征服耶路撒冷以后，打开坟墓一看，什么也没有，就断了我们的想念，断了我们的念头，你不要指望耶稣基督在现实中复活，耶稣基督已经在天上复活，在天上活得很好。那么这就促使我们，不要到感性的现实性里去寻找真理，要到理性的普遍原则里面去找，这就是理性派的唯心主义所坚持的原则。第二个是"在对它的现实性的取消本身也被取消"以后，第三个是"意识的个别性成了它自在的绝对本质以后"，这三个"以后"都是并列的，当然第二个和第三个被当做一句话来说了。在这些事发生了以后，"它才第一次发现世界是**它自己的**新的现实世界"，"它"也就是自我意识，自我意识在这以后，它第一次发现了世界是它自己的新的现实世界，"自己的"打了着重号。这个世界是自我意识自己首次建立起来的，所以是"新的"，它的面貌是全新的，我们的世界观都改变了。以前这个世界观是很被动的，有什么我就接受什么；这个时候我有了理性的原则，我才开始重建这个世界，那么这个世界就具有了全新的面貌，这个世界是一个井井有条的世界。但它同样也是现实的世界，所以是自我意识自己的新的现实世界，以往的这个现实世界被它扬弃了，甚至对这个现实世界的取消也被它取消了，那么这个时候它重建现实世界就没有障碍了。所以在此之后，它就毫无阻碍地重建了一个新的现实世界，这是它自己的。这个时候，"它才对世界的保持感兴趣，而在以前，它的兴趣只在于世界的消失"，这个时候它才会去探讨，世界是怎么样保持着的？也就是有兴趣探索世界的规律。世界只有持续存在，它才有规律啊，所谓规律，我们前面讲了，规律就是一个静止的世界，规律是静止的原则，持存的原则，规律就是它总是这样的，一直都是这样不变的，可预测的，世界就成为了不变的东西。而在以前它的兴趣只在于世界的消失，只关心怎样把世界取消掉，怎么样超越世俗生活，把世俗生活贬得一无是处，这样我才能够进入天国。我们的苦难、我们的不幸就是被这个世俗世界所拖累的，所以我们的兴趣在此之前只在于世俗世界的消失，要摆脱沉重的肉身，摆脱尘世的世俗生活。我们来不及或者没有心思去观察去考察这个世界是怎样持存的，恨不得它马上消失，那当然就谈不上去探讨它是如何持存的，它的永恒的规律何在，是什么东西在支配着它不断地在以同样的规律运转，这在以前是做不到的，那时候不变的东西、永恒的东西只被寄托于彼岸。"因为世界的**持存**对它来说成了它自己的**真理性和在场**；它确信在此它只经验到自己"，因为世界的持存现在对它来说就是它的自己的真理性和在场，世界的持存，以往是恨不得它马上消失的，但是现在呢，世界的持存就是自我意识的真理性和在场，自我意识的真理性就体现在世界的持存、世界的规律之上，因为自我意识现在成了理性嘛，世界的规律就是由理性来建立、来把握的嘛。在场，Gegenwart，也可以翻译为当下，或现在，这个词在现代哲学那里，在海德格尔那里通常都翻译成"在场"。就是说自我意识的真理性不再在彼岸，而就在此岸，就在活生生的现实中，它就在你面前，就在你眼前发生。但它仍然是"不变的东西"，即持存的东西，这样一个世界的持存现在成了它自己的真理性和在场，自我意识的真理性在世界的持存中在场。"它确信在此它只经验到自己"，在世界中，它已经确信它只经验到自己。在世界中，它经验了很多东西，在以前这些经验都被排除掉了，都是要作为非本质的东西排除掉的，这是世俗的经验；而现在不同了，现在它的真理性就在这个世界之中，所以在这个世界中，它确信，gewiß，也就是它有一种确定性（Gewißheit），即它在这里只经验到自己，它的经验就是它自己，而不是它要撇开的东西。这里恰好就是它自己的在场，它"经验到"它自己的在场，所以这种经验不再被鄙视了，不再被看做是要除掉的东西，而是它的立足点，就是它的在场。笛卡尔的"我思故我在"的原则，黑格尔在《哲学史讲演录》里面把它称作一个"经验的原则"，就是它在它自己内部发现了一个最起码的经验，"我思"也是一种经验，你把它看作一种过程，它就是一个经验的过程，你不信你去思一思看，去想一想看，你去怀疑怀疑看，这些都是经验。而在"我思故我在"的基础上建立起来的整个新世界则是一种崭新的经验，而且它在这个世界中所把握到的所有持存的规律都是经验，而这样的经验都是它自己，因为它是理性，它的真理性就在在这个经验之中。或者说，这个经验就是它对自己的一种真理性的经验，它通过把握世界而经验到了它自己的真理性，这个真理性不是高高在上的，不是抽象的，不是虚无缥缈的，而是有活生生的现实内容的，就在这个世界的经验中，它的真理性表现出来了。

　　① 理性就是意识的确定性，即确信它是一切实在性；唯心主义正是这样来表述理性概念的。

　　唯心主义表述理性的概念怎么表述的呢？就是："理性就是意识的确定性，即确信它是一切实在性"，意识是一切实在性，当意识把这一点确定下来之后，它就是理性了。意识确定地知道，或者说确信，它自己就

---

① 　为了读起来醒目，原文每一整句在本《句读》中都另起一行，带起对它的解释也另起一行；而原文换行分段之处，本《句读》则空一行。下同。

是一切实在性。如果这一点被确定下来，意识就是一切实在性，"我思故我在"，我思就是我在，而我在是一切的在，一切的在都是由我在赋予它实在性的，凡是我清楚明白地想到的、意识到的就是真的，这就是意识是一切实在性这样一种确定性，那就是理性。理性一方面它是意识，意识到了理性，它有个别性；另一方面，它有普遍性，它是一切实在性，然而最高的实在性就是普遍的存在。意识即是一切存在，这是最高的实在性，当意识确立这一点的时候，就达到理性了。理性主义就是这样来表述理性的观念的，什么是理性的概念？就是你在你的意识中把握到一切实在性，无所不包，所有的东西都在意识之下被统摄起来了。我们通常表述理性就是，理性追求一、追求普遍性，那么具体表现在意识中，这种追求一、追求普遍性就表现为它相信自己是一切实在性，或者说相信自己是一切实在性的标准，用一个标准去衡量所有的实在性，这就是理性的概念，唯心主义的理性概念就是这样表述的。

<u>正如作为理性而**出场**的意识自在地**直接**具有那种确定性，唯心主义也这样**直接地**表述那种确定性：我就是我，</u>① 意思就是说，本身是我的对象的"我"是唯一的对象，它即是一切实在性与在场；它既不像在一般自我意识里那样，也不像在自由的自我意识里那样，前者只是**空虚的**一般对象，后者只是一个从其他那些还与它**并列**起作用的对象那里抽身回来的对象，相反，它是带有任何别的对象的**非存在**意识的对象。

"正如作为理性而**出场**的意识自在地**直接**具有那种确定性"，"出场"打了着重号，"直接"也打了着重号，即理性的确定性最初直接出场的时候的情况，就是上面讲的，意识具有一切实在性，意识就是一切实在性，这样一种唯心主义的确定性。这就是作为理性而出场的意识最初自在地直接具有的那种确定性，理性在它刚刚出场的时候，它直接地、自在地具

① 黑格尔针对的是费希特的唯心主义，他将实在性的绝对总体性归之于"我"。参看费希特：《全部知识学基础》8,14,65,特别是 57 以下，《全集》第 I 卷，94,99,134,特别是 129 以下。——丛书版编者

有这种确定性，它不是通过推理来的，它自在地，自在就是本身固有的，直接带有的，就有这种实在性。它是由理性直观直接确定下来的，理性最初在出现的时候，它表现为理智直观。直接地，为什么是直接的呢？直观嘛。凡是我清楚明白地意识到的就是真的，为什么？这没有为什么，这是直观呈现的，这是自明的，是自明性，而不是从别的东西推出来的。"唯心主义也这样**直接地**表述那种确定性"，前面讲的是，正如作为理性而出场的意识自在地直接具有那种确定性，那么以同样的方式，唯心主义也这样直接地表述那种确定性，这个"直接地"也打了着重号，说明和前面有同样的直接性。在唯心主义的表述中，也是这样的。一方面，它自在地是那样的直接的确定性，是理智直观；那么另一方面，在唯心主义的表述中也是这样的，也是一种直接的确定性。如何表述呢？"我就是我，意思就是说，本身是我的对象的'我'是唯一的对象，它即是一切实在性与在场"，唯心主义直接地表述了这种确定性，即"我就是我"的确定性，这个是直接的。我是我，那么我是什么呢？我是我思啊，我思是我思，我思是我思也就意味着我思故我在，因为我思是我思，这个思就是在，就是存在，我思是我思，或者我是我，已经表述了我思故我在。作为我的对象的"我"是唯一的对象，我把自己当作对象，我是我，前一个我是思维的我，后一个我是存在的我。我思故我在，或者我思即我在，那么我在就是我思的对象，而且作为我的对象的"我"是唯一的对象，它以怀疑的方式排除了其他对象，意识到其他任何对象都是非存在，所以"它即是一切实在性与在场"。这是理性最初在它直接出场的时候，唯心主义是这样直接地表述它的，在我思故我在的命题中直接表现出这样一种直接性，表现出这样一种理智直观。笛卡尔也讲到，我思故我在并不是一个推论，并不是说因为我思所以我在，我思故我在，这个"故"字并不表明因果关系，而是通过直观把这两个东西同一起来，等同起来。我思就是我在，而我在就是我思，这是一回事，它就是直观，任何人都无法否认我思故我在。所以作为我的对象的我是唯一的对象，这没有涉及任何别的东西，只涉及我自己,我把我自己当作对象,这个对象是唯一的,没有掺杂任何外来的东西,它在我自身中就可以直接地确定,通过一种理智直观,直接地把我在确立下来。你首先要这个直观确定下来,把它的直接性确定下来。"它既不像在一般自我意识里那样,也不像在自由的自我意识里那样,前者只是**空虚的**一般对象,后者只是一个从其他那些还与它**并列**起作用的对象那里抽身回来的对象",它不像另外两种情况,这是跟以前的那些自我意识相比较。以前的自我意识有两个比较对象,一个是,"而不像在一般自我意识里的那样",一般的自我意识也就是抽象的自我意识,抽象的自我意识在前一章自我意识(第四章)里面一开始就讲到了,它讲的是主奴关系,抽象的自我意识是没有内容的,主人和奴隶互不沟通,只是知道对方也是自我意识;"也不像在自由的自我意识里那样",自由的自我意识就是前面自我意识章的第二个部分讲到的自我意识的自由,即斯多葛派和怀疑主义以及不幸的意识。现在的自我意识已经是理性了,它跟前面两种自我意识的情况都不一样,在理性里面,这样一种自我意识跟在自我意识章两节里面都不同了。怎么不同? "前者只是**空虚的**一般对象"。"前者",也是一般的自我意识,一般自我意识它表现为依赖和独立性,但是它只是空虚的一般对象,那种自我意识,它的对象还是空的,还没有具体的内容。或者说它还表现在主人和奴隶这样一些现实的对象上,主人和奴隶的自我意识都是不完整的,主人的自我意识缺乏对象性的环节,而奴隶的自我意识缺乏自我的环节,这两者都无法形成一个完整的自我意识,所以双方都是空虚的,它们的自我意识都是空虚的对象,只是空洞地知道对象是自我意识。到了斯多葛主义、怀疑主义和不幸意识那里,它们已经有了对象,但是,"后者只是一个从其他那些还与它**并列**起作用的对象那里抽身回来的对象"。经过斯多葛派和怀疑主义到达不幸的意识,这个过程全都是从现实事物中逃脱出来,从那些还与它并列起作用的对象那里抽身回来,通过放弃或者抛弃现实世界的对象而回到自我意识,达到"不动心"或者彼岸信仰。它有对象,但这个对象本身是分裂的,它在个别独立性和现实世界、或者上帝和现实世界之间被拉扯着，双方都在并列起作用。于是自我意识力图从中抽身回来，我回到自我意识本身，这个时候我有一个对象，但是这个对象是不稳定的，不幸的意识是不稳定的。这跟理性的自我意识是不一样的，现在自我意识已经到达一个更高的层次了，现在自我就是作为我的对象，是我的唯一对象，当然这个唯一对象还要把它扩展开来，那是另一回事，但它的立足点是已经立足于我思这样一个对象之上，而不再分裂了。在我之外，任何对象都是非存在。所以"它是带有任何别的对象的**非存在**意识的对象"，理性的对象是排他的对象，是破除迷信的对象，这个时候你把任何别的对象纳入进来，它都不是存在，它都是违背理智直观的。

　　但是自我意识不仅**自为地**是一切实在性，而且**自在地**是一切实在性，这只是因为它**变成了**这种实在性，或不如说它**证明了**自己是这种实在性。

　　这就是现在所达到的高度了，它不像以前，不像在主奴关系、斯多葛派、在不幸意识里面那样的情况了，它达到更高的一个阶段了。更高的阶段是怎么样一种结构呢？"但是自我意识不仅**自为地**是一切实在性，而且**自在地**是一切实在性"，不仅自为地是一切实在性，不仅仅是在自己的活动中，它把自己的活动当做一切实在性。斯多葛派已经有这样一个意识了，自我意识的自由，自我意识的独立，就是一切实在性，其他东西我都可以克服，都可以忍受，那么我的自由就不在其他东西之中，而只是在我的自为之中，我坚持自己，坚持自己的自由。但是现在自我意识不仅自为地是一切实在性，而且自在地是一切实在性，这两者的统一斯多葛派还没有达到。不幸的意识也没有达到，不幸的意识只承认自在的实在性，把一切实在性归之于自在的彼岸，而自为的个别性却没有份。而现在，自我意识不仅自为地是一切实在性，而且自在地是一切实在性，或者说，它使实在性从自为的扩展到了自在的，由主观建立起了客观。"这只是因为它**变成了**这个实在性，或不如说它**证明了**自己是这种实在性"，由主观建立起客观，也就是由主观变成了客观，或由主观证明自己是客观实在的。这个就是我思的证明,通过我思而变成了我在,我思成为了我在,又以我在为基础证明了一切存在,上帝和世界的存在。所有这些实在性都是通过我的自为的我思,证明我自在地存在,由此推出来的。自在和自为在我思故我在里面统一起来了。我思就是自为,我在就是自在,我不仅仅是我思,而且我直观到我思有一个我在做它的支撑;但这个我在是什么呢?这个我在就是我思,我在和我思是一回事,所以自为的我思变成了一切实在性,或者证明了它自己是一切实在性。它不光是变成,而且它本来就是,它本来就是实在性。当然它是变成的,因为我思是一个变成的过程,你要思下去,你就必须要在这个过程中去思。所以,这只是因为它变成了这个实在性,变成了打着重号,是它自己变成的,自己建立起来的;或不如说证明了,证明了也打了着重号。"变成了"好像还是一个直接的过程,"证明了"就是通过推理来证明,是间接的过程,只不过这个间接的过程证明了它直接的就是实在性。它本来直接就是实在性,我思,只要你思,哪怕是一瞬间,你就在了,不需要一个漫长的过程。再看下面:

> 它由以证明自己的**道路**是这样的:首先,在意谓、知觉和知性的辩证运动中,作为**自在**的他在消失了;然后,在通过主奴意识的独立性、通过自由的思想、怀疑论地摆脱自身分裂的意识、以及为绝对地摆脱自身分裂的意识而斗争这样一个运动之中,这个他在就其仅仅是**为自己的**而言,也**对自己本身**消失了。 [156]

但证明本身还是一个过程,一条道路。"它由以证明自己的**道路**是这样的",它要证明它自己是实在性,怎么证明呢?它走过了一个漫长的历程,是从《精神现象学》从一开始就这样走过来的:"首先,在意谓、知觉和知性的辩证运动中,作为**自在**的他在消失了",这个我们之前讲了,从感性确定性的意谓、知觉到知性是一个辩证运动,在这个运动过程中,对象作为一个自在的他在消失了。从感性确定性开始我们就追求一个自在的他在,感性确定性的对象,究竟什么是对象,最后我们发现这个对象已经消失了，它只剩下意谓，而意谓是主观的，它不是什么对象。在知觉中也是这样，知觉想要把握真实的东西，但是到头来发现所把握到的都是一种假象。知性也是这样，在知性中要把握规律，要进入到超感官世界，但是到头来发现这个超感官世界它只是我们的一种解释，你要把握那个绝对规律，你是把握不到的，它是无限的。那么在这个过程中，在前面三章，在感性确定性、知觉和知性三章中，我们要把握自在的他在，他在 Anderssein，也就是自在的对象，我们要把握到自在的对象是把握不到的，它消失了。自在的对象我们可以把它看作康德的自在之物，不可认识，那么通过前三章的运动，不可认识的自在的对象在我们眼前已经消失了。"然后，在通过主奴意识的独立性、通过自由的思想、怀疑论地摆脱自身分裂的意识、以及为绝对地摆脱自身分裂的意识而斗争这样一个运动之中"，在这样一个运动中，这个运动把自我意识章全部概括进去了，自我意识这一章讲到了自我意识的独立性和依赖，斯多葛派的自由思想，怀疑论对一切进行否定，从独立意识和现实对象的分裂里面摆脱出来；"以及为绝对地摆脱自身分裂的意识而斗争"，不幸意识把自己分裂为对敌斗争，而这种斗争正是为了达到绝对地摆脱分裂，达到彼岸世界的上帝。在"自我意识"章，从主奴关系到斯多葛派和怀疑派到不幸的意识，在这样一个运动中，"这个他在就其仅仅是**为自己的**而言，也**对自己本身**消失了"，也就是说在前三章中作为"自在的"他在消失了，而在自我意识章中，作为"自为的"他在也消失了。首先把自在的他在，通过"意识"各章的辩证运动，把它扬弃了；然后通过"自我意识"一章，通过自我意识的辩证运动，把自为的他在也扬弃了。自在的他在和自为的他在依次被扬弃了，它走过了这样一条道路，才达到了我们今天的"自我意识不仅自为地是一切实在性，而且自在地是一切实在性"的理性阶段。今天我们达到的自我意识作为理性，它不仅仅是自为地、而且是自在地扬弃了他在，因为它通过自为的实在性而把自在的实在性建立起来了。正因为如此，它变成了一切实在性，或者说它证明了自己是一切实在性。但是它经过了这样一个漫长的道路，从《精神现象学》的开端感性的确定性开始，一直走到了今天，才使得与这个运动相对立的他在首先作为自在的消失了，然后作为自为的也消失了，最后在理性中达到了思维和存在、主体和客体的自在自为的统一。

相继出场的有两个方面，在前一方面中，对于意识而言的本质或真实的东西具有**存在**的规定性，在后一方面中，所具有仅仅是**为意识**而存在的规定性。

注意这里有两个着重号，一个是"存在"，"存在的规定性"，存在打了着重号，后面"为意识"这三个字打了着重号。在前面讲的运动过程中，"相继出场的有两个方面，在前一方面中，对于意识而言的本质或真实的东西具有**存在**的规定性"，意识所追求的本质或真理具有存在的规定性，也就是具有自在存在的规定性；"在后一方面中，所具有仅仅是**为意识**而存在的规定性"，"为意识的"也就是自为存在的规定性。相继出场的这两个方面，第一个方面，自在存在的规定性被扬弃了，消失了；第二个方面，自为存在的规定性也被扬弃、消失了。所以相继有两个方面，首先是自在的方面，然后是自为的方面，意识的规定性依次消失了。这句话就把这两方面清理出来了，在前一个方面中，存在的规定性，后一方面中，就是仅仅是为意识而存在的规定性，也就是自为存在的规定性，这两方面相继出现，又相继消失，它们构成了通往理性道路上的两个阶段。

但是这两者归结为一个真理，即：凡是**存在**的或是**自在**的东西，只有当它**为**意识而存在并且是**为意识**的东西时，它才也是**自在的**。

"但是这两者归结为一个真理"，前面依次消失的这两个方面，并没有完全消失，它在目前的理性阶段被归结为一个真理。什么真理呢？"凡是**存在**的或是**自在**的东西，只有当它**为**意识而存在并且是**为意识**的东西时，它才也是**自在的**"。这两个观念结合起来，凡是存在的或是自在的东西，只有当它"为"意识而存在时，并且本身就是"为意识的"东西时，它才"也"是自在的。这个"也"很有意思，就是说自在的东西只有它同时

29

就是自为的东西时，它才因此也是自在的，它的自在反而是依附于自为而成立的。但自在本来的意思就是不依附于任何东西而存在，现在反而要依附于为意识的存在才自在存在。前面的那个自在存在为什么消失了呢？就因为它还不是为意识而存在的，只有当它为意识而存在的时候，或者当它本身就是为意识的东西的时候，它才是自在的存在，才是真正自在的存在，才是不会消失的。前面之所以消失，是因为它没有为意识而存在，那个不可认识的自在之物只是假象。当然，后面讲的自为的、为意识的，如果它不是自在的，它也消失了，所以把这两者结合起来，归结为一个真理，自在的存在才成其为自在的存在，才成为自在自为的存在。只有为意识而建立起来的自在存在才是真正能够持存的自在存在。

　　本身就是这一真理的意识是有这样一条道路作背景的，由于它**直接**作为理性而出场，它就把这条道路忘记了，或者说，这个直接出场的理性只是作为那个真理的**确定性**而出场的。

　　"本身就是这一真理的意识是有这样一条道路作背景的"，意识达到这一真理走过了漫长的道路，从感性确定性到知觉，到知性，然后到自我意识，自我意识的独立，自我意识的自由，不幸的意识等等，这些都是这个真理的意识后面的背景。整个这条道路它是这样走过来的，包括笛卡尔的我思故我在，都是这样走过来的，这样才达到了今天这一真理，即只有为意识而存在的东西才是自在的存在。笛卡尔讲，我思维多久我就存在多久，我一旦不思维了也就不存在了。所以自在的存在只有当我思维，当我自为的存在的时候，才自在地存在。达到这一步是不容易的，达到这一步是通过前面整个的阶段，从感性确定性以来，到自我意识的终结，走过了这整个阶段，才达到的。笛卡尔自己也是这样的，笛卡尔的怀疑，首先怀疑的是什么呢？首先怀疑的就是感性的确定性啊。笛卡尔在他的第一沉思里就讲到，首先怀疑这块蜡，看起来是黄的，硬的，但是你把它放到火上一烤，就变成液体了，这说明这个蜡的性质不是真的。然后他怀疑了很多，包括怀疑自己的身体知觉，怀疑自己的腿是不是存在，因为有人觉得自己还有一条腿,实际上他那条腿已经被截肢了,但他一到了下雨天,还会觉得那条腿痛,可见知觉是靠不住的,凭知觉来断言存在是可疑的。甚至于包括数学、物理学、力学这些定理,连1+1=2他也怀疑,他说虽然我不能够指出为什么怀疑,但是我可以设想有一个魔鬼在我的背后,每次让我在计算的时候都算出了1+1=2,但是1+1其实并不等于2,有可能的啊!知性的规律,力和力的表现,这些都是值得怀疑的。所以笛卡尔确立真理的意识其实已经走过了这样一条怀疑之路。我们前面讲到,现象学的路就是一条怀疑之路,黑格尔在导论里面已经讲到了,现象学之路就是一条怀疑之路 [见贺、王译本第55页],不断的怀疑,把所有东西都怀疑掉。黑格尔的这个怀疑之路,后来有人评价,就是从笛卡尔的怀疑一切来的。所以要达到笛卡尔的水平,他必须已经走过了这条道路。但是,"由于它**直接**作为理性出现,它就把这条道路忘记了,或者说,这个直接出场的理性只是作为那个真理的**确定性**而出场的",笛卡尔在怀疑了以后,得出他的"我思故我在"之后,他就把他的怀疑忘掉了,怀疑只是一个工具,一个手段,不是为怀疑而怀疑,用完了就该丢掉。他明确地表示,我怀疑是为了建立新的世界观,找到所有哲学的最终基点,一旦找到,从此就可以不再怀疑了,怀疑就被抛弃了。所以他就忘记这条道路了,他就把他的基点建立在无可怀疑的理性直观的基础之上。理智直观,既然是直观,从哪来的就不管了,他就认为这是大家都知道的。但是要达到这种理智直观其实是很不容易的,经过了那么多怀疑才达到了理智直观,这个直观难道不也是怀疑道路上的一个驿站?你那些怀疑仅仅只有作为工具的作用?难道本身不就是一条真理之路吗?那些怀疑本身是有价值的,但是近代的理性主义,当它建立起来的时候,它就把这条道路忘记了,或者说这个直接出现的理性只是作为那个真理的"确定性"而出现,它先把它确定下来。理智直观当然是有确定性的,自明性,明证性,没有人可以怀疑了,它确定不动了,任何人都可以马上就接受的,把它当作确定性而确定下来,却把真理性本身忘掉了。要得到它的真理性,就得回忆和反思它是怎么来的。

它只**保证**它就是一切实在性，但自己并不理解这个保证；因为那条被遗忘了的道路才是对于被直接表达出来的这个断言的理解。

"它只**保证**"，"保证"打了着重号，保证"它就是一切实在性"，我思故我在，这样一个理智直观就是一切实在性，凡是我清楚明白地意识到的都是真的，这是一切实在性的保证。由什么来保证？由清楚明白。我思故我在，我等于我，这是最清楚明白不过的。由此来保证它的一切实在性，但并不理解这个保证，你凭什么保证？你不过是凭你已经走过的那条漫长的道路，你才能够保证，如果你没有经过这个漫长的道路，你还保证不了，你没有经过这个训练。比如你对小孩子这样说，小孩子恐怕不会接受，你对原始人这样说，原始人可能也不会接受。你只有经历了感性、知觉到知性，包括不幸的意识，你才能够接受。我们中国人到现在还不能接受，我就是我，这个我们不能接受，我怎么是我呢，我是关系，我如果不是关系的话，那我就是禽兽了，不是我思故我在，而是我"孝"故我在。所以笛卡尔自己并不理解这个保证，"因为那条被遗忘了的道路才是对于被直接表达出来的这个断言的理解"，这是一个断言，要理解这个断言，必须要回顾这条被遗忘的道路。

同样，没走过这条道路的人，尽管他自己也以某种具体的形态做出这种断言，当他以这种纯粹形式听说这一断言时则是不能理解的。

就是"没有走过这条道路的人"，没有经历过这样一个历程、这样一条怀疑之路的人，"尽管他自己也会以某种具体的形态做出这种断言"，我们中国人也可以说"我就是我"，我们说这个人很固执，我们说这个人很自我，但是呢，"当他以这种纯粹形式听说这一断言时则是不能理解的"。我们讲一个人很自我，很固执，独断专行，刚愎自用，只相信自己，他通常也可以这样断言说，"我就是我"；但是如果有人说"我思故我在"，以这样一种纯粹的形式告诉我们这样一个原则，那我们是无法理解的。我们知道，对于一个刚愎自用的人，我就是我，再也不是别的，听不进任何其他的意见，我们只能把他理解为一个固执的人，一个自私的人。我们有的人会进入到这种具体形态，他也会自认为"我就是我"，他把这理解为自私。但是"我就是我"是不是就只能理解为自私呢？在其纯粹的形式中，它可以成为一条普遍的原则，它可以成为一切实在性，这个他就没有办法理解了。当他以这样一种纯粹的形式听说这样一个命题，听说这样一个断言的时候，他是没有办法理解的，他只能从具体的形态，某个人的个性，某个人的欲望，某个人没有教育、没有教养，这样来看待这个断言。但是这样一条原则的纯粹的形式究竟意味着什么？这个他是不能理解的。

好，我们再把下面一段给大家讲一下。黑格尔对于笛卡尔非常重视，当然也不光是黑格尔，包括康德，包括胡塞尔，他们都把笛卡尔当作近代思想的源头，近代哲学就是从笛卡尔开始的。当然还有人争论，说还有培根，还有经验派，但是呢，一般来说，近代哲学它的形式、它的规律首先是从笛卡尔开始奠定的。理性派的这种唯心主义就是从笛卡尔的"我思故我在"作为一个切入点，切入近代思想、切入理性的。理性派和经验派相比，经验派当然也讲理性，但是经验派里面的理性是附属的，而理性派的理性是主体，是为主的。理性派也讲经验，但主体是理性，理性的原则，理性的法则。所以，为什么说近代的原则就是理性的原则，而理性的原则要追溯到笛卡尔，道理就在这里。刚刚我们讲了，理性派的出发点是理性直观，或者是理智直观，或者叫作知性直观；那么知性直观是一个原点，知性直观如何来的，它是不可追究的。但是在黑格尔看来，这种不可追究只是形式上不可追究，理性直观是一切理性的起点，但是理性直观本身如何来的，它还是有一个发展历程才形成起来的，这个是两码事。

因此，那并不陈述那条道路而只从这样一个断言开始的唯心主义，也就是纯粹的**保证**，这种保证既不理解自己本身，又不能使自己为别人所理解。

这是对理性直观的一种批评，理性直观固然是一切理性的起点，但是它本身是从哪来的，这个道路如果你忘记了的话，也会走偏。他说"因此，那并不陈述那条道路而只从这样一个断言开始的唯心主义，也就是纯粹的**保证**"，就是不再去陈述那条道路，只作保证。笛卡尔当然已经陈述过了那条道路，但是陈述过了以后，他就忘记了，他把他的怀疑讲了之后，达到了他想达到的那一点——我思故我在，清楚明白，然后他就不怀疑了，然后他就绕个弯子把那些他怀疑过的东西又恢复起来了，但是那种恢复和怀疑没有关系，都是建立在我思故我在这样一个可靠的命题之上的。所以这种唯心主义只是一个断言，它并不陈述那条道路，而只从这个断言开始，也就是纯粹的保证。由什么保证？由清楚明白，我觉得是清楚明白的，那你也应该觉得是清楚明白的，我保证它是清楚明白的。那么这个保证就是非常独断的，"既不理解自己本身，又不能使自己为别人所理解"，它不能理解自己本身，它忘记了自己的来龙去脉，只归结为一个独断，独断论当然也就不能够使自己被别人所理解了，同意你的人当然没话说，不同意你的呢？比如经验派，你怎么说服人家？在理智直观看来，不需要说服，如果你连这个都不明白，那么就不必谈了，所以他不能够使自己被别人所理解。

　　它所表述的是一种**直接的确定性**，与之对立着的是其他那些直接确定性，只不过它们在那条道路上走丢了。

{134}

　　这是接着上面讲的，你的断言不能使别人理解，"它所表述的是一种**直接的确定性**"，"直接的确定性"打了着重号；"与之对立着的是其他那些直接确定性"，比如说，感性确定性、知觉、知性的确定性，这些东西，都跟现在自我意识这种理性直观的确定性是对立着的，你就是从扬弃了那些确定性才达到今天这种确定性的嘛，但是你把达到这种确定性的过程忘记了，那你的这种确定性跟以往的确定性就是对立着的，就没有消化掉。感性的确定性和其他的确定性，都和你相对立，"只是它们在那条道路上走丢了"，在那条道路上它们走岔了路，走丢了，走进了死胡同。

你达到了今天这种确定性,你又把那条道路忘记了,那你就不能够把它们贯穿起来,那条道路上的确定性跟你就是对立的。感性确定性和理智直观就是两种完全对立的确定性,人家不相信你的理智直观,像休谟,他相信的确定性就是知觉、印象,第一印象,这是最确定的,其他的都不确定,认为你那些理智直观,那些都是空想,都是玄想,那怎么办?于是,在近代以来就有各种不同的确定性。

因而除了对那个确定性**加以保证之外**,对其他这些确定性的**保证**也有同样的权利提出来。

这是在笛卡尔的时代所形成的局面,对其他那些确定性的保证也纷纷提出来与他的保证相对立,他们的权利似乎是平等的。比如说,经验派和理性派的对立,归结起来是这两大流派的对立,其中又有一些中间派,有些理性派也有更多经验派的因素,有些经验派也有理性派的因素,各自为政。例如休谟的感觉印象,洛克的经验知觉,斯宾诺莎的知性,他们都认为自己的原则是自明的。但是总的来说,归为两大派,经验论和唯理论。他说"**除了**对那个确定性**加以保证之外**,对其他这些确定性的**保证**也有同样的权利提出来",这就是近代以来的唯理论和经验论的并肩而立。

理性所依据的是每一个意识的**自我**意识:**我就是我**,我的对象和本质就是**我**;没有哪一个意识会否认理性的这个真理性。

"理性所依据的是每一个意识的**自我**意识",自我打了着重号,"我就是我"也打了着重号。理性所依据的基础是建立在每一个意识的自我意识之上的,每一个意识都会承认我就是我,这个是没有哪个可以否定的。"我的对象和本质就是**我**,没有哪一个意识会否认理性的这个真理性",这一点一般人都不会否认,除非那些极端的,比如休谟,到了休谟,他连这个也否认了,在休谟以前,像霍布斯、洛克、贝克莱,他们都没有否认我就是我这样一种确定性。在贝克莱那里,这个我就是感知,存在就是被感知,我的一切都是感知的我。斯宾诺莎虽然不认为我思可以作为哲学的基础和出发点，但他也没有否认"我是我"这种自明的事实。没有哪个意识会否认理性的这个真理性，只要你有理性，只要你不是走到极端，像休谟那样，完全否认我就是我的真理性。休谟认为连人格的同一性都是值得怀疑的，只不过是一种习惯，我跟我完全可以不同一，但是我已经和我同一了，我已经是我了，这是一个事实，仅仅是一个偶然事实而已，并没有什么真理性，这个是休谟所走的一个极端方向，一般人都是不会走到这一步的。没有哪个意识会否认理性具有这个真理性，否认自我意识就在于把我当作自己的对象和本质。

　　但是由于理性将真理建立于这个依据之上，它就认可了其他确定性的真理性，即这种确定性：**有对我来说的**他者；在**我**以外的他者对于我是对象和本质，或者说，由于**我**对我自己是对象和本质，我就只有通过我从一般他者中将我撤回而作为一个现实性**与之并列**，我才是这样。

　　正因为一般人都不会否定我就是我这样一个自明的真理性，确实它有它的自明性，但是呢，"由于理性将真理建立于这个依据之上"，它把这种自明性当做真理的根据，既然我就是我，所以这是唯一的真理。由于这样，"它就认可了其他确定性的真理性"，理性把真理建立于这个根据之上，它同时也就"认可了其他确定性的真理性"，它就认为我这个真理性是不错的，同时依据这个基点，其他确定性的真理性也是不错的。你没有办法只坚持我的真理性，同时把其他的真理性都排除掉，那就成了唯我论了，那也是做不到的。笛卡尔就没有做到，他确立了我思故我在之后，他又想办法把上帝也好，把整个自然界也好，全都恢复起来了，他据此重建了整个世界。这也就认可了其他确定性的真理性，包括经验派的那些确定性，包括感性确定性，包括知觉和知性的确定性，都必须要认可。其他确定性的真理性是什么样的一种确定性呢？是这样一种确定性，即"**有对我来说的**他者"。我就是我，没错，但是也有对我来说的他者，也有他人，这个也不错。你承认我就是我的真理性，同时你也就必须认可有他者，有其他的东西存在，这种确定性也是具有真理性的。你不能说只有我这个真理性,然后没了,然后到此为止所有的东西都是假的,那你就一步也不能迈出来,而且你这个真理性本身也就建立不起来了。笛卡尔建立起我思故我在之后,他为什么还要把整个世界全部重建起来?因为只有这样,他这个我思故我在才能被证明是真理,否则他这个我思故我在也是会被取消的,因为它成了唯我论了。唯我论就像一架发了疯的钢琴,觉得全宇宙的和谐都发生在它的键盘上,不承认他者和他人,那他自己也是没有人能够承认的,他自己也建立不起来的。你哪怕是建立起"我就是我"这个真理,你也得把我之外的世界的真理重建起来。也就是说,唯理论哪怕要坚持自己的原则,他也要把经验论纳入进来,在某种程度上承认它们也有自己的真理性,它们的确定性也是真的。所以后来康德就意识到唯理论与经验论必须结合起来,必须对它们加以调和。笛卡尔也不得不承认,"在**我**以外的他者对于我是对象和本质,或者说,由于**我**对我自己是对象和本质,我就只有通过我从一般他者中将我撤回而作为一个现实性**与之并列**,我才是这样",就是这样一种确定性也是有真理性的,什么样的确定性呢?对我来说有他者,有对象存在,在我以外的他者,在我以外的对象,对我来说也是对象和本质。或者说,由于我对我自己是对象和本质,我就必须把我之外的他者看作对象和本质,也就是我把自己从一般他者中撤回来,而作为一个现实性与他者并列起来,我才能成为对象和本质。我要成为自己的对象和本质,只有通过一种方式才可以做到,就是把我从一般对象中撤回,在我与他之间划出界线,我是作为各种现实事物中的一个而与其他的现实事物相并列、相对立,只有在这种相互关系中我才能成为自己的对象的本质。但现在笛卡尔遇到了身心二元论的难题,当我把我自己作为一个现实的东西而从我之外的那些现实的东西中撤出来,并与它们相并列的时候,我不是作为物体而与别的物体相并列,而是作为心灵而与物质相并列,所以我就遇到了我自己的心灵和我自己的肉体的现实性之间的对立,我只有用我的心灵支配我的身体,我才能用我的身体去支配外在的事物。但在笛卡尔那里,我的心灵和我的身体之间的互动关系恰好是一个说不清的问题，他最终只能让双方处于相互并列的二元论中。这是笛卡尔所遇到的他的理性方面与经验方面最尖锐的对立，最后是靠康德出来把这个对立加以调和。在康德那里，唯理论和经验论两种不同的确定性都是构成知识不可缺少的成分，其中唯理论的自我，即先验的自我意识，这是为主的，人为自然界立法，它是立法者；但是立法者要有对象，你向什么立法，向自然立法，自然从何而来，最初是来自于感官。那么这两方面不单是相互并列，而且是相互结合，我们才能把它们构成一种知识。由谁来结合呢？只有由理性本身。

——只有当理性从这个对立的确定性中作为**反思**而出场的时候，它的自我断言才不仅仅是作为确定性和保证，而是作为**真理**出场；才不是与其他真理**并列**出场，而是作为**唯一的**真理出场。

[157]

"只有当理性从这个对立的确定性中作为**反思**而出场的时候"，对立的确定性，也就是他者，作为一种对象的确定性，作为一种经验的确定性；理性从这个经验中作为反思而出场，"反思"打了着重号。康德的理性原则是从经验的确定性中作为反思而出场的，康德讲过，一切知识都开始于经验，但并非都来自于经验。一切知识都是从经验开始的，经验知识作为对象摆在那里，这是有确定性的，牛顿物理学这是有确定性的，欧几里德的几何，这是有确定性的；但是在这个确定性中你不反思就把它接受下来，那它的确定性就是无根的，必须反思到它们在理性中的根源，这种确定性才能作为真理性而得到理解。所以对于经验知识，对于伽利略、牛顿提出的那些经验科学的原理，我们要对它进行反思，问问它何以可能？数学何以可能？自然科学何以可能？这个"何以可能"就是反思，就是追问什么东西使它们得以可能的，要知其然还要知其所以然。这样一来，我们就反思到了原来在这些经验知识的里面，使它们成为经验知识的恰好是那种先天的原则，恰好是知性的先天原则使它们成为了经验知识的。那么这些先验的原则就是理性的原则，理性的原则是作为经验知识的反思而出现的, 经验的知识如果没有理性的原则的话是不可能建立起来的, 它就是一盘散沙, 一大堆知觉、表象, 是形成不了一个认识对象的。而理性通过这种反思,"它的自我断言才不仅仅是作为确定性和保证, 而是作为**真理**出场", 理性的自我断言, 也就是我思、先验的自我意识、统觉, 这样一些本源的活动, 才不仅仅是作为确定性和保证, 而是作为真理出场的。这就不像笛卡尔那样, 首先确定只有我思是不可怀疑的, 然后你再谈别的。康德不是这样, 康德从经验出发, 牛顿物理学, 那么多的经验, 你都不能否定, 自然科学成功了, 数学也成功了, 我们就从这两种成功了的科学里面去追溯它何以成功, 然后我们从中分析出来了知性的原始功能, 即先验的自我意识, 统觉。这就是先验演绎, 通过一种追溯, 通过一种反思, 使得这种经验知识不仅仅是作为确定性和保证出场, 而是作为客观真理出场, 也就是说明了这种知识的客观性之所在, 客观性之成因。这样一种作为真理而出场的自我断言, 那就是有客观内容的, 观念和对象之间是符合的, 或者对象与观念是符合的。在康德这里, 他从对象里面找到了使它成为对象的观念, 那这个观念就是真理了。"才不是与其他真理**并列**出场, 而是作为**唯一的**真理出场", 你通过自己的反思找到了这样一种最终的根据, 那当然, 这个根据, 它的现实性, 它的真理性就不是和其他的真理并列出现的, 并不是有一个自我意识的真理, 还有一个经验的真理, 那就不是的啦, 这两方面就结合成一个唯一的真理了。因为经验的真理被归于自我意识的真理之下, 被统摄起来了, 被统觉所统一了, 它们是一个真理。

这种直接出场乃是对真理的现成存在的抽象, 而此现成存在的本质和自在存在就是绝对的概念, 即是说, 是这概念的形成起来的运动。

"这种直接出场乃是对真理的**现成存在**的抽象", 这种直接出场, 理性的自我断言、先验的统觉也是直接出场的, 先验自我意识在《纯粹理性批判》第二版先验演绎里面就是直接出场的, 虽然在第一版演绎里面, 它还是从现有的经验知识里分析出来的, 从"直观中领会的综合"到"想象中再生的综合"再到"概念中认定的综合"一步步上升,最后才达到先验的自我意识。在第二版演绎里面,康德直接从"一切联结的可能性"入手,任何两个概念如果要联结,都只有通过自我意识,通过这个我,我的一切表象都是我的表象,这是直接出场的命题,也好像是一个知性直观,但其实不是,它和笛卡尔的"我思故我在"有些不一样。康德说这样一个命题不是表面上看起来的分析命题,而是一个先天综合命题。我的一切表象都是我的表象,我的一切意识都是我的意识,这在形式上看完全是一个分析命题,同语反复的命题;但从内容上来看它不是,它是一个先天综合命题。我的一切意识之所以是我的意识,是因为"我的意识"在里面起了统摄作用,我的意识把我的所有意识都抓起来、都统一起来了。所以它看起来好像是直接的出场,形式上是直接出场,但是实际上它是有内容、有中介的,是"对真理的**现成存在**的抽象",它是抽象出来的,它是从那些经验的知识里面抽出来的,也就是分析出来的,所谓的先验的分析论。真理的现成存在大家都公认的,物理学知识,数学的知识,那么我从里面抽出它的先验要素,才发现它是直接出场的。"而此现成存在的**本质和自在存在**就是绝对的概念,即是说,是**这概念的形成起来的运动**",这个现成存在的本质,现成存在的一切知识,包括牛顿的物理学知识,它的本质和自在存在就是绝对的概念,牛顿物理学背后的本质和自在存在,牛顿物理学何以可能,它的那些可能性条件是什么? 是绝对的概念。什么是绝对概念? 就是"**这概念的形成起来的运动**"。"形成起来的运动"打了着重号,也就是说这个绝对的概念不是一个理智直观摆在那里,不动的,像笛卡尔那样,先摆一个"我思故我在"摆在那里,然后再从它里面去引出其他的知识,它不是这样一个概念;它是一个绝对概念,这个绝对概念就是这概念形成起来的运动。这就是先验自我意识的概念,这概念要形成起来,它要运动,要实现为一种统觉活动。先验统觉是一种自发性,是一种能动性,在统觉的活动过程中这概念才形成起来。这个概念是绝对概念,是概念本身的运动,它不是由别的概念产生出来、推出来的,而是先验地产生出所有其他概念的,这才是绝对的概念,或者说概念的概念。一切其他知性概念、范畴都是由这个绝对概念即自我意识概念派生出来的,是自我意识的统觉在各个方面的体现,而这个统觉的概念才是绝对的概念。统觉就有这样一种特点,统觉不是一个固定不动的概念摆在那里,而是一个运动的概念,它使所有那些概念、那些范畴运作起来,那些范畴都是执行统觉的概念,统觉凌驾于那些范畴之上,是作为那些范畴底下的那个绝对的概念,它推动范畴去把握那些经验材料而形成知识。

——意识将以各种不同的方式规定它对他在或它的对象的关系,依照它正好处于逐步意识到自身的世界精神的哪一阶段而定。

"意识将以","将以是将来时,指后面将要讲到的。"意识将以各种不同的方式规定它对他在或它的对象的关系","他在"就是意识的对象,"的关系",意识对它的对象的关系有各种不同的规定,各种不同的规定首先是范畴。在康德那里有十二个范畴,当然这十二个范畴在黑格尔看来太少了,它的所有的关系都可以看作是范畴,后面的所有的各种形态都可以这样看。《精神现象学》在理性后面,还包括有精神,还有宗教,还有绝对认知,以及其中的各个阶段,所有这些无非都是意识对他在或它的对象关系,它们以各种不同的方式规定这种关系,各种不同的方式归根结底就是范畴的方式。康德的范畴只有十二个,而黑格尔的范畴是整个体系,黑格尔的范畴无所不包,包括理性、科学和后面讲的精神、社会、道德、伦理、历史、宗教、哲学、艺术,所有这些骨子里头都是范畴,这些范畴在逻辑学里面得到了最纯粹的展示。所以它这里的"各种方式",我们可以理解为范畴。意识将以各种不同的范畴规定它和对象的关系,"依照它正好处于逐步意识到自身的世界精神的哪一阶段而定","世界精神",这个地方出现了这么个词,世界精神把后面的都概括了,后面的包括理性,观察的理性和实践的理性,包括后面的这个精神、宗教、绝对认知,都是世界精神。范畴就是依照意识处于世界精神的自我意识发展的哪个阶段而定的,整个《精神现象学》都是世界精神对自身意识的各个不同的发展阶段，每个阶段体现一个范畴，最后在绝对认知那里，世界精神达到了自我意识，意识到了自身，《精神现象学》就结束了。《精神现象学》讲的就是世界精神的这个进展、发展，它展示了意识到自身的世界精神在运动中的一系列的范畴，一系列的阶段，所以每个阶段后面都是有范畴在起作用的，这些范畴在《逻辑学》里面得到了系统的展示，但是在《精神现象学》里面它表现为世界精神的前进的步伐。

＊　　　　　＊　　　　　＊①

**　世界精神每次如何直接发现和规定自己和自己的对象，或它② 如何自为地存在着，这取决于它已经成为了什么或它已经自在地是什么。**

　"世界精神每次如何**直接**发现和规定自己和自己的对象"，"直接"打了着重号，世界精神也可以说在每一个阶段上它都具有直接性，就像笛卡尔的理智直观，它就是一种直接性。世界精神在每个阶段上如何直接发现自己和规定自己，发现自己的对象和规定自己的对象，每次如何从它的直接性开始启动它的发展进程；或者说世界精神"如何**自为地**存在着"，"自为地"打了着重号，也就是直接发现和规定自己和自己的对象，那是一种自为的行为，没有别的东西支配它，它就是自为，就自己规定自己。笛卡尔的"我思故我在"作为一种理智直观，它是直接的，也是自为的；康德的统觉也是直接的，也是自为的，康德的统觉是一种自发性，所以它是一种自为的存在者，它是直接地规定自己及其对象的。康德的统觉是直接地规定，它是知性的最高原理，所以它直接规定它底下的那些范畴，那些图型，经验材料，以便把它们建立为对象。那么它如何能够做到这一点呢？　"这取决于它已经**成为了**什么或它已经**自在地**是什么"，这不是没有前提的，不是毫无条件的，而是直接取决于它已经成为了什

---

① 　以上是一次课所讲的内容。为了区分课程顺序，书中用"＊"隔开。

② 　此处"它"在第一版中为es，指意识，但在第二版中改为er，指世界精神。——袖珍版编者

么，也就说它这种直接性取决于在它之前已经做了什么准备，它已经成为了什么，或它已经自在的是什么。它在以前已经做了漫长的准备，我们看笛卡尔的"我思故我在"，好像是一个理智直观，好像人人都可以直接接受，但实际上，凡是能够接受他的理智直观的，都是经过了怀疑之路的，都是对所有值得怀疑的东西都思考过，发现那些东西都不可靠，唯有理智直观，唯有"我思故我在"才是能够被接受的。所以最后诉之于自明的东西，才是不用说的东西，之所以不用说，是因为前面已经说了很多。所以这取决于它已经成为了什么，它已经达到的阶段，在这个阶段上，它当然是自明的。在某个阶段上，它的这个阶段的原则就成为自明的了，成为直接具有确定性的了。我们的社会历史发展也是如此，在每一个社会历史发展的阶段上都有一些自明的原则，在法治社会，法治就是自明的原则，在我们这个社会，"潜规则"就是自明的原则，这不用说，大家都认可。为什么呢？为什么我们把潜规则当做自明的原则呢？是因为我们还没有达到法治这个阶段。在西方民主法治社会，他们觉得很难理解你那个东西是自明的，法律反而不是自明的，他们觉得很奇怪。其实他们回顾一下自己走过的历程，他们也不难理解，他们原来也是这样的，但是因为搞得痛苦不堪，所以他们后来想出了法治的办法，长此以往，就成了自明的，就自觉地遵守，觉得这个东西不能破坏。至于这个东西有什么道理，他们一下子也说不出来，反正大家都认可，大家都认为是自明的，这很合逻辑。逻辑肯定是自明的，但在中国人的头脑里面，逻辑并不是自明的，逻辑算什么东西，潜规则才是自明的，自相矛盾才是自明的。你说我自相矛盾，我就是自相矛盾，自相矛盾才对呀，自相矛盾才有好的效果啊，才符合"辩证法"啊！如果按逻辑来一刀切，有好的效果吗？一刀切就会造成悲剧呀。现在醉驾入刑，本来一刀切嘛，现在我们司法部部长出来讲了，也不是所有的醉驾都入刑，要看情况而定，结果引起法律界和一般老百姓的大哗，这法律还有什么尊严，你自己颁布了法律，还要视情节轻重，那情节轻重就说不清楚啦。什么叫情节轻重？就是潜规则嘛。我们认为潜规则是自明的，法律是不自明的，是因为我们没有达到这样一个阶段，我们还处在前一个阶段之中。笛卡尔就已经超出前一个阶段了，但是，他又把前一个阶段忘记了，他以为我思故我在从来都是自明的，任何人都会承认。但实际上你拿到中国来就不会被承认，你拿到其他民族也可能不被承认，只有拿到西方才会被认可，因为西方人已经经过了训练，已经有了长期的怀疑和痛苦的历程，他才能达到这样一个境界。所以，只有当它已经自在地达到这个层次了，它的人性已经到这个层次了，它才能把这些东西看作是自明的，不用证明，大家都认可。如果有人不认可，他们就觉得这个人几乎就是野蛮人了。其实不是的，那些人不一定是野蛮人，中国人也不是野蛮人，中国人有五千年的文明，但是由于没有经历过这个历程，还处在这个历程之中，没有反思，没有翻上来。所以这不是文明不文明的问题，而是"取决于它已经**成为了**什么或它已经**自在地**是什么"，他已经发展到什么阶段了，他就把什么东西当作自明的。

[**II. 范畴**]

第二个小标题是范畴，这个小标题我们可以跟前面联系起来。第一个小标题是"唯心主义"，唯心主义主要是从"我""我思故我在"出发，到了康德那里相当于先验自我意识的综合、统觉。那么接下来就是讲范畴，我们知道范畴在康德那里是统觉的作用方式。统觉的综合统一，它以十二个范畴的方式体现出它的作用。至于下面第 159 页 [贺、王译本]的第三个小标题，德文拉松版原来标为"空虚的主观唯心主义的知识"，这个好像跟内容不太联系得上，根据它的内容我把它改为"统觉和事物的矛盾"。一个是先验自我意识的统觉，一个是范畴，这两者体现为一种主客观的矛盾关系。范畴是对事物的一种规范、一种统摄，它是形成对象的。那么这两者，一和多之间有一种矛盾冲突，从这矛盾冲突里面生长出理性的一种个别性，也就是理性寻求实在性的一种动力。这三个标题通篇都是讲理性，理性它有这几个环节，一个是理性的出发点，就是理性的自我意识的统觉；第二个，就是通过各种范畴去把握各种具体对象，具体的事物；两者结合起来就体现为理性的一种能动性，能动地把握万事万物，这就是理性的整个一般概念。在第五章"理性的确定性和真理性"的前面，在进入到"观察的理性"之前，有这么一大篇说明，德文编者把它分为三个小标题，也就是说在讨论"观察的理性"之前，黑格尔把"理性"的概念做了一个划分，所以通常都把前面这一部分称之为理性一章的"导言"。前面我们讲到自我意识章的时候，也有自我意识的导言。黑格尔的行文方式通常都是这样的，一开始把这个概念加以阐明，这个概念的内涵，讲到自我意识，或者讲到理性，那么它的概念里面，它的内涵包含哪些，我们可以把这种说明看做导言。但这个导言不一定包含后面的整个内容，它仅就这个抽象概念本身进行分析，对其内涵加以展开，看有哪几个层次，以便在后来的进展过程中能够有明确的方向。

那么我们今天要讲的就是理性的第二个环节"范畴"，范畴这个概念我们上节课末尾的时候已经提到了。虽然范畴还没有出现，但是实际上他已经讲到了"意识将以各种不同的方式规定它对他在或对它的对象的关系"，也就是说先验自我意识的统觉将以各种方式规定它自己与对象的关系，或与他在的关系。那么这些方式在康德那里就是范畴。统觉以十二个范畴来规定它与对象的关系。按照康德的说法，所谓范畴，就是形式逻辑的那些判断的类型一旦运用于对象上，所形成的纯粹知性概念。形式逻辑是不管对象的，但是如果你要把它运用到对象上，那么它就成为了范畴，十二个范畴就是从十二个形式逻辑的判断类型引出来的，每一个判断类型，当它着眼于对象的时候，那它就是范畴。所以，范畴与对象相关，范畴具有对象性。但上次我们讲到的这个范畴，在黑格尔那里有不同的含义，黑格尔的范畴跟康德的范畴不一样，它不是统觉用来把握对象的工具，而就是万物的本质，它是无所不包的。实际上整个世界，不管是什么东西，本质上都是由范畴所决定的，范畴不只是十二个。黑格尔对康德很不满的就是，范畴为什么只有十二个？未免太少了，典型的范畴可能就是十二个，但是还有其他的范畴。所以黑格尔的逻辑学整个都是一个范畴体系，逻辑学里的概念，每一个都是范畴。上次我们谈到黑格尔的时候讲到，每个范畴就是世界精神的某个阶段，这些范畴是怎么样规定的就表明世界精神已经到达了哪些阶段，世界精神的每一个阶段，它取决于前一个阶段，所以正如世界精神是发展出来的一样，范畴是一个一个推演出来的。范畴在黑格尔那里跟康德很不相同。当然，黑格尔是从康德来的，但黑格尔的范畴无疑要更加广泛，它跟世界精神相关，它不仅仅是自我意识用来统摄对象的一种技术性的手段，它就是本体，就是存在，就是绝对精神自身存在运动和发展的一些阶段。讲到范畴的时候就不能撇开康德，所以我们下面讲的范畴就联系着康德，同时批判康德。

　　理性就是确信自己是全部实在性这一确定性。但是这种自在或这种实在性还是一个完全普遍的东西，还是实在性的纯粹抽象。

　　理性是一种确定性，第五章的标题就是"理性的确定性与真理性"，那么我们现在就来看看理性的确定性。理性是一种什么确定性呢？就是：它"确信自己是全部的**实在性**"。它的确定性表现在确信自己是全部实在性。所有的实在性，只要你讲到实在性，它都是合理的，凡是不合理的，它不可能实在，凡是有实在性的都有理性在起作用，凡是有理性的确定性的都有实在性，理性不相信自己仅仅停留于空谈而不具实在性。我们熟悉的黑格尔的一句名言："凡是合理的都是现实的，凡是现实的都是合理的"，凡是合理的都具有实在性，凡是具有实在性的都是合理的。但是并不是说凡是存在的都是合理的，我们往往把它歪曲了，我们认为凡是存在的都是合理的，存在即合理，但这不是黑格尔讲的，黑格尔没讲这句话。大家要注意，很多人，甚至是百分之九十的人都以为这是黑格尔的话，其实不是，黑格尔从来没有讲过"凡是存在的都是合理的"，而是说"凡是现实的都是合理的"。现实性和存在是完全不同的两个概念。"但是这种**自**

46

在或这种**实在性**还是一个完全普遍的东西，还是实在性的纯粹**抽象**"，理性的确定性虽然确信自己是全部实在性，但这全部实在性还是自在的，它仅仅是一个完全普遍的东西，它是在普遍性的意义上讲的，那就无所不包了。全部实在性都是理性，但这是非常空洞泛泛而谈的，它没有涉及具体的事物，只是一口咬定所有实在的东西都是理性。那么这样理解的实在性，它就是一种纯粹的抽象，我们指着一个具体的事物，这棵树是实在的，但是我必须把这棵感性的树抽掉以后我才能说它是理性的。理性是全部实在性，包括这棵树的实在性，但是只是在抽象的意义上讲。抽象的意义上，理性的实在性无所不包，但它是如何把各种实在性包括进来的？这还没有谈到。因而，说"理性确信自己是全部实在性的确定性"，这确定性是非常抽象的确定性，或者说，它是经过完全抽象以后，才可以这样讲。所以这种实在性只是一种实在性的纯粹抽象，这种纯粹抽象，比如"我思"或者思维，一切实在的东西都是由于我想到它，我思它。所以笛卡尔的"我思故我在"有种最抽象的实在性，但它只是一个起点；而理性的这种确定性或实在性也只是一个过程，最开始只能是抽象的普遍性。

它是自在的自我意识**本身自为地**所是的第一个**肯定性**（Positivität），所以自我只是存在者的**纯粹本质性**或只是单纯**范畴**。

"它"，也就是这种实在性。"**自在的**自我意识**本身**"，即当自我意识通过"我思"意识到"我在"的时候，自我意识就自在地出现了。"**自为地**"即我思自己为自己而思，它自己思维自己，我思就是自我意识嘛，我思把我思当作一个对象来看，来确定我思是存在的，这就是笛卡尔"我思故我在"的意思，它从自为的自我意识出发把自我意识的自在加以确定。我思是自为的自我意识，我在是自在的自我意识，"我思故我在"即通过自为的自我意识把自在的自我意识确定下来。但这个时候我还没有任何自为的肯定性，只有自在的肯定性，因为"我思"只不过是"我怀疑"，怀疑一切，这种自为的活动还只是纯粹否定性的。而只有当我思的活动成为了一种赋予万物以实在性的活动，也就是成为以范畴来统摄万物的自

47

我意识的统觉活动时，这才有了第一个自为的肯定性。Positivität 也可以翻译成实证性，它有双重含义，一重含义是肯定，它跟 Negativität 相反，negativ 是否定，positiv 是肯定。但是 Positivität 的另一个含义就是实证性，我们要注意它有双重含义。在这里，黑格尔我估计他两重意思都有，实证性就是跟前面讲的实在性相关，实在性它是可以实证的，直接可以证明的。"我思故我在"笛卡尔认为这是一个理智直观，只要它还停留在这种抽象的直观，它就缺乏实在性，也缺乏实证性，因为它还没有动起来。同样也可以说，它还缺乏自为的肯定性，虽然它已经有了自在的肯定性。而这个自为的肯定性跟下面讲的有关，下面讲到了范畴的"否定性"，所以，我还是把它翻译成"肯定性"。如果译作"实证性"，那就只和上面讲的"实在性"有关，和下面就联系不起来了。所以需要注意这个词的双重含义。理性为什么是一切实在性？不仅在于一切实在性里都有我思，都把我思当作它的纯粹本质，在这个最抽象的意义上，我们可以说，理性是一切实在性；而且还在于，一切实在性都是由自我意识的统觉自为地建立起来的，这是自我意识本身第一个自为的肯定性。"所以自我只是存在者的**纯粹本质性**或只是单纯**范畴**"，就是在统觉的综合统一的活动中，自我成了万物的纯粹本质性，因为它化身为单纯范畴来为自然立法。范畴这个词在这里第一次出现了。范畴是从自我而来的，每个范畴所代表的都是自我意识，而由范畴所建立起来的对象也都是自我意识的对象。所以凡是存在者、凡是存在的东西里面都有一个我，而且以这样一个我作为它的纯粹本质性，这样一个我就是范畴了。那么现在我们就要考察范畴的意义了，什么是范畴？范畴本身的含义是什么？

　　范畴本来的含义是，它是存在者的本质性，**不确定**是一般存在者的还是与意识相对的存在者的本质性，① 现在则只是作为思维着的现实性

---

① 这里涉及的是亚里士多德的范畴学说。当黑格尔谈到"作为存在者的本质性"的范畴时，他暗示的是 ουσια（实体、本质性）的概念。——丛书版编者

的那种存在者的**本质性**或单纯**统一**；或者说范畴意味着，自我意识和存在是**同一个**本质；这**同一个**本质并不是在比较中的同一个，而是自在自为的同一个。

这就是解释范畴了，既然你把自我意识称之为单纯范畴，那么范畴是什么意思呢？范畴在亚里士多德那里就提出来了，范畴，Kategorie，在亚里士多德那里有十个范畴，他并没有区分这些范畴到底是主观的还是客观的，他是泛泛而谈的，是从句子的主谓关系来说的。所以凡是要谈论什么东西，那么你必须要有一些概念作为谓词，这些谓词里面最抽象、最具有涵盖能力的就叫作范畴，或者说这些范畴是对于一切事物进行规定的最高层次，最具有普遍性的那些概念就是范畴，高到什么程度、普遍到什么程度呢？无所不包。所以范畴跟一般概念有些区别，你可以说范畴就是概念，但是范畴跟一般概念不同就是，一般概念它总有一些掺杂的东西，或者有些经验的东西，或者有些具体的局限性。每个领域都有它的概念，每个种和类都有它的概念。但是有一种概念它是没有限制的，无所不包，无所不在，这些概念就叫作范畴。亚里士多德的十范畴第一个最重要的范畴就是实体，他把实体看作是"存在者的本质性"，凡是有一个东西存在着，它就有它的实体，这实体就是它的本质，其他东西都是附着于这本质上面的。就是说只要有个概念它是天上地下无所不包的，什么东西都可以用它来考虑的，那样一个概念就叫作范畴。当然不存在的东西那就无所谓了，不存在的东西你说它干什么呢？你可以说不存在的东西是没有实体的。但是凡是存在的东西都是有实体的，这个存在的东西不管是什么东西，不管是主观还是客观的，天上地下的，不管哪个种类，动物还是植物，甚至人的灵魂，某种思想某种感情，它们都是有实体的，范畴本来是这个意思。范畴在亚里士多德刚提出时，它是没有区分的，或者说它是主客不分的，所以说"**不确定**是一般存在者的还是与意识相对的存在者的本质性"，"一般存在者"就是主客不分，主观存在者和客观存在者都包含在内。"与意识相对的存在者"那就是客观存在者，客观存在者的本质性。本来范畴不一定专门要讲客观存在者,后来的人就把范畴理解为它就是规定客观存在的,包括康德也有这个意思,我们刚才讲了,他从判断的分类里引出范畴,就是每一个判断的类型一旦运用于客观对象上的时候,它就成了范畴,康德就是这样把它划归为对对象的一种规定性的概念,那就是范畴。但是范畴本来的含义是不分主客观的。而"现在",也即是当范畴被理解为理性的确定性的时候,也就是范畴原来是不分的,现在开始分了,分成什么样了? 分成"现在则只是作为思维着的现实性的那种存在者的**本质性**或单纯**统一**",这就是康德的范畴观了。也就是说统觉的综合统一是作为"思维着的现实性",笛卡尔的"我思"还没有现实性,康德的自我意识的统觉的综合统一开始有了思维着的现实性,即在它的实现的过程中凭借范畴把存在者的本质性建立起来,把现实的经验统一于这个本质之下。它的这种单纯统一就是范畴,先验自我意识所建立的本质性那就是范畴,它的综合统一就是范畴的作用。这就跟范畴的本来的含义有所区分了,它本来的含义在亚里士多德那里是泛泛的,而现在康德的范畴作为理性的确定性具有思维着的现实性,也就是把对象建立起来的能动性。"或者说范畴意味着,自我意识和存在是**同一个**本质,这**同一个**本质并不是在比较中的同一个,而是自在自为的同一个",也就是说范畴现在是这样一种意思了,原来的那个意思已经被扬弃了,现在思维和存在是同一的,当思维和存在是同一的时候那就是范畴,范畴现在表达"我思"和"存在"是同一个东西,同一个本质。但"并不是在比较中的同一个",并不是说有一个"我思"另外还有一个存在,然后我们通过比较认为它们是同一的;而是"自在自为的同一个",它本来就是同一的,而且它自己使自己同一。笛卡尔已经说过,只要我在思维,它就会和存在同一,当我不思维了,它就不同一了,那我就不存在了,笛卡尔讲,我什么时候思维,什么时候我就存在,我思维到什么时候我就存在到什么时候。就是说这样一种存在,它依赖于我的思维的自为性活动,或者说这种自为的活动就是存在。笛卡尔的自我意识和存在的这种同一性在康德那里被继承下来了,而去掉了笛卡尔的那种经验的理解。笛卡尔的自我意识是比较含混的,一方面它就是思维本身,另一方面它又是心灵的活动,它从心理学上来理解,这个康德认为是不严格的,你必须把心理学的意思去掉,保留下它的逻辑的含义。逻辑的含义就是一切我的思维都是我的思维,我思是我的一切思维的逻辑前提,把这个东西保留下来,然后再加以解释,赋予这种同一性以能动性的内涵。就是我为什么能够把我的一切思维都看作"我"的思维?是因为"我"能动地把我思维的一切内容都用范畴建立起来,使它们成为了"我的"。那它跟存在者就是自在自为的同一的东西,如果从心理学上理解则还不是,经验的自我和我在、和一切存在者还不是同一个东西,你要强行把这两个东西看成是同一的,就会出问题,即遇到身心关系的问题。只有从康德的先验逻辑意义上才能实现双方能动的同一性,自在自为的同一性,这就是在范畴中所体现的主客同一性。

只有片面的、坏的唯心主义才重又让这个统一性作为意识站在一边,而让一个自在去和它相对立。

前面对康德的贡献作了肯定,这一句又指出康德的不足或不彻底之处。康德让统觉的统一性作为意识站在一边,而让一个自在之物站在另一边和它相对立,这是一种"片面的、坏的唯心主义"。这就使思维和存在的同一性重新遭到了分裂,因为康德所建立起来的那种同一性只限于现象界,他的统觉的统一并不能够延伸到自在之物。自在之物与统觉的统一是相外在的,是不可知的,是它的对立面,这就仍然没有达到自我意识和存在者的自在自为的同一,令人失望。在黑格尔看来,统觉的统一是非常宝贵的,是一切存在的基点,没有什么自在之物,或者说有自在之物的话,它也是统觉的统一设立起来的,并且是可知的,你不能把它放在另一边去和统觉的统一相对立。这里,黑格尔对康德持双重评价,一方面肯定他的自我意识的先验统觉,这是理性的确定性,自我意识和存在是自在自为的同一的;但另一方面他又批判康德的唯心主义的不彻底性或者说二元论——唯心主义和唯物主义的调和。这种二元论的调和在黑格尔看来恰好是一种"片面的坏的唯心主义"，是对唯心主义的败坏。

　　——但是这个范畴，或者说自我意识与存在的这种**单纯的**统一，现在自在地就有**区别**，因为范畴的本质正好在于，它于**他在**中或绝对区别中直接与自身相同。①

　　为什么说"但是这个范畴"？就是说，前面讲到了坏的唯心主义、片面的唯心主义，它认为自我意识和存在仅仅是"**单纯的**统一"，也就是在自我意识范围内部的统一，存在也只是意识中的存在，而不是外部自在的存在。这就是康德所理解的范畴，它虽然是客观的，但是在主观中的客观，由自我意识所统摄的客观。但是这个范畴现在看来，"自在地就有**区别**"，它并不是单纯的统一，而是有自在的区别的统一。或者说，自在之物和自我意识，康德把它放在两边，好像是不可逾越的鸿沟，这样来保持范畴在自我意识这一方内部的单纯的统一，而把自在之物视为他在，视为自我意识之外的异己之物；但其实这鸿沟本身就是范畴自己区分自己的表现，是自我意识自我区分的表现。自我意识自己区分自己，或者说自在之物其实就是统觉自己把自己区分出来的，我们讲自在之物，其实也是自我意识设定的。到费希特那里就是"自我设定非我"，自在之物其实还是自我意识建立起来的，不是说有个自在之物在那里等着和意识对立。先没有自在之物，先只有统觉、自我意识，然后这个自我意识把自己区分开来才有了所谓的自在之物、非我。但是在康德那里，因为片面的、坏的唯心主义，他把自在抛出去了，把它隔开成对立面了；但从它的根源来说，它还是自我意识本身所设立起来的，如果意识到这一点，那康德的坏的、片面的唯心主义就被克服了。这个自在之物其实是从自我意识与存在的单纯统一中区别出来的，不是说谁事先设定的，是由自我意识本身的能动性所设立起来的。单纯的统一本来没有区别，自我意识本来是

---

① 指康德和费希特，参看下面的注释。——丛书版编者

单纯的,但正是在它的单纯活动中,它就是一种区别活动。如果没有这种区别,那这种单纯的统一就会静止在那里,一步也动不了。单纯的统一要成为统一,就必须区别;而既然它是单纯的,它没有别的东西,那它的区别就只能是自我区别,没有外在的辅助的东西来使得它造成这种区别,它只有自己把自己加以区别。我思的活动既然是一种活动,怎么能不展开呢? 要展开就必须区别,我思故我在虽然是直观,但是也已经区别了,思与在毕竟是两个不同的东西,两个不同的概念。我思故我在作为一种单纯的统一、一种单纯的直观就已经有区别了。你可说思与在是同一的,但毕竟思与在是两个概念,你为什么不说我思故我思呢? 我思故我思没有意义,只有我思故我在才有意义。虽然我思和我在就是同一个东西,但是,它又不是同一个东西,它之所以有意义就是因为它把自己区别开来了。我思不同于我在,我思故我在才有意义,如果完全是同一的,那你就是说一百年也没有意义。自我意识的统觉或诸范畴最明显地表现出它们的本质,它们的本质就是"在**他在**中或绝对区别中直接与自身相同",这是自我意识与所有范畴的本质,任何范畴都指示着存在,但本身又不是存在,范畴本身是一种意识,一种概念,概念和存在当然是同一的,但是概念又不是存在。范畴这个概念就是指着对象而来的,但是它显然又跟对象不一样。为什么不一样呢? 因为对象或存在是客观的,而范畴是主观的,是从自我意识来的。而自我意识的本质就是在他在中与自身直接相同,自在之物就是为我之物,而这也是范畴的本质。

因此,区别是**存在的**,但又是完全透明的,它作为一个区别同时又不是什么区别。

只有区别开来才存在,我们刚才讲我思故我思还没有涉及存在问题,我思故我在才涉及存在问题,而我思故我在已经把我思和我在作了区别,只有当你作出这个区别的时候,那么我思和我在才存在。所以"区别是**存在的**,但又是完全透明的",所谓完全透明的,就是这存在不是康德所设想的那样是不透明的,是隔绝的,自我意识的统觉和自在之物相互间不来往，不能沟通，不是的。不管是自在之物还是自我意识，相互之间是透明的。从自在之物可以看到自我意识，从自我意识可以认识自在之物，相互之间是沟通的，从一方可以看到另一方，可以看穿另一方，中间没有什么隔绝。这区别是存在的，但又是完全透明的，"它作为一个区别同时又不是什么区别"。你可以并且必须把思与在区别开，但这区别又不是绝对的区别、外在的区别，不是一个在此岸一个在彼岸，这种区别是一种透明的区别，是一个东西的自我区别，因为存在无非是自我意识自身区别出来的。自我意识把自身区别开来，区别出来的东西无非还是自身，你把自我分成了我思和我在，那么我在还是我的在，你自己区别出来的，难道你还不认识吗？不是别人给你的。如果是自在之物，那就是别人给你的，那当然你也可以说它是不可认识的。但是你自己区别开的，你自己建立起来的，你怎么能不认识呢？那肯定是能认识的，是完全透明的。所以这个区别作为区别又不是区别的含义在这里就显出来了。偶然你听到这句话你觉得简直是胡说八道，它是一个区别但又不是区别，这违背形式逻辑啊，很多人反感黑格尔就是这样。但是你要仔细体会它的意思，它有意思，它不是在那里完全胡说八道，你要结合它的意思解释它，你就会发现，确实是那么回事。

这区别显现为范畴的一种**多数性**。

自我意识本身就是区别，但是自我意识是一种单一性，也就是说众多的范畴都是自我意识通过自我区别所形成的，所有的范畴其实都是自我意识，康德讲的十二个范畴，每一个其实都是自我意识。康德其实也意识到这一点，范畴就是自我意识的功能、自我意识的作用、自我意识的表现。黑格尔无非就是认为范畴是自我意识的自我区分，自我意识把自己区分为众多的范畴，包括康德的十二个范畴，以及更多的范畴，都这样来的，它们跟自我意识相互之间是透明的，都是由自我意识把自身区别开，建立起来的。但在区别开来的时候它又意识到所有这些范畴都是自我意识的表现，都是自我意识本身。一和多的关系是由一本身建立起来的。我们通常讲一和多的关系好像有一个一，然后有很多多，相互之间对立。在西方哲学史上，这也是一个老问题了，通常把一和多理解为两回事。黑格尔继承柏拉图的辩证法，即所有的多本来是没有的，本来就是个一，然后一通过把自身区分开来才有了多，一和多的关系是这样的，是一怎么样把自己建立为多的这样一个问题。

由于唯心主义将自我意识的**单纯统**一表述为全部实在性并**直接**将它作成本质，而没有先将它当作绝对否定的本质来理解——唯有这个绝对否定的本质才具有否定性、规定性或在自身的自我区别——，所以比那种否定的本质更不可理解的是第二种本质，即在范畴中存在有**诸区别**或**诸种**范畴。

唯心主义，前面一个标题已经讲了，从我思故我在出发来建立理性的法则，到康德则是从自我意识出发去建立一切实在性。"唯心主义将自我意识的**单纯统**一表述为全部实在性并**直接**将它作成本质"，从笛卡尔到康德都是这样干的，都是把唯心主义的这样一个出发点放到单纯的自我意识、或者先验的自我意识上，把它的单纯统一看作是全部实在性，并直接把它作成本质，笛卡尔是诉之于理智直观，康德虽否认人有理智直观，但是他还是把自我意识直接加以确定，自我意识虽然不是理智直观确立下来的，而是通过分析我们的一切知识的结构何以可能而追溯出来的，但自我意识本身是没有可再追溯的了，只能认定它就在那里，我们发现了它。所以实际上，唯心主义在它的最初的阶段，都是直接把自我意识单纯的统一性做成本质，从这里出发，"而没有先将它当作绝对否定的本质来理解"，没有事先把先验自我意识从绝对否定的本质的角度来理解。当作绝对否定的本质，这是唯心主义的后一步才发展出来的，比如费希特。费希特的自我意识就不是完全的单纯本质，而是否定性，这否定性体现为，自我意识本身是一种自我否定行动，一种否定自己建立非我的行动，非我就是否定自我嘛，自我建立非我，这是费希特的理解。费希特的第一个命题就是自我等于自我，第二个命题是自我建立非我，自我建立非我是自我等于自我的一种理解，自我怎么等于自我？我静止在那里，A＝A，那它一步也迈不开，所以要必须更进一步的理解，自我只有建立起非我，它才能迈开脚步，才能够"我"下去，不然的话它就自我不下去了，它就一步也迈不动了，就死在那里了。费希特的哲学是行动哲学，要行动它就必须动起来，行动的第一步就是否定自己，自我建立非我就否定自己了，自我把非我建立起来了，但这个否定还是自我建立起来的，所以它是自我否定。自我否定可以理解为自我否定了自我，也可以理解为它是自我在否定自我，这个否定是自我本身的否定，否定的对象是我，否定的主体还是我。自我否定应该从这两方面来理解，一是否定自己，二是它是自己否定的，都叫作自我否定。这是费希特在后来才发展出来的，但是在康德那里，更不用说在笛卡尔那里，都还没有走到这一步。唯心主义在它的起点上把"自我意识的单纯同一表述为全部实在性并直接将它作成本质"，还没有在一种绝对否定的运动过程中来理解自我意识的本质。绝对否定与一般否定不一样，绝对否定是自我否定，只有自我否定才是绝对的。自我否定没有任何别的东西使它否定，它只有自己否定自己，所以是绝对的。任何一个东西，只有当它自己否定自己时，它才是绝对的否定，如果有别东西导致了它、影响了它自我否定，那都是相对的，有这个影响就有这个否定，没有这个影响就没有这个否定，所以它是相对的，取决于它的条件。自我否定是绝对的，没有任何条件它都可以否定，自我否定是本源的，所以它是绝对的否定，否定的绝对性就在于它是自我否定。"唯有这个绝对否定的本质才具有否定性、规定性或在自身的自我区别"，如果把绝对否定的本质引进来，像费希特那样，那么具有否定性也就有了规定性，一切否定都是规定，或者说，一个规定也都是否定。你要规定一个东西，你必须要否定它，不否定它你就规定不了它。斯宾诺莎讲"一切规定都是否定"，那是对上帝而言的，上帝你不能对他做任何具体的规定，你一规定说上帝是什么你就把上帝否定了。禅宗讲，"才说一物便不是"，对最高的东西你不能做任何的规定，你一规定，你就把它限定了,它不是你说的那个东西。那么反过来说,一切否定都是规定,自我否定就是规定,自我否定,我不要这样,而要怎么样,我不愿这样就显出了我的规定,我的倾向性,显出了我的个性,我可以说"不"。有了否定性就有了规定性了,你把自己区别开来,我不愿这样,我跳出自己,把自己当作一个对象加以否定,那么你就迈出了第一步,你就像米兰·昆德拉说的,"生活在别处",像海德格尔说的,生活在未来。我不愿意生活在这里,我不愿活在现在这种状态之下,我愿意活在别的状态,未来的状态,那就是一种追求,一种理想,自我否定就是这样一种理想,这样一种追求,就是这样一种能动性。你不安于现状,安于现状你就死了,你就死在这个现状里了,你虽生尤死,虽然没有死,但是已经死得差不多了。黑格尔对这种绝对否定性是非常看重的,或者可以看作他的最高原则。绝对否定性就是自我否定性,自我否定就是绝对的,它不依赖于任何外在的条件,它都能自我否定,建立起非我来,但仍然是我建立起来的,这就是绝对的。唯心主义在它的起点上是直接肯定的,它没有这种否定的本质。否定的本质当然是很难理解的,我们刚才花这么多口舌来分析它,来理解它,说明要理解它还是挺难的,要理解黑格尔的这个最高原则,这个绝对本质,从费希特开始的绝对否定的本质,很不容易的。但是比这种绝对否定的本质更难理解的是"第二种本质",第二种本质是什么呢?"即在范畴中存在有**诸区别**或**诸种范畴**"。在范畴中有各种区别,每个范畴都是有区别的、不同的,这种区别是第二种本质。第一种本质是绝对否定的本质,这个已经是很难理解的了,但是还是可以理解的,经过我们刚才的解释还是可以理解的;但是,更加不可理解的是第二种本质,就是说范畴中现成的就摆着有各种各样的区别,这样的区别是第二种本质,它是更难理解的。第一种本质是可以理解的,就是区别是自己造成的,它的能动性把自己区别开,就有区别了,但它不把自己区别开来,就没有区别,没有区别它自己也坚持不下去。我思是一种活动,它不活动就没有我思了,我思的应有之义是一种活动,而活动的应有之义是区别,活动就应该把自己区别开来，至少区别为前一种状态和后一种状态，以及活动主体和活动的对象。你活动你对什么活动？没有外在的对象你可以把自己当做对象，把以前的自己当做对象，这可以理解。但是，范畴里有各种范畴，这各种各样的范畴是如何来的？如果不是通过第一个范畴自我区别发展出来的，那它们哪来的？康德提出的范畴为何恰好是十二个？这是更难理解的，甚至是神秘的。范畴本来是一，里面突然冒出了多，一和多的关系如果不从能动的角度来理解，那将如何理解？

[158] 　　这个一般的保证，如同诸种范畴的任何**确定数目**的保证一样，是一个新的保证，但这个新保证自己本身就蕴含着：人们必定会不再对它作为一个保证而感到满意。

　　第二种本质实际上是一种保证，它没什么道理可讲，我保证是这样的，在范畴里就有十二种范畴，我提出来了，我列出一个表，康德的范畴表就把它列出来了。我保证范畴表是完备的。当然，康德对反对意见也进行了反驳，在《纯粹理性批判》第十二节里，有人质疑你这个范畴表是不是太少了，是不是还有些范畴没有纳入进去？比如说存在、真理、善，这也是一些范畴，善就是完善性，完备性，这些东西是不是也可以纳入范畴里面？那么康德一个一个作出了澄清，说这些东西都可以变成我的范畴底下的各种分支，我的范畴表是完备的，不多一个也不少一个，我保证。这是一般的保证。"诸种范畴的任何数目"，比如十二个，康德保证范畴只有十二个，这是具体的保证。"一般的保证"就是范畴里面分为诸种范畴，至于有多少，这个还没有保证。保证范畴有区别，这是一般的保证；保证区别有十二种，这是具体的保证；但这两种保证都是"一个新的保证"。新的保证和旧的保证不同，旧的保证是笛卡尔的理智直观，新的保证是统觉的能动性。但既然是一个新的保证，题中应有之义是这个新的保证不再会令人满意了。也就是说你这样保证的时候，没有任何道理可言，你说明不了为什么范畴一定是十二个，至于说范畴必须作出区分，范畴里必然会有多种范畴，这个肯定是有的，但并不是你保证的，而是范畴自己必然会发展出来的。所以你肯定范畴里有多种范畴存在，这个一般的保证本身就蕴含着它已经不是一个保证了，这实际上已经提出一条能动的原则了，它不再是一个保证，而是一种推演。你说自我意识的统觉里面有诸种范畴，当你这样保证时，实际上已经蕴含着统觉本身已经在推演自身了。你为什么能够保证统觉里面有诸范畴，是因为统觉本身已经在推演了，所以黑格尔特别表扬费希特，说他第一个推演了范畴。不是说十二个范畴你和盘托出，所有的范畴都在这里了，这是康德的做法。康德和盘托出范畴的做法很蠢，当你这样说这些范畴是统觉本身区别出来的时候，你岂不已经在推演范畴了吗？但你还是把它们理解为一次性端出来的。只有费希特看穿了这一点，所以费希特当初认为自己才是康德真正的解释者，后来康德不承认他，那没有办法，那只好归到费希特名下了。费希特第一个推演了范畴，即是说所有范畴都是从自我推演出来的，一个一个推，你不信，你看我怎么推。自我意识把所有范畴，包括康德的十二个范畴，还包括其他的范畴，一个一个地推出来，通过自我区分，通过自己把自己当作对象，通过自我建立非我，一个一个推出来。人们必须把这个保证作为推演推出来。这里包含着从康德到费希特的过渡，到费希特已经是推演范畴，已经不再是保证范畴了，在康德还是保证范畴，康德对它的范畴是没办法解释的。康德在《自然科学的形而上学基础》里讲到，有人问为什么恰好是十二个范畴，他说我也没有办法解释，就像你问牛顿为什么万事万物都有引力，牛顿也没有办法解释，但是知道有万有引力就够了，你就可以解决问题了，就可以把其他的东西都推出来了。我也是这样，你知道有十二个范畴就够了，整个自然科学都在十二个范畴的统摄之下，对任何一个事物的研究，如果你把十二个范畴都考虑过了，那么你对这个事物的认识就完备了，就是这么多，没什么道理可讲。但是费希特把所有这些保证都变成了推演。

因为既然在纯粹自我里，在纯粹知性自身中就已开始了**区别**，那么由此就确立了**直接性**、**保证**和**发现**在这里将被放弃，而**概念的理解**将要

59

开始。

这还是讲的从康德到费希特的过渡，在先验自我意识的统觉中就已经开始了区别，统觉把它统摄起来的东西称之为对象，自我意识所统起来的那些东西就是对象意识，自我意识和对象意识当然是有区别的了，但这区别是自我意识自己做出来的区别。"那么由此就确立了**直接性、保证和发现**在这里将被放弃，而**概念的理解**将要开始"，直接性、保证和发现三个概念都是一个意思。直接性就是理智直观，直接确认的；保证也是，我凭借理智直观保证这是对的，凡是清楚明白地意识到的都是真的；发现，我不是推演出来的，我是发现的。康德通过分析人的知识结构，发现在人的知识结构里最终有一个原点，就是自我意识。我的一切知识都是我的知识，这是摆脱不了的了，我的一切知识当然是我的知识，我在一切知识里面是作为一个原点，这是康德发现出来的，通过先验的分析论，分析我的一切知识而发现了知识的结构。而费希特就是放弃了这种直接性、保证和发现，才理解了概念，所以他才能推演概念。在康德这里，概念的理解还没有开始，而是将要开始。

但是以某种方式重新将诸范畴的多数性当作一种发现来接受，比如说当作从诸判断中发现的东西来接受，[①]并对此感到很满意，这实际上却必须看作是科学的耻辱；如果知性在其自身这种纯粹必然性上都不能显示出必然性来，那么它还想要在什么地方能够显示出某种必然性呢？

这是对康德的批判，这批判很重。"以某种方式"就是以康德的方式，比如把诸范畴当作从诸判断中发现的东西来接受，这是康德的做法。康德就是"重新把诸范畴的多数性当作一种发现来接受，比如当作从诸判断中发现的东西来接受"。康德的范畴表就是从形式逻辑的判断分类表里面发现的，是从中引出来的，他称之为"发现一切纯粹知性概念的线索"。形式逻辑的判断分类表是引出范畴的引线，就是通过对形式逻辑

---

① 这是暗示康德提出范畴表的引线，见《纯粹理性批判》B105 以下。——丛书版编者

的判断分类表逐个加以考察，把每一个判断的类型对应于一个范畴，把它运用于对象，从对象的角度来看每种判断分类，使它变成范畴，由此才形成了这一整套范畴表。判断分类为什么恰好有十二个分类？这你没办法解释，从亚里士多德以来人们就是这样看的，形式逻辑就已经定下来了判断有这样一些类型，当然经过康德的整理使得它们更加条理化了，但这还是从亚里士多德那里接受过来的、发现的。谁会想到范畴跟判断的分类有关呢？康德想到了，每一个范畴对应于一个判断的类别，而判断的类别是从亚里士多德以来就已经定下来了的。有什么道理？没什么道理，它就是这样的，两千年以来它都没有被动摇。康德借用亚里士多德形式逻辑的权威引出自己的范畴，"并对此感到很满意"，因为那是有充分的可靠性的。但黑格尔认为这"必须看作是科学的耻辱"。从既定的东西发现、保证、接受它，借助权威却又没说出道理，这在科学的眼中是可耻的。包括牛顿的万有引力，我们在前面讲到，黑格尔都要说出道理来，万有引力是有道理的，不是说万有引力、超距作用没有道理可讲，万有引力都是有道理可讲的。当然黑格尔讲的道理不见得是今天的人理解的道理，他把它解释为主观的原则，在主观中有道理，但是有一点是确定的，就是说什么东西都必须要讲道理。你不能仅凭直观断言，也不能凭权威保证，或者你说这是我发现的，你发现的好像就不用讲道理了，发现的也得讲道理，直观也要讲道理。我们上次讲到了笛卡尔的"我思故我在"是理智直观直接确定下来的，但是马上就有问题，笛卡尔为什么能直观确定下来？你是经过怀疑和漫长铺垫才形成了这样的理智直观的，没有铺垫你形成不了。如果你对其他的东西都没有怀疑过，都没有扬弃过，你的理智直观怎么能确立呢？笛卡尔自己也是通过怀疑的历程最后才确定"我思故我在"的，所以理智直观并非完全无道理可讲，直观也是形成的，直接性也是通过间接性树立起来的，必须这样来理解。科学耻于知其然而不知其所以然，发现了固然不错，但还必须不断地追问何以可能。康德本来是讲何以可能，但追溯到最高的自我意识他就不再追问

61

了，先验自我意识何以可能？他认为这是不可知的，到这个地方你就不能再问了，你再问，那就是问自己不可能知道的东西，自在之物你是不可能知道的，先验自我意识背后的那个自我到底是什么也是不可知道的。所以在康德那里，他最后归结为一种"发现"。那么在黑格尔看来，这必须看作是科学的耻辱。如果你建立了科学，你就不能从某些你所发现的既定的前提出发，而必须用理性来贯通一切。为什么理性是一切实在性呢？就在于所有的东西要有实在性都必须经过理性来贯通，这才能建立起科学。前面讲到科学的耻辱，这种责备是非常厉害的，康德历来标榜科学，推崇哲学是科学的女王，想建立形而上学，但是恰好黑格尔说他这种做法是科学的耻辱。这句重话从而何来？下面解释："如果知性在其自身这种纯粹必然性上都不能显示出必然性来，那么它还想要在什么地方能够显示出某种必然性呢？"知性本身是一种纯粹必然性，但是你把必然性诉之于直观、保证、发现，这是显示不了知性的必然性的，发现是偶然性的，偶然地发现了有十二个范畴，没有发现第十三个，于是你把它定下来了，这有必然性吗？这跟你所标榜的知性有关吗？所以如果知性自身的必然性你都不能显示出来，那么你在别的地方能显示必然性吗？你休想。为什么说是科学的耻辱呢？就是说你在科学的根源处就开始诉之于非科学，这不是一种耻辱吗？你诉之于一种发现，诉之于一种偶然性，我碰上的，我运气好。其实康德也是这样批判亚里士多德的，就是亚里士多德的十范畴是偶然发现的，是偶然碰上的。黑格尔指责康德也是这样，就是说，你即算是有十二个范畴，好像成了一个体系，好像有形式逻辑做根据，形式逻辑的判断分类好像很有层次，但是这个层次仍然是你发现的，为什么恰好是十二种判断形式？不多不少？所以这个范畴体系归根结底还是没有必然性的，康德批评亚里士多德不过是五十步笑百步。当然发现了以后也许就有了必然性，发现以后，你发现这些范畴是有体系、有层次、有条理的，是有逻辑的，但是这个逻辑是从哪儿来的？还是你发现的，它根子上是偶然发现的。在纯粹的必然性上都不能显示出必然性，那么你在别的地方要显示必然性，怎么显示？这一反问是一种强烈的质疑。这就给黑格尔的重话提供了理解。科学就是要讲必然性，但是如果在根子上都不讲必然性，你在别的地方讲的必然性都不可靠。你哪怕有必然性，就像笛卡尔讲，2+2=4，好像很必然的，但是我都可以设想有一个恶魔在背后故意捣鬼，让我们每次计算的时候都是 2+2=4，但是实际上有可能是 2+2=5。这种必然性如果你不加证明的话，你从根子上就体现不出必然性来，这就是对科学的摧毁。科学不仅仅是在具体的事情上要讲必然性，而且在根子上尤其要讲必然性。这就说明，范畴必须要推演出来，而不能加以发现，或者通过权威直接加以确定。

现在，因为属于理性的既有事物的纯粹本质性，又有它们的区别，所以本来就根本不可能再谈论**诸事物**，也就是不可能再谈论这样一种对意识来说只会是意识自身的否定者的东西了。

这是前面已经证明了的，属于理性的有两个方面：一方面，有事物的纯粹本质性，体现为自我意识的纯粹统觉，事物的纯粹本质性是统觉；另一方面，也有区别，事物的区别也被包含在统觉之内，包含在理性之内，由理性去加以分门别类的区别，这就是诸范畴。理性既有纯粹自我意识的本质性，又有诸范畴的区别。"诸事物"是 Dinge，自在之"物"就是用的 Ding an sich。"诸事物"是对意识自身来说的否定者，即不可认识的自在之物。意识自身的否定者根本就不是意识，是否定意识的东西，所以意识不可能认识它。即是说意识根本不可能认识自在之物一类的东西。谈论自在之物，无非是从理性的角度来谈，自在之物在康德看来也是理性的设置，理性设定有自在之物，但是我们不能认识，为什么不能认识？因为我们没有经验，但自在之物还是理性设定的。既然理性已经把一和多都包含在自身之内了，一是事物的纯粹本质性，是自我意识的统觉，多就是事物的区别，已经包含在内了，即是说不是一个一个的事物，而是所有事物都是同一个自我意识的统觉自我区分出来的，不是有诸多事物在

63

那里，不是有完全不能统一的多数性。在康德那里，自在之物经常表现为复数，每一个事物背后都有自在之物，杯子背后有自在之物，那棵树背后也有自在之物，这个人后面也有一个自在之物。自在之物是诸事物。现在我们不能再谈论"诸事物"，因为所有诸事物最后都归为一，归到统觉之下，这才是理性。如果把诸事物和统觉或理性割裂开来，那就不是理性了，那就超出理性了。理性本身是包含纯粹本质性又包含它们的区别的，各个事物的区别都发生在理性之下，包含在自我意识的统觉之内，那么这样一来就不可能谈论对意识来说只是意识自身的否定者的诸事物了，也就是对意识来说，意识是不可能认识它们的，这样一些事物你就不可能再谈论它们了。

因为诸多范畴都是那个纯粹范畴的**种**，就是说，**纯粹范畴**还是诸多事物的**类**或**本质**，而并不与它们相对立。但它们已经是有歧义的东西了，这种有歧义的东西自在地在其**多数性**中同时就拥有与那纯粹范畴**相对立**的他在。

德文 Arten 就是种，Gattung 就是类，当然也有反过来译的，把 Gattung 译为种，把 Arten 译为类，这是汉语翻译的不同。汉语在分类方面的翻译搞得非常混乱，种和类到底哪个大？还有一个属，属和种经常放在一起，属大还是种大？我们讲亚里士多德的定义，种加属差，有的翻译成属加种差，属和种经常搞混或者搞颠倒，在汉语翻译的逻辑学和生物学里这也是长期没有统一的问题，但在外文里这不是问题。我们在这里固定下来，即是说 Arten 我们把它翻译成种，Gattung 我们把它翻译成类，类比种更大，人类里面有很多种，你是哪一种？我们说张三是人，我们说他是哪种人，你把他归为人类还不够，还要问他是哪种人类，是黄种人还是白种人，所以类比种更大。类和本质联系在一起，就是说黄种人也好白种人也好，他们的本质都是人类，类是反映了本质的。种和类并不相对立，他这里讲的是纯粹范畴，就是自我意识的统觉，自我意识是纯粹范畴，是一个类范畴，而十二个范畴是种的范畴，自我意识是最高的类范畴，最大的范畴,其他的范畴都是它的种,种和类的关系不是对立的关系。"但它们已经是有歧义的东西了,这种有歧义的东西自在地在其**多数性**中同时就拥有与那纯粹范畴**相对立**的他在",它们,也就是诸多范畴,也就是种范畴,各种各样的范畴,虽然和一不是相对立的,但是已经是有歧义的。一方面,它们都是自我意识或类的表现,另一方面它们又与自我意识相对立,各种范畴自己都有它的他在,都有自己跟自我意识相对立的不同的东西,所以它们是统一的,但又是对立统一的,不是完全等同的。为什么自我意识要自我区分出诸范畴,就是要用诸范畴去建立那些他在、那些对象。所以每一种范畴都有它不同的他在,这是和自我意识相对立的,既有统一性,又有对立的方面。

由于这个多数性,它们实际上与纯粹范畴相矛盾,而纯粹的统一就必须在自身中扬弃这个多数性,从而将自己建构为各种区别的**否定的统一**。

一和多是相统一的,但是又是相矛盾的。既然多和一相矛盾,那么如何解决矛盾? 不是说就让双方对立起来,就无法解决,而是必须通过这种纯粹的统一在自身中扬弃多数性来解决矛盾。这个统一不是静止的,不是说统一的自我意识下摆着十二个范畴,如果是这样,那就不可能统一了,矛盾就不可能调和,因为十二范畴也好,诸多范畴也好,每个都面对自己的多种多样的他在,这跟自我意识的纯粹统一是格格不入的。要解决矛盾,就必须发挥自我意识本身的纯粹统一作用。这作用是什么作用呢? 就是自我否定的作用,即是用否定性把各种区别统一在自身中。所有的区别都是对自我意识的否定,但是由于它们都是自我意识的自否定,所以它们还是统一在自我意识之中的。这统一如果不是自我意识的自否定,那它们就统一不起来了,每个范畴都要否定自我意识的统一性,强调自己的个别性,那就格格不入了,那就一盘散沙了。但如果它们都是从自我意识而来的自我区别、自我否定,一种否定的统一,那么虽然它们否定自我意识,但它们同时也肯定了自我意识,因为它们就是自我意识自己否定自己的产物，不是外来的，不是硬加的。它们怎么统一起来的？它们如何解决一和多的矛盾问题？就是把这个一建构成否定的一，否定的统一，它才能够把所有那些否定它的范畴纳入到它自身。你否定我可以，但你要知道，你否定我是我授权给你的，是我让你来否定我的，甚至就是我自己否定自己的表现。你以为你在否定我，其实你还是我，你不过表现了我的自我否定而已，那么我还是站得住的，没有被你解构。如果这个我完全待在那里不动，那就只能等着去解构了，就等着诸范畴把它解构了，把它四分五裂了。但是自我意识绝对不是这样被动的，它是主动的，它是能动的，所以它是一种否定的统一。

不过，作为**否定的统一**，**诸区别**本身，亦排斥最初的那个**直接的**纯粹统一本身，并且它就是**个别性**；这是一个新的范畴，它是一种排斥性的意识，即是说，意识到有**一个他者**为它而存在。

作为否定的统一，一方面它排斥了"**诸区别本身**"，诸区别其实是没有区别，它通过否定的统一把这些区别排除掉了，或者说贯串为一了。自我区别那就是没有区别，当所有的区别都是自我区别，那自我区别就不是真的区别。它作为否定的统一，和原来的那个直接的纯粹统一也不同了，所以一方面，它从自身中排斥了那些区别，另一方面把那种静止的、直观的纯粹统一也排斥掉了。它扬弃了双方，一方是原初不动的那个直接性，那个自我意识，"我思故我在"的那种直观的自我意识，在这时已经被扬弃掉了；另一方面，就是各种区别，跟原来的那个自我意识是格格不入的诸区别本身，在这种否定的统一里面也被排除掉了。否定的统一扬弃了自己的两个环节，一个环节是区别，另一个环节是无区别的静止的统一，"最初的那个**直接的**纯粹统一本身"。而这种统一就是个别性。黑格尔的个别性是最高的概念，这不是通常所理解的感性的个别性，而是概念的个别性，概念的个别性是最高的，它体现了能动性。对黑格尔而言，一般来说，个别性都体现了能动性，普遍性反而是最低的，泛泛而谈的，抽象的普遍性，那是最低的，特殊性要比普遍性高一点，个别性最高，个别性是普遍性和特殊性的统一。当然这三个环节有不同的组合方式，有时候在某些情况下可能普遍性更高，某些情况下可能特殊性更高，但是大多数情况下，在黑格尔那里，个别性是最高的，因为它体现了能动性。这里也是这样，这种否定的统一，它是一种能动性，它扬弃了那种单纯的、直观的、静止的统一，最开始的那种直观的自我意识只是抽象的普遍性；同时它也扬弃了那种特殊的区分，它把抽象的普遍性和特殊性都扬弃了，把它们凝聚为了个别性，个别性就具有了能动性。新的范畴，也即是跟直观的统一的自我意识不同的，也跟诸范畴不同的新的范畴，第三个环节，第三个环节形成了新的范畴，就是自我意识的个别性，即具体的自我意识。个别性意味着具体性，具体性是具有能动性的。一个新的范畴是排斥性的意识，这里的排斥性是自我排斥，也就是能动性。诸范畴每一个都有他在，但诸范畴在这种个别性中已经被扬弃了，他者被保留下来纳入个别性底下，作为"为它而存在"的他者。他者就是客观对象。个别性的能动性体现在对他者起作用，能动性需要一个他者能够作用，那么现在通过它的自我区别，"意识到有一个**他者**为它而存在"，这样的意识就是个新的范畴，一种排斥性的意识。即是从自我意识内部转向了建立起外部的作用对象，这就是个别性的特点，个别性就是突破自我意识本身的范围而向外建立的一个环节，个别性作为能动性的环节，它是指向外部的。

　　个别性是范畴从它的概念向一个**外部**实在性的过渡，是纯粹的**图型**，这图型既是意识，又是对一个他者的指示，因为它就是个别性，是排斥性的一。

　　图型即 Schema，我们在康德那里把它翻译成图型，康德的图型法是一个中介，通过这样一个中介，知性范畴和感性直观得以联结和沟通。这里的个别性也是一个抽象普遍性和特殊的范畴区别之间的统一的范畴，这个范畴把普遍性的自我意识和诸范畴这两个内部的环节都凝聚起来，转向外部实在性，从它的概念向一个外部实在性过渡。在康德那里，纯粹知性的图型是把范畴运用于经验对象之上的中介，体现为时间的先验规定，先验想象力对时间做出了诸种先验规定，比如时间的相继性、时间中的持存性分别对应于因果性范畴和实体性范畴，但它又不是这些范畴，而是这些范畴在对象上的运用，范畴通过图型来作用于经验对象，过渡到外部实在性。黑格尔在这里也运用了康德的这种中介模式，范畴要作用于经验对象首先要形成为个别性，个别性就不是那种抽象的普遍自我意识，同时也不是那些零零散散的范畴的区分，而是凝聚起来的一种个别能动性。"这图型既是意识，又是对一个他者的指示，因为它就是个别性，是排斥性的一"，个别性的范畴是纯粹的图型，它是意识，而且不只是抽象的意识，在自我意识之内转来转去，而是指向一个他者，指向一个意识之外的东西。在这个阶段，我们发现意识其实是一种个别性，无论范畴还是自我意识最后都体现为个别性，个别性是排斥性的一。意识和存在中有一种排斥性的关系，意识就是排斥性的一，具有意识的能动性，否定的统一性。排斥性也就是否定性，否定的统一体现为一，因为它指向自身之外的一个他者，同时又把他者纳入自身，统摄起来。

但是这个新范畴的这种**他者**只是**其他那些最初的范畴**，也就是**纯粹本质性**和**纯粹区别**；而且在这个范畴中，即恰恰在他者的被建立中，或者说在这个他者自身中，意识同样也是他者自身。

前面讲意识作为个别的一，通过图型转向他者，转向外部实在性。但是个别性个新这范畴，它所面对的他者不是别的东西，不是自在之物，而"只是**其他那些最初的范畴**，也就是**纯粹本质性**和**纯粹区别**"。新范畴所面对的外部实在性是什么呢？其实只是其他那些最初的范畴，也就是这个新范畴能够从里面超越出来的那样一些范畴，原来的那些范畴。原来那些范畴是什么呢？就是纯粹本质性和纯粹区别。纯粹本质性就是自我意识，纯粹区别就是诸范畴，现在它们成了一个范畴了，成了一个个别性，成了唯一的范畴，成了一。但是个别性的他者是什么呢？它的他者还是其他那些最初的范畴，也就是说被它扬弃掉了的范畴，有两个，一边是抽象的纯粹自我意识，另一边是区别开来的诸多范畴。一和多在个别性中被扬弃了，但是个别性把它们当作自己的他者来对待，当作自己的外部实在性。就是它从中走出来的那些范畴，它把它们当作他者，当作自己的外部实在性，个别性反过身来把自己从中走出来的范畴当作自己的对象。所以他者并不是我们通常以为的自在之物、客观事物，个别性的范畴所面对的他者，当然它是当作一种外部实在性，是通过纯粹的图型来加以把握的对象；但是这个他者对于新范畴来说呢只不过是它从里面走出来的范畴。"而且在这个范畴中，即恰恰在他者的被建立中，或者说在这个他者自身中，意识同样也是他者自身"。"这个范畴"即作为个别性的新范畴。在这种个别性的范畴中，他者被建立起来了，个别性原来所从出的范畴被建立为他者。原来那些范畴都不认为自己是他者，而认为自己就是自我意识——抽象自我意识也好，十二范畴也好，都自认为是自我意识。到个别自我意识就发现，所有那些自认为是自我意识的范畴被建立为他者，它们是他者，还不是真正的自我意识。真正的自我意识是个别性，其他那些范畴都是作为他者而被个别性所建立、排斥、否定，通过这种否定和排斥它们才被建立起来，才被定位。"他者"包括笛卡尔的"我思"，也包括康德的十二范畴，它们当然是意识，我思当然是意识，十二个范畴也是意识，但同样也是他者，它们被当做他者。有了新范畴，有了个别性以后，所有以前的范畴都被当作他者，被当作考察对象，再不是考察者。在被考察者中，以前的范畴才被建立起来，在此之前它们都是盲目的，它们意识不到自身只是对象，只有当出现了个别性的范畴它们才显示出来，它们都是对象。

　　<u>这些不同环节中的每一个环节都指示着另一环节；但同时它在这些环节中并不归于任何他在。</u> [159]

　　所有范畴也好，直接的自我意识也好，还是个别性也好，都是一些环节，所有这些范畴都是相互指示、相互依赖，它们都是意识自身。实际上是意识把自己当作他在，当然这个他在还是意识自身，每一个环节把对

方当作他在,但它不归于任何他在,因为它们是互相相关,互相联系的。

那纯粹范畴指示着**各个种**,这些种过渡到否定范畴或个别性;但后者又回头指示着前者:它本身就是纯粹意识,它在每个种里面仍保持着它与自身的这种清晰的统一,但这个统一同样又指向一个他者,这他者通过其存在而消失,也通过其消失而再生出来了。

"纯粹范畴"即前文讲的统觉,普遍的自我意识是最纯粹的范畴,最单纯的范畴,"指示着**各个种**"是对上文说的"每一个环节都指示着另一个环节"这种关系的印证;"这些种过渡到否定范畴或个别性",这里普遍自我意识,诸范畴和个别性三项都齐了。"但后者又回头指示着前者",这里"前者"即纯粹范畴,就是纯粹自我意识,个别性又回头指示着纯粹范畴。个别性也是自我意识,但是它使原来的自我意识具体化了,体现为能动性了,原来的纯粹自我意识是一个抽象的概念,而到了个别性,它成了一个具体概念,抽象自我意识变成了具体自我意识。所以他讲,后者回头指示着前者,在它的个别性中普遍自我意识被指示了,被指出了它的具体内涵,原来只是一个逻辑上的设定。在康德那里,先验自我意识只是逻辑上的设定,我的一切表象都是我的表象,一切表象以我为逻辑上的前提;但我的表象为何是我的表象?是因为我在对这些表象进行综合,体现了它自己的个别性,才使它们成为了我的表象,这是康德实际上已经表现出来的一个过程。所以个别性回头指示着前者,它不再是一个逻辑前提,而是具体的活动,一个个别性的活动,一种能动的作用。个别性体现为一种否定,一种规定性,它本身就是那个原来逻辑上作为前提的自我意识。"它本身就是纯粹意识,它在每个种里面仍保持着它与自身的这种清晰的统一",个别性本身就是纯粹意识,它在运用时,在每一个不同范畴的对象规定里面仍然保持着它的纯粹意识,保持着自我意识在每一个对象的规定里面都具有清晰的统一性。个别性所有这些指示、否定、建立、排斥等等的活动都是这同一个自我意识的工作。"但这个统一同样又指向一个他者,这他者通过其存在而消失,也通过其消失而再生出来了"，"这个统一"指自我意识的统一，但它不是封闭的统一，而是在每次活动时都指向一个他者，这个他者是它自己提出来的对象。自我意识建立对象意识，一切对象意识都是自我意识建立起来的。在每次把握对象时，自我意识都建立一个他者，指向一个他者。"这个他者通过其存在而消失"，就是说你一旦把它建立为存在，这个他者就消失了，它就成了你本身、成了自我意识本身了，实际上是自我意识把自己建立起来了。"也通过其消失而再生出来了"，自我意识把它者吞并、据为己有，这本身也是把他者再生出来的过程，也就是说，它使自我意识自身成为了真正的他者，自我意识通过消灭他者而自身成为了他者，因为它成了自我和他者的统一体。再生出来的他者当然已经不再是那个消失了的单纯的他者，而是本身就是自我的他者。

整个前面讲的，首先是笛卡尔，然后主要是康德，主要是和康德讨论问题。康德的《纯粹理性批判》在其中展示的整个理性的视野，就是这些。问题是康德的处理，有很多地方是不如人意的，包括否定性，自我否定，否定的统一，范畴的推演，这样一些理解，在康德那里问题都是很大的，黑格尔对此都作了——的批判和检讨。但是他的视野还是在康德视野里面，也可以说康德的《纯粹理性批判》对于近代自然科学在理论上奠定了基础。当然费希特后来对康德有所推进，尤其是在对范畴的推演方面。但是这个推进在自然科学里面，有一点意义，但是意义不是很大，它的意义主要是在别的方面。费希特《全部知识学的基础》，他的全部知识学不但包括自然科学，也包括伦理学，道德，宗教信仰，政治等等。所以在自然科学里面，康德是奠基者，为什么后来的实证主义和分析哲学，他们虽然也批评康德，但是他们都在康德的模子里面讨论问题，直到今天，讲到科学哲学，虽然很多人都不同意康德，但是你的问题仍然是康德的问题。因为康德是近代自然科学方法论、科学哲学的奠基者。那么黑格尔在这里，也一直是在和康德辩论，一直在讲康德的问题，并且想在康德的问题里面突破康德。一方面，他用康德的这些范畴，这些概念，但是另一方面

71

对它们作出新的解释,想从中引出超出自然科学框架的精神科学内容来。

[III. 统觉与事物的矛盾]

这个小标题原来标为"空虚的主观唯心主义的知识",我把它改成这样一个标题,即"统觉与事物的矛盾"。我觉得这个小标题更能概括这一段的意思,也更能够和前面两个小标题结合起来,它是一个三段式的合题。关于理性,它的概念本身具备这三个层次,第一个是抽象的自我意识,唯心主义的出发点,理性要从我思从发,因为没有自我意识就没有理性。我们通常讲理性,以为天理天道就是理性了,其实不是。西方的理性是建立在自我意识之上的,建立在自我意识的反思的基础之上的。那么第二个就是范畴,自我意识把自己区分为一些范畴。第三个,就是统觉与事物的矛盾,统觉就是自我意识的能动性,它与事物的矛盾,也可以理解为自我意识与范畴的矛盾,它们的矛盾统一关系。

{136}　　我们在这里见到纯粹意识以双重的方式建立起来了:其一是作为遍历其所有环节而不安息的**往复运行**,在这些环节中所浮现出来的是在把握中扬弃自身的他在;其二是反之,纯粹意识作为确知自己的真理性的**静止的统一。**

"我们在这里见到纯粹意识以双重的方式建立起来了",在这里,也就是在这种个别性范畴中,纯粹意识、即纯粹自我意识、纯粹的我思,它是以双重的方式建立起来的。它凭什么建立起来,它凭个别性,这个新的范畴,把纯粹意识的两方面都建立起来了。在黑格尔这里,通常第三个环节使得前两个环节建立起来了,通常是这样的关系。前两个环节还在摸索,还在冒险,左冲右突,还没有建立起来,那么到了第三个环节,它们各自定位了,各自建立起来了。经过个别性的意识,我们可以看到,"纯粹意识以双重的方式建立起来了",双重就是两方面都是自我意识,但是又有所不同。哪双重方式? 他说,"其一是作为遍历其所有环节而不安息的**往复运行**","遍历"就是一个一个地经历,逐个地经历过,在纯粹意识的所有环节中，它一个个经历过而不安息，不停止在任何一个上面，而往复运行。我们前面讲了到个别性的范畴，否定的范畴，它又回头指示着前者，指示着第一个范畴。这就是那种在纯粹意识里面的往复运行，就是每个有区别的环节在它的他在里面不安息，不断地从一个对象到另一个对象，最后又回复到自身的这样一个运行过程，这是纯粹意识不安的、动态的方面，否定性的方面。"在这些环节中所浮现出来的是在把握中扬弃自身的他在"，否定性的环节是在把握中扬弃自身的他在，就是对纯粹意识、自我意识本身来说，这个环节是一个他在的环节，但这个他在不是静止的，而是在把握中扬弃自身的。纯粹意识在逐个地去经历那些环节，通过否定去经历那些环节时，这是它的不安息的方面，它体现为"在把握中扬弃自身的他在"，对他在的把握就是对他在的扬弃，把对象据为己有，他在就不再是他在了，或者说自我意识把自己实现在对象中，成为一种动态的自我意识，这是它的一个方面。"其二是反之，纯粹意识作为确知自己的真理性的**静止的统一**"，"静止的统一"和前面"往复运行"都打了着重号，以示对比，就是在所有这些动态之中，它仍然确知自己是静止的统一。纯粹意识、也就是自我意识体现为两个方面，一方面是动态的，另一方面是静止的。自我意识始终贯穿一切，不管你怎么动，它们都是自我意识，我的一切表象都是我的表象，这个我是不动的，它是贯穿一切的；但是一切表象都在动，都在反复运行。所以这里有两个方面，一个是动态的方面，一个静态的方面。通过这种动态的方面，它确知自己的真理性的静止的统一。这种静止的统一和单纯的我思的直观的那种静止的统一已经不一样了，它通过动态的过程之后，它已经确知自己的真理性，它不光是确定性了。最初它是确定性，我就是我，它只是一种确定性；但它经过了它的动态的过程，把一切他在都统摄于其下，据为己有，经过这样一个过程之后，它已经确知自己的真理性了。它不但有了确定性，而且有了真理性，因为它已经有了自己的对象，已经有了观念和对象的相互符合，那就是真理性。确定性不是符合，它就是"我就是我"，它不需要一个对象；现在有了一个对象后，它就不光是确定性，它就有了真理性。那么有了真理性以后，它有了一种静止的统一，这是贯穿动态过程始终的一种统一性。其他东西变来变去，它是不变的，我始终是我。

对于这个统一来说，那个运动是**他者**，而对于这个运动来说，那个静止的统一又是他者；而意识和对象就在这两种彼此规定中交互换位。

所以这个里面就有两种关系，"对于这个统一来说，那个运动是**他者**，而对于这个运动来说，那个静止的统一又是他者"，那个和这个在这里已经换位。简单来说就是，这个静止的统一和这个运动，这两方面互为他者，这就是我们前面讲的"这些不同环节中的每一环节都指示着另一环节，但同时它在这些环节中并不归于任何他在"。并不是说固定的哪一方就是他者，而是双方把对方都当作他者。"对于这个统一来说，那个运动是**他者**"，那是它的对象，是自我意识把自己表现在外的活动；"而对于这个运动来说，那个静止的统一又是他者"，那个静止的统一又是运动的对象，和要达到的目标，因为这个运动就是对那个静止的统一的运动，就是把静止的统一当作目的来运动。自我意识就是自己内部的这样一种互相换位："而意识和对象就在这两种彼此规定中交互换位"，自我意识和对象意识相互间的关系是一种交互换位的关系，自我意识就是把对象的运动当作自我的运动，而对象意识就是把自我的运动当作对象来把握。自我意识的对象就是对象，而对象的对象就是自我意识，它们交互都把对方当作对象来看待。所以，你讲的自我意识实际上就是对象意识，就是你把自己当作对象来看待的意识，一般来说的自我意识的概念就是这样的，就是把自己当作对象来看待的意识。

因此，有时意识自身是往复不已的寻求，它的对象是**纯粹的自在**和本质；而有时意识自身是单纯范畴，对象则是那些区别的运动。

这里又有两种情况，"有时意识自身是往复不已的寻求，它的对象是**纯粹的自在**和本质"，比如说，康德的"先验对象"就是先验自我意识提出一个先验的表象，自我意识把这个对象看作是纯粹的自在和本质，并

为它到处去寻求充实的内容。先验对象如果没有经验材料的充实，它就
会是把自在之物当作它的对象了，这个先验的 X 如果把它单独当作对象
来看待，它就是自在之物，它就是空的、不可认识的。所以有时人们就把
康德的先验对象等于自在之物，在某种意义上来说也没错，先验对象本
身就是自在之物，如果你追求它"本身"的话，它就是自在之物。但是如
果你把它当作一种"表象"，是为了获得经验对象而提出的一个先验对象
的表象，是为了把所有经验性的东西塞进去，使它具有实在的对象性的
内容，那么它就还不等于自在之物，它就是经验对象里面的一个层次，甚
至是经验对象之所以可能的一个先天条件。所以"有时意识自身是往复
不已的寻求，它的对象是**纯粹的自在**和本质"，它的对象是自在之物，这
个时候就是先验对象被自我意识提出来了，它到处去寻求而不得，因为
它的对象是纯粹的自在之物和本质。这是有时候，对象成了这样的东西，
如果没有具体的内容的话，这个先验的对象就是一个空的东西，是纯粹
自在的本质。"而有时意识自身是单纯范畴，对象则是那些区别的运动"，
有时候，意识自身作为单纯的范畴去着眼于经验对象，去运用于对象，那
么对象就是那些区别的运动，对象就是那些五花八门的这个对象那个对
象，被范畴所规定了的对象。所以前一个"有时"指的是自我意识本身的
运动，抽象的自我意识，它的运动只能够设立一个先验对象的表象，这是
从自我意识这个方面来看的。那么从对象意识那个方面来看呢，这就是
后一个"有时"，即如果要真正成为对象，"有时意识自身是单纯范畴，对
象则是那些区别的运动"，那么这样一些对象，就是区别的运动，或者说
是否定的运动。你用这样一些范畴去否定或者规定具体的经验材料，那
当然就是一个永无止境的不安息的运动，一个往复的运动的过程，一方
面不断地区别，一方面又回到自我意识本身。这是自我意识本身的两个
环节的换位关系。

　　但是作为本质的意识乃是这整个过程自身，即从作为单纯范畴的自
身向个别性和对象过渡，并在对象中直观这个过程，将对象作为一个被

区别开来的对象予以扬弃、**据为己有**，而且把自己表述为这种确定性：确信自己是全部实在性，既是它自身又是它的对象。

"但是"，这里意思一转，怎么转？就是说，前面讲了有时候是这样，有时候是那样。有时候是意识本身往复不已地去寻求它的本质、自在之物，但有时候意识本身是单纯的范畴，对象则是那些区别的运动，对象和意识本身换位。或者说，有时意识本身在运动，对象（物自体）不动；有时候，对象（经验对象）不断地运动，而意识本身一直坚持下来不动，它们的位置互相交换。意识可以是不动的也可以是运动的，对象可以是运动的也可以是不动的。意识不动的时候，就是那个抽象的自我意识，当它运动的时候，就是个别性；对象当它不动的时候是自在之物，当它运动的时候是经验对象。双方是这样一种不断地交换位置的关系。但是在这一过程中，"作为本质的意识乃是这整个过程自身"，就是不管意识方面也好，对象方面也好，作为本质的意识乃是这整个过程自身。也就是说，总的来说，都是自我意识的内在结构，自我意识也好，对象意识也好，作为一个过程，都是自我意识的活动本身。"即从作为单纯范畴的自身向个别性和对象过渡，并在对象中直观这个过程，将对象作为一个被区别开来的对象予以扬弃、**据为己有**"，作为本质的意识，自我意识是整个过程的本身。过程本身有两个方面，一方面"作为单纯范畴的自身"，也就是单纯的自我意识本身，"向个别性和对象过渡"，就是单纯的自我意识把自己区别为个别性和对象性，这是一个方向，单纯自我意识下降为个别性和对象性，这是从上而下的过程。另一个方向是从下至上的："并在对象中直观这个过程，将对象作为一个被区别开来的东西予以扬弃、**据为己有**"，在这样一个个别性和对象性的运动过程中回头直观这过程本身，看出所有这些运动过程都是自我意识从头至尾贯穿的一个过程，于是将对象作为一个被区别开来的东西予以扬弃。对象是被区别开的，被谁区别开的呢？被自我意识，——那么对象就被扬弃了，对象就不再是对象了，对象只不过是自我意识的一种自我区别而已。"据为己有"，就是被自我意识据为己有了,这个对象仍然属于自我意识的内部结构。"并且把自己表述为这种确定性",在这个过程中,自我意识把自己表述为这种确定性,什么确定性呢? "确信自己是全部实在性,既是它自身又是它的对象",自我意识是全部实在性,这就是理性。我们前面讲了,所谓理性就是确信自己是全部实在性的这种确定性。这个时候,自我意识已经确信自己是全部实在性,那么自我意识就达到了理性。"全部"实在性既包含它自身,又包含它的对象,自我意识既是它自身的实在性,又是它的对象的实在性。在这样一个不断的自我否定的运动过程中,不断地往复运动这样一个过程中,自我意识达到了一种确信,相信自己两方面都是实在的,"既是它自身又是它的对象"。

我们再看下面一段。虽然自我意识确信它在自身和对象上都获得了实在性,但这两方面却仍然处在矛盾中,这就是统觉和事物的矛盾,相当于自我意识和对象的矛盾。正是自我意识和对象的矛盾才赋予了自我意识一种全部的实在性。那么自我意识在这个意义上就成为了理性。所以我们讲本章"理性的确定性和真理性"的导言部分,就是要解读理性的确定性和真理性这个概念包含哪些内容。首先是自我意识,唯心主义,然后是范畴,然后是统觉与事物的矛盾,在矛盾中,自我意识确信自己是全部实在性,这就达到了理性,理性的概念就已经建立起来了。下面这段是进一步的解释,他说:

意识的前一个表述仅仅就是这样一句抽象的空洞的话:一切都是**它的**。

"意识的前一个表述",这是紧接着上面一句话来的,就是意识"把自己表述为这种确定性:确信自己是全部实在性,既是它自身又是它的对象。"这就有两个表述,一个是"既是它自己",第二个是"又是它的对象"。也就是说,全部实在性包含两种实在性,一种是它自身的实在性,一种是它对象的实在性;或者说,一种是它实实在在地是自身,一种是它实实在在地是对象。当意识确信它自己是全部实在性，那么意识就达到了理性。而意识的前一个表述，就是指它自身的实在性的表述，"仅仅就是这样一句抽象的空洞的话：一切都是**它的**"，"它的"，这里用的是 sein，是物主代词，与唯心主义的"我的"（mein）相对，这里意味着一切都是对象的，这是第一个表述。就是意识自身的实在性仅仅意味着，一切都是对象的，或者一切都是客观的。从形式来看，这是一句非常抽象空洞的话，无非是说，意识都是对象意识。

因为确信自己是一切实在性，这个确定性最初是那个纯粹的范畴。

"确信自己是一切实在性"，抽象的意识确信自己是一切实在性，确信自己意识到的都是客观的、"他的"，而不只是"我的"。所以"确信自己是一切实在性，这个确定性最初是那个纯粹的范畴"，就是我的意识是一切实在性，在意识里面一切实在性都得到了确定，这种确定性最初就是纯粹范畴。对象意识首先就把对象理解为纯粹范畴。

空洞的唯心主义所表达的正就是在对象中认识其自身的这个最初的理性，它仅仅把理性统握为理性最初所是的那样；而由于它在一切存在中都指出意识的这个纯粹**我的**（Mein）并将事物表述为诸感觉或表象，于是就自以为已经指出了我的即是完全的实在性。

讲完"他的"，就来讲"我的"，因为这个"他的"正是"我的"的"他的"。我的一切表象都是我的表象，这样一句话是非常空洞非常抽象的，但也是最初的，我思这样一个纯粹的范畴，是最初地表述了理性相信自己是一切实在性，那么最初的表现就是我思的实在性。我思最初是把自己表现为这样的实在性的，所以它最初表达出一种空洞的唯心主义。"空洞的唯心主义所表达的正就是在对象中认识其自身的这个最初的理性"，这是理性的最初阶段，就是在对象中认识其自身，所有的对象都是我的对象。我思故我在，首先把我思当作对象，认识到了我在；然后在一切对象中认识自身。这种空洞的唯心主义，"它仅仅把理性把握为理性最初所是的那样"，我思作为理性的原点，固然是空洞的，但是它是理性最初的阶段,理性最初就是自我意识。我们刚才讲了,中国的天道天理都不是理性,为什么?因为它没有以自我意识的形式出现,它是天经地义,不可怀疑,不能反思的。自我意识要反思,要追究我是什么,要追究我自己本身是否在。首先其他东西都不在,天也不在地也不在,我在。要确立这个我在,才能确立理性。如果首先把我去掉了,无我,无私无欲,那就没有理性。当然你可以讲天理天道有规律,但那不是理性。理性是一切实在性,首先体现在我思的实在性。这是理性的最初阶段,理性最初所是的阶段,虽然是非常空洞的,但是却是必要的。"由于它在一切存在中都指出意识的纯粹**我的**",由于它、由于这个空洞的唯心主义"在一切存在中都指出意识的这个纯粹**我的**",一切存在中,凡是我想到的,我的一切表象,都是**我的**表象,这个"我的"存在于一切对象之中,凡是你能想到的,你都能把这个我的从里面发现出来,指出来。随便你去想,任何存在里面你都可以找出"我的"。"并将事物表述为感觉或表象",我的一切表象都是我的表象,这个表象就是事物,你把这个事物表述为感觉或表象,感觉当然不等于表象,表象在康德那里是一个最泛的概念,什么东西都是表象,感觉当然也是表象,时间空间也是表象,范畴,理念,法则都是表象。但在黑格尔这里,表象是有特指的,感觉或表象,感觉、知觉和表象,这是一类的,它们都是杂多的。你在所有的存在中都指出我的,那么你就在我的一切杂多表象中都看出它们是我的表象,这些杂多的表象就是事物。当你这样表述了之后,"于是就自以为已经指出了我的即是完全的实在性",康德的证明就是这样的,我的一切表象都是我的表象,这些表象虽然有那么泛的意义,但是它们表达了这个"我的"具有"经验性的实在性",即全部实在性。康德只承认经验性的实在性,他反对先验的实在性,康德要批判的就是先验的实在论。先验的实在论就是独断论,先验的断言实在性,那就是独断论。如何克服独断论,那就要从经验出发,只有经验才有实在性,先验只能有观念性,他只承认先验的观念性和经验性的实在性。所以黑格尔看出来,他的这个实在的事物实际上是感觉或表象，是经验的表象，在感觉或表象里面的确能够找出"我的"；但是凭借这一点，康德这种空洞的唯心主义"就自以为已经指出了我的即是完全的实在性"了。我的一切表象都是"我的"表象，这些表象包括我的经验，我的感觉，一切杂多，"我的"则赋予了这些表象以实在性，经验性的实在性是因为"我的"把它们聚集起来，统摄起来，构成一个经验对象即"事物"，它才有了实在性。这实在性是怎样来的呢，是来自"我的"，是我把它们统摄起来的，先验自我意识的统觉把它们统一起来的。"我的"不是"我"，"我的"和"我"有什么区别呢？就是"我的"已经包含经验的表象，"我的"表象就是完全的实在性，光一个"我"还不是实在性，但是"我的"却是实在性，因为我使得所有经验的表象成为了我的，它就具有经验性的实在性，这是康德的思路。黑格尔的这种解读是符合康德的思路的。

所以这种唯心主义就必然同时是一种绝对的经验主义，因为，为了**充实**这个空洞的**我的**，即为了对这个我的加以区别、促成其一切发展并使之具有形态，其理性就需要一种外来的冲击，[①] 在这种冲击中才会包含有感觉或表象的**多样性**。

所以康德的这种先验的唯心主义，也就是先验的观念论，"就必然同时是一种绝对的经验主义"。观念论同时就是经验论，先验的观念论就是经验性的实在论，这是康德所做的一件最重要的工作，就是把唯理论和经验论统一起来了。先验的观念论和经验性的实在论相结合，就使得经验论成了"一种绝对的经验主义"。所谓绝对的经验论就是和休谟那种怀疑论的、相对主义的经验论对照来说的，休谟的经验主义就不是绝对的，因为他取消了经验的一切绝对性，连因果性都是相对的。没有客观性，没有必然性，那当然也就没有绝对了。但在康德这里，他的经验主义是有绝对性的，有客观必然性的，自然科学的必然性是不可怀疑的，所

---

① 黑格尔在这里已经涉及费希特的"冲击"（Anstoß）的学说了。——丛书版编者

以他是一种绝对的经验主义。由于有了先验的观念性，所以赋予了这种经验主义某种客观必然性，某种绝对性。"所以这种唯心主义就必然同时是一种绝对的经验主义"，黑格尔在几个地方都讲到过，康德的批判哲学实际上是绝对的经验主义。在《小逻辑》里面一开始讲到思想对客观性的三种态度，第一种态度是形而上学，是独断论；第二种态度是经验主义和批判哲学；第三种态度是直观的知识，那是讲雅可比。这第二种态度把经验主义和批判哲学放在同一个层次上讲，批判哲学就是一种经验主义，但是和休谟、贝克莱的经验主义不同的地方在于，它是一种绝对经验主义，是一种具有客观必然性的经验主义。贝克莱、休谟的主观唯心主义的经验主义，是相对的经验主义，完全没有客观必然性，特别是休谟，休谟取消了一切客观必然性，把经验主义相对化了。而康德的经验主义是具有客观必然性的，是有规律的，是能够为自然科学提供它的形而上学基础的经验主义。"因为，为了**充实**这个空洞的**我的**"，"我的"（Mein）如果没有东西来充实它，那这个"我的"是空洞的。"即为了对这个我的加以区别、促成其一切发展并使之具有形态"，如何充实这个"我的"？要对它加以区别，我的这个，我的那个，要加以区别；要促成其一切发展，也就是要把它扩展到一切对象上去，不光是"我思故我在"，而且万物的存在都是我的；还要使之成形，具有形态，成为事物或感性对象。那么，"其理性就需要一种外来的冲击，在这种冲击中才会包含有感觉或表象的**多样性**"，这个唯心主义的理性就"需要一种外来的冲击"，也就是需要外部经验的刺激。在康德那里，这个外来的冲击是自在之物，自在之物刺激我们的感官，使我们产生了感觉和表象，那么这个"我的"的内容，"我的"的东西，都是外来的刺激所带来的。当然康德的自在之物黑格尔是不同意的，但毕竟有一种外来之物，你不管它如何解释这个外来冲击，但是毕竟要有一个外来冲击，要有一个非我。在费希特那里是自我建立非我，这个非我是外来的冲击，自我由此而获得了我的感觉和经验；但这个外来的冲击是自我建立起来的。这样的解释更符合黑格尔自己的观点，

81

所以黑格尔在这里采用了"外来的冲击"这个费希特的术语，他不讲自在之物的"刺激"，以便从康德那里转移到费希特的立场上来。理性需要一种非我的冲击。"在这种冲击中才会包含感觉或表象的**多样性**"，"多样性"打了着重号，一要成为多，"我的"要变成多样性，那就需要一种外来的冲击，要有在我之外的一种非我来刺激我的感觉，才能使"我的"具有感觉或表象的多样性，也就是具有实在性。

[160]　　于是这个唯心主义就正如怀疑主义一样，成了一种自相矛盾的双重含义的东西，只不过怀疑主义是以否定的方式表现出来，而唯心主义是以肯定的方式表现出来的，但是它恰恰和怀疑主义一样，不能把它那些作为全部实在性的纯粹意识的矛盾思想，与作为同一个实在性的外来冲击或感性的感觉和表象的同样的矛盾思想结合起来，而是在两者之间被抛来抛去，陷入到了坏的、即感性的无限之中。

　　"于是这个唯心主义就正如怀疑主义一样"，这就是说，要有一种外来的冲击，"我的"才会具有内容，那么这种唯心主义就正像怀疑主义一样，"成了一种自相矛盾的双重含义的东西"。什么双重含义呢？就是既是我的又不是我的，既是我的，但又需要一种外来的冲击，那不就是非我的东西吗？这是自相矛盾的。"正如怀疑主义一样"，像休谟的怀疑主义也是一种自相矛盾的双重含义的东西，就是说，我的这种客观内容，它又不是客观的，我只看到它在我主观中的效应。凡是属于"我的"的效应的内容，它都不是客观的，都是可疑的；但是它又是由外来的冲击带给我的，我也没办法改变它，我只能把它当作一种我主观上接受下来的东西；那么你既然这样接受下来了，岂不是承认它已经来自于客观了吗，但它又否认它有客观性，或者不置可否。休谟就是这样想的，我们之所以相信因果性，是因为我们多次重复这样一种习惯性的联想，使我们形成了一种因果性的概念，所以因果性的概念实际上是值得怀疑的。因为它只是我们的一种习惯，原因和结果的这种联系不是必然的，纯粹是我们主观的。但是这种习惯还是有外来的冲击，是经验带给你的，它还是一种客观所导致的习惯，不是你想怎么就怎么的。那么在休谟那里，对这种客观关系采取一种否定的态度，而康德恰好采取一种肯定的态度，也就是把这种客观关系建立在主观先天的结构中，主张因果性之类的客观法则之所以有必然性，是因为它来自于主体自身的先天思维结构，所以你不能不服从。所以康德是以肯定的态度来对待这样一种自相矛盾性的，认为这种实在性既是主观的又是客观的，既是主观的又是客观的就是一种矛盾，就有双重含义。"但是它恰恰和怀疑主义一样，不能把它那些作为全部实在性的纯粹意识的矛盾思想，与作为同一个实在性的外来冲击或感性的感觉和表象的同样的矛盾思想结合起来"，这句话很长，"但是它"，也就是康德的唯心主义，"恰恰和怀疑主义一样"，不能把纯粹意识的矛盾思想和外来冲击的矛盾思想结合起来，我们把这句话简化一下就是这样。或者说，不能把主观的矛盾思想和客观的矛盾思想结合起来。主观的矛盾思想是什么呢？"作为全部实在性的纯粹意识的矛盾思想"，"作为全部实在性的纯粹意识"这本身是矛盾的，你不过是纯粹意识，你怎么能断言它具有全部实在性呢，这是一个矛盾思想，但这是一个主观的矛盾思想，是一个在纯粹意识中的矛盾思想。客观的矛盾思想是："作为同一个实在性的外来冲击或感性的感觉和表象的同样的矛盾思想"，就是说，在客观上同样也有一个矛盾思想，就是外来的冲击，你的感性的感觉和表象是由外来的冲击所导致的，但它又只能在主观中表现出来，不能承认它的客观性，这也是一个矛盾。感觉和表象当然是主观的，但是它是由外来的冲击导致的，康德说它是自在之物刺激所导致的，那么它到底是主观还是客观的呢？这是一个客观对象上的矛盾思想。主观意识上的矛盾思想和客观对象上的矛盾思想，这两个矛盾的思想能不能结合起来呢？康德的唯心主义同样不能结合起来，有主观思想和客观对象的矛盾，有现象和自在之物的矛盾，它和怀疑主义在这方面是一样的。它只不过没有采取怀疑主义的那种怀疑的态度，它采取了一种肯定的态度。固然我们的知识都是主观的知识，不是关于自在之物的知识，这一点和怀疑论是一样的；但是怀疑论因此就怀疑我们的知识，而康德的唯心主义肯定我们的知识。但就算它肯定，它也没有办法把这两方面结合起来，它仍然有一个自在之物摆在那里，没有办法把它纳入到认识中来。所以这两方面的矛盾思想就是：一方面纯粹意识，它既然有自在之物摆在那里，它又不能把它统摄进来，那它怎么可能是全部实在性？另一方面，自在之物的客观性和我们感觉的主观表象之间，如何能够统一？这也是一个矛盾，这两个矛盾，即先验的观念论和经验性的实在论这两对矛盾，没办法结合起来放到一起。"而是在两者之间被抛来抛去，陷入到了坏的、即感性的无限之中"，也就是最终堕入到了经验主义。前面讲了，它是一种绝对的经验主义，但是仍然是一种经验主义。"陷入到了坏的、即感性的无限之中"，在感性中无限地去追逐那种实在性，每次自以为追逐到了，结果发现自己还在主观中，于是又不得不再次追逐客观的自在之物，又再次被抛回来。这是经验主义所走过的历程，那就是一种坏的无限性。

　　由于理性在抽象的**"我的"**的含义中就是全部实在性，而**他者**对"我的"而言是一种**漠不相干的陌生者**，所以在这里就恰好建立了理性对他者的那种认知，这种认知曾作为**意谓**（Meinen）、**知觉**，及对意谓到和知觉到的东西加以统握的**知性**而出现。

　　"由于理性在抽象的'**我的**'的含义中就是全部实在性"，理性自命为一切实在性，全部实在性，但是它只是在抽象的"我的"这个意义上的所有实在性。那么在"我的"之外，"**他者**对'我的'而言是**漠不相干的陌生者**"，也就是自在之物对于"我的"来说是漠不相干的陌生者——他者不是"我的"，而是外来的。"所以在这里就恰好建立了理性对他者的那种认知"，什么样一种认知呢？"这种认知曾作为**意谓**（Meinen）、**知觉**，及对意谓到和知觉到的东西加以统握的**知性**而出现"，就是说前面从感性确定性到知觉到知性，所有这些意识的形态都是要把握自在之物，自在之物摆在它们面前，作为陌生者，主客相对立，所以，理性就曾经恰好对他者建立了那样一种认知。就是理性为了确立自己是"全部实在性"，曾经作为意谓、知觉和知性而出现，以此来建立对一个他者、对一个陌生的自在之物的认知；但是这样一个认知在"我的"的这种含义上当然是建立不起来的，只能在主客观之间被抛来抛去，所以理性的这些认知的尝试在前面都一个个失败了。理性的这样一种认知是局限于它本身里面的，而与这个自在之物是不相干的，它以为它"在抽象'我的'的含义中就是全部实在性"，这就够了，至于自在之物的实在性，不在"我的"的控制范围内，它不能把握，那就没有实在性啦。理性把自在之物的实在性抛开了，那么它还是全部实在性吗？它就不能够说是全部实在性了。

这样的一种认知同时也被这种唯心主义的概念自身作为不是真实的认知来断言，因为只有统觉（Apperzeption）的统一才是认知的真理。

"这样一种认知"，就是回到以往的感性、知觉、知性，这样一种认知，"同时也被这种唯心主义的概念自身作为不是真实的认知来断言"，就说所有这样一些认知，当唯心主义从自己的抽象概念出发时，就被断言为不是真实的认知，都仅仅是现象，它的实在性都只是现象中的实在性。连康德自己都断言，他提出的那种实在性只是经验性的实在性，只是现象中的实在性，不是自在之物，不是先验的实在性或概念的实在性，所以它还不是全部实在性。这些实在性都被康德的先验唯心主义作为不是真实的认知来断言，"因为只有统觉（Apperzeption）的统一才是认知的真理"，只有康德的自我意识的统觉的本源的综合统一才是认知的真理，其他那些都不是认知的真理，或者说其他那些都是作为认知的真理的一个具体的要素或成分才对认知的真理有贡献，就它们本身而言，都不是真实的认知。因为所有这些感性、知觉和知性，都是由于统觉的统一这条最高原理才建立为一种知识的，没有这种统一，那么思维无内容则空，直观无概念则盲。但这一切都发生在自我意识的统觉中，并不是真实的认知。

因此，这种唯心主义的纯粹理性，就被它自己打发回那种不是真实

东西的认知去了，为的是达到这样一个**他者**，这他者被纯粹理性看作是

{137} **本质性的**，因而是**自在的**，但又是纯粹理性在自身中并不拥有的；纯粹理性就这样蓄意地把自己判定为一种不真的认知，而不能摆脱对它自己来说毫无真理性的意谓和知觉。

就是说在这样一种认知中，这种唯心主义的纯粹理性就被"它自己打发回那种不是真实东西的认知去了"，就是说被打发到原先那种感性确定性、知觉、知性，那种唯物主义的起点上去了。就是说它的这种统觉的统一，本来是上升到极高的一个纯粹理性的层次，但是，由于它把自在之物设立在彼岸，所以这种唯心主义的纯粹理性就降回到了那种不是真实的认知。"为的是达到这样一个**他者**"，这个他者是什么他者呢？它"被纯粹理性看作是**本质性的**，因而是**自在的**，但又是纯粹理性在自身中并不拥有的"，就是说，为的是达到这个自在之物。这个自在之物是纯粹理性在自身中并不拥有的，而是在纯粹理性作用范围的彼岸，所以它其实又是纯粹理性所达不到的。但就是要为了达到这个他者，这种梦想支撑着它返回到感性确定性、知觉、知性和力，就回到那样一个并不真实的认知层次。也就是说康德的这个唯心主义，《纯粹理性批判》实际上已经超越了知性的层次，从知性走过来，已经达到了自我意识的纯粹理性层次；但是在具体解释这种纯粹理性的时候，康德并没有超出知性，而仍然是在知性以下的层次上来使用纯粹理性。自我意识的统觉是知性的最高原理，已经达到了纯粹理性；但是由于它设定了一个自在之物，这个最高原理又掉回到知性去了，甚至掉回到感性确定性和知觉去了。它没有能够上升到真正的严格意义上的理性。所以《纯粹理性批判》严格说起来只是《纯粹知性批判》，它批判了纯粹知性，但它没有超出知性，它是以知性的方式来讨论纯粹理性的问题。为什么？就因为它有个自在之物，因为它反对先验的实在论，它否认对这个自在之物能够先验地确定它的实在性。这一点被黑格尔突破了。黑格尔认为，所有那些经验的东西都不是外来的，都不是由自在之物给予的或提供的，而是由自我意识自己产

生出来的,这就把纯粹理性贯彻到底了。但是康德还没有走到这一步。"纯粹理性就这样蓄意地把自己判定为一种不真的认知,而不能摆脱对它自己来说毫无真理性的意谓和知觉",纯粹理性掉回到了知性以下的低层次,"蓄意地"把自己判定为一种不真的认知,一种仅仅是现象的知识,而不是物自体、本质或事物本身的知识。"蓄意地", mit Wissen und Willen,字面上的意思是凭借知识和意志,也就是明知故犯地使自己停留于一种不真的认知。它所谓的真理实际上只是一种现象的认知,而不是本质的,因而"不能摆脱对它自己来说毫无真理性的意谓和知觉",并没有摆脱现象里面的感性确定性的意谓和知觉,这是康德明明知道却故意这样做的。这是黑格尔对康德的一种批判。

它身处一种直接矛盾之中,即把一种双重的根本对立的东西断言为本质,既有**统觉的统一**同样也有**事物**,而事物无论被叫作**外来的冲击**,或**经验性的**本质,或**感性**,或**自在之物**,在它的概念中,对那个统一来说都仍然还是同样异己的东西。①

"它身处一种直接矛盾之中",就是这种唯心主义处于一种直接的矛盾中,什么矛盾? "即把一种双重的根本对立的东西断言为本质",现象和物自体是根本对立着的,统觉和事物也是根本对立着的,所以这是双重的根本对立的东西,但唯心主义却认为这样一种双重对立是本质的。 "既有**统觉的统一**同样也有**事物**",统觉的统一在一方,事物在另一方,它们都被看作本质。而在事物中,"事物无论被叫作**外来的冲击**,或**经验性的**本质,或**感性**,或**自在之物**",这里有四个打了着重号的词组,前两个是一对,分别从客观和主观来看,外来的冲击有客观性,经验性的本质有主观性;后两个也是一对,感性着眼于主观性,自在之物着眼于客观性。总之,大体上是把事物分为主观现象和客观自在之物。"在它的概念中",

---

① 黑格尔这里想到的是康德关于"统觉的综合统一"的学说,以及他的感性理论和他的自在之物概念,同时也结合费希特关于"冲击"的学说。黑格尔在这里对费希特关于康德的自在之物概念的重新解释同样抱有怀疑的态度。——丛书版编者

也就是在这种唯心主义的抽象概念中，"对那个统一来说都仍然还是同样异己的东西"，事物，不论你把它叫作什么东西，经验性的东西，感性的东西也好，外来的冲击也好，物自身也好，对于那个统觉的统一来说，仍然是异己的。那个统觉的统一，对于感性事物来说，仍然是从外部去统一它们，这是在唯心主义的抽象概念本身中的自相矛盾。黑格尔曾举过一个形象的例子，就好像把一块木头绑在腿上一样。自我意识的统觉就起这么一个作用，起一种捆绑的作用，自我意识的统觉不是从自己区分出来、发展出来它的对立面，而是把一个外来的东西拿来和自己捆在一起。哪怕是经验的东西和感性的东西，它都有另外的来源，是由外来的冲击、由自在之物刺激感官而带给统觉的统一的，所以它是外来的，作为事物，它和这个统觉的统一毫不相干。至于自在之物本身对于统觉的统一则更是一种异己的东西，连捆绑都绑不到一起来的。黑格尔对康德的这个批判很经典，当然在这里的表述很晦涩。

＊　　　　　　　＊　　　　　　　＊

上一段后面讲到"统觉"和"事物"的矛盾，还是以康德为例，康德通过"统觉"把现象统一起来作为一种客观的知识，形成了感性的事物或对象；但是事物后面还有一个事物本身，一个"自在之物"，自在之物他始终统一不了。因此纯粹理性就把自己的这样一种知识判定为一种不真实的知识。当然康德并没有这样说，他认为现象知识肯定是真实的，但是你把自在之物撇开了，它就是没有到位的知识，它就是一种不真实的知识。现象的知识对于自在之物来说，它是没有反映自在之物本身的，所以在这里有一种"统觉"和"事物"的矛盾，"统觉"所要把握的那个事物，其实没有把握到位的，它只是把握到事物的现象，而不是事物本身。而不管这个事物是现象还是自在之物，不管它是外来的冲击，还是经验性的本质，或者是感性，或者是物自身，在概念中它对那个统一来说仍然是异己的东西，由于有自在之物在那里，所以它所带来的那些感性的东西，

那些刺激起来的表象,对于统觉来说仍然是异己的,没有办法把它消化,这是上面讲到的。我们看最后这一小段,他说,

这种唯心主义处在这一矛盾中,是因为它断言理性的**抽象概念**是真实的东西;于是,对它来说直接产生的就既有实在性,也有这样一种本身毋宁不是理性实在性的实在性,而与此同时理性又应当是全部实在性;理性就仍然还在不停地寻找,这种寻找在寻找本身中是不可能宣称找到了的绝对的满足的。

康德的"这种唯心主义处在这一矛盾中",为什么会处于这一矛盾中呢? 是因为,"它断言理性的**抽象概念**是真实的东西",理性的抽象概念是唯心主义的出发点,它的范畴,包括它的自我意识,据说是真实的东西,这是通过一种断言,断定这种抽象的概念是真理。"于是,对它来说直接产生的就既有实在性",因为刚刚它说是真理,那当然就具有实在性了,"也有这样一种本身毋宁不是理性实在性的实在性",那就是由"自在之物"所带来的那些感性的实在性,康德称之为经验性的实在性。经验性的实在性另外有一个来源,不是"统觉"所能把握的,不是理性所能把握的,而是自在之物给感官带来的,所以它是偶然的,它完全是超出理性之外的那样一种实在性。因此这里直接产生的就是两种实在性,一个是它自己自认为、或者说所断言的理性的抽象概念,这是真实的东西,这是实在性;另一方面呢,它又产生出一种不是理性实在性的实在性,或者说一种感性经验的实在性。而与此同时"理性又应当是全部实在性",这个是一开始就定了的,作为理性应该是全部实在性,万事万物的实在性都充满着理性,都是由理性所带来的一种实在性。前面一开始就讲到的,什么叫理性? 理性就是确信它自己是一切实在性,是这样一种确定性,理性本来的确定性就是确信自己是全部实在性。但是,目前出现了两种,一种是理性的实在性,一种不是理性的实在性,这就是唯心主义的这样一种矛盾的根源。唯心主义处于这样一种矛盾中,是因为它断言理性的抽象概念是真实的东西。于是就既有理性的实在性,也有不是理性的经

验实在性，而与此同时理性又应当是全部实在性——哎，这就导致矛盾了。它自认为是全部实在性，但它又带来两种实在性，其中一种不是它的实在性。"理性就仍然还在不停地寻找，这种寻找在寻找本身中是不可能宣称找到了的绝对的满足的"，正因为理性有这样的一种矛盾，它要解决这种矛盾，要把这种非理性的实在性变成理性的实在性，把它纳入自身据为己有，那它就必须要不停地去寻找。但这种寻找在寻找本身中是不可能宣称找到了绝对的满足的，因为理性如何能够达到在理性之外的自在之物呢？如何能够达到那种感性的实在性呢？如何能够把感性的实在性据为己有呢？所以从感性确定性到知觉到知性，它一直都在寻找中，而且不可能宣称找到了绝对满足。这个矛盾在唯心主义的抽象概念中是没有办法解决的。

[161] ——但是，现实的理性并不如此前后不一贯；相反，它最初只是**确信**自己是全部实在性，它在这个**概念**中意识到，作为**确定性**，作为**我**，它还并不是在真理中的实在性，它被驱使着将它的确定性提高到真理性，并将**空洞的**我的加以充实。

这涉及后面我们要讲的"现实的理性"了，前面是讲的这种唯心主义的理性概念，唯心主义的那种理性断言，它为了解决这样一种概念的内在矛盾，它必须不断地去寻找，它以为寻找到以后，它就可以得到绝对满足了，但是它实际上是不可能宣称找到了绝对满足的，这是前面讲的。但是现实的理性并不如此前后不一贯，现实的理性，就是说，理性在它的这种现实的寻找过程中，主观上它是要解决矛盾，它不断去寻找就是由这种矛盾逼迫着，但是永远找不到满足，这就是前后不一贯了；但是客观上，这个现实的寻找过程并不是那么的前后不一贯的，而是有一种前后一贯性，就是现实的理性和理性自认为的那样不同，这里有两个层面。也就是从客观上来看它，理性虽然不能够从它的寻找中得到满足，但是它毕竟寻找过了，它在寻找过程中现实地造成了它的某些成就，并非如此前后矛盾，而是有一种一以贯之的东西。所以"相反，它最初只是**确信**

自己是全部实在性"，最初它只是一个确定性，就是确信自己是全部实在性，仅仅是这样的一种确定性，"它在这个**概念**中意识到"，它在这个确定性的概念中，在它自己是全部实在性这样的一个概念中意识到，"作为**确定性**，作为**我**，它还并不是在真理中的实在性"。也就是说，最初它还只是在概念中意识到自己是全部实在性，这只是一种在概念中的确定性，只是作为抽象的"我"的确定性，"我思故我在"的确定性；但是，它意识到自己还并不是在真理中的实在性，也就是说这种确定性还不是真理性。这一章的标题就是"理性的确定性与真理性"，显然是说理性表现为一个从确定性到真理性的发展上升过程。最初这种确定性还没有达到真理性，"它被驱使着将它的确定性提高到真理性，并将**空洞的**我加以充实"。也就是说，前后一以贯之的就是这样一种运动，并不是说它就有一天能够解决所有的矛盾了，它不断地去追求，但是有一点是一贯的，哪一点呢？就是它意识到自己还不是真理性，要从确定性提升到真理性，这个过程是前后一贯的。怎么提高？就是要把它的空洞的"我的"加以充实。"我的"，康德讲我的一切表象都是我的表象，这是他的出发点，自我意识的"统觉"的是他的出发点，但这是空的，"统觉"跟它所要统的那个对象，那个经验对象，相互还是异己的，是对立的、矛盾的，因为那个对象并不来自于先天的理性原则，而是来自于经验，来自于自在之物。而"统觉"这一方呢，它来自于先天，它是没有任何材料的，它不能够自己产生那些材料，因此这两方面是隔绝的。"统觉"始终是一种空洞的"我的"，我的一切表象，包括我的一切经验，都是我的经验，当然是我的经验，但是这经验并不是从我那里来的，我只是一个空洞的表象加之于所有的经验，所有的经验都可以加上一个"我的"，但是"我的"本身是空的。那么现在要做的就是要把这种空洞的"我的"加以充实，"我的"，到底什么是"我的"？到底什么是由"我"产生出来的？这个还没有做，这一步还没有做，把确定性提高到真理性这一步还没有做。不是我自己产生出来的，哪怕我把它占为己有了，它也终归不是"我的"，所以这个"我的"必须由自己来充实。整个来说，前面讲的都是一个相当于"理性的确定性与真理性"这一章的导言，理性如何从确定性提升到真理性？要经历一个过程。那么整个这一章后面就是来描述这一个过程。前面讲的有三个小节，就是理性的概念中的三个层次，或三个环节，把理性的抽象概念搞清楚了；下面接下来要讲的就是理性本身所经历过的历程，精神现象学真正要探讨的不是概念，而是这个概念在它的经验中所经历过的现象的历程，我们看它怎么来经历，怎么样来获得经验。

一、观察的理性

"理性"这一章的第一部分，标为"观察的理性"。我们看目录上：第五章，理性的确定性与真理性；第一部分，观察的理性；第二部分，理性的自我意识通过其自身的活动而实现；第三部分，自在自为地实在的个体性。我们可以看出来，所谓"观察的理性"就是康德的"理论理性"，理论理性是观察的，是旁观的；而第二部分，理性的自我意识通过其自身的活动而实现，就相当于康德的"实践理性"，讲的是从寻求快乐到发现本心再到走向德行、进入世界进程，都是讲实践哲学；第三部分则是前面两个环节的统一，讲个人在社会中形成的社会人格，既是社会科学，又是实践规范。观察的理性是定位于理论理性这一层面，理性首先是以纯粹的理论理性这样一种身份出现的，相当于康德的《纯粹理性批判》这样一个地位，就是对自然对象的观察和认知。

现在我们看到，这个把**存在**（Sein）视为具有"**他的**"（Seinen）含义的意识，虽然又再次进入了意谓和知觉之中，但却不是进入了一个仅仅是**他者**的确定性，而是伴随着自己即是这个他者自身这种确定性。

"现在我们看到"，也就是我们现在进入到理性的范围里面来了，我们就看到，看到什么呢？"这个把存在视为具有'他的'含义的意识"，把存在看作是具有"他的"含义，这个很有意思，就是"存在"和"他的"

这两个词在词形上非常相近,当然实际上这两个词在德文里并没有联系,这里玩的是文字游戏。Sein 就是"存在";"他的"就是 seinen,本是物主代词,但是现在第一个字母大写,把它当作专有名词了,那就成了"他的"。把存在视为具有"他的"含义,黑格尔在这里利用了这两者词形上相似性,但实际上是表达了这样的意思,就是一旦意识把存在视为具有"他的"含义,这就上升到理性了。本来"我思故我在",这个"我在"是我的存在而不是"他的"存在;更早的感性确定性和知觉所面对的存在,也只是我的而不是他的,是主观的而不是客观的,它们一直想要追求客观存在而不得。但是现在,在理性中,这个我的要把自己当作他的,因为它是异己的东西。前面一页讲到,纯粹理性"身处一种直接矛盾之中,即把一种双重的根本对立的东西断言为本质,既有**统觉的统一**同样也有**事物**,而事物无论被叫做**外来的冲击**,或**经验性的**本质,或**感性**,或**自在之物**,在它的概念中,对那个统一来说都仍然还是同样异己的东西。"异己的东西,就是"他的",存在现在不是我的啦,"我思故我在"的存在现在变成了他的存在了,我的存在变成了他的存在了,"我思故他在"了,这样就是观察的理性了。观察的理性就要把我本来当作是我的存在变成他的存在来看待,那你就要对它进行旁观、观察。"这个把存在视为具有'他的'含义的意识,虽然又再次进入了意谓和知觉之中",你把对象的存在看作是他的,那么就意味着它重新又进入到了意谓和知觉中。意谓也就是感性确定性,感性确定性和知觉就是想把对象的存在看作是他的,或者看作是他者,当然不成功,它们得到的都是"我的",而真正的"他者"落到自在之物中,成了不可认识的。但它们的态度倒的确是从"他的"出发的。所以现在,我们又第二次进入到了意谓和知觉中,在理性的层面上再次进入到了感性确定性和知觉之中,但已经跟在意识的层次上面的感性确定性和知觉不是同一个层次了,甚至跟自我意识层面上的意谓和知觉也不是同一个层次了。那么不同在什么地方?"但却不是进入了一个仅仅是**他者**的确定性,而是伴随着自己即是这个他者自身这种确定性"，不同就在于，意识的确定性仅仅是他者的确定性，自我意识的确定性则仅仅是自我的确定性；而理性的确定性则既是他者的确定性，又是自我的确定性。他的一般来说就是他者，但是现在，意识进入到他的，不仅仅是进入他者，不仅仅是进入到了另外一个东西，而是伴随着一种确信，即带有"自己即是这个他者自身"的确定性。这种确定性跟感性确定性不同，就是说意识的这个他者在这里已经确知他者就是意识自己。意识是在自我意识的层面上，在自我意识的统觉的综合统一这样一个层面上，重新把我的看作是他的，那么，这个他虽然跟我的相互之间有一种异己性，但是，我已经确信，确知自己即是这个他者，有了这么一种确定性。这种确定性是感性确定性所没有的，正因为没有，所以感性确定性遭到了解构，而现在呢，意识在理性中有了这样一种确定性，他的就是我的，我把我的当作是他的。

在以前，知觉到和**经验到**事物里的一些东西，对于意识而言，只是**遭遇到**的事情，而现在是它自己在进行观察和经验。

"在以前"，也就是在理性对对象的观察发生以前，"知觉到和**经验到**事物里的一些东西，对于意识而言，只是**遭遇到**的事情"，只是外部遭遇到的事情，知觉和经验，感性确定性等等，这个是被动遭遇到的，在康德那里是由自在之物刺激我们的感官所获得的，用康德的话来说就是接受到的，就是感官的一种接受性。所以它是一种经验，跟先验的统觉不一样的。"而现在是它自己在进行观察和经验"，在康德那里虽然这种经验是接受到的，但是它还是依赖于主体的，不完全是被动的，所以在这一点上，它跟以往那种完全被动的经验是不一样的。在康德以前，经验派所讲的经验是完全没有主动性的，像休谟讲的完全是被动一种知觉和印象，顶多有一种联想、习惯；但是现在，它是自己在进行观察和经验，这就是康德所谓的"哥白尼式革命"。并不是我们被动地去符合对象，而是要使对象来符合我们自身，要自己为自然界立法，要自己一手持经验，一手持原则来拷问自然界，而不是像小学生一样来聆听自然界的教诲。因为你手里有原则，所以是你自己在进行观察和经验，自己设计一种实验，像伽利略，自己设计从比萨斜塔上面滚下一个球来，整个过程是他自己设计的，在实验中进行观察和经验，不是说就等在那里，偶尔得到一点经验，已经不是那样的情况了。所以这样一种康德所讲的经验与以往的经验主义是不同的，它是一种自我意识的经验，一种能动的经验，已经提高了一个层次。

以前意谓和知觉对我们而言是扬弃自身的，而现在对它们自身来说则是被意识所扬弃了；

这又是一个区别，"以前意谓和知觉对我们而言是扬弃自身的"，那是"对我们而言"，就是对我们站在旁边的这些旁观者、这些考察精神现象学的人来说，我们看得很清楚，意谓和知觉它们在扬弃自身；但它们自己并不知道，它们是盲目地一步步陷入到了自我解构、自我扬弃。而现在不同了，不是仅仅对我们来说，而是"现在对它们自身来说则是被意识所扬弃了"，在康德的这样一种经验主义的阶段，它仍然有知觉和意谓，但是意谓和知觉这时对它们自身来说都已经被意识扬弃了，它们自身已经意识到自身的被扬弃，被什么扬弃？被意识，也就是被对象意识本身，被范畴，范畴把它们纳入到了自我意识的统觉的对象，在一个结构之中被扬弃了。所以，虽然康德讲经验、讲感性和知觉，但是康德是一个理性主义者，他使得意谓和知觉自觉地把自己扬弃于理性之中，扬弃于知性的范畴和法则之中，这个跟以往的经验主义的那种被动的、完全不知不觉就被扬弃了是大不一样的，它是有意识的，一开始就有意识地把自己扬弃于理性之中，扬弃于意识之中，是对它们自身来说被意识所扬弃了。

理性的目标是**认知**真理；是将意谓和知觉认为是一种事物的东西作为概念寻找出来，即是说，在物性中仅仅拥有这物性自身的意识。

"理性的目标是**认知**真理"，这个前面已经讲了，要把确定性提高到真理性，所以它的使命或它的目标就是要认知真理，要提高到真理性。而这就是"将意谓和知觉认为是一种事物的东西作为概念寻找出来"，意谓和知觉认为是一种事物,我知觉到,我意谓到一个事物,但是要把那个东西作为概念寻找出来要从概念上把握这个事物,而不只是感知这个事物,这才叫真理。什么是认知真理呀？就是要在事物里面找到它的概念。我们知道真理是概念和对象的符合,那么要在意谓和知觉这样一个事物中,这样一个对象中,要找出概念,要在感性的对象里面找到概念,那么你这种确定性就成为真理性了。如果你只是有一种主观的概念而没有客观的东西去充实它,那它只是一种确定性,前面讲了,它只是一种空洞的"我的",还没有加以充实,还没有用事物加以充实;反之,如果你只有意谓和知觉而没有概念,那也不是对真理的认知,而且必然会扬弃自身。这就像康德所说的,思维无内容则空,直观无概念则盲。认知真理应该是"在物性中仅仅拥有这物性自身的意识","物性",Dingheit,我们前面已经遇到过这个词,物性就是事物性。在这里也就是说,在意谓和知觉的那个事物中,仅仅拥有这物性自身的意识,就是要追求那个事物的物性自身,将它纳入到意识中来。你必须要拥有对它的意识,不是说物性自身就是外面的自在之物,你盲目地接受一个异己的东西;而是你自己要在事物的物性中拥有这物性自身的意识,要把这个物性自身据为己有,这才能够上升到真理性。不然的话你永远是一种空洞的确定性,没有内容。而且要"仅仅拥有",就是这个物性要充满你的意识,你的意识无非就是物性,就是物性自身,要使它们重合,要使意识充满,没有别的东西了,不要加进任何与物性自身不相干的东西。这就是一种纯粹科学的态度,彻底客观的态度。我的认识仅仅面对物自身,而物自身也完全能够被我所认识,没有什么不能认识的自在之物,这就是理性的目标,也就是认知真理、把握物性自身。这方面已经超出了康德的思想。

因此,理性现在对世界有一种普遍的**兴趣**,因为它就是这种确定性,即确信自己在世界中在场,或者,确信这在场是合乎理性的。

"因此,理性现在对世界有一种普遍的**兴趣**",对世界,对一切事物、一切物性有一种普遍的兴趣,理性要涵盖所有东西。不是说你把世界分成两部分，一部分是你有兴趣的，就是现象，一部分是你没有兴趣的，那就是自在之物，不是的。现在整个世界都在你的兴趣之中。"因为它就是这种确定性，即确信自己在世界中在场"，理性的这种确定性现在已经开始具有内容了，不是那种抽象的确定性了，确定什么呢？确信自己在世界中在场。凡是你所感到的，你所知觉到的，你所意谓到的，你就在里头，你就在那里。整个世界，凡是你感觉到的，你就在场。你不要把它推开，你不要把它归之于一种另外的东西，一种异己的东西，它就是"你的"东西呀。这种在场的确信是"合乎理性的"。理性的"在场"是什么意思呢？理性在那里，在那种感性的东西中，就是说那种感性的东西它是合乎理性的，它里面也有理性，是由范畴把握住了的。你看起来好像感性是意谓，是理性所格格不入的，但它其实里面也有理性，你已经通过范畴把它据为己有了。因此，所有的在整个世界中的在场，Gegenwart，都是合乎理性的。

它寻找自己的他者，因为它知道在他者中所拥有的不是别的，正是它自身；它寻找的只是它自己的无限性。

这也是同样的意思，就是康德所讲的，理性在对象中、在自然界中所找到的正是它自己放进去的东西，理性为自然界立法，由于理性把一条原则放入到自然里面去，所以这个自然才服从这条原则。我们所认识的东西只是我们已经为它立法的东西，任何一个对象，你如果不为它立法，你怎么认识它呢？你要找它的原因，你要找它的实体，你要找它的关系，等等所有这些东西，都是你放进去的范畴，这样你才能观察它，你才能认识对象。所以理性它"寻找自己的他者"，寻找他者，但这个他者是自己的他者，不是说由自在之物给你提供出来的他者，而是由你自己建立起来的一个他者。当然这个他者可以是无穷无尽的，因为自然界嘛，你立了法以后，它所建立的世界的内容是无穷无尽的，自然科学发展无止境。所以它不断地寻找，每次找到的都是它自己的他者，"因为它知道在他者中所拥有的不是别的，正是它自身"，只要它寻找到一个他者，它就是一种自我发现，它对世界的发现实际上是对它自我的发现，"它寻找的只是它自己的无限性"，它自己是有无限性的，世界的无限性其实就是它自己的无限性，它去寻找世界的无限性，实际上它也是在挖掘自己的无限性。从康德以来就已经提供了这样一种认知模式，就是认知实际上是自我意识，认识世界实际上是认识自我，因为整个世界都在自我之下，都是由自我所建立起来的，这就是唯心主义。所谓"观察的理性"，如果我们从唯物主义来理解，那在黑格尔看来是没有把握到本质的，观察的理性实际上就是唯心主义的观察，只有唯心主义的观察才是观察的理性，否则的话，那种经验主义的观察不叫观察的理性，那完全是一种被动的接受，没有超出感性确定性，没有上升到理性的阶段。所以对于经验派，黑格尔在这里是不屑一顾的，他认为哪怕是经验的观察也要从康德开始，这种认识论也要从康德开始，康德才是真正的经验主义者。《小逻辑》中，"思想性对客观的三种态度"里面，"经验主义"是放在和"批判哲学"一起来讲的，真正的经验主义就是批判哲学，就是康德哲学。他没有把英国的经验主义单独当作一个什么东西来考察，而是把英国的经验主义归之于康德的经验主义，康德的经验主义就是理性的观察，英国的经验主义则还没有到达理性，他们讲观察，但是还没有到达理性的观察，所以他这里还是讲的康德哲学。

　　理性起初仅仅预感到自己是在现实性中，或仅仅一般地知道现实性是属它的，在这种意义下它就进而普遍地占有了已许诺给它的财产，并

{138}　**上天入地到处树立起自己主权的标志。**

　　"理性起初仅仅预感到自己是在现实性中，或仅仅一般地知道现实性是**属它的**"，这个起初，也就是说理性作为一种单纯的概念，最初当然有一种预感，ahnen，预感、预料、猜到，也就是在还未进入到实地观察的时候理性就预料到，它自己是处在现实性中。从概念上说，理性就是一切现实性，理性的确定性就是确信自己是所有的现实性，这是在理性这

一章的导言里面一开始就明确了的，这就是理性的确定性。理性的确定性还不是真理性，它仅仅是猜到、预感到了，所有的现实性都是理性的现实性，自己完全处于现实性中；"或仅仅一般地知道现实性是**属它的**"，知道现实性是属于它的现实性。理性的确定性就是确信自己是一切实在性，这个前面已经讲了；但是现在，我们开始进入到了这样一个历程，就是理性不光是一个抽象的、确定性的概念，而是必须要经验自己，要实现自己，要充实自己，要使自己从确定性上升到、提升到真理性，这个历程现在已经起步了，这时我们发现理性还处于初级阶段，仅仅一般地知道现实性是属于它的。"在这种意义下它就进而普遍地占有了已许诺给它的财产"，在这种意义下，就是在理性确定性的这种意义下，理性确知它自己就是一切实在性，于是不停留于这种猜想或预感、这种一般地知道，而是直接踏进了这样一个历程，就是普遍地占有那已许诺给它的财产。进而，也就是理性开始进一步起作用了，它不仅是猜测了，而是进一步着手去占有那些在抽象概念中已许诺给它的财产，就是那些现实性，那些实在性，这是在它的确定性里已经许诺给它了的。那么现在它要去占有它，"并上天入地到处树立起自己主权的标志"，上天入地也就是康德所讲的，人为自然界立法，整个自然界天上地下万物，都是由理性自己所立的法建立起来的，没有哪个地方不是由理性立法所建立起来的，理性的立法是自然界的主人，它拥有全部实在性，所以到处打上自己主权的标志。

　　但是这个表面的"我的"并不是它最后的兴趣；这种普遍占领的愉快，仍然在自己的财产里发现了抽象理性自己本身所不具有的异己的他者。

　　但这个表面的"我的"，康德所谓"我的一些表象都是我的表象"，这是一般泛泛而论的，并不是理性最后的兴趣所在。也就是说它到处去立法，到处去插上它的主权的标志，但是这个主权的标志并不是它最后的兴趣，它的兴趣并不仅仅在这些标志上面，并不是在所有的事物上面去打上"我的"的印记就完了，这是远远不够的。这只是一个表面的"我的"，这个标记、这个"我的"表象伴随着我的一切表象，这并不是它最后的兴趣。当然它的兴趣就在于给自然立法，但是给自然立了法以后怎么样呢？它最后的兴趣在哪里呢？它最后的兴趣还是要真正的占有他者，而不只是像康德那样，仅仅给他物标上"我的"的标签，而我和他者之间仍然是外在分离的关系、捆绑的关系。所以它讲，"这种普遍占领的愉快，仍然在自己的财产里发现了抽象理性自己本身所不具有的异己的他者"，自我意识把所有的对象都贴上自己的标签，这个并不到位，你贴上自己的标签，那个东西就是你的了？这个东西原来是从哪里来的？并不是由理性自己产生出来的，在康德那里还是由自在之物刺激人的感官来的。你的这个标签贴不到自在之物身上，你只能贴在自在之物所激发的现象上，你以为贴上你的标签了，但是你还有一个地方没有占领，自在之物不属于认识的理性。所以理性"仍然在自己的财产里发现了抽象理性自己本身所不具有的异己的他者"，你的财产可以说属于你，被你占有了，但是它的那些内容、它的那些感性的表象、那些经验的材料，它不是你产生的，是由自在之物从外面刺激我们的感官，你才获得的。所以你可以给对象打上你的主体性的标志，但是那个自在之物还在那里，它不归你所有。

理性预感到自己是一种比纯粹自我的**存在**更深刻的本质，它必定要求将区别、将**多样的存在**对自我而言变成自我自己的东西，要求自我将自己作为**现实性**来直观，并当场把自己作为形态和事物来发现。

[162]

"理性预感到自己是一种比纯粹自我的**存在**更深刻的本质"，理性预感到自己比纯粹自我的存在更深刻，比如说，自在之物，自在之物比纯粹自我的存在更深刻，也就是说纯粹自我自己的存在也是一个自在之物，在康德那里，刺激我们外部感官的是自在之物，我的自我意识背后也有一个自在之我，它也是纯粹理性所设想出来的。理性的自我意识本身也是一种"存在"，那么这种存在的"本质"又是什么呢？这也是理性所要考察的。所以，理性猜测自己是一种比纯粹自我的存在更深刻的本质。

自在之我要比纯粹自我的存在更深刻,纯粹自我就是一种抽象的自我意识、统觉,但自我意识后面有一个自我意识本身,有一个作为自在之物的自我,有一个自在之我。纯粹自我并不是自在之我,而是自在之我的一种功能,一种活动,这种表现这种活动我们可以知道,我们可以把它看作是一切知识的最高原理,但是它背后呢?它背后还有一个自在之物,有个更深刻的本质,那个自在之物是我们的理性所推出来的,我们的理性推出一切现象后面一定有一个自在之物。那么纯粹自我也是在我们内心呈现出来的,那么它后面也一定有一个自在之我,所以这个自在之我是理性猜测到的,或者说推出来的,它是一个更深刻的本质。"它必定要求将区别、将**多样的存在**对自我而言变成自我自己的东西",理性由于有这种预感,所以它必定会要求将自我意识的那些多样存在的对象在自我面前变成自我自己的东西。"多样的存在"打了着重号,与前面纯粹自我的"存在"相对应,也就是要求将纯粹自我的存在从自己的本质中发展出区别和多样的存在,使这些存在真正成为自我自己的东西。在康德那里这个自在之物是不可以认识的,它没有区别、没有多样性的存在,它并不属于自我意识。那么,理性一旦预感到自己是一种比纯粹自我的存在更深刻的本质,它就不会满足于将自我的存在和对象的存在只是捆绑在一起,而是必定要求将区别、多样的存在变成自我自己的东西。自在之我本来是空洞的,那么理性必定要把这样一些区别和多样的存在看成由这个纯粹自我自己发展出来的东西,要在自在之我里面作出区别。自在之我在康德那里是没有区别的,因为它是抽象空洞的,但现在,理性必须把这样一些有区别的东西变成自我自己的东西,要把它们消化掉,不能够让它们仍然是异己的。因此理性"要求自我将自己作为**现实性**来直观,并当场把自己作为形态和事物来发现",当场 gegenwärtig,也就是当下现场,当场把自己作为形态和事物来发现,也就是把自我本身当作直接的现实性。它不是什么"先验自我意识",不是加在感性表象身上的标签,而就是本身产生着现实后果并呈现在直观中的活动,我们通过它所形成的形态和事物就可以发现它，认识它的本质。所以对于自我，你也应该把它当成一个具体的事物来看待，它从天上降到人间，降到现实和直观中，成为现实能动的自我意识，而不仅仅是康德那种永远抽象的先验自我意识，这个先验自我意识面对着所有丰富的对象，就像是把一块木头绑在腿上那样去结合它们。现在不行，你这个自我本身也应该有丰富的内容。理性既然是理性，就必定要求把区别、把丰富多样的存在变成自我的，要求纯粹自我把自己作为现实性来直观，这个在康德那里是直观不到的，自我意识对自己直观是不可能的，只有上帝也许可以有理智直观。而感性直观又完全是被动的，它不能够把自我意识本身也作为一种感性直观的对象，自我意识是一种先验的原则，它本身是不能直观的，你要直观的话，除非你有另一种理智直观，但是人不具有这样一种更高的直观。这是康德的一种区分，人不可能有一种理智的直观，因此人的自我意识是直观不到的，它也是一个自在之物。但是黑格尔认为理性必然有这样一个要求，要求纯粹自我将自己作为现实性来直观，要把自己从抽象的确定性提高为真理性，并当场把自己作为形态和事物来发现。自我也是有自己的形态的，也是有自己的事物性的，它也是一个事物，是可以直观、可以发现的，是可以当场呈现出来的。理性本来就有这种信念、这种确定性，相信自己在一切对象当中都在场，那么，这些对象是不是能够反过来把自我本身也纳入进来呢？是不是能够把自我自身也当作一个对象呢？如果你能做到，那就是理性本身的经验历程已经开始了。在康德那里理性有了个基础，但是，还没有开始自身经验的历程；在费希特那里这个历程开始了，这就是黑格尔所要推荐的。要推进自我意识在理性中的历程，首先是观察的理性，看怎么观察。观察的理性观察的是对象，实际上观察的还是自我，在观察对象的过程中观察自我，看这个观察的自我在观察对象的过程中是怎么样运作的，这就把自我的形态和事物都展示出来了。自我是一个怎么样的形态，它是一个什么样的事物，就看它是如何观察一个现实对象的。

　　但是，如果理性扒开事物的一切内脏，打开其一切血管，想要从那里反弹到自身，它就将得不到这个幸运；相反的，它必须预先在自己自身中完成它自己，然后才能够经验到它自己的完成。

　　他这里写得很形象，"如果理性扒开事物的一切内脏"，就是说，理性面对一个自在之物，理性要把握这个自在之物，采取什么方式呢？采取一种客观的方式，采取一种唯物主义的方式。就是说自在之物之所以还没有被认识，是因为它还有一些东西被遮盖着，那么你就去把它打开，拼命地对事物进行一种深入分析，一种解剖，像解剖学家所做的那样把事物的内部逐一打开，加以更细致的观察，使它为我们所了解。那么，我们透过事物的现象去看本质，我们扒开事物的一切内脏，打开它的一切血管，识破它的现象，去深入到事物的本质里面去行不行呢？"想要从那里反弹（entgegenspringen）到自身"，从对象里面跳回到自身，以便实现刚才所讲的理性的任务，即当场把自我作为形态和事物来发现，看到自我在解剖对象中所做的工作。这相当于我们今天讲的认知心理学或微观认识论的研究，那么这种研究能不能做到把握理性或自我意识本身呢？黑格尔认为，"它就将得不到这个幸运"，得不到什么幸运呢？得不到前面讲的，自我当场把自己当作形态和事物来发现这种幸运。要求纯粹自我将自己作为现实性来直观，我能不能把自己作为现实性来直观呢？采取一种什么办法呢？采取一种扒开事物一切内脏，打开事物的一切血管，更深的向自在之物进发，再从那里反弹回自身，这样来跨越自在之物和自我之间的鸿沟。这种操作当然是很现实、很直观的，但对于理性的自我认识却是无济于事的。这个鸿沟还在这里，还没有被取消，想通过一种在两边跳来跳去的方式抹杀这条鸿沟是做不到的。按照黑格尔的观点，不是说，我对自在之物的认识还不够深刻，只要我再进一步深入认识我就能够消除它的外在性，而把它彻底据为己有了，就能够在其中完成自己了。这个是不可能的，对象永远会有自在的东西在那里残留着。换句话说，你向自在之物的进发永远只能停留在现象的此岸，而达不到彼岸，你把事物的一切内脏和血管都打开了，它们还是现象啊，你从那个现象能够跳回到自己的本体吗？能够跳到自己纯粹自我的自在吗？那是跳不过去的。所以理性得不到把自己作为现实性进行直观的幸运，你直观到的还是你自己所把握到的现象，而不是你的本体。"相反的，它必须预先在自己自身中完成它自己，然后才能够经验到它自己的完成"，也就是说，理性只有一个办法，就是预先在自身中完成自己。就是说你不要管自在之物，你就把你自己贯彻到底，你的主观唯心主义这一方面你要把它发展到底，这就是费希特走的路。费希特就不管自在之物，我就抓住自我意识本身，在自我意识中把自我意识完成起来，如何完成自己？自我意识建立非我，然后又从非我上面回到绝对的自我，这样一个过程就是纯粹自我在自身中完成自己，那就是走费希特的道路。抛弃自在之物。抓住纯粹自我这一方把它完成，然后才能经验到它自己的完成，你要对它获得直观，你首先创造出这个直观来，你要经验到自我意识本身，你首先应该走过它的历程。你走过这个历程那你就有了经验，那么你就可以经验到你自己的完成，你自己的本体，认识到你自己的纯粹自我的本质究竟是怎么回事，有些什么样的内容。你只有经验过了你才知道，你站在岸上不下水，你怎么能学会游泳呢？"必须预先在自己自身中完成自己，然后才能够经验到它自己的完成"，这句话是非常的关键的。就是说不能够先把它分成两块，然后再想办法通过一种什么样的方式把这两块进行捆绑、沟通，那是无法沟通的，你必须要从自我意识这一方入手，把它自身的能动性发挥起来，然后你再反思你所经历过的过程，那时你才能够把自己作为现实性来加以直观，才能把理性的确定性上升到真理性。

　　意识在观察，这是说，理性要把自己作为存在着的对象，作为**现实的、感性上当下在场的**方式来发现和拥有。

　　"**意识在观察**"，前面说，理性必须预先在自身中完成自己，如何完成？就是进行观察。观察意味着什么？不是像感性确定性或知觉那样目光向外，被动接受，而是相反，"理性要把自己作为存在着的对象，作为**现实的、感性上当下在场的**方式来发现和拥有"。意识的观察实际上是理性发现自己、拥有自己的一种方式，什么方式？把自己当作对象、作为现实的感性在场的方式。这跟我们通常的理解是大不一样的。我们通常理解意识在进行观察就是观察那个对象，要如实地反映对象，这跟意识自身没有什么关系，相反，观察要把意识自身尽可能排除掉，不加考虑，否则就是主观主义的，会歪曲我们所观察到的对象的形象。但是黑格尔对观察的解释跟世俗的、通常的解释完全不一样，他说，观察就是理性要把自己作为存在着的对象，作为现实的、感性在场的方式来发现和拥有。意识在进行观察，实际上是在观察自己、发现自己，当然不是直接的发现，而是把自己作为存在着的对象来发现，作为现实的感性在场的方式来发现。意识进行观察，观察一个对象，但是这个对象实际上只不过是理性自己存在的一种方式，只不过是理性自己以一种现实的、感性在场的方式而存在。这个对象里面本质上是理性，意识的观察，实际上是意识发现了自己的理性，发现自己是理性，把自己作为一种理性的存在着的对象，理性的一种现实的、感性的在场的方式来发现，来拥有。意识的观察是理性的一种对象化的方式，或一种对象性的方式，一种感性现实在场的方式。所以实际上是意识拥有理性，但是采取了一种观察的方式，一种旁观的方式，好像这个对象跟我无关，好像是一种外来的、一种感性的现实性的在场，但实际上它就是理性的在场，是这样一种方式。

这个观察的意识以为，而且也许会说，它**不是**要想经验**其自身**，而是相反地，要想经验**事物之为事物的本质**。

这个是讲我们通常的看法了，就是说，"这个观察的意识以为，而且也许会说，它**不是**想要经验**其自身**"。如果有人反驳黑格尔的话，就会这样说，因为观察者通常的确没有想到要通过观察来经验自身。他们想到的毋宁说相反，就是"要想经验**事物之为事物的本质**"。在我们通常看来，所谓意识在观察是什么意思呢？就是要经验到事物之为事物，它的本质，不要走样，也不要停留于表面，而要彻底地把事物的本质准确地把握住。我们通过观察，可以观察到事物它本质上到底是一个什么东西。但是这绝不是想要经验意识自身，或是经验本身。那么下面就来分析意识怎么会这样认为呢？这个常识、日常的意识为什么会这样认为呢？

这个**意识**这样以为和这样说，乃是因为这个意识就**是**理性，但理性却还并非本身就是意识的对象。

"这个**意识**这样以为和这样说"，是因为什么呢？是因为这个意识就"是"理性，"但理性却还并非本身就是意识的对象"。意识这样说和这样认为，其原因是"这个意识就**是**理性"，或者说意识作为理性还停留在"是"（ist）的层次上，还只是理性的"存在"，还与理性直接相等而未能拉开距离；所以"理性却还并非本身就是意识的对象"，理性还没有成为自己的对象，或者说还没有达到对自身的自我意识，理性还没有在自己的对象上看到自己。这个意识是理性，但是理性还把它自己的对象跟自己割裂开来，对立起来，它没有看到这个对象的本质其实就是理性本身。所以意识在存在的层面上已经是理性了，但还没有深入到存在的本质，更没有从概念上来把握这一本质。所以前面才会说，观察的意识在进行观察时，并不是想要经验理性自身或者是经验意识自身，而是要经验事物之为事物的本质。观察是客观的，你不能把观察看作是对自己的主观的观察，观察是对对象的观察，这是我们通常理解的。但黑格尔认为，通常的理性虽然已经是理性了，但是还没有把理性自身作为一个对象，而只是停留在理性的一个比较表层的层面，没有展开理性本身的对象化的本性。理性要进行观察，肯定是对一个经验对象、对事物之为事物的本质进行观察，这个事物肯定在我之外；但是你这样看，只能说明你还没有把理性自身当作一个对象来看待，还只是理性的初级阶段、存在阶段。

假如意识已经知道**理性**既是事物的又是它自己的同一个本质，而理性又只能够在意识里以它自己独有的形态在场，那么意识就毋宁会进入到它自身的深处,在那里而不是在事物里寻找理性了。

这句话用的是虚拟式。"假如意识已经知道**理性**既是事物的又是它自己的同一个本质",这在理性的初级阶段是不现实的,但不妨设想一下。假如我们意识到事物的本质和意识的本质是同一个本质,即理性,"而理性又只能够在意识里以它自己独有的形态在场",也就是不以那种对象性的、感性现实的形态在场,而是以自身独有的那种形态在场,"那么意识就勿宁会进入到它自身的深处,在那里而不是在事物里寻找理性了"。这里假设了一种情况,假如意识已经知道理性既是事物的又是它自己的同一个本质,当然前提是它还不知道,还没有把理性和对象当作是同一的,但是它不会永远都不知道。假如意识一旦知道理性既是事物的又是它自己的同一个本质,而理性又只能够在意识里以它自己独有的形态在场,前面讲要在场,当场把自己作为事物来发现,而理性又只能够在意识里以它自己独有的形态在场,这个独有的形态是什么呢?就是后面要讲到的逻辑学和心理学的形态,那就是观察的理性的第二阶段,就是从"对自然的观察"进入到了"对自我意识在其纯粹性及其与外在现实的关系中的观察",即"逻辑学规律与心理学规律"[参看后面贺、王译本第198页以下]。而这样一来,"那么意识就毋宁会进入到它自身的深处,在那里而不是在事物里寻找理性了",假如意识把自己当作是一个事物来看待,就会有这样一种情况:理性既是事物的又是它自己的同一个本质,也就是说意识在这种情况下把自己看作一个对象,理性以这样一个对象的形态在场,这种形态就是作为思维技术的逻辑学以及心理学。于是意识就会进入到它自身的深处,在那里寻找理性而不在事物里寻找了。这就是一个提升了,就是说,日常通俗的意识没有把意识本身、理性本身当成一个观察的对象,但是当它从对自然界的观察转向对人的心理的观察时,它就是在把自己当作自己的对象,这时理性找到的就是形式逻辑的思维技术,——这是理性的内在纯粹形态,但它也是从心理学的角度来看的;以及主观心理与外在现实的关系,——也就是今天我们通

107

过实验心理学和社会心理学所研究的课题。通常讲观察的理性是指物理学的观察,对自然的观察;但是,有一种观察是观察观察者自己的心理,这是在一种什么样的情况之下呢? 就是当意识已经知道理性是事物和它自己的同一个本质,就是说,理性已经知道,这个观察对象既是理性的对象又是理性自身的同一个本质,那就是心理学把意识本身当作一个对象来进行观察。这个理性独有的形态,就是在心理学中的形态,后面讲到的观察的理性,首先是对物理学、自然界的观察,然后对心理学也加以观察,以同一个观察的理性从外部世界转向内部世界。意识这时就把自己的理性看作就是对象的本质,但是它已经是转向内部、转向主观心理了,不再到外部事物里寻找本质了。这个时候意识就把自己限定为两门科学,物理学是管外部世界的,心理学是管内部世界的,但既然它们两个都是同一个观察的理性,它们又如何能够统一起来呢? 这就是它们在身心关系问题上所遇到的困惑,表明这种观察的理性还没有真正意识到理性才是自己的观察对象,还受到理性的具体形态的束缚。哪怕是在心理学中,这种理性仍然是以一种它自己意识独有的形态而在场的,是一种心理的经验。物理学在自然界的观察中使我们获得了经验事物的本质,在心理学中我们获得了人们心理经验的本质,但都还是经验学科,都还没有上升到哲学的层次。但这是理性本身走过的历程,我们还是要加以研究。所以作为观察的理性,后面的三个小标题是:a. 对自然的观察;b. 对自我意识在其纯粹性及其与外在现实联系中的观察:逻辑规律与心理学规律;c. 对自我意识与其直接现实的关系的观察:面相学与头盖骨相学。最后这个是考察身心关系的,就是说你观察到了自我意识本身以后,观察到了心理学、灵魂之后,它如何表现在现实上呢? 如何表现在身体上呢? 先讲物理学,再讲心理学,然后讲心理学在物理学上的表现,讲身心关系,那就是面相学和头盖骨相学。通常观察的理性这样一个层次是很低的,所以我们要逐步提高它的层次,要继续往前赶。观察的意识最后把头盖骨相学看成是人的心理、人的灵魂的一种体现,当然这是伪科学,但这种观念这种想法是对的。就是说你内心的东西肯定要表现出来,肯定会被人们所直观到的,如何直观到呢?从头盖骨相学、从面相学上可以直观到,这是非常朴素的一种想法,它的原则是观察的理性。但它的伪科学性质被揭示出来,恰好暴露出观察的理性的这样一种缺陷,而要克服这种局限性,只有采取实践理性的方式。这就过渡到第二个部分了,也就是第 232 页:"二、理性的自我意识通过自己本身而实现",这就进入到了实践理性。这是后话了。而在观察的理性中,我们在物理学里面不能找到理性自己,我们就退回到自己内心去找,这还是把自然界当作是跟理性相对立的一个东西,它的观察的理性的层次是很局限的。你说观察的理性没有把自己当作对象吗?它也有,就是在心理学里面,只有在心理学里面它把自己当作对象,而在物理学里观察外部世界的时候,它是不把自己当作对象的。

假如它已经在它的自身深处找到了理性,那么理性就会重新从那里被驱赶到现实性上,以便在现实性里直观理性的感性表现,但理性又会立即将这种表现本质上当作**概念**看待。

这又是一个"假如",假如它,意识,已经在它的自身深处找到了理性,也就是把理性作为心理学的对象已经找到了,理性在哪里呢?理性在我心里,那么我们就建立起一门理性心理学,来为理性展示一种直观,展示一种经验,那是一种心理学的经验。意识已经在它的自身深处找到了理性,"那么理性就会重新从那里被驱赶到现实性上",这就是刚才提到的面相学和头盖骨相学了。你在心理学里面找到了理性,找到了理性的内心形象,那么外在形象呢?如何表现出来呢?你说我自己有这种观念,有这种理性,但是在外面看不出来呀?在外面要能看出来,就必须搜索你这个心理学的大本营,就是在你的头脑里,在你的头部,你的理性是住在你的大脑里面的。从大脑的外部我们可以对它加以观察,观察的理性,所以理性就会重新从那里被驱赶到现实性上,"以便在现实性里直观理性的感性表现"。你完全是内在的,那个心理学也就没办法加以规定了,你必须对它进行感性的外在的描述，所谓的实验心理学，其实就是这么回事儿。我们今天的心理学基本上都是实验心理学，都是外在的一些描述、统计，一些规定，一些实证的材料。按照国家的规定，心理学是被划在科学院系统，而不是社会科学院系统，社会科学院是没有心理学研究所的，心理学研究所在中国科学院，它是一种实证科学，它是对心理的外部表现用一些仪器、测量、数据、统计来加以规定的。这实际上还是一种头盖骨相学的思维模式，当然要比那个高级多了，黑格尔那个时候实验心理学还没有发展起来，实验心理学发展起来是在 19 世纪中期，黑格尔死后才发展起来的，像费希特他们的实验心理学。但黑格尔的时代已经有这样一种苗头，就是面相学和头盖骨相学，通过统计，通过找头盖骨上的某些点，这个今天还有，头盖骨上的某个部位是管什么的，大脑右半球和左半球的分工是不同的，某某人大脑的右半球发达，他就适合当艺术家，左半球发达他就适合当哲学家和数学家，今天也有这种说法，也不是完全没有道理。"但理性又会立即将这种表现本质上当作**概念**看待"，这种表现实际上还是抽象的，它并不是真正的从头盖骨相上面经验的推出来你的思想、你的理性究竟是什么样的，而是本质上把它当作一种概念看待，它是一种概念的分析，而不是一种真正的经验的直观。真正的经验直观要把握一个人的心理，就必须转到实践理性上来，就要看他怎么行动，怎么与人相处，这才暴露出他内心真正直观的形象。而在这种观察的理性里面，表面上看起来很直观，头盖骨相学，面相学，但实际上头盖骨相学和面相学的数据都是一些概念，它并不具有真正的直观性。所有这些都是用的虚拟式，是后面将要讲到的内容。

　　当理性**直接地**作为它即是一切实在性这个意识确定性而出场时，理性也将自己的实在性在**存在的直接性**这个意义上来看待，同样它也将自我与这个对象性本质的统一性**在直接的统一性**这种意义上来看待，在这种统一性中理性还没有将存在的环节与自我的环节分开以后再重新结合起来，或者说，它还没有认识到这种统一性。

　　前面都是两个虚拟式，这句话回到了直陈式。前面两个虚拟式是对观察的理性在起步阶段将要发展到什么方向去进行了一种推测，也是预示了这一部分的后面两个阶段的主题内容；而我们现在要讲的是观察的理性的直接性阶段，直接的观察，那就是对直接呈现在面前的自然界的观察。意识在进行观察时首先被理解为对自然界的观察，对客观事物的观察，这跟心理学以及头盖骨相学还差得很远，通过心理学或头盖骨相学来把握理性的本质，那已经是一种间接性了。现在我们回到我们的出发点。"当理性**直接地**作为它即是一切实在性这个意识确定性而出场时，理性也将自己的实在性在**存在的直接性**这个意义上来看待，同样它也将自我与这个对象性本质的统一性**在直接的统一性**这种意义上来看待"，就是说观察的理性直接作为它的确定性而出场，什么确定性呢？确信它自己就是一切实在性。你在观察的理性中已经意识到了它就是一切实在性，意识在进行观察时有一种信念，有一种确信，就是说它所观察的那些东西，必将具有理性的法则，所以才是具有实在性的，不合理性的东西则肯定是虚妄的。所以我去进行观察时是主动地进行观察，在康德那里已经意识到，是我在拷问大自然，一手拿着原则、一手拿着经验拷问大自然。所以这里头有一种信念，相信我的这种原则肯定在我所观察到的对象上是能够得到验证的，能够建立起一切实在性的，所有的实在性都在理性的统摄之下。而在这个时候，理性所理解的实在性还只是在"存在的直接性"这个意义上的，理性的实在性还是存在的直接性，而不是通过一种间接的推导或者分析，理性直接就是存在的，它直接体现在自然界的规律身上。存在的直接性如何理解？理性或知性在康德那里作为一个先验统觉的前提，在笛卡儿那里作为一个我思故我在的第一原理，都是直接统一的。所以理性"也将自我与这个对象性本质的统一性在直接的统一性这种意义上来看待"，我思与我在，先验自我与先验对象就是一回事。"在这种统一性中理性还没有将存在的环节与自我的环节分开以后再重新结合起来，或者说，它还没有认识到这种统一性",先验自我和先验对象的关系是一种直接统一的关系,理性还没有把存在的环节和自我的环节分开以后再重新结合起来,比如像费希特那样,从自我建立非我,然后从非我又回到更高的绝对自我,绝对自我就是自我和非我的统一了,这就是一个从间接性回到直接性的统一。而在康德那里这两个环节还没有经过一个分开以后再重新结合的过程,没有分开变成非我以后,把所有经验的东西都在自身建立起来,然后再重新结合起来。它还没有经历这样一个过程,也就是它还没有认识到这种统一,这种统一它是直接设定的,但是它还不是一种认识。在康德那里这还只是一种认识的可能性,它还只是一种认识的条件或者认识的工具,还有待于外部经验材料的充实才能成为认识,而这些经验材料虽然被统觉所统摄,却并不和统觉相统一,而是格格不入的、夹生的。

因此理性就作为观察的意识而走向事物,凭意谓它把这些事物在真理性中看作感性的、与我对立的事物;①

理性在这个时候作为观察的意识,它还没有意识到自己和事物的统一,它就是作为旁观的意识走向事物,这个事物目前还是它之外的事物。当它走向事物时,"凭意谓它把这些事物在真理性中看作感性的、与我对立的事物","凭意谓", in der Meinung, 也可以译作"在意谓中", Meinung 就是意谓,在理性的这个直接性阶段,类似于感性确定性那样,也是凭意谓来断言真理性,并且把观察的对象看作感性的。"在真理中看作",原文是:in Wahrheit nehmen, 它跟 Wahrnehmung 即"知觉"有词源上的关系,所以"在真理中看作感性的"也可以理解为"知觉为感性的"。为什么要特意指出这一点呢? 就是要说明观察的理性这时还处在感性确定性和知觉的阶段,处于初级阶段,这时在知觉中有一个感性事物和我

---

① "在真理中看作"(in Wahrheit nehmen), 也可理解为"知觉"(Wahrnehmung), 这里强调理性还处于感性确定性(意谓)和知觉的阶段。——中译者

相对立。前面黑格尔知觉阶段已经讲过这一点，所谓知觉就是有个感性对象的事物在那里，我对它有一种反映，是否反映得正确？如果正确的反映那就是真理。但是知觉总是会出错的，所以这是初级阶段。理性作为观察的意识而走向事物，就是我们通常讲的"实事求是"，就是在感性确定性和知觉中来确定我们的对象，其他的都还谈不上，你先观察了再说，没有调查就没有发言权，你先下去调查了第一手资料再来，不要坐在办公室里面拍脑袋、发高论。这是我们通常对观察的理性的一种初步的理解，这个时候这个事物是感性的，是与自我对立的，或者说是不以人的意识为转移的，是客观存在的。

<u>不过它的现实行为却与这种意谓相矛盾，因为它在**认识**事物，它将事物的感性转变成**概念**，就是说正好转变成一种本身同时又是自我的存在，从而将思维转变为一种存在着的思维，或将存在转变为一种被思维的存在，并且实际上断言事物只有作为概念才具有真理性。</u>

这句话重走了感性确定性和知觉走过的道路：感性确定性自以为自己在原原本本地把握对象的直观材料，但实际上它已经设定了概念、设定了共相，从而将意谓扬弃掉了。"不过它的现实行为却与这种意谓相矛盾"，观察的意识在它的意谓中自以为是那样，但是它的现实行为就不一样了，就像感性确定性它自以为是意谓，实际上已经是共相了，意谓中的"这一个"就已经是共相了；这里也是一样，观察的理性自以为它的对象是感性的、是与自身相对立的，但它的现实行为却与这种自以为的想法相矛盾，与自己内心以为的那种意谓相矛盾，"因为它在**认识**事物"，认识打了着重号。也就是说它跟感性确定性也有所不同，感性确定性只是在感知事物，而理性现在已经是在认识事物了。什么是认识？认识就是一种理性的主动的活动，所以感性确定性只是被动地承受自身的自相矛盾，而理性则是自觉地投身于这一矛盾。这就是："它将事物的感性转变成**概念**"，概念加了着重号，有了概念在里面，那就不再是一种单纯的感性接受了，那就是一种认识了。"就是说正好转变成一种本身同时又是

自我的存在"，把事物的感性转变成概念意味着什么呢？就是转变成一种同时又是自我的存在，因为这个概念可以理解为范畴，范畴本身同时就是自我的存在。在康德那里范畴就是先验自我意识的一种体现，先验统觉的一种体现，统觉的统一体现在什么地方呢？体现在自我意识用诸范畴去把握感性材料，形成认识的对象。那么在这个地方，我们把事物的感性转变成范畴，那就正好转变成了一种本身同时又是自我的存在。"从而将思维转变为一种存在着的思维，或将存在转变为一种被思维的存在"，这种转变是双向的，一方面把思维、把我思转变为一种存在着的思维，我思体现在范畴上，范畴就是客观思维。康德讲范畴就是在逻辑判断指向客观对象时形成的概念，那不是一种客观存在着的思维吗？我思本来是主观的，但是在对象上面我看到了范畴，那这个思维就是客观的思维了。另一方面，"或将存在转变为一种被思维的存在"，存在作为一种感性的事物，这个时候被转变为一种被思维的存在了，它是作为范畴、作为存在的本质的存在，只有这种存在才是真正的存在，感性确定性和知觉则都是过眼烟云，靠不住的。思维和存在同一在这里表现为一个双向的过程，思维变成了对象，对象变成了思维。"并且实际上断言事物只有作为概念才具有真理性"，一切感性的事物只有作为概念或范畴才具有真理性，只有当我把因果性、实体性等所有这些范畴运用到经验对象上，这些经验对象才成为了知识，才成为了具有真理性的知识，这就是康德的"哥白尼式革命"。所以观察实际上是人为自然立法的过程，是一个运用范畴于对象之上的过程，也是一个揭示出对象的真理性、揭示出真正的对象实际上就是范畴的过程。

[163]　　　在这里，对观察的理性来说，所形成的仅仅是**事物**所是的东西，但就我们看来，所形成的是**意识自身**；但它的运动的结果，将是自为本身变成了它自在地所是的东西。

　　　这句话相当于总结了。"在这里，对观察的理性来说，所形成的仅仅是**事物**所是的东西"，观察的理性在它的初级阶段，对它来说所形成的仅仅是事物所是的东西，"事物"打了着重号。也就是说在观察中你形成的是什么呢？是事物，是对象，它是什么？你通过观察知道，原来这个事物是这样的一个东西，对观察的理性来说，所形成的就是这样一个结果，你观察到了这个事物是这样的。"但就我们看来"，就旁观者而言，"所形成的是**意识自身**"，"意识自身"也打了着重号，与前面的"事物"对应。那个事物所是的东西是什么呢？事物所是的东西实际上从旁观者看来，就是意识自身，是人为自然界立法。看起来是一个被动的过程，实际上是很主动的过程，你所形成的看起来是事物所是的东西本身，是一个客观存在，但实际上是意识自身。观察的理性已经开始起步了，它已经迈出了第一步，这一步已经完成了，所以在观察中实际上形成的是意识自身。"但它的运动的结果，将是自为本身变成了它自在地所是的东西"，它的运动的结果，既不是客观上事物所是的东西，也不是主观的意识自身，而是意识自身变成了事物所是的东西，是思维和存在的统一，既不是单纯的思维，也不是单纯的存在，而是两者的统一。自我建立起非我，自我建立起对象，将自为本身变成了它自在地所是的东西。自为的就是意识，它把自己变成了自在地所是的东西，就是把意识、思维变成了对象，它自己把自己建立为对象。实际上，客观上看是这么一回事，但它主观上并没意识到这一点，观察的理性它只意识到它建立了事物所是的东西，客观上所是的东西。

观察的理性的**行为**必须在其运动的各环节里来考察，看它如何将自然、精神以至于自然与精神的联系都作为感性的存在来接受，如何把自己作为存在着的现实性来寻求。

这句话是对下面要讲的一个概括，一个预告。"观察的理性的**行为**"，"行为"打了着重号，说明它是主动的行为，而不是被动的接受，这是与感觉和知觉不同的，"必须在其运动的各环节里来考察"。观察的理性实际上在走它自己的路，经历它自己的历程，所以观察的理性的行为，我们从它的行为来看，必须在其运动的各环节里来考察。观察的理性它走过了它的各个环节，走过了哪些环节？下面讲："看它如何将自然、精神以至于自然与精神的联系都作为感性的存在来接受"，这就是我们刚才所提到的物理学、心理学，以及体现在头盖骨相学上的两者之间的身心关系，这是对后面观察的理性所要讲的内容的预告。自然就是物理学，精神就是心理学，以至于两者之间的关系，心理学如何体现在物理学上，人的内心如何体现在面相学和头盖骨相学上，如何把它们都作为感性的存在来接受。观察的理性当然一开始是接受了，把这些东西作为感性的存在来接受，可以说它是理性本身进程中的感性阶段，但这种接受也已经是它的一种自觉的"行为"了。"如何把自己作为存在着的现实性来寻求"，为什么要经历这样一个感性的阶段呢？是为了要把自己作为一个存在着的现实性来寻求，为了要使理性本身走向现实性，这就和感性确定性和知觉不同了。感性确定性和知觉寻求的是外在的现实性，而不是"把自己"作为存在着的现实性来寻求；而观察的理性本身一开始只有确定性，那么它要实现自己的现实性以充实自己的确定性，怎么办呢？它就必须要首先把这些东西作为感性的存在来接受，这才能够使自己具有现实性。这个是在更高层次上回复到了感性确定性。

{139}　a. 对自然的观察

刚才讲的已经预先展示了整个"观察的理性"这一部分的结构，即首先探讨物理学，对自然的观察；然后探讨心理学，对心理的观察；最后再探讨心理学怎么表现在外部身体构造上，它是这么一个结构。所以我们先来看一看这个小标题"对自然的观察"。对自然的观察当然有很丰富的内容，首先是物理学，当然这里是广义的物理学，除了机械力学外，也包括化学和生物学，也就是广义的"自然之学"。所以一开始是从"对无机物的观察"谈起的，这是最简单的物理学。对人以外的自然界的观察，首先要从无机物开始，然后才是有机物，有机物当然更复杂一些。必须从简单到复杂。

116

[I. 对无机物的观察]

[1. 描述]

对无机物的观察有三个基本步骤,即如实地描述,然后抓住特征,再就是找出规律。所以这一节的三个小节分别为:"描述"、"特征"和"规律的发现",当然这都是拉松版编者加的小标题。先看如何"描述"。

如果无思想的意识把观察和经验表述为真理的源泉,那么它 ① 这话听起来很可能就像是说,它仿佛只和味觉、嗅觉、触觉、听觉和视觉相关似的;其实在它匆忙地推崇味觉、嗅觉等等的时候,它忘记了说明它实际上也已经从本质上给自己规定了这个感觉的对象,而且这种规定,对于意识至少与那种感觉同样有效。

"如果无思想的意识把观察和经验表述为真理的源泉",就是在无思想的意识的情况之下,在完全不带先入之见对自然进行客观观察的情况下,我们把观察和经验表述为真理的源泉。我们通俗的说法是,没有调查就没有发言权,你要知道梨子的滋味,就得亲口尝一尝。那是什么东西,你去观察一下就知道了。英国经验派从培根开始就特别注重观察,首先就是观察,细心地观察大自然,这是一切知识的来源,我们把它表述为真理的源泉,一切知识都来自于观察,这是经验派的一个原则。黑格尔把它称作"无思想的意识",你已经有意了,但这个意识还没有思想,未经思考。如果把观察和经验表述为真理的源泉,"那么它这话",这个"它"指什么? 应该是指无思想的意识,但是在第一版和第二版里面都用的是阴性的"它",阴性的话那就是指"真理"。从意思上说,"它"可以指意识,也可以指真理,都通。它这"话",就是无思想的意识说,观察和经验是真理的源泉,这样一句话,或者说这样表述的真理的话语。这话语"听起来很可能就像是说,它仿佛只和味觉、嗅觉、触觉、听觉和视觉相关似的"。首先是味觉,然后嗅觉,然后触觉,然后听觉,然后是视觉,这个位置是

---

① 原文为 seine,指意识;但第一、二版均为 ihre,指真理。——德文袖珍版编者

不能颠倒的，为什么不能颠倒呢？因为他强调的是，观察和经验是真理的源泉，那么最直接的观察就是味觉，你舌头尝到的、已经到了你嘴里的，那才是最直接的观察；然后嗅觉，嗅觉稍微间接一点，它通过空气的传播，通过你的鼻腔进入你体内，但不一定吃到嘴里了；然后触觉，触觉又更外在一点，你的皮肤的触觉，而不是内在的，不是你的舌头，不是你的鼻腔，这是触觉；然后听觉，听觉就是更加遥远了；最遥远的就是视觉，遥远的星空你听不到，但是可以看到。所以视觉在西方人的心目中通常是理性的感官，"看"在西方传统中也是最重要的感官，就因为它可以"遥感"。柏拉图的理念，所谓"相"idea，就是看到的东西意思，看到的东西就是理念，就更加间接了。所以他这个排列是有序的，是有意图的，你不能随便给它颠倒，它是从直接性到间接性排过来的。当然这是一般日常的观点。"其实在它匆忙地推崇味觉、嗅觉等等的时候，它忘记了说明它实际上也已经从本质上给自己规定了这个感觉的对象"，在它匆忙地推崇味觉、嗅觉等的时候，他特别强调这个味觉和嗅觉，强调这种直接的可感性。但是这个时候，它忘记了说明它实际上也已经从本质上给自己规定了这个感觉对象。它在推崇这些感官是绝对可靠的，我们中国人通常说，吃到肚子里的才是最可靠的，中国人应该在前面加一个"饱觉"，吃饱了才是最可靠的。西方经验论说味觉嗅觉是最可靠的，从经验论的立场上说是这样；但是它忘记了说明，它实际上也已经从本质上给自己规定这个感觉对象了，它已经是对象了。就是说，你任何一个感觉都是对感觉对象的感觉，包括你的味觉嗅觉视觉等，它实际上已经暗中有一个对象在了，包括经验派，包括休谟在内，你的直接印象、第一印象，知觉和感觉，实际上都是对一个对象的知觉，如果不是这个对象，你是不会谈它们的。比如说你的幻觉，或者你做了一个梦，它也是一种视觉或者听觉，你为什么不讨论这个问题呢？你要讨论你的第一印象，休谟说它是最可靠的，你怎么知道它是"第一"的呢？由对象直接刺激的才是第一的。你要从这个地方出发，实际上你已经本质性地给自己规定这个对象了。"而且这种规定，对于意识至少与那种感觉同样有效"，哪怕是经验派那样的一种对经验的推崇，像洛克的原则：凡是在理智中的，无不先在感觉之中，还有洛克的"白板说"，人心是一块白板，首先落在这块白板上的就是人的感觉，他推崇人的感觉；但是他也忘了说明，你在感觉的时候实际上也已经本质性的给自己规定了一个感觉对象。哪怕洛克的"白板说"，落在白板上面的也会是一个对象，一个感觉对象，也就是说，只有对象才能在白板上面写字，虚无、空气是写不上字的。所以实际上你已经规定了对象，而且这种规定，对于意识至少与那种感觉同样有效，同样值得推崇，同样是第一位的。凡是你尝到的、你听到的、你触及的都是对象，这个规定已经毫无疑问的对所有的经验论者都是同样有效的，它伴随着那些感官一同起作用。

这也立刻承认了，那感觉对这个意识并非只是这样一般地涉及知觉而已，比如对于这一只烟盒旁边放着这一把小刀的知觉，就不会被看作是一种观察。这被知觉的东西，至少应该具有一个**共相**的含义，而不是**一个感性的这一个**的含义。

"这也立刻承认了"，就是说当你承认了对这样一种感觉的对象的规定的时候，当这种规定和那种感觉同样有效、同样发生效力的时候，就立刻承认了，或者说同时也承认了、伴随而来地承认了，承认了什么呢？"那感觉对这个意识并非只是这样一般地涉及知觉而已"，就是说，那感觉对这个观察的意识来说，并不是像感性确定性那样一般地涉及知觉而已。比如说，他举了一个例子，知觉到在这一只烟盒旁放着这一把小刀。注意他特别强调"这一只"烟盒旁边放着的"这一把"小刀，都是用的"这一个"（dieses 或 dieser），相当于感性的确定性。他说，这"不会被看作是一种观察"，如果你仅仅是说看到了这一个和那一个，这并不是观察，观察不是这样的，不是仅仅知道这一个旁边有那一个。为什么会这样？"这被知觉的东西，至少应该具有一个**共相**的含义，而不是一个**感性的这一个**的含义"，这被知觉的东西在观察中，不是一般地关涉到知觉，凡是被知觉的东西在此至少应该有某种共相的含义，比如说"烟盒旁边有小刀"，而不是"这一个烟盒旁边有这一把小刀"，它应该超越于"这一个"之上有某种共相。我关心的不是这一个和那一个，而是一般地说烟盒旁边放着小刀这种事态，这才是我所观察到的。烟盒实际上你已经把它当作一个共相来看了，小刀也是如此，而这两者并排放着同样是种共相，是我观察所得出的结果。那么这里面实际上已经有共相了，而不是单纯的感性的"这一个"的含义，这个我们在"感性确定性"一章里已经读到了；但在那里是不自觉地陷入到了共相，而这里则是自觉地去追求的，至少"应该"有某种共相的含义，没有共相就不叫观察。

所以这个共相首先只是自身等同地持存的东西；它的运动只是同一个行为的同一形式的反复。

这是从上面得出的结论。"这个共相首先只是**自身等同地持存的**东西"，哪怕这一个烟盒，它也是一个共相，这个共相是自身等同而持存的东西，这是与感性确定性不同的。感性确定性的这一个，你一转身，它就不是这一个了，而是那一个了。但这个烟盒放在这里，我观察到它，观察到它是放在小刀旁边的，一旦观察到了，那么烟盒就是烟盒，小刀就是小刀，一个在另一个旁边，也是不会变的，这就是我观察的结果，我要的就是这个结果。这个结果就是自身等同地持存的共相，这个共相并不因为后来烟盒换成了茶杯或者小刀被撤下了而有所改变，因为那将会是另一次观察的结果，并不否定前一次观察的结果。就像我们观察天空，某年某月某日，一颗彗星光临地球，作为观察的结果就记录在案了；尽管现在它早就远去了，而且几百年中都不会回来，但我们一翻看记录，这件事情就"自身等同地持存"地展示在我们眼前。"它的运动只是同一个行为的同一形式的反复"，这个共相的运动，它一旦形成就会被投入运动，比如说和其他的共相发生联系，产生对比，这个观察的结果和那个观察的结果加以比较，或者构成某个事件的特征或标志，或者从无数观察的结果中总结出某种规律来；但就这次观察的结果来说，这只是同一个行为的同一形式的反复。它是不容修改的，一被修改，数据就不准确了，观察也就白做了。

意识就此而言在对象里所找到仅仅是**普遍性**或**抽象的我的**，所以它必须**自己**将对象的真正的运动担当起来；而由于它还不是对这个对象的理解，它至少必须是对这个对象的记忆，这记忆以普遍的方式表达了在现实性里只以个别的方式现成在手的东西。

"意识就此而言在对象里所找到仅仅是**普遍性**或**抽象的我的**"，就此而言，即就观察的结果是共相而言，意识在对象里找到仅仅是"普遍性或抽象的我的"，普遍性就是共相了，抽象的我的，就是说这个对象不再是感性确定性或知觉，而是意识自己的抽象的东西，是属于"我的"的东西，也是指共相。"所以它必须**自己**将对象的真正的运动担当起来"，由于对象现在是我的对象，是我的共相，所以对象的真正的 (eigentliche) 运动，也就是"本真的"运动，必须由意识自己来承担，这种运动无非是共相的运动，从一个共相到另一个共相的运动。你要事物自身来承担这个运动，它是承担不起的，时过境迁，过去了的已经找不回来了，只留在我的记忆中。"而由于它还不是对这个对象的理解，它至少必须是对这个对象的记忆"，这个记忆很重要，就是说，我如何能够把这个对象的运动担当起来呢？感性或知觉的对象在运动，而且瞬息万变，但是它自己不知道，而我知道，我凭什么知道？因为我记得，我记得刚刚它在这里，我记得它刚才的那个样子；或者说，我记得它刚才在那里是那个样子，现在在这里已经不同了，已经变化了，这是凭我的记忆来担当的，在我的记忆中这个运动被承担起来了。而要把过去的记忆和现在的观察联系起来形成一个运动，就必须对它们作共相上的比较，或者说，只有将过去的观察和现在的观察固定为一些共相，我们才能克服感性原子之间的不可通约性而形成一个连贯的运动过程。所以，"这记忆以普遍的方式表达了在现实性里只以个别的方式现成在手的东西"，所谓"在现实性里只以个别的方式

121

现成在手的东西"，就是现代经验主义哲学所讲的感觉原子、经验原子，按照休谟的说法，它们是不可通约的、只有偶然遭遇而没有必然联系的。但记忆以普遍的方式，也就是以共相的方式，表达了这些东西的相互联系和可通约性。记忆在休谟那里已经不是直接的印象了，而只是印象留在人心中的"观念"（idea）；但他只强调这种观念和印象相比在感性的强烈度上有所减弱，却忽视了观念在概括性上比印象大大扩展了，它已经上升到了共相，成了普遍的东西。当然，记忆也好，共相也好，它们都"还不是对这个对象的理解（Verstand）"，它们只是理解这个对象的基本材料，真正的理解必须上升到"规律的发现"，这就是后面第三个小标题所要讨论的。但现在虽然我对对象还没有理解，但是我有记忆，记忆还没有达到理解，但是它已经足以把对象的运动担当起来了，这个对象的运动借此被纳入到"我的"之下。这记忆以普遍的方式造成了一种连续性，就是说刚才的那个东西和现在的这个东西是同一个东西，这个东西就是刚才那个东西变来的。所以记忆总是具有普遍性的，它能够把那些个别的东西联系起来，能够把那些个别的东西的连续性表达出来，因此它能够承担起对象本身的本真的运动。柏拉图提出的"回忆说"，认为一切知识、一切学习都只不过是回忆而已，也就是要造成一种普遍性。在回忆中就已经有联系了，已经以普遍的方式表达了在现实性里只以个别的方式现成在手的东西了。如果没有回忆，那么即使有现成的东西，下一个瞬间它就失去了，它闪了一下就不在了，那你怎么还能形成一个对象的概念，还能够去观察它呢？那整个观察都不存在了。你之所以能够观察一个对象，就是因为你首先已经在记忆里把这个对象的变和不变、和持存运动都承担起来了，这个对象是由你的记忆所造成的，你才能去观察它。

　　这种从个别性里向表面的突围，这种同样表面的、仅仅是接受了感性的东西而自己本身并未变成普遍东西的普遍性形式，这种对于事物的**描述**，在对象本身中还不具有那种运动；这运动毋宁只存在于这种描述里。

　　这里有三个同位短语，都是做主语的，第一个是，"这种从个别性里向表面的突围"，从个别性里突出到表面上来，就是说，本来那些对象都是些个别的感觉原子，观察陷入到里面，就像陷在一个汪洋大海中，它要努力从中突围出来，浮现到表面上来，要找到一块救命的木板、一种共相。突围 Herausheben，原意为提升、凸显，把什么东西凸显出来，就是通过记忆从表面上把一个对象凸显出来，它们的内容都是个别性的，但至少可以在表面上、在形式上把它们联络起来，这个个别性跟那个个别性实际上是同一个，你把它们通过记忆联络起来。为什么说是同一个呢？是因为我记得，我刚才看到它，我现在又看到它，虽然它现在不同了，但是我看到的是同一个它的共相。当然这是一种表面上的联络，也是一种表面上的凸显，只是一种关联的形式。所以下面第二个同位语就讲形式："这种同样表面的、仅仅是接受了感性的东西而自己本身并未变成普遍东西的普遍性形式"，也是讲的这个记忆，它和共相同样都是表面的，记忆是一种同样表面的普遍性形式，它只是接受了感性的东西，而自己本身并未变成普遍的东西。记忆是把诸多感性的东西都接受下来了，就此而言它是一种普遍性的形式；但是它本身并没有变成普遍的东西，记忆跟普遍的东西还是不一样的，普遍的东西是能够把自己普遍化的，而记忆本身还不是普遍的东西，它只是一种普遍性的形式，还不具有普遍化的能力。记忆能够把那些个别的东西都统一起来，统一在记忆之中，就是说"都记得"，我在记忆中能够把它们联系起来，看作是同一个东西的持存性，这是记忆的功能。这种记忆的功能具有一种普遍性的形式，当我记得一个东西它从头至尾一直是它，"扒了皮我都认得他"，这个时候我就赋予了它一个普遍性的形式，而这个对象本身来说，它还是个别的，它每一瞬间都是个别的，是记忆使它们具有了普遍性的形式。但是记忆并不是普遍性，它本身还没有变成普遍性的东西，记忆总是特殊的，虽然它具有普遍性的形式。这是第二个同位语，讲的就是这种普遍性的形式。第

123

三个同位语，"这种对于事物的**描述**"，描述就是记忆，但不是被动的记忆，而是主动的记忆、记录，把记忆变成描述，记录下来，这就是观察了。所以描述打了着重号，这是对自然观察的第一阶段。意识从感性原子中突围出来、超越出来，形成共相；然后由记忆赋予普遍形式，承担起共相的运动；最后自觉地对这种记忆中的事物加以描述，这就完成了观察的第一阶段。凡是描述出来的东西都是记忆中的，哪怕正在发生的东西你去描述，一描述它就是记忆中的了。记者去现场采访，你一把采访写下来，一播出来，它就是刚才发生的事情了，它就不是正在发生的了。凡是描述的都是刚才发生的，都是以前发生的。总而言之，这三个同位语都是讲的记忆。那么接下来，"在对象本身中还不具有那种运动"，也就是说，这种记忆还不具有在对象本身中的那种运动，记忆的运动只是在我的意识中运动，它还不是在对象本身中的运动，它还是主观的。"这运动毋宁只存在于这种描述里"，描述的运动还不是对象本身的运动，描述只是从旁观察，它的运动受制于它的对象，它自身没有普遍性。我的记忆中的描述当然有一种普遍性的形式，但那还是一种主观性的形式，我把它连续地描述出来，这样一种普遍性的形式还不是客观的。

[164]　　　因而对象一旦被描述了，它就丧失了兴趣；如果一个对象得到了描述，那就必须着手于另一个对象，并且要不断地寻找别的对象，以免停止描述。

　　这个描述，这样的一种记忆的运动，和时间结合得很紧。"对象一旦被描述了，它就丧失了兴趣"，也就是丧失了人家对它的兴趣。对象一旦被描述了，人家就对它不感兴趣了，就还要求得到新的描述，否则就不是新闻，而是旧闻了。旧闻有什么兴趣呢？以前的事拿来说有什么兴趣呢？这是观察的理性不感兴趣的，观察的理性必须要观察出新的东西，或者说，观察就是为了获得新知，日复一日地观察一个东西而没有新的发现是无聊的。"如果一个对象得到了描述，那就必须着手于另一个对象，并且要不断地寻找别的对象，以免停止描述"，描述的运动是没有止境的，没有新的对象，描述就会沉默，观察就会停止。对自然界的观察首先就是要不断地拓展新的视野，不断地猎奇，所谓的"博物学"，要达到天上地下无所不知无所不晓，对这些事物加以详尽的搜罗和描述。人们认为借助于共相来观察和描述，这一点是可以做到的，比如说生物学家对昆虫的已知的分类已经不感兴趣了，但如果发现一个新的种类却会引起他们极大的兴趣去观察它、描述它。原则上我们可以认为，人类有朝一日会把地球上所有现存的和存在过的昆虫种类都调查清楚，当然实际上是做不到的，但可以接近这个目标。因为它不是叫你调查所有的个体、"这一个"，而只是叫你调查各个种类、共相。

　　当不再容易发现**整个的**新事物的时候，那就必须返回到已经发现了的那些事物上来，将它进一步分割拆散，在它们身上再发现物性的新的方面。

　　"不再容易发现**整个的**新事物"，就是说，老是有全新的事物发生这种情况也是不多见的，往往就是说你观察了一些新的事物以后，就有一段时间没有新的事物出现，都是老生常谈，都是重复，或者是某个旧事物的一个变种，不是全新的。"整个"打了着重号，就是说一个完全新的事物有时候不是那么容易发现的，如果你真的发现这么一个事物，那就是一个爆炸性的新闻，就会得到很多人的关注、很多人的好奇和兴趣，但是这种情况不是天天有的。当不再容易发现整个的新事物的时候，观察如果还想做点事的话，"就必须返回到已经发现了的那些事物上来"，就像新闻里面讲的深度采访或深度报道，在科学中就是实验分析，"将它进一步分割拆散，在它们身上再发现物性的新的方面"。物性，Dingheit，也就是事物性，即便没有新的事物被你发现，但是你可以在旧事物身上发现新的物性方面，照样可以引起观察的兴趣，人们发现他们自以为已经司空见惯的熟悉的事物，竟然完全像是一个陌生的新事物。这就是观察从广度向深度进军了，我们对自然界不但要全面了解，而且要充分了解，不但要了解得多，而且要了解得细，了解得透。而且自然界在广度和深度两个方面都是可以无限延伸的。

　　这样一个无休止的不安宁的本能，是永远不会缺乏素材的；发现一个新的顶级的类，或者甚至于发现一颗新的行星——行星虽是一个个体，却应拥有某种共相的自然本性——这只能被归为运气。

　　"这样一个无休止的不安宁的本能，是永远不会缺乏素材的"，一个是永远不断地在发现新事物，另一个是在已经发现了的事物上面不断地发现它的新的方面，在这两个方面，观察的理性都不会缺乏素材，它可以尽情地发挥自己的无休止的不安宁的本能。观察的理性的本能就是要不断地有所发现，有所发明，而在物质世界中在这方面也正好可以给它提供无穷无尽的素材。素材，Material，也可以译作物质、材料、质料等。"发现一个新的顶级的**类**，或者甚至于发现一颗新的行星"，什么叫"顶级的类"？ ausgezeichnet，它的意思本来就是优秀的、卓越的、被推崇的，当作标杆的，我们把它翻译成"顶级的"；"类"则是 Gattung，这里打了着重号。也就是说，事物的种类有各种不同的等级，在这个等级阶梯中，越是底下的种类越是容易发现，越是高端的种类越是难以发现，因为每个上一级种类都包含有许多下级种类，下级种类的数量总是比上级种类的数量多得多；而且发现一个下级种类的价值总是不如发现一个上级种类的价值，后者往往是全新的、颠覆性的，而前者则是补充性的。比如说，发现一种新的哺乳动物要比发现一种新的猫科动物更有意义，而发现一种新的猫科动物又比发现老虎的一个新的种群更有意义。但在现实生活中，所发现的新事物通常都已经是老事物的一个新的方面，而发现一个全新的事物，一个新的顶级的类，新的 Gattung，则是极其罕见的现象。比如说我们发现了新人类，外星人，那就是一个顶级的类了，我们所有对人类的观察都是关于地球上的人类的，没有关于外星人的。UFO 当然也在讲外星人，但那不是新闻，那只是一种科幻或猜测，如果真的有人观察到了外星人，那就是一个顶级的类的发现。人类对我们来说已经是顶级的类了，但是如果你能发现一个外星人，那就是又发现了一个顶级的类，那当然是不容易的,要靠运气。"或者甚至于发现一颗新的行星",这也"只能被归为运气"。地球也是一颗行星,我们所有发生的事情都是在地球上发生的,都属于地球系统这一类;但是如果你能发现一颗新的行星,比如说一个新的适合于人类生存的外星,那只能被归于运气。我们现在天文学家虽然发现了宇宙中有许多可能适合于人类居住的星球,但是还没有确定,还不能够拿来观察。这里有一个定语从句,我把它用两个破折号隔开:"——行星虽是一个个体,却应拥有某种共相的自然本性——",行星,不论是地球还是其他的行星,虽然说是一个个体,都有其个体性,但是它本性中是具有某种共相的,一个新的行星也应该拥有和地球一样的自然本性,被纳入同一个更顶级的类或共相之下。自然本性,Natur,我们可以翻译成自然,也可以翻译成本性,这里我们翻译成自然本性,某种共相的自然本性,也就是顶级的类。行星也可以看作是顶级的类,我们所有的类都是在地球上发生的,你如果能够找到另外一颗行星,一个"类地行星",那么这也属于顶级的类,但这只能被归结于运气。就是说,最高级的那些类的发现只能被归结于运气,不是说在你已知的范围之内你可以控制的,可以按部就班地去发现的,而是完全偶然的。你发现跟人的这个类可以相提并论的另外一种人类,那只能诉诸偶然性;你发现跟地球相并列的另外一个类地行星,那也只能归之于偶然性。所谓偶然性就是说它不在你的支配范围之内,只能不定期地等待。

　　但是,像大象、橡树、黄金所标明的**顶级**的东西,那些作为**类**和**种**的 {140}
东西,它们的边界都是通过许多等级而过渡到对于那些混乱一团的动物、植物、矿物,或是对于那些经控制和技艺才可造就的金属与土壤等等的无穷**特化**的。

　　"但是",前面讲的是最高级的类,是可遇而不可求的,那是要碰运气的,我发现一个外星人,那是一个天大的新闻,我发现一颗遥远的类地行星,那也是一个天大的新闻,这是我不能控制的。但是也有可控的东西,"像大象、橡树、黄金所标明的**顶级**的东西,那些作为**类**和**种**的东西",大象、橡树、黄金三者，一个是动物，一个是植物，一个是矿物，它们是这三个领域里的代表，在这些领域中它们标明了顶级的东西。比如说在动物里面大象是最大的，陆地上最大的动物就是大象；橡树，在植物里面也是标杆，特别是在欧洲，在德国，它是有象征意义的，橡树相当于我们中国松树的地位，欧洲人的橡树，一个是长寿，再一个橡树是最坚硬、最摧不垮的，橡树是最顽强的，它代表植物界这样一种标杆；而黄金，当然在矿物里面黄金是最贵重的，最不易氧化变性的，它也是一个标杆。像这样一些东西它所标明的是它所属的这一类中的顶级的东西，也就是那些作为类和种的东西。这些东西是在我们的可控范围之内的，你要讲外星人也好，类地行星也好，那些东西都不在我们可控的范围之内，那都要诉之于运气。但是在我们可控范围之内的这样一些类和种，我们是可以对它们加以观察的。"它们的边界都是通过许多等级而过渡到对于那些混乱一团的动物、植物、矿物，或是对于那些经控制和技艺才可造就的金属与土壤等的无穷**特化**的"，句子很长，我们把它简化一下：它们的边界都是无穷特化的。就是说它们的类和种都有一些等级，比如说大象属于哺乳动物纲，哺乳动物纲底下也有一些等级，目、科、属、种等，你可以一等一等地降下来；橡树属于落叶乔木，接下来也有一些等级，有各种不同种类的树；黄金，有不同的矿物，后来门捷列夫元素周期表上把金排在 16 个族中的副族第 1（IB）。这三种物质是动、植、矿三大类的标杆，但是还有一些不那么标杆的或者说普通的事物，这些普通事物它们的等级是通过许多等级而过渡到无穷特化的，过渡到对什么的无穷特化呢？对混乱一团的动植矿，以及对经控制和技艺才可造就的金属与土壤，金属就是从矿物里面提炼出来的或者合成的，土壤是经过人工培育的，经过技艺、园艺、耕作和种植培育出来的，对这样一些东西的特化。在没有观察之前它们是混乱一团的，还没有进行种和类的划分，那么我们可以通过许多层次的种类划分而过渡到对于混乱一团的东西的无穷特化，就是说从最顶级的东西到最底层的，一层一层，无穷地使它特殊化。"特化"，

Besonderung，也可以翻译成特殊化，但是梁志学先生在翻译黑格尔的《自然哲学》的时候把它翻译成"特化"，我也接受了他这个译法。那些顶级的东西我们可以把它们看作典型，看作是具有代表性的，代表某种普遍的性质；但我们又可以把它们特殊化，从普遍到特殊，通过种和类的等级划分下降到特殊性。

在这个共相的无规定性的王国里，特化又再次接近于个别化，而且这里那里甚至又完全下降到个别化，这个王国向观察和描述打开了一个取之不尽的宝藏。

"在这个共相的无规定性的王国里"，首先这是一个共相的王国，所有的种和类，植物、动物、矿物、黄金、土壤，所有这些东西都是一个共相的王国，在每一个层次上它们都是共相，都是亚里士多德所讲的"第二实体"，也就是种和类；但同时又是无规定性的王国。为什么是无规定性的王国？因为种和类之间的区别是相对的，它不是规定得那么死的，它总是过渡的，有很多非这非那的中间环节。所以他讲，通过许多等级而过渡到对于混乱一团的动物、植物、矿物或是金属与土壤等的无穷特化，无穷特化就是说它们都是连续的，它中间可以有无穷小的特殊的、过渡的阶段，这符合莱布尼茨所讲的"连续律"。莱布尼茨的单子论讲，每两个单子之间都可以插入无数个其他单子，因此单子之间是连续的。所以这里讲在这个王国里"特化又再次接近于**个别化**，而且这里那里甚至又完全下降到个别化"，无穷特化的过程就是向个别化进军的过程，但永远不能在两个单子之间落实到一个最终的区分单子身上，只能永远接近；但另一方面，这里那里又完全下降到了个别化，即在这一过程中每一步都要落实于一个单子。莱布尼茨"单子"的本质属性就是个别性、单一性，在他眼里世界就是由个别化的单子组成的，但是单子与单子又是连续的，因此"这个王国向观察和描述打开了一个取之不尽的宝藏"。这个宝藏就在于观察对象的细节方面的无限性，固然每一次规定都是共相，但是这共相马上又被过渡到特化了，它是一个共相的无规定性的王国。这就在顶级的类和完全个别化的事物之间蕴含着取之不尽的宝藏，这是你可以观察、可以描述、可以按部就班地分化辨析的王国，在这一王国之内你可以尽量越来越细致地去描述，那是可以控制的。至于超出于这一王国之外你去描述其他的王国，那就可遇而不可求了，那就要看运气了。而在这个王国之内你可以取之不尽用之不竭，它可以有无尽的宝藏去供你观察。你不用去发明、发现另外的新的东西，你可以在已经发现了的东西里面，从不同的层次去进行一种深度的观察和发现，一直观察到个别性。下面一直观察到个别性，上面一直到顶级的类，这么广阔的领域够你去观察的了。

　　但是就在对观察和描述展示着一望无际的原野的地方，在共相的这一边界上，观察和描述所能找到的却并不是一宗不可估量的财富，而只是自然的界限和它自己行为的局限；它不再能够知道那看起来是自在存在的东西是不是一个偶然性；

　　上面讲到观察和描述的可控领域蕴含着一个取之不尽的宝藏，这是一个看起来广阔无垠的王国，但其实它还是有边界的。"但是就在对观察和描述展示着一望无际的原野的地方，在共相的这一边界上"，共相，更大的共相，顶级的共相，在这个边界上，"观察和描述所能找得到的却并不是一宗不可估量的财富"。并不是不可估量的，它是可以估量的，比如说顶级的类，比如说人类，你所能找到的都是人类的知识。人类是我们这个行星上的顶级的类，人类的理性所获得的知识，它就是你的知识的边界。在这一边界上，观察和描述所能找到的却并不是不可估量的财富，"而只是自然的界限和它自己行为的局限"。这个"自己行为的界限"很重要，自然的界限，我们可以说地球的界限、天体的界限、宇宙的界限，那么我的眼光当然可以超出人类的界限，我们可以观察星空，天文学岂不就超出了人类了吗？但是这个自然的界限的意思是这个观察自然的理性它自己行为的界限，并不是说你观察到的那个东西，而是你的观察本身，它是有界限的。你是作为人类去观察的，你是作为地球上的人类去观察的,你观察遥远的恒星,那还是在地球上的人类所观察到的恒星,你的边界就在于它是你人类的观察,而不在于它已经超出你人类的范围之外了,超出人类范围之外,只要我能观察到它,它就是我的,它就是人类的观察,所以归根结底是它自己行为的界限。"它不再能够知道那看起来是自在存在的东西是不是一个偶然性",比如说我们人类能够观察到的整个自然界的观察对象,它显得是自在存在的东西,是不以我的观察的意识为转移的客观的东西,好像环环相扣、等级森严,好像是必然的存在;但是它是否终归是一种偶然性呢? 我为什么一定要服从它呢? 对于这点观察的意识就没有办法超出去了,你的观察受你观察本身的限制。现代物理学也涉及这个问题,所谓的"人择原理"就是说,这个宇宙之所以看起来就是它呈现给我们的样子,恰好是因为我们在看它,它的样子就是我们的观察所建立起来的,如果我们人类有另外一种眼光,它就会是另外一个样子,在这个意义上它完全是偶然的。顶级的类都是我的,都在我的观察范围之内,那么这个顶级的类本身是如何得来的呢? 这是偶然的,你在这个偶然已经给你提供了的观察对象之下,你可以进行处理,又可以把它分成类、种各个等级,一直到特化,一直到个别性,你可以这样分;但是所有这个划分的大前提就是:整个这个顶级的类的系统它是你无法掌控的,它是一种偶然的幸运,我们幸好是人类。所以这个看起来是自在存在的东西,这个世界本身、宇宙本身,我们所看到的整个宇宙是不是一种偶然性,这个我们不再能够知道了,我们不再能够把握了。我们能够把握的就是在这个顶级的类底下,我们可以进行一种更细致的划分,进行一种观察,但是我们的观察超不出我们观察的视野之外。

　　至于那本身带有某种混乱的或不成熟的、模糊不清的和对于那基本元素的无规定性都几乎未发育好的构成物之印记的东西,则是不能提出哪怕是仅仅被描述的要求的。

　　"至于那本身带有某种混乱的或不成熟的、模糊不清的和对于那基本元素的无规定性都几乎未发育好的构成物之印记的东西",我们把它缩短一下：至于那带有某种构成物之印记的东西。带有怎样一种构成物之印记呢？这就是这一连串的定语了：某种混乱的或不成熟的构成物，好像已经是构成物了，但还处于混乱或不成熟中；再就是某种模糊不清的构成物，不成熟当然就模糊不清了；最后是，某种对于那基本元素的无规定性都几乎未发育好的构成物。混乱的或不成熟的、模糊的构成物都好理解，是指感性确定性阶段的那种意谓的构成物，关键是这个"对于那基本元素的无规定性都几乎未发育好的构成物"不好理解。"那基本元素的无规定性"，德文是 der elementarischen Unbestimmtheit，带定冠词，就是说特指前面曾经出现过的概念。在哪里出现过？我们要找前面与这里相应的部分。就是在感性确定性之后，在知觉的最后阶段即"健全知性"阶段，也就是从知觉向知性过渡的"知觉的知性"阶段，发展出来一种规定性和无规定性相互交替的状态。我们翻到书的前面 [贺、王译本第 86 页，德文本第 80 页]，可以读到这些话：通过诡辩来坚持的知觉的真理"据此也表明它在其本质中就具有无区别和无规定的普遍性"；"这种把自己当作扎实而实在的意识的健全知性，……由于它被这些**无意义的本质**所来回拨弄，由这一个被抛入到另一个的怀抱，努力凭借自己的诡辩交替地时而坚持并主张这一个本质，时而又坚持并主张那正相反对的本质，而与真理相违背，它就以为哲学仅仅是和这些**思想的事物**打交道了。实际上哲学也是在和这些事物打交道，并且认识到它们是纯粹的本质，是绝对的元素（Elemente）和力量；不过哲学借此同时也在**它们的规定性**中认识它们，因而哲学是驾驭它们的行家，而那个知觉的知性却把它们当作真实的东西并被它们从一个错误打发到另一个错误。"再下面是："这个进程，一种对真实的东西的规定和对这规定的扬弃不断交替着的过程，真正讲来构成了知觉者和那自以为在真理中运动的意识之日常的、经常性的生命和驱动力。"就是说，知觉直到最后的健全知性阶段，才发展出来了这种基本元素的无规定性，也就是"在其本质中就具有无区别和无规定的普遍性"，并通过这种规定性和无规定性的不断交替，从而向知性过渡；而在此之前的感性确定性则还没有把这种基本元素的，即本质的无规定性发展出来，它还盲目相信感性确定性的那种规定性，其实这只是一种意谓中的个别东西。所以这里说，打上这种个别东西的印记的东西"是不能提出哪怕是仅仅被描述的要求的"。连提出描述的要求都不行，真正的个别的东西本身你是不能够再提出描述的要求的，它只是意谓，而意谓是不能说、不能描述的。那么，上面讲的这两句话，一个是就观察的上限讲的，就是说从顶级的类，从你观察的最大范围，顶级的类的上限，就是那种你不知道它是不是偶然的那种东西，是你不可把握的东西，在你的控制范围之外的东西。你只能在这个范围内进行观察，但是你对它本身还谈不上观察，这就是观察的上限。观察的下限就是意谓，意谓也是不能观察的。有两种东西是不能观察的，最高的就是那种顶级的类，你不能观察；最低的就是意谓，你也不能观察，你一观察它就不会是它自身了，你一观察它就已经是共相，已经是记忆。它当时那一瞬间、那一闪，你根本就来不及观察，你观察不到，它就已经过去了，它是混乱的，它是不成熟的，是模糊的，它连本质的无规定性都几乎没有发展出来，它连它的持续性都没有，那么你怎么去描述它，你根本无法描述它。所以这里他给出了观察的理性描述的上限和下限，它就在这个范围之内进行描述，但是它的上限你不能描述，它的下限你也不能描述。这一段讲得非常晦涩，今天就讲到这里。

*　　　　　*　　　　　*

[2. 特征]

我们上次讲到观察的理性，观察的理性它有它的范围，对于自然的观察，我们通常讲的自然界，有动物、植物、矿物，有低级到高级，有种和类，有它的一个系统。最高的类和最低的这个种和属，中间是广大的范围，有取之不尽的宝藏；但是它有一个上限和一个下限。那么在这样一个广大的范围里面，这个观察的理性如何去观察？我们要观察自然，我们不可能一口气把所有的东西都观察完，我们必须要在里面作些区分，比如说这个动物、植物、矿物，我们已经作了区分，而且在动物植物矿物里面，我们还要作出一些区分。当我们具体地面对自然界的无数感性对象的时候，我们有必要抓住某些特征来加以区分，而不能停留于漫无边际的泛泛的观察。今天我们要讲的这个小标题，就是所谓特征，Merkmale。这个概念的意思就是，标志，标志性的特征。Merken 就是注意到、察觉到，Mal 就是标记，引人注意的。这么一个东西，也可以理解为典型特征，有代表性的特征。特征这个概念在德文里面，它是有代表性的，就是说大千世界形形色色，你如果要观察的话，你必须要抓住某些特征来观察，否则的话你的观察是不够用的，你观察力是不够的。你如何能把全部的东西、每个细节尽收眼底来加以观察？如果你不抓住某些带有本质性的标志，那么你的观察是漫无边际的，不会有什么结果。所以这一段就开始讲到，这个观察理性在面对大自然的时候它是如何进行观察的，首先要把握特征。

如果这种寻求和描述看起来好像只与事物有关，那么我们看到的实际上并不是它沿着**感性知觉**一直延伸；相反，对寻求和描述来说，诸事物所赖以**被认识**的东西比其余的那些感性属性的范围更为重要；这些感性属性，诚然是事物本身所不可缺少的，但却是意识所剩余下来的。

这种寻求和描述，前面这个小标题就是"描述"，而描述不是被动接受，而是主动寻求或寻找，多多益善，尽可能多的去感受、去把握、去观察大自然。"如果这种寻求和描述看起来好像只与事物有关"，就说你的寻找和描述如果不是漫无边际的，不是完全停留在一种单纯的感受，红色的，白色的，音响，气味，如果不仅仅是这样一些感受，而是与事物有关，你要寻找要描述的是一个事物；如果是这样的话，如果你想在大千世界的这样一些纷繁复杂的感性现象中，找出这个事物和那个事物，而不是漫无边际的一些色块、一些音响，"那么我们看到的实际上并不是它沿着**感性知觉**一直延伸"，我们所看到的并不是这个寻找和描述沿着感性知觉一直延伸,我们旁观者在这种观察中看到,它并不是沿着感性知觉一直延续下去。一直延伸下去是没有结果的,是找不出事物来的。"相反,对寻求和描述来说,诸事物所赖以**被认识**的东西比其余的那些感性属性的范围更为重要",因为你这个寻求和描述是要"认识",而不只是感受,它跟感性确定性已经不一样了。它已经是理性对自然的观察,所以它寻求的是认识,而不仅仅是感受,不仅仅是知觉。感性确定性和知觉那个阶段已经过去了,我们现在是要认识事物。那么诸事物所赖以被认识的东西是什么呢? 当然还是一些感性知觉,我们是靠这些感性知觉来认识诸事物的;但是并不是笼统的感性知觉,它们应该是有助于认识事物的,所以它们比其余那些不能用来认识事物的偶然的感性属性的范围更为重要。也就是说,在那些感性属性里面有一些是诸事物赖以认识的,你抓住这些感性属性,你就可以获得对事物的认识,而其余的那些感性属性,当然它的范围非常广泛,可以说是无边无际,但对我们的目的来说就不重要了,所以其中诸事物所赖以被认识的那些感性属性比其余那些感性属性更重要。感性属性的范围的无限扩展,这个不太重要,范围是无边无际的,重要的是从这些范围里面,要挑出那些代表事物、对事物有代表性的,可以用来认识事物的感性属性,那更重要。"这些感性属性,诚然是事物本身所不可缺少的",也就是其余的那些感性属性当然也是事物自身所不可缺少的,一个事物它肯定有各种各样的感性属性,颜色、声音、气味等,是很丰富的,对于具体事物也是不可缺少的。"但却是意识所剩余下来的",在这个阶段上,是意识所挑剩下的。就是那么广大的范围,你不可能处处都关注到,你必须首先关注那些最主要的,最必须的,其他那些,都作为不必要的东西忽略过去了。你在观察的时候,你可以把它们忽略过去,它们是意识现在所不需要的。这个意识当然不是讲一般的意识,而是在这个阶段上面的观察的意识。

　　通过对于**本质的东西**与**非本质的东西**这一区别,概念就从感性的散漫中崭露头角了,而认识就由此宣称,它至少与关心事物一样本质性地

关心它自己。

"**本质的东西**与**非本质的东西**这一区别"，是讲的上面这个区别，即在所有的感性属性那里要有个区分，不要顺着它漫无目的地一路走下去，而是要从里面寻找出最能够代表事物的、最能够认识事物的东西，也就是最能够代表事物的本质的东西，把它们和那些非本质的感性属性区别开来。有些感性知觉或者属性是本质性的，而另外一些，它是非本质性的，通过这种区别，"概念就从感性的散漫中崭露头角了"。既然你把本质的和非本质的区别出来了，那么本质的东西它就体现了概念，虽然它本身也是感性的东西，但是它能够把握事物的本质，它是一种典型特征。我们说一个事物代表它本质的就是它的典型特征，这里所谓典型就是说，它既是个别的，又是一般的，它是个别和一般的统一。我们通常讲典型，典型性格、典型形象、典型人物，说它是"这一个"，它是一个个别的东西，但是它又代表一类这样的事物。为什么它有本质性呢？就是它不仅仅是在这个事物上闪一下就消失了，或者是只有它才有，别的事物上都没有，而是说这一类事物都可以它为特性，那么这个特征就是一个典型特征。当然这个特征它本身还不是概念，但它使得概念从感性的散漫中崭露头角，脱颖而出，所以"认识就由此宣称，它至少与关心事物一样本质性地**关心它自己**"，至少与和关心事物同样本质性地关心认识自身，言下之意，认识从本质来看甚至可以说关心自身更胜于关心事物，至少也是不亚于关心事物。因为如上所述，有许多感性属性是事物本身所不可缺少的，但却被观察的意识淘汰下来了，因为"诸事物所赖以被**认识**的东西比其余的那些感性属性的范围更为重要"。为了认识，观察的理性可以对事物的诸多属性进行剪裁，选取其中有代表性的特征来观察。而这样一个剪裁和挑选的过程实际上是需要动用概念来加以区别的。你要在感性的各种特殊现象里面去寻求某种类型，寻求某种典型，寻求某种普遍性，你就要动用自己的概念，这就使得概念涌现出来，脱颖而出，而概念本质上当然就是与认识自身相关了，而不光是与对象相关。或者说，你只有凭借概念找出本质的东西,你才能把握事物的本质,或者说你才能把握事物本身,你才是真正在关心事物;否则的话,你以为你在观察事物,但是那些观察都是你的感觉,跟事物没关系,就像洛克所讲的"第二性的质",颜色、声音这些感性的现象只不过是在我们的感官中所浮现出来的现象,并不是客观事物本身所固有的。所以说,我们只有把自己的概念调动起来才能够把握事物,只有主观能动性才能把握客观性,客观性摆在那里好像是一个不以人的意识为转移的东西,但是你真的要认识到这个不以人的意识为转移的东西,你就必须要调动起自己的主观意识。

伴随着这个双重的本质性,认识陷入了一种动摇,不知对于**认识**是 [165] 本质而必要的东西在**事物**身上是否也是这样。

既然这里有双重的本质性,认识关心自己和关心事物是同样本质性的,那么它的这个本质性就有两个方面,也就是主客二分两方面。本来认识必须要主客合一,主客同时都要进入到本质;但是,既然是双重的本质性,那么,它同样还是有一个主客二分的问题,虽然我们要调动主观才能认识客观,但毕竟主观和客观不一样,还是两个方面。那么认识在这里陷入了一种动摇,认识本身和事物发生了矛盾,就是主观认识和客观事物的矛盾,不知道对于认识是本质而必要的东西,对于事物是否也是本质而必要的。虽然我们相信,我们的认识是本质的,我们要把握事物,就必须要建立一些规范,建立一些规定性,那么这个规定性是不是反映了事物的规定性呢?是不是反映了事物本身的本质结构呢?当然这是唯一一条路,我们只能从主观出发,但是既然如此,最后是不是达到了把握客观事物本质的结构,这个仍然是未定的,它始终面临着它的客观性的问题。

一方面,**特征**应该只为认识服务,认识借此将诸事物区别开来;但另一方面,被认识的应该不是诸事物的非本质的东西,而是诸事物自身赖以从一般存在的普遍连续性中**挣脱出来**、赖以将自己从他者中**分离出来**并**自为**存在的东西。

"**特征**"（Merkmale）打了着重号，这个词在正文里第一次出现。认识的上述双重本质性体现在两个方面，"一方面，**特征**应该只为认识服务，认识借此将诸事物区别开来"，这是从认识这一方面而言的。我从所有的感性知觉、感性的确定性那里找到了一些具有典型意义的感性特征，是为了服务于认识，也就是用它们来把各种不同的事物区别开来，否则的话，那么多感性的现象都摆在那里，一片模糊，一片混沌，我如何能够认识任何一个事物、一个客观对象？必须要抓住重点，分门别类，客观事物才能对我清晰地呈现出来。我是通过特征把这个事物跟那个事物区别开来的，然后才能一个一个去把握住事物，这是一个方面，特征是为了认识自身顺利进行的一种操作工具。"但另一方面，被认识的应该不是诸事物的非本质的东西，而是诸事物自身赖以从一般存在的普遍连续性中**挣脱出来**、赖以将自己从他者中**分离出来**并**自为**存在的东西"，前面讲的是认识方面，后面这一方面是讲的事物方面。被认识的当然是事物，但被认识的应该不是事物的非本质的东西，不是抓住事物身上任何一个鸡毛蒜皮的细节就算是对它的认识了，而是要抓本质的东西。否则的话，只要感知到了就已经认识到了，我们通常讲的"感性认识"，感性认识就是我看到了，感到了，那就已经是认识了，但是不是那个事物的本质呢？那我不管。这样一种感性确定性还不能叫作认识，认识必须是对本质的东西的认识，我认识了这个事物，意味着我把握到了这个事物的本质，否则的话我就只能说我感到了这个事物，但是我还没有认识它，还没有把握到它的本质。那么什么是事物本质的东西呢？就是使得事物能够从一般存在的普遍连续性中挣脱出来的东西，在一片混沌中，有个特征非常抢眼，它非同一般，这就使事物从普遍连续性中脱离开来了，就使它"从他者中**分离出来**并**自为**存在"了。当然，不光要挣脱出来、分离出来，而且要能"**自为**存在"，也就是要独立存在，特征不但要成为一个事物区别于形形色色其他事物的东西，而且要成为支撑该事物存在的立足点。这就必须把事物不但看作是有特色的，而且看作是有个性的。每个事物的存在都有它自己的理由，它就是自为存在的，它就是独立存在的，它有它的独立性。这是另一个方面，就是从被认识的方面来看，它应该不是那种非本质的东西，而应该是事物自身与一般存在不同的东西、自为存在的东西，这种东西才是本质的，而只有事物的特征才能把这点突出出来。你把非本质的东西也考虑进去，那它就独立不出来了，那就成了一大片模模糊糊的东西了，非本质的东西就把本质的东西掩盖了，真正能够把本质的事物区别出来的就是它那种具有特征的东西。因此特征就有两个方面，一方面它是为认识服务的，认识借此将诸事物区别开来，但另一方面，事物本身借此把它的非本质的东西排除了，它从这些非本质的东西连续性里面挣脱出来，独立出来，分离出来，它成了自为存在的东西，成了本质的事物。特征在这两方面都应该起作用。

特征应该不仅与认识有本质的联系，而且也应该与事物的本质规定性有本质联系；并且人为的系统应该符合自然本身的系统和只表达自然本身的系统。

上面讲了认识和事物这两个方面，在观察的理性看来这两方面是分离的，是对立的，但又必须统一。那么特征就有两方面的联系。"特征应该不仅与认识有本质的联系，而且也应该与事物的本质规定性有本质联系"，一方面与认识有主观的联系，另一方面与事物的本质有客观的联系。也可以说特征同时代表这两方面的联系，一方面代表了认识要把握本质，另一方面代表了事物在本质上有它自身的规定性。"并且人为的系统应该符合自然本身的系统和只表达自然本身的系统"，我们通常讲主观要符合于客观，观念要符合于对象，认识要符合于事物本身，这就是人为的系统要符合于自然本身的系统，并且只表达、只反映自然本身的系统，否则的话，我们的观念就不正确，就是错误的观念。这就是传统"符合论"的真理观。观察的理性一开始显然是采取符合论的观点也就是观念要符合于对象。什么叫真理？符合论的真理观认为就是观念符合于对象，这个自从亚里士多德以来就已经成为公认的前提，在自然科学领域和一般的认识领域里面都被认为是一条公理。亚里士多德说，不是因为我说你脸白，你的脸才是白的；而是你的脸是白的，我说你脸白才是对的。真理的标准就是看主观的观念是否符合客观的对象，这是传统根深蒂固的一个观念。虽然在康德的"哥白尼式革命"中颠覆了这一命题，认为应当把传统的"观念符合对象"颠倒成"对象符合观念"，自然的系统应该符合人为的系统，但这样颠倒的代价是把真理限制在现象领域，而不涉及自在之物。所以康德并未完全颠倒"观念符合对象"这一原则，而只是宣布了这一原则在自在之物意义上的不可能性，符合论的真理观在他这里成了一个有问题的命题。在这方面，观察的理性仍然保持着自己朴素的符合真理观，把特征看作事物本身自在具有的本质规定性，而把人为的系统、认识看作对自然的系统的这种本质规定性的反映，就像下面讲的，这是一种"理性的本能"。

　　出于理性的概念，这是必要的；而理性的本能——因为理性只是作为本能而处于这种观察之中——在其系统中也已经达到了这种统一，即是说，在这种统一中理性的对象本身是这样取得的，即这些对象在自身中都拥有某种本质性或某种**自为存在**，而并不只是这一个**瞬间**或这一个**这里**的偶然性。

　　"出于理性的概念"，我们刚才讲了，概念已经突围出来了，凸显出来了，是概念使认识主体去寻求特征的。那么出于理性的概念，"这是必要的"。什么是必要的呢？就是前面讲的，特征不仅要与认识相关，而且要与事物本身的本质性相关，人为的系统应该符合于自然的系统。概念就是要把握自然的系统，就是要把握自然界的本质，所以出于理性的概念这一点是必要的，一定要符合自然的系统。特征不仅仅是主观的，概念不仅仅是主观的，而且肯定应该是符合客观的，这是出于理性的概念而必要的。如果没有这一点的话你就不是概念，概念就不成其为概念了。在黑格尔心目中概念是一个客观的规定，一谈到概念它就具有客观性，而且是客观事物的本质。"而理性的本能"，这个地方讲到理性的本能，并且用两个破折号之间的话来解释为什么提到理性的本能："因为理性只是作为本能而处于这种观察之中"。在理性对自然的观察中，在这个阶段，理性是处在它的本能状态，就是说理性对自然的观察是理性的本能状态，或者可以说理性的初级状态，理性不自觉的状态。整个这一章讲理性，理性的最初起步阶段就是观察的理性，它属于理性的本能。可能有人会反对说，观察中不存在理性，像经验派，特别是休谟，否认理性在观察中的作用，认为观察不过就是知觉、感觉、第一印象，哪有什么理性呢？你只要去接受就是了，不需要理性的认识，理性是后来才抽象出来的。但是黑格尔认为，哪怕在最初的观察中，只要你是怀抱着一种认识的态度，里面就已经有理性了。但是如果你不是怀着认识的态度，就像婴儿生出来，单纯的接受，不是想要认识，那当然就没有理性了，那就只是感性确定性了。一旦想要去认识，那么在感性的知觉中就已经有理性在里头。但是这种在观察中的理性，它还是处于本能的状态，我们把它称之为理性的本能，理性的初级状态、初级阶段。"而理性的本能，在其系统中也已经达到了这种统一"，就是说，理性的本能在观察的理性系统中，观察的理性已经观察了那么多，已经建立起很多特征了，动物、植物、矿物，这都是按照特征划分开来的一些门类，一些种和类的关系，这是理性的本能所建立起来的系统。理性的本能在其系统中，也已经达到了这种统一，达到了什么统一呢？就是达到了前面所讲的主观和客观的统一，主观的系统符合于客观的系统。我所主观建立起来的这一套特征，这一套种类划分的系统，它是符合于客观事物存在系统的。当然还有疑问，你可以有疑问，但是实际上你在认识过程中，在认识活动中已经达到了统一。"即是说，在这种统一中理性的对象本身是这样取得的，即这些对象在自身中都拥有某种本质性或某种**自为存在**，而并不只是这一个**瞬间**或这一个**这里**的偶然性"，在这里理性已经取得了它的对象，理性在认识中，它的结果绝对不仅仅是意味着它自己想出了一套系统，而是把它当作是对象的系统，那么理性的对象系统是如何取得的呢？是按照这些对象在它们自身中都具有一个本质性或一个自为存在来取得的。对象并不仅仅是"这一个**瞬间**或这一个**这里**的偶然性"，如果只是这样，那它就还只是感性确定性的意谓，而不是真正的对象、对象的本质性。对象应该有自己的"自为存在"，而不仅仅是依赖于我的感官的瞬间即逝的东西。对象的本质性使对象不是偶然闪现的东西，而是一个合理的系统。

比如说，动物的区别特征取之于爪牙；[①] 因为实际上不仅认识要依靠这些特征来区别此一动物与彼一动物，而且动物自己也借此以**分离**开自身；凭借这种武器动物**自为地**保持其自身，并从共相中分化出来。

{141}

这里就是举例了，就是说理性的观察对象作为一种认识的对象，它已经不像感性确定性那样飘忽不定，感性确定性虽然也想确定"这一个"，但这一个是飘忽不定的，只有作为概念、语言、语词它才能维持下来，但是作为它的内容，作为它的意味，它是完全飘忽不定的"意谓"。而理性认识、观察的理性，它的对象已经不是那种对象了。"比如说，动物的区别特征取之于爪牙"，比如说我们对于一个动物，要把它区别开来，可以用爪牙作为它的特征。比如说猫科动物，有尖牙利爪，我们把尖牙利爪作为它的区别特征。"因为实际上不仅认识要依靠这些特征来区别此一动物与彼一动物，而且动物自己也借此以**分离**开自身"，这些特征不仅仅是我们认识上的主观操作工具，凭借这些工具我们可以对动物作出区别，形成我们的知识体系；而且动物自身就是依靠这些特征把自己从其他动物中区别开来的，这并不是我们主观加给它的特征，而是动物自己固有的特征。"凭借这种武器动物**自为地**保持其自身，并从共相中分化出来"，动物是凭借尖牙利爪这样一种武器自为地保持其自身，它靠这个维持自身的独立存在，并且从共相中分化出来。共相，大家都是动物，但动物和动物有所不同，这种动物、食肉动物跟其他动物都不同，不同在

① 黑格尔在这里引用的动物学分类一方面出自亚里士多德，一方面出自林奈。——德文考证版编者

什么地方？尖牙利爪。有的动物有尖牙利爪，有的动物没有，只有角和蹄，所以它从共相中分离出自身，它是一种殊相，是一种特殊的动物。这是客观存在的，主观上我们借此来安排这个动物属于这一种，那个动物属于那一种，但客观上，这个那个动物靠此为生。如果没有尖牙利爪，这个动物无法生存。并且它的生存方式跟所有其他动物不一样，它借此从共相中分离出来。这里讲的是动物。

　　反之，植物则未达到**自为的存在**，而只触及到了个体性的边界；在这个边界上，它显示了**分裂**为两性的映像，因此也就凭这个边界来被对待和被区别了。①

　　这里讲植物了，动物跟植物在这里也有很大的区别。"反之，植物则**未达到自为的存在**"，植物没有达到自为存在，也就是没有达到独立的存在，没有达到作为一个个体的存在。动物是各显神通，自己为自己去谋生存，它是所谓的个体存在、自为存在，它可以自己活动，走到这里，走到那里，在草原上游荡，在树林里面上下攀援，它有自己的任意性。而植物则没有达到自己的自为存在，"而只触及了个体性的边界"。自为存在有个体性，动物有它的个体性、任意性，而植物只触及了个体性的边缘，它介于个体和非个体之间。"在这个边界上，它显示了分裂为两性的映像"，比如说植物，特别是原始的植物，你可以看到，有些树是公的，有些树是母的，比如说银杏，银杏树有些是公树，有些是母树。所有开花的植物都是要通过授粉来繁殖，这也是分裂为两性的映像。映像，Schein，我们有时候也译作假象或幻像，在黑格尔这里，我们前面讲过，它就是一种现象、显现、反映出来的意思，它不一定就是假像的意思。分裂为两性的是植物的一种现象、映像，"因此也就凭这个边界来被对待和被区别了"。植物里面它的个体性没有彰显，但是有时候它处于这种边界上面，好像

---

①　黑格尔所引证的是——可能又是间接引自 J. F. 布鲁门巴赫的《自然史手册》——林奈的植物两性理论，其中采取了这样一种区分。——德文考证版编者

它也有某种个体性，比如某种树有公树和母树，花朵里面有雄蕊和雌蕊，花蕊也有雄和雌，有的植物有两种花，雄花和雌花，比如说南瓜、丝瓜、冬瓜都有，雄花它是不结瓜的，雌花才结瓜，但是雌花必须要有雄花授粉，要有蜜蜂昆虫来给它授粉，它才能够结瓜。在当时的植物学那里以林奈为代表，法国的林奈是植物学家，分类学家，他就是用植物的花蕊来为植物分类，当时的做法非常原始，有几根花蕊，他数，然后他把相同数目的花蕊归于一类，这个当然非常原始，现在已经不这样分类了。当时植物分类非常混乱，有很多分类的方式甚至一直延续到今天，比如说草本植物和木本植物，针叶林和阔叶林，灌木和乔木，由外部形态来分类。根据花来分类，这个我们还沿用十字花科，或者说隐花植物、显花植物，这个分的很乱。这些分类都不能体现出个体性，也不能体现出自为性，灌木也可以变成乔木，营养好的地方，阳光充足的地方它就长得高大，土壤肥沃的地方它就长得高大，这个都是根据外部的条件可以改变的。林奈用花蕊来区分，虽然今天看来不靠谱，但方向是对的，就是根据生殖，到后来摩尔根就根据基因来分类，就已经更加接近我们今天的分类了。你根据外表特征是很难的，那都是些非本质的特征。它看起来好像很显眼，一眼看去就可以区分出乔木和灌木，针叶林和阔叶林，被子植物和裸子植物，但是你是否真能把它们区分出来？这个还不一定，至少不严格。这是讲的植物。

但是更低一级的东西，就不再能把自己从别的东西中区别开来，而是通过它进入到对立方面而完全消失了。

更低级的东西，那就是那些矿物，那些无机物，石头、土壤、空气、水这样一些东西。这样一些东西"就不再能把自己从别的东西中区别开来"，无机物不再能把自己从别的东西中区别开来，一块石头跟其他一块石头有什么区别？除了几何形状上的不同，但这种不同是随时可以改变的，敲碎了的石头还是石头。当然它的构成成分有不同，比如花岗岩跟玄武岩，跟砂岩页岩，它们内部结构有不同；但内部结构也是会变的，这个结构并不是它自己要形成的，是地质构造所造成的。所以这样一些东西就不再能把自己从别的东西中区别开来，"而是通过它进入到对立方面而完全消失了"，无机物进入到对立方面，进入到什么对立方面呢？你要从它的性质来说，有些是酸性的，有些是碱性的，一旦它们中和为盐，它的酸性和碱性就都完全消失了。而从形态上说，盐一旦溶解在水中就看不见了，黄金在合金中也失去了它的颜色与光泽。

这静止的存在与**在关系中的存在**进入到互相冲突，这事物在这种冲突中是某种不同于前面那种事物的东西，按照前面那种事物，它在与其他事物的关系中保持其自身，因为那种事物与这种事物相反，它是个体。

"**这静止的存在**与**在关系中的存在**"，这是讲的无机物了，无机物首先是静止的存在，因为它是不生长的，它跟动物植物不一样，它摆在那里，一万年都摆在那里，它是一种静止的存在。和在关系中的存在，如果你把它投入到关系中，比如说大水、泥石流、地质变化等等，使它和其他的东西发生了关系，那么它也是在关系中存在。这个无机物和周围的东西、周围的存在物都发生着关系，虽然它自身是静止不变的，这种关系对它来说是外来的，它不是自己要形成这种关系，是因为它处在这种关系之中。它本身是静止的存在，但它处在某种关系之中，所以这两个词组都打着重号。在关系中是一种什么样的关系？就是"进入到互相冲突"。这样的相互冲突就是我们刚才所讲到的，像酸和碱相遇，由于外在的某种条件，它们相遇，相互冲突。"这事物在这种冲突中是某种不同于前面那种事物的东西"，这事物，就是无机物了，无机物在这种冲突中好像已经不是静止的了，是动态的了，但是它仍然是某种不同于前面的事物、不同于动植物的东西。跟动物与植物有什么不同呢？"按照前面那种事物，它在与其他事物的关系中保持其自身，因为那种事物与这种事物相反，它是个体"，在与其他东西的关系中保持其自身，动物和植物都有这个特点。风来了雨来了，动物还是动物，植物还是植物，当然它们要生长，但是这个生长是由它们自己来生长，是由它们自己吸收外部太阳光、空气、水分、养料，为我所用地使自己生长，它不像无机物遇到风雨和日光就受到风化侵蚀，而是有自己的调节作用，能保持自身的生命常态和稳态。所以动物和植物与无机物相反，它们是"个体"，个体就是在各种关系中都能够维持自己一定的独立性的事物。动物都是个体，植物在某种意义上也可以说是个体，当然它在个体性的边界，它在个体性的边缘，它几乎就不是个体了。植物差一点就跟无机物差不多了，我们常说一个人"形同木石"，木头和石头很接近了，但它还不是无机物。它可以自行生长；它有两性，它通过两性来繁殖；它受了伤也可以自己修复的，这都和石头不同。而矿物里面，酸和碱，那是没有个体性的，它是某种另外的关系，显示不出独立性和自为性。

但是，哪些东西不能做到这一点，哪些东西**以化学的方式**成为了某种别的东西、并作为别的东西**以经验性的方式**存在，它就会使认识茫然失措，并将认识带入这种冲突，不知自己应该坚持这一方面还是那一方面，因为这事物本身并不是保持同一的东西，有两个方面从它那里分化出来。

这还是讲的无机物，讲的矿物，这是和动植物完全不同的。"但是，哪些东西不能做到这一点"，不能做到哪一点？就是不能做到像动物植物那样成为个体，也就是在与其他事物的关系中保持其自身，凡是做不到这一点的东西。这里这是一个主语，下面也是一个并列的主语："哪些东西**以化学的方式**成为了某种别的东西、并作为别的东西**以经验性的方式**存在"，凡是以化学的方式成为另外的东西，比如酸碱反应，酸和碱生成了盐，盐肯定是另外一种东西，既不是酸，也不是碱；而且它是作为别的东西以经验性的方式存在的，盐仍然是一种经验性的存在，仍然可以对它进行观察。酸和碱消失了，但盐没有消失，它生成了，酸和碱作为一种化合物盐而存在。那么这样一些东西"就会使认识茫然失措，并将认识带入这种冲突"，为什么会使认识茫然失措呢？因为它再找不出一个个体，它不能用一个个体来规定这个事物和那个事物，严格地把它们区分开来。所有的这个事物和那个事物之间的界限都被打破了，你就必须提升到更高层次的观察才能够摆脱这种困难，如果你仍然陷在这样一些感性经验事物之中，那你就没办法区分了。你可以区分出动物，这个动物跟那个动物，你也可以区分出植物，植物生长在那里，不管环境怎么变，它还是它；但是你很难对于一个无机物，一个矿物，确定地说这个东西的本质是酸，因为它一旦遇到别的东西，它就生成了盐，它就不是酸了，你怎么用这个东西是酸来把它固定下来呢？它没有个体性，那么它就使认识不知所措了，并将认识带入了冲突。什么冲突呢？"不知自己应该坚持这一方面还是那一方面，因为这事物本身并不是保持同一的东西，有两个方面从它那里分化出来"，不知道自己究竟应该坚持哪一方面，因为现在有两个方面从它那里分化出来了，使事物本身不是保持同一的东西。如何理解这一点？我们可以翻到前面"知觉"章中讲"事物的矛盾概念"这一节的最后结论，我们这里是和那个地方层次相当的："意识以交替的方式，既把它自身又把事物当作这两个方面：要么作为纯粹的、不含多数性的'**一**'，要么作为一个融化在各个独立质料中的'**也**'。于是意识通过这一比较就发现，不仅**它自己**对真实的东西的接纳本身具有**统握**与**返回自身**这两者的**差别**，而且毋宁说，真实的东西本身、事物也以这样双重的方式呈现出来。"[贺、王译本第 82 页] 就是说，事物一旦离开静止状态投身于运动和关系中，它就呈现出一和多两个方面；而对事物的意识，现在就是对事物的观察或认识，也就陷于这两方面的交替。例如说，认识有时坚持事物的同一性方面，认为酸就是酸，而不是别的东西，但酸却和碱化合成了别的东西，它"也"是与别的东西的关系；有时认识想照顾到事物多方面的属性，却又失去了对同一个事物的统握。认识由此陷入两难，而这是因为事物本身从它那里分化出来了两个方面，即一和多。所以认识在观察的理性这样的一个初级阶段，认识到很难把一个东西，比如说酸或者是碱，从头至尾看作是一个保持同一的东西，在关系中就会发生混乱，而由于事物随时都处于关系中，所以认识就随时都处于混乱中。其实观察的理性最适合的对象是对那些已经具有个体性的动物和植物的观察，至于像山体、丘陵、岩石、沙土这些东西，它们就没办法观察了，就很难一个个观察了，一旦观察就会陷入到一种混乱，就没有边界，没有界限，茫然无措。即算是你勉强给它一个边界，那么一进入冲突，这个边界就消失了，你不知道你是究竟坚持这个边界还是放弃这个边界去建立另外一个边界，这很难取舍。因为事物本身就有这两个方面，除非你提升一个层次，超越经验性的东西，否则你就会茫然失措。我们只有超越于从一种经验到另一种经验的冲突，才能返回到意识自身的统一性，在这方面必须充分运用特征的典型性。

[166] 　　因此，在普遍的保持自身等同的这样一种系统里，保持自身等同既有认识活动保持自身等同的含义，又有事物本身保持自身等同的含义。

　　"因此"，这是接着上一段最后一句讲的，上面讲认识和事物两者都在关系中失去了自身同一性，在一和多之间不知所措。所以这里讲，"在普遍的保持自身等同的这样一种系统里"，就是说，必须通过特征来打破经验性的东西的局限性，形成一种普遍性的保持自身等同的系统，当然这样的系统主要讲是的动物和植物的系统，矿物的系统，我们已经没办法了，矿物的系统使得认识混乱，并且带进了冲突。按照观察的理性来说，对于自然的观察在矿物的系统这样的一个低阶的层面上，你可以感知，比如说它的颜色，花岗岩的颜色，大理石的颜色，你可以描述它的质地怎么怎么样，但是你不能把它当个体来加以观察，它没有特征，或者有特征这个特征也是会变的，不是这个事物的本质特征。那么这一方面我们把它撇开，我们回到动物和植物中来。在动植物的普遍保持自身等同这样一个系统里，"保持自身等同既有认识活动保持自身等同的含义，又有事物本身保持自身等同的含义"。也就是在保持自身等同的、亦即个体性的这样的一个认识对象上，它本身具有双重的含义，一个是主观上的含义，一个是客观上的含义。保持自身等同我们称之为个体性，那么这个个体性，一方面表现在认识活动保持自身等同上，这个个体是由于认识活动始终保持自身等同而导致、而产生的。另一方面表现在事物本身保持自身等同的含义上。或者说，既有主观的个体性的含义又有客观的个体性的含义。主观的个体性，是由于我们给它一个概念，这个是食肉动物，它的特征就是尖牙利爪，这是我们给它的，我们的认识活动要保持这样一个自身等同的系统，要用同一个标准来衡量这些动物，这是我们主观提出的一个贯通始终的标准，有这方面的含义；但是另外一方面，又有事物本身保持自身等同的含义，就是说那个动物本身它确实是靠尖牙利爪来谋生的，没有了尖牙利爪它就必死无疑。所以这种个体性，这样的个体特征、典型特征，它有双重的含义，一个是主观的含义，一个是客观的含义。

不过，每个**保持等同的规定性**，在平静地描述着它们的进展次序，并保持着用来满足自己的空间时，它们的这样一种扩展，却本质上同样也要过渡到自己的反面，过渡到这些规定性的混乱；

这句话是一个转折："不过"，前面等于是重申了动物的那种个体性，即这样一种保持自身等同的规定性，它既有主观的认识活动的含义，也有客观事物本身的自身等同的含义，而这两者是吻合的，主观的这种含义和客观的保持自身等同的含义是相符合的。不过，这里话头一转，"每个**保持等同的规定性**，在平静地描述着它们的进展次序，并保持着用来满足自己的空间时"，动物和植物的特征是可以清清楚楚地加以观察、加以区分的，它们虽然也要变化，但这种变化是平静的、按部就班的，有节奏有次序的。它们保持着用来满足自己的空间，不会被外界的干扰所打乱和中断。但是"它们的这样一种扩展，却本质上同样也要过渡到自己的反面，过渡到这些规定性的混乱"，这就转过来了，就是说其实这样一些保持等同的规定性本质上同样也要过渡到自己的反面，过渡到这些规定性的混乱。你不要以为动物植物的个体性就分得那么清楚，它也会混乱的，从本质上来看，它跟矿物界有同样的命运，最后也要陷入到混乱。就是说同一个物种，它有一些小小的变异，比如说在不同的地区，不同的环境中，它会有一些改变，它有一定的空间，尽管它改变了，但大体上是不变的，它仍然保持自身等同；但是如果继续扩展的话，越来越变化大的话，扩展到很多地方，比如从欧洲扩展到亚洲，扩展到美洲，扩展到南美洲，等等，同样一个猫科动物，扩展到这些地方，却本质上同样也要过渡到自己的反面，过渡到这些规定性的混乱。就是说每个保持等同的规定性在它的扩展中也会过渡到自己的反面，也会碰到自己个体性的边界。这样的动物在某些情况之下它的边界已经不清楚了，比如说食肉动物和食草动物的边界就已经不清楚了。食肉动物在某些情况下它可能会变成食草动物，食草动物也可能变成食肉动物。比如说河马是食草动物，通常都这样认为，但是最近科学家发现它也食肉，只要有肉给它吃。狗是食肉动物，在人的驯养下也吃米饭和面包了。还有些动物是介于两种不同动物之间的，它会碰到自己个体性的边界，而这个界线上面动物的分类就会被打乱，你用这样一些特征来给动物分类，就会引起争议。比如说我们发现了鸭嘴兽，它到底是哺乳动物还是爬行动物？这个就很难界定了。所以每个保持自身等同的规定性经过这样一种扩展，却本质上同样也要过渡到自己的反面，这就讲到了种和类之间界限的模糊性。你当然可以根据它的特征来规定一个类或者一个种，或者一个亚种，但是，在这种特征的扩展过程之中，它会被打乱，它有它的相对性。下面就讲这个道理。

因为特征，普遍的规定性，乃是对立的统一，是规定了的东西与自在的共相的统一；因此，普遍规定性必然会分离为这种对立。

"因为特征，普遍的规定性"，这两个可以看作是同位语，一个是特征，一个是普遍规定性。特征是具有普遍性的，我们刚才讲，这相当于典型，典型就是个别和一般的统一，因为普遍的规定性，规定性是很具体的，但是它又是普遍的。规定性可以看作是特征中的个别性这一方，但它又有普遍性那一方，它又是一个类，你把它规定为一个特征，这个特征就具有代表性，代表一类。所以特征或普遍的规定性，"乃是对立的统一"，或者翻译为，乃是对立的东西的统一。"是规定了的东西与自在的共相的统一"，规定了的东西，就是那种特征，那种个别性，个别性的特征，它与自在的共相的统一。规定了的东西，是你从外面去规定它，你从事物外面去找它的特征，而从它自在的来说，它是共相，它本质上是共相，而特征、规定性只不过是找几个特征来对共相加以规定、加以限制。但它背后的基础仍然是共相的，自在的共相。比如说，"人"的共相是"动物"，他自在的是动物；但"有理性的"是人的特征，它限定了人这个特种的动物。从自在的方面来说动物是人的共相，从自为的方面来说，有理性是人的规定性，它是在共相中抓住特征加以具体的规定，所以人的这个普遍的规定性，也就是人的普遍定义"人是有理性的动物"，就是这规定的东西与自在的共相的统一。这种特征我们把它称为典型特征，这是这个事物的典型特征。"因此，普遍规定性必然会分解为这种对立"，普遍规定性是特殊和一般的矛盾统一，或者说一个对立统一体，它既是普遍的，又是具有规定性的。规定性就是特殊的，但是又是普遍规定性，这就是特征。既然普遍的规定性有矛盾，那么它必然会分解为这样一个对立，一个是普遍共相，另外一个是个别的规定性、特征。

　　如果现在按照一方面说，规定性战胜了它自己的本质之所寄的共相，那么反过来，在另一方面，共相同样也保持着自己对规定性的统治，将规定性推向它的边界，把它的区别与本质性在那里混淆起来。

　　从理论上分析，为什么动物植物的个体的区别也会最后导致相对性，导致混乱，导致这个区别模糊不清，为什么会这样呢？就是因为特征作为一个对立统一体，它会分成两个方面。"如果现在按照一方面说，规定性战胜了它自己的本质之所寄的共相"，这是一个方面。按照一方面说，规定性战胜了共相，也就是说，规定性把特征突出出来，我们把它从共相里面分离出来，使它挣脱共相的束缚。共相都是动物，一言以蔽之，所有的动物都是动物，但是有一种动物它是特殊的动物，这个时候我们观察的时候就要关注它的特殊性，就不考虑它的共相了。有一种动物，特殊到简直不像动物了,像海里有种海马,看起来像海藻。还有一种螳螂就像兰花,它不像动物,像植物。那么这个时候,规定性就战胜了它的本质之所寄的共相。这个时候我们着眼于规定性,而这个规定性凌驾于它的共相之上,但这个共相又是这个规定性的本质之所寄,这个规定性它的本质还是共相。不管什么动物,哪怕不像动物的动物,它的本质还是动物,它不是植物,也不是矿物,所以共相还是它本质之所寄的。但是,规定性战胜了它自己本质之所寄的那个共相,"那么反过来,在另一方面,共相同样也保持着自己对规定性的统治"。从另一方面来说,规定性不过是共相的表现嘛,共相通过殊相、特征表现出来,它可以通过这个特征表现出来,也可以通过那个特征表现出来,所以,共相还是占统治地位的。虽然规定性可以战胜共相,但共相还是占统治地位的。这个统治地位怎么表现出来呢? 下面讲,"将规定性推向它的边界,把它的区别与本质性在那里混淆起来",你提出这个特征,这个规定性,好,可以,但是能不能在这个规定性上再往前推进一步呢? 这个规定性是不是就那么绝对呢? 是不是就可以产生某些变异呢? 尖牙利爪是用来撕裂动物身体的,用来吃肉的,但是,在某些高寒山区,像大熊猫,它的尖牙利爪就不是用来吃肉的,它就没有那么利,没有那么尖,它的整个食性就改变了。当然,从它的爪牙看,它应该是属于食肉动物,但是它不吃肉,它吃竹子。能不能把规定性推向它的边界? 在这个边界上面它就转化了,不再是食肉动物了。所以形形色色的规定性都是由动物的这样一个普遍共相所决定的,它可以变,有动物这个共相垫底,它就可以在这个基础上变来变去,它的规定性可以变来变去,它的边界就模糊了,它的区别与本质就在那里混淆起来了。动物跟动物之间当然是有区别的,但这个区别不是绝对的,是相对的。老虎狮子有时也吃草,这在我们通常是不可思议的,但它们有时也吃草,也补充一些其他的营养。所以说区别和本质就混淆起来了,食草动物和食肉动物之间的区别就没那么严格,有的是杂食动物,在中间有很多过渡阶段。

观察曾经将区别与本质性清清楚楚分别开来，并相信在它们那里拥有某种固定不变的东西，现在看到的是越过一个原则而跨越到另一个原则，形成了诸多过渡和混淆，并且在这观察中那结合着的东西，最初被视为绝对分离的，而那分离的东西，曾经是归在一起的；

我们先看这半句。"观察曾经将区别与本质性清清楚楚分别开来"，这个用的是过去式。观察的理性曾经是这样做过，把动物和植物的种和类区别开来，清清楚楚，种的区别是什么样的，亚种的区别是什么样的，都可以依靠特征分别开来，"并相信"，这个相信也是过去式，并相信"在它们那里拥有某种固定不变的东西"，相信动物植物的种和类的区别是固定的，永恒的。《圣经》上说，诺亚方舟把所有动物的种类都放在诺亚方舟里面，全世界发大洪水，所有生物都淹死了，只有在诺亚方舟里面留下来的那些物种留下来了，那么一直延续到今天，永远固定不变。大象就是大象，长颈鹿就是长颈鹿，马就是马，牛就是牛，区别虽然不断有，本质性却永远固定不变，非洲象和亚洲象都是象，水牛和黄牛都是牛。这个观察的理性，最初是这样肯定的，这是非常朴素的一种观点。"现在看到的是越过一个原则而跨越到另一个原则"，动物里边食草动物，食肉动物，它们各有自己的原则，但是有一些动物是越过一条原则而跨越到另外一条原则的，它横跨两边，也就是根本就搞不清它到底是食草动物还是食肉动物了，"形成了诸多过渡和混淆"。动物界形成了这样一些过渡，这样它们的个体性好像是保持着等同，每个自我保持等同的规定性是那样的清楚，那么样的不可混淆，但是在它的边界上仍然发生了混淆。这跟无机物、跟无机界有类似之处。为什么在这里要分析这些东西，就是要说明，用来区分自然界的个体性、区分这个东西和那个东西不同的这样一种特征是相对的。在矿物界找不出特征，在植物界、动物界可以找出特征，但这个特征是相对的，是过渡的，种和种之间是连续的。我们今天在考古发掘时经常要寻找某些中间环节，比如怎么一下子从恐龙就跳到了鸟类，这是怎么过渡来的，这中间总有一个过渡，于是发现了始祖鸟。所以我们相信这个物种是连续过渡来的，一路发展出来的；既然是一路发展出来的，它就有无数的中间环节，形成诸多过渡和混淆，你就不能够把这个界限定得那么死。"并且在这观察中那结合着的东西，最初被视为绝对分离的"，在对自然的这种观察中，在观察的理性中，那结合着的东西，现在已经是结合在一起了，但是以前被看作是绝对分离的、不可能结合在一起的。"而那分离的东西，曾经是归在一起的"，结合和分离都是相对的，现成变成同一类的东西，原来根本就不是同一类的东西。鲸它是哺乳动物，原来是陆生的，后来回到海中变成水生的，鲸跟鲨鱼、鲑鱼、其他的鱼混在一起，原来被看作是和哺乳动物绝对分离的，哺乳动物怎么会在海洋里生活呢？它被看作应该是和鱼类归为一类的，其实它和鱼类毫不相干，它和哺乳动物是归在一起的。

　　<u>以至于这种对于静止的、保持自身等同的存在在此恰恰按其最普遍的规定的坚持，比如对动植物也许会为了本质特征而拥有的东西的坚持，就必然看到将受到当下情状的嘲弄，这些当下情状把这存在的一切规定都剥夺了，使它曾经提升到的普遍性归于沉默，并将它自己打回到无思想的观察和描述去了。</u>

　　"以至于"，就是这种界限的混淆，会导致什么样的结果呢？以至于"这种对于静止的、保持自身等同的存在在此恰恰按其最普遍的规定的坚持"，这是一个词组，简单说来就是这种坚持，对于什么的坚持呢？对于静止的、保持自身等同的存在的坚持，比如对动物种类的坚持，动物种类的绝对化，《圣经》里面讲自从诺亚方舟以来，它就是这样一些种类，而且一直不变，是静止的、保持自身等同的存在。如何坚持呢？"在此恰恰按其最普遍的规定的坚持"，就是说种和类就是这样一种最普遍的规定，其中的一切变异，一切小小的差异，一切小小的分化我们都把它忽略不计，不管它怎么变来变去，它的大的特征是不变的，它的总的特征是不变的。这样一种坚持，黑格尔举例说，"比如对动植物也许会为了本质特征而拥有的东西的坚持"，动植物为了它的本质特征而拥有的，比如食肉

动物的爪牙，植物的花蕊。对这些东西的坚持，"就必然看到将受到当下情状的嘲弄"。这个当下情状，Instanzen，这个词很难翻译，在德文杜登大词典里查到的也仅仅就是说主管部门、法官、诉讼这些词，英文里面加了一些含义，瞬间、当下的瞬间，这么个意思，查到的拉丁文的意思就是瞬间，当下瞬间，我们把它翻译成当下情状。把当下情状看作是法官，相当于我们通常说"用事实来证明"，用当下事实来说话，来判决。就是说，你在最普遍的规定层面上来坚持这些特征，但这种坚持必然会受到当下情状的嘲弄，在每个特殊情况之下，它会发生变异的，它会无视你的这样一些普遍的规定。你的这些自身等同的规定性，好像是绝对的，以前以为是绝对的、静止不变的；那么你在坚持这些的时候，你的这种坚持就必然会受到当下情状的嘲弄，你的这种清清楚楚的界限的划分，到最后会引起混乱，会导致混淆。有一些东西，它既不是这个也不是那个，它介于两者之间，你那些特征本身就会失效，所以讲是受到了嘲弄。所以对于每一个具体的动物或者植物，你都要根据当下的情状，当然那些普遍的特征你要考虑，但是不能把它绝对化，在不同的情况下它会发生变异。达尔文当年就是发现，同一种鸟在不同的环境下会发生变异，它甚至会变成另外一种鸟，它是种类的变异，所以很多不同的种类最初是从同一个种类变来的。你如果坚持它种类特征的区分，那就谈不上变异了，那就是一种僵死的观点，你把自然界看作从来如此，太阳底下没有新东西，那就没有任何发展了。但是你的这样一种僵死的观点会受到具体情状的嘲弄，这个黑格尔已经看出来了，虽然那个时候达尔文还没有提出自己的进化论，还早着呢，但是黑格尔已经有一点点进化论的萌芽。"这些当下情状把这存在的一切规定都剥夺了，使它曾经提升到的普遍性归于沉默，并将它自己打回到无思想的观察和描述去了"，这些当下情状、这些变异的形态，把动植物的存在的一切不变的规定都剥夺了，它原来那些绝对的、不可动摇的区分都被摧毁了，在有些情况下，它就根本没有这样一些特征。比如生活在深海底下的那些鱼类和虾，连眼睛都没有，身体颜色也没有，透明的，它不需要光线，它不需要反射什么东西。在特殊情况下，你原来的那些规定一个一个都被剥夺了，甚至在某些情况下连动物和植物都区分不开了，有些东西你说它是动物它又是植物，它处于动物植物之间，或者说原始动物，连动物植物之间的界限也被打破了。当然这是后来发现的，黑格尔时代还没有发现这个，但他已经有这种预见。一切规定都被剥夺了，使它曾经提升到的普遍性归于沉默，它曾经提升到的普遍性，比如说特征，里面就有概念，就有共相。特征的典型性，典型性里边其实就有共相。这样的一种普遍性归于沉默了，这个时候普遍性已经不起作用了，你想通过普遍性推出这个动物一定是具有这样一些特征，但是它没有，推不出来。虽然知道这是同一种动物到了不同的环境之下，它丧失了这些特征，但是你不能通过它的普遍性来推出它的特征，它的边界已经混淆。"并将它自己打回到无思想的观察和描述去了"，有这样一些说不清道不明的情况发生，那观察的理性只有被打回到无思想的观察和描述中去了，它只好就事论事，看到什么就描述什么，回到观察的起点。如果它不提升自己的层次，那它就只好被贬回到它的原始起点，不要去找什么特征，退回到就事论事的描述，放弃思想的成果，实际上也就退回到感性确定性中去了。如果没有思想，如果没有特征，不把特征表述出来，那么你的这种描述就成了感性确定性，感性确定性是得不出什么成果的，最后是归于意谓，它是达不到认识的。所以观察的理性就必须提高自己的层次，由此就逼迫观察的理性提高自己的层次，再不提高那你就什么用也没有了，你的那种观察就得不出认识来了。你的这些赖以认识的所谓的特征，所谓的类型，所谓的规定性都失效了，你好不容易提升到的那种普遍性都沉默了，都无话可说了，那你怎么办呢？所以它最后一句话是为下面要讲的"规律"做铺垫的，就是你的观察的理性必须要从特征这样一个原始的、朴素的层次提升到规律，要提升到超感官世界，要运用我们的思想，运用我们的知性。所以下面讲的我们可以联系到前面的知性阶段，特别是第 99 页讲的"规律作为现象的真理"，而不再停留于和感性确定性及知觉的对应关系了。休息一下吧!

[3. 规律的发现]

[(1) 规律及其概念]

标题是"规律的发现"。下面的第一个小标题是"规律及其概念"。我们刚才讲可以参看前面的第99页,那里已经提到了规律的问题,那个标题是"规律作为现象的真理"。但是这里跟前面有一点不同,前面是讲力和知性的时候讲到的规律,这里讲到的规律是从认识论的角度来讲的,不是讲什么是规律,而是讲如何认识规律。它不是从这个知性和力的角度来讲的,这个地方讲的是规律的发现,也就是说对规律的认识。就是理性,作为观察的理性,对规律的观察是怎么样进行的? 也就是说观察从事物的那种特征,从事物的种类提升到了对规律的认识,对规律的观察,这是逼出来的。如果我们的观察不提升到对规律的这样一个层次上来,那么我们就会被贬回到无思想的观察和描述,上一段最后一句话是这样讲的。所以我们现在必须要提升层次。

　　所以,这样一种局限于单纯东西之上的,或者说,以共相来限制感性之散漫的观察,就在其对象上发现**它自己的原则的混淆**,因为被规定的东西由于其本性必然会在其反面中丧失;因此,理性就不得不宁可离开曾具有保持不变的映像的**惰性的**规定性,而进达对这规定性如同它在真理性中那样、也就是**联系到它的反面**,来加以观察。 {142}

"所以",这个"所以"是接着上面的意思,就是在前面那种情况下,如果我们再停留在原来的那样一种绝对化的层次上把这种界限固定下来,僵死地对待观察的对象,现在就不行了。所以,"这样一种局限于单纯东西之上的,或者说,以共相来限制感性之散漫的观察",前面这种观察是一种局限于单纯东西之上的观察,单纯东西是什么呢? 是一种抽象的共相。局限于抽象的共相之上,局限于那种抽象的特征,这个特征已经是普遍一般的,它被看作是静止的,抽象的,永恒不变的,从来如此的,所以它是一种单纯的东西。局限于这种单纯的东西之上,也就是以共相来限制感性之散漫了。把特征作为一种共相，比如说动物的爪牙或者说蹄子，用偶蹄目和奇蹄目等这样一些普遍性共相，这样一些共同的东西，也就是我们通常讲的"共同之处""共同点"，以这些共同点来限制感性之散漫。感性的东西漫无边际，那么我们必须在漫无边际的感性里面找到一些代表本质性的共同特征，拿这些共相来限制感性的散漫。这样一种观察，或者说在这个水平之上的观察，"就在其对象上发现**它自己的原则的混淆**"。这是对上面的总结。在这样的一种水平上观察就在其对象上发现了自己的原则的混乱。自己的原则，包括用这些特征所建立的种类划分原则，那么在这个对象上面，在某种当下情状中就发现了自己原则的混乱，发现这个原则也不是到处能使用的，在它的边界处就会造成混淆，它跟别的原则就扯不清楚了，界限不清了。为什么？"因为被规定的东西由于其本性必然会在其反面中丧失"，被规定的东西必然向它的对立面转化，这是事物的自然本性。这从前面讲的矿物界看得最明显，不管酸也好，碱也好，通过化合作用都失去了自身。而在动物界和植物界也不例外，虽然它有一些规定，有一些个体性，但是在个体的边界上它的特征也就丧失了。"因此，理性就不得不宁可离开曾具有保持不变的映像的**惰性的**规定性，而进达对这规定性如同它在真理性中那样、也就是**联系到它的反面**，来加以观察"，观察的理性现在恍然大悟，豁然开朗，它面前只有一条路，就是宁可离开曾具有保持不变的映像的惰性的规定性。否则的话，它就会退回到那种无思想的观察，退回到感性的确定性，那是它不干的。它好不容易才达到理性的阶段，你让它退回到感性确定性和知觉，那怎么可能。它宁可离开那曾具有保持不变的映像的惰性的规定性，那种静止的、绝对的规定性，现在它已经守不住了，它不得不离开这种规定性。这是被逼出来的，理性在观察中要提升它的层次，它逼得没办法了，否则它就要退回到它的起点去了。它必须要来一个飞跃，"而进达对这规定性如同它在真理性中那样、也就是**联系到它的反面**，来加以观察"。对这规定性如同它在真理中那样，就是这规定性它还在，也没有放弃，但是要对它加以提升，这种规定性不再是惰性的规定性，而是如同它在真理性中那样，也就是在它与其反面的联系中加以观察。为什么在真理中那样也就是在它与其反面的联系中呢？因为真理就是观念与对象的符合，哪怕这对象是它的反面、对立面，也必须要把它放在与它对立面的联系中来加以观察。这就是要克服这规定性的惰性，克服它的绝对不变性，它本来就被模糊了，本来就被混淆了，造成了混乱，那么这个时候你将计就计，把它投入到与它反面的联系中来观察。你不要害怕它的这种绝对的区别被混淆，你就在这种区别中来观察双方的联系，所以你也没有放弃你已经取得的成果，这个特征、本质规定性、类型，这些抽象的概念你也没有放弃，但是你使它具体化了，你使得这种确定性具有了真理性，你在动态的过程中来看待它，观察它，就使得它具有了真理性。

　　至于那些被称之为本质标志的东西，都是些**静止的**规定性，它们正如被表达和统握为**单纯的**规定性那样，并不表现那构成它们的本性的东西，即成为那种自己返回自身的运动的消失着的**诸环节**。 [167]

　　"至于那些被称之为本质标志的东西，都是些**静止的**规定性"，现在我们要把这些静止的规定性投入到与它反面的关系中加以动态的观察了，那么回过头来看，那些曾经被称之为本质标志性的东西，也就是那些特征的本质规定性，都是些静止的规定性。"它们正如被表达和统握为**单纯的**规定性那样"，这些规定性都是静止的，没有动态的内容，所以被直接表达和统握为单纯的规定性，抽象空洞的规定性。所谓单纯的规定性就是不把它放在运动和关系中去考察，而是把它孤立起来摆在那里。所以它们"并不表现那构成它们的本性的东西"，构成这些规定性的本性的东西是什么呢？这些抽象的概念、抽象的规定性的本性是什么呢？"即成为那种自己返回自身的运动的消失着的**诸环节**"，它们的本性应该就是运动中的诸环节，但是在它们静止的规定性中并没有表现出来，并没有表现出那样一种构成它们本性的东西。构成它们本质性的东西就是那些自己返回自身的辩证运动的诸环节，这环节在运动中是消失着的，消失着的环节也就是运动的环节，流动着的环节，它们不是静止的规定性所能表现的。这些环节的流动、消失是自身返回自身的，不是毫无目标的，是自身回到自身的本质。那些抽象的概念都是表面的，都是外在的规定，而它们内在的本质是自我反思的运动，是自己返回自身的运动，在这种返回自身的运动中，诸环节一个接一个地消失，像接力赛一样把抽象的规定性引回到自身的本质。正因为那些静止的规定性并不能表现这样一些环节，所以我们现在要提高层次了，为什么以前那些静止的规定性现在都不适用了呢？我们现在提到一种什么样的层次上面来了呢？我们现在就要从这些单纯的规定性底下去发现构成它们本质性的东西。当然我们并没有抛弃它们，它们还是一些我们用来把握世界的标志，一些特征，这个还摆在那里；但是我们要深入到它们那种底下的本质性的东西，要把它们看作消失着的诸环节。这消失着的诸环节是自己返回自己的运动，要从这些消失的环节里面返回到自身，深入到自身的真正的本性。那些表面的类型、特征都是些表面的规定，抽象的规定，具体是由它们里面的这运动的本性所决定的。

　　<u>由于理性的本能现在进入到对这规定性按其本性、即本质上不是按其独立存在而是按其向对立面的过渡去寻找，它所寻求的就是**规律**和规律的**概念**了</u>；

　　我们看这半句话。"由于理性的本能现在进入到对这规定性按其本性、即本质上不是按其独立存在而是按其向对立面的过渡去寻找"，理性的本能误打误撞，现在终于进入到了对这规定性按其本性去寻找。前面讲了构成这些规定性的本性的东西，就是那种从对立面自己返回自己的辩证运动，把这些规定性看作这个运动的消失着的诸环节。那么这也就是"本质上不是按其独立存在而是按其向对立面的过渡去寻找"，不是孤立地看待这些规定性，而是看它们如何向自己的对立面过渡，这才能看出它们的本质或本性。我们在它们向对立面过渡的时候不要把这看成一种危险，好像它就丧失自身了，恰好相反，在向对立面过渡的时候，它恰

160

好把自己的本性或本质表现出来了。那么观察的理性在这个时候就必须要转向这种过渡,观察这种过渡。"它所寻求的就是**规律**和规律的**概念**了",规律打了着重号,概念也打了着重号,"规律"(Gesetz)在这个地方是第一次出现。现在,规律和规律的概念就是观察所寻求的对象,这个时候观察的理性就不再仅仅以感性事物为对象了,而是深入到了抽象规定性底下起作用的规律,包括规律的概念。这就是观察的理性的提高,提高到什么层次? 提高到了知性的层次。就是说原来的那种依托于感性确定性和知觉之上的抽象的规定性,单纯的规定性,静止的规定性,现在已经被扬弃,现在要从这种静止的规定性底下去寻求它得以运动起来的内在规律以及规律的概念,这就需要运用知性。

<u>虽然对规律及其概念同样也是作为**存在着的**现实性来寻求的,但实际上这现实性将在理性本能面前消失,规律的各个方面将变成纯粹的环节或抽象,以至于规律是在概念的本性中显露出来的,这概念已经把感性现实性的漠不相干的持存从自身中清除掉了。</u>

这是讲,在观察提升到知性层次以后,它对以前的感性确定性和知觉形成了扬弃。"虽然对规律及其概念同样也是作为**存在着的**现实性来寻求的",观察的理性既然是观察的理性,哪怕它上升到了规律和概念的知性层面,它所面对的当然还是存在着的现实性,这是没有疑问的。凡是观察的理性,它的对象都是存在着现实性,前面已经讲了,理性就是确信自己就是全部实在性,而观察的理性正是要通过观察来证明这一点。所有的现实性都是理性建立起来的,都与理性相关,那么观察的理性在知性的规律这个阶段也不例外。在这点上,观察的理性跟前面的感性确定性和知觉的观察层次并没有本质的区别。"但实际上这现实性将在理性本能面前消失",我把规律作为存在着的现实性来寻求,但在理性本能看来这个现实性将会消失,理性本能把握不了这种现实性。对它来说,"规律的各个方面将变成纯粹的环节或抽象",所以理性本能只能够和感性确定性及知觉打交道,而不善于把握规律。这就是为什么经验派的休谟

161

要否认规律的现实性，因为他所立足的仅仅是理性的本能，只承认感性描述的现实性，不承认纯粹的环节或抽象的作用。"以至于规律是在概念的本性中显露出来的"，就是说，我们只有超出理性的本能阶段，上升到知性的概念，才能够看出规律来。规律只能显露在概念的本性中，而不能停留在以前的理性本能阶段，它是在超感官世界中才作为理性的对象而得到观察的，它是纯粹的环节或抽象，已经把那些感性的东西都超越了，都扬弃了。"这概念已经把感性现实性的漠不相干的持存从自身中清除掉了"，在概念的层次上，那些感性的漠不相干的持存、那些僵死的规定性，都已经被清除掉了，已经被超越了。超感官世界是一个概念和规律的世界，它是概念的王国，只有从概念这个层次我们才能把握规律。这是观察的理性的一个层次上的提升。

对观察的意识而言，**规律的真理性**是作为这样一种方式存在于**经验**中的，即**感性存在是为意识而**存在的；而不是本身自在自为的。

"对观察的意识而言"，现在我们观察的意识已经提升到了规律的层次，那么现在我们就在规律或规律的概念这个层面上来讨论观察的理性，它的经验。在这里，"**规律的真理性**是作为这样一种方式存在于**经验中**的"，经验两个字打了着重号，规律的真理性也打了着重号。就是说，规律的真理性也存在于经验中，但是是以一种什么样的方式存在于经验中的呢？是以这种方式，"即**感性存在是为意识而**存在的；而不是本身自在自为的"。规律是属于超感官世界的，那么它当然是超越于感性的存在之上的；但它并没有抛弃感性存在，相反，正因为它超越感性，所以它能够更全面地统治和把握感官世界，而感官世界则是为它服务的，所以说在这里感性存在是为意识而存在的，它不再是自在自为的了。因此它也不再是盲目的，以前感性确定性看起来是自在自为的，其实是盲目的；到了观察的意识最开始，要找它的特征，要描述它，还是盲目的，是一种无思想性的观察和描述，就事论事，有什么我就说什么，没出现的我就不说，所观察到的东西完全是偶然的。那么现在不同了，现在感性存在是为意识而存在的，是作为规律的例子而存在的，我们不是到感性存在里面去找典型或是找特征，而是找规律。你找感性的典型或特征还是以感性为主，意识在这里还是为事物而存在的；而如果是按照某种规律在感性事物里找例子，那么这种感性的存在反过来就是为意识而存在的了，它不再是自在自为的。原来是自在自为的，感性意识一切都要符合感性存在，而感性存在本身是自在自为的，我们描述它，为它找到某些特征，当然已经有人的主动性，但还是以它为转移，看符不符合它。那么现在规律的真理性，是把感性存在看作为意识而存在，而不是自在自为的，这个是一个大的飞跃。

　　但如果规律不是在概念中有自己的真理，那么规律就是某种偶然的东西，而不是一种必然性，或者说，实际上就不是规律了。

　　"但如果规律不是在概念中有自己的真理，那么规律就是某种偶然的东西"，前面讲了，规律是在概念的本性中显露出来的，所以规律的真理性应该是在概念中，真正的规律是在概念中体现出来的。否则它就会是某种偶然的东西，"而不是一种必然性，或者说，实际上就不是规律了"。感性的存在要为意识而服务、为意识而存在，凭什么？规律自身它有什么理由、有什么资格要感性的存在为它而存在呢？它的理由和资格就在这里，就是它给感性存在带来了必然性，摆脱了偶然性。而这种资格是在概念里获得的，规律在概念里有自己的真理，如果规律不是凭借概念的必然性，那么规律也是一种偶然的东西，而不是一种必然性，那它就不是规律了。我们前面讲，概念把感性现实性漠不相干的持存从自身中清除掉，概念清除掉感性存在的偶然性，只有必然性，于是概念就成了规律的大本营，或者说成了规律的根据、规律的真理性之所在。谈真理性当然与对象有关，凡是真理性都与对象有关，但这个对象已经不是感性的对象，已经是概念的对象，或者说是概念本身。

　　但是，说规律本质上是作为概念而存在的，这与说它对于观察来说是现成在手的不仅不相冲突，反倒因此而具有了必然的**定在**，并且是有助于观察的。

也就是说，规律就是靠概念来支撑的，"但是，说规律本质上是作为概念而存在的，这与说它对于观察来说是现成在手的不仅不相冲突，反倒因此而具有了必然的**定在**，并且是有助于观察的"，这个地方又有个"但是"，是一个转折。我们说规律本质上是为概念而存在的，那么它是不是就不是现成在手的了？是不是就与说它对于观察来说是现成在手相冲突了呢？现成在手的就是已经到手的、现实的。就是说既然它是概念，规律如果本质上是靠概念而存在的，那它岂不又是抽象的，那你说它还有什么现实性？规律把感性的东西都去掉了，那它还有现实的对象吗？概念能成为现实的对象吗？但是黑格尔认为，这与说它对于观察来说是现成在手的并不冲突，对于观察来说，它的确是现成在手的，虽然它是概念。我们通常认为只有感性的东西才是现成在手的，到手的东西、拿到手里的东西才是现成在手的，只有感性事物能现成在手。但概念也能现成在手，这不仅与观察到的现成在手的东西不相冲突，"反倒因此而具有了必然的定在"。定在（Dasein）是一种客观现实的存在，也就是说概念并不是完全主观的一种抽象，一种空洞无物的东西，恰好相反，现成在手的东西反倒使观察具有了必然的定在。原先那感性的定在是偶然的，观察也因此是偶然的；而现在观察具有了必然的定在，这是概念的定在所带给它的，概念是具有必然定在的，在这种意义上它就是现成在手的，所以它是为观察的、有助于观察的。也就是这样的一种作为概念的规律是为观察而存在的，它把观察提升到了必然性的高度，而不再是漫无边际的，不再是散漫的。那么，规律的概念如何才能做到拥有自己现成在手的定在呢？下面就讲了。

在理性普遍性意义上的那种共相，在概念本身所具有的那种意义上也是普遍的，即共相**对那个**意识**来说**表现为在场的和现实的东西，或者说，概念是以物性和感性存在的方式而表现出来；——但并不因此而丧

164

失其本性,堕落为惰性的持存或漠不相干的前后相继。

　　"在**理性普遍性意义**上的那种共相",理性普遍性意义打了着重号,在理性普遍性意义上的那种共相,"在概念本身所具有的那种意义上也是普遍的",就是说,在理性普遍性意义上的共相,在适用于在概念本身所具有的那种意义上时,也是普遍的。意思是,在理性普遍意义上的共相并不因为被用在概念本身所具有的那种意义上,它就不再适用于别的地方,而只适用于概念本身了,就被限制在概念本身的范围内了。相反,正因为它适用于概念本身,所以它才是普遍适用的,或者说,它同时也适用于感性存在。所以,在概念本身的意义上这种共相的普遍性体现在,"共相**对那个**意识**来说**表现为在场的和现实的东西,或者说,概念是以物性和感性存在的方式而表现出来"。所以,在理性普遍性意义上的共相,当它体现在概念本身所具有的那种意义上时,这种共相是什么共相呢? 是具体的共相,是有现实内容的共相,而不是抽象的共相。前面讲的那些共相,比如说以特征的普遍规定性所形成的共相,种和类,物种、动植物的种类那样一些共相,那都是抽象的,是静止的、不变的,被设想为绝对的、分离的,一种绝对不变的区分,一种僵持的区分,那个共相是抽象的共相。那种抽象的共相其实涵盖不了具体运动变化的内容,必然会在普遍性形式和多样性的内容之间形成矛盾。在概念本身所具有的那种意义上的普遍共相则是从概念本身来理解的,而不是一种表象的理解,不是一种特征的理解,不是一种"共同之点"的理解。它是一种具体的共相,即共相对意识来说表现为在场的和现实的东西,或者说是以物性和感性存在的方式表现出来的。它跟感性的具体之间有一种关联,而以前抽象的共相反而跟感性的具体是不相干的,那样一个特征,爪牙或者植物的花蕊、根数等,这些表面的感性的要素作为抽象的共相想要把握感性的存在,但是感性存在一变它就失效了,所以并不具有涵盖感性存在的普遍性。而具体的共相则可以跟随感性存在的这个变化,它就是用来把握感性存在的变化的规律,所以它是以感性存在的方式而表现出来的概念。

后面是一个破折号，这是对前面一句话的限定，"——但并不因此而丧失其本性，堕落为惰性的持存或漠不相干的前后相继"。概念以感性存在的方式而表现出来，那么是不是就降为感性的具体了呢？不是，它并不因此而丧失其本性。什么是它的本性？它的本性就是概念，就是超感官的事情，它本身是超感官的事情，它是在超感官的世界中返回自身的运动的、消失着的环节，这个本性它不会丧失掉。它不会静止地待在感性世界之中，堕落为惰性的持存，也不会随着散漫的感性去乱跑，漠不相干地前后相继。它超越于感性世界之上，又以感性存在的方式表现出来。所以，后面这个限定很重要，概念以物性和感性存在的方式表现出来，那它跟感性的存在有什么区别？它有区别，概念并不因此而丧失其本性，它还是概念，具体的概念它的本性还是概念。而感性的具体则是漠不相干的，今天是这个，明天是那个，你好不容易把它规定下来，但它又变了。它变了，为什么变，搞不清楚，它就是变了。感性的东西它没有上升到规律，没上升到概念，所以说不清楚它这个变的内在的本性，里面的规律性还没有表现出来。所以这个限定很重要，显示了规律的层次。

　　凡是普遍被认可的，也是普遍起作用的；凡**应当**存在的，实际上也**是**存在的，而凡是仅仅**应当**存在而并不**存在**的东西就不具有任何真理性。

　　"普遍被认可的，也是普遍起作用的"，认可的，gültig，也可以翻译成有效的，或者是通行的，它和"起作用的"，geltend，这两个词它们是同根的，它们都来自于 gelten，就是有效、起作用、有价值的。但是 gültig 更多地用在法律上，geltend 更多地用在现实中。所以这句话的意思就是前面讲的，理性的普遍性的共相正因为它适用于概念本身，所以它才是普遍适用的，或者说，它就同时也适用于感性存在，它会在感性事物中现实地起作用。前面这个"被认可"就是说可以、或者应当起作用，后面这个起作用就是有实效，可以影响事物，它们的区别就相当于前面讲的抽象共相和具体共相的区别。凡是抽象共相都会变成具体共相，都会起作用，抽象共相不是静止在那里不变、僵持在那里、定在那里，而是会投入到感性对象的运动之中，在运动中返回自身，那就是具体共相。所以，"凡**应当**存在的，实际上也**是**存在的"，"应当"（soll）和"是"（ist）两个词都打了着重号，这个是针对康德来的，康德的应当和是、和存在是完全不同的两个领域，一个是道德领域，一个是知识领域。这种区别最先是由休谟提出来的，要把存在和应当、要把是和应当区别开来，应当是什么，这和是什么是完全不同的。但是，黑格尔认为这两者其实是统一的，只不过是同一个运动过程的不同阶段，从抽象概念来说是应当的事情，从具体概念来说则是现实的存在。一个是从抽象的角度来看，抽象中的共相仅仅是应当的；一个是从现实的角度来看，这共相的效力就体现在实际存在的事物中。"而凡是仅仅**应当**存在而并不**存在**的东西就不具有任何真理性"，仅仅是应当存在而并不存在的东西，在黑格尔看来那还有什么真理性呢？就不具有任何真理性了。这个是明显反驳康德的，康德的道德命令只是一个应当，却并不是现实存在，因为两者分别处于自在之物和现象的领域，互不相干。这种割裂在黑格尔这里通过具体共相的理论，就完全取消啦。

　　理性的本能在自己方面仍然有权紧紧依附在这一点上，而不让自己被仅仅**应当**存在并且作为**应当**而应当具有真理性、哪怕在任何经验里都找不到的观念之物弄糊涂，——不让自己被各种假设以及一连串的应当的一切其他不可见的东西弄糊涂；

　　"理性的本能在自己方面仍然有权紧紧依附在这一点上"，依附在哪一点上？就是上面讲的，凡是普遍被认可的也是普遍起作用的，凡是应当存在的实际上也是存在的，仅仅应当存在而实际上并不存在的东西就不具有任何真理性，这一点，是理性的本能在自己身上仍然有权紧紧依附的。或者说，这也是理性的本能本身也承认的。理性朴素地认同的是，不要相信那种空头支票，所以当观察的理性已经超越了理性的本能而达到了知性的概念时，理性的本能仍然在其中找到了自己的位置，它在自己方面仍然有权紧紧依附在观察的理性的这个层次上，使得知性的概念不至于悬空成为抽象概念，而能够落实到现实的具体内容上。"仍然有权"，意思就是说理性的本能虽然在现阶段已经被超越、被扬弃了，但它并没有被抛弃，而是被吸收进规律里面，成了具体概念中的一个环节。所以理性的本能仍然有权坚持自己作为规律中的一个环节的权利，"而不让自己被仅仅**应当**存在并且作为**应当**而应当具有真理性、哪怕在任何经验里都找不到的观念之物弄糊涂"。它不会因为现在有一个超越于它之上的概念就范糊涂，把自己的朴素的现实性原则完全抛弃掉，它不相信那种仅仅应当存在、应当具有真理性而在经验中却找不到的东西，认为那些东西都只是"观念之物"，Gedankendinge，也就是"思想之物"，Gedanken 就是被想到的东西，我译作"观念"，就是说，那只是些观念性的、思想中的东西，不具现实性，当不得真。观察的理性提升到概念和规律的层次时，由于理性的本能在里面坚持自己的权利，所以才能够不让自己被观念之物或思维之物弄糊涂，而仍然能够保持与具体现实的感性世界的联系。当然这种联系和理性本能的那种天然的联系还是不同的，它是自上而下的，是具体概念，而不是单纯的拒斥抽象的概念；而理性本能则是固守着自己的立足点，而"不让自己被各种假设以及一连串的应当的一切其他不可见的东西弄糊涂"。破折号后面的这一句是解释前面的"观念之物"的，所谓观念之物就是各种假设的东西，以及一连串只是应当但却看不到的东西，比如说康德的自在之物，康德的这个纯粹实践理性的悬设，那都是一些假设。康德的道德律则是一连串的应当，他的一连串的公式、命令，都是说应当这样，应当那样，不应当怎么样，应当有一个上帝，应当有灵魂不灭，应当有至善，这一连串的应当都是只能思维而不能看到的。理性的本能不会让自己被这些东西弄糊涂，而当它被纳入规律的概念作为其中一个环节，它就更加有了主心骨了，有了基地了，有了支撑物了，它就更不会被这些不可见的东西，这些思维之物弄糊涂了。

因为理性正是对自己具有实在性的这样一种确定性，凡是对意识来

说不是作为一个自身本质(Selbstwesen)而存在的东西,即是说,凡是不　[168]
显现出来的东西,对意识而言就根本什么也不是。

　　理性本能不会被这些东西弄糊涂啦,为什么不会弄糊涂,"因为理性
正是对自己具有实在性的这样一种确定性"。前面几次都提到,所谓理
性就是这种确定性,即确信自己具有全部实在性,这不是什么应当,而是
实实在在的,有现实性、有实在性的。"凡是对意识来说不是作为一个自
身本质(Selbstwesen)而存在的东西",自身本质就是说,属于自身的本
质,"即是说,凡是不显现出来的东西",这就是解释"自身本质",就是那
个东西它不在自身中显现出来,它只是作为一个异己的本质,像康德讲
的自在之物,它不能显现在意识中,它不是意识的自身本质。那么像自
在之物这样一些不在意识中显现出自己的本质的东西,"对意识而言就
根本什么也不是"。康德的自在之物本身不在意识中显现出来,所有在
意识中显现出来的都是它的现象;那么黑格尔就说,我只承认这些在意
识中显现出来的现象,它们才是意识的自身本质,而那种没有显现在意
识中的自在之物什么都不是,应该作为多余的肿瘤把它切除掉。今天就
讲到这里。

＊　　　　　　＊　　　　　　＊

　　我们上次讲到了这种观察的意识,规律的真理性。上次已经讲到了
规律,规律已经上升到了超感官的世界,但是,它对于感性世界并没有放
手,还是抓住感性世界,感性的存在,它存在于经验中。但是对于意识来
说,意识所把握的不是那些感性的东西,而是感性中的规律。在这一方面,
黑格尔是不同意康德的自在之物的。康德已经看到了科学知识就是要把
握规律,观察的理性就是要把握规律,那么把握规律就必须从感性出发,
一从感性出发那规律的真正对象就不存在了,规律就没有真理性了,因
为自在之物始终不显现,那么你所把握的这个规律就失去了真理性,这
是黑格尔所不赞同的。黑格尔对于他自己的立场也必须要进行一番论证,

我们看今天的这一段,168 页［贺、王译本］这一段就是讲的这个道理。

说规律的真理性本质上即是**实在性**,这当然对这个停留在观察上的意识来说又成了一种与概念和自在共相的**对立**,或者说对这个意识而言,像它的规律这样一类东西并不是理性的一个本质;它认为在其中获得了某种**异己的东西**。

这句话讲的就是规律,你要寻求规律的真理性,真正的规律本质上就是它的实在性,实在性打了着重号。就是说这规律的真理性本质上它不能够是抽象的,它不能是完全空洞的,它必须有它实在的内容,这是上一次已经讲到了的。那么"这当然对这个停留在观察上的意识来说又成了一种与概念和自在共相的**对立**",这,也就是前面讲的规律本质上是实在性的说法,这对于这个停留在观察阶段上的意识来说,又成了一种与概念和自在共相的对立,你要讲规律的实在性,那么对于观察的意识来说,它跟概念和自在的共相又是相对立的,因为概念和共相自在地来说,当它停留在静止状态中时是抽象的,而不是实在性。就是说概念和自在的共相,在康德那里它还是一个自在之物,自在之物不具有实在性,它只是一个思想物、观念物。虽然它是绝对客观存在的,但是它对于观察的意识、观察的理性来说,并没有实在性的内容,它只是一个理念,它没有经验的内容,在康德那里已经把这个道理摆明了。那么既然规律要有实在性,那么它就没有绝对的客观性,它与概念和自在的共相就是对立的,它就是自在的共相的对立面,它就是自在之物的对立面。一方面有自在之物,另一方面有规律的实在性,也就是说我们在现象界所把握到的那些规律,它是不能脱离经验的,因为不能脱离经验所以它才有实在性嘛。而概念和自在的共相它是空洞的,它处在彼岸,这两个方面就成了两个对立面,这是在康德的意义上来说的。康德的所谓先天综合判断,所谓自然科学何以可能,他的那个自然科学就是一种观察的意识,它来观察自然科学的规律,那么为了要使这种观察具有实在性,它就必须要和自在之物对立起来。"或者说对这个意识而言,像它的规律这样一类东西并不是理性的一个本质；它认为在其中获得了某种**异己的东西**"，换句话说，对这个意识而言，对这种观察阶段上的意识而言，规律这样一类的东西，就是观察的意识所把握到的规律这样一类东西，它并不是理性的一个本质，规律在这样一种观察的意识里面还没有被理解为理性的本质。理解为什么呢？它认为在这里获得了某种异己的东西，也就是说理解为理性和别的东西的一个结合，规律是理性和经验的一种结合。康德就认为，知性范畴要运用于经验的对象之上，那么经验的对象对于知性的原理和范畴来说，它是一种异己的东西，它不是来源于知性或者理性，而是另有来源，它是由感官从自在之物那里偶然所接受下来的一些东西。自在之物刺激人的感官，它何时刺激、怎么刺激，这个我们都搞不清楚，所以它不是理性的，它不属于理性。而规律在康德的这样一种理解之中，它没有完全成为理性的，它不是作为理性的一个本质，意识在这里获得了某种异己的东西，异己的也就是异于理性的。所以康德要讲先天综合判断，要把两个本来相外在的东西综合起来，才具有一种经验性的实在性。这又讲到实在性了，规律的真理性就是它的实在性，这个实在性就是经验性的实在性，经验上的实在性它不是完全理性的，它在理性的东西里面属于异己成分。

　　然而意识的这种意见遭到了这一事实的驳斥，即实际上意识本身也 {143}
并不将它的普遍性在这种意义上来设想，似乎**一切个别的**感性事物都必须要对它显示出了规律的现象，才能断言规律的真理性似的。

　　这可以看作是对康德的一种反驳，当然不光是对康德，对当时的很多经验主义者，都可以这样来反驳。黑格尔在《小逻辑》里面讲"思想对客观性的三种态度"，第二种就是经验主义和批判哲学，他把经验主义和批判哲学划为一类，在思想对客观性的关系方面划为一类，都是一种经验主义的态度，就是除了有自身理性的东西以外，还要有外来异己的经验材料加入进来，才能说是规律的真理性，才能说是真正的规律，否则的话这个规律就没有真理性，就是你的主观的一套架构，就像形式逻辑一样，只有正确性。所以规律的真理性必须要有经验的实在性，这是经验主义的立场，规律最后总要运用于经验之上，必须要依靠经验来实证。"然而意识的这种意见"，这是一种意见，"意见"，Meinung，前面都译作"意谓"，表明它只是感性确定性的一种无法证明的看法。经验主义只是一种意见，意见和真理是不一样的，自从柏拉图以来，甚至巴门尼德以来，意见和真理都是对立的。所以黑格尔把这样一种观点称之为意见，虽然它自称为规律的真理性，但实际上是一种意见。意识的这种意见"遭到了这一事实的驳斥，即实际上意识本身也并不将它的普遍性在这种意义上来设想"，就是说，包括经验主义，包括康德，他们的这种观察的意识实际上并没有按照他们所说的那样，将它的普遍性在这种意义上来设想。在什么意义上来设想呢？即"似乎**一切个别的**感性事物都必须要对它显示出了规律的现象，才能断言规律的真理性似的"，这是一种设想，即似乎，这个似乎就是经验主义本来的出发点是这样的，按照这样一种经验主义的意见，似乎一切个别的感性事物都要显示出规律的现象，我们才能断言规律的真理性似的。好像应该是这样一种情况，就是说必须要每个个别事物都显示出了规律的现象，我们才能够断言规律具有真理性，因为规律在他们看来应该是不离开经验事物的，那么按照经验主义实证主义的观点，就要一个一个地去验证，你验证的越多，这个规律的真理性就越强，他们最初的出发点是这样。当然今天的逻辑实证主义还不完全是这样，但是他们的出发点应该是这样的，就是说一切都要来自于经验，个别的感性事物一个一个地都要让它穷尽了，归纳才能算数。当然，永远也穷尽不了，所以这个规律的必然性就用永远断言不了。这就是休谟的原则，既然你没有把所有的经验事物感性事物都枚举完，那么所有的规律都是不完全的，都没有真理性，顶多有一种或然性。所以休谟的这样一种立场实际上对于自然科学的所有规律来说都是一个根本性的摧毁。康德当然是批判休谟起家的，康德认为在这个规律里面它是有普遍必然性的，但是有个条件就是必须局限于现象，在现象界有一种普遍规律, 这种普遍规律不是来自于经验而是来自于先天, 是我们先天地把规律加在现象界之上。所以严格说来康德还不能等同于经验主义, 他是经验主义和理性主义的一种综合。但是黑格尔在这里攻击的主要是他的经验主义这一方面, 就是实际上康德也没有完全遵守他的经验主义的出发点, 并没有把规律的普遍性设想为一切都要经过感性的个别事物来验证。所以"意识的这种意见遭到了这一事实的驳斥, 即实际上意识本身也并不将它的普遍性在这种意义上来设想, 似乎**一切个别的**感性事物都必须要对它显示出了规律的现象, 才能断言规律的真理性似的"。这是用的虚拟式了, 就是说它并没有作出这种事情, 并没有把一切个别的感性事物都让它们显示出规律的现象, 然后才断言规律的真理性。所以说他们的意见被他们自己的行动驳斥。遭到了这一事实的驳斥也可以翻译成, 遭到了这一行动的驳斥, "Tat" 就是行动。下面举了个例子, 他说,

被举离地面的石头松手以后即落下, 对此根本不要求用所有的石头来做这项试验; 意识也许会说, 这至少必须用许许多多的石头做过了试验, 然后才能从中凭借最大的或然性, 或才有充分的权利, **按照类比**去推论其余的石头。

这是一个例子, 就是说被举离地面的石头, 你把手一松它就落下了, 松手以后即落下, 对此根本不要求用所有的石头来做试验, 如果拿所有的石头做试验来证明石头肯定会落下, 人家就会说这是个傻瓜了。你有一个石头就足以证明了, 不用你一个一个地去捡起地上的石头看它能不能落下, 没有人做这样的傻事。"意识也许会说, 这至少必须用许许多多的石头做过了试验, 然后才能从中凭借最大的或然性, 或才有充分的权利, **按照类比**去推论其余的石头", 就是也许会遇到这样的反驳, 说虽然我们不必把所有的石头都试过, 但是毕竟至少必须用许许多多的石头做过试验, 你用一块石头那肯定是不行的, 你一定是要做过了很多很多的试验, 然后你才能由此推论, 其他石头也是如此。这里根据的是最大或然性或充分的权利的原则, 是按照类比去做推论。根据最大的或然性,

就是说你也许在那里捡了一天石头,你发现,无一例外。那么在你所捡的石头里面,它是百分之百的,但是你还有很多石头没有捡。那么你就根据一种最大的或然性,迄今为止你所经历过的石头都是如此,那么你就可以估计一下,我估计大概所有的石头都是这样。或者按照充分的权利,按照类比,"按照类比"打了着重号,去推论其余的石头,以此类推。如果其他石头跟我曾经试验过的石头没有什么大的区别,那么我就可以以此类推,既然我以前举的石头都落下去了,那么以后我要举起任何一块类似的石头也会落下去,按照类比去推论其余的石头。凡是类比都是带有或然性的,它不具有必然性,在逻辑里面归纳或者类比都是如此,你只能够说,这很有可能,但是你不能断言这是必然的。这是经验主义意识的一种辩解,意识退一步说,即便我们不用把每一块石头都拿来做试验,但是我们至少必须试过了很多石头以后,我们才可以类推,但是类推的这种结论它是或然性的。

然而类比不仅没有给出任何充分权利,而且由于它的本性之故,它时常反对自己,以至于按照类比本身推论出,类比毋宁是不容许作出任何推论的。

就是对经验派的这种辩解黑格尔加以反驳,他说,"然而类比不仅没有给出任何充分权利",前面讲到类比原则就是认为最大的或然性可以看作是一种充分的权利,但是黑格尔认为类比没有给出任何充分的权利,你没有任何权利根据你所有曾经做过的试验去断言其他你没有做过的试验也会得出同样的结果,如果你立足于经验的类比的话,那么这个类比是推不出你的必然结论的。所以类比不仅没有给出任何充分的权利,而且更进一步了,"由于它的本性之故,它时常反对自己"。而且由于类比的本性的缘故,类比本身自己反对自己,类比本身就是一个自相矛盾、自我取消的方法。它经常的反对自己。如何反对自己呢? "以至于按照类比本身推论出,类比毋宁是不容许作出任何推论的",就是按照类比的推论,推出来类比不能做推论的结论。既然我这次类比只推出了或然性,那么以此类推，今后任何类比都只能推出或然性，而不能推出必然性。所以这是一个自相矛盾、自我否定的方法。由类比所作出的推论既然是一种或然性的推论，它的结论总是或然性的，所以它不会容许作出必然的推论，也就是不容许作出任何推论。下面就讲到了这个道理，

　　类比的结果将会归结为**或然性**，这种或然性在**真理性**面前丧失了更小的或然性和更大的或然性的任何区别；任凭它是多么大的或然性，它在真理面前都什么也不是。

　　"类比的结果将会归结为**或然性**，这种或然性在**真理性**面前丧失了更小的或然性和更大的或然性的任何区别"，类比的或然性在真理性面前丧失了区别，丧失了什么区别呢？或然性有大有小，我们讲或然性，讲概率、几率，讲可能性，有百分之几十的可能性，有百分之五十还是百分之六十还是百分之九十等等；但是不管你百分之几十，它都是或然性，而不是实然性和必然性，所以你都不能作出断言的推论。我们经常讲，虽然有百分之九十九的可能性，但是只要有百分之一，你所有那百分之九十九的可能就都作废了。所以讲不怕一万就怕万一，一旦有了个万一，你那万分之九千九百九十九都作废了，都没有用了。它就一次，你百分之九十九也是一次，百分之一也是一次，所以在真理性面前，在现实性面前，它丧失了更小的可能性和更大的可能性的任何区别，再大的或然性也不是真理性。一旦事情发生，那就是二比一的关系，不是这就是那，这就用不着推论或断言了，谁不知道不是这就是那呢？如果我问你明天下不下雨，你回答不是下雨就是不下雨，这等于没有回答，废话一句。你至少也应该回答多半会下雨，或者大概不会下雨，但不一定。而这只是估计，并不是推论。所以类比不允许作出任何推论，只能作出一种估计，只能作出推测。因为"任凭它是多么大的或然性，它在真理面前都什么也不是"，这是我们刚才讲的那个意思，最大的或然性也不是真理，一旦事情真实地发生了，所有的或然性都等于零。

　　但实际上理性的本能却把这样一种或然的规律当作**真理**看待，只是

在联系到这些规律的必然性时,理性的本能不认识这种必然性,它才陷入到这种区别之中,把事情本身的真理性降为或然性,以标明这是一种不完满的方式,真理对于那还没有达到对纯粹概念的明见的意识而言,就是以这种不完满的方式而现成在手的;因为普遍性只是作为**单纯直接**的普遍性而现成在手的。

这一句很长。"但实际上理性的本能却把这样一种或然的规律当作**真理**看待",理性的本能把这样一种或然的规律当作真理看待,"真理"打了着重号。就是说尽管黑格尔前面指出,想要通过类比来进行一种必然推论是不行的,类比只能得出或然性,但理性的本能却把这些或然的规律当作真理看待,经验派就是这样的,只承认或然的规律。所以真理也只有或然的真理。"只是在联系到这些规律的必然性时,理性的本能不认识这种必然性,它才陷入到这种区别之中",经验派的这种观点只有在谈到规律的必然性时,才暴露出理性的本能对于必然性无法把握,于是就作出一种区别,说有一种或然规律,还有一种必然规律。像休谟就否认自然界有任何必然性,但不否认在数学中有必然性,在形式逻辑中有必然性;早先洛克也说过,经验知识是观念与对象的符合,这个没有必然性,但逻辑学和数学是"观念和观念的符合",这些是人自己设立起来的,当然有必然性。所以经验派认为,在自然界有什么必然性呢? 一切都是偶然的,经验派根本不承认这种必然性,也不认识这种必然性。所以他们只能把自然界的规律看成是或然的,但又把它当作真理看待。这就"把事情本身的真理性降为或然性,以标明这是一种不完满的方式",事情本身的真理性,也就是观念和对象相符合的那种真理性,不同于观念和观念相符合的真理性。自然界的真理性在黑格尔看来也应该是有必然性的,康德的"人为自然立法"就是为了论证这种必然性,但是经验派的理性的本能就把事情本身的真理性、有关对象的真理性降为了或然性,以标明这是一种不完满的方式。而"真理对于那还没有达到对纯粹概念的明见的意识而言,就是以这种不完满的方式而现成在手的",这还是讲在经验派的理性本能中,这种意识是一种还未达到对纯粹概念的明见的意识,既然如此,它当然只能以这种不完满的方式来把握真理了。经验派也意识到,只是追求或然性的这样一种认识,对真理来说只能是一种不完满的方式,说到底,毕竟还有百分之几,千分之几或万分之几没有被你考虑进去,怎么会是完满的呢?但是他们标明,我讲的这样一种真理的确是不完满的,但是没有办法,真理就是以这种不完满的方式现成在手的。真理是现成在手的,这个他们还是要肯定,虽然是不完满的方式,但还是到手的真理,并不是说一旦不完满就是假的了,不是的。据我所知、据我所看到的,这至少是真的。所以这是一种不完满的方式,但是它是现成在手的,它是我们已经得到了的真理。但虽然是现成在手的,它仍然是不完满的,为什么不完满呢?是因为意识还没有达到对纯粹概念的明见,还没有提升到对纯粹概念的洞察。明见,Einsicht,我们后面还要遇到这个词,有的译作洞见、识见、见识,就是穿透感性现象的外壳深入到里面的那种见解,洞穿里面的纯粹概念,相当于我们说的"透过现象看本质"。当意识还处在理性的本能阶段,处在观察的理性的这样一个初级阶段,它没有能够洞察纯粹的概念,那么对这样一种意识而言,真理就是以不完满的方式现成在手的,有待于补充,有待于修正,有待于扩展。"因为普遍性只是作为**单纯直接**的普遍性而现成在手的",为什么说真理的那种方式是不完满的呢?因为普遍性要真正能够现成在手,必须以单纯直接的方式,而不是这种掺杂各种偶然因素的方式。或然的真理也有一定的普遍性,并且是现成在手的,但是它现成在手的方式是不完满的;真正的普遍性则只有作为单纯直接的普遍性才是现成在手的。或然性也被经验派看作某种普遍性,通常我们说"绝大多数人"认为怎样,也就相当于说"普遍都认为"怎样了,这是可以统计出来的。但这并没有达到真正的普遍性,没有达到概念的单纯直接的普遍性和真正的必然性。虽然它是现成在手的普遍性,似乎唾手可得,只要调查统计一下,不需要动脑子;但它仍然有待于上升到概念的普遍性。真正的普遍性是单纯直接的普遍性，什么是单纯直接的普遍性呢？就是以纯粹概念的方式所表达的那种普遍性，那才是现成在手的。你要真正现成在手地把握真理性或者普遍性，那就必须采取这样一种概念的方式。

但同时由于这种单纯直接的普遍性之故，规律才对意识具有真理性；石头下落之所以对意识来说是真的，乃是因为石头对它而言是**重的**，就是说石头在其重力中就**自在自为地本身**具有**与地球的**本质联系，这个联系表现为下落。

"但同时由于这种单纯直接的普遍性之故，规律才对意识具有真理性"，我们刚才讲了这个普遍性其实已经是代表了真理性了，而这句话就是说明了，由于这种单纯直接的普遍性之故，规律才对意识具有真理性。所以这种单纯直接的普遍性也可以相当于真理性，因为由于它的缘故规律才对意识具有真理性，也就是说由于这种纯粹概念，规律才具有了真理性。规律的真理性不能依赖于外在经验的证实或者试验，不能由一种实证，像经验主义那样的用一种归纳法或者类比法来达到或者来获得，而必须要有对纯粹概念的明见，这样我们才能直接把握到真理性。那么下面就石头下落的例子来说明这一点。"石头下落之所以对意识来说是真的，乃是因为石头对它而言是**重的**，就是说石头在其重力中就**自在自为地本身**具有**与地球的**本质联系，这个联系表现为下落"，石头你把它举起来，你一松手它就落下去了，这是必然的，对意识来说是真的。为什么是真的，为什么是真理，不是因为你试了多次，你捡起了很多很多的石头，你捡的越多它越是真的，不是这样的。你捡起一块石头来试一下，你就知道它是真的。为什么？乃是因为石头对意识而言是重的，你捡起来，你就感觉到它是重的，它有重力，这就是说石头在其重力中就自在自为地本身具有与地球的本质联系。它要回到地球，你不用看别的石头，你就这一块石头而言，它自在自为地就具有与地球的本质联系，而这个联系表现为下落。这是可以推出来的，如果一块石头是重的，你就可以逻辑上推出来，你一旦松手或者你一旦去掉了它的阻碍，它就会下落。为什么？因为它是重的，你知道了重力的概念，你就会知道它为什么下落。所以不需要捡很多石头来试验，你拿起一块石头，你就可以意识到这一点。黑格尔是非常重视重力这样一个概念的，这个跟康德是不一样的。康德认为"物体是有广延的"，这是一个分析命题；"物体是有重量的"，这是一个综合命题；所谓综合命题就是说重量并不包含在物体的概念里面，而广延是包含在物体的概念里面的，那就是分析命题。你没有广延你形不成物体的概念，但是没有重量你是可以形成物体的概念的，因为物体可以"失重"。但是黑格尔的观点是相反的，他认为重力、重量是物体的本质，或者说物体的本质就在于它有重量。当然他对于重量的理解是带有神秘性的，好像重量就是物体的一种意志活动，一种活力，有物活论的色彩。物体的重量表现为物体本身的一个趋向，有点像后来叔本华讲的，它的一个意志它的一个目的，意志和表象的世界，万物都有意志，石头之所以要掉下来时因为石头具有掉下来的意志，有一种内在的活力在驱动它要达到自己的目的。亚里士多德也是这样看的，运动带有一种目的性，任何事物的运动都是要完成它的目的的，要回到它合适的、"好"的位置，要实现它的潜能。我们还可以参看前面的104页第四行："如果把运动表象为单纯的本质和力，那么运动当然就是**重力**。"但重力一般并不包含这些区别在自身内，重力比其他那些机械的力都要高一个层次，它超越于所有具体的区别之上。它是每一个物体，不管你是什么物体，它都自身自在自为地就拥有的一种内在的力。所以他讲石头在其重力中就自在自为地本身具有与地球的本质联系，而这种联系表现为"下落"，为什么要下落，这就比较好解释了。你要把它归结为事情本身。它是事情本身的一种重力的规律，而不是由于外在的一些偶然的经验的情况。

　　因此意识在经验中拥有了规律的**存在**，但同样也拥有了作为**概念**的　[169]
规律，并且只有为了**这两种情况之故**合起来规律对意识才是真的；规律之所以被看作规律是因为它体现在现象中，同时自在地本身又是概念。

　　"因此意识在经验中拥有了规律的**存在**"，存在打了着重号。"但同样也拥有了作为**概念**的规律"，概念也打了着重号。就是观察的意识在经验中，在经验到规律的时候，它就拥有了两个方面，一方面它拥有了规律的存在，它必须在经验的事物中体现出规律来，必须在现象中，必须让所有的事情本身显现出来。比如说体现在石头上面，自由落体规律必须体现在至少一块石头的下落中，这个是毫无疑问的。但另一方面，同样它也拥有了作为概念的规律，就是除了它的存在以外还要把握它的概念，你不能停留在规律的存在上，把它割裂开来，孤立起来看待，而不上升到概念的规律，你除了把握具体事物的规律以外，还要上升到规律的概念。"并且只有为了**这两种情况之故**合起来规律对意识才是真的"，真正的规律，或者规律的真理，必须是存在与概念的统一。规律的真理具有实在性，这个没问题；但是这个实在性，它除了是存在以外而且还是概念。你要把存在和概念这两个方面合起来，把这两种情况合起来看，那么规律对意识才是真的。"规律之所以被看作规律是因为它体现在现象中，同时自在地本身又是概念"，规律体现在现象中，但它自己是概念，要注意这一点。不是说在现象中你就只能束缚于现象，只能够通过枚举和类比来表现规律，你要从概念上来把握规律。在这方面有几个概念我们要注意的，在这段话里面，一个是存在，一个是概念，而规律处于其间；规律是什么呢？规律是本质。这三个概念在黑格尔那里是非常关键的，黑格尔逻辑学的三个概念，存在论、本质论、概念论，从存在论到本质论到概念论，这是一个三段式，那么在本质论的一个阶段，它体现为规律。黑格尔讲规律就是在本质论里面来讨论的。那么黑格尔在这个地方讲到的规律，讲到理性的本能对规律的观察，这时候理性的本能已经进到了本质的阶段，已经超出了存在论的阶段进入到了本质论的阶段。但是还必须上升到概念的阶段，否则的话它就会退回到存在论、陷入大量的经验事实里面拔不出来了。所以你必须把这两方面结合起来你才能理解规律，一个是存在，从存在的层次它要具有实在性，要具有经验的实在性，这个黑格尔并没有完全否认；但是更重要的是必须上升到概念的把握。就像一块石头的运动，必须要上升到重力，你不要满足于或然性，我捡起了那么多的石头它都落下来了，所以就可以判定石头落下来是一个规律，实际上还是判定不了；唯一能够判定的是，每一块石头它都是有重量的，这个重力就是一个概念。重力看不见摸不着，但是它能够被意识到，它就是每一块石头自在自为的本身所固有的一种关系。那么这种规律预先提出来，只要一次检验就够了，不需要试验很多次。所以这一段我们从这个层次来理解，一个是存在，本质和概念，从这个三段论式来理解，我们可以看得比较清楚，你要理解这个本质规律，你就必须要把存在和概念结合起来才能够把握。

[（2）试验]

试验和实验不太一样，试验有尝试的意思，实验则是证实的意思。但是试验还不一定证实，试验是一种尝试，试试看，一种突围，一种碰撞，去撞一撞，看一看，去试一试。前面已经讲到了石头的试验，这已经是这第二个小标题的话题了，前面第一个小标题是"规律及其概念"。康德曾经说，我们一手拿着原则，一手拿着实验，去逼迫自然界回答我们的问题（BXIII）。原则就是规律了，现在还要加上按照这规律所设计出来的试验，这就是第二个小标题所要讨论的。

由于规律同时**自在地**就是**概念**，这种意识的理性本能就必然自己要去将规律及其诸环节**纯化**为**概念**，但并不知道自己要这样做。

"由于规律同时**自在地**就是**概念**"，前面讲了你要从概念的角度来理解规律，不能仅仅从存在的角度，从感性的存在的角度理解规律那是理解不了的，你必须要形成概念才把握得了规律。所以这一段开始就讲了，由于规律自在地已经是概念了，在存在论、本质论和概念论里面，在本质论里面其实自在地已经是概念了，但是它还没意识到，所以"自在地"打了着重号，或者换句话说这是一种不自觉的概念。所以，"这种意识的理性本能就必然自己要去将规律及其诸环节**纯化**为**概念**，但并不知道自己要这样做"，这种意识的理性本能必然自己要去将规律及其环节纯化为

181

概念，因为这些规律自在地已经是概念了。比如说实际上并没有人无数次的向上抛石头来证明石头下落的规律，除非他是个傻子；牛顿只要有一次被苹果砸到头，就立刻悟到了万有引力的概念。这都是理性的本能自发地所做到的事情，就是把规律从一种归纳类比的原理中提升起来，形成一个纯粹的概念。所以它必然要去将规律及其诸环节纯化为概念，必然会这样。规律里面已经自在地包含有概念，但是还不纯粹，它被大量的感性的表象、感性的事实掩盖了，要把那些感性的东西去掉、筛选掉，剩下纯粹的概念，要纯化为概念。但理性的本能并不知道自己要这样做，它这样做是盲目的、偶然的、碰运气的。它是抱着"试试看"的态度，只是在尝试，它不知道自己会有什么结果，只是有一种内在的必然性迫使它去尝试、去碰。所以他下一句，

理性的本能对规律进行试验。当规律在最初显现出来的时候，表现得很不纯粹，包裹在个别的感性存在里，所表现的那个构成了规律本性的概念深埋于经验性的材料中。

理性的本能在规律面前是抱着试验的态度，试试看。试验是不自觉的，它不知道会有什么结果。理性的本能迫使意识必然地要去把规律及其环节纯化为概念，如何纯化？就要试验，这是一个过程。"当规律在最初显现出来的时候，表现得很不纯粹，包裹在个别的感性存在里，所表现的那个构成了规律本性的概念深埋于经验性的材料中"，在试验的过程中，这些规律在最初显现出来的时候很不纯粹，它和很多个别的感性存在混合在一起。比如说石头要落下来，你把石头举起来，一松手它就要落下，这是个规律，但是这个规律很不纯粹，它没有形成自由落体这样一个公式，没有形成这样一条纯粹的规律。最开始亚里士多德表述这条规律是很不纯粹的，他看到石头比羽毛先落地，就想当然地以为重的石头肯定会比轻的石头先落地。有各种各样的感性经验包裹着自由落体规律，有待于通过试验将它揭示出来。那构成了规律的本性的概念一开始不能显现出来，被深埋于经验性的材料中。只有到伽利略的比萨斜塔实验才

把真相揭发出来：它们原则上应该是同时落地的。

　　理性的本能在着手自己的试验的时候要去发现，在这种那种情况下会得出什么结果。由此规律好像只会越来越沉浸到感性存在里一样；然而感性存在在这过程中不如说丢失了。

　　这还是讲理性本能的那种不纯粹的试验。"理性的本能在着手自己的试验的时候要去发现，在这种那种情况下，会得出什么结果"，他做试验是要去发现，不是说已经知道了，再去验证一下，而是说要通过试验去发现，看在这种那种情况下会得出什么结果。这种试验看起来完全是盲目的。"由此规律好像只会越来越沉浸到感性存在里一样"，在这种做试验的时候，表面上看起来是这样，就是越试验规律就越来越沉浸到感性存在里去了，好像越来越被感性存在所埋没了。你丢石头丢得越多，你把注意力全部转移到这个感性存在的多少，试验次数的多少，好像是这样，好像越来越被埋没了。你的这种规律的本性的概念越来越被埋没于感性存在里面了。"然而感性存在在这过程中不如说丢失了"，就是说你在试验的时候，在这种情况下会得出什么结果，你又换一种情况来试一试，看又会得出什么结果，好像你被感性牵着鼻子走，但实际情况是，感性存在在你的试验过程中都丢失了，慢慢地被超越了。你把感性存在实际上已经抛弃了。就是试验的结果不是说你就陷入到感性存在里面去了，而是恰好从感性存在里面浮现出来了，超越出来了。因为什么呢？下面就讲。

　　因为这种探究的内在含义在于发现规律的**各种纯粹条件**；想要说的意思（即使做这样表达的那个意识也许会认为这样说有另外的意思）无非是，要把规律完全提升到概念的形态，并将**规律的诸环节**在**特定存在**之上受到的一切束缚**加以清除**。

　　这是解释在试验中为什么不会沉溺于感性的存在，相反是对感性存在的超越，感性存在在试验过程中不如说是丢失了，也就是消失了，越来越淡出了。为什么？"因为这种探究的内在含义在于发现规律的**各种纯**

粹条件"，你的试验的内在含义是什么，你不是闲着无聊，一次又一次地重复同一个动作，不是的，而是要去发现规律的纯粹条件。你每一次试验都变一个方法，变一个对象，我试验了石头，我下一次试验一块木头，我再下一次试验一个皮球，等等，我去找它们共同的条件。这种探究的内在含义，在于发现规律的纯粹条件，"纯粹条件"打了着重号。纯粹条件是什么？纯粹条件就是超感官世界。感性存在是感官世界，而我在试验中要追求的内在含义恰好是超感官世界。我通过不断地试验，把自己提升到超感官世界，我的内在含义、我的目的在于发现规律的纯粹条件。"想要说的意思"，我们把括弧里面暂时撇开，想要说的意思"无非是，要把规律完全提升到概念的形态，并将**规律的诸环节**在**特定存在**之上受到的一切束缚**加以清除**"。这样一种试验它是有目的的，其实不是盲目的试验，虽然我还不知道最后的结果如何，要去试，但是我是有内在含义的，这个内在含义就是要去看一看，我要去寻求，要发现规律的纯粹条件到底在哪里，这些规律的纯粹条件是什么。想要说的意思无非就是说要把规律完全提升到概念的形态，规律在它的不纯粹的形态里面包含有很多具体的感性的杂质，石头、羽毛、铁球、空心铁球，这些都是感性的杂质，那么我要从这个里头提升出来，达到纯粹的概念的形态，并将规律的诸环节在特定的存在之上受到的一切束缚加以清除。石头也好、皮球也好、铁球也好、空心铁球也好，这些都是特定的存在，它束缚了我们对规律的理解。我们再看括号里面，"即使做这样表达的那个意识也许会认为这样说有另外的意思"，想要说的是什么意思呢？就是把规律要提升到概念的形态；但是做这样表达的那个意识也许会认为这样说有另外的意思，就是说这一层意思在理性的本能那里也许并没有清醒地意识到，它还局限于感性的存在上，还没有摆脱感官世界的束缚，还没有提升到真正的超感官世界里来理解它自己所做的事情，或者说它自己所表达出来的那些意思它还没有理解。下面就有一个例子。

{144}　　例如负电当初被说成什么**树脂**电，而正电被说成是**玻璃**电，经过试

184

验,这种含义就完全失去了,成为不再分别属于某一种特殊事物的纯粹的**正**电和**负**电了;并且不再能说有具正电性质的物体,而另有具负电性质的物体了。①

　　这是一个很典型的例子,用来说明如何把规律从感性的存在里面纯化出来,把它变成纯粹的概念,变成一种规律的纯粹条件。纯粹条件就是规律的纯粹概念。"例如负电当初被说成什么**树脂**电,而正电被说成是**玻璃**电",因为正负电的现象最开始就是法国物理学家杜费 1743 年在树脂、玻璃上面发现的,他用丝绸去摩擦玻璃、用毛皮去摩擦树脂,看到在树脂上面产生出的是负电,而在玻璃上面所产生出来的是正电,于是就把它们命名为一个是树脂电一个是玻璃电。这是非常受局限的,受到特定的感性存在的局限,这个时候我们要把这些因素都清除掉,不能束缚在这些特定的感性因素之上。比如说这个正电和负电,当初是叫作玻璃电和树脂电,"经过试验,这种含义就完全失去了"。经过试验,你再拿别的东西来试,你不要局限于树脂和玻璃,你也可以在别的东西上试一试。正电不一定就永远产生于玻璃上,它可以产生于别的地方,负电也不一定产生于树脂上。你马上就能发现,正电和负电应该撇开玻璃和树脂这样一些具体的物质材料来理解。这种理解就使电"成为不再分别属于某一种特殊事物的纯粹的**正**电和**负**电了",注意"正"和"负"都打了着重号,与前面打了着重号的"玻璃"和"树脂"对应。当然一系列试验你都是在感性材料上面试验的,但是试验的结果不是说你越来越沉溺于感性材料,而恰好是把感性材料抽象掉了。你试得多了以后你就把感性材料抽掉了。你把一块石头扔下去,或者你把一个皮球扔下去,或者你把一个铁球扔下去,那自由落体的规律就不光是石头或者铁球,或者什么具体的事物的一条规律,而是一个普遍规律,任何一个事物,任何一个

---

① 黑格尔在此暗示 B. 克林战胜了杜费的旧的电理论,参看前面考证版第 93 页注 1。——丛书版编者

物体,都将符合自由落体的规律。这是一种抽象,一种提升,提升到了超感官世界。这跟前面一百零几页讲的规律和超感官世界可以对照着看。当然在这个地方讲,已经不是原先的那种意义了,它不是单纯讲超感官世界,而是讲我们对超感官世界的观察和认识,是在更高的层次上面来讲前面讲过的事情,讲我们是如何超越感官世界而上升到超感官世界的。所以他讲,"不再能说有具正电性质的物体,而另有具负电性质的物体了",电,正电和负电,不但是脱离了玻璃、树脂、毛皮、丝绸等,而且脱离了所有的东西,不再能说有具正电性质的物体而另有具负电性质的物体。对正电和负电的区分不再是用物体来区分,不是用玻璃和树脂,或者丝绸和毛皮来区分的,你把它单独抽出来,连物体你都去掉。它跟物体没有关系。虽然在现实的正电和负电现象中,它总是在某个物体身上体现出来的,但是你要把物体抽象掉,电就是电。电跟物体在概念上没有关系。它的概念不需要物体,虽然在现实中它是在物体当中体现出来的,但正电和负电,你不能够把它束缚于物体,说某些东西是带有正电性质的物体,而另外一些是带有负电性质的物体,不一定的。带正电性质的物体它也可以带负电,任何一个物体,比如说玻璃,你说它具有正电性质,但是在某些情况下它也可以带负电。所以你必须把这些物体都抽掉,来达到关于电的纯粹概念,关于电的纯粹条件,关于规律的纯粹条件。

同样,酸和碱的关系及其相对运动也构成一种规律,在其中这两个对立面都是作为物体出现的。

前面讲的是正电和负电的关系,那么这里讲酸和碱的关系。酸和碱的关系是一种化学关系,化学运动。"酸和碱的关系及其相对运动也构成一种规律",酸和碱的相对运动,你把酸和碱放在一起,它们就有一种相对运动,我们称之为化合反应,或者分解反应。这些化学反应就是酸和碱的相对运动,也构成一种规律,"在其中这两个对立面都是作为物体出现的"。这两个对立面,酸和碱都是作为物体出现的,比如酸的液体和碱的固体,你把它们放在一起让它们起反应,它们当然都是作为物体出现的。

　　然而被分隔开来的这两类事物并不具有现实性；将它们相互撕裂开来的那种强力并不能阻止它们马上重新进入一个过程中，因为它们只是这种联系而已。它们不能像一颗牙齿或一只脚爪那样自为地保持着，也不能这样被指出来。

　　但是它们都是作为物体放在一起，一个是酸，一个是碱，比如说一个是硫酸，一个是石灰，你把它们放在一起，它们就会起反应。它们本来是两个物体，你没有放在一起的时候它们是独立存在的。"然而被分隔开来的这两类事物并不具有现实性"，分开来的这两类事物作为酸和碱来说并不具有现实性，这两类事物，作为事物它们是现实的，但是作为酸和碱来说，它们还不具有现实性，它们没有表现出酸性和碱性，你把它们强行分隔开来，它就不具有现实性了。一个酸也好一个碱也好，你把它孤立起来看，你怎么能说它是酸和碱呢？它还没有表现出它的特性来。"将它们相互撕裂开来的那种强力并不能阻止它们马上重新进入一个过程中"，一个过程，这里当然指的是一个化学过程，你可以用强力将它们撕裂开来，就是酸和碱可以从一个东西里分解出来，比如把石灰石放进窑里烧制成石灰，就是用火焰的强力将中性的石灰石变成碱性的石灰。分解反应和化合反应是相互可逆的一个过程。你把它分解出来，分解出酸和碱来，那种强力并没有阻止它们马上重新进入一个过程之中，生石灰一烧出来，马上就进入了一个变熟的过程，成了熟石灰，并且和空气中、土壤里的酸性物质起化学反应，最后将失去它的碱性。按照黑格尔的说法，所谓的酸其实就是要和碱化合的，碱是酸的目的，所以从它的目的来说，碱其实就是酸，酸其实就是碱，酸对碱有一种"渴求"。在《自然哲学》里面黑格尔用了这样一个词，酸其实是对碱的渴求，而碱也是对酸的渴求。① 它们有一种强烈的倾向性，你不能阻止它们马上重新进入一个

————————————

① 参看 [德] 黑格尔:《自然哲学》，梁志学等译，商务印书馆 1986 年版，第 325 页。

化学过程中。你可以把它们分开，但是它们就是要化合的。当然这里面有一种物活论的色彩，但是也有一种辩证的观点，酸就其可能性或者就其目的性来说，从另外一个角度来看其实它是碱；而碱其实它是酸，就其存在来说它是碱，但是就其本质来说它是酸，它就是要变成酸的，或者它是要追求酸的。那么你把它孤立起来，这两类事物就没有现实性了。不具现实性就是并不具有现实的活动，现实性，Wirklichkeit，它的词根就是werken 就是工作，wirklich 有起作用的意思，它是要起作用的，不起作用它就没有现实性，你把它孤立起来它就没有现实性，它的现实性就在它的起作用中体现出来。起什么作用呢？化学作用，分解和化合反应。所以你可以把它分裂开来，但是你不能阻止它们马上重新进入一个过程之中，"因为它们只是这种联系而已"。酸和碱不是两个东西。我们通常以为酸就是酸性的东西，碱就是碱性的东西，但是我们这种理解是很表面的，其实酸和碱只是这种联系而已。酸就是和碱的联系，碱就是和酸的联系，要照这种观点来看，你才能把握酸和碱的概念。"它们不能像一颗牙齿和一只脚爪那样自为地保持着，也不能这样被指出来"，酸和碱不能像这里是个牙齿、那里是只脚爪那样孤立地存在、保持在那里，也不能这样指出来。你指着这个酸性的东西说这就是酸，不是的，酸之所以是酸就是在它和碱的反应中才是酸。单独来说它未必是酸的，你说它是酸，还有比它更酸的，你说它是碱，它也不是最具有碱性的。就一个事物本身来说它无所谓酸和碱，它都是相对的，在与这个事物的关系中它表现出酸，在与另外一个事物的关系中毋宁说它表现出碱性。所以酸或碱它只是一种联系，我们不能指着说这个就是酸，那个就是碱。

[170]　　它们的本质在于直接过渡为一个中性的产物，这就使它们的**存在**成了一种自在地被扬弃的存在或普遍的存在，而酸和碱只是作为**共相**才具有真理性。

　　"它们的本质在于直接过渡为一个中性的产物"，中性的产物就是通过化合反应形成盐，酸的和碱的综合为盐，这我们学化学都学过了。酸碱的本质在于要直接过渡为盐,一个中性的产物,"这就使它们的**存在**成了一种自在地被扬弃的存在或普遍的存在"。酸和碱的存在,当然我们还可以说酸和碱的存在,虽然我们不能指出来这个就是酸,那个就是碱,但是它们还是有它们的存在的;但是这个存在成了一种自在地被扬弃的存在,或一种普遍的存在。自在地被扬弃的存在,就是通过化合作用,它们的存在被扬弃了,或成了一种普遍的存在了。被扬弃的存在是一种特殊的存在,我们通常讲存在,都是特殊的,这一个,这个物体,都可以指出来的,那就是存在。但存在成了一种自在地被扬弃的存在,它自身被扬弃了,它作为个别事物,这个事物那个事物被扬弃了,那它就成了一种普遍的存在。什么是普遍的存在? 就是那种存在的共相。所以"酸和碱只是作为**共相**才具有真理性",酸和碱成了共相,你要说它存在它也存在,但是它是作为共相的存在,而不再是这个存在那个存在;它虽然体现在个别存在之中,但是它把个别存在扬弃掉了,而体现为存在的共相。它是作为共相存在的,它在个别存在之中,但是它不拘泥于个别存在,它在个别存在之中表现为共相,表现出普遍性,只有在这种情况下酸和碱才有真理性。真正的酸和碱是这种意义上的酸和碱,不是这个东西那个东西,这个硫酸、硝酸,这个石灰、苏打粉这样一些东西。这样一些东西具有酸性和碱性,但是酸和碱不是这些东西,酸和碱是一种共相。在苏打上面体现出碱,在硝酸、硫酸上面体现出酸,但是酸和碱不是这些东西。只有这样来理解,酸和碱才具有真理性,才是真正理解的酸和碱。

正如玻璃和树脂都可以既是正电性的又是负电性的一样,酸和碱也都不是束缚于这种或那种**现实性**之上的属性,而是每件事物都只**相对地**是酸性的或碱性的;凡显得是确定无疑的碱或酸的东西,在所谓掺合作用里,对另外一种东西来说,就获得了相反的含义。

这是把正电负电和酸性碱性放到一起来加以讨论了。玻璃和树脂都可以既是正电性的又是负电性的,玻璃在和丝绸摩擦之下带有正电,树脂在和毛皮摩擦之下带有负电。但是树脂和玻璃都可以既是正电性的又

189

是负电性的,看在什么情况之下。那么"酸和碱也都不是束缚于这种或那种**现实性**之上的属性",酸和碱,当然它必须具有现实性,必须起作用,必须在中和反应中、在化合反应中形成一种中和物,这就体现出酸和碱的现实性了。但是它们并不是束缚于这种或那种现实性上的属性。不是说,酸就只能够是在盐酸、硫酸、硝酸等这些事物之上,而碱只能是在石灰碳酸钙、氢氧化钙这样一些东西之上体现出来的属性,"而是每件事物都只**相对地**是酸性的或碱性的",每件事物都处在一个相对的酸碱关系之中。所以它们只是相对的酸性和碱性。正电和负电跟酸性和碱性在这方面有类似之处,你都必须要把它们的"概念"提升出来,上升到超越感性事物之上的这样一个层次,你才能够把握到它们的真理性。它们的真理性是在超感官世界里面显现出来的。"凡显得是确定无疑的碱或酸的东西,在所谓掺合作用里,对另外一种东西来说,就获得了相反的含义",在所谓掺合作用里,碱或酸对另外一种东西来说就获得了相反的含义,即碱成为了酸性的,而酸成为了碱性的。所谓掺合作用,贺、王译本在这里有个注释:"掺合作用（Synsomatien）是化学家文特尔（Winterl）在 19 世纪初年表示介乎物理的混合与化学的化合两者之间的那种拼合现象时所用的名词。这种所谓掺合作用,使物体发生颜色、密度以至重量上的变化,这些变化都是在混合作用里不发生的,但还不能算是化学变化。比如水和酒精的掺合,就是掺合现象的常见的例子。"这里"重量上的变化"恐怕写错了,掺合作用怎么会有重量上的变化？应该是"比重上的变化"。这是译者加的一个注。这个注很值得推敲。掺合作用,这里举了一个例子,水和酒精,我们说这个酒掺了水这是掺合作用。那还有很多,像金和银,金和银可以变成金银合体的合金,凡是合金都是掺合作用,但合金它不是一种化合作用。像汞,它可以和其他的金属掺合在一起,比如说鎏金,鎏金就是通过汞把金粉涂到雕像身上。比如说古希腊有一个阿基米德的著名故事,就是国王要一个金匠打造一顶金冠,但是怀疑金匠把银掺进去了,把同样重量的银偷换了里面的金,金当然比银要贵了,就怀疑他掺了假,要阿基米德来解决这个问题,阿基米德想破了脑袋,终于想出了一个办法,就是测量它的比重。他把这个金冠放到水里面,根据它排出的水量算出金冠的体积,然后再去除它的重量,一除发现不对数,就解决了这个问题,然后国王就把那个金匠砍了头。这是一个有名的故事,就是金和银它可以混合在一起,但是混合在一起的时候金和银的性质并不变,金还是金,银还是银,你可以再把它们区分开来。它并不是一种化合作用,并不是说金和银熔在一起就是金化银或者银化金,没有那回事。金和银它们的性质是非常稳定的,金子的性质是非常稳定的。当然它们掺和了以后,外表的颜色、密度以至比重上都有变化,这是在混合作用里面不发生的。混合作用它是不会有这个变化的,牛奶混在水里面,它还是白的。但是它又不是化学变化,化学变化就完全改变了。它是介于混合和化合之间的,比如说水和酒精的掺合,那酒精还是酒精,酒精并没有变成别的东西,它只不过掺了水而已,但是你去喝的时候你就会发现这个酒掺了水,你就会知道。掺合现象是常见的例子。这个地方引用了掺合作用,"在所谓掺合作用里,对另外一种东西来说,就获得了相反的含义"。获得什么相反的含义呢?我们只能理解为酸本身就变成了具有碱的含义,碱变成了具有酸的含义,这个和在前面 [贺、王译本] 第 107 页和 108 页里面已经讲到的酸和甜的关系有类似性,就是颠倒的关系。以颠倒的眼光看,酸的其实是甜的。黑的其实是白的,白的其实是黑的。所谓白的就是说它把所有的光线都反射出来了,那么这个事物本身当然就是黑的了。最白的其实就是最黑的,它没有吸收任何光线,它把所有的光线都反射出去了,那么它本身岂不是黑的么?酸和碱也是这样,一个酸的东西就是它能够起酸的作用,那么它本身就是碱的了,这就是完全相反的含义了。就另外一种东西来说具有完全相反的含义,酸在碱的面前具有碱的含义,碱在酸的面前具有酸的含义,应该这样来理解。那么这样理解就应该是一种化合作用,不是掺合作用,所以黑格尔在这里可能搞混了。因为化学家文特尔在 19 世纪初,具体来说就是

1807 年，就是黑格尔发表《精神现象学》的那一年，文特尔在 1807 年由
他的学生在一本书里面把这个观点介绍出来，有掺合作用这么一种作用，
既不是化合作用也不是混合作用；但是这个时候，黑格尔《精神现象学》
刚刚出版，也许还没有搞清楚里面到底有什么区分，他就把它等同于化
合作用了。我参考了在《自然哲学》的相应的部分，《自然哲学》是 1817
年就是十年以后，作了一个区分，在《自然哲学》的第 327 节，也就是《哲
学百科全书》的第 327 节里面，[①] 它把这样一种掺合作用排除掉了，排除
在化合作用之外，而且明确地指出来掺合作用和化合作用的很大的区别
就在于，在掺合作用里面一种东西，它本身是保持不变的，它不是说完全
具有了相反的含义，而是它完全保持不变；只有在化合作用里面，它才完
全具有了相反的含义。所以这个地方，十年以后，对照黑格尔的《自然哲
学》里面跟这里讲的是不太一样的。掺合作用这个概念，Synsomatien，
这个词后来被抛弃了，不用了。在《自然哲学》里面黑格尔也有个注，这
个词在那个第三版里面已经去掉了，没有这个词了。所以它是一个很不
成熟的当时的物理学概念。不过在《自然哲学》里面这个词没有翻译为
掺合作用，梁志学先生的翻译是"物合"，Syn 就是"合"了，Somatien 就
是"物"，就是事物，这是个希腊文。总而言之，在这里，我们可以把掺合
作用理解为化合作用，虽然是黑格尔的误解，但意思仍然是，酸和碱在化
合作用里面，双方都具有了对方的含义，具有了相反的含义。

——试验的结果就以这种方式把特定事物的属性的那些环节或激活
作用扬弃了，并使宾词从它们的主词那里解放出来。[②]

这里也有个词，激活作用，Begeistung，这个词现在已经不用了，词

① 参看黑格尔：《自然哲学》，梁志学等译，第 326—327 页，这里也举了阿基米德的那
个例子。
② 以上黑格尔利用了文特尔对酸和碱的概念规定，参看 J.J.Winterl：《对无机自然四种
成分的描述》，耶拿，1804 年，第 22 页以下；激发物体的酸碱原则被看作物性的，
参见第 46 页注释 16；在物质基质及其激发作用之间不存在直接的吸引力，参见第
241 页；掺合作用的概念，参见第 33—34 页。——丛书版编者

典上现在也查不到，只有 Begeisterung，这两个词很相近。在黑格尔的时代，大概它就相当于后面这个词，就是激励或者鼓舞，Geist 就是精神，意思就是使它精神化，使它精神起来。在《自然哲学》里面梁志学他们把它翻译成"激活""激活作用"，在这个贺、王译本里面吞掉了，没有翻出来。英译本里面翻译成 inner signification 内在的意义，或者内在的含义，这个是不对的。它就是激活，就是激发、鼓动。因为酸和碱，或者正电和负电这样一些概念在物体里面，在具体的酸性物质或碱性物质，带正电的物质或带负电的物质里面，它就是起一种激活的作用。"试验的结果就以这种方式把特定事物的属性的那些环节或激活作用扬弃了"，这个酸和碱，或者正电和负电，在很长一段时间都被当作一种属性，当作事物的属性，具有正电性质的玻璃和具有负电性质的树脂，正电和负电被当作玻璃和树脂的一种属性。酸和碱也被当作一些特定事物的属性。那么这种属性在物质里面它是起一种内在的激发作用的，有这种属性，所以它就带有刺激性。酸和碱就具有一种很强烈的反应，它们都可以腐蚀人的皮肤，正电和负电碰到一起就会发生电火花，噼里啪啦响，这是一种激发作用。那么这样一种激发作用的属性、这些环节都被扬弃掉了，现在我们不再这样看了。当我们提升到超感官世界以后，我们就不再这样来看待这样一些事物，酸和碱，正电和负电，它们不是某个特定事物的属性，而不过是各个事物之间的关系，每个事物都可以带上它们，但也可以失去它们。"并使宾词从它们的主词那里解放出来"，它们是宾词，但已经不是属性的宾词。原来说玻璃是带正电的，这个带正电的就成了玻璃的一种属性，一种宾词，那么现在正电就从玻璃那里摆脱出来、解放出来了，宾词从它们的主词那里解放出来了，宾词成为主词，正电和负电独立地成为主词，当然是在更高的层次上面，它不是作为具体的和玻璃并列的一个物质，一个物体，而是作为更高层次上的一种概念，成了一种概念上的主词。宾词变成了主词，这个说法是黑格尔经常用的，宾词和主词的一种互相颠倒，宾词变成了主词，主词变成了宾词，这个是辩证逻辑的说法,在《逻辑学》里面我们可以找到不少这样的说法。就是说辩证逻辑不能从形式逻辑去理解,好像判断就是把宾词和主词用一个联系词把它连接起来,在辩证逻辑里面,宾词和主词都是可以互相颠倒的,宾词就是主词,这个"是"是动态的是,不是说是就是定了,而是"是起来"。有点像海德格尔讲的"存在起来",主词"作为"宾词存在起来,那么这个过程的主词其实是宾词,主词是作为宾词才存在起来的,那么宾词其实才是主词,这就颠倒过来了。所以宾词和主词在辩证逻辑里面有一种互相颠倒的关系,但是要形成这个颠倒首先要把宾词从主词那里解放出来,使宾词自身成为主词。

<u>这些宾词如同它们在真理中所是的那样,都只是作为普遍的东西而被发现的;由于它们这种独立性之故,它们于是就获得了**物质**的称号,这些物质既不是物体,也不是属性,人们的确都避免把氧气这类东西,以及正电负电、热等等称之为物体。</u>①

"这些宾词",像正电和负电,酸和碱,"如同它们在真理中所是的那样",就是这些宾词如果你把它们放在真理中来看待,放在概念的超感官世界中来看它们的本质,"都只是作为普遍的东西而被发现的"。你会发现正电和负电,与树脂和玻璃这些特定的事物没有关系,虽然它是在这些具体的东西上表现出来的,但它本身是作为普遍的东西被发现的。"由于它们这种独立性之故,它们于是就获得了**物质**的称号,这些物质既不是物体,也不是属性",由于它们这种独立性之故,它们本来作为宾词是没有独立性的,是附属于主词的;但是现在它们从主词中解放出来了,它们就具有独立性了,正电和负电,酸和碱这样一些东西都具有了独立性。由于这种独立性之故,它们于是就获得了物质的称号,Materien 这样一个称号,物质的称号比物体的称号、比属性的称号要更高,更抽象,更带

---

① 关于当时人们对于"物质"这个概念的使用方式,参看 F.A.C.Gren 的论述,黑格尔的藏书中有他的《自然学说概论》第四版修订本,哈勒 1801 年出版。——丛书版编者

普遍性,更带概括性。这些物质,既不是物体,也不是属性。"人们的确都避免把氧气这类东西,以及正电负电、热等等称之为物体",在现实中人们的确都是这样看的,认为这些物质既不是物体也不是属性,所以都避免这样称呼它们。当然物体的概念是以物质为前提的,我们前面讲了,这些实验的目的不是为了感性的归纳,而是要发现规律的纯粹条件,那么规律最纯粹的条件就是物质,正电和负电,酸和碱都是物质,你都可以把它们归到物质之下,但是它们不是物体。物体都是物质,但是物质不一定都是物体,也不是属性,酸和碱、电都不是属性,它们是物质,它们是独立的物质,它们具有独立性。所以物质概念要比物体属性这些概念高一个层次,物体、属性还局限于感性的事物,你讲到物体的属性它肯定是一个感性的现象,它具有广延,具有它占据的空间,然后它具有各种各样的性质,有量和质,从量上我们确定它的物体,从性质上我们确定它的属性。但是像电和酸碱这样一些东西,它们既不是物体也不是属性,我们只能说它们是物质。物质概念是一个非常广的概念了,物体只包含机械运动,机械运动是考察物体的,属性可以用来考察光、色彩、各种作用,但是物质的概念它的包含面更广,它可以包含电、磁、热、化学作用,甚至于有机体、生物,这都是物质,生命你不能说它是物体,生物的功能你也不能说它是属性,但它们是物质。获得了物质的概念,那我们就站到了更高的层次,我们可以用来把握化学反应,包括电磁作用,热力学,乃至于我们将来可以把握有机体,在物质概念这个基础之上我们可以把握有机体。而在物体和属性这个基础之上我们不能把握有机体,我们甚至不能把握酸碱、电磁、热,那么我们就必须提高到一个更高的纯粹条件,那就是物质概念。这些物质既不是物体也不是属性,人们的确都避免把氧气这类东西,以及正电负电、热等等称之为物体,通常人们都是这样做的,人们不自觉地觉得,你把它叫作物体好像不合适吧。热也是这样,热质,当时有"热质说",有"电质说",当时流行的,把电看作一种物质,把热看作一种物质,但是人们都不把它看作物体。氧也不称之为物体,人们都把它称之为物质，因为它没有固定的形体。一般讲的物体，固体液体，当然还有气体，氧气我们当然可以把它称之为气体，但是通常我们不习惯把它称之为物体。这个通常是人们的一种理性的本能，他们就把它称之为物质，但是不称之为物体。但是，是不是黑格尔就赞成把电、热等等称之为物质呢？也不一定。黑格尔在《自然哲学》里对电质这样一种说法，还有热质这样一种说法都提出了不同的意见，他不赞成把热、电这些称之为一种具体的物质，他还是从他的概念的层次上面，认为这些东西应该比物质要更高。那么在这里他讲的是一般的见解，就是人们的确都避免把这些称之为物体，这里头体现出理性的本能的一种倾向，就是说还要寻求更高的一种把握，这不一定代表黑格尔的观点。黑格尔在写《精神现象学》的时候正是化学刚刚形成的那个阶段，有很多很多的不同观点，电化学，酸碱，化合中和反应等等这些理论都在层次不同地冒出来，黑格尔当时是参加了思辨物理学协会的一个成员，曾经跟那些科学家泡在一起讨论这些问题。他从他的哲学的角度，不同意这个，不同意那个，他有他自己的观点。当然自然科学家也不赞成他的观点，而且到后来越来越鄙视黑格尔，认为他在自然科学里面完全是在胡说八道，我们不必在意这一点。他的观点我们也不必完全相信，我们主要的是要搞清他当时的意思，那么我们就要对照当时的科学发展水平，有些东西今天已经找不到资料了，但是在很多注释、注解里面有，我们可以看这个《自然哲学》，黑格尔的《自然哲学》里面有很多注释，对当时的背景都做了一些介绍。黑格尔有他天才的地方，有些东西至今还有它的意义，但是也有大量的胡说，我们只要搞清他当时的意思所在就够了。

[（3）物质作为概念方式的存在]

这是第三个小标题，这个小标题拉松版编者原来标为"物质"（Materie)，其实我觉得还是不太能表现出他思维的内在逻辑，我把它改为"物质作为概念方式的存在"。第一个小标题是规律及其概念，第二个小标题是试验，第三个小标题就应该是概念方式的存在，根据他的内容应该是这样来标。概念方式的存在，就像是酸和碱，正电和负电这样一些东西，化学反应里面的这样一些物质，它们是以一种概念的方式而存在的。我们前面讲到存在、本质、概念，概念和存在以一种什么方式在规律上面统一起来？这就是物质，物质应该是一种概念方式的存在。我们来看正文。

与之相反，**物质**不是一种**存在着的物**，而是作为**共相**的存在，或以概念方式的存在。

"与之相反"，就是与上面讲的相反，上面讲的什么呢？上面讲的就是物体和属性，物质不是物体也不是属性，与之相反，也就是与物体相反，"物质"打了着重号，"**物质**不是一种**存在着的物**"，不是事物 Dinge，"而是作为**共相**的存在，或以概念方式的存在"，"共相"打了着重号。就是存在着的事物都是一个一个具体的，但是物质是作为共相的存在，什么东西都是物质，包括电、热、酸碱，它们不是物体，不是事物，但是它们是物质。但是这种物质是作为共相而存在的，它还是存在，这个没问题，但存在不一定是以一种事物的方式、或者以一种物体的方式存在，而是作为共相的存在。"或以概念方式的存在"，以一种概念方式而存在，概念和存在这两个极端就被拉到一起了，在物质的现象里面，在酸碱和热等等这样一些现象里面被结合在一起了。所以它们是作为共相的存在，既是共相又是存在，既是概念又是存在。是存在它肯定就还是具体的，还是在自然界的东西，但是它是以概念的方式在自然界存在的。可见黑格尔的"物质"不同于通常理解的物质，它要更抽象得多，因此我不同意单独将"物质"作为这部分的小标题，以免引起误解。

还是本能的那个理性，它作出这样一种正确的区别时，没有意识到由于它在一切感性存在上试验规律，它由此所扬弃的正好是规律的感性存在，并且由于它把规律的环节作为**物质**来统握，这些环节的本质性对它已经成为了共相，而且以这种表达方式被表述为一种非感性的感性东西，一种无形体的却毕竟是对象性的存在了。

"还是本能的那个理性"，就是人们通常不把酸碱电磁热等称之为物体，这还是依靠着本能的理性，还没有上升到更高阶段上来，这个理性还仅仅是本能的。所以"它做出这样一种正确的区别时"，也就是它本能地、不自觉地作出了这一正确的区别，即物质和物体是不同的。人们已经做了这个区别了，人们把它们称为物质，但是不把它们称之为物体，而是看作一种无形体的物质，热质说、电质说都是把热和电称之为没有形体没有重量的物质。他们不说物体，因为一说物体就有形体有重量了，但是它们没有形体没有重量，一个东西你把它放冷了，它重量并不改变，但是它的热失掉了，那么热是什么呢？热就被理解为一种没有重量没有体积的物质，人可以用热的物质或"热质"来解释。当然黑格尔并不同意这种解释，但是这是理性的本能所作出的区别，他认为这个区别是正确的，就是说物质和物体是不一样的。只不过本能的理性在做这样一个正确的区别时是不自觉的，人们"没有意识到由于它在一切感性存在上试验规律，它由此所扬弃的正好是规律的感性存在"。他们没有意识到什么呢？没有意识到由于它在一切感性存在上试验规律，不仅仅在玻璃树脂等上，而且扩大到一切感性对象上，所以它由此就扬弃了规律的感性存在。它在一切感性存在上面试验，左试右试，这个那个，看一看究竟怎么样，试出规律来了，这个规律肯定就是和一切所试的感性存在不同的东西。但是人们没有意识到这一点，没有意识到这些物质现象是超感性存在的，他们还把它当作一种感性的存在。他们把热当作是一种没有重量的物质，把电也当作是一种没有重量、没有体积的物质，但是没有意识到它在规律中已经扬弃了里面的感性存在，上升到概念了。"并且由于它把规律的环节作为**物质**来统握，这些环节的本质性对它已经成为了共相"，这也是他们没有意识到的。由于它把规律的环节作为物质来把握，比如说酸和碱，正电和负电，这样一些环节，它把它理解为物质；那么既然你把它理解为物质，这些环节的本质性对它已经成为了共相了，但是理性的本能还没有意识到这一点，没有意识到这个物质已经是在共相层次上来讲的了，必须上升一个层次，上升到共相的层次上来谈。物质本身就是一个共相的层次，但是他们仍然把它当作是一种感性的东西来理解。"而且以这种表达方式，被表述为一种非感性的感性东西，一种无形体的却毕竟是对象性的存在了"，一种非感性的感性东西，一种无形体的却必定是对象性的存在，这是一种自相矛盾的表达，而他们却没有意识到自己的自相矛盾性。没有重量、没有体积的物质，在通常的理解中，这本身是一个自相矛盾的说法，因为人们把物质仍然理解为感性的东西，只是它是非感性的，这么明显的矛盾他们却没有意识到。要消除这样一种明显的矛盾，就必须要从共相的方面来理解物质，它不是什么非感性的感性东西，而是非感性的共相、概念。这就把对物质的理解提升到了概念方式的存在，虽然本能的理性并没有意识到这一点，但它的那些自相矛盾的命题逼迫它向更高层次提升，必然向更高层次过渡，也就是超出理性的本能，向概念飞跃。

　　现在可以看出，对理性本能而言，其结果采取了怎样的转向，以及它的观察因此而出场的是什么样的新形态。

　　"现在可以看出，对理性本能而言，其结果采取了怎样的转向"，前面谈的都是理性的本能，它根据自己的本能来观察，但是它的结果不自觉地采取了一种转向，这个转向后面讲到，实际上是转向理性内部，回转到它自身，是在一个更高层次上、就是在一个超感官世界的层次上转向它自身。理性的本能已经不知不觉地转向了知性的阶段，这一点我们已经可以从上面讲的看出某种苗头了。当然知性在某种意义上仍然还局限于理性的本能，用知性来看待理性仍然免不了要堕入经验主义，所以黑格尔《小逻辑》谈思想对客观性的第二种态度时把康德的批判哲学和经验主义归为一类。但知性毕竟是在向理性过渡，与经验主义的那种本能还是有区别的。"以及它的观察因此而出现了什么样的新形态"，它的观察，当然还是观察的理性，但是现在提高到一个共相的超感官世界的形态。

这样一种新形态是怎么样的，由前面讲的也可以看出某种迹象了。

[171]

我们视为这样一种试验的意识之真理的，就是那从感性存在中摆脱出来的纯粹规律；我们把规律视为**概念**，这概念现成地在感性存在中，却又在其中独立地无拘无束地运动，它是沉浸于感性存在之中而又不受其约束的**单纯**概念。

"我们视为"，这个"我们"就是我们这些旁观者了，我们看这个观察的理性经过了怎么样的一种历程，产生出来什么样的一种结果，我们现在看到了理性本能的结果产生了一个转向，并且出现了一种新的形态。"我们视为这样一种试验的意识之真理的，就是那从感性存在中摆脱出来的纯粹规律"，前一个小标题就是"试验"，意识想要试验一下，那么在这样一个试验中，它的意识之真理是什么呢？通过试验我们得出了什么样的真理，得出了什么样的结论呢？就是那从感性存在中摆脱出来的纯粹规律。规律最开始是不纯粹的，它淹没在感性的存在之中，现在我们要把那些感性的存在清除掉，把它纯化出来，那么经过种种试验的历程，这种试验的意识之真理，就是要从感性存在中摆脱出来，成为一种纯粹规律，成为纯粹的条件，也就是要上升到超感官世界。"我们把规律视为**概念**"，概念打了着重号，"这概念现成地在感性存在中，却又在其中独立地无拘无束地运动"。我们把规律视为概念，当我们把规律提升到超越一切感性存在之上的超感官世界的时候，这种规律我们就把它称之为概念了。一个什么样的概念呢，这概念现成地在感性存在中，这概念是现成的，在感性存在之中已经体现出来了，不要你到什么别的地方去搜寻，就在感性存在之中你就可以看到这概念现成地存在着，处于其中，却又在其中独立地无拘无束地运动。概念在感性存在之中独立地运动，它自己有一种运动，这种反应来自于它们的内部。我们刚才讲了酸就是对碱的渴求，碱就是对酸的渴求，所以它们要把自己的这样一种渴求、这样一种潜力发挥出来，靠自己内在的这样一种渴求而运动。"它是沉浸于感性存在之中而又不受其约束的**单纯**概念"，单纯打了着重号，突出它是从感性中纯化出来的。这样一种概念实际上已经和有机体和生命相关联了，如果把这样一种内在的渴求把它发挥出来，把这样一种独立性发挥出来，那就已经进入到生命的阶段，进入到有机体的阶段了。化学作用是向有机体的一种过渡，在化学作用中我们已经看出了有机体的某些潜在的原则。当然化学作用不等于有机体，化学作用一次性的，完了就完了，中和了就中和了，渴望就已经满足了；而有机体就在于能够把这样一种反应延续下去，当作一种共相，把共相当作一种共相延续下去，把概念当作概念延续下去，那就进入到有机体了。这个是为向下面的有机体过渡做准备的，就是概念以概念的方式存在，实际上就是向有机体的过渡。这概念现成地在感性存在之中，却又在其中独立地无拘无束地运动，这就已经是对有机体的一种描述了，有机体就是在感性存在之中，但是又在其中无拘无束地运动，有机体就是这样的。当然，在化学运动里面它还没有成为原则，它还是一次性的，它的概念还只是显露出来，但是还受到感性存在的束缚。这种规律，如果你把它视为一种概念，视为沉浸于感性存在之中又不受其约束的那种概念，那就是有机体。

　　这个在真理中是**结果**和**本质**的东西，现在本身对这个意识出场了，但却是作为**对象**而出场的，就是说由于这对象恰好对意识来说不是**结果**，并且与先行的运动没有联系，所以它是作为一种**特殊种类**的对象而出场的，而意识对这种特殊种类的对象的关系，也就作为另外一种观察出现了。 {145}

　　这就是有机体了。他说"这个在真理中是**结果**和**本质**的东西，现在本身对这个意识出场了"，在真理中，也就是前面讲的，我们视为这个试验的意识之真理的就是纯粹规律，它被看作试验的结果和本质，它表现为试验的结果。这一段的前面第一句就讲了，"现在可以看出，对理性本能而言，其结果采取了怎样的转向。"其结果是向超感官世界的飞跃，结果从感性的东西转向了共相，物质作为一种抽象的共相，现在成为我们试验的结果，我们的试验无非就是要得到这样一个结果，就是找到电和磁,酸和碱,热等等所有这些东西的那种纯粹的条件,纯粹的共相或概念,结果我们找到了,它就是物质的概念。而这个概念现在本身对这个意识出场了,这样一种在真理中表现为结果和本质的东西,现在本身出现在意识面前,被意识注意到了。就是意识现在要考察的,不是在这个试验中得出什么结果,不是最后形成的物质结果,酸和碱,电和磁,这样一些现象,现在我们要考察的是这个结果的概念本身,它现在自己出现在意识面前了。就是说它作为概念在试验过程里面起到什么样的作用,这个现在不去管它了,意识现在把单纯的概念作为共相来加以对待,来加以考察。但这个单纯的概念"却是作为**对象**而出场的",现在意识不再考虑概念在这个运动中的关系,而是单独把它作为对象来考察,把它当作事情本身来考察。所以讲,"由于这对象恰好对意识来说不是**结果**,并且与先行的运动没有联系,所以它是作为一种**特殊种类**的对象而出场的",这个在真理中是结果和本质的东西现在自己出现在意识面前了,但却是作为对象而出场的,这个对象不是感性对象,而是特殊种类的对象。就是说由于这对象恰好对意识来说不是作为化学试验的结果,它与先行的运动没有联系,所以它这个对象非常特殊,我要把它本身当作对象;它当然也有它的结果,有它的化学结果、有它的电磁结果,但是它本身是什么呢? 它恰好不是结果。你把这个概念投入到一个连续的过程,不是在这个结果里面就终结了,那么这样一种化学反应就是有机体。有机体是一个连续的过程,或者说有机体是一个连续的化学过程,而化学过程是一个中断了的有机过程。我们说化学过程是一次性的,化合过程反应完了,生成了盐就出来结果了,它就是酸和碱的中和,我们把握到了这样一个共相,就完了,我们就在结果里面把握到它了。但是对于有机体来说我们不满足于它的结果,它最后生成什么,它每天都在生成,又在反应,又在新陈代谢,在各种化学过程中保持它的同一,化学过程一个一个过去了,但是它始终是它,它始终还是一个对象。这个对象不是结果,如果是结果它就是一次性的了,像化学反应一样一次性地完了,它就静止了,就不再运动了。但它不是结果，并且与先行的运动没有联系，它是独立的，而不是由先行的运动造成的。有机体不是由先行的运动造成的，而是在先行的运动中保持它的独立性，在各种运动中，在各种化学反应中它都保持它的独立性。所以它是作为一种特殊种类的对象而出场的，"而意识对这种特种对象的关系，也就作为另外一种观察出现了"，另外一种观察也就是对有机体的观察。所以这个特殊种类的对象就是有机体，跟其他任何物理化学的对象都不同。这个跟前面讲到的知性的超感官世界的最后的结果可以联系起来，也就是经过"无限性"，我们就进入到了自我意识，而自我意识首先就是欲望，就是有机体。在观察的理性的这个阶段，又重复了我们前面在知性向自我意识过渡的阶段所经历过的那些环节，只不过在这里比较浓缩一点，跳跃性比较大一点。在前面是一路分析过来的，我们在第二个超感官世界、第二种规律那里已经看到了，超感官世界它通向了无限性；无限性就是说这样一种超感官世界的规律，如果是无限地延续下来，不是在某一个结果里面终结，不是断断续续的，而是一种无限的延续，那么它就进入到了自我意识，进入到了生命。进入到生命其实也就是进入到自我意识了，它以生命的方式表现出来，从这个感性存在的方面，我们可以把它理解为生命，从概念方面则可以把它理解为自我意识。总而言之是形成了一种新的特殊种类的对象，那就是有机体。而意识对这种特种对象的关系就作为另外一种观察而出现了，这是我们下面要讲到的，"对有机物的观察"，这是第二个标题。第一个标题是对无机物的观察，当然前面已经提到了有机物、动物植物，但是主要讲的是无机物，那么下面我们要讲的就是对有机物、对生命的观察。

[II. 对有机物的观察]

[1. 一般规定]

"对有机物的观察"这个标题下面还有一个小标题，"一般规定"，就是对有机物的一般规定，规定什么是有机物。

这样一种对象，当它自身具有在概念的**单纯性**中的过程时，它就是**有机物**。

这几乎可以看作是对有机物的一个定义了，当然它不是定义，黑格尔那里没有定义，这只是黑格尔对它的一种规定，一种最基本、最一般的规定。什么是有机物？有机物是这样一种对象，"当它自身具有在概念的**单纯性**中的过程时，它就是**有机物**"。有机物和无机物的区分也就在这里，就是有机物在它自身具有在概念的单纯性中的过程，而无机物没有，无机物虽然有概念，但它不是单纯的，而且它并不在自身包含这一过程，而是被这过程解构了。有机物本身具有的是通过纯粹的概念而形成的过程，一种对象如果有这样一种过程，那么它就是有机物。就是说当概念已经摆脱了外在的感性存在，以概念的单纯性这种方式所进行的过程就是有机物。所有的有机物都是这样的，概念的单纯性摆脱了所有的感性存在，但又是一个过程。这个过程可以看作是概念的过程，概念本身的过程。后面黑格尔还讲到过，实际上这样一种概念的单纯性的过程就是目的性的过程。这个在康德那里也已经讲过了，就是合目的性不是按照规律而运动，而是按照规律的表象而运动，那就是有机体。按照规律的表象，就是说它不是按照普遍的自然规律，你拨一下它动一下，而是说在这个运动还没有开始的时候，它先在内部有一个表象，康德说是表象，黑格尔说其实就是概念的单纯性，按照概念的单纯性来运动的过程，那就相当于康德讲的按照规律的表象来运作，这个规律的表象也就是目的。在有机体中任何一部分的运作都是合目的的，都是一个合目的的过程，都是合乎表象的过程；那么在黑格尔这里，任何一部分的过程都是合乎概念的单纯性的，它不是由外部所决定的，而是由自己产生出来的，由内部的概念的单纯性所决定的，这样一个过程。当然黑格尔的概念并不等于康德的表象，它的内涵要丰富得多，而且它不是静止不动的，而是能动性；但是有这个意思，就是说，凡是有机体，它里面有一个概念，每个有机体都是受它自己的概念所支配的，这个概念就被每个有机体当作它的目的。凡是有机体它都是合目的性的，一举一动，每一部分的结构构造，它的功能，它都是合乎它的概念的。这个概念就是它的目的，那么它的运动就是这样一个合乎概念的过程。这是对有机体的最一般规定。

有机物是这样一种绝对的流动性，在其中，借以使它仅仅**为他者**而存在的那种规定性就消融掉了。

"有机物是这样一种绝对的流动性"，有机物，它既然是有生命的，所以它是绝对的流动性，我们通常讲的新陈代谢，那是不能够中断的，它是绝对的生命之流，新陈代谢中断它就死了，它只要活着，它就是一种绝对的流动性。它的血液、它的呼吸、它的新陈代谢都在不断地流动着，有机物可以说是这样一种绝对流动的东西。"在其中，借以使它仅仅**为他者**而存在的那种规定性就消融掉了"，在这种流动性中，它用来仅仅为他者而存在、即仅仅为了外在的某个事物而存在的那种规定性，就消融掉了。它的任何一部分、任何一个行为都是为了它自己，而不是为他者。而像在化学反应里面，酸就是为了和碱结合起来形成另外一种东西，它不是为了自己；有机体当然也会形成另外一些东西，但是所有这些归根结底都是为了自己，不是为了他者。有机体就有这种特点，你把它任何一部分拿来看，你都不能把他看作是完全外在的东西，或者仅仅是跟其他的东西相互作用的产物，而必须归结到这个有机体的整体目的，它是为自己的。当然也会为外在的东西，它的分泌物，它的举动，它的功能，跟外界要打交道嘛，也要支配外物、影响外物，但是它不是为了外物，它是为了自己。

如果说无机物以这种规定性为自己的本质，因而只与一个另外的事物一起才构成概念诸环节的完整性，所以它一进入运动就丧失掉了，那么相反，在有机的本质中，一切使有机物向他者敞开的规定性全都在有机的单纯统一性之下结合起来了；

这里是跟无机物相对比。"如果说无机物以这种规定性为自己的本质"，这种规定性就是刚才讲的，"仅仅为他者而存在的那种规定性"，这个是无机物的规定性，它在有机物里面是消融掉了。那么无机物则是以这种规定性为自己的本质，那会怎么样呢？"因而只与一个另外的事物一起才构成概念诸环节的完整性"，无机物就是这样的。它的那些规定性作为它自己的本质，比如说酸和碱，这当然是无机物的本质了，这个无机物它的本质实际上是酸，那么酸只与一个另外的事物一起才构成概念诸环节的一个完整性，就是它只有和碱一起才构成它的概念的完整性。什么是酸，你单独拿一个酸来，你可以看出来酸的本质就是渴望碱，渴望它的对立面，它就是时刻刻地伺机，一逮到机会，它就会和碱化合到一起，所以它到处都显出腐蚀作用。它有这样一种渴望，只有把这种渴望考虑在酸的概念里面，这个概念才能完整，如果你把碱的概念完全撇开，不考虑碱单考虑酸，那这个概念就不完整了。所以在无机物里面，它是为他者而存在的，虽然它本身是酸，但是它是为碱而存在的。"所以它一进入运动就丧失掉了"，酸和碱一旦化合，就没酸了，当然也没有碱了，它们就形成了另一个东西，即盐。所以酸和碱在盐里面都失去了，都没有了，这是无机物的情况。正电和负电也是这样，可以以此类推。"那么相反，在有机的本质中，一切使有机物向他者敞开的规定性全都在有机的单纯统一性之下结合起来了"，有机物里面当然也有向他物、向他者的敞开，它要吸收外界的事物，阳光、雨露、土壤、水分，各样的酸、碱，它都要吸收，它都要敞开，它都要进行化学反应。在有机体里面，每一瞬间时时刻刻都在进行着化学反应，都在同外界打交道，都和环境处在化学性的关系之中，所以有机体是向他者敞开的。但是每一个有机体向他者敞开的规定性，全都是在有机的单纯的统一性之下结合起来的，都结合在有机体的概念之中。它们都是为我所用的，它不会停止，不会作为一个结果、生成一个结果就终结了，这只是整个运动过程中的一个阶段一个环节，它马上就向下一阶段过渡。而总的全部的过程都统一在有机的单纯性中，统一在有机物的单纯概念之中。

而凡是会与他者发生自由的联系的规定性，就不是作为本质的规定性出场；所以有机物是在与他者的联系本身中维持自身的。

"凡是会与他者发生自由的联系的规定性"，与他者发生自由的联系，这个自由的，是相对于有机物而言的，就是脱离有机物而自由，脱离有机物而自由是什么呢？比如说，那就是癌症，癌症就是脱离有机物而自由地发展。当然不一定是癌症，而是有机物中不占主导地位的倾向。凡是这样的规定性，在有机物中"就不是作为本质的规定性出场"，有机物当然要与他者发生联系，但这种联系是为有机物的本质服务的，它自身并不是本质规定，所以它不能与他者发生自由的联系，不能自行其是，否则就是癌和疾病了。你不听从有机体的统一的调遣，不听从命令了，那就是有病了。但有机物又不能完全脱离与他者的联系，否则也是死路一条。"所以有机物是在与他者的联系本身中维持自身的"，有机物要和外界打交道，要跟他者发生联系，但是在这种联系中它一直维持着自身，这是最重要的。它之所以和他者发生联系。就是为了保持自身，这才是有机物。

*　　　　*　　　　*

好，我们再接着看对有机物的观察。上次我们讲到对有机物的观察，它的"一般规定"，这是概括的说法，或者说一种抽象的概念规定，它落实在最后这句话，就是"所以有机物是在与他者的联系本身中维持自身的"。这句话是这一小段的归结点。就是说从对有机物的观察的一般规定最后推出来的这个命题，可以说是有机物的本质，或者也可以说是有机物的定义。什么是有机物？有机物就是在与他者的联系中维持自身的东西。无机物在与他者的联系中不能保持自身的，它一跟他者相联系它自身就失去了，就会并入到他物之中或者跟他物结合起来成为另外一种东西。而有机物在把他物并入自身的时候，它仍然保持它自己，并且只有不断地和他物结合，它才能保住自己。这就是有机物跟无机物的不同之处，这是对有机物的一般规定。一般规定下面又分三个环节，我们今天来看第一个环节。第一个小标题：

[（1）有机物与自然的元素]

这个元素 Elemente，我们把它翻译成"元素"。自然的元素在黑格尔那里有一种非常朴素的理解。当时的化学刚刚发展起来，还没有进入正轨，很多东西还处于萌芽中。所以像氧、氢这些东西都是刚刚被人们所知道的。而黑格尔从自然哲学的立场出发，回归到古希腊的四大元素的观点，就是水、火、土、气。这是古代的智慧，把整个自然界归结为四大元素，四个 Elemente。那么黑格尔呢，企图把这四大元素结合近代科学的新发现中，贯彻下来，他认为这四大元素的确可以从哲学上概括整个自然界的各种各样的元素，可以用来把它们归类。甚至于包括氮、氢、氧、碳这样一些元素，他也试图把它们归到这里面去。而有机物它的这个一般规定，我们首先就要看它跟其他的事物、跟自然界的其他元素之间是一种什么样的关系。因为有机物是从自然界里面产生出来的，如何产生出来？就是在跟其他元素的关系中产生出来的。那么我们首先来考察一下这样一种关系。

由这一规定得出，理性本能在这里进行观察的**规律**有**这些方面**，首先就是**有机**自然和与之互相联系着的**无机**自然。

"由这一规定得出"，由哪一规定得出啊？就是上面最后讲的那句归总的话，即"有机物是在与他者的联系本身中维持自身的"。这就是对有机物的本质的一个规定。那么由这样一个规定得出来，"理性本能在这里进行的观察**规律**有**这些方面**"，也就是说有机物放到理性的本能面前来进行观察，有些规律是理性的本能要把握的。那么这个规律有如下的方面，"首先就是**有机**自然和与之互相联系着的**无机**自然"。也就是说，理性的本能所要进行的观察的规律，这种规律也就是有机物的规律，有机物的规律首先有这样一个方面，就是有机自然和无机自然的联系。有机自然的规律就是它和无机自然的联系的规律，就是有机物和无机物相互转化、相互冲突又相互统一的关系。这种联系就是观察的理性在这里所要观察的规律，这是它的一个方面。当然你要把它理解为两个方面也可以，有机自然和无机自然这两个方面，也可以。但是更准确的理解，我认为应该是它们构成一个方面，就是有机自然和与之互相联系的无机自然，首先是这么一个方面，是看这两者之间的联系是一种什么规定，这是我们观察的理性首先要考察的一个方面。而这仍然是理性的本能所观察到的，尽管有机物这个对象已经不是理性的本能所能把握的了，但对有机物的外部关系它还在进行观察。

无机自然对有机自然而言，正与它的**单纯概念**相反，是那些**松散的**规定性的自由，在这些松散的规定性中，个体自然既被**消溶**，**同时**又从其连续性中分离出来而**自为**存在。

什么关系呢？是这样的关系，就是"无机自然对有机自然而言，正与它的**单纯概念**相反"，正与有机自然的单纯概念相反，"是那些**松散的规定的自由**"，无机自然是那些松散的规定的自由，这是和有机物相反的。无机物它们是非组织的，而所谓有机物，按照字面来翻译，就是组织起来的东西，organisieren 的意思本来就是组织，有机物就是有组织的东西。那么与之相反的就是无机自然，是没有组织的东西，是散漫的、松散的规定性的自由。有机物的单纯概念那是要统一的，有机物它就是一，它不能够分散，它要分散它就死亡了，它就解体了。有机物是自组织的，自己组织自己，是有组织的和自组织的。既然有组织和自组织，那么它就是组织在一个单纯概念之中，组织在一之中。所以有机体是一个单纯概念，它死去以后它就分解了，它就不再是单纯的了，就成了多了，就分别与其他东西合到一起去了。而无机自然是那些松散的规定的自由，这个自由在这里指的是一般意义上的，不是指的人的自由意志，而是指自由散漫，自行其是，它不受你有机体的束缚而自行其是，没有什么东西来约束它。前面讲知觉章时也曾提到过"自由散漫的物质"［见贺、王译本第81

页]，也是这个意思。"在这些松散的规定性中，个体自然既被**消溶，同时
又从其连续性中分离出来而自为存在**"，个体自然也就是有机体了，有机
体是一个个体，有机体不是松散的，松散的就构不成个体了，构不成有机
体了。那么在这些松散的规定性中，有机体一方面是被消溶，在松散的
规定性中，你如果要有一个有机体的话，它就要被消溶，因为周围都是松
散的，都在拉你，都在冲击你，都在解构你。如果你不是一个生命，如果
不是有强大的生命力把自己控制住、维持住的话，那你就会被周围的环
境、那些元素解构掉。所以个体自然既被消溶，但另一方面，它同时又从
其连续性中分离出来，而自为地存在。个体自然随时随地受到这样一种
冲击，受到这样一种解构，所以它是时时刻刻在被消溶着，但同时又从其
连续性中分离出来，抗拒这种消溶。无机自然因为它是松散的，所以它
有连续性，凡是个体的东西，凡是要跟它隔断联系的东西，它都要把它解
构，要把它变成连续的、均匀的，把它消溶在自己的连续性中。但是个体
自然不愿意，它不能够把自己消溶在这种连续性中，有机体跟无机物是
有截然的区别的，有截然的分界线。有机体它首先有个膜，把自己跟外
界隔绝开来，它有一个内部。哪怕是最简单的细胞，它也有细胞膜，如果
它连这个膜都没有，那它就散失在周围的环境中了，它就流失了，它的细
胞质、细胞核就保持不住了。它首先要用一个膜把自己包裹起来，分立
出来，跟外界切断联系，连续性到我这里不连续了，到我这里有个分界了。
所以它是自为的存在，它自己就是自为的，内部它有它自己的一种活动，
它自行其是。这个相当于前面讲的，有机物是在与他者的联系本身中保
持自身的，怎么保持自身？就必须要把自己与外界分离开，要切断连续
性才能保持自身。保持自身那就是自为存在了，自己保持自己，自己在
自己内部有一种内在的连续性，在它的这个膜的范围之内，它连续，它生
长，但是跟外在的连续性是不一样的，它是自为的，外在的那些连续性是
自在的。

空气、水、土、地区和气候，都是这样一些普遍的元素，这些元素构

成着诸个体性的不确定的单纯本质，而这些个体性又同时在其中反思自身。

"空气、水、土、地区和气候"，这些都可以看作是无机自然，其中的空气、水、土，也就是气、水、土，我们刚才讲了水火土气四大元素，这个火在这里暂时没讲，黑格尔把它单独提出去了，火在后面还有它的用处，它是一种能动的元素。那么空气、水、土当然都是被动的元素，这四大元素里面，气水土是属于一类的，属于被动的，属于无机自然。再加上地区和气候，地理条件，气候条件，"都是这样一些普遍的元素"。气水土，这个"土"也可以翻译成"地"，或者"地球"。既然是地，既然在地球上，那么它就有地区和气候了，所以，地区和气候应该是属于气水土，属于前面三者的，它根本说来，就是三者，就是气水土。在无机自然里面，这样一些元素是普遍的，古希腊四大元素，这个里面讲了三个元素，每个元素都是普遍元素，都是无处不在的。"这些元素构成着诸个体性的不确定的单纯本质"，这些元素对个体性、对有机体来说，构成了它的不确定的单纯本质，就是说有机体的单纯本质应该说就是这些东西，就是水土气，包括地区和气候，无机自然构成有机自然的单纯本质，但是这种单纯本质是不确定的。它当然是由这些东西构成的，我们都承认有机体实际上你把它还原来看，它无非就是无机物，有机体是这样一些元素构成的，但是，它是不确定的。它是单纯本质，因为你把它还原为这样一些很单纯的东西了，你把人的血和肉还原成水和空气和土了，土就包括一切其他的元素了，你把它还原成这样一些东西，它就成了单纯的本质了；但是，这里头到底有几分水几分空气几分土，跟这个地区和气候的关系怎么样，这都是不确定的，是不能按照这些元素的确定的规律来规定的。如果你要就个体的有机性本身来看的话，那么你不能把它还原为这样一些东西，一旦你把它还原为这样一些单纯本质，它就成了不确定的了。你要确定地把握有机体，必须提升自己的层次，不能在这样一些自然元素的层次上来谈。生物学里面有还原论和非还原论的斗争，能不能把有机的东西还原为无机的东西？我们承认有机的东西无非就是这些无机的东西组成的，我们今天的基因理论好像有还原论会取胜的迹象，但是生物学还是寸步不让。尽管基因理论可以细到分子结构，指出来生物体里面某一种特征是由于基因上面的哪一个环节所导致的，细到这样一种程度，但是你仍然无法真正完全地还原成机械论。生物学跟机械力学、物理学、化学是完全不同层次、不同等级的科学，你不能用这种单纯机械的关系确定地来解释生物体。所以他讲，"而个体性又同时在其中反思自身"，这就把前面的那个还原论的观点消解了。前面讲这些元素构成着诸个体性的单纯本质，虽然是不确定的，但它毕竟构成了单纯本质，这是还原论的；但个体性又同时在这些元素中反思自身，这就打破还原论了。反思到自身，这个自身就是个体性的总体，不能解构不能分解的，它是个系统。今天讲系统论，有机体是一个系统，它体现为"系统质"，系统有它系统质，有机体的质是一种系统质，它不是能够还原为它的每一个环节的，因为总体大于部分之总和。拆散开来就不是有机体了，离开这个系统它就不是有机体了，有机体就解体了，只有在系统中，各个元素才能构成有机体，只有成为系统的各个环节才能构成有机体。个体性在这个单纯本质里面没有确定性，那在什么地方有确定性呢？在它自身，它要反过来反思自身，它不能陷在那些单纯本质、那些元素里面，它必须从里面跳出来，反思到个体性的整体，它才有确定性。康德在第三批判里面把有机体的目的论的这样一种观点归结为"反思性的判断力"，所谓反思性的判断力就是你不能够把它还原为那种机械关系，你要从那些机械关系里面跳出来，反思到它的整体，反思到所有这些机械关系所构成的那个整体性原则。当然这种整体性原则在康德看来是人给它的，所以反思在他那里就是反思到人自己的一种眼光，我们把这些本质上是机械的关系用人的眼光去看它，我们就可以看出里面有一种目的性，有一种有机关系，这是康德的反思。康德的反思是主观的，就是用人的眼光去看。但是黑格尔的反思变成客观的了，客观事物本身就有自身反思，就有自身反映，反思也可以翻译成反映，反映出来。这些具体的东西、这些个别的环节都是机械的，但是它们的自身反映却是有机的、有生命的；这种生命你要是从个别的具体的机械环节来看是没办法理解的，你只有通过反思的方式进入到个体性自身内部才能够理解，因为客观的有机体本身它具有一种自我反思。有机体的活动是通过有机体的个体性反思自身而造成的，它受这种反思的支配。那些机械的过程在无机物中是没什么东西支配它的，它是自由散漫的，碰到什么就是什么；但是在有机体里面有一种反思性的支配，这种反思自身支配了它的这个过程，使这种机械的过程变成了一种有组织的过程。机械过程本身是没有组织的，但是个体性的反思使它成为了有组织的，这是种客观现象，而不是由于人类的眼光而导致的。好像是一种虚假的假象，好像客观事物本身还是机械的，但是我们人可以把它"看作"是有机的，这是康德的观点。黑格尔的反思是客观的，所以有机体在这里它本身有双重性，一方面它离不开无机自然的这些元素，包括它们的机械关系，它基于这些机械关系之上。医生看病当然不能用机械的观点看待人体，但是他要给你开刀，他还得遵守机械的规律，哪怕是在原子、分子的水平上，还是要遵循一些机械的规律，所以有机体有机械性的一方面，不能完全否定这一方面。以前中医的毛病就在于它往往完全忽视了机械性的这一面，那么西医，它往往忽视了有机性的另一方面。双方其实都有它们的道理，中医西医都有它们的道理，因为有机体本身就有双重性。一方面它的确是可以机械操作的，它是自然物，既然它是自然物它就是由自然元素构成的，这个毫无疑问；但是这种构成的方式它又不一样，它又是超越于这些自然元素之上的一种反思的方式。

　　无论是个体性，还是构成元素的东西，都不是绝对自在自为的，相反，它们在与观察相对立地出场的那种独立自由中同时又处于**本质上相联系**的状态；但却是这样一种联系，以至于占统治地位的是双方的相互独立性和互不相干性，这种情况只是部分地过渡到抽象。

[172]

　　"无论是个体性，还是构成元素的东西"，这是有机体的两方面，一方面有机体是个体性，另一方面又可以还原为构成自然元素的东西，就是那种机械的东西，那些水、气、土、地区和气候那些东西。这两方面"都不是绝对自在自为的"，都不是自在自为的，都不是可以单独地割裂开来作为一个存在来考察的。个体性离开构成它的那些元素能够自在自为地加以解释吗？你能够单独地独立存在吗？可以离开你这个无机自然的基础吗？显然不行。那么无机自然的那些元素离开了个体性，也不能自在自为地存在，如果它们自在自为地存在，那就成了无机物了，那就不是有机自然里面的成分了。所以双方都不是绝对自在自为的，"相反，它们在与观察相对立地出场的那种独立自由中"，"它们"也就是个体性和自然的元素，双方与观察相对立地出场，在观察的理性面前显示出各自的独立自由，相互不受约束。个体性不受它的那些自然元素的束缚，按照自然规律它早就应该解体了，但是它没有；而那些自然元素，也有一种要逃离个体性之外的趋向，如果没有个体性的约束，它们早就逃出去了，一个生物死了以后它体内的那些东西就纷纷逃离，就趋于腐败。个体性要约束它们，它们要反抗这种约束，生物体就是在这种矛盾中存在的，双方都有一种独立自由的倾向。那么它们在与观察相对立地出场的那种独立自由中，"同时又处于**本质上相联系**的状态"，这就是刚才讲的，一方面，双方要相互独立，个体性和它底下的那些元素双方要相互独立，但是同时本质上又是相联系的，个体性、系统，或者说系统质，跟它里面的那些具体的元素的质，本质上又是相联系的，谁也离不开谁。在有机体里面，个体性离不开那些单纯的元素，那些单纯的元素也离不开个体性，这就是有机体的本质。只有通过这样一种联系，你才能够确定地来观察或者解释有机体，如果不从这种联系来看，那么个体性底下的那些元素虽然构成着个体性本质，但是这种本质是不确定的，它就不是有机体的本质了，既然不能够靠它来确定，那么有机体怎么能以它为本质呢？但它们确实是本质，因为有机体就是靠它们构成的，没别的东西，从它们的单纯本质来说，它们就是这些东西。但是从更高的本质来说，你不能用这些东西来解释有机体,有机体的本质是在个体性和这些单纯本质的相互联系中才能解释的,这种本质就比那种单纯本质要更高了,它是一种联系的本质。什么联系? 就是个体性和那些元素相互之间的联系,这种联系可以看作是系统,我们今天用系统论来解释就比较清楚。系统不是虚的东西,我们通常认为具体的元素、原子分子才是实的东西,而系统好像是虚的,它凌驾于原子分子之上,它只不过是原子分子的一种聚合方式而已,它不能够归结为一个东西。但是这是一种机械论的思维方式,系统论的思维方式则是把质扩展为系统质,原子分子当然是质,系统也是质,信息也是质,这些东西你不能忽视的,一个事物的存在方式就是这个事物的系统质。当然黑格尔那个时候还没有系统论,但后来的人像贝塔朗菲讲系统论,就常常联系到黑格尔。那么这种本质上相联系的状态是什么样的呢? "但却是这样一种联系,以至于占统治地位的是双方的相互独立性和互不相干性,这种情况只是部分地过渡到抽象"。个体性和它的诸元素之间是这样一种联系,其中双方又相互独立和互不相干,或者说在这种联系中又不相联系,又相互独立,互不相干,这种倾向是占统治地位的。就是说它们当然有联系,但是它也有相互的独立,甚至于相互的冲突,这种相互独立相互冲突是占统治地位的。就是说在有机体里面,这种互不相干性,这种要脱离的倾向是占主导地位的,而这种联系的倾向反而是附属的。一切有机体的活动都是由这样一种内部的不相干、内部的冲突、内部的矛盾所导致的,但是,由于有这种相互联系约束着,所以它还能够维持一个有机体,但里面的能动性,里面的冲突矛盾,互相离异的倾向、互相独立的倾向是占统治地位的,是本质中的本质。他说"这种情况只是部分地过渡到抽象",这种情况,也就是说占统治地位的情况,它是很具体的,比如说在生物体的新陈代谢里面,非常具体。你要吸收外来的东西,但是你又要排泄,你要排泄你的废物,在这样一种流程中你要维持你的内部的畅通,这是很具体的,可以说有一大部分它是很具体的;但是它有一部分过渡到了抽象,就是说上升到了一个更高的层次。我们可以把新陈代谢、把生物体的这样一种物质交换过程理解得很具体，这一部分器官出了问题，就是缺少某种元素，那就补充这种元素就是了；那一部分器官病变了，那么我们把它切除就是了，就解决了，这是一种很具体的理解；它们不能够完全过渡到抽象，完全过渡到抽象它就离开它的基地了，离开它的元素了。所以它还必须有一部分体现在具体的自然元素里面的，这一部分你可以做机械的比较。但是它还有一部分过渡到了抽象，过渡到抽象这一部分你就不能做机械的比较了，你就必须要提高你的层次来加以把握了。机械的理解只是对有机体理解的一个方面，或者一个部分，你真正要对有机体做一种全面的把握、本质的把握，你还必须部分地从抽象的立场来看它，那就是从系统质的立场来看它。系统之所以是系统，它就必须包含有矛盾冲突，包含对立面，一个没有包含对立面的系统，那就不是系统，那就是死的，那就是实心的。一块石头，一块硬邦邦的东西，那怎么会是生命呢？系统之所以是系统，就是因为它里面是活的，它里面是空灵的，它里面是包含有矛盾冲突、包含有对立，包含有互不买账互不相干的东西，但是又是系统。这种理解是从抽象的层面来理解的，但是这种情况只是部分地过渡到了抽象，全部过渡到抽象就是物活论了，就离开它的基本元素了。

所以，在这里规律作为某个元素与有机物之组成的联系是现成在手的，有机物有时将元素的存在与自己对立起来，有时又将它呈现在自己的有机反思里。

这是解释前面一句话的，为什么说只是部分地过渡到了抽象呢？肯定还有一部分没有过渡到抽象。"所以，在这里规律作为某个元素与有机物之组成的联系是现成在手的"，就是说，有机物的规律作为一种联系，什么联系呢？就是个体性和组成它的那些元素之间的联系，即作为某个元素与有机物之组成的联系，这是很具体的，不是抽象的，而是现成在手的。作为某个元素与有机物之组成的联系，就是元素与有机物之组成相互之间的联系，有机物的组成，或者有机物的形成，Bildung，我们前面翻译成"教养"，在这里不能翻译成"教养"，这里是很具体的，就是构成、形成，也有组织的意思，我们把它翻译成"组成"。有机物是自组织的嘛，有机物它的字面意思就是"组织物"，是自行组织起来的。与有机物之组成的联系，这元素就是组成有机物的，是这样一种联系，它是现成在手的。为什么是现成在手的呢？当然有机物离不开它的元素，这些元素就是组成有机物的基本的东西，是构成有机物的基础，那这种联系当然是现成在手的，你要讲有机物是什么东西，它就是这些元素，就是一大堆原子分子嘛。人也是原子分子构成的，张三是一堆原子分子，李四也是一堆原子分子，就这么简单。你说我就是一堆原子分子，你把我看得太低级了吧，把我看成无机物了，但是你还不能反驳他。人确实还就是一堆原子分子，这种联系是现成在手的，如果静止地看，有机物也好人也好都是由这些元素所组成的。"有机物有时将元素的存在与自己对立起来，有时又将它呈现在自己的有机反思里"，这就有些不同了，有机物虽然是由这些元素组成的，但是，有时候它又把这些元素的存在与自己对立起来，它又不是这些东西，它跟这些组成的元素相互的关系是一种对立的关系。你要把一个有机物看作就是一堆原子分子，那就是把它看死了，没有任何一个有机体会把自己归结为一堆原子分子，因为它还有系统质。刚才讲了，它作为一个个体性，它有它的系统，这个系统跟它的各个组成元素是对立的，它不是完全认同的，完全认同它就跟无机物没有区别了。它的原子分子跟它外面那些原子分子有什么区别？有什么界限？但是有机物它有界限，它要用一张膜把自己跟外界的那些元素分隔开来。这些内部的元素为什么要跟外界的元素分隔开来呢？就是要使它们受到一种控制，这种控制是有机物的个体性所造成的，它要把这些元素当作自己的对立面去加以控制，你们不许逃离，你们至少要在我的身体里面停留一段时间，纳入我所安排的程序。所以它跟这些组成的元素是对立的，有时候与它们对立起来，新陈代谢嘛，新陈代谢都要经过一段时间，利用完了以后又把它们排除掉。"有时又将它呈现在自己的有机反思里"，有时候对立起来，有时候通过有机反思它又跟它和解，虽然跟它对立，但是它又是有机体自身。就是说这些原子分子它们表现出一个系统，表现出一种个体性，在这个时候它们跟有机体不是相互对立的，而是相互反思、相互反映的，我在我的肉体上、我在我的原子分子上看到了我自己，我就是这样构成起来的。所以它们是自己的一种反思，在反思里面我们可以接受它，但是不是直接的接受，而是在反思中接受，也就是把它联系到我们的个体性上面来加以接受。如果没有个体性、没有反思，那它就是无机物了，那它就是尸体，那它就马上分解了，跟其他的自然界的元素打成一片了。但是一旦个体性把它们凝聚起来，那就可以在它身上反思到个体性，个体性无非就是这样一堆原子分子构成的，没有别的东西。我们可以把这样一个过程看作是有机体的新陈代谢的过程，有时候跟自己对立起来，控制它；有时候，又把它看作就是它自身，我是自己控制自己，我无非就是它，无非是它所组成的。这就需要反思到个体性，这种反思是一种有机的反思。这就是前面讲的，"这种情况只是部分地过渡到抽象"，它的含义就在这里。有些东西它没有抽象，它还是自然的元素，作为这个具体的存在，一种感性的存在，被吸收进来，又排泄掉了；但是，有一部分过渡到了抽象，过渡到抽象的这一部分对于没有过渡到抽象的那一部分具有一种支配作用。有机体就是这样一个双重的结构，有两个方面，一方面是抽象的方面，就是个体性这一方面，个体性作为一种抽象的控制对于那些具体的自然元素发生一种主动的联系，它是一种能动的联系，而那些被动的元素，它们在这种个体性的反思里面构成了个体性的基础，它们是现成在手的，没有它们你就不能存在，只有当这一堆原子分子、这样一堆元素现成在手了，有机体才有了基础。

但是这样一些**规律**，比如说空中的动物都具有鸟的性状，水里的动物都具有鱼的性状，北方的动物都有厚厚的毛皮等等，马上就显示出一种贫乏性，这种贫乏性与有机物的多样性是不相符合的。

"但是这样一些**规律**",这里提出了一种新的规律。前面讲的是有机体的规律,个体性和它的那些元素之间的对立又统一的规律,那是有机体的内部规律。而这里讲的是有机体和外部环境的规律。"如空中的动物都具有鸟的性状,水里的动物都具有鱼的性状,北方的动物都有厚厚的毛皮等等",这都是一些外部表面现象的规律,它们"马上就显示出一种贫乏性,这种贫乏性与有机物的多样性是不相符合的"。这些规律是我们经常看到的,空中的动物都具有鸟的性状,比如说它有翅膀,会飞,它的骨头是中空的,等等,这样一些性状;水里的动物都有鱼的性状,水里的动物有鳞,有尾巴,有鳃,等等;北方的动物都有厚厚的毛皮,北半球是这样的,越靠近赤道,它的毛就越少,这也是一些规律。这样一些规律具有一种贫乏性,与有机物的多样性是不相符合的。这样一些规律太表面了,虽然我们把它们应用在生物界,但是它们实际上是一些机械的规律,或者说它们只能够从机械的方面来加以解释。比如说空中的动物都具有鸟的性状,哪些性状呢?骨头中空,这能够使身体变得更轻巧,重量更轻,更便于在空中飞行,因为需要克服的地球吸引力比较少,这是一种机械的解释。水里的动物具有鱼的性状,鱼具有流线型的身体,为了减少水的阻力;鳃的呼吸,它必须过滤海水里面的氧气。北方的动物有厚厚的毛皮,是为了保暖,温血动物都必须要保暖,等等。显然这些都是非常贫乏的解释,用机械的方式来解释生物,解释生物的规律。这些当然也可以说是一种规律,但是是一种非常贫乏的规律,这种贫乏性与有机物的多样性是不相符合的,有机物太丰富了,远远不是这样一些机械的规律能够概括起来的。

　　且不说有机物的自由又懂得使自己的形式避开这些规定,并且必然会到处对这些规律或规则——正如人们宁可这样叫它的——呈现出例外的情况,即使是对那些隶属于这些规律之下的动物来说,这也停留在一种如此肤浅的规定,以至于就连规律的必然性这一说法也不能不是肤浅的,超不出有**很大影响**这种说法;况且,人们并不知道哪些真正属于这些 {146}

影响，而哪些<u>不</u>属于它们。①

　　为什么这样一种贫乏的规律性与有机物的多样性不相称呢？下面就解释了，"且不说有机物的自由又懂得使自己的形式避开这些规定，并且必然会到处对这些规律或规则——正如人们宁可这样叫它的——呈现出例外的情况"。为什么是不相符合的，有一个原因是，因为有机物的自由又会使自己的形式避开这些规定，并且必然会到处对这些规律或规则呈现出例外。这些例外显然是不符合那些规律的，所以那些规律其实是些规则，规则可以有例外，规律不能有例外，规则更加带有临时性，它不是像自然规律、自然法则那样的永恒不变，那么我们宁可叫它规则。这种例外在当时已经有很多例子了。空中的动物像蝙蝠，蝙蝠它就不是鸟，但它飞翔在空中。水里的动物像海豚、鲸鱼，这都是哺乳动物，并没有鳞和鳃，但它们生活在水里。所以这样一些规律都具有一种贫乏性，不能概括一切情况，因为有机物的自由又会使自己的形式避开这些规定。有机物有它的自由，它的不受约束、没有定规，它的这种个体性、个别性、偶然性，又会使自己的形式避开这些规定，使自己成为例外。在有机体这样一个领域里面，这样一些规则严格说来不能叫作规律，规律必须要反映本质性，它不是本质规律。这是一种情况，显然是不符合规律的。除了这样一种情况以外，那么还有一种更带有本质性的或者说更深刻的理由，能够证明上述那些规律跟有机物的多样性是不符合的，一种什么理由呢？"即使对那些隶属于这些规律之下的动物来说，这也停留在一种如此肤浅的规定，以至于就连规律的必然性这一说法也不能不是肤浅的，超不出有**很大影响**这种说法"，这个理由就更加深一层次了。前面就是说你那种概括不完全，你那只是概括了一部分的情况，有些情况是例外，从范围上来说漏掉了一些情况，这个是不符合有机体的多样性

① 以上鸟和鱼与空气和水、动物的皮毛与地域方位的联系，黑格尔引证的是 G. R. 特雷维拉努的《为自然学家和医生所写的生物学或生命自然的哲学》，第 2 卷，哥廷根 1803 年，第 168 页。——丛书版编者

的,这个是从量上面来说的。那么除了这个以外,还有一种理由,就是从性质上来看,或者说从本质上来看,即使对那些隶属于这些规律之下的动物来说,即算你说得对,有这样一些情况,比如说水里面的动物具有鱼的性状,天上的动物具有鸟的性状,等等,即算是这样,对这些动物们来说,这也是一种非常肤浅的规定,并不能把握本质。"以至于就连规律的必然性这一说法也不能不是肤浅的",也就是说,即算是这些动物们服从这些规律,你要说这样一些规律具有必然性,这种说法也只能是肤浅的。其实它们超不出"具有很大的影响"这种说法,你所说的那种必然性其实不过是有很大的影响力,或者说通常来说空中的动物都具有鸟的性状,水里的动物都具有鱼的性状,北方的动物都有厚厚的毛皮,这种情况具有很大的影响,但是你要说这种情况具有必然性,那就是一种肤浅的说法,这不能够说成是一种必然性。"况且,人们并不知道哪些真正属于这些影响,而哪些不属于它们",这是第三个理由,就是说,在现实中你也很难断言,哪些是真正属于这种影响的,你说有很大的影响,那么哪些是属于这种影响的,而哪些不受这个影响,这也很难判定。这个界限是很模糊的,具有很大的影响这种说法是一种非常模糊的说法,它不能承担起具有必然性这样一种说法。必然性就必须要无一例外,并且体现出本质,出自于本质才具有必然性。如果仅仅是偶然的,它碰到了这种环境,它就成为这样了,那个不能说是必然性,只能说经常是这样的,有很大的可能性,有很大的影响力。这是从三个层次上对这样一类规律作为有机体的规律进行了反驳,有机体它的规律不能够用一种外在的机械的原因来解释,天上怎么样,水里怎么样,北方怎么样,南方怎么样,这样一些解释都是一种机械的原因,外在的规律。当然它们有作用,有影响力,我们可以解释一些事情,但是不能解释所有的事情,更不能解释本质性的必然性。

所以,有机物对构成元素的东西的这类联系,实际上不能称为**规律**;因为一方面如所提到的,这样一种联系按其内容根本没有穷尽有机物的

范围，另一方面，甚至连这种联系本身的诸环节相互都仍然是漠不相干的，且并不表达任何必然性。

这是对上面这种反驳的一个总结。"所以，有机物对构成元素的东西的这类联系，实际上不能称为**规律**"，为什么不能称之为规律？"因为一方面，如所提到的，这样一种联系按其内容根本没有穷尽有机物的范围"，就是前面提到的，这样一种联系是很贫乏的，它没有包括许许多多的例外，不具有概括性，在量上与有机体的多样性是不相符合的。按其内容，按它所提到的这个动物、那个动物，这一种，那一种，是不是包含所有的种呢？根本就没有，还有大量的、其他的动物在这个范围之外，没有涉及，没有穷尽有机物的所有的范围。有机物五花八门，你若用这样几条规律就把它们概括进来，那是太不自量力了。这是一个方面，从范围上面、从量上面，我们不能够把它称之为规律。"另一方面，甚至这种联系本身的诸环节相互都仍然是漠不相干的，且并不表达任何必然性"，前面是从量的方面，后面是从质的方面。甚至这种联系本身的诸环节相互都仍然是漠不相干的，比如说，天空的动物都具有鸟的性状，那么天空和鸟有什么关系呢？天空和鸟这两个环节，相互都仍然是莫不相干的。水和鱼，其实也是互不相干的，从天空和水是推不出鸟和鱼来的，所以它们并不表达任何必然性，这只有一种偶然性，事实大都是这样的。当然有它的物理的因果关系，但这个因果关系会有例外的，会借助于另外的一种物理的因果关系超出你的这种规定。

在酸的概念里包含有碱的概念，正如在正电概念里包含有负电概念一样；但厚毛皮与北方，鱼的构造与水，鸟的构造与天空，这些不论怎样碰到一起，北方的概念里并不包含有厚毛皮的概念，海水概念里并不包含有鱼的构造概念，空气概念里也并不包含有鸟的构造概念。

前面是举了些对照的例子，例如，"在酸的概念里包含有碱的概念，正如在正电的概念里包含有负电的概念一样"。你要表示必然性，我们这里有个例子，就是酸的概念里就包含有碱的概念，我们前面讲了，什么是酸的概念？酸的概念就是渴望着碱，碱的概念就是渴望着酸。酸的概念，它是在概念里面就要跟碱合为一体。所以酸的概念里面就包含有碱的概念，它指向着碱，这里面有必然性，虽然现在还没有变成现实性，但是它是必然要变成现实性的。所以酸和碱这两种概念之间，它们的联系是一种必然联系，它不像天空和鸟，天空不一定要有鸟，鸟也不一定要有天空，不一定。鸟也有在地上生活的鸟，有不飞到天上去的鸟，像鸵鸟就是在地上生活的，它不一定要在空中生活。同样，在正电概念里含有负电的概念，它们互相之间有一种必然包含关系。如果把它们划到逻辑层次上说，它们就是属于本质论的，而天空和鸟的关系，水和鱼的关系，这个要划的话，只能够划到存在论，它们是存在论层次上面的关系。而酸和碱、正电和负电它们属于本质论的关系。与之相对照，"但厚毛皮与北方，鱼的构造与水，鸟的构造与天空，这些不论怎样**碰到一起**"，这些东西是碰到一起的，是外在偶然的联系。鱼的构造是这样的，它跟水的关系是偶然碰到一起的关系，它不是一定要结合对方的。所以他讲，"北方的概念里并不包含有厚毛皮的概念，海水概念里并不包含有鱼的构造概念，空气概念里也并不包含有鸟的构造概念"。所以两个对应的概念相互之间是一种完全不相干的关系，完全是偶然地碰到一起的关系。没有鸟的时候也有天空，有空气，没有厚毛皮，南北还是有的，没有鱼，也有海水，这些都是完全可以分隔开看待的。但是如果没有碱的话，就没有酸了，碱是和酸相对而言才成立的；没有正电也就没有负电，正电负电都是相对而言的，是不可分割的。本质论层次的那些概念都是不可分割的，每一个都要靠另一个、靠它的对方才得到理解，而存在论的那些概念可以孤立地、单独地去理解，它不需要靠它的对方。

<u>由于双方的这种相对自由的缘故，所以也**有**陆上的动物拥有鸟的或鱼的本质特性，等等。</u>

此刻就点出来了，"由于双方这种相互自由的缘故"，双方，比如说空气和鸟，海水和鱼，它们构成双方，但是双方相互之间各自都是自由的，

鸟和空气,鱼和海水,它们相互都是自由的,当然事实上它们碰到一起了,事实上鱼离开海水通常就会死,但是海水没有鱼它还可以存在啊,所以它们是一种碰到一起的关系。正由于双方的这种相互自由的缘故,"所以也**有**陆上的动物拥有鸟的或鱼的本质","有"字打了着重号,说明是从存在论层次上看的。陆上动物有的具有鸟的特性,比如说蝙蝠,我们刚才讲了;也有的具有鱼的本质特性,比如说海豹、海象、鲸。这都是一些不能用上面那些规律来概括的例外。为什么会有这些例外? 就是因为它们的这样一些概念是相互自由的,不具有一种必然性的关系。

　　必然性既然不能被理解为本质的内在必然性,它也就不再具有感性的定在,不再能够在现实性上观察,相反,它**走出了**现实性。

　　"必然性既然不能被理解为本质的内在必然性",就是说如果你把上面那样一些关系看作是必然性的话,那么它就不能够被理解为本质的内在的必然性,作为本质的内在的必然性,它必须要像酸和碱,像正电和负电那样,在双方的概念中互相包含;而在这个地方呢,不能够做那样一种理解,还只是存在的层次,未达到本质的层次。那么既然不能做那么一种理解,"它也就不再具有感性的定在",也就是说必然性这个时候就不能够在感性的定在中体现出来了。你把水和鱼,或者把空气和鸟,把它们当作一种有联系的东西,那么这里面所反映出来的就不是必然性,必然性不能够在这样一种定在上面体现出来,在感性的定在上面直接地我们看不到必然性,你要从自然界的外在的规律上去发现有机体的那种必然性,就发现不了,它也就不再具有感性的定在,"不再能够在现实性上观察"。酸和碱是可以在现实性上来观察的,正电和负电是可以在现实性上来观察的,通过做实验能够观察到的,而在动物界,在生物界,它的必然性不再能够在现实性上面来观察,不再能够体现为现实性。"相反,它已**走出了**现实性",也就是说,必然性在有机体身上它走出了现实性,它必须要过渡到抽象。前面讲这种联系部分地过渡到了抽象,这一部分就很重要了,这种联系必须要从抽象的这一部分来加以理解,必须要走出现实性,必须要走出这种表面现象。我们看待有机体跟无机物的眼光应该有所不同,看待无机物你可以是单纯现实性的眼光,而看待有机体你必须有双重的眼光。这双重的眼光,一方面当然必须要立足于现实,这个有机体它也有它的表现,它也有它的特征,它有它的表面的一些所谓的规律;但是另一方面,你要走出现实性来对它加以把握,你要把握有机体的规律的话,你必须走出现实性,或者说必然性必须超越现实性,有机体的必然性是超越现实性的必然性。这一点跟无机物是不一样的。这也正是康德要从外面给自然物加上一个"反思性的判断力"才能谈论有机体的原因。

　　既然在实在的本质自身中找不到它,它就是那被称作目的论联系的东西,即一种作为**外在的**被联系者因而毋宁是与规律相反的东西的联系。①

　　"既然在实在的本质自身中找不到它",实在的本质,比如说感性事物的本质,我们在感性的定在的规律中去寻找有机物的必然性,但是,我们找不到这种必然性。既然在实在的本质自身中找不到这种必然性,"它就是那被称作目的论联系的东西"。"它",还是讲这种必然性了,必然性在有机体这里就是那被称作目的论联系的东西。在有机体身上如何去寻找必然性呢? 只有在有机体身上的目的论联系里面才能够找得到必然性。它的这个必然性是一种目的论联系,不是一般的无机物的那样一种联系,那样一种规律,从那种规律里面,你要用它来把握有机体的必然性,那是把握不到的,顶多把握到一些表面的规律。你要把握到必然性,必须上升到、提升到一种目的论的联系上来。目的论的,teleologisch,是希腊文,teleo 是希腊文的"目的"。那种联系是一种目的论的联系,在实在的本质自身中是找不到的,而必然性呢,就是那被称作目的论联系的

---

① 黑格尔在此引证的是康德对外在的相对合目的性的规定,它是通过对外在合目的性表象的批判的分析而阐发出来的,参看康德:《判断力批判》§.63.——丛书版编者

225

东西。什么是目的论联系？"即一种作为**外在的**被联系者因而毋宁是与规律相反的东西的联系"，即一种作为外在的被联系者的联系，因为是外在的，因而它是与规律相反的东西的联系。作为外在的被联系者，那就是目的了，目的在事物之外，我们说一个有机体，它的目的已经在有机体之外了，有机体以另外一个东西作为它的目的，作为它的目标，趋向于它，去捕捉它，去占有它，那个被占有、被捕捉、被趋向的东西肯定是在它之外的。而这个东西是与规律相反的东西，按照因果律来看它完全是偶然的、任意的，你要和它相联系，它是与规律相反的，或者说，它是不合规律的，它是不合因果性的。如果是合乎因果性的，那还要有机体去努力干什么呢？不费力就会到手了。如果一切都是因果链条，那就没有目的性了，一切都可以用因果性来加以解释了。目的性它是与规律相反的，它是要反对自然界的规律，对于自然因果律来说它不是必然的，而是偶然的。在当时的牛顿物理学占统治地位的这样一种世界观里面，目的论和机械论是完全相反的，完全不相容的，目的论被看作是违反规律的。恩格斯讲："目的论被赶出了自然界"，一切都可以用机械论来加以解释，有什么目的？自然界有目的吗？上帝的意图体现在什么地方？人的目的也只是主观的，客观上没有，客观上只有因果性，包括人的目的，有机体的目的，都可以还原成因果性。但目的性是与规律相反的，就是说，把一个外在的被联系者当作是有联系的。联系本来应该是一步步来的，应该都是连续的，你把一个外在的超越于你自身之外的东西当作一个被联系者，那岂不是违背规律吗？你还没有和它接触你就以它为目的了，你跳跃了，而自然界不做飞跃，在自然界里面一切都是连续的，这些连续性都是可以用规律、用因果律来加以解释的，一连串的因果链条，中间不允许有跳跃。所以你如果与一个外在的被联系者进行联系，那就是违背规律的，而目的论联系就是这样的联系，目的论联系就是把一个外在的、一个超距的、中间隔了一个空间的东西当作你的目的了，这毋宁是与规律相反的东西的联系。这样一种联系就是被称作"目的论联系"的东西。当

226

然这里讲的目的论还只是所谓外在的目的论，还没有涉及内在目的论。外在目的论和内在目的论的区别最初也是康德提出来的，康德认为外在目的论是以内在目的论为根据的，否则是站不住脚的。目的论在康德和黑格尔的时代，是违背当时的牛顿物理学而试图重新恢复目的论的地位的一种尝试。恩格斯在《自然辩证法》里面也讲道："目的论在康德和黑格尔那里得到了一种恢复"，是"对机械论的一种抗议"，把牛顿赶出自然界之外的"目的"又重新引进到了自然界里面。当然在康德那里还是一种羞羞答答的引进，他是当作一种反思性的判断力，而不是真正规定性的判断力，只是当作一种人类的主观的观点。而在黑格尔这里是当作一种客观的目的论联系。但是，即便在黑格尔这里，他也认为这种目的论的联系跟规律是相反的，规律是一种知性的规律，但是目的论你要把它作为规律的话，那么它就缺乏必然性，你要给它赋予必然性你就要提升你的层次。目的论当然也有必然性，这是黑格尔的一个重要的思想，就是万物其实都有目的性，从有机体上首先体现出来，在整个宇宙，自然界，都可以看出来有目的性，但这个目的性不是规律。所谓规律就是力学规律，我们在前面讲了力和知性，作用力和反作用力，力和力的表现，这个我们可以总结出规律，但是在生物界总结出的规律很难称之为规律，它没有必然性。你要把它叫作规律它就没有必然性，你要使它有必然性你就必须提升到目的论的联系。那么这样一种联系在黑格尔看来，它也是客观的，它不光是人类的一种主观的眼光，你必须提升层次，才能看出它是一种客观的具有必然性的联系。

　　这种联系就是那从必然的自然中完全解放出来的思想，这种思想离开了自然而在它上面自为地运动。　　　　　　　　　　　[173]

　　"这种联系就是那从必然的自然中完全解放出来的思想"，你要从必然的自然中，从具有规律的、具有因果必然性的自然中完全解放出来，完全跳出来成为一种思想（Gedanke），"这种思想离开了自然而在它上面自为地运动"。目的论的联系是一种思想，当然这种思想在黑格尔那里不是人的主观头脑里的思想，它是一种客观的思想。也就是说，有机体它的那种目的论联系实际上是一种思想性质的东西，超越自然之上的东西，这种思想离开了自然，在自然上面自为地运动。有机体是在自然上面来控制自然的，它作为一种思想来控制自然，当然这种思想还不自觉。我们通常不说有机体有思想，我们认为有机体还是冥顽不化的，没有自觉的，没有意识和自我意识的，到了人才有自我意识。当然人也是有机体了，但是通常的有机体，它的这种思想是还没有开窍的，但是它已经有，已经在起作用了。所以这种联系是一种从必然的自然中完全解放出来的思想，冲出了自然的规律性，冲出了自然的必然性，成为了一种超越自然的，或者说离开了自然界、在自然之上运动着的思想。而这种思想的运动有它的必然性，这种必然性就不是自然的必然性了，在自然中开始它体现为偶然性，有机体体现为偶然性。但是一旦它体现为必然性的时候，它就已经进入到更高的层次了，这个我们后面要讲到的。所以讲到目的性，它跟思想有关，但是这个思想是客观的思想，也是有关自然的思想，虽然它已经离开了自然，但是它还是在自然界上面体现出来。

[（2）理性本能所理解的目的概念]

这是第二个小标题。前面第一个小标题是："有机物与自然元素"，有机物与自然元素的关系。第二个小标题是：理性的本能所理解的目的概念。也就是说目的概念，但只是理性本能所理解的，也就是初级的目的概念。前一个小标题是有机物和自然元素，这是还停留在自然界，有机物与自然元素在自然界，在自然中，这样一个层次上面它发生的感性的现实的关系。但是通过对这种感性的现实的关系的分析和提升，我们现在上升到了目的概念。目的概念已经是思想了，我们讲有机体也有目的，就是讲有机体有一种客观的思想，比如说一只蝴蝶，它有它的目的，一只幼虫，它有它的目的，我们讲它有它的目的的时候，我们通常是把它拟人化了。其实蝴蝶也好，幼虫也好，它都是凭自然界的本能，哪有什么目的？它怎么会知道呢？但是我们要称它为自然目的，在黑格尔看来就是因为这个目的就是一种客观的思想，它不是我们头脑里意识到的有意识地主动的思想，不是人的清醒的思想，而是一种还没有自觉的客观思想。所以我们也用人的目的去解释动物，说它包含有目的概念。但是理性的本能在观察的理性中是怎么理解目的概念的，是这一个小标题的主题。理性的本能走出经验主义和机械论，在知性层次上提出了目的论，这是一个提升；但它仍然没有真正理解目的的概念，它对目的概念的理解仍然停留于外在的知性，而未达到内在的理性。目的概念还有不断的提升空间，从一种外在的目的然后变成内在目的，到整个自然的目的，最后进入到人的有意识的目的，由此进入实践的理性，这有一个过程。那么我先看它的初级阶段。

如果说前面触及到的有机物与自然元素的那种联系没有表达出有机物的本质的话，那么相反，这种本质已包含在**目的概念**里了。

"前面触及到的有机物与自然元素的那种联系没有表达出有机物的本质"，这个我们前面已经讲到了，有机物对自然元素，对水土气这样一些元素当然是有联系的，但是这种联系只是存在论层面的，没有表达出有机物的本质，空气和海水怎么能够表达出鸟和鱼的本质呢？相反，有机物的本质包含在目的概念里，目的概念本身就可以表达出有机物的本质。有机物的本质就是目的，但是目的是一种思想，目的是预先想到了一个东西，然后去做，通常理解的目的就是行动之前预先有一个表象，所以它是一种思想性的东西，它超越于自然之上，在自然之上运动。那么这样一种目的概念就包含了有机物的本质，有机物就是在自然元素之上运动，它不受自然元素的支配，反过来它要支配自然元素。这方面前面已经讲过了，但是理性本能没有从它里面寻求有机物的本质，而只看到那些外在的合目的性。

固然，对观察的意识来说，目的概念不是有机物自己的**本质**，而是落在有机物以外的，因而只是上述的那种外在的**目的论的**联系。①

"固然，对观察的意识来说，目的概念不是有机物自己的本质"，观察的意识在初级阶段没有看到目的概念才是有机物固有的本质，"本质"打了着重号，理性的本能无法把握本质的东西。"而是落在有机物以外的，因而只是上述的那种外在的**目的论的**联系"，目的概念不是有机物自己的本质，也就是说目的概念不在有机物自身里面，而是在它外面，照康德的说法，它属于观察的意识本身的一种"反思性的判断力"。最初观察的理性就是这样来看的，康德的目的概念不在有机物自身，不是有机物自己的本质，而是落在有机物以外，是我们人从外面加在自然事物身上的，因而只是上述的那种外在的目的论的联系。"目的论的"打了着重号，teleologisch，在希腊文里面就是"目的论的"，就是说这是人的一种看待事物的理论。自然事物本身是机械的，而人凭借这种目的论把目的强加于自然物上，这就只能够是一个外在的目的。即使康德提出的内在目的，也不是有机物真正内在固有的目的，还是人为加上去的外在目的。就是说，一个东西要体现出它的目的性，就体现为它对外在目的的追求，像动物的捕食，食草动物寻求草地，食肉动物寻求野牛群、斑马群，这些目的都在动物之外，动物去寻求它们，这就体现出目的性了。观察的意识首先是这样的，把目的概念不是看作有机物自己的本质，不是看作它自己的一种内在的结构，而是看作对一个外在的对象的追求，因而只是上述的那种外在目的论的联系。这是在理性本能阶段所能够理解的。

不过，正如前面对有机物所规定的那样，有机物实际上就是实在的目的自身；

这里语气一转，"不过，正如前面对有机物所规定的那样，有机物实际上就是实在的目的自身"。前面对有机物的规定是什么呢？就是我们

---

① 黑格尔在此暗示的是康德对有机物这种自然目的的理解，这种自然目的只能具有某种对于反思性判断力的调节性概念的含义。参看康德：《判断力批判》§.65.——丛书版编者

上一次课所讲到的最后一句话，我们翻到前面一页："所以，有机物是在与他者的联系本身中维持自身的"。与他者的联系，他者就是外在的东西，在与外在的东西的联系中保持自身，虽然它是追求一个外在的东西，但是它并没有把自身融化在外在的东西中，而是维持着自身的独立性。它不像酸和碱一样，酸是要追求碱的，但是一旦它和碱结合在一起，它就丧失自身了，它就不再是酸了，它就变成盐的一个成分了。有机体就不一样，有机体在追求外在的东西的时候它仍然保持自身，它把它的对象捕捉到，吃掉了，营养了它自身，它还是它，它没有变成别的东西。而且，如果它不捕捉外在的东西，它自己还保持不下去，它自己反而会变化，会饿死。酸如果不和碱化合，它还是酸，一直是酸，但是动物如果不吃东西它就不再是动物了，它就饿死了。动物一定要吃东西，一定要把外在的东西同化进来，它才是它，这跟无机物是相反的。有机物一旦没有外在的东西可以结合，它就保持不了自己，它就毁灭了。所以它的目的看起来是一个对象，但实际上它自身才是实在的目的，它以自身为目的，这就是内在目的。

　　因为它通过**保持自身**于对他者的联系中，它就正好是那样的一种自然本质，在其中自然把自己反思到概念中，并且它把从必然性中拆分出来的原因与结果、能动与受动这些环节都合而为一，以至于在这里出场的不只是某种作为必然性之**结果**的东西，而是相反，由于它返回到了自身，那最后的东西，或结果，同样也正是**最初的东西**，它就是开创这一运动的，它本身就是它所实现的**目的**。

　　有机物实际上就是实在的目的自身，或以自身为目的。为什么说它是以自身为目的呢？"因为它通过**保持自身**于对他者的联系中"，保持自身于对他者的联系中，这里是重复上面所讲的那样一条规定：有机物是在与他者的联系中保持自身的。"它就正好是那样的一种自然本质"，由于它保持自身于对他者的联系中，它就正好是那样一种自然本质。一种什么样的自然本质呢？"在其中自然把自己反思到概念中"，有机物

231

当然是自然物了，它有组成它的自然元素啊，但是这些自然的元素把自己反思到了概念中，或者把自己反映到概念中。在黑格尔那里，反思也是客观的，不是人才有反思，客观万物都有自身反思，都有自身反映，这是他和康德的反思判断力不同的地方。黑格尔认为反思性的判断力和规定性的判断力没有根本的区别，反思性的判断力本身就是规定性的，反思就是从那种具体的、感性的自然的元素里面提升到概念，反思到、或者反映出所有这些东西其实是概念，它们的本质其实是概念规定。看起来好像是些元素，空气、土、水，但是实际上它们的本质都是概念。所以你要通过这些元素把它反思到概念中，也就是把它们提升到概念规定的层次，"并且它把从必然性中拆分出来的原因与结果、能动与受动这些环节都合而为一"，有机体把从必然性中拆分出来的原因与结果、能动与受动合而为一，本来原因与结果分属于必然性的两端，这个必然导致那个，现在有机体把它们合并起来，原因就是结果，能动就是受动。这就是有机体特殊的必然性，它对于自然界的规律、自然界的必然性是一种违反、违背。在自然规律的必然性中，原因就是原因，结果就是结果，原因不可能同时是结果，不能倒因为果，自然界的因果链条是不能颠倒的。能动与受动也是不能颠倒的，比方说前面我们提到的力和力的表现，一种是引发的力，一种是被引发的力，引发的力和被引发的力，这个也是被拆分开来的。虽然牛顿讲到作用力等于反作用力，但是作用力不能混同于反作用力，它们只是在量上面相等，但是在概念上是绝对不能混淆的。当然它们之间也会有转化和颠倒，但那是它们所预料不到的。但这些环节在有机体里面当下都被综合为一了。"以至于在这里出现的不只是某种作为必然性之结果的东西，而是相反"，在有机体里面原因和结果、能动和受动等环节都总合为一了，都统一起来了，以至于在这里出现的不只是某种作为必然性之结果的东西。在这里出现的目的，不仅仅是结果，有机体的目的实现出来了，比如说，它要去捕食，它捕到了，捕到了就是它的一个结果，它的一个战利品。那么它是不是仅仅就是一个结果呢？不是的，相反，它恰好是原先预期的结果，所以它同时就是原因，是导致我们获得这个结果的原因。所以，"由于它返回到了自身，那最后的东西，或结果，同样也正是**最初的东西**"，最后的那个战利品、那个结果就是最初的，它就是实现了的目的，它就是最初的动机，目的作为动机它是最初的东西，它就是要去捕捉那个战利品。我们会指着这个战利品说，这就是导致这场围猎的原因。所以这个目的，既是最后的，又是最初的。从亚里士多德开始就把目的因和一般的原因区别开来，目的因跟一般的致动因有一个根本的不同，一般的致动因或者因果关系，它的作用方式就是因和果是相互外在的，因就是因，果就是果，一个原因推动另外一个东西造成结果，不能倒因为果。在机械的关系中，动力因是不能倒因为果的，这是很严格的。但是在目的论中，亚里士多德称之为目的因，那就完全不一样了，在目的性中因就是果，果就是因。所以目的论和机械论的一个根本的不同就在于：在目的论里面，因和果是同一个东西，而在机械论里面，因和果是截然分开的，不能够颠倒。所以，在目的论里面，最后的东西、结果同样就是最初的东西，果就是因，只不过因是没有实现的果，果是变成现实了的因。动机事先采取了一种目的表象的方式，后果则是现实的方式，但是它们的内容是一个。所以我们说一个人实现了他的目的，实现出来的和他最初所想的从内容上来说是同一个东西，如果不是同一个，那就还没有实现，或者只有部分实现。当然一个是以表象的方式，一个是以现实成果的方式。所以那最后的东西，或结果，同时也就是最初的东西，"它就是开创这一运动的，它本身就是它所实现的目的"，最后的结果其实是开创这一运动的起点。

有机物并不产生出某物，而**只是自我维持**，或者说，所产生出来的东西，正如它的被产生出来一样，也已经是现成在手的了。

"有机物并不产生出某物，而**只是自我维持**"，有机物，它的这个过程，当然它有结果，但结果就是原因啊，所以它只是自我维持，它产生出来的结果其实都是它的自我保持。"或者说，所产生出来的东西，正如它

的被产生出来一样,也已经是现成在手的了",它所产生出来的东西,其
实就是它已经现成在手的东西,这就是它的目的。它达到了自己的目的,
这个目的事先已经现成在手了,然后它达到了这个目的,实现了自己已
有的动机。比方说,它捕获到了它的食物,它达到了它的目的,它产生出
来了它的必需品,使自己维持了生命并且长得更加强壮了,它产生出来
的东西也就是它的被产生出来的东西。它增加了自己的体重,这也是它
产生出来的,它被它自己产生出来了。它产生出来就是它的被产生出来,
它要捕捉食物就是为了能够维持它的体重,维持它的生命,所以它的产
生就是它的被产生。产生和被产生同样都是现成在手的,动机和结果是
一个东西。那么以这样一种观点来看待这种外在的目的,外在的目的就
变成了内在的目的。所以这里表达的就是:如何把外在的目的论直接理
解为内在的目的论。外在的目的是表面的解释,把一个在我之外的对象
看作是我的目的去追求它,看作是我的本质去追求它,我的本质在我之
外;但是按照有机体的规定来说,在我之外的本质也在我之内,我去追求
一个在我之外的本质无非是要去完成我自己,要自我保持,无非是要维
护我的有机体的生命。所以我的有机体的生命,它的内部已经大大地扩
展了,它不仅仅像一般的无机物那样,限于自己那个狭小的内在的本质,
而是把自己的本质扩展到自己的对象上面,把自己的外在对象也看作终
归是要成为自己的本质的东西,把自己的本质看作是一个捕获外在对象、
将它据为己有的过程。这跟无机物的本质就不一样了,无机物的本质是
一个静止的概念,而有机体的本质是一个动态概念。无机物的本质也有
动态,但是一旦它动起来,它就丧失了自己的本质,酸和碱一旦结合,酸
就没有了,酸的本质就失掉了,它的本质一旦实现它就没有了,转化掉了;
而有机体不是这样的,有机体在动态中才能维持自己的本质。这样一种
在动态中维持自己的本质的理解、这样一种对目的论的理解就是内在的
目的论。内在目的论在古希腊已经有了,以一种朴素的方式。比如说,
亚里士多德讲:每个事物都追求自己的目的,这个目的就是它的形式,这

个形式要在一个过程中才能实现出来,在没有实现出来之前是潜在的,在实现出来以后才成为现实的。这就是一种内在目的论的观点。当然亚里士多德对目的论有双重的观点,一方面他把它看作是外在的目的论,以至于后来的人,像沃尔夫,就把它发展成一种外在目的论:一切东西都以别的东西为目的,猫创造出来就是为了吃老鼠,老鼠创造出来就是为了被猫吃,就是都实现为一种外在目的,但是没有内在目的。而在亚里士多德那里,他其实还是有内在目的论的,潜能和现实这样一种关系就是一种内在目的论。潜能就是动机,现实就是实现出来的动机,潜能就是潜在的形式,现实就是实现出来了的形式,就是目的。更早,在苏格拉底那里就有内在目的论的观点,就是万物都有它自己的目的,都是为了保持自己,完成自己,特别是有机体,它的每一部分都是为了全体服务的。他举牛为例,牛的角是为了自身安全,牛的尾巴是为了赶苍蝇,牛有强大的胃,为了消化草料,甚至于牛的眼睫毛都是有用的,挡灰。每一部分都是有用的,都是为了自己的自我保持。外在的事物也纳入了自我保持,牛生活在具有丰沛水草的地方,它把这些东西吸收为自己身体的营养,也是为了自我保持,它利用一切无机物和其他有机物来保持自己的个体,这就是一种内在目的论观点。牛当然后来是被猛兽吃掉了,猛兽以这个牛为目的,牛呢,以吃草为目的,当然它们就有一种外在目的关系,但是最终是隶属于内在目的论的。这个在康德的《判断力批判》里面讲得很多,讲内在目的和外在目的,外在目的是一种表面的、相对的目的,它是建立在内在目的之上的,只有每个有机体为自己保持自己的体内的平衡,然后才能进入外在目的系统。而外在目的归根结底又必须有一个内在的终极目的,否则它就会失去目的,成为弱肉强食的机械论。这是两个层次的目的论分析。内在目的论的关系和外在目的论的关系一个很大的不同就是,因和果在内在目的论里面是同一个东西,而在外在目的论里面有某种机械论的残余,因和果不是一个东西,猫就是为了吃老鼠,老鼠就是为了给猫吃,但不能颠倒过来,因为它们的目的都在它们之外,它们自身不是目的。这个是外在目的论和内在目的论的区别。当然，黑格尔在这里轻轻地跨过去了，康德写了那么多文字来讨论这个问题，黑格尔认为这并不是什么很大的问题，这是一个层次的问题。你要从机械论的眼光过渡到有机论，那么首先要经过外在目的论，然后你马上就意识到了，实际上它是内在目的论。这两种目的论类似于前面讲的力和力的表现的关系，外在目的对应于力的表现，而内在目的对应于"力的自身反思""内在的东西"（das Innere）或重力 [参看贺、王译本第 92 页以下]，这种内在的力在这里就是生命力。有机体的目的论概念就是内在目的论概念，它的典型的表现就是特种的因果联系，因和果同一，动机和效果从内容上来说是一回事。从形式上当然不一样，形式上不一样使它成了一个过程，同一个内容要从一个表象的形式变成一个现实的形式，所以目的论的概念它是动态的，本质上是生命力。

　　我们刚才把外在的目的论和内在的目的论作了一个区分，并且把目的论的概念和目的概念弄清楚了，目的概念就是动机和效果的统一，结果和原因的统一，统一为目的，目的因。目的因和一般的机械的原因本质的不同就在这里，机械论的原因，它跟结果完全是两码事，是两个东西，是外在的，而目的因，它内在的原因就是结果，原因潜在的就是结果，是一个东西。那么我们看下一段。

{147}　　这种规定是如何自在存在着以及如何对理性本能存在着，必须做进一步讨论，以便看看理性本能如何在其中发现它自己，却又在自己的发现中认不出它自己。

　　这种规定，就是前面讲的对目的概念的规定，在他者中的自我保持，以及因和果的同一性，这是对于目的概念的规定。"这种规定是如何自在存在着以及如何对理性本能存在着"，它是如何自在存在着的，以及如何对理性本能存在着的，这是两个层次。一个是自在存在着的，就是它本身是如何存在着的；而对于理性本能来说，在理性本能看来，它又是如何存在着的。也就是说，在理性的本能阶段，我们对于目的概念的规定

236

并不完全符合于它自在的规定,理性的本能要把握目的概念它自在地是什么,要经过一个过程,最初它还不能把握。在它的眼睛里面,在观察的理性的眼睛里面目的还是另外一种形象,对此,"必须做进一步的讨论",要看一看我们的理性的本能在最初观察目的概念的时候是以一种什么样的眼光来看待它的,就像我们这一段的小标题讲的:"理性本能所理解的目的概念"。这里讲的目的概念是局限于理性本能所理解的目的概念,也就是知性的目的概念。目的概念后面还要讨论到的,但是在理性的本能所理解的这个阶段上面,这个目的概念是一种什么样的形象? "以便看看理性本能如何在其中发现它自己,却又在自己的发现中认不出它自己",理性的本能在目的概念里面的这种眼光具有这样一种特色,就是说它其实已经在其中发现它自己了,但是它又在它自己的发现中认不出它自己,因为它还停留在知性的层次。康德已经发现自然界的目的概念了,但他的自然观还是机械论的,他认为目的论只是我们对机械自然的一种反思判断力,而没有意识到自然界自在地就在进行自我反思。它在对象上看到的实际上已经是它自己了,但它还没有意识到它看到了它自己,反而认为对象被它自己的反思所屏蔽。理性的本能之所以是本能,就是因为还没有上升到自我意识,它在这样一个对象里面已经看到了它自己的结构,但是它还是把它当作异己的对象。所以理性的本能在观察目的概念的时候,是把目的概念当作一个外在的对象来观察的,就像观察任何其他的无机物一样,但是它从来没有想到它所规定的正是它自己,它在对象上的反思恰好是对象自身的反思。它总以为自己规定的是另外一个对象,无机物,有机物,都是物,有机物只不过跟无机物相比,复杂一点而已。它就没有想到,有机物跟无机物相比,不仅仅是不同而已,而是有机物已经进入到了它自己,已经是它自己的一面镜子,在有机物身上反映出了观察的理性自身的形象,而在无机物身上则不能反映自己,这种区别它并没有发现。

所以,观察的理性所提升到的目的概念,如同它就是理性所**意识到**

237

了的概念一样，同样也是作为一种**现实的东西**现成在手的，并且不仅是现实东西的一种**外在联系**，而且是它的**本质**。

"所以，观察的理性所提升到的目的概念"，现在已经提升到了这样一个目的概念了，它已经能够意识到目的概念了，就是在他者中保持自身，原因和结果的统一，这一点它已经意识到了，已经提升到了这个目的概念，"正如它就是理性所**意识到了的概念**一样"，理性已经意识到了概念，已经意识到了、知道了这个概念，这个"意识到了的概念"打了着重号，为什么意识到了的概念要打着重号？它是跟后面一句话的"现实的东西"，也打了着重号，相对比而言的。就是说，观察的理性把这个目的当作自己所意识到了的概念，也就是一种主观的概念，而这个概念"同样也是作为一种**现实的东西**现成在手的"，也就是说，它同样是作为一种客观的东西来把握的，来抓到手里面的，正如这个目的概念是理性所意识到了的概念一样，它主观上意识到了这一点，但另一方面，理性也把它当作一种现实的客观的东西来加以把握了，它是作为一种现实的东西现成在手的。这有两方面，一方面它自己意识到了目的概念，这是康德已达到的层次，但是，康德没有意识到它不单纯是个主观意识中的概念，而且也是一个客观现实的东西。而现在，观察的理性又把它当作一种现实的东西加以现成的把握，当作一种客观的对象来加以把握，这就是从单纯反思性的判断力变成了既是反思性的、又是规定性的判断力了。"并且不仅是现实东西的一种**外在联系**，而且是它的**本质**"，这又更进了一步，不仅是现实东西的一种外在目的性，而且是现实的东西的本质，是有机体的本质，是内在目的性。观察的理性已经达到了这个层次，它已经意识到，现实的有机体它的本质就是目的概念，这个目的概念不仅仅是它自己意识到的，主观反思的，而且是客观有机体的本质。不是我们通过反思把机械的自然界"看作是"有目的的，而是这个自然界本身就不是单纯机械的，而是有内在目的的。这是对康德的知性观点的超越。

这种本身就是一个目的的现实的东西，与他者发生合乎目的的联系，这就是说，它这种联系是一种偶然的、**按照双方直接是什么**而发生的联系；而双方直接地是彼此独立和漠不相干的。

"这种本身就是一个目的的现实的东西"，有机体本身就是一个内在目的，这个现实的东西、现实的有机体，它是以它自己本身为目的的这样一个现实的东西，"与他者发生合乎目的的联系"。它立足于自身的内在目的性而与他者发生目的联系，它与他者发生联系是为了保持它自己，内在的目的性就是这样的，在与他者的联系中保持它自己。但这样就形成了外在的合目的性，而外在的目的不同于内在目的，"它这种联系是一种偶然的、**按照双方直接是什么**而发生的联系"，这种联系是一种偶然的联系。有机体寻求食物是为了保持自己的存在、生命的维持，这是一种内在目的；但是它寻求到一种什么样的食物，或者这种食物是充分的还是贫乏的，这纯属偶然。就是说这种外在目的的联系是一种偶然的联系，是一种按照双方直接是什么而发生的联系，双方直接是什么？食肉动物它是要食肉的，而它所处的环境有没有肉，有没有它的捕食对象从这里经过，那要看双方直接的情况而定。一方面，食肉动物是否成长到足以捕猎，它的捕猎技能如何；另一方面，客观环境是什么，比如季节，在某个季节，有一大群食草动物从这里经过，这个跟狮子没有关系，狮子只不过是碰巧赶上了这个机会，去捕捉它的食用的对象，但是这个季节跟它没有关系。季节跟地球的气候有关系，季节的气候到了这个时候，雨季来了，通过雨季，大地有了水分，于是就长出了丰美的水草，于是大群的食草动物就来了，这个跟食肉动物是没有关系的，季节未到，它就只有等待。双方都根据自己的实际情况，但是碰到一起了，于是就形成一种联系。这种联系是一种偶然的、按照双方直接是什么而发生的联系，"而双方直接地是彼此独立而漠不相干的"。所以这种内在的目的被投入到外在目的链中，仍然是偶然的，它之所以在这个时候实现了自己的目的，是非常偶然的，搞不好要是干旱持续，那可能就有大批的狮子被饿死，天气不好的话就会带来饥荒。所以它们双方彼此独立，漠不相干。

[174]　　　　但是，它们的联系的本质却与它们看起来所是的这个样子完全是另一回事，它们的行为也具有另一种意义，不同于其对于感性知觉**直接**所是的那样；必然性在发生的事情上是隐藏着的，只**在终点上**才显现出来，但却使得，正是这个终点，显示出这个必然性也已经是起点了。

　　"但是，它们的联系的本质却与它们看起来所是的这个样子完全是另一回事"，上面的这种联系当然是偶然的，碰巧狮子要吃肉，碰巧这个时候雨水带来了大量的食草动物，碰到一起了，于是外在目的的关系就形成了。但是，它们的联系的本质，却与它们看起来所是的这个样子完全是另一回事，要从本质上看，外在目的关系实际上还是归于内在目的关系，它们的本质并不是纯粹或然的，看起来是偶然的，但是本质上却并非偶然的。为什么恰好在东非大草原上有那么多的狮子呢？如果完全是偶然的，为什么那些狮子多少万年以来一直在那里生存呢？偶然性中隐藏着必然性，后来达尔文用进化论把这个秘密揭示出来了，这就是"适者生存"的规律。当然黑格尔只是猜测到了其中必有道理，有机物的本质不同于它们表面看起来的样子，"它们的行为也具有另一种意义，不同于其对于感性知觉**直接**所是的那样"。从感性知觉直接所是的那样看起来是偶然的，但是它们的行为同时也具有另外一种意义，还是有必然性的。"必然性在发生的事情上是隐藏着的，只**在终点上**才显现出来，但却使得，正是这个终点，显示出这个必然性也已经是起点了"，必然性在发生的事情上是隐藏着的，在每一次发生事件上都是偶然的，看不出有必然性。狮子每一次是否捕捉到食物，或者有没有食物去捕捉，这是偶然的，在"发生的事情"上，发生的事情也就意味着偶然的事情，在偶然发生的事情上，必然性是隐藏着的，隐藏在偶然性的底下；它只在终点才显示出来，终点就是狮子靠这些偶然的捕食机会活下来了，而且活得很好。这说明什么呢？说明这个终点已经是起点了，说明狮子靠外在偶然的目的而实现了自己内在必然的目的。

　　但终点之所以显示出自己的在先性，是因为由这行为所造成的变化并不产生出与原来已有的不同的任何东西。

　　"终点之所以显示出这种在先性"，这个前面已经讲了，目的性的终点就是起点，为什么终点就可以看作是起点？为什么它最后达到的东西就可以看作是它的动机？当然自然界我们不能完全把它拟人化，把它说得像人一样有一种意图，有一种动机，但是我们也可以赋予它一种这样的关系。为什么有这样一种关系呢？"是因为这行为所造成的变化并不产生出与原来已有的不同的任何东西"，目的性就是这样，它就是自身维持，它并没有产生出完全跟自己不同的东西，它不过是保持自己而已。每个有机体都是有目的的，是因为它并没有产生出与它原来已有的不同的东西，它生来就是这样一种结构，那就是要生长成这个样子的。只要它是一颗小麦种子，它长出来的肯定就是小麦，而不是黄瓜，这是由它自身已有的结构决定了的。所以小麦虽然没有意识，但它的生长就像预先想好了的一样，朝着预定的方向发展，而不产生原来没有的东西，这就叫作目的性。

　　或者，如果我们从起点开始，那么这个起点也只是在终点上或在它的行为的结果上返回其自身而已；正是凭这一点，起点就表明自己是一种**自己**以**自己**为终点的东西，所以它作为起点就已经是回到了自身的，或者说，它是**自在自为地自己**存在的。

　　"或者，如果我们从起点开始"，前面是从终点去回顾起点，那么现在我们反过来，我们从起点看终点。"那么这个起点也只是在终点上或在它的行为的结果上返回其自身而已"，这个起点作为一个动机，作为一个目的，只是在这个意图、这个目的实现出来了以后，它才返回其自身，它才是一个现实的目的。我们有些目的实现不了，或者说我们大量的目的都实现不了，但是当它实现不了的时候，我们就说这个目的尚未返回到自身，它还是虚假的，甚至是错误的。所以从起点上来看，它只能在终点上，或在它的行动的结果上，返回其自身。"正是凭这一点，起点就表明自己是一种**自己**以**自己**为终点的东西"，凭这一点，凭起点只有在终点上才回到自身，就表明了它是自己以自己为终点的东西。如果它的起点、它的目的被实现了，那么起点就表明它是自我实现的，它是自我维持的，它在终点上达到了自我意识；如果它这个终点达不到，那它自己就维持不下去了，它的目的达不到它的自我就维持不下去了，或者它就要用别的目的来取代、来填补。狮子如果抓不到羚羊，它就活不了，它就要去抓一点别的东西，疣猪或者老鼠来填补。起点必须要在结果中返回自身，才表明自身是一种以其自身为终点的东西，才能够维持自己的存在。"所以它作为起点就已经是回到了自身的，或者说，它是**自在自为地自己存在的**"，作为起点，它已经回到了自身。作为起点，它不但必须在终点上回到自身，否则它就会解体；而且它已经回到了自身。因为它在起点中就包含了在终点中实现自身的含义，否则它就会不成为起点，换言之，不想实现出来的起点不是真正的起点。或者说，这个起点是自在自为地自己存在的，它的意图就是它自己的实现，它的目的就是它自己的实现。

所以，凡是它通过其行为的运动所达到的，就是**它自己**；并且，它仅仅达到它自己，这就是它的**自我感**。

"所以，凡是它通过其行为的运动所达到的，就是**它自己**"，它，也就是起点，通过其行为的运动所实现出来的一切，都是它自己。你本来是什么人，就看你做了什么，你做的一切就成就了你自己，这是普通的道理。你的意图必须要实现出来，实现出来你就必须要有行为，你要动手去做，你不能停留在空想。通过它的行为的运动，最后达到的是什么？是它自己。这个起点没有达到别的东西，没有产生别的东西，所有产生的东西都是它自己要产生的，都是它自己的实现。"并且，它仅仅达到它自己，这就是它的**自我感**"，它仅仅达到它自己，没有达到别的东西，而这就是它的自我感。所谓"自我感"，Selbstgefühl，就是它在它所实现的一切行动中感到它自己。最起码的目的性体现在自我感上面，就是一个有机体它把自己实现出来了，它仅仅着眼于把自己实现出来，这就是自我感。自我感还没有达到自我意识，它只是自我感，连动物都有，连动物这类有机体都有自我感。这也是理性的本能所达到的层次,理性的本能仅仅考虑这样一种局限于达到它自己的目的性,有限的目的概念就是达到自我感。当然自我感后面,实际上自在地已经具有自我意识了,但是理性的本能还没有意识到,它没有认出来,它没有在这种自我感上面认出自我意识来。所以,它仅仅达到它自己,这就是它的自我感。

　　<u>这样一来,虽然现成在手地有**它是什么**与**它寻求什么**的区别,但是这只是**一种区别的映像**</u>,因此,这起点就是它自己本身中的概念。

　　达到自我感了,那么"这样一来,虽然现成在手地有**它是什么**与**它寻求什么**的区别",从现成在手的来看当然有区别了,一个是它是什么,一个是它寻求什么。它是什么与它寻求的目的是相外在的,目的在它之外,它还要去寻求这个东西,它现在还不是这个东西,它是否能够寻求到,这还未知。一个动物要捕食它的对象,这个对象在还没有捕到手的时候,它还不是这个对象,它要把那个对象捕到手然后吃下去,那个对象才成为了它自己。在此之前,这是两码事,它是什么与它寻求什么的区别是现成在手的,是明摆着的,它的目的在它之外。"但是这只是**一种区别的映像**",映像也可以翻译成"假象",前面讲了,Schein 这个词可以翻译成"假象",也可以翻译成"映像",在黑格尔这里,通常我们把它翻译成"映象",当然在这个地方,应该说主要是"假象"的意思,但是没有那么强,它不是假的,而只是表面的。"因此,这起点就是它自己本身中的概念",就是说这个起点好像在追求别的东西,但是这只是一种表面现象,实际上它追求的只是它自己,起点就包含终点,所以这是它自己本身中的一个概念。而这本身已经是自我意识的结构了。前面讲自我意识就是把自己和对象区别开来,同时这种区别又不是什么区别,这种结构和这里讲的正好吻合。这个起点是什么和它所寻求什么之间有区别,但实际上又是同一个东西,又没有区别。这个是理性的本能所理解的目的概念,是在这样一个层次上启示出了自我意识的结构。所以下面一段就点明了这一点。

　　但**自我意识**也具有同样的性状，即以这样一种方式自身跟自身相区别，同时又在其中产生不出任何区别。

　　"但"，这个地方就是说，前面讲的都是目的概念对于理性的本能是如何规定的，但还没有讲它自在地是如何规定的，这里就要讲它自在的规定了。前面一段话的第一句就说："这种规定是如何自在存在着以及如何为理性本能而存在着的，必须作进一步的讨论，以便看看理性本能如何在其中发现它自己，却又在自己的发现中认不出它自己。"[贺王译本第 173 页] 那么，整个上面这一段讲了目的概念是如何"为理性本能"而存在着的，那么它是如何"自在地"存在着的呢？那就是这一段要讲的。自在地存在与理性的本能眼睛里的那种存在是很不一样的，自在地存在就是说这种自我感后面已经有自我意识了，后面隐藏着自我意识。"但**自我意识**也具有同样的性状，即以这样一种方式自身跟自身相区别，同时又在其中产生不出任何区别"，自我意识就是这样一种关系结构，自己跟自己区别，自己把自己当对象，或者说自己把自己当目的，把自己看作它自身之外的一个目的，"生活在别处"。米兰·昆德拉有本书叫《生活在别处》，就是我的真正的生活在别的地方，不在我这里，不在我眼前，我的目的在别的地方。自我意识把自己当对象、当另外一个自我来追求，所以自我意识也具有同样的目的结构，即以这样一种方式自身跟自身相区别，同时又在其中形不成任何区别。在别处的那个自我还是自我，因为是我所追求的、我所向往的那样一个自我，我所寻找的自我。寻找自我还是自我在寻找，所寻找到的和去寻找的自我是同一个自我。所以，它有区别，自身跟自身有区别，但同时又不是什么区别，没有真正的区别。这就讲到自我意识的结构了，自我意识跟目的概念具有同样的性状，或者说，自我意识就是目的概念的本质，目的概念自在地就是自我意识。但是在观察的理性、在理性的本能眼中，它还不是这样，理性的本能还没有意识到它的自我意识的本质。

　　因此，自我意识在观察有机自然时所发现的不是别的，就是这一本质（Wesen），它发现自己是**作为一个生命**的物，但还是在它自己所是的东西与它所发现的东西之间造成了一种不是区别的区别来。

　　"因此，自我意识在观察有机自然时所发现的不是别的，就是这一本质"，自我意识在观察有机自然的时候，它发现的不是别的，就是它自己的本质，就是自我意识本身的本质结构。因为它的本质结构跟有机物的结构、目的性的结构是一样的，它在有机物上发现的恰好是它自己。如果我们提到自我意识的这个层次上面，而不是停留在理性的本能层面，我们就可以看出，我们发现有机物的时候，我们发现的是自己。康德称之为"反思性的判断力"是有道理的，"反思性的判断力"就是说，我们在判断一个有机物的时候我们实际上是在判断我们自己，我们是在反思我们自己。这里也是一样，因此，自我意识在观察有机自然时所发现的不是别的，就是它自己的本质。"它发现自己是**作为一个生命**的物"，我们前面讲自我意识那一章的时候，为什么一开始就讲自我意识首先体现为欲望和生命？就是这个道理。前面没有讲出这个道理来，前面只是笼而统之地讲到，自我意识最开始体现为生命，生命就是自我意识。而在这里，讲到了为什么自我意识就是生命，因为它与生命同构，它最初表现为生命，最初它作为一个事物作为一个对象来看待的时候，它就是生命。生命有机体的观点跟自我意识的本质是同构的，生命的结构就是自我意识的结构，即把自己跟自己区别开来同时又没有区别，追求一个在自己之外的对象同时又把它当作自己内在的环节。追求在外在的对象是为了保持自身，保持自己的完整性，自己的完整性不能通过孤立地坚持自己来保证，而必须通过不断地去捕捉对象，把自己的对象纳入自身，据为己有，才能够保持自身的完整性。自我意识的结构就是这样的结构，所以当自我意识发现自己是一种事物，或者说它把自己当作一种事物来发现的时候，它就是把自己当作生命来发现的，它发现自己是一种作为生命的事物。"但还在它自己所是的东西与它所发现的东西之间造成了一种不是区别的区别来"，它是一个生命之物，但是它还是造成了一种区别，就是它自己所是的东西——自我意识，和它所发现的东西——生命，这两者之中造成了一种不是区别的区别。自我意识跟生命没有区别，但是自我意识又造成了自己和生命的区别，或者说，自我意识是一种自觉的生命。马克思在《1844 年经济学—哲学手稿》里面讲到了，"自由自觉的生命活动"是人的本质特性，当然马克思不仅仅是指自我意识，而且是指的人的劳动，人的感性实践活动，但与自我意识有同样的结构。而黑格尔认为这种自觉的生命就是自我意识，这种"自由自觉的生命活动"就是自我意识的活动，但是又与一般没有达到自觉的生命还不同，这种自觉性跟这种生命活动之间还有一种区别。只不过自我意识意识到这种区别是没有区别，它的生命活动跟它的意识是一回事，所以这是一种"不是区别的区别"。这是自我意识跟生命之间的一种关系，这跟理性的本能相比已经是一个更高的层次了。

但正如动物的寻食和进食的本能并不因此产生出别的东西，而只产生它自己，同样，理性的本能在它的寻找中也只找到它自己。

"动物的寻食和进食的本能并不因此产生出别的东西，而只产生它自己"，动物寻食也好进食也好都是为了它自己，都是为了维持它自身，把自己不断地延续下来和生产出来。"同样，理性的本能在它的寻找中也只能找到它自己"，理性的本能也是这样，在它的寻找中，理性的本能寻找它的对象，其实，也只找到了它自己，外在目的其实是内在目的。理性的本能所找到的只是理性，它在有机体上所寻找到的就是自我意识的结构，理性的本能寻找到的实际上已经是自我意识了，没有别的东西。但是理性的本能没有意识到这一点，而从自我意识的眼光来看，已经看出这一点了。

动物终止于自我感。相反，理性的本能则同时又是自我意识；但由于理性的本能只是本能而已，它就被置于与意识相对立的一边，并把自身当作自己的对立面。

这个就是三者的区别了，就是说，动物终止于自我感，动物仅仅产生它自己,并不产生别的东西,所以它终止于自我感,自我感是动物也能够达到的,当然要高级动物才有自我感,像灵长类,它们才能够达到自我感。自我感是动物界的顶峰,它能够感到它的目的就是生产它自己,它的本能最终产生出的就是它自己,这就是自我感。而理性的本能,跟有机体、跟动物有一点不同,"相反,理性的本能则同时又是自我意识",理性的本能具有双重性,从表层上来看,理性的本能有一种自我感,它能够用这种自我感来看待一切有机体,但是它不能够在自我感上面认出它自己。它感到了它自己,但是它没有认识自己,它没有把这种感性的东西当作自我意识的一种表现来理解,它只是从自我感到自我意识中间的一个过渡。所以,虽然理性的本能与动物相反,它同时又是自我意识,它有另外一个更深的层面,就是自我意识;"但由于理性的本能只是本能而已,它就被置于与意识相对立的一边,并把自身当作自己的对立面"。理性的本能停留在它的本能阶段、不自觉的阶段,它被置于与意识相对立的一边,它在观察有机体的时候,它把有机体仅仅是当作自己的对象,跟自己的意识相对立。其实它是把自己放到意识的对立面去了。有机体被理性的本能看作是意识的对立面,或者说,看作是意识的对象,而没有看作意识本身。当然一般人都会很容易接受这种观点,就是说,动物界甚至于植物界它们哪里有什么意识呢? 它们不可能有意识,它们只是我所观察的对象,它跟意识是对立的,它们是不自觉的。你不能把人的意识加之于动物,你如果把人的意识加之于动物那你就是拟人化了,那就是一种幻象,小孩子也许会那样想,但是作为一个有科学知识的人不会那样想,不会把人的意识加给动物。但是实际上你在观察动物、描述动物的时候,你已经把你的自我意识加入动物了,这并不是说明你把它拟人化了,而是说明客观的动物有机体实际上有这样一个层面,就是它只能通过意识和自我意识这样一个思想的层次才能得到真正的把握。你如果去掉这个层次,你按照机械论去对它加以把握,那是完全把握不了的,那是根本不可能的。但是理性的本能还没有意识到这一层,它只是把自己放置在与意识相对立的一面，就是说我把它当作对象来观察，我离开自己的意识，我把自己的意识撇在一边，我不要用我的意识去干扰我对有机体的观察，我要客观地观察有机体。那么它就被置于与意识相对立的一面，并把自身当作这种对立面。理性的本能具有了有机体，但这个有机体是意识的对立物，是作为意识的一个对象来拥有的。

因此，理性本能的满足就被这一对立分裂为二，理性本能既发现了自身，即，发现了**目的**，同样也发现这个目的是**事物**。

"因此，理性本能的满足就被这一对立分裂为二"，这一对立，就是说一方面它停留在自我感，停留在自我感就是把这样一个有机体当作不以人意识为转移的对象来加以考察；但同时，它又是自我意识，在这一个生命体上它其实已经看到了自我意识，但是它没有认出来。它不想用自我意识来干扰它对有机体的观察，但是它实际上又在用自我意识进行观察，所以它自己的理性本能的满足就分裂了，理性本能在自我意识上面得不到满足，因为它觉得自己太主观化了，如果你把有机体看作是跟人一样，那你岂不是太主观化了？你以为鸟在天上飞、鱼在水里游，它们会觉得很自由、很快活，其实鸟有什么自由自在的生活？它飞到天上去不过是为了找食物，鱼在水里游也不过是为了找食物，"子非鱼，安知鱼之乐？"你又不是鱼你怎么知道鱼是快乐的呢？所以如果从自我意识方面，它感觉不到满足，是非理性的，理性的本能不能满足于用主观的自我意识去解释有机体；但是你如果完全是客观地去研究有机体，那你也不能得到满足，那你就只能观察到它们相互之间的物理结构，从这种机械论它也得不到满足，你还必须引入你的自我感，才能够解释它。那么理性的本能就被这一对立分裂为二，"理性本能既发现了自身，即，发现了目的，同样也发现这个目的是**事物**"，"事物"打了着重号。首先发现了目的，就是发现了自身，意识的本能它自身就是目的，它自身就是目的概念，但是又发现这个目的是事物，是客观的。

但是第一，这个目的对它来说落在了体现为目的的那个**事物之外**。

第二,这个目的作为目的同时又是对象性的,因此,对理性本能来说,目的也并不落在作为意识的自身中,而是落到另外一种知性里去了。

　　理性的本能它的满足被分裂为二,它既发现了自身,又发现了事物,但是,第一,在理性的本能阶段这两方面不能同一,而是"这个目的对它来说落在了体现为目的的那个**事物之外**",那个事物本身没有目的,我们之所以把它看作是目的,那是因为我们是主观地把我们的目的加在那个事物之上,如同康德所说的"反思性的判断力",因此这个目的是落在了那个事物之外,仍然把它看作一种外在的目的,但它自身是没有目的的。反思性的判断力就是只有通过人的反思,我们才能说这个事物是有目的的,但这个事物从规定性的判断力来说其实是没有目的的,这是第一个片面性,也就是说这个目的仍然是主观的。"第二,这个目的作为目的同时又是**对象性**的,因此,对理性本能来说,目的也并不落在作为意识的自身中,而是落在另外一种知性里去了",也就是说,我同时又必须把这个目的赋予对象,因此,对理性本能来说,目的并不落在作为意识的自身中,也就是说,你又必须把这个目的"看作是"客观的,你不能把它完全当作主观的来看,那么这个目的并不落在作为意识的自身中,不能由此形成它自己的自我意识,而是落在另外一种知性里去了。落到哪一个知性里去了呢? 落到上帝的知性里去了,我不能把这个有机体完全看作是我主观的一种眼光,那么我就必须要设定一个"直观的知性",即上帝的眼光。康德的《判断力批判》里面就是这样设定的,这个反思的判断力把目的看作完全是我们人主观的一种眼光好像也说不过去,于是我们可以假定有一种更高的知性,有一种上帝的知性,它产生并能够理解客观有机体的内部结构。我们人类的眼光只能够从有机体中看出机械的关系,但是由于有机体里面的机械关系太复杂了,我们人的知性把握不了,我们人的知性有限,所以我们只能够用目的性、反思的判断力来概括所有这些复杂的机械关系,但那也只是为了我们自己便于整体把握。至于这些机械关系是如何构成目的性的,我们还原不了,我们的知性太有限了,能把握的机械关系太少了，还有无数的、无限的机械关系有待把握。所以我们就笼而统之把它称之为是按照一种目的，里面的机制我们搞不清楚，我们就把它忽略过去了，但是我们又设想有一个上帝的知性直观，上帝的知性那当然是无限的，它可以把所有直观的机械关系都把握住，并且根据这些机械关系造成一个合乎目的的关系，那么这样一来合目的性就能够被客观化。但是这不是人的意识能做到的，而是上帝的意识，是另外一种知性的意识。因此，对理性本能来说，客观目的即使有，也并不落在作为意识的自身中，并不是我主观的，目的被归之于一种更高的知性，一种"原型的知性"①，我们人的知性是对原型的知性的模仿，我们可以称之为是一种模仿知性，那是很有限的，而原型的知性是无限的。这是在《判断力批判》里面讲到的一种关系，就是我们可以假想出来，设想出来，有这么一种可能，就是有一个上帝，它其实一切都是按照机械关系来创造世界的，但是创造出来的这样一个世界里面有一些特别复杂的机械关系，在我们人类看起来显得是目的关系。所以我们称之为目的关系的那样一个关系在这种意义上也可以设想为是客观的，它可以还原为机械关系，虽然我们人把握不了，但是可以归功于另外一种知性。这是康德关于有机体和目的论的解释，黑格尔把它归之于还是停留于理性的本能。其实理性的本能在这里恰好充当了从动物性的自我感向自我意识的过渡。理性在它里面已经看到它自己、看到自我意识本身了，但是它不敢承认，它宁可把它归之于一个更高的知性，这是黑格尔的一种批评。通过自我意识的结构，理性的本能背后已经有自我意识了，但它不自觉，它不能够把握这样一种目的概念自在地是什么，它只能够把握在理性的本能面前显现出来的是什么，但是这两者是有层次的不同的。好，今天就到这里。

---

① 参看 [德] 康德：《判断力批判》，邓晓芒译，杨祖陶校，人民出版社 2002 年版，第 260—261 页。

＊　　　　＊　　　　＊

好，我们今天这学期的最后一次课，辛苦大家了，每一次早上那么早就赶过来，又结束得晚，中午要很晚才吃饭。

我们上次讲到理性的本能，对于有机体以及对于目的概念，它是怎么样理解的。上次讲到的174面最后一段，它下面有一个归纳。就是："第一，这个目的对它来说落在了体现为目的的那个事物之外"，这是理性的本能对目的概念的一个观点，就是说目的是在事物之外的。我们通常讲这个人有目的，那肯定是追求某个外在的东西，还没有追求到的东西，我们就叫它有目的；如果他已经据为己有了，那就不称之为目的了。所以目的我们通常的理解，通俗的理解，就是追求一个外面的事物，外面的对象，这是一个。"第二，这个目的作为目的，同时又是**对象性的**，因此对理性本能来说，目的并不落在作为意识的自身中，而是落到另外一个知性里去了。"前面是讲，一个事物它的目的在这个事物之外；第二，是讲理性的本能这样一种观点是一种什么样的观点，就是说，当理性的本能把目的作为一种对象性的来看待时，目的就并不落在作为意识的自身中，而是落到另外一个知性里去了。首先说它不落在意识自身中，这个目的跟它没关系，它没有在目的里面认出它自己；因此，要说这个目的作为对象而与意识相关，那就是落到另外一个知性里去了。也就是说这个目的概念，它毕竟是知性的一种设定，理性的本能没有在它里面看出它自己来，那么当然就把它设定为另外一个知性所预设的，那个知性，通常我们认为就是上帝。这在康德那里就是一种"原型的知性"，一种人所达不到的知性，人的知性只是它的模仿，是一种摹本，而上帝的知性，是一种原型、蓝本。而在黑格尔看来，没什么原型的知性，实际上是理性本身所看出来的它的自我的意识，所以理性应该从里面看出自我意识，应该看到目的概念其实就是自我意识的一个表现，那才对。但是理性的本能还没有达到这种自我意识，所以，上次我们讲到的最后这一段，就是把自我意

251

识的结构和理性本能的结构做了一个对比,自我意识的结构跟理性的目的具有相同结构;但是理性的本能,它没有意识到这一点,没有意识到它的目的观其实已经是自我意识的结构了,它没有把自己提升到自我意识。所以我们就把它叫作理性的本能,或者说知觉的一种理性,还处于知性阶段,或者处于知觉和理性之间的阶段,虽然知性的最高原理已经达到了自我意识,但那个是空的,未发生实质性作用。这是上次我们讲到的,在理性的本能看来,目的性的结构应该是怎么样的。它的目的概念的两个方面,一个是它所理解的目的是一种外在目的,外在目的论;另一个方面,这样一种目的观本身没有达到自我意识,因此,很容易就把这样一个目的设定为上帝、另外一个知性的产物,当你达到自我意识的时候,就不需要了。所以黑格尔对这样一种外在目的论的观点进行了批判。当然康德已经有内在目的论的思想了,而且已经讲得非常透了,但是最终他还是把它归结为外在目的论,反思性的判断力反思到什么地方,最后是反思到有某种知性在冥冥之中起作用,这是来自《判断力批判》里面的一个思路。而在黑格尔这里,反思性的判断力就是规定性的判断力,它是自然界本身的一种知性,而观察的理性如果提升到自我意识的话,它就会看出来自然界本身的这样一种知性、这样一种目的的概念,就是观察的理性本身的目的。我们今天要读的这一段,就是在上次已经达到的这样一个基础上继续展开。

[175]　　如果更仔细地考察,那么事物**在自己本身中**即是**目的**这一规定同样也包含于这事物的概念里。

　　这是接着我们刚才讲的下来,就是说,“如果更仔细地考察”,这意味着要把原来那样一种思维层次往更深的地方继续推进一步。我们刚才已经讲到了理性的本能,它的缺陷,它没有在对象的目的概念里面看出它自己来,没有达到自我意识。那么更仔细地考察就会打破原来那种局限性了。“那么事物**在自己本身中**即是**目的**这一规定同样也包含于这事物的概念里”,事物在其自己本身中即是目的,什么意思? 就是事物的目的不是像理性的本能那样，被看成是事物之外的一个目的，而是内在目的。康德认为内在目的才是真正的目的，外在目的是无穷追溯，那是未完成的，它最终必须立足于内在目的才得以完成。黑格尔在这里也是这样一种观点，事物在自己本身中即是目的这一规定同样也包含于这事物的概念里，"这事物"就是有机物了，有机物这个概念里面已经包含了"事物在自己本身中即是目的这样一种规定"，有机物这样一种事物，它自己是自己的目的，不是说它要以一个外在的事物作为自己的目的。当然它为了实现自己是自己的目的，也要以外在的事物为目的，进食、捕食，但是最终，它成就了它自己的生长，所以终极目的还是内在的，外在目的只是手段。所以如果我们更仔细、更彻底地、更透彻地来考察的话，那么事物在自己本身中即是目的这一规定同样也包含于这事物的概念里。

　　因为这事物维持着**自身**；这同时就是说，这事物的本性，在于把必然性隐蔽起来并呈现为**偶然**联系的形式；因为事物的自由或事物的**自为存在**，正是这样一种对自己的必然性采取漠不相干的态度的东西；所以，事物把自己呈现为这样的东西，似乎它的概念落在它的存在以外。 {148}

　　"因为这事物维持着**自身**"，什么叫自我维持？"这同时就是说，这事物的本性，在于把必然性隐蔽起来并呈现为**偶然**联系的形式"，就是它把必然性隐蔽起来，它好像没有必然性。当然它还是有，因为它维持下来了嘛，它一直保持下来，它的必然性就在于一定要保持下来；但是，这一点是隐藏的，它要保持自身，但它必须显现为偶然联系的形式，与偶然的外界事物打交道的形式。所谓保持自身，就是在外物的各种变化之中它能保持自身不变，或者说它维持自身的继续存在。如果没有这种保持自身，那它就消失了，解体了，它就会淹没在外在的偶然环境之中了。但是生物跟无机物不同的地方就在这里，它在千变万化中、各种环境中，不管偶然的条件如何变来变去，它都可以适应，它能适应新环境。所以需要透过它的这种不断地适应环境、不断地适应偶然性的这样一个过程，你才能看出来它有一种内在的必然性，而在每一次的偶然联系中它的必

253

然性都是隐藏着的。"因为事物的自由或事物的**自为存在**，正是这样一种对自己的必然性采取漠不相干的态度的东西；所以，事物把自己呈现为这样的东西，似乎它的概念落在它的存在以外"，因为事物的自由或事物的自为存在，这个"事物"还是讲有机物了，它自为存在，自己决定自己，自己为自己。这样一种存在对自己的必然性采取了漠不相干的态度，它好像没有什么必然性，而是自由自发的，随心所欲，或者随着环境而变，随遇而安，从不坚持一种固定的规则，跟必然性毫不相干。但这恰好是它自由地或自为地设定的，是它自为存在的方式。通常讲，事物的自由，或者自为，自为也就是独立了，自由独立的存在，之所以讲它是自由独立的存在，就是因为我们把它设想为对自己的必然性采取漠不相干的态度，没有什么东西能够规定它。即算它自己能够规定它，它也不在乎，它为所欲为，对自己的必然性采取漠不相干的态度，是这样一种东西。好像它是自由自在的，它是任意的，它是完全偶然的，它没有受到任何必然性的束缚，如果它受到必然性的束缚，它就已经不是有机体了，已经不是自由的或者说自为的存在了。你不能够用这个必然性把它规定下来，规定它的每一个动作、每一个行为都是由这个必然性而来的。事物的自由或事物的自为存在，就是这样一种东西，就是对自己的必然性采取漠不相干的态度的东西。"所以事物把自己呈现为这样的东西，似乎它的概念落在它的存在以外"，所以事物就把自己呈现为这样一个东西了，既然你对于这个必然性对这个概念漠不相干，那你为什么还能够维持成为一个有机体呢？那肯定是外部有一种必然性，有一种概念在冥冥之中、暗中支配它，这就是在它之外的知性或上帝。我们通常看一个有机体的时候，我们是就事论事的，我们看它怎么起作用、怎么样发生反应，各种各样的表现，各种各样的行为，但是如果你要问一下它为什么要这样，那我们就只有归结为在它之外的一个存在了。它的概念落在了它的存在之外，不在它之内，当然这是从事物方面来看。从有机的事物方面，应该说它的概念在本身就有它的目的，这样一个规定本来是包含在事物的概念里面的；但是，在这个事物的概念里面有两方面，一方面，是事物本身。就事物本身来说，就事论事，好像看不出它本身具有一个目的的规定，即算有这样一个目的的规定，也不包含在这个事物里面。因为有机体，特别是动物，它即算是有某种必然性，使得它去做这做那，但这个必然性也不是由它决定的，动物的本能是由大自然决定的。狮子要去捕食其他的动物，那是它的本能，它自己并不意识到它的本能，它自己并不是有意识地要服从它的本能，相反，它对这种必然性采取漠不相干的态度，它就是饿了要吃，至于它为什么会饿，这个它不管。所以这样一种必然性，为什么饿、为什么要捕食这样一种必然性是落在它的存在以外的。这就是讲，这种内在的必然性在日常中往往是以一种外在的方式呈现出来的，这就是外在目的论的来由。这是讲的事物方面，有机物它有两方面，一方面是事物，另一方面是理性。

同样，这理性也必须把必然性、把它自己的概念作为落在它自身之外的东西来直观，从而作为**事物**来直观，这样一种事物，理性对它以及反过来它对理性和对它自己的概念，都是**漠不相干的**。

"同样，这理性"，这理性就是本能的理性，观察的理性。同样，这观察的理性"也必须把必然性、把它自己的概念作为落在它之外的东西来直观"，这个"同样"是指跟上面并列，前面是讲事物本身，事物本身对它自己的内在必然性漠不相干，这种必然性、这种概念似乎是落在它的存在之外的，也就是说，事物跟它的目的、它的概念是外在的，是一种外在的联系；那么同样，理性这方面，也把这种必然性、把它自己的概念当作一种外在的东西来直观。理性在这个阶段还停留在这样一个层次，就是说，虽然它已经意识到必然性了，已经意识到它自己的概念，目的性的概念其实就是理性自己的概念，但它把它自己的概念作为落在它之外的东西来直观，把目的性概念当作是一个对象来直观。理性本来是超出直观了，但是在理性的本能这个阶段，它仍然把它自己的概念当作一个对象来直观，它没有摆脱直观，同样作为事物来直观，并且为此构想出来一个直观的知性，一个上帝的知性。这另一个知性和它自己是没有关系的，"这样一种事物，理性对它以及反过来它对理性和对它自己的概念，都是漠不相干的"，理性把它自己的概念、把这个目的概念作为事物来直观，那么这样一种事物呢，理性对它是漠不相干的，它是外在的，是由另外一种知性来管的。它是它的对象，它没有在这个对象上面认出它自己来，所以理性对它是漠不相干的。"以及反过来它对理性和对它自己的概念，都是**漠不相干的**"，反过来，它，这个事物，对理性和对它自己的概念，对这个目的概念，都是漠不相干的。所以这两方面一方面是事物，就是有机体，有机的事物，另一方面是理性，也就是本能的理性，观察的理性，这两方面都是外在的。本来应该是同一的，但是，在这个层次、这个阶段上面，它们还只能够互相以外在的方式出现，观察的理性还没有达到能够把它们统一起来的这样一个层次。

理性作为本能也仍然停留在这种**存在**或漠不相干之内，表达出概念的事物对它而言也仍然是不同于这概念的一个他者，而概念也仍然是不同于这事物的一个他者。

这句话仍然是把上面讲的这两方面加以强调，它们两者是外在的、对立的。"理性作为本能也就仍然停留在这种**存在**或**漠不相干**之内"，从理性方面，作为一种理性的本能仍然逗留在这种存在或漠不相干之内，"存在"打了着重号，"漠不相干"也打了着重号。漠不相干的意思也就是外在的意思，外在的，漠不相干的；存在的，停留在存在论的这个阶段，在黑格尔的《逻辑学》里，存在论就是一个漠不相干的阶段，里面的那些范畴相互之间是漠不相干的，所以一旦它们之间发生了互相转化，那就体现出一种"理性的狡计"，就会使人大吃一惊。比如质量互变的关系，量变到质变，本来是漠不相干的，但是后来引起了巨大质变，让人大吃一惊，产生了飞跃。所以存在论里面的那些范畴都是讲互相"过渡"，或者说"飞跃"，飞过去，都是突变，在没有达到突变之前是漠不相干的。所以"存在"和"漠不相干"这两个打了着重号的词是有内在联系的。我们在读《精神现象学》的时候,脑子里面要有一个黑格尔术语的概念表,基本术语要烂熟于心,他点到某个字的时候我们立即就要想到它有它的特定含义,比如存在论、本质论和概念论,黑格尔逻辑学里面这三个层次的关系都是不一样的。在存在论里面的范畴是互相过渡的;在本质论里面的概念是互相转化的;在概念论里面的概念、范畴是发展和前后互相包含的。那么在这里,理性的本能就停留在存在这样一个等级上面,"表达出概念的事物对它而言也仍然是不同于这概念的一个他者",表达出概念的事物,前面讲的是理性的本能,是我们观察者,那么被观察者就是事物了,这个事物是表达出概念的。这个事物跟一般的事物已经不一样了,它表达出概念,表达出什么概念? 表达出目的概念,那就是有机体了。表达出概念的事物对它而言,这个"它"就是讲理性的本能了,那么对它而言,也仍然是不同于这事物的一个他者。在理性的本能的眼中,有机体虽然表达出概念,但仍然是一个不同于这概念的一个他者,事物不同于目的概念,事物有目的,但是目的不在事物中,这个目的在事物之外。所以表达出概念的事物,对它而言,也仍然是不同于这事物的一个他者。"而概念也仍然是不同于这事物的一个他者",目的概念在这里也跟事物互相外在。事物不同于概念,概念也不同于事物;目的概念在事物之外,跟事物漠不相干,它们都是互为他者,也就是一种外在的关系。

　　于是,有机的事物对理性来说在自己本身只是这样的**目的**,以至于在有机物的行为中,作为隐藏着的而呈现出来的必然性,由于这行为者在其中采取一种漠不相关的自为存在者的态度,于是就落在了这有机物自身以外。

　　"于是,有机的事物",有机的事物当然也可以翻译成"有机物"了,但是这里强调"事物"(Ding),有机的事物。它"对理性来说在自己本身只是这样的**目的**",理性的本能已经在有机物身上看出有目的了,那么有机的事物对理性的本能来说是一种什么样的目的呢? 只是这样的目的："以至于在有机物的行为中，作为隐藏着的而呈现出来的必然性，由于这行为者在其中采取一种漠不相关的自为存在者的态度，于是就落在了这一有机物自身以外"。也就是说，有机物在理性的本能看来，它仅仅是呈现为这样一种目的，即在有机物的行为中，"作为隐藏着的而呈现出来的必然性"。它有一种必然性呈现出来，但这种呈现出来的必然性却是以偶然的形式呈现出来的，它本身是隐藏的，但毕竟呈现出来了；而由于这行为者在其中采取一种漠不相关的自为存在者的态度，于是就落在了这一有机物自身以外。就是说这种必然性本来是有机物自身的，在它的行为中已经有这种必然性了，但是，这种必然性隐藏着，我们在有机物里面看不出来，这有机物作为一个行为者，在这种必然性中采取一种漠不相关的态度，好像它是一种不受任何必然性规定的自为存在者，那么这样一种必然性，就落在有机物自身以外了。它有一种必然性，但是我们没有在它自身里面看出这种必然性来，我们把这种必然性归之于有机物自身以外，它是一种外在的必然性，是一种外部规定好的必然性。理性的本能把目的性归结为有机物之外，比如说归结为有机物被另外一种智慧所规定好了的本能，有机物自己当然不知道这个本能，这个本能不是它自己带来的，而是由造物主带来的。行为者，也就是有机物，在这种必然性中，采取了一种漠不相关的自为存在的态度，我不管我的本能怎么样，我不知道，我也不关心，我自为存在，我自行其是。有机物通常呈现出来的这种必然性，是以这样一种方式呈现出来的，那么这种必然性就不是一种内在的必然性，就被理解为一种外在必然性，也就是外在目的论。这一段一开头讲到，"如果更仔细地考察"，事物在自己本身中即是目的这一规定同样也包含于这事物的概念里，这是通过更仔细地考察才能够看出来的。但是在一般的考察之中，就把这两方面分开来了，一方面是事物，另一方面是概念，概念并不在事物之中，而在事物之外，这就是外在目的论的观点。

　　——但由于这种作为在其自身中的目的的有机物不可能采取不同于

这种态度的别的态度,所以,就连它即是在其自身中的目的这一点,也是
显现着的和感性地在场的,并且是这样被观察的。

前面已经讲了,这个概念,这样一种必然性,存在于有机物自身之
外,这个是一种很外在的观点,但是下面,他又为这种观点做了一点辩
护。"但由于这种作为在其自身中的目的的有机物不可能采取不同于这
种态度的别的态度",这个"但"就是说,前面已经将有机物和目的分裂
开来了,成了外在的目的论了,但是,这种作为在其自身中的目的的有
机物,也就是这种内在目的的有机物,又不可能采取别的态度,只能采
取外在目的这样的态度,尽管它已经在自身中有它的目的概念了,但它
还是只能作为这样一个漠不相干的自为存在者,它只能够在这个前提之
下自行其是。这是有机物就它自身而言,它的态度只能是这样的,如果
你要看出它有内在目的性,那你就必须要把观察的理性提升到一个更高
的层次,提升到自我意识的层次,你才能看出来。而对有机物本身来说,
它不可能达到这样的层次,它只能是这样。"所以,就连它即是在其自
身中的目的这一点,也是显现着的和感性地在场的,并且是这样被观察
的",正因为这一点,即有机体不可能意识到它自己的目的是它内在的,
它只能够是跟它的这个目的不相关的,所以,就连它本来就是内在目的
这一点,也是显现着的和感性地在场的。内在目的也是显现着的和感
性地在场的,就是说,这样一个内在目的,本来它不是显现出来的,它是
隐藏着的,它不可能是感性在场的,它本来应该是这样,它是内在目的
嘛,所谓内在的就是看不见的。一个有机物它的内在目的你怎么能够看
见呢? 你只能从理性的角度来对它进行推断,但是它自己,既然它看不
见,所以,即使是它自身中的内在目的,对它来说,也只能是显现着的和
感性地在场的,就是说它只能够从显现的和感性在场的角度来理解这种
内在的目的。内在目的本来是隐藏着的,不能显现出来的,但是它只能
把它当作显现的和感性的东西来看。或者说,观察的理性,只能够把这
种内在隐蔽的目的性的概念当作是外在的、感性的、直观的东西来对待,

"并且是这样被观察的"，即按照一种感性对象来观察它的内在的目的。当然这是很表面的，内在的目的怎么能够通过直观和感性来看到呢？从感性是看不到内在的东西的；但是情有可原，因为有机体它本身并没有意识到这一点，它只能够采取一种漠不相关的态度，如果你只是立足于有机体本身，就事论事地进行观察，如果你停留在一种理性本能的层次上面来看待这个问题，那么你肯定就把它内在的目的概念遮蔽了，而把它的这种怪异的行为归之于和它相外在的某个造物主对它的规定，也就是把内在的目的也当作了外在的东西来看待，当作了感性直观的东西来看待。

有机物把自己显示为一种自我**保持**的、**返回**自身的并且**回到了**自身的东西。但是，在这种存在里，观察的意识认不出目的概念，或者说，认识不到目的概念不在别处的一个什么知性里面，而正是在这里实存着并作为一个事物存在着。

有机物，刚才讲了，要把它在其自身中的目的这一点显现为感性在场，那么如何显现呢？"有机物把自己显示为一种自我**保持**的、**返回**自身的并且**回到了**自身的东西"，"保持""返回"和"回到了"都打了着重号。针对它的外在显现，你要把它当作感性的东西，那么我们可以直观到，有机物去追寻、寻找食物，捕食、进食，新陈代谢，搞来搞去它活下来了。我们看到，如果它不捕食的话，它就会饿死，它就保持不了它自身，那么通过它的外在的追寻活动，它最后保持下来，它生长起来了，它繁衍了，它保持自身、返回自身并回到了自身，这个是可以感到、可以看到的，这就是它的显示。"但是，在这种存在里，观察的意识认不出目的概念，或者说，认识不到目的概念不在别处的一个什么知性里面，而正是在这里实存着并作为一个事物存在着"，这就是说，我们在直观上看到的这样一个事实，就是有机物跟其他万事万物不一样，在跟其他事物的交互作用中，它维持了自身，这个是我们可以看得到的，也是有机物把这个目的显示出来所显现的东西。但是，"在这种存在里"，"存在"概念刚才我们讲了,对于保持自身、回到自身、回到了自身这样一种东西,如果我们把它当一个"存在"来看待,那么在这种存在里,"观察的意识认不出目的概念"。它保持下来了,这个是它的目的吗? 是它自己要保持的吗? 观察的意识认识不到"目的概念不在别处的一个什么知性里而,而正是在这里实存着并作为一个事物存在着"。就是说我们看到了一个事实,有机体维持下来了,但是,在这种存在里面观察的意识认不出目的概念,它没有看出这个东西就是目的,就是内在的目的。这个有机体就是为了保持自己才去捕食,而它最后达到了它的目的,这个目的就是它的初衷,就是它的出发点。目的概念并没有明明白白地、感性地把这个目的显现出来,它显示出来的只是这个东西保持下来了,但是目的概念还在里面隐藏着,它看不出来,或者说,认识不到目的概念不在别处的一个什么知性里面,不在上帝那里,而正是在这里实存着,正是在这样一个有机体的感性显现过程中,就有目的的概念。但是观察的意识认识不到这一点,它把它归之于别的知性,归之于一个上帝,其实这样一种目的概念正是在这个事物里面实存着。实存(existieren),也翻译成"存在",但它跟那个 Sein (存在)的含义是不一样的,它有"生存"的意思,有"实存"的意思,更加具体一些。它正是在这里"实存"着,它就是这个事物、这个有机物内部的一个目的概念,它本身就是目的概念。但是观察的意识还看不出这一点,因为观察的意识是外在的、静止的,它怎么能够看到这个事物里面去呢? 内在的东西既然看不出来,那么你要解释这个事物,这个有机体它为什么能够维持下来呢? 为什么好像还有一个目的呢? 那么这个目的只能归之于有机体之外,一个外在的造物主。但是,它认识不到,目的概念不在一个什么别处的知性里,这反过来就说明了,它认为这个目的概念就在一个别处的知性里面。

　　观察的意识在目的概念与自为存在、自我保持之间造成了并非区别的区别。它没有看出这并非什么区别,而认为是一种行为,这种行为显得是偶然的、与通过行为所实现出来的东西漠不相干的;而那毕竟使这

261

两者结合在一起的统一性，^①——那个行为与这个目的，在它看来是天各一方的。

"观察的意识"，也就是理性的本能了，理性的本能"在目的概念与自为存在、自我保持之间造成了并非区别的区别"。造成了一种区别，一方面是目的概念，另一方面是自为存在和自我保持，也就是前面讲的返回自身并回到了自身的这样一个东西，这样一个东西是一个经验的事实，这是可以观察到的。一个动物，它没有死，维持下来了，这是观察得到的；但是目的概念在它之外。所以，观察的意识在目的概念与自我保持之间造成了一种区别，但两者本来应该没有区别的，本来这目的概念应该就在自我保持之中、之内，它是内在的，自我保持是外在的，显现出来的，它里面应该是目的概念。但是观察的理性看不出来，所以，它就把目的概念拉出来，放到了自我保持之外，归之于有另外一个知性使它自我保持，这个目的是由外在的一个知性加给它的。"它没有看出这并非什么区别，而认为是一种行为，这种行为显得是偶然的、与通过行为所实现出来的东西漠不相干的"，刚才讲了，并非区别的区别，它没有看出两者并非区别，而是认为这是一种有区别的行为，它显得是偶然的、自由自发的，与行为所实现出来的东西漠不相关的。"而那毕竟使这两者结合在一起的统一性，——那个行为与这个目的，在它看来是天各一方的"，虽然在这个行为中和这个目的中都有一种统一性，它毕竟使得双方统一起来了，一个是行为，一个是目的，这两者各自都是行为与目的的统一，行为肯定是指向目的的，目的肯定也是行为造成的，但是在观察的理性看来，它们又是天各一方、互不相干的。就是说有机体这种行为，它看起来是偶然的，为所欲为、自行其是，好像没什么规律性。它去捕食，捕这一只还是那一只，这完全是偶然的，是一种随机的选择。行为它所实现出来的东

---

① 第二版此句改为："而认为是一种行为，这行为显得是偶然的，既与行为实现出来的东西漠不相关、又与那毕竟使这两者结合起来的统一性漠不相关"。——袖珍版编者

西完全取决于环境,取决于你碰到了什么,所以它们是漠不相关的。但又毕竟要和一个目的相结合、相统一,不论是哪一个,总得有一个,这是一方;以及"这个目的",其实已经是目的概念了,但仍然必须通过行为而体现为"这一个",这是另一方。这两方面在理性的本能面前成为天各一方的了。这里讲的"而认为是一种行为,……那毕竟使这两者结合在一起的统一性",这句话在后面有个德文版的注,说是第二版把这句话改成了:"而认为是一种行为,这行为显得是偶然的,既与行为实现出来的东西漠不相关、又与那毕竟使这两者结合起来的统一性漠不相关"。就是说,把这种区别看作一种区分行为,这行为显得是偶然的,它既与行为实现出来的东西漠不相关、又与那毕竟使这两者结合起来的统一性漠不相关。一方面这种行为的结果到底怎么样,这与这个行为漠不相关,它当然要追求那个东西,但是追求得到还是追求不到,这个不取决于它,这取决于外部的条件;另一方面又与那毕竟使这两者结合起来的统一性漠不相关,也就是说,又与那个统一的目的概念漠不相关,那不是它考虑的事情。所以,这就导致那个行为和这个目的在理性的本能看来是天各一方了。这种改动的基本意思没变,改变了一下说法。就我们读下来,感觉好像第一版没有改的还容易理解一些,明白一些。也就是说,有机体它是一种偶然的行为,而另一方面,毕竟有一种统一性使得这偶然行为的两方面,就是行动和行动的结果,能够结合在一起。行动的结果就是它的自我保持了,它最后是自我保持下来了,那么它的行动跟这个自我保持怎么样能够结合呢? 肯定是跟目的性有关,它就是为了自我保持才去行动的,而这个为了自我保持才去行动在观察的理性看来,是一种外在的目的,是由外部加给有机体的,这两者漠不相关。虽然两者它都意识到了,但是两者漠不相关,或者说,两者有关系也是外在的关系。这是观察的理性所达到的认识。

[(3)有机物的行为及其内在与外在的方面]

263

我们前面已经展示了，外在目的和内在目的，这个有机物的行为具有这两方面，一方面它本身应该是有内在目的的，有机物已经是内在目的了，但是它又体现在外在的方面。那么这两方面是一种什么样的关系？这里就是讲内在与外在两方面的关系，它体现在行为中。

[176]　从这个观点看来，那属于有机物自身的东西，就是那处于它的起点与终点之间的中途的行为，只要这行为本身具有个别性的特性。

"从这个观点看来"，这个观点是什么观点呢？就是上述观察的意识，观察的理性，也就是将事物和目的概念分属于两边互不相干的观点。从观察的理性看来，"那属于有机物自身的东西，就是那处于它的起点与终点之间的中途的行为"，就是凡属于有机物自身的东西，都处于它的起点与终点之间，是一种中途的行为，它的起点不是它所关心的，它的终点也不是它所考虑的。比如动物的本能不是动物能够决定的，但是一旦决定了，它就体现出有机物的行为，具有各种功能和属性了；终点也不是它能够决定的，它最后能否延续下来，能否保持自身，要取决于环境，有些动物就灭绝了，它不能够支配它的环境。所以在起点上它不能自己决定，在终点上它也不能自己决定，唯有在起点和终点之间的那个中途的行为是属于有机物自身的，是有机物能够自己支配、能够自为存在的。下面一个补语："只要这行为本身具有个别性的特性"。有个限定，就是说这样属于有机物自身的行为，本身必须具有个别性的特性。就是说，在起点与终点之间，凡是那些体现出个别性的行为都是属于有机物自身的，如果没有体现出个别性，那当然不能算，那只能算一种干扰。在起点与终点之间，有机物自身所体现的行为是具有个别独特性的，它不是普遍一般的，它跟这个化学作用、物理反应，是完全不同的，它是非常独特的，狮子有狮子的生活方式，角马有角马的生活方式，那么这种行为方式就是属于有机物自身的东西。

但是只要一种行为具有普遍性的特性，并且使行为者与行为所产生的东西等量齐观，则这种合目的性的行为本身就不会属于该有机物了。

264

"但是只要一种行为具有普遍性的特性"，普遍性的特性，这个"特性"（Charakter）它本身是个别的，但只要它同时又是普遍的，这时它就是个别和普遍的统一。前面是强调它具有个别性、独特性，那就是属于有机物自身的行为，它排斥了起点和终点；但是这里强调的是，如果它具有一种普遍性的特性，"并且使行为者与行为所产生的东西等量齐观，则这种合目的性的行为本身就不会属于该有机物了"。只要一种行为具有普遍性的特性，这种普遍性的特性体现在什么地方呢？就是它使得行为者与行为所产生的东西等量齐观，行为者与它所产生出来的东西是同一的，虽然一个在起点一个在终点，但是内容完全相同，那这种特性就是具有普遍性的特性了；但这种普遍性就会被排除在个别性之外，而不属于该有机物了。也就是说，有机物它本身的这种个别性的行为，一旦体现为具有普遍性的特性，上升到了普遍的目的概念，能够把有机物的行为和所产生的东西、把原因和结果看作一回事，那么这种普遍性的特性就被排除在有机物自身之外，被归之于另外一个知性的合目的性了。虽然它的结果是由这个有机物的行为本身产生出来的，但是作为合目的性的行为本身不会属于该有机物，"不会"，这个是虚拟式了，如果有这种情况的话，那么它就不会属于该有机物了。这里和前面一直都在批判康德对有机物的那种由观察的理性、也就是理性的本能所带来的偏见，它要么陷于机械论的行为主义，要么陷于上帝之手的神秘主义。

那种只是手段的个别行为，则由于它的个别性，而服从一种完全个别的或偶然的必要性之规定。

"那种只是手段的个别行为"，我们前面讲了，起点与终点之间的中途行为，这个是属于有机物自身的，那么这样来看待有机物，那你就把它的行为仅仅看作了一种手段，仅仅是一种生存的手段，这个生存的目的、起点和终点都不是由它自己决定的，而手段是由它自己决定的，你采取一种什么样的手段，在中途你可以由自己决定，这只是手段。"则由于它的个别性，而服从一种完全个别的或偶然的必要性之规定"，这样一种个别行为，虽然目的在它之外的，它支配不了，但是它可以支配这个手段，所以它的行为当然是具有个别性的；只不过它要服从一种完全个别的或偶然的必要性之规定。这个"必要性"也可以翻译成"必然性"，但是翻译成"必然性"，就有点不通了，"偶然的必然性"好像是一个悖论，所以我们这里翻译成"必要性"。当然黑格尔并不怕悖论，黑格尔经常讲一些悖论，当作正面的、积极的命题。但是这里还没有那种意思，它只是"偶然的必要性"，动物性的东西都是这样，突然一下有这个必要了，不得已了，肚子饿的时候就要去求食了，饿个两三天还不要紧，饿久了就要死了。这种完全个别的或偶然的必要性之规定，是动物行为的个别性所要服从的，行为不过是手段，手段肯定是要为某个目的服务的，但这个目的对于动物来说，对于有机体来说，是完全偶然的，是一种偶然的必要性的规定，规定了这个有机物它的个别性。这种规定是个别的，而不是普遍性的。从普遍性来看它无所谓的，饿死就饿死了，多少动物都饿死了，有什么必要性呢？但是对每个动物来说，它是有必要的，它尽量地要维持自己的生存。但这种必要性对它来说是偶然的，并没有被看作是由它自己支配的，而是被规定的，它的本能是被规定好了的。

　　<u>因此有机物为了维持其自身为一个个体或一个类所作出的行为，按照这个直接内容来说，乃是完全无规律的，因为共相和概念都落在这种行为之外。</u>

　　这还是在批判康德对有机物的看法。"因此有机物为了维持其自身为一个个体或一个类所作出的行为，按照这个直接内容来说，乃是完全无规律的"，有机物要保持自身为一个个体或一个类，"一个类"是这里加上去的，前面讲的都是一个个体。但是一个个体终究最后要死亡的，有机体，有生必有死，那么个体死亡了以后，它留下了类，仍然是维持，维持类的生存。在类里面，这个个体死亡了，但是它的基因通过它的后代传下来了，它的种族传下来了，这也可以看作是一种自我保持。所以在个体的保持和类的保持之间是有一种连贯性的，往往个体会为了类的保

持而牺牲自己。一个个体或者一个类为了保持自身，要么是保持一个个体，要么是保持一个类，保持它的种族、族类，那么所做出的行为，按照这个直接内容来说，乃是完全无规律的。所谓的"直接内容"就是说，在起点和终点之间的那种中途行为，那是直接的，它既不考虑它的动机，也不考虑它最后要实现的目的，它只考虑中间的手段，那么这个手段，它就是直接的内容。它在干什么？它在捕食，它在撕裂动物的肉，它在吞噬，等等，这样一些直接的内容，乃是完全无规律的。你要从它的直接内容来看，把它的起点和终点都撇开，它是完全无规律的，碰到什么就是什么。"因为共相和概念都落在这种行为之外"，为什么是完全无规律的？是因为共相和概念都在这种行为之外，都不为它所考虑，只是本能地甚至机械性地，饿了就要吃，否则就没了力气。这种行为跟这种共相和概念，包括它的目的概念，都被看作是漠不相关的，相互外在的，那么这样一种行为的直接内容就是偶然碰上的、没有规律的了。就它本身来说，是没有规律的，你要找规律，只能到它之外去找，那不是它的规律，那是造物主的规律，就它本身来说完全无规律。这个完全无规律是跟自然界的其他物理化学规律相对而言，那些东西都是有规律的，而生物体的这样一种生存方式、生存手段是完全无规律的，找不到规律。你要用通常的规律来解释它，那就错了，用机械的、用化学的规律来解释生物学的规律，那就错了，在机械论和化学的眼光之下，生物的这样一些行为完全无规律。它的规律在它之外，在造物主那里，要用造物主的规律来解释它，那当然可以，但是自然科学一般不那样做，黑格尔的时代基本上是一个机械论的时代。当然，黑格尔并不认同观察的理性的观点，他认为共相和概念都应该在有机体自身内部，它当然应该还是有规律的。如果你把这个目的概念放在有机体自身内部，那它就有规律了，那就是一种有机体的规律，有机性的规律。机械性、化学性和有机性在黑格尔那里，是三个阶段，自然界的三个阶段，都是有规律的，有机物当然是有规律的，下面马上要讲到，有机物的规律是一种什么样的规律。但是如果你停留在观察的意识的这样一个水平，并且你把有机体自身的东西限定在起点和终点之间的那种手段，那么你是看不出任何规律的。因为共相和概念都落在这种行为之外。

据此有机物的行为将会是没有自身内容的、空洞的作用；而这种作用就会连一架机器的作用都不是，因为机器有一个目的，因而机器的作用是具有一定内容的。

"据此"，就是根据前面讲的这种观察的意识，这样一种狭隘的观点，"有机物的行为将会是没有自身内容的、空洞的作用"，这也是虚拟式。就是说按照这样一种观点来看，那就会得出一种什么样的结论呢？那就是说，有机物的行为将会是没有自身内容的、空洞的作用了。有机物的行为你找不到规律，完全是偶然的，那么它就没有自身的内容，它的生物学规律就没有了，就可以还原为机械作用和化学作用了。你如果把有机物的行为完全当作一种起点和终点之间的手段来看待的话，那它就只好还原为机械论了。自然科学里面有还原论，一切东西都最终可以还原为机械作用，原子分子的运动，当然黑格尔那时候还没有，但是还原论的思想自古就有，就是把目的性还原为机械性。既然还原为机械论，那么它的内容就是机械性的内容了，那就不是目的论的内容了，那么有机物的行为就会是没有自身内容的、空洞的，它的内容都是化学性机械性的内容，它自己的内容就没有了，就被还原掉了。它起到了作用，但这个作用从生物学的眼光来看，一无所有，它可以还原为机械关系。"而这种作用就会连一架机器的作用都不是，因为机器有一个目的，因而机器的作用是具有一定的内容的"，如果你这样来看待一个生物体的话，那它就连一架机器的作用都不如。机器的作用跟机械作用还不一样，机械作用可以说是自然界的作用，但是机器是人工的，机器虽然也是机械作用，但是它是人工造出来的，是有目的的。你如果把生物体的作用还原为那样一种机械作用的话，那么它连一架机器的作用都不是，或者都不如，为什么不如？因为机器还有一个目的，它的作用是具有一定的内容的。机器当然也是机械作用，但是机器的作用有个目的，比如说一个钟表里面的那些齿轮，那些弹簧，那些交互作用的关系，那是设计好了的，一环套一环的。机器有一个目的，我们看到一个设计得精巧的机器，一个钟表，或者一个什么仪器的时候，我们就知道，这跟自然万物是不一样的，跟潮水、山洪、泥石流，跟这样一些东西是不一样的，那些东西没有目的，而机器有一定目的，因而具有一定的内容。拉·美特利说"人是机器"，但如果一个生物体完全还原为机械作用，那它连机器都不如。

　　如果离开了共相，这作用就会成为一个仅仅是作为*存在者*的存在者的活动，即是说，它就会是一种像酸或碱的作用那样并不同时反思到自身的活动了；但一种作用，既不能摆脱其直接的定在，又不能放弃在与这定在的对立面相联系时丧失着的定在，是不可能维持自身的。 {149}

　　"如果离开了共相，这作用就会成为一个仅仅是作为**存在者**的存在者的活动"，这个还是接着上面这句话来的。机器作用具有一定的内容。但是如果离开了共相，哪怕是机器的作用，这个作用也将会成为一个仅仅作为存在者的存在者的活动了，就是说你如果把机器里面的那个目的去掉，就会是这样。当然我们一般看到一个制作得很精巧的机器的时候，我们就知道它是有目的的，但是它这个目的是什么我们不一定知道，这个仪器是用来干什么的，我们不一定知道，要设计者和使用者才知道它。但是如果离开了这个共相，也就是说离开了这个机器它的各个环节发生作用的那个共同目的，那个目的对于这个机器从头至尾的活动来说是一个共相；如果没有这个东西，如果你不考虑这个东西，比如说一个外行，他看到了这个东西，他就是看到这个东西在动，他不知道是为了什么，——如果这样的话，这作用就会是一个仅仅作为存在者的存在者的活动了。"作为存在者的存在者"，就是无概念的存在者，只能就事论事，那个东西在那里动，我看到一个齿轮在那里动，另外一个齿轮也跟着它在动，就是这样一些活动。那么这些活动有什么意义呢？不知道。离开了一个把握所有这些活动的共相、一个共同的目的概念，那么你就只能

269

看到这些东西在动，这里在动，那里又在动。"即是说，它就会是一种像酸或碱的作用那样并不同时反思到自身的活动了"，就像酸或碱的活动一样的，一个齿轮在动，另外一个齿轮跟着在动，就像酸性的东西碰到了碱性的东西起了一种化学反应，这没什么区别。这些活动都并不同时反思到自身，酸和碱在一起起了一种化合作用，形成了盐，形成了就形成了，并不是发展了酸或完成了碱，它形成了一个后果就只是一个后果，它并不反过来去追究，为什么这个酸要和碱作用？这个在自然界是一个没有意义的问题，酸碰到碱了就会起作用，没有为什么的问题。但在机器里面有，为什么这个齿轮要推动另外一个齿轮，这个弹簧要推动另外一个弹簧，它就有为什么的问题。而这个为什么的问题，就是同时反思到自身的问题。在机器的齿轮里面，它是一种同时反思到自身的活动，而同时反思到自身的活动它是有赖于一个共相的，有赖于它自身必须体现一个共相，否则的话，这种作用就没有这种反思了。"但一种作用，既不能摆脱其直接的定在，又不能放弃在与这定在的对立面相联系时丧失着的定在，是不可能维持自身的"，直接定在就是刚才讲的"作为存在者的存在者"，存在者，Seiende，就是存在着的东西，它相当于定在，Dasein。不能摆脱直接的定在，就是说只能局限于对存在着的东西、对定在的观察，而无法超越它而提升到共相，甚至当这定在和它的对立面相联系时丧失着自身时，也仍然不放弃这定在，仍然不能提升到共相，还是局限在直接定在上，那么这样一种作用是不可能维持自身的。例如动物如果停止新陈代谢，停留于当下作为存在者的存在者，把所有吃进去的东西都保留在体内，甚至在它们已经变质时也执着于它们，不将它们排泄掉，那么它就无法维持自身了。只有让一个定在取代另一个定在，摆脱旧的定在而获得新的定在，生命才得以继续维持。而这就需要有一个超越于所有定在之上的目的来支配整个过程。

　　但是在这里考察过其作用的那个存在，则被建立为一种在它与其对立面的联系中**保持自身**的事物；

　　这是个转折，前面讲的都是对有机体的一种误解，包括康德的误解，实际上是把有机体还原为机械作用和化学作用，最后就否定了有机体，否定了自我保存了。"但是在这里考察过其作用的那个存在"，它当然还是存在，这里所考察过它的作用，也就是有机体的作用，它的存在是一种什么存在呢？"则被建立为一种在它与其对立面的联系中**保持自身**的事物"，它的存在就是这样一种保持自身，"保持自身"打了着重号，这个保持自身是可以看得到的，可以感性地直观到的，但它被建立为一种在它与其对立面的联系的中保持自身，必须在与其对立面的联系中保持自身。在对立面的联系中不是消失了，前一句讲的是在对立面里丧失着的定在，但是在这里讲的这种存在，恰好在它与其对立面的联系中保持自身。一般的与对立面相联系就不能保持自身了，遇到了它的对立面，遇到了它的对头，遇到了它的克星，那么它就丧失了，它就消融了，比如说酸碰到了碱，那还有酸吗？那就没有了，就不能保持自身了。但是有机体它是不一样的，在与它的对立面的联系中保持自身，它在与无机物或者其他有机体的对立中能够保持自身，它靠吃掉这些东西仍然维持下来了，而不是像酸一样被碱所中和了。有机体在它的化学反应中、在它的新陈代谢中，它自身维持下来了，这种存在跟前面的存在就不一样了，当然都是存在，都还是可以直观到的，可以感觉到的，但这种感觉，要高一个层次。

　　活动本身无非是这种事物的自为存在的纯粹的、无本质的形式，而这种活动的实体不仅是被规定了的存在，而且是共相，这活动的**目的**并不落在它自身以外；它是在其自身中自己返回自己的活动，而不是被一个什么外来的东西操控回自身的活动。

　　这是黑格尔的正面解释了。"**活动**本身"，"活动"打了着重号，前面也讲到了活动，退上去第五行："这作用就会成为一个仅仅是作为**存在者**的存在者的活动"，作为存在者的存在者的活动就是机械活动。但在这里，"**活动**本身无非是这种事物的自为存在的纯粹的、无本质的形式"，有机体的活动本身不过是有机体的自为存在的形式，不再是仅仅作为存在者的存在者，而是作为自为存在的形式的存在者，它是纯粹的，就其本身来说是无本质的。就是说，它脱离了"作为存在者的存在者"的那种以自身为本质的局限性，纯化为一种无本质的形式，它的本质内容不在活动本身，而是在活动所体现的目的上。"而这种活动的实体不仅是被规定了的存在，而且是共相，这活动的**目的**并不落在它自身以外"，有机体的活动的实体或者说实质是怎样的呢？它不仅是被规定了的存在，不仅是定在，而且是共相。活动本身只是有机物的自为存在的纯粹无本质的形式，注意这个"本身"，就是说这种活动就它本身的存在来说，只是有机体的自为存在的某种形式，而有机体不光是这种形式，而是自为存在、独立存在的，是个别性，这个前面已经讲了。离开这种自为存在单独看它的活动本身，那就只能是抽象的无本质的形式。这种活动，这个形式本身，并没有它自身的本质，它的本质不在活动本身，不在那些机械化学作用，而在这个有机体的自为存在中，在它的由共相规定了的存在中，那就是它的实体或本质。这种活动的实体不仅是被规定了的存在，而且是共相，就是说，不仅像机械活动那样被偶然规定了的，而且是由共相来普遍必然地规定的。这种活动在自身内有一种共相，不管它的形态如何变，如何带有偶然性，"酒肉穿肠过，佛性心中留"，分子原子川流不息，一个有机体从幼到老，从小到大，它还是它，当然改变了很多，但是有一个共同的东西贯穿一切。所以它不仅仅是被规定了的存在，而且是共相，这个共相是内在于这个实体、内在于这个有机体的。所以"这活动的**目的**并不落在它自身以外"，这活动的目的就是那个共相，它并不落在有机体自身以外。它的目的就是这个内在的共相，就是使这个有机体前后一贯地持存下来的那个本质的东西，那个实体性的东西。这个有机体的形式、形态可以变来变去，可以由小变大，还可以通过生殖而繁衍下来，传宗接代，等等，这些表面的存在形式可以变来变去，但是它的那个共相、它的目的在它之内，并不落在它自身以外，它是一贯的、不变的。"它是在其自身中自己返回自己的活动，而不是被一个什么外来的东西操控回自身的活动",这个就说得很明确了。内在的目的,没有一个造物主从外面来操控它,使它返回自身,使它保持自身。返回自身、保持自身都是一些可以直观到的现象,但是它里面的根据是在它自己,不是外在的东西使它能够自我保持的。这里一直都在批判的就是外在目的论,它必将导致上帝的操控,外在目的论要追溯,最终会追溯到上帝的操控,而内在目的论排斥这些,它单凭自己就可以解释它自己的活动。

好,我们再继续刚才的。这里好几段,整个都是在讨论外在目的和内在目的的问题,黑格尔对这个问题非常关注,因为这个问题涉及对他的整个体系的理解。我们讲,黑格尔是一个目的论者,绝对精神创造世界,然后在历史的发展过程中一步一步地达到自我意识,这是黑格尔整个体系的一种有机观。他跟康德一个很大区别就在这里,康德基本上还是一种机械论的自然观,虽然他引进了目的论,但那只是人的反思的眼光,而不是客观事物本身的本质或实体。但是黑格尔完全是目的论者,哪怕在谈到机械论的时候他仍然是用一种目的论的眼光来看待它,像我们前面讲的知觉和力,讲到那么多的自然科学的知识,力学的,化学的,他都是力图从里面去发现内在的东西 (das Innere),要把内在的东西引出来。所以他压根一开始就用一种精神的眼光来看待这个非精神的机械的自然界,他把自然界看作是一种精神的沉睡状态,还没有觉醒,那么最后从中发展出人的精神来是必然的,人无非是自然界的自我觉醒过程。那么到了人类社会历史,乃至于绝对精神,都是这样一个觉醒的过程,人也伴随有觉醒的过程,通过历史,人越来越意识到、认识到自己的精神就是上帝,就是绝对精神。所以整个宇宙观在黑格尔那里都是内在目的论的。我们看他具体是怎么样讨论的。

但普遍性与活动的这种统一因此就并不是对这个**观察的**意识而言的,因为那个统一在本质上是有机物的内在运动,它只能被作为概念来统握;

我们先看这半句。"但",这个"但"是一个转折,前面讲了,内在目的论,它的目的并不落在它自身以外,应该就是在自己内部,它不是被操控的,而是它自己返回自己的活动。但"普遍性与活动的这种统一",这里的"普遍性"相当于前面讲的"目的",或者说"共相",目的与活动的这个统一,共相与活动的统一,这就跟前面讲的那样一种作为存在者的存在者的活动大不一样了。观察的理性一开始把有机物的行为看作是在起点和终点之间的一种活动,中途的活动,作为手段的活动,那就把它变成一种作为存在者的存在者的活动了,那是就事论事的、很表面的一种活动;但是有机体的活动呢,应该是具有共相的,具有目的性在自身之内的,不是仅仅从作为存在者的存在者就可以看出来的。所以他讲:普遍性与活动、目的和活动的这个统一"因此就并不是对这个**观察的**意识而言的","观察的"打了着重号,就是这种统一不是这个观察的意识所能够看出来的,观察是旁观,从旁边去观察,怎么能观察到它里面的东西呢?内在的东西你是观察不到的,而普遍性与活动的这个统一是内在的东西,是这种事物的自为存在。所以它并不是对这个观察的意识而言的,"因为那个统一在本质上是有机物的内在运动,它只能被作为概念来统握",观察的对象没有进入到概念,而那个统一只能够被作为概念来统握,只能够从概念方面内在地来理解,它本质上是有机物的内在运动,它不是从外部的一些关系、从存在者的一些关系上就能够加以规定的。这个内在的东西在黑格尔那里是个重要的关键词,他就是要从万事万物的各种各样的运动中去发现内在的东西,哪怕在力和力的表现、力的规律里面,他也试图去发现、去挖掘它里面所包含的内在的东西,超感官世界的东西,前面多次都提到这一点。那么在有机物这里更加是明显的,有机物的这样一种目的和活动的统一,它是一种内在的运动,本质上是有机物的内在运动,只能被作为概念来统握、来理解。

然而观察所寻求的却是些在**存在**和**持存**形式中的环节,又因为有机整体本质上是那种本身并不是这样包含这些环节、本身也不要求发现这

些环节的东西,于是这意识就在自己的观点中,将这一对立转变成为一   [177]
种符合于它自己的观点的对立了。

前面讲到,有机体统一的概念不是对观察的意识而言的,它是一种
内在的统一;而这里说"然而",又转回去了。"然而观察所寻求的却是
些在**存在**和**持存**形式中的环节",观察,它要观察什么呢?它要观察的是
在存在和持存形式中的环节,"存在"和"持存"都打了着重号,存在着的
东西和持存着的东西,也就是作为存在者的存在者,以这样一些形式所
表现出来的诸环节,这些东西才是观察的意识所要研究的对象。就是说,
存的东西,持存的东西,这些东西都是表面的,都是感性直观的,一下
子就看出来了,至于内在的东西,表面看不出来的东西,那不是观察的意
识所要寻求的。"又因为有机整体本质上是那种本身并不是这样包含这
些环节、本身也不要求发现这些环节的东西",整体,Ganze,有机的整体,
也就是从全面整体上来看有机体,来考察它的共相、它的系统质的话,那
么它就不是这样直接把这些环节包含在内的。你可以从具体细节中发现
它的各种各样的持存的或者存在的环节,它的各个部位的结构、功能、作
用方式等,你都可以找得到;但是从它的整体上来说,它"本质上"并不
是这样包含这些环节的,也不要求发现这些环节。我们说,有机体必须
从整体上来把握,我们通常讲的"有机的把握",那意思也就是说要整体
地把握,系统地把握,在这样把握整体时,各个部分已经被超越了,不再
直接进入整体的视野,不再以它们被"发现"的偶然性干扰整体的理解。
所以有机论是看重整体的,机械论是看重个别环节的,有机论是综合的,
机械论是分析的。机械论总是从部分出发,一部分一部分地、一个环节
一个环节地去加以把握,然后,就以为它就把握到了整体,实际上这个整
体被肢解了。而有机体呢,它的整体是不可分的,不是通过一部分一部
分的把握就能够自然地把握整体,而是"整体大于各部分之和",这就是
有机体的特点。你要理解整体,你不能说把这些环节加起来就是整体了,
不是的,你加起来还没有达到整体,它的整体本质上并不直接包含这些

275

环节，并且本身不要求发现这些环节，你如果在整体中发现了有几个环节，有几个部分，那这个整体就还不是整体，它还只是各部分之和。它本质上是这样一种东西，本质是单纯的，整体是单纯的，它不是支离破碎的，不是拼凑的，不是相加的，它就是一个。有机的整体就是一个，它跟这些环节相比是更高层次的东西，它是超感官世界。既然这样，"于是这意识"，"这意识"就是观察的意识了，"就在自己的观点中，将这一对立转变成为一种符合于自己的观点的对立"。就是说，既然有机体超越于感官世界，它有内在的东西，只能作为概念来把握而不能够直观到，于是观察的意识就在自己的观点中，将这一对立转变成为一种符合于它自己的观点的对立。既然它没有看到内在的东西，于是，它就在自己的观点中把这种对立，"这种对立"就是普遍性与活动的对立，它看不到那个统一，它看不到普遍性与活动的统一，于是，它就以一种对立的观点来看待普遍性与活动的关系，并且把这种对立转变成一种符合于它自己的观点的对立。什么是符合于它自己观点的对立？就是外在的对立，观察的意识是一种外在目的性的观点。本来在有机体里面，普遍性与活动的统一当然也包含对立，但这个对立，是被统一了的，是内部的对立统一，在对立中得到统一，得到调解。当然它也有对立，否则的话谈何统一呢？统一就是把对立的东西统一起来。但是观察的意识，就把这样一种对立统一变成了一种符合于它自己的观点的外部对立，没有内部统一，因为观察的意识它看不到这种统一，这种统一是超感官的，是内在的。它去掉了这一层，那么剩下的这个对立就没有办法统一了，就是种外在的对立了，这才是这种意识所能够理解的。

以这种方式，对于观察的意识而言，所产生的就是作为两个**存在着的和固定的**环节之间的一种联系的有机本质，——这是一种对立，因而一方面其双方好像已经在观察中被给予这意识了，另一方面按其内容，则表现了有机的**目的概念**与**现实性**之间的对立；但这是由于概念本身在这里以思想沉没在表象中这种模糊而表面的方式被清除掉了。

　　"以这种方式"，就是观察的意识上述外在对立的方式，"对于观察的意识而言，所产生的就是作为两个**存在着的和固定的**环节之间的一种联系的有机本质"，对观察的意识而言，就产生了这样一种有机本质，什么样一种有机物本质呢？作为两个存在着的或固定的环节之间的联系的有机本质。观察的理性也提出来一种有机的本质，它这种有机的本质是非常表面的了，非常粗浅的，是符合它自己的观点的。这种有机本质是作为两个存在着的或固定的环节之间的一种联系，两个什么环节？就是普遍性与活动，或者目的性与活动，或者是共相与活动，都可以；但是这两方面都是存在着的和固定的，它是这两个环节之间的一种联系。这两个环节之间的这样一种联系是外在的，因为它们都是存在着的和固定的，而有机体呢，在观察的意识看来它的本质就是这种联系，这是种外在目的论的联系。一个有机体追求一个它之外的目的。那么这样一种联系就是有机体的本质，外在的目的就是有机体的本质。一个有机体、例如一个动物生下来就是为了追求另外一个东西。我们前面提到了，猫生下来就是要吃老鼠，它就有这个目的，有机体的本质就在于这样一种关系之中。这是对观察的意识而言产生的这样一种有机的本质，即把它看作两个存在着的、固定的环节之间的一种外在的联系。"这是一种对立"，这种有机本质当然是一种对立了，这种对立，"因而一方面其双方好像已经在观察中被给予这意识了"，一方面，好像双方已经都在观察中给予这意识了，因为对立嘛，肯定要有双方才能够对立，因此这双方对于这个意识都是已经现成在手了的。"另一方面按其内容，则表现了有机的**目的概念**与**现实性**之间的对立"，也就是说，另一方面表现了双方的对立，这双方就是目的概念和现实性，也就是前面讲的普遍共相与活动。注意这个"按其内容"，前面讲到了，这个活动其实是一种纯粹无本质的形式，但是这个观察的意识，往往不从形式方面来看，而总是抓住活动本身的内容，抓住质料，抓住现成的东西，抓住机械性的存在。按照这种内容，那当然就只能表现目的概念与现实性之间的对立了。所以一方面，这双方其实

277

都已经给予观察的理性了；另一方面，它们又表现为一个对立，有机的目的概念与现实性活动之间的对立。我们把目的设定为这个有机体的活动之外的一个对象，而不在它自身；但那个对象同样也不在自身拥有它的目的，而把目的也设定在它之外。比如说一个食肉动物它要捕捉那个食草动物，把它当作目的，但是那个目的、那个食草动物又有另外的目的，那个目的又是由另外的目的所设定的，所以另外的目的又有另外的目的，一个事物和它的目的永远处在对立之中。最终你不知道这一切是为了什么，因为设定这个食肉动物去追捕食草动物的那个终极目的是高高在上的，那是追求不到的。所以最后要引出上帝来啊，最后只能冥冥之中归之于上帝，否则的话这个目的链条无穷无尽，整个就成了无目的的。这就是观察的意识所陷入的困境。"但这是由于概念本身在这里以思想沉没在表象中这种模糊而表面的方式被清除掉了"，就是说，观察的意识为什么陷入这种困境，为什么一方面把对立的双方看作已经在手了，已经被给予了，而另一方面，又让它们处在目的概念与现实性之间的对立之中，为什么会这样呢？就是由于概念本身在这里被清除掉了，以思想沉没在表象中这种模糊而表面的方式被清除掉了，也就是概念和思想被表象遮蔽了。因为观察的理性只能从存在着的东西、持存着的东西来看问题，来看待所有的对象，而目的和概念是内在的东西，是超感官的东西，所以实际上目的概念从来都没有进入到它的视野之中，被清除掉了，以什么方式被清除掉了呢？以思想沉没在表象中这种模糊而表面的方式被清除掉了。思想沉没在表象之中，思想被掩埋在表象之中。思想、概念，内在的东西，超感官的东西，被淹没在那些表象之中，表象就是直观的东西，感性的东西，知觉到的东西，那些存在着的东西，那些可以拿来作为对象直观的东西，是那样一些东西把思想给淹没了。观察的意识它已经有思想，为什么它老是要去寻求目的呢？目的明明寻求不到，是个内在的东西，它为什么老是要去寻求呢？正说明思想在它里面起作用，但是，以表象的方式出现。它一旦要寻求目的，就寻求到这些表象上。观察的理性还没有达到这样一个层次，没有达到能够从概念来把握目的这样一个层次，所以它还停留在表象中，停留于理性的本能之中。

所以，我们就看到目的概念大致被认为是归在**内在的东西**之下的，而现实性则是被认为归于**外在的东西**之下，而它们的联系则产生出这样的规律：**外在的东西是内在的东西的表现**。

这里面总结出有机体的规律来了。"所以，我们就看到目的概念大致被认为是归在**内在的东西**之下的"，大致被认为，也就是说前面讲的"模糊而表面的方式"，以"模糊而表面的方式"来归类，所以我们就看到了，目的概念大致被认为是归在内在的东西之下的。我知道目的概念是内在的，我看不到它，但是我大致可以猜到它里面有内在的东西，目的概念就在它里面，就在那个内在的东西里面，大致是这样。"而现实性则是被认为归于外在的东西之下，而它们的联系则产生出这样的规律：**外在的东西是内在的东西的表现**"，目的概念和现实性，它们有联系，外在的东西和内在的东西它们是有联系的啊，同一个有机体，你必须把它们联系起来考虑啊。那么，由此就产生出这样的规律，Gesetz 就是"规律"了，什么规律？外在的东西是内在的东西的表现，这就是有机体的规律。在观察的理性的眼光之下，外在的东西和内在的东西是作为两个东西而互为他在的，互相外在的，但是这两个东西也有它们的联系，我们把这个联系概括为这样一条规律：外在的东西是内在的东西的表现。但这是一种猜测，在观察的理性看来，它虽然看不到内在的东西，但是它可以猜到有内在的东西，并且凭借这一点得出一个规律，外在的东西那肯定是内在的东西的表现。这和前面讲"力和力的表现"的情况有些类似 [参看贺、王译本第 96 页]，力是内在的东西，但它必须表现出来才是力，但这样一来，一切力都必须表现在外，都只有从外在东西的眼光才能把握，于是内在的力就被遮蔽、被替代了。有机体在观察的理性这里也是一样，外在的东西是内在的东西的表现，听起来很合理，但意思是一切内在的东西都只有从外在的东西这种表现上才能把握，这就把内在的东西架空了，甚至于把它本身也外在化了。

　　对这个内在的东西和它的对立面以及两者的相互联系做更仔细的考察，结果是，对前者而言，这条规律的两个方面不再具有像以前那些规律那样的内容，好像它们作为独立的**事物**，每一个都显现为一个特殊的物体似的，而对后者而言也是如此，不再是好像那任何其他情况下都在**存在者之外**的共相也要拥有自己的实存似的。

　　这是一个更仔细的考察。他这里又提到了"更仔细的考察"，前面有个地方已经讲到了，今天讲的最开头，第一句话就是"如果更仔细地考察，那么事物在自己本身中即是目的这一规定同样也包含于这事物的概念里。"[贺、王译本第 175 页]。那么这里又出现了"更仔细的考察"。这意味着什么呢？意味着我们现在要超出观察的理性、观察的意识来看一看，更精确、更贴切地来看一看事情本身是怎么样的。"对这个内在的东西和它的对立面"，"对立面"也就是外在的东西了，为什么要讲"和它的对立面"而不讲"和外在的东西"呢？ "内在的东西和外在的东西"不行吗？ 他不，他要讲"内在的东西及其对立面"，就是要强调内在的东西是和外在的东西不可分的，"以及两者的相互联系"，两者是有联系的。在它们的联系中来"做更仔细的考察"，我们对这个联系，也就是对上面的这个规律"外在的东西是内在的东西的表现"这个规律，再做更仔细的考察，结果是什么呢？ "对前者而言"，也就是对内在的东西而言，"这条规律的两个方面不再具有像以前那些规律那样的内容，好像它们作为独立的**事物**，每一个都显现为一个特殊的物体似的"。对前者而言，这条规律的两个方面不再像以前那些规律那样，以前的规律，在此之前凡是讲到规律，都是外在的，都是具有那样一种内容，什么样一种内容呢？似乎它们作为独立的事物，"事物"打了着重号，每一个都显现为一个特殊的物体似的。也就是说，现在是内在的东西了，那么对它而言规律的两个方面不再像以前那样，显现为两个特殊的事物、特殊的物体的对立，因为这样对立的事物或物体的联系不可能是内在的，而只能是外在的。所以，外在的东西是内在的东西的表现这条规律,它的两个方面,这个"外在"和"内在"不应该再像以前的规律那样作为独立的事物,外在的东西是一个独立事物,内在的东西也是一个独立事物,这样来发生联系。在有机体的这条规律里面,外在的东西不再把它的内在的东西当作另外一个外在的东西来发生关系了,它跟内在的东西的关系不是两个外在的东西的关系,它们已经是不同层次上的关系,而不是两个并列的事物之间的关系。这就是有机体的规律跟以往所有的规律都不同之处,是更仔细的考察可以看出来的,但是如果不做这种更仔细的考察,如果还停留在观察的意识这个水平上面,那你很可能把它当作两个外在的事物的关系。这个结果已经和以前不同了,下面还有不同:"而对后者而言也是如此,不再是好像那任何其他情况下都在**存在者之外**的共相也要拥有自己的实存似的",而对后者而言也有不同,"后者"就是外在的东西了,这里也有同样的情况,即不再像以前那样,似乎那处于存在者之外的共相也要另外拥有自己的实存。共相任何时候应该都在存在者之外,这在观察的意识看来就是这样,从当年的唯名论就是如此认为的,共相都被排除在存在者之外,普遍的东西被排除在个别存在者之外。那么排除在存在者之外,那它是个什么东西呢? 它也要拥有自己的实存。在观察的理性看来,共相是另外一个东西,是另外一个实存,Existenz,即算不是一个物体、一个事物,也是某种东西,也有它自己的实存。所以,虽然共相我们看不见、摸不着,但是我们最后要设想一个上帝,设想一个另外的知性,一个造物主,它有它的实存,它就是共相,是在个别的东西之外、在存在者之外的那个共相,它应该也有它的实存。但是现在已经不再这样看了,现在通过更仔细的考察,这种内容已经在现在这种规律里面不存在了。以前那样的内容表现为两个方面,一方面就是对立双方都作为独立的事物,每一个都显现为一个特殊的物体;另一方面,内在的东西另外要有一个外在的实存,哪怕想象为一个上帝,一个更高的知性,它也是一个外在的实存。不管是外在的也好,内在的也好,以往我们都把它们实物化了,或者

281

说事物化了,都设想为一些事物之间的关系,但现在,通过更仔细的考察,已经不具有这样的内容了。

相反,有机物的本质作为内在的东西与外在的东西的内容在其基础上就是根本不可分的,对于双方都是同一个东西;因此,这一对立还只是一种纯粹形式上的对立,它的两个实在的对立面都以同一个**自在**为其本质,但同时,由于内在的东西与外在的东西也是对立着的实在性,是一个对观察而言有差别的**存在**,所以在观察的意识看来它们就好像每个都有自己特具的内容似的。

"相反,有机物的本质作为内在的东西与外在的东西的内容在其基础上就是根本不可分的",这个是通过更仔细的考察所得出来的结论,这是现在的结论,刚才讲的都是以往的那些规律,以往的那些理解,它们只不过停留在那样一种外在的理解之上。而现在的情况则相反,有机物的本质作为内在的东西与外在的东西的内容,在其基础上就是根本不可分的。形式上是不同的,一个外在一个内在,但是在内容上来说,"对于双方都是同一个东西"。没有两个东西,一个内在的东西,一个外在的东西,它们其实是同一个东西,它们的区分只是一种形式上的区分,从它的内容上来说,它们是根本不可分的。"因此,这一对立还只是一种纯粹形式上的对立"。刚才讲了,从内容上来看它们其实是一个东西,但是从形式上来看,我们当然可以把它们区别开来,它们看起来好像是对立的,但是这种对立还只是一种纯粹形式上的对立,它不是内容上的对立。不是说有两个东西,目的的概念和有机体本身是不可分的,你不能把有机体分成两半,一半是有机体本身,另一半是有机体的目的,不能这样分。这一对立还只是一种纯粹形式上的对立,"它的两个实在的对立面都以同一个**自在**为其本质","自在"打了着重号,它的两个实在的对立面,内在的东西和外在的东西都是实在的对立面,外在的东西就是有机体的活动,内在的东西就是有机体这种活动的目的,一个是活动,一个是目的,它们都是很实在的。但是它们都以同一个自在为其本质,或者从自在的层面看,它们都是同一个实体,它们都以同一个实体为本质。"但同时,由于内在的东西与外在的东西也是对立着的实在性,是一个对观察而言有差别的**存在**",这就解释了观察的意识为什么会出现那样一种错觉。因为虽然双方在内容上都是同一个自在的实体,但同时由于内在的东西与外在的东西在形式上也是对立着的实在性,有机体的活动与它的目的确实也是对立的,在目的没有达到的时候确实也是分裂的,所以对观察的意识来说,它很容易把这种形式上的对立误认为是内容上的。所以,对观察而言,这两个东西是有差别的存在,"存在"打了着重号,因为观察的意识它就是从存在的这个水平上来看待一切的,所以它把这两个东西看作是有差别的存在。既然是有差别的存在,那么这个差别本身就体现为存在上的差别,就体现为两个不同的存在。"所以在观察的意识看来它们就好像每个都有自己特具的内容似的",在观察的意识看来就变成这样了,它觉得每一个都有独特的内容,一个是有机物本身的活动,再一个,这个活动里面所蕴涵的内在的东西,那就是它的目的,它们都有自己特具的内容,好像它们是可分的。当然其实它们根本就是不可分的,但是观察的意识习惯于从存在的眼光来看待它,所以就把它分成了两个完全不同的独特的内容。

　　但这种特具的内容既然就是同一个实体或有机统一体,它实际上就只能是这同一个东西的一个不同的形式;而这已经被观察的意识通过外在的东西只是内在的东西的**表现**这一点暗示出来了。　　　　　　　　　　{150}

　　"但这种特具的内容既然就是同一个实体或有机统一体",这个是"更仔细的观察"所得出的结论,观察的意识是表面的、不太仔细的观察,而我们所进行的是一种更仔细的考察,我们得出的结论就是:这种特具的内容就是同一个实体或有机统一体,而不是每个对立面都不同的内容。那么"它实际上就只能是这同一个东西的一个不同的形式",特具的内容看起来好像很独特,其实没什么独特的,它跟它的对立面只不过是同一个东西的不同形式。同一个东西表现为某一种不同的形式,观察的意识就把它看成是有独特的内容，但其实不是，实际上就只是这同一个东西的一个不同的形式。"而这已经被观察的意识通过外在的东西只是内在的东西的**表现**这一点暗示出来了"，观察的意识已经得出了有机体的规律，有机体的规律就是"外在的东西是内在的东西的**表现**"。那么这种规律，当然观察的意识可以作它自己的解释，就是说外在的东西和内在的东西是两个不同的东西，是两种特殊的存在，它是这样理解的；但是更仔细地考察，我们可以作更深入的理解，可以挖掘出它更深的含义。就是说，这样一条规律实际上已经暗示出了这一点，就是它们实际上是同一个实体、同一个有机统一体的不同的形式，外在的东西是内在的东西的表现，这已经暗示了内在的东西和外在的东西是同一个东西，只不过表现为不同的形式，那岂不是顺理成章吗？既然你说外在的东西是内在的东西的表现，那我们就可以说外在的东西是内在的东西的一种表现形式，实际上它就是内在的东西，我们把它看作是外在的东西，看作内在的东西的表现形式，形式和内容是不可分的。所谓"暗示"出来了，就是说观察的意识并没有明确地意识到这一点，它以为只需要抓住这个"表现"就行了，内在的东西就不言而喻了，就不必再去深入考虑内在的东西了；但它向旁观者暗示出的恰好是，内在的东西不是单凭"表现"可以把握住的，必须深入到表现后面的实体。但这一点，它自己并没有自觉。

——对这关系的这样一些规定，即各个差别彼此漠不相关的独立性，以及在独立性中的那使差别在其中消失掉的统一性，我们在目的概念上已经见到过了。

"对这关系的这样一些规定"，对上面这种关系的各种规定，"即各个差别彼此漠不相关的独立性，以及在独立性中的那使差别在其中消失掉的统一性，我们在目的概念上已经见到过了"。我们在讨论目的概念时已经见到过这些规定了，我们可以翻到前面第173页［贺、王译本］，这个小标题就是："（2）理性本能所理解的目的概念"。那么它的第一段就把这个目的概念里面的这样一些规定搬出来了，什么是目的概念，目的概念不是有机物自身的本质,而是落在有机物之外的目的的联系,"不过,正如前面的对有机物所规定的那样,有机物实际上就是实在的目的自身,因为它通过保持自身于对他者的联系中,它就正好是那样一种自然本质,在其中自然把自己反思到概念中,并且它把从必然性中拆分出来的原因与结果、能动与受动这些环节都在这里总合为一",等等等等。已经讲得非常透彻了。在这里,我们通过更仔细的考察,我们回到了目的概念。前面已经提出了目的概念,但是,是在理性的本能、在观察的理性的层次上对它加以理解的;而通过更仔细地考察,我们可以看出来,在观察的理性所提出的这种有机体的规律里面已经暗示出了我们在前面已经提到过的目的概念的种种规定。种种规定可以归结为这样一些规定,"即各个差别彼此漠不相关的独立性,以及在独立性中的那使差别在其中消失掉的统一性",这就是观察的理性所走过的整个过程。先是各个差别彼此漠不相关,好像是独立的,目的和活动,普遍性和个别性,有机物和它所包含的内在的东西、超感官的东西、概念,等等,这些东西好像是漠不相关的;然后是在独立性中的那使差别在其中消失掉的统一性,这个只有通过自我意识才能够把握到,通过观察的理性观察不到;但是,观察的理性已经暗示出来了,已经暗示出了这样一种有差别的无差别性或者无差别的差别性,这样一种结构。那么我们现在已经返回到了我们对目的概念的最初规定,这是观察的理性走过的一个艰难的历程。这几页,173到177页,都在推演这个过程,就是观察的理性首先把有机体理解为外在目的,但最后,外在的东西是内在的东西的表现,外在的目的和内在的目的是有一种联系的。当然它还是把它理解为外在的联系,但是从这个外在的联系里面已经暗示出了它有一种内在的联系,内在的目的才是真正的目的概念。也就是说,有机物跟它的目的既是不同的,又是相同的,既是有区别的,但是这个区别又是无区别的,而这样一种既有区别又无区别恰好就是自我意识的结构。自我意识就是把自己看作是有区别的,同时又没有区别,参看174页下面这段话的第一句:"但自我意识也具有同样的性状，即以这样一种方式自身与自身相区别，同时又在其中构不成任何区别。"这就是自我意识的结构。在目的性的概念里面，已经暗示出这样的结构了，那么观察的理性如果更仔细地加以考察，再推进一步，它就达到自我意识了，它就在外在的目的概念里面认出它自己了。如果它走到这一步，它就达到了自我意识的水平，在观察的理性这个基础之上再次达到了自我意识。理性首先是观察的理性，观察的理性把感性确定性到知觉和知性的道路又重新走了一遍，最后它要归结到的是自我意识。那么这个自我意识，又要被观察一番，在后面会讲到，那就是第198页的标题："（b）对自我意识在其纯粹性及其与外在现实的联系中的观察"，以及第204页的标题："（c）对自我意识与其直接现实的联系的观察"。对自我意识也有一种观察，也是从观察开始，然后又到自我意识的自我意识，这就是进入到一个更高的阶段了，最后是进入到实践的阶段了，进入到实践理性了。那就是第232页的第二节的标题："二、理性的自我意识通过自己本身而实现"。所以黑格尔这种思维方式它是大圆圈套小圆圈、一环套一环地螺旋式上升，不断地回到起点，但是又是在更高的层次上面回到起点。我们要掌握了他的这样一种认识的方式，就有一条线索，他为什么这里不断地讨论观察的理性，它的最初的、最开始的、最表面的观察，直到后来的更进一步的观察，更仔细的观察，为什么他一直要强调这个，就是他在不断地推进，不断地上升的这样一个过程。今天我们就到这里吧。

＊　　　　＊　　　　＊

我们上学期已经进到了"观察的理性"。理性里面首先是观察的理性。观察的理性的基本精神就是近代以来自然科学的那种经验的、实证的方式，以那种方式来研究理性的对象，把自然界看作是有规律的这样一个合理的现象，然后我们可以用理性来对它进行观察。那么，首先是"对自然的观察"，而对自然的观察又分两个层次。一个是对无机自然，

286

另外一个是对有机自然。对无机自然和对有机自然,在观察理性的视角下,都是一种经验的角度,一种外部的、外在的、实证的、定量化的方式,力图用一种精密的方式对观察对象加以规定,找到它的规律——我们通常讲事物的规律,找到它的本质。这就是从培根、笛卡儿以来在自然科学中普遍采用的一种方法。上次已经讲到了"对有机物的观察",对有机物的观察也有两个层次:首先是对自然有机物——植物、动物世界,那么再深入一步,就回到人本身,因为人也是有机物。人是从有机物里面发展出来的,从动物里面发展出来的。那么涉及人的问题呢,就开始进入到另外一个层次了。就是不光对自然界的观察,而是对人本身、对人的思维、对人的大脑、对人的精神现象的观察。但无论如何,这个观察的理性,它总是站在一个外在的立场,主客二分,我站在外面,这个对象在我面前,我要对它进行精密的规定。这是观察的理性通用的一种立场。

那么我们今天讲的就是接着上一次讲到的理性的这个目的概念,讲到了有机物,"有机物的行动及其内在与外在的方面"。我们上次已经讲到,关于目的论,有外在目的论和内在目的论。当然外在的目的最后是归结为内在的目的,目的论从根本上来说应该是内在的,但是目的本身它既有内在的方面,也有外在的方面。这个我们上学期讲到最后,已经讲到这个问题了,就是在目的论里有内外之别。我们要寻求一种目的的规律。一般讲的规律,如因果性——机械的因果性,它是一种外在的因果性。而目的因,它也有因果性,这个动机就是因,实现出来的目的就是果;但是,动机和目的它是一个东西,它是内部循环的,在它没有实现出来时,它已经存在了,实现出来,不过是回到了它的起点。所以,它跟机械的因果关系的规律是大不一样的,机械因果关系的规律是线性的,你一路找下去,寻找它的原因,原因的原因,它不会回头的,不能倒因为果;而目的因呢,恰好就是要倒因为果,它这个是很不一样的。那么,为什么会这样? 是因为目的它本身兼有内在和外在的两个方面。内在的它有目的,没有实现出来的时候它已经是目的了,而外在的,它实现出来了,它还是目的,还是同一个东西。那么,实现出来的东西,就叫"有机物的形态",实现出来了,就成形了嘛。有机物归根结底它的目的是为了保持自身。保持自身就是以自身为目的,它活下来了,它维持下来了,那么,活下来、维持下来,它就有一个正常的形态。这就是我们今天要讲的177页下面的这个第二点,第二个标题。

[2. 有机物的形态]

有机物的形态,就是说,内在的目的实现出来,实现为有机物的形态。目的性就是为了保持它的形态,使这个形态能够存在、生存嘛。那么你既然在现实世界中生存,你就有自己的形态。所以这个第2点讲的是"有机物的形态"。前面第1点讲的是有机物的"一般规定",下面分为3个小标题,即"自然元素","理性本能所理解的目的概念","有机物的行动及其内在与外在方面"。我们看这些小标题,可以大致把握一下它的脉络、它的这个思路。那么现在就是从前面讲的有机物的"一般规定",开始进入到"有机物的形态",就是按照这种一般规定,有机物如何把自己体现为一种形态。那么这个有机物的形态里面也有3个小标题。第一个小标题是:

[(1)有机属性与有机系统]

这是今天要讲的。后面第二个小标题是179页最底下的:"(2)内在方面的诸环节相互关联"。那么第三个小标题呢,就是183页的"(3)内在与外在方面的关系"。这个安排是很有用意的。有机物的形态,首先讲到有机属性和有机系统,然后再讲到内在方面的诸环节间的关系,最后再讲到内在与外在方面的关系。首先是"有机属性与有机系统",就是一个有机体,它有一些属性,并且由这些属性构成了一个有机的系统。有机物的属性,我们后面马上要讲到的,它有感受性、应激性、再生性,基本上是这样一些属性。有机物又是有系统的,我们通常讲循环系统、呼吸系统、神经系统、生殖系统,这都是有机物的系统。这都属于有机物本身固有的,它的结构、它的形态、它的属性、它的规定性。那么这些方面的相互关系,这些属性相互之间的关系,以及这些系统相互之间的关系,我们要把它搞清楚。然后,再涉及内在与外在方面的关系。对有机物的形态,我们要考虑的就是这些。那么再接下来的,就是185页的"3.关于有机物的思想"。有机物的形态它不像自然物那样的机械的形态,它里面是有思想的。如何从思想层面来把握它? 前面那些把握都是属于近代自然科学的那种外在的考察,外在的考察要把握有机物,是把握不了的。当然,今天也在把握,像西医(医学)、生物学、解剖学,都是力图从外在的方面,精密地来把握一个有机体。但是,一路走过来,我们发现,都不到位,我们甚至可以说都失败了。我们今天对西医的批判(当然也在批判中医啦,但是也有人批判西医),就是看到西医它的这种自然科学的外在观察的方法,要把握有机体其实是很难很难的。只有从思想的角度,我们才能真正地把握有机体。那么在这个中间的这个阶段,我们首先要考察"有机物的形态"。它是以一个什么样的形态而存在的。首先就是"有机属性与有机系统"。

现在可以看看,内在的东西与外在的东西在自己的存在中具有怎样的形态了。

"现在可以看看",这是接着上面一段来的。上学期我们讲的最后一部分已经涉及有机物,它具有内在的方面和外在的方面,并且,内在的方面和外在的方面被看作有一种规定,有一种规律,就是"外在的东西是内在东西的表现"。自然科学知道,有机体它的一切的外在表现都是由内在的东西发出来、表现出来的,这和无机物是不一样的。无机物无所谓内在的东西和外在的东西,一切都摆在那里,你去计算与测量就是了,可以进行外在的分析,分析完了就完了,它就不动了,就摆在那里了。但是有机体它不同的地方是,它的外在的东西是它内在东西的表现。你搞清了它外在的东西,但是它内在的东西,你还没搞清楚,你就不算是完全把握了它。你对一个有机体加以测量,它从头到尾有多长,称一下体重有多重,画出它结构图来,你就把握了有机体了? 那还远远没有,你必须要把握它的内在的东西。但是内在的东西，它又不是一个空的，它必须在外在的东西上面表现出来。把这一点区分开来以后，那么现在就可以看看，"内在的东西与外在的东西在自己的存在中具有怎样的**形态**"。外在的东西有它的形态，内在的东西也有它的形态。比如说解剖学，就是讨论内在东西的形态的。一般的形态学，这个外在东西的形态，我们可以加以考察。动物有四条腿，有一条尾巴，有两只耳朵，这是外在的。但是内在的东西，它也有它的形态。那就是它的有机系统，还有有机属性，也可以看作是这方面的形态。

[178] 内在的东西的本身，同样也必须有一个外在的存在和一个形态，正如外在的东西本身那样，因为它是对象，或者本身是作为存在着的东西和对观察来说现成在手的东西而建立起来的。

这里特别强调，就是说内在的东西本身也必须要有一个外在的存在和一个形态。内在的东西它不是说看不见摸不着，它也有它看得见摸得着的东西，正如外在的东西本身一样。外在的东西看得见摸得着，但是，在有机体里面，内在的东西也有它的一个外在的形态，我们通过解剖学，可以把它发现出来。因为"它是对象，或者本身是作为存在着的东西和对观察来说现成在手的东西而建立起来的"。我们通过解剖学，我们就知道了它的各种系统，它的循环系统、血液系统、呼吸系统、神经系统，都是现成在手的，已经在那里了的东西。不是说，我解剖了，它们才出现，而是说，解剖就是为了发现它们原来就是那样的，就是发现这样的一个既成事实。对观察来说，现成在手的东西是这样建立起来的。

有机实体作为**内在的**实体乃是**单纯的**灵魂，是纯粹的**目的概念**或**共相**，这共相在它的划分中同样还保持着普遍的流动性，因而在它的**存在**中，它显现为**行为**或那**消失着的**现实性的**运动**；

这里是一个分号，我们先看看这半句。"有机实体"，有机体我们把它看作一个实体，它"作为**内在的**实体"，"内在的"打了着重号，"乃是**单**

纯的灵魂，是纯粹的**目的概念或共相**"。注意这里打了着重号的几个词，单纯的、目的概念、共相，都是为了说明这个实体是"内在的"实体。这内在的实体在前面观察的理性看来，是看不见、摸不着、抓不住的，能够看得见摸得着的不是实体，而是属性，实体和属性或偶性是不一样的。实体可以表现出很多属性，但实体本身是什么东西？不用思想单凭感觉那是抓不住的。比如说，动物作为高级的有机体，它已经发展出来了单纯的灵魂，是纯粹的目的概念或共相。动物有个纯粹的目的，它的内在的实体就是纯粹的目的概念或共相。目的概念它本身就是共相，在动物的整个一生中，它有一个贯穿始终的目的，这个目的，作为动物本身的共相而存在。"这共相在它的划分中同样还保持着普遍的流动性"，这共相有普遍的流动性，就是说不管你这个生物它怎么样生长，怎么样变化、长大，改变自己的形态，始终贯穿着的就是这样一个目的在里面。"因而在它的**存在**中，它显现为**行为**或那**消失着的**现实性的**运动**"，"在它的**存在**中"，在这个共相的存在中，这个"存在"打了着重号，这个共相，这个内在的东西，在现实的存在中，它显现为行为，它是动物的行为。行为主义就是从外部的存在方式来研究有机体，把行为看作是"**消失着的**现实性**的运动**"，"消失着的现实性"，就是说它不断地改变、不断地变换自己的现实性，体现为这种现实性的运动。动物有机体，从小到大生长，它已经改换了它的原来的现实形态，并且它现在的现实性也要改变它的形态。所以它是"消失着的现实性的运动"。有机体它是一个运动过程，在这个运动过程中，它现实存在着，但随时又消失着，又被别的现实性所取代，又生长出别的现实性，原来的现实性已经衰老了，已经消失了，已经脱落了。它是这样的一个运动。

与之相反，**外在的东西**在与那存在着的内在的东西相互对立时，便持存于有机物的**静止的存在**中。

"与之相反"，与前面讲的相反。前面讲的是什么呢？有机实体作为内在的实体，在内在的方面是凭感官无法抓住的、流动不息的。那么与之相反，他说："**外在的东西**在与那存在着的内在的东西相互对立时，便持存于有机物的**静止的存在**中"。与那种内在灵魂、内在的目的概念、内在的共相相反，外在的东西与那存在着的内在的东西相互对立，也就是有机体，有机体除了内在的灵魂这一方面以外，它还有外在的方面，外在的东西。这外在的东西与内在的这种不可捉摸的流动性相对立，它是"持存于有机物的**静止的存在**中"。就是有机体它有外在的方面，这个外在的方面与内在的东西呢，它是相对立的。内在的东西要支配它，要支配外在的东西，但是外在的东西处于静止之中。你可以通过静止的分析，比如通过外部的观察，你看一个有机体，它就是这个样子。虽然它以后会变，但它现在还没变。你就可以对它进行测量，它长到多大了？长得多重了？你可以测量出来。通过解剖学，你也可以对它的各个部分、它的内部的结构加以定位。这都是对有机物的静止的存在进行观察。当你解剖的时候，当你观察的时候，这个时候你是把它看作一个静止的存在。有机体虽然它由于内在目的概念的鼓动而在生长，但在你观察的那一瞬间，你是把它当作一个静止的对象在观察，你把它看作是处于静止的存在中。虽然它是一个有机体，但它还是存在的，它要存在，在那一瞬间，它就有一种静止性。这是与之相反的这一方面。前面那一方面，它是一种流动性，灵魂、目的概念、共相，是贯穿于它整个生长运动过程之中的那一种内在的原则。那么与之相反呢，就是那一种外在的东西，它是处于静止的存在中。

　　因此，作为那种内在的东西与这种外在的东西的联系的规律，就把自己的内容一方面表现在对那些普遍的**环节**或**单纯的本质性**的描述中，另一方面又表现在对那个实现了的本质性或**形态**的描述中。

　　前面讲了内在的方面，与之相反，又讲了外在的方面。"因此，作为那种内在的东西与这种外在的东西的联系的规律"，前面讲有机物的规律就是外在的东西是内在的东西的表现，我们要找有机物的规律，怎么找呢？就是看它的内在的东西、内在的灵魂、内在的目的概念，如何表现为这种外在的东西,这种外在的存在、静止的存在,表现为它身体的存在的。我们找到了这个联系,我们就找到了规律。医生就是这样的,医生就是在找这种联系。内在的东西,它的目的和概念,与它的外部、它的结构形态到底有什么联系,你要找这个规律,就要找这个联系。这种联系、这种规律"把自己的内容一方面表现在对那些普遍的**环节**或**单纯的本质性**的描述中",这种规律要把自己的内容表现在两个方面,一个方面是要描述那些普遍的环节和单纯的本质性。既然规律就是内在的东西表现在外在的东西中,那么当你要描述这种规律的时候,你就必须首先把这个内在的灵魂、普遍的环节、单纯的本质,把它用外在的东西描述出来。另一方面则表现在"对那个实现了的本质或**形态**的描述中",即必须描述那种实现出来了的本质性或形态,"形态"打了着重号,你要把它的外在的东西本身的形态描述出来,你才能建立一种规律。你的规律的内容就是这个。因为有机物的规律就是内在的东西和外在的东西的联系的规律啊。它们怎么联系的? 必须对外在的东西和内在的东西分别进行描述。

前面那些单纯的有机**属性**,要列举出来的话,就是**感受性**、**应激性**和**再生性**。①

"前面那些单纯的有机属性",这就是讲到它的内在的方面。上一句讲内在的东西与外在的东西的联系,在内在方面表现在对普遍环节和单纯的本质性的描述中,在外在方面则表现在对实现了的本质或形态的描述中。而这里先讲前一个方面,内在的单纯的灵魂,共相,等等。这些单纯的东西也是有属性的,这些单纯的有机属性要列举出来的话,我们可以列举三项:感受性(Sensibilität)、应激性(Irritabilität)和再生性(Reproduktion)。这就是任何一个有机体它内部所具有的单纯的有机属性。这三个方面构成了一个有机体单纯的主体,构成它的内在的方面。

---

① 黑格尔这里采用的是谢林的术语,参看后者的《论世界灵魂》,汉堡 1798 年版。——丛书版编者

虽然这些属性，至少其中前面两项似乎并非与一般有机体相联系，而只与动物性的有机体相联系。

这里做了个限定。前面讲了，如果列举的话，我们可以列举出这三项：感受性、应激性和再生性；然而这些属性，至少前面两种即感受性、应激性，"似乎并非与一般有机体相联系，而只与动物性的有机体相联系"。这就涉及动物与植物相互之间的等级关系了。至少感受性和应激性，看起来只属于动物而不属于植物。

植物性的有机体，哪怕在实际上也只表现了**未发展出**自己的各环节的有机体的单纯概念；因此我们在观看这些环节时，只要它们存在于观察面前，我们就必须专注于那种把这些环节的发展了的定在呈现出来的有机体身上。

就是说，有机体并不都明显表现出感受性、应激性和再生性这三个环节，比如说植物就还没有发展出感受性和应激性，而只有一个"有机体的单纯概念"。当然我们今天的科学研究，就是讲植物也有感受性，植物也会感受到痛苦，植物也会感到伤心，等等，有这样一些说法。但是一般来说，我们认为植物是没有感觉的。佛教讲不杀生也不包含植物，它只是说动物。植物当然也有生命，它也可以传宗接代，也可以再生。树皮哪个地方破了，它还可以长好。但是，它只有这一方面，而其他两项，它还没有来得及发展出来。植物只是有机体的简单概念，它还没有把自己发展完备，它只发展出了再生性，但是感受性和应激性还没有发展出来。但是不是植物就完全没有感受性和应激性，黑格尔并未确定，只是说它"似乎""显得"没有发展出那种联系，所以他强调"未发展出"所有的环节，而不说没有。"因此我们在观看这些环节时，只要它们存在于观察面前"，就是说我们观看的是这些环节存在于观察面前、可以观察得到的样子。植物的那种感受性、应激性我们观察不到，我们就不谈它们，而动物的感受性、应激性就可以观察到了。所以"我们就必须专注于那种把这些环节的发展了的定在呈现出来的有机体身上"，动物的有机体是把这些环节的定在已经加以发展了的,已经呈现出来了的,所以我们必须重点观察它。所以我们将只专注于动物,我们只研究动物。植物当然也要研究,但是它没有发展完全,黑格尔在这里就把植物首先撇开,我们所考察的主要是动物。一般来说,你说动物有灵魂,这个可以说得过去,你说植物有灵魂,就很难说了。我们在研究一个对象时通常都要选择那种已经发育完全了的个体,而不选择那种尚待完善的个体,这才具有代表性。而在黑格尔看来,动物比植物更能代表有机体的全面本质属性,也更便于观察这些属性。这种研究方法黑格尔后来在《自然哲学》中总结为这样一条原则:"但为了理解低级阶段,我们就必须认识发达的有机体。因为发达的有机体是不发达的有机体的尺度和原型;由于发达的有机体内的一切都已到达其发达的活动水平,所以很清楚,只有根据这种有机体才能认识不发达的东西。"① 马克思在《政治经济学批判导言》中所提出的"人体解剖是猴体解剖的一把钥匙"的方法论原则,也源出于此。

至于这些环节本身,那么它们都是直接从自身目的 (Selbstzweck) 这个概念里产生出来的。

"至于这些环节本身",也就是感受性、应激性和再生性这三个环节本身,"它们都是直接从自身目的这个概念里产生出来的"。也就是说,在有机体的内外关系里面,我们首先要从内部出发,首先考察它的内部,它的单一的、单纯的灵魂的属性,它的目的概念所体现出来的内在的环节。这就是直接从自身目的这个概念里面产生出来的这三个环节。"自身目的"也就是内在目的,不是由外面加给它的。

因为**感受性**所表现的一般是有机的自身反思这一单纯概念,或者说,是这个概念的普遍流动性;但**应激性**所表现的,乃是在反思中同时取**反应**态度的那种有机的可塑性,以及与以前一个静止的**自身中存在**相反对

---

① [德] 黑格尔:《自然哲学》,梁志学等译,商务印书馆 1986 年版,第 581 页。

的实现过程，在这种实现过程里，那个抽象的自为存在就是一个**为它的存在**。

我们首先考虑的是这三个环节，而且首先是前面两个环节。前面两个环节形成一对矛盾概念，或者对立概念。"因为**感受性**所表现的"，表现，这里讲的是外在东西是内在东西的表现，那么表现什么？ "一般是有机的自身反思这一单纯概念"。就是感受性一般来说，它所表现的是什么呢，你说外在东西是内在东西的表现，那么感受性它表现出来什么呢？ 它所表现的"一般是有机的自身反思这一单纯概念"。有机的自身反思，就是有机体它的自身反思，感受性首先表现的就是这样一个概念。这样一个反思的概念当然也就是目的概念的一个环节。目的概念在自身的内部，它首先就是回到自身的反思这样一个单纯概念，而这个概念就是以感受性这样一种方式表现出来的。这个是可以观察到的，有机的自身反思这样一个单纯概念，它是可以在感受性上表现出来的。"或者说，是这个概念的普遍流动性"，就是说，有机体的自身反思的这样一个概念在感受性上表现出来的是它的普遍流动性。感受到了其实已经是一种内在的反思了，那么这个感受性它是普遍流动的，就是有机体它的全身都充满着这样一种感受性，这是普遍流动的。感受性本身是一个动态的概念，流布于全身，每个有机体都有感受性流布于全身，它的每个部分都有感受性，你要伤到它，它就会痛，每一个指头，每一个部分，你伤到它，它就全身都表现出痛感。不是仅仅它的那个部分痛，它的那个指头痛，而是"它痛"，我们通常讲"痛到心里头去了"。所以这是一个单纯的概念，或者说，是这个概念的普遍流动性。感受性就是这样表现出来的，虽然它是内在的，但是它也是表现出来的。那么与此相反的，或者相对照的，就是应激性。"但**应激性**所表现的，乃是反思中同时取**反应**态度的那种有机的可塑性，以及与前一个静止的**自身中的存在**相反对的实现过程"，应激性和感受性是不太一样的。感受性是被动的，是静止的，它虽然感到痛，但也就是感到痛而已，你伤到它，它就感到痛而已。但应激性，它要反弹，你伤了它,它就有反应,所以它表现出同一个反思中"有机的弹性"这一面,它有一种反弹。而这就是"与前一个静止的**自身中存在**相反对的实现过程",前一个静止的自身中存在就是指的感受性,那么应激性它与感受性是相反对的。相反对体现在什么地方呢? 它是动态的实现过程,它不是说静止在自身中,流布于全身,如此而已,相反,应激性要反弹出来。你要把它弄痛了,它就要反抗,或者就要逃跑,它就要作出动作、作出反应。所以它是一个实现过程,它表现在外,它不仅仅是一个外部看得到的现象,而且是要对外部世界作出反应。它是一个实现的过程,要把它的反应实现出来。你要作出有效的反抗,你要作出成功的逃跑,要尽可能地使自己的目的实现出来。所以应激性,它是目的概念中的另一个环节。而感受性不是一个实现过程,它仅仅是一个感受过程。这里一个是被动,一个是主动。一个消极,一个积极,带有这种区别。"在这种实现过程里,那个抽象的自为存在就是一个**为他的**存在",抽象的自为存在成为一个为他的存在,抽象的自为存在是感受性所表现的,感受性是一个静止的在自身中的存在,它是在自身反思的,自为的,但它是静止的。这个表现为感受性的自为存在是抽象的,因为它只是内在的感,它并没有具体地对外界作出反应。当然它也表现出来了,但它并没有作出反应,内在的痛苦可以是外表看不出来的,所以它仅仅是接收到了而已,是抽象的自为存在。但是在应激性的实现的过程里,这个抽象的自为存在成了一个为他的存在,"为他的"打了着重号。"为他的",就是说它要作用于其他事物。你给了它刺激,它就要反应,它就要对这个刺激作出反应。所以它是为他的,它是由于其他事物而作出了反应。一个是感受性,一个是应激性,这两者表现的是相反的形态。那么下面是再生性。

而再生性却是这**整个**在自身中反思的有机体的动作,是有机体的作为自在目的或作为**类**的活动,因而,个体在这种活动中,自己从自己本身分离出来,要么重新产生出它的有机部分,要么重新产生出整个个体。

这是再生性。"而再生性却是这**整个**在自身中反思的有机体的动作"，再生性也是一个动作，也是一种反应，但是它是这整个有机体的动作。**整个**打了着重号。就是说它和这个应激性不一样，应激性就是说你给它一个什么样的刺激，它就做出什么样的反应，它不是作为整体来起反应的。而再生性呢，它也是在自身中反思到的有机体的动作，在这种意义上，它和感受性有类似的地方，或者说它返回到了感受性的那种全身中普遍的流动性。再生性它是作为整体来动作的，它不是就每一部分做出反应的。它"是有机体作为自在目的或作为**类**的活动"，有机体作为自在目的，自在目的是什么呢？就是保持自身。有机体要保持自身，保持自身就是有机体的目的。还有就是类，类也是它的目的，但这个目的更高，它不是当时当下保持自身，而是着眼于下一代、整个类的保持，着眼于种族的保持。这是另外一个层次。就是有机体的作为自在目的或类的活动，前面是讲动作，但这动作是作为整个自身反思的有机体的动作。这跟这个应激性相比呢，它是更高层次的，这是把整个应激性，各个方面、各个部分的应激性，都把它们统一起来。如果说它也是一种应激性的话，它是一种统一起来的应激性，在这方面它和感受性又有类似之处。感受性它也是流布于全身的，它不是说每一个个别的部分受到刺激，它的感受是全身的。感受性是全身的，应激性是各个器官、各个部分做出反应，而再生性呢，又是全身性的。它作出动作，就是以全身的立场、整个有机体的立场来做的，并且是有机体作为自在目的或作为类的活动，这就是再生性。"因而，个体在这种活动中，自己从自己本身分离出来"，个体从这种活动中，个体是一个整体，但是通过这种活动，它从自己本身分离出来，它自我分离。再生性，它是自我分离，再生出来的。要么重新产生出它的有机部分，增加一个部分，或者是修补一个部分。比如说它受了伤，哪个地方受了伤，它可以修补。一个地方皮肤破了，它全身的营养集中到那里，过几天长好了，再生出来了，它的皮肤再生了。低等动物甚至于尾巴掉了也可以重新长出来，甚至于你把它切成两段，它可以变成两条。这是一种再生能力。人当然没有那样的再生能力，但是人也有局部的再

生能力。但是尽管是局部的,它是从整体出发,它是为了维护整体的自
在目的。破了一个地方,为了不感染,它自己把它修复了。再一个,是生长。
婴儿从小长大,他的脑量会增加,他的各部分,肌肉、四肢,它都增长,这
都是再生。它的这个增长不是外面长给它的,是它自己生出来的,不断
地增加。增加身高,增加体重,增加他的脑容量,增加他的肌肉、他的能力、
肺活量等等。这是一个新产生它的有机部分的过程。一个是修复,一个
是生长,都是属于再生的能力。最后是,“要么重新产生出整个个体”,那
就是生殖,那就是繁殖,它自己长大了,是为了什么呢? 为了繁殖,为了
类,为了延续它的种类。所以一方面是自身的目的,一方面是类的目的,
都在促使有机体进行再生的活动。

　　就一般的自我保存这个意义而言,再生性所表现的乃是有机物的形
式概念,或感受性;但真正说来,它乃是实在的有机概念或整体,这个整
体要么是作为个体,通过对它自己的个别部分的产生而返回自身;要么　{151}
是作为类,通过诸个体的产生而返回自身。　　　　　　　　　　　　　[179]

　　“就一般的自我保存这个意义而言”,一般的自我保存,个体也可以
说自我保存,类也可以说自我保存,这里是说的一般意义上的。“再生性
所表现的乃是有机物的形式概念,或感受性”,再生性所表现的呢,是有
机物的形式概念,这个形式概念,前面讲“理性本能所理解的目的概念”
时已经讲了:“有机物并不产生出某物,而只是自我保持”［贺、王译本第
173 页］,也就是说,有机物哪怕再生出什么东西,它也是在自我保持,它
再生出自己。在此意义上它表现的也可以说只是“感受性”,即它只在自
己内部承受自己。当然这种再生性是在更高的层次上返回到了感受性。
在整个有机体里面。我们说一个有机体它是不是活的,首先就是看它有
没有感受性,有感受性,它就还活着。这个是有机物的形式概念,遍布于
它的身体的每一个部分,这是就一般的自我保存这个意义上来说的,从
有机物的形式上来说,可以这样说。再生性作为一般的自我保存,它是
有机物的形式。“但真正说来”,前面是讲形式概念,那么我们要真正地

进入它的内容来把握它的话，要确切地把握它的话，那就不同了，它"乃是实在的有机概念或**整体**"。前面是讲有机物的形式概念，那么真正说来，它是现实的有机概念。它不是那种仅仅内在的感受性，它跟感受性的这种自我封闭性，这种仅仅在自身中存在、在自身中反思，又不同了。它不仅仅是在自身中反思的，它是实在的有机概念或整体，"整体"也打了着重号。它就是现实的整体。感受性，它还不是现实的整体。感受性实际上渗透在整体之中，但它还不是一个现实的有机概念，它只是一种内在的、抽象的自身中反思。那么再生性呢，它是一个整体，什么整体呢？"这种整体，要么是作为个体，通过对它自己的个别部分的产生而返回其自身"，这整体已经不再是抽象整体了，不再仅仅是自身中反思的存在，而是作为个体而产生出自己的个别部分，由此而返回其自身。它产生它的个别部分，比如说，它从小到大，它增加了很多东西；而返回自己，它增加了并不是说变成别的东西了，恰好是完成了自己。一个小动物从小到大，增加了体重，增加了各种各样的外部特征，甚至于形态也有改变，雄狮长出了鬃毛，羚羊长出了角等等，这都是产生了个别部分；但是，它又是返回自己。它不是变成了别的东西了。狮子还是那头狮子，只不过它现在长大了，长大了还是它。受伤后的自我修复也是如此，痊愈了也就返回其自身了。"要么是作为类，通过诸个体的产生而返回其自身"，作为类，作为一个种类，通过繁殖产生了幼小的个体，这样返回自身。产生幼小的个体并不是产生了别的东西，而就是产生了它自己的类，它就是属于这一类的，所以它仍然是返回自身。它产生了类，它自己虽然衰老了，甚至于死去了，但是，它完成了自己的使命，它的血脉留传下去了。它要的就是这个嘛，它就是要传宗接代的嘛。所以它是在它的自我完成中返回到了它自身，实现了它的目的。它生出来就是为了这个目的，完成了这个目的以后，它就返回到它自身了。这是这个再生性。在这个关系里面，再生性和前面两个环节相比，它是合题。它综合了前面两个环节的要素，但是又超出了前两个环节。

　　这些有机元素的**另一种含义**，即作为**外在的东西**的含义，就是它们**构型的**方式，它们按照这个方式作为**现实的**但同时也作为**普遍的**部分或有机**系统**而现成在手；

　　我们来看这半句。"这些有机元素的**另一种含义**，即作为**外在的东西**的含义"，"另一种含义"打了着重号，"外在的东西"也打了着重号，这是和上一段对照来说的。上一段讲的是内在的方面，这一环节本身，感受性、应激性、再生性这样一些属性本身，它们都是内在的。当然它们也表现在外，但它们是内在的。那么现在我们来考察另一方面，即这些内在方面所表现出来的那个外在的方面。这方面作为外在东西的含义，"就是它们**构型的**方式"。构型（gestaltet）是"形态"（Gestalt）的动词化，我们这里讲的这个标题就是"有机物的形态"嘛，这个"形态"，也译作"完形"。我们今天讲"格式塔心理学"，就是 Gestalt 的心理学，又叫"完形"心理学，完整的形态。那么这个地方，把这个形态作为一个动词化的形容词，我们翻译成构型。构型的方式也就是赋型的方式或完型的方式，这就是它的外在方面。就是像感受性、应激性、再生性这样一些内在的属性，它们构型出来，构型的方式就是它们外在的方面。所以这一段就是开始讨论它的外在方面，它的外在表现。内在的东西要表现在外，或者外在的东西是内在东西的表现，怎么表现呢？就表现在这样一种构型上面。"它们按照这个方式作为**现实的**但同时也作为**普遍的**部分或有机**系统**而现成在手"，"它们"，也就是这些有机元素，也就是这些有机体的属性，感受性、应激性和再生性，这些属性按这个方式即是"现实"的，但又是"普遍"的和"系统"化的。它们作为"现实的"，"现实的"打了着重号，外在的嘛，已经实现出来了，已经在现实中表现出来了；但同时也作为普遍的，"普遍的"也打了着重号，就是全身都可以表现出来、都可以存在的。普遍的部分，既然普遍了，但是又是部分，这怎么理解？这就是"有机**系统**"。我们可以看到，在有机体里面每一个系统它其实是有机体的一部分，但它又是普遍的。比如说循环系统，血液循环，它是一个系统，它和神经系统是不一样的,它和消化系统也是不一样的,它是一个部分;但是它又是普遍的,你身上哪个地方没有它? 它无所不在,"但同时也作为**普遍的**部分或有机**系统**而现成在手","现成在手"就是可以拿得出来了,可以拿在手里来考察的,可以把它解剖出来,放在工作台上面来看、来测量的,所以它是现成在手的、现实的。下面举例说明:

　　比如说感受性作为神经系统,应激性作为肌肉系统,再生性作为个体和类的保持的内脏系统,而现成在手。

　　有机体内部有各个系统,比如说神经系统、肌肉系统,它们分别表现有机体的感受性和应激性,但同时又是表现在外的,可以解剖和观察的。再生性则对应于内脏系统。所有这些都是一些系统的划分,感受性、应激性、再生性,每一种都相应于某个系统。当然这些系统很不完备,但是估计黑格尔当时认为主要是这些系统。内脏系统就是比较概括性的,可能把其他的东西都概括在内了,包括消化系统、循环系统,生殖系统,都包括在内脏系统里,这是笼而统之的,它是作为再生性的一种表现。前面两个,一个是感受性的表现,就是神经系统,感受主要是由神经表现出来的。应激性作为肌肉系统,你要作出反应,你要反抗、你要逃跑,都要依赖于肌肉,当然也依赖于神经,所以它们这几个系统不是截然分割的,而是不可分离的,互相之间都有一种渗透性,但是它们都现成在手。我们在考察一个系统的时候可以暂时不考察其他的系统,把其他系统撇在一边,它只是有机体的一个部分;但是每一个部分它都是普遍的,它都是渗透于全身的。这是内在方面的外在表现,内在东西不是说完全抽象的、不可捉摸的,它有它具体的、可以通过解剖学来加以观察和确定的外在的形态。可以看出,黑格尔在阐述生理学、解剖学的这些在当时属于尖端性的课题时显得不是那么清晰,尤其内脏系统到底有哪些器官,语焉不详。而在他十年之后发表的《自然哲学》中,他在阐述"动物有机体"的"形态系统"时有了更详细的发挥,许多说法都和这里不一致,例如和感受性、应激性和再生性相应的系统现在分别是神经系统、血液系统和消化系统，而且这三者互相交织重叠，从中又增加了骨骼系统、肺系统和门静脉系统、腺系统等等，肌肉系统则处于极其附属的位置。① 他的思想紧紧追踪着当时科学的发展，与时俱进。

　　因此有机物所特具的规律，是在有机环节的双重含义上涉及到这些环节的关系的，一种含义的关系是有机**形态**的一个**部分**，另一种含义下的关系是通行于所有那些系统中的**普遍的流动的**规定性。

　　我们注意这里有双重含义了。"因此有机物所特具的规律"，前面一直在找规律，因为观察的理性当它观察到有机体的时候，它就要在有机体里面找规律。找什么规律呢？就是内在和外在之间是怎么一种关系，外在的东西是内在的东西的表现，找规律就是找它们之间的关系。这是有机物所特具的规律，不同于无机物。那么这种规律"在有机环节的双重含义上涉及到这些环节的关系"，你要讲关系，那么这些环节相互之间有一种什么关系？这个关系有两种含义，"一种含义的关系是有机**形态**的一个**部分**"，就是说，每一个有机形态的各个系统，都是身体的某一个部分，是有机形态的一个部分。这是这些环节的关系的一种含义。那么，你要追究感受性和应激性的关系，以及它们和再生性的关系，那么你就要考察这些系统之间的关系。考察神经系统和肌肉系统是怎么发生关系的，神经系统、肌肉系统怎么和内脏系统发生关系的。那么，每一个系统都是有机形态的一个部分，都是可以从形态学上面、解剖学上面把它分开的。医学挂图经常也是，神经系统挂图，神经系统从哪里到哪里，这个动脉、静脉和毛细血管分布全身，其他的系统我们就可以不管了，就看不见了。而其他系统我们也可以另外搞个挂图出来，消化系统或者是肌肉系统，我们可以分别做出它们的挂图来表示。这些环节之间的关系是可

---

① 可参看 [德] 黑格尔：《自然哲学》，§354. 中译本见梁志学等译，商务印书馆 1986 年版，第 500—502 页及以下。

以作为有机形态的各个部分发生关系的，这是一种含义。"另外一种含义下的关系是通行于所有那些关系中的**普遍的流动的规定性**"，也就是说从整体上来看，你把它分解为这个那个系统，你把人体分解了，当然这些分解是必要的，但是它带来的一个问题是，它是部分的、它是肢解的。你把所有的系统都肢解了，但实际上它是一个整体，所以还必须从另外一种含义上面来理解，就是"通行于所有那些系统中的**普遍的流动的规定性**"，你要把它当作一个整体来看，当作一个个体来看。一个好医生不是说我只看心脏毛病，其他我一概不管，他能够联系到心脏、胃部、肝肺、血管、肌肉等各个方面，他把它们统一起来做整体的考察，这才是一个好的医生。生物学家也是这样的，一方面他要肢解，他要分门别类考察每一个系统；另一方面他要从整体上来考察这些系统在一个正常人体、在一个活生生的人体里面，它们是怎样起作用的，作为一个整体，它们是怎样起作用的。那种普遍的流动的规定性你要把它加以把握，所以这些环节的关系，一方面是一种分门别类的关系，另一方面是一种综合的关系——一种分析的关系和一种综合的关系。用系统论的话来说，这是子系统和母系统的关系。

所以，在表现这样一条规律时，比如说，作为**整个**有机体之环节的一种确定的**感受性**，也许会在一个被确定地构形了的神经系统里有自己的表现，或者这种感受性也许会与个体有机部分的某种确定的**再生**或整体的繁殖相联接，如此等等。

这是举例说明这个双重含义。"所以，在表现这样一条规律时"，在表现有机物的特具的规律时会有这种情况，"作为**整个**有机体之环节的一种确定的**感受性**"，感受性在这里是作为整个有机体的环节而被规定的，有它确定的边界。那么这种感受性"也许会在一个被确定地构形了的神经系统里有自己的表现"，这个"也许"，这个地方用的是虚拟式，有可能会是这样表现出来，怎么表现出来的呢？直接表现在一个被确定地构形了的神经系统里。就是说一讲到感受性，我们就会直接去找神经系统,因为感受性它是对应于神经系统的,感受性一旦确定了,那么相应地在神经系统里会直接反映出来,因为神经系统有自己确定的构形,能够赋予感受性以一定的物质形态。感受性就是通过神经系统来接受的,视觉就是通过视网膜、视网膜上的视神经传达到大脑的,感光能力在其中"有直接的表现"。这是一种含义,即从系统内部来看。"或者这种感受性也许会与个体有机部分的某种确定的**再生**或整体的繁殖相联接",这是另外一种含义、另外一种角度,就是把它放到与其他系统的关联中,立足于整体的目的性来考察,每一种系统都把它放到与另一系统的关联中来考察,比如把感受性放到与个体有机部分的某种确定的再生的联系中,也就是修复某个受损的部分,或者与整体的繁殖相连接,也就是再生出另一个个体来。这里只取了一个感受性作为例子,那么其他的如应激性也可以照此办理。

　　——这样一种规律的两个方面都是能够被**观察**的。**外在的东西**,按其概念来说就是**为他的存在**;例如感受性,就在感受**系统**中有其直接实现出来的方式;而作为**普遍的属性**,它在自己的**外化**中同样也是一个对象性的东西。

　　"这样一种规律的两个方面都是能够被**观察**的",一方面,你可以通过解剖学,来观察一种属性跟哪一个系统直接相连接,你就从这一个系统去对它加以考察。比如狗的鼻子它的嗅觉是通往哪里的? 它的嗅觉神经和其他的动物相比有什么不同? 我们说狗的嗅觉非常灵敏,远远超过人,老鹰它的视神经也远远超过人,这都是它们的强项。你可以这样来考察它的神经系统跟它的属性之间的关系,这是可以通过解剖学观察到的。另一方面,也可以跟其他子系统相联系,例如从动物再生或繁殖的目的来考察它的视觉嗅觉等等,这也是可以观察到的。经验的自然科学在生物学里有这两方面,一个是解剖学的解释,一个是形态学的解释。解剖学进入到有机体内部的各个系统,形态学是跟有机体总体的生存目的相联系来解释它各个部分的形态,这都是可以观察的。"观察"打了着重号，就是强调这两种观点都是从观察的理性这样一种层次上来看待有机体。观察的理性通常从这两个方面来观察它的外部的形态，把它看作是内在东西的外在表现。外在东西是内在东西的表现，就体现在这里。观察的理性对有机体的一条根本的规律，就是把外在的东西看作是内在东西的一种表现。如何表现？如何相关联？这就是观察的理性所致力于探讨的。"**外在的东西**，按其概念来说就是**为他的存在**"，这也是对前面双重含义的一种具体解释。"外在的东西"，顾名思义，当然是为他的存在，它不是在自身中反思的，不是紧紧封闭于它自身中，肯定是要向外敞开，所以是为他的。外在的东西肯定是要表现出来的，表现出一种外部关系，是为他的存在。"例如感受性，就在其感受**系统**中有其直接实现出来的方式"，感受性是内在的，但是感受性如何变成外在的呢？就是在感受系统中有其直接实现出来的方式，那么感受系统就成了为他的存在了。在神经系统里面，你可以解剖出来，你可以切开动物的身体，就可以发现哪一条神经它的走向如何，可以把它挑出来单独加以观察，考察感受性在其中直接实现出来的方式，考察内在的感受性是如何在感受系统中外在地实现出来的。"而作为**普遍的属性**，它在自己的**外化**中同样也是一个对象性的东西"，就是从整体上来看，感受性在每一个动物身上都是普遍的属性，它的每一部分你都可以发现它有感受性，因为它的神经系统遍布全身。而它通过神经系统的外化也就成了一个对象性的东西，你可以通过它的表现来观察它，比如说有机体感到痛，它就会有一种收缩，对人来说，他就会有一种痛苦的表情和姿态等等。这些表情、这些收缩，都是从整体出发的，它不是枝节的。那么从整体上，我们也可以把这种感受性在有机体身上观察到。有机体和无机物最大的不同在于它有感受性，无机物，你把它切开，把它大卸八块，它根本就无所谓的，但有机体就不一样了，它的整体的反应是不一样的。这种反应同样也是一个对象性的东西，也是可以观察到的。

　　称之为**内在东西**的那个方面拥有它**自己的外在**方面，它区别于在整体中被称为**外在**的那个东西。

这里有两个意义上的外在的方面了，一个是"称之为内在的那个方面拥有他**自己的外在**方面"，"自己的外在"打了着重号。它自己的外在方面，比如说它的感受性，这本身是内在的，但它有它的神经系统，这是感受性它自己的外在方面。"它区别于在整体中被称为**外在**的那个东西"，外在有两个层次，一个层次是内在的东西本身的外在的方面，那就是有机体的各个系统，比如说神经系统那就是感受性自己的外在方面；那么这种自己的外在方面体现在全身的状态上，那就是在整体中被称为外在的那个东西。一个动物、一个有机体，有没有感受性，从它整体的反应可以看出来，那就是一种外部形态。从外部形态上面也可以看出来，比如狐狸或兔子的大耳朵。外部形态和内部解剖学的各个内部系统，虽然一个外一个内，但是它们都是外在的。一个是感受性自己的外在，一个是感受性表现在整体上的一种外在形态。一种是直接的，一种是更加间接一些的，但都是外在形态。黑格尔为什么要这样区分呢？这两种考察有机体的方式都是外在的，感受性本身如果你要去观察他，撇开了神经系统，撇开了外在形态，你是观察不到的。有机体的神秘性就在这个地方，你明明知道它里面有，比如说有感受性、应激性、再生性，但你观察不到它，你只能通过它的外部形态观察到它，你进不到它里面去。当时的自然科学观察的理性它只能从外在的方面考察，它把有些东西当作内在的，有些东西当作外在的。但是它当作内在的那个东西还是外在的，只不过是内在的东西本身的直接的一种外在的表现。而它当作外在的东西则是一种间接的、更加外在的一种表现。这是两种外在的表现，当时的观察理性、自然科学只能从外在的表现来考察有机体，始终进不到有机体的内部去。当然这两种外在的关系相对而言有一个内在的、一个外在的区别，形态学是外在的，从肉眼能看到的。而解剖学你必须把它解剖出来才能发现，我们把它称之为内在的东西。医生从外部看，一个病人有病态，一看就可以知道这个病人得了什么病，这个病人肯定得了癌症或者是得了白血病，但是没有确诊，必需照 X 光，必须要化验、解剖，在医生来说那是内在的。但是那个内在还是外在的。总的来说，这样一种观察理性是从外部的眼光来看有机体，它的缺陷、它的毛病就在这里。

虽然一条有机规律的这两个方面，这样一来也许会是可观察的，但双方联系的规律却不会是可观察的；

就是说这样一条有机规律的这两个方面，也许会是可观察的。一个是通过形态观察，一个是可以通过解剖可以观察到，"但双方联系的规律却不会是可观察的"。这两个是如何联系的呢？内在方面为什么就表现出这样一个形态呢？它具体是如何操作的呢？如何发生的呢？这个规律你是观察不到的，你只能从外部表现来观察，但是它内部的运作，你没有办法观察到。你把它解剖开，它就已经死了，亚里士多德早就说过，砍下来的手已经不是手了，砍下来的手离开了身体，它就不是手了。解剖开来的神经系统还是神经系统吗？神经系统正在起作用的内在的规律是怎么样的？你能观察到吗？所以这两个方面可以从外在的表现来观察，但双方联系的规律却不可观察。

观察之所以做不到这一点，并非由于它作为观察太短视，似乎不能处理经验的东西而只会从理念出发——因为这样一些规律假如是实在的东西，必然就会实际上现实地现成在手，因而是可观察的了——相反，是由于关于这一类规律的思想表明自己不具有任何真理性。

最后一句点题了。前面讲了那么多，最后要证明所有这些观察的理性对于有机体的观念都是没有真理性的，都是外部的，都是机械的，都是采取一种操作、科技的手段，不管是解剖，还是形态的观察，都是一种外在的观察，它把握不到内在的规律。它试图从外部来总结出某种规律，但它始终把握不到内在规律。所以他讲："观察之所以做不到这一点"，就是不能够观察到双方联系的规律。它可以观察到这一方，也可以观察到那一方，神经系统它可以观察到，但神经系统如何表现出感受性，如何通过这种神经系统表现出那种外部的形态，这个规律它没办法观察，它观察不到，只能凭猜测。所以之所以如此，"并非由于它**作为观察**太短视"，一般来说，观察有目力不到之处，有看不到的地方，太近视，或者太粗糙，太细的地方它看不到。我们以为，只要再搞得更精细一点就观察得到，我们今天已经搞到基因这一个层次，搞到了分子这样一个层次，是不是就能观察到了呢？当然现在医学界和生物界的主流大概就是这样，就是我们只要把基因破解了，那就什么问题都解决了，是不是能够这样？现在当然还有一些人表示怀疑，但是怀疑是没根据的，因为你要拿出东西来，拿出科学证据来。但是还是可以怀疑的，是不是基因破解了，一切问题都解决了？是不是生物界的一切秘密都在这里了？至少在黑格尔的时代这个是不可能的，不管你观察多么细致、多么全面，都解决不了这个问题。不是说观察"似乎不能处理经验的东西而只会从理念出发"，就是说没办法处理经验的东西了，于是我们就设定一个理念。这个说法是从康德来的，康德讲到有机体的时候就是说，由于我们对于有机体的丰富的细节没有办法把握，因为它里面的那些关系太复杂了，所以我们为了把握它就假定它有一个目的。原则上康德可能认为有机体是可以还原为一架机器的，也是可以还原为机械论的，但是由于这些因果关系太复杂了，我们的理性有限，把握不了，所以我们就给它一个理念，叫作目的性。目的性是一个理念，它跟机械性是对立的，它不能够分解为机械性的。但是目的性又是不能观察的，机械性则是可以观察、可以计算、可以测量的。而目的性没办法测量，于是康德就提出一个目的性的理念，来帮助我们把握那些无法把握的有机体的对象。当然黑格尔认为这种权宜之计也是不可能的。"——因为这样一些规律假如是实在的东西，必然就会实际上现实地现成在手，因而是可观察的了"，这些规律假如是实在的东西，当然就会现实地现成在手，因而是可以观察的，用不着设定什么理念。就是说，康德的想法是站不住脚的，他用这种假定目的理念的办法来弥补机械论、还原论的弊病是无济于事的。"相反，是由于关于这一类规律的思想表明自己不具有任何真理性"，就是说观察的理性之所以把握不了有机体的规律，是由于它根本上就错了。这种观察的眼光，单纯凭借经验的观察来解决有机体的问题，根本就错了，不能这样考虑问题，要换一种思路。你钻到这样的死胡同里面就出不来了，你所有的这个内在方面和外在方面的分析，其实都逃脱不了是外在的方面，都是机械论。你把握不了有机体的那种内在性，把握不了内在的本质。

[（2）内在方面诸环节的相互关联]

　　当然黑格尔已经看出来，上面那种观察的理性用来观察有机体实际上是没有真理性的，是一种误区。但这个误区表现在什么地方？他仍然还在深入思考。这个错误究竟是发在什么地方？前面讲了内在方面其实是观察不到的，并不是因为你观察力不够，而是因为根本上这种观念、这个入手之处就不对，应该改正。但是问题还没完。前面只是讲了内在的方面与外在方面的关联，那么第二个小标题是讲"内在方面诸环节的相互关联"，内在方面它的各个环节，也就是说它的三个环节，一个是感受性、一个是应激性、一个是再生性，那么相互之间是怎么关联的呢？你要找到规律就必须要找到这样一种关联，一个是内在的方面和外在的方面之间的关联，一个是内在方面的这样一些环节之间相互的关联。上一个小标题讲的是"有机属性与有机系统"，即内在方面和外在方面的关联，那么这个小标题讲的是"内在方面诸环节的相互关联"，即这三个内在环节相互之间是怎么关联的。

[180]　　对于关系的规律，前面得出的结论是，普遍的有机**属性**据说在一个有机**系统**里已将自己造就成了事物，并且在其中拥有它自身的构形的摹本，以至于这两方面就会是同一个本质，一方面作为普遍的环节，另一方面作为现成在手的事物。

　　"对于关系的规律"，也就是"外在的东西是内在的东西的表现"这样一条规律，前面几段话所得出的结论是："普遍的有机**属性**据说在一个有机**系统**里已将自己造就成了事物，并且在其中拥有它自身的构形的摹本"，也就是说内在的东西已经通过有机系统把自己变为了外在的东西。"据说"，这里用的是虚拟式，据说"普遍的有机**属性**"，比如说感受性这样一个内在的东西，"属性"打了着重号；"在一个有机**系统**里已将自己造就成了事物"，"系统"也打了着重号，两个着重号，说明一个内在的东西，一个外在的东西。感受性借助于神经系统把自己造就成了事物，因为神经系统本身是一个事物。"并且在其中拥有它自身的构形的摹本"，摹本 Abdruck，我们把它翻译成摹本，它本来是指一种印痕，就像亚里士多德的"蜡块说"，一个戒指在一块蜡上面按下了戒指的一个模子、一个痕迹，那么这个痕迹当然保存了戒指的形状，但是它不能够反映出戒指的内部的质料，是金戒指还是铜戒指，只能反映出戒指印在上面的那个模子。那么有机属性也是这样，比如感受性在神经系统里面有自身构形的(gestaltet) 摹本，它的形态已经在神经系统里面表现出来了，但是它的质料并没有反映出来，只反映了它的外部形态。"以至于这两方面就会是同一个本质"，这两方面是同一个本质，哪两方面呢？"一方面作为普遍环节，另一方面作为现成在手的事物"，一方面作为普遍环节，那就是感受性，感受性作为普遍环节，另一方面作为现成在手的事物，比如说神经系统，神经系统是现成在手的，你不信你可以解剖一下，就可以观察到。但是感受性你观察不到，感受性是普遍的环节，它弥漫于有机体的全身。这两方面一个是作为普遍环节，一个是作为现成的事物，就会是同一个本质，它们虽然一个看得到，一个看不到，但本质上被假定为是同一个，感受性就是神经系统，这是前面已经得出的结论。

　　但除此而外，即使内在的东西方面，对自身也是一个多方面的关系，因而它首先就给自己提供了一种规律的思想，即那些普遍的有机活动或属性相互之间的某种联系。

　　"除此而外"，除了上面讲的，一个有机的属性表现为一个系统，内在的东西表现在外，内在东西自身也有它的外在方面，于是这个有机属性跟这个有机系统呢，这两方面被看作是同一个本质，都被看作是可以观察的。这是上面所谈到的问题，就是内在的东西如何表现出来。"但除此而外，即使内在的东西方面，对自身也是一个多方面的关系"，内在东西方面，我们现在不去考察它们如何表现出来，就这些内在的东西而言，它们相互之间也是一个多方面的关系，对自身也有一个多方面的关系。"因而它首先就给自己提供了一种规律的思想"，它有另一种规律的思想。前面一种规律的思想，就是说这个内在的东西如何表现为某种系统，比如说神经系统，这种关系我们可以去为它寻找某种规律；但是，在这里又提供了一种规律的思想，"即那些普遍的有机活动或属性相互之间的某种联系"。这些普遍的有机活动或属性，比如说感受性、应激性和再生性，相互之间又是一个什么样的联系呢？这里头也有一种规律的思想。

　　这样一种规律是否可能，必须取决于这样一种属性的本性。

　　"这样一种规律是否可能"，就是说你能不能在感受性、应激性和再生性之间找到一条规律，"必须取决于这样一种属性的本性"，本性，Natur，也可以译作自然，自然本性。那么，这种属性的本性是什么呢？下面就讲了：

　　但是，这种属性作为一种普遍的流动性，一方面并非按照某种事物的方式受限制、并在某种定在的区别中坚持自身的东西，据说这定在是构成其形态的，相反，感受性是超出神经系统之外并贯通于有机体的一切其他系统之中的，——另一方面，感受性是普遍的**环节**，它在本质上是与反应性或应激性和再生性没有分离也不可拆开的。

　　这是一种反驳，反驳那种流行的观点。"但是，这种属性作为一种普遍的流动性，一方面并非某种按照某种事物的方式受限制、并在某种定在的区别中坚持自身的东西，据说这定在是构成其形态的"，就是说这种属性它是一种普遍的流动性，一方面它并不是按照事物的方式受限制的，就是说，这种属性并不是一个事物，并不是被固定在某种事物之中，被限制在就事论事中，"并在某种定在的区别中坚持自身"，某种定在，某种有

{152}

限的存在、固定的存在，在这种区别中，好像这个感受性和应激性是两个
不同的什么东西，是两个不同的定在，是两个不同的事物，就像神经系统
和肌肉系统是两个不同的事物那样。它并不是这样的，它是一种普遍的
流动性，不受定在的限制，哪怕这定在是构成其形态的，它也会超出这种
形态而与别的形态相联系。各种属性它都有自己的形态，感受性它就有
神经系统作为它的形态，应激性就有肌肉系统作为它的形态，但它并不
受这些形态的限制。"相反，感受性是超出神经系统之外并贯通于有机
体的一切其他系统之中的"，并不是像机械论所理解的那样，每一个属性
有它自己的一个系统，另外一个属性有另外一个系统，它们之间的关系
就是各种定在之间的关系，不是这样的，那是机械论、还原论的解释。相
反，感受性超出神经系统之外并贯通于有机体的一切其他系统之中，比
如说肌肉系统，肌肉不就是受神经支配的吗？ 所以神经系统虽然它是一
个系统，但是它是贯穿于一切系统之中的，包括肌肉系统、内脏系统，它
都贯穿在里面，应该这样来理解属性的本性。属性的本性它不是外部的，
不可以把它分门别类，加以肢解，而是一种普遍的流动性，贯通于有机体
的一切其他系统中。"另一方面，感受性是普遍的**环节**，它在本质上是与
反应性或应激性和再生性没有分离也不可拆开的"，前一方面是讲的它
普遍的流动性，它渗透于其他系统中，这一方面则是讲它是普遍的环节，
"环节"打了着重号，这不是感受性和其他系统的关系，而是感受性和其
他属性的关系。普遍的流动性是讲它流布于所有其他的系统之中，它不
是跟其他系统对立的，而是互相渗透的；那么作为环节，它在本质上是与
反应性或应激性 (反应性就是应激性) 和再生性没有分离也不可拆开的。
所谓环节，也就是因素或者因子，它是从概念上与其他因素不可分离的。
其他的东西都是它的环节，它也是其他东西的环节。前面一方面是强调
它的普遍性、渗透性，这一方面则是强调它的不可分离性，不可分离性当
然也就包含着它们还是不同的，只是不可分离，这三者是不同的东西，是
不同的环节，但是是不可分离的环节。这是从两方面来说，对于这个属

性的本性的理解，我们都应该对过去那种陈旧的理解进行反思。过去是把它们分门别类，把它们切开来，通过解剖学把它们区分开来，一个系统一个系统，然后再去考察它们之间是如何联系的，但这种联系，根本就观察不到，完全是凭一种猜想、一种理念、一种观念。那么我们改换了我们的立场呢，我们就可以发现以前那种理解是错误的。其实呢，以感受性为例，一方面它流布于全身，渗透于每一个系统之中，它不是固定在一个系统之中，不是固定在一个定在里面，而是整体。再一个，它跟其他的环节，应激性和再生性，相互之间是不可分离的，是互相依赖互相渗透的。

　　因为感受性作为自身中的反思，在其本身就已不折不扣地具有反应性了。仅仅自身中反思的存在，是一种被动性，或僵死的存在，而不是一种感受性——正如一个与反应等同的动作如果没有自身中反思的存在，也不是应激性一样。

　　"感受性作为自身中的反思"，前面已经讲了，感受性是自身的反思，它是封闭的，它是在内部感受到的，当然它也可以在外部中表现出来，但它本身是作为自身的反思。但是，作为自身中的反思，"在其本身就已不折不扣地具有反应性了"，我们前面讲了反应性就是应激性，Irritabilität是应激性，Reaktion是反应性，应激性和反应性可以相通。应激它是一种反弹，一种弹性，它具有一种反弹性。那么感受性是不是就完全是被动的感受而没有反应了呢？不是这样。就是在感受性本身里面已经不折不扣地具有反应性了，也是具有应激性的反弹了。感受性和应激性不是两种完全不同的属性，而是互相渗透的，在同一个反应中既有感受性也有应激性，你没有感受你就不会反应，而没有反应，你这个感受怎么体现出来呢？我们前面也讲到了，一个动物、一个有机体，你伤了它的某一个部分，它就会收缩，就会感到痛，你怎么就知道它痛呢？它收缩嘛，它就缩回去了嘛，它就逃避嘛，逃避不就是一种反应吗？这就是一种应激性嘛。你只有从逃避收缩等等这样一些反应才能够断言它有感受性，它感到痛了。它敏感，敏感由什么体现出来呢？就是它有反应性了。所以感受性和应激性实际上是互相包含、不能分开的,去掉一个另一个也不成立。"仅仅自身中反思的存在,是一种被动性,或僵死的存在,它不是一种感受性",我们前面把这个感受性理解为自身中反思的存在,但如果仅仅是自身中反思的存在呢,那就是一种被动性或僵死的存在。就跟你打他他没反应一样,你怎么说他是有感受性的呢? 他没有反应你就只能说他是个死人,你打他他没反应,他没有感觉。你怎么知道他没有感觉呢? 因为他没有反应啊。他没有反应你怎么知道他有感觉? 当然有的人特别不怕痛,你怎么打他他也可以没有反应,那是他忍着啊。你要用仪器去测量他,还是有反应的,他内部还是有反应的。如果真的没有反应,那他就确实死了,或者他至少这一部分就死了,他这一部分就麻木不仁啦。之所以他还有感觉就表现在他还有反应,他多少有点反应。如果他没有反应,他仅仅在自身中反思,那就是被动的,那就是僵死的。一个失去了知觉的肢体,你把它切掉,那就切掉了,他没有任何反应,也就不是一种感受性啦。被动性和僵死的存在不是一种感受性。下面破折号就是反过来说了,"——正如一个与反应等同的动作如果没有自身中反思的存在,也不是应激性一样",正如另一方面,"一个与反应等同的动作",与反应等同的动作,一个动作是与反应一模一样的动作,这都是一种外在的描述啦,动作,Aktion,和反应,Reaktion,或者译作反动、反动作,应激性是反动作,因为它是考虑到反思的,但如果不考虑反思,只考虑表面上呈现出来的活动,那就只是动作。这两个词虽然意思上相通,但是内在的含义上是相反的。就是应激性更强调它的内在的方面,而动作 Aktion 就它仅仅是一种动作而言,虽然在效果上与反动作或者应激性完全一样,各项测量数据都一样,也就仅仅是一种外部动作。如果没有自身中反思的存在,它也不是应激性。就是说,应激性如果没有自身反思,没有内在的一种感应、感受,如果不是出于的内在感应,出于它的愤怒,或者出于它的报复,那它就只是一种外部动作,而不是应激性。你打它一下,它反弹一下,那就是一种机械的作用力等于反作用力了。所以应激性和感受性这两个属性呢，实际上是不分的，每一点都是互相渗透的，任何应激性里面都有感受性，任何感受性里面都有应激性，只是我们站在不同的观点、不同的角度，我们去解释它而已。这就把原来那种割裂开来、对立起来的观点超越了。原来那个观点把人的属性分成各个部分，然后把它归结为各个系统，然后再分别考察它们的关系。那怎么能考察到它们的规律呢？那只是一种外在的分析罢了。

　　在动作或反应中的反思，以及在反思中的动作或反应，恰好就是这种东西，它的统一性构成有机物，这是一种与有机物的再生性同等含义的统一性。

　　这里构成了一个正反合的关系，"在动作或反应中反思，以及在反思中的动作和反应"，这两者是统一的，一个是动作和反应，一个是反思。在动作和反应中的反思，和在反思中的动作和反应，或者说，在感受性中的应激性，和在应激性中的感受性。这两者的统一恰好是这种东西，它们两个结合起来，恰好就变成了、结合成了这样的东西。什么东西呢？"它的统一性构成有机物"。这两者的统一性就构成有机物，有机物就是这两者的统一。一个是反应中的反思性，动作中的反思，一个是在反思中的动作，如果你能把这两者结合起来，你就把握了有机物。"这是一种与有机物的再生性同等含义的统一性"。它们二者的统一性又跟再生性同等含义。或者说，如果把两者统一起来加以理解的话，那么它就是再生性。再生性就是两者的统一，再生性就是在动作中的反思，在反思中的动作。反思就是回到自身，你的动作是回到自身，但动作是向外的，回到自身是向内的；你的向外的动作把自己分离出去，最后是为了回到自身；而你回到自身了，又能够向外做出动作，这就是再生性。再生性的统一就是这样的统一，就是把自己分出去，然后使它完成自己的使命。再生，生殖，生一个小动物，然后就完成了你个体的使命，也是完成了类的使命。你长大了，长成了，成为一个成人，"你成人了"，这也是再生性的含义。你使自己长大了，你本来已经生下来了，你再生，你再增加高度，增加体重，发展天赋的功能,将各方面的机能和可能性发挥到极致,这也属于再生。所以再生性是前面感受性和应激性两个环节的统一,这是一个三段式。

　　而由此可见,在这现实性的每一种方式中,都必然现成地有与应激性同样**大小**的感受性,——因为我们首先考察的是感受性与应激性的相互关系,——而且一个有机现象既可以按照一个属性,同样也可以按照另一个属性予以统握、予以规定或者随人所愿地予以解释。

　　"由此可见",由这上面的三段式,我们可以看出来,"在这现实性的每一种方式中","在这现实性",就是在这现实的有机体的每一种方式中,"每一种方式"就是说感受性和应激性和再生性,这都是它的方式,都是它的存在的方式,都是它的形态。在这现实性的每一种形态中,"都必然现成地有与应激性同样**大小**的感受性"。"现成地有",在现实中具有的,本来就是包含在一起的,与应激性同样大小的感受性。应激性和感受性是同样大小的,"大小"(Größe)打了着重号,也可以翻译成量、数量,但是这个地方我们还是翻译成"大小"比较好,跟后面可以统一起来,贯穿起来。而且它还不一定是数学意义上的数量,而是内在的大小,不是说可以计算出来的,而是你的感觉的大小。接下来是破折号,这两个破折号中间是一个插入语:"因为我们首先考察的是感受性与应激性的相互关系"。这个地方还没有提到再生性,只提到前两个,一个是应激性,一个是感受性,因为我们首先考察的是这两个之间的相互关系,考察完了以后我们再讲再生性。"而且,一个有机现象既可以按照一个属性,同样也可以按照另一个属性予以统握、予以规定或者随人所愿地予以解释",就是说一个有机体摆在面前,你要解释它的现象,你既可以按照一个属性,也可以按照另一个属性来把握它。你可以站在这个属性的角度说它是感受性,专门观察它的感受性;也可以站在另外一个属性角度说它是应激性,专门测量它的应激性。这样一来,你的把握或规定就是一种随人所愿的解释,随便你怎么解释,都可以。因为它们是同一个东西,只是角度不同。你站在感受性的角度可以解释,你站在应激性的角度也完全可以解释。这种解释当然就是比较主观的啦。我们前面讲到力和力的表现时，也讲到了关于力的那些规律都是一些"解释"，都是一些主观的解释，至于这个对象究竟是什么样的，那个还不一定，这只是一种解释而已［参看贺、王译本第 104 页以下］。在这里也是这样，你可以把它解释为一种感受性，或者解释为一种应激性，这只是你的一种解释而已。

　　同一件事，这个人例如认为是高度的感受性，另一个人同样可以看作是高度的应激性，而且是具有**同样高度的**应激性。如果它们被称为**因子**(Faktoren)，[①] 而如果这样称呼又不应当是一句无意义的空话，那么借此所说出来的正好是，它们都是概念的**诸环节**，因而由这一概念构成其本质的那个实在的对象，就以同样的方式在自身中拥有这些环节，而且

[181]　如果它以一种方式被规定为很有感受性的，它就同样必须以另一种方式被说成是同一程度上有应激性的。

　　这是进一步解释刚才那句话。因为同一件事，这个人认为是高度的感受性，另外一个人认为是同样高度的应激性，这个可以随你的便，都可以这样解释的。"如果它们被称为因子"，Faktoren，因子，可以理解为数学上的因子，这是谢林的用语。谢林受斯宾诺莎的影响，喜欢用数学的术语来表达哲学概念，什么因子啊，量的大小啊，幂啊，Potenz 在数学上就是幂，被谢林到处使用，当然它兼有"潜能"的含义。黑格尔这里常常借用谢林的术语，但努力对它们加以哲学的解释。"而如果这样称呼又不应当是一句无意义的空话，那么借此所说出来的正好是，它们都是概念的**诸环节**，因而由这一概念构成其本质的那个实在的对象，就以同样的方式在自身中拥有这些环节"，这个不难理解，就是说这个地方引进了一个"因子"的概念，但是如果这样称呼不应当是一句无意义的空话，那

---

① 参看谢林：《自然哲学体系的第一个纲要》第 250 页；又见第 265 页："由我们的全部科学进程所证明的是，**感受性**和**应激性**这两个因子（Faktoren）是在激动性这个综合概念中被结合起来思考的。"（《谢林全集》第 3 卷第 217 页，第 230 页以下）。——丛书版编者

它所表达的无非就是概念的诸环节。而"由这一概念构成其本质的那个实在的对象",就是现实的有机体了,现实的有机体就是由这样一个概念构成它的本质的。因此顺理成章的,这个现实的有机体"就以同样的方式在自身中拥有这些环节",它把这些因子包含于自身之中,而且是以同样的方式。什么同样的方式?"如果它以一种方式被规定为很有感受性的,它就同样必须以另一种方式被说成是同一程度上有应激性的",感受性和应激性是不可分离的,而且在程度上是同样大小的。当然黑格尔在这里并不赞同谢林这种用语,他是说,这样称呼是一句无意义的空话,除非借此说出来的意思恰好是,这些因子都是概念的诸环节。"概念的诸环节"是黑格尔自己的表述,把它们说成是因子呢,这是谢林尚未摆脱当时的机械论的有机观的表现。所谓的因子并不是大小的区别,或者是量的区别,而是概念的诸环节,它们随时都在一起,互相渗透。这里,我们又可以对照一下前面讲到这个力和知性这一部分。力和知性的这个"解释"呢,已经突破了它原来的那种僵死的框架,已经达到了"第二种规律"。我们前面讲到力和力的规律的时候,像这个 106 页以下、107 页都在谈这个问题。力和力的规律有第二种规律,第二个超感官世界。第二个超感官世界和第一个超感官世界的不同就在这里,就是同一个东西,你可以从这方面看,也可以从那方面看。比如说酸和碱,南极和北极,正电和负电,其实就是一个东西。我们把它分成两个,但它绝对不是两个东西。在酸里面,从另一面看它就是碱。正电,它的背面就是负电,南极它的反面就是北极,这个相互之间是渗透的,不可分的。这属于第二个超感官世界。这是在知性的阶段上谈到的。那么在有机体这里又讲到这样一种思维方式,知性的观点最开始的时候,它是把这些环节分为两边,把它们分开,分门别类;那么更高一点的观点呢,是看到这种分开实际上是表面的,实际上这个有机体的这些属性是互相渗透,不可区分的,不能够从大小和数量上面对它们加以规定和划分。总的来说,黑格尔是从头至尾在批判,批判观察的理性对待有机体的这种那种观点。这些观点当然也有不同的层次，但是呢，只要没有达到黑格尔自己的层次，他都是采取批判态度的。他是在描述观察的理性它本身的这种历程，它的这种经验，它怎么经历过来的。那么前面已经说得很清楚了，就是说你不可能用一种数学的、或者是机械的观点来肢解有机体的关系。

　　如果它们在有这种必要时被区别开来，那么它们就是按照概念被区别的，而它们的对立就是**质上的**。

　　"如果它们"，这个"它们"就是接着上面讲的感受性和应激性，如果它们有这种必要时被区别开，感受性和应激性不可分，但是又有必要把它区别开来，那么这种区分是种什么区分呢？"那么它们就是按照概念被区分的"。就是说你可以把它区分开来，这两个概念是不同的，感受性概念和应激性概念是不同的。当然在现实中的有机体里，它们是不可分的，是互相依赖互相渗透的，但是概念上还是有区分的，否则为什么你可以站在这个属性的立场上来看，他又可以站在另外一个属性的立场上来看呢？这两个立场有什么不同？当然是有不同，你才能随意地采取这个立场和那个立场。但是这种不同是按照概念来区别的，如果你从现实的，外在的方面对它们加以划分，那个是对有机体的肢解。概念上是可以区分的，但是，"它们的对立是**质上的**"，不是量上面的对比，而是质上面（qualitativ）的对立。感受性和应激性当然是对立的，感受性是被动的，总的来说是向内的，而应激性是向外的，是主动的。它们在概念上是对立的。但这种对立是质上的对立而不是量上的对立。真正的区别就是质的区别、概念的区别。

　　但除了这种真正的区别以外，还要再作为存在着的和对于表象而言地建立起差异来，仿佛它们可以是规律的双方那样，那么它们就显现为**量上的差异性**。

　　前面讲它们的对立是质上的，"但除了这种真正的区别以外"，真正的区别是概念上的、性质上的区别，除了这种区别以外，"还要再作为存在着的和对于表象而言地建立起差异来"，也就是说，前面是讲的概念的区别，如果有人还不满足，还想要再把这种区别在存在中现实地区别开来，建立起对于表象而言可以把握到的差异。表象和概念是不一样的，表象是一种形象，是可以在存在着的事物身上体现出来的，可以单凭观察来把握的。这种区别就仿佛是规律的双方，内在的东西为一方，外在的东西为另一方，在这方面有一种差异被建立起来。似乎在双方的关系中我们找到了某种规律：有两个东西，这边发生什么变化，那边也会发生相应的变化，我们把这种相应性就称之为规律。比如感受性有什么变化，那么应激性就相应地有什么变化，由此我们就可以找到一个规律。"这时它们就显现为**量上的差异**"，在这个时候它们就显现为一种量上的区别、quantitative 的差异。这个当然是不对的，前面讲真正的区别是质上的，是概念上的区别，但是还有人建立这样一种区别，就是量上的区别。这个就带有批判性了。

它们所特具的质的对立于是就进入到**大小**，并且产生出比如说这样一类规律："感受性与应激性在大小上成反比，所以当一方增加，另一方就减小"；[①] 或不如就以大小本身作为内容："某物的大增加了多少，它的小就减少了多少"。

"它们所特具的质的对立于是就进入到**大小**，并且产生出比如说这样一类的规律：感受性与应激性在大小上成反比，所以当一方增加，另一方就减小"，这个规律这个时候就被理解为量的规律了，被理解为大小的不同比例嘛。并且提出了这样一类的规律：感受性和应激性在大小上成反比。感受性大应激性就小，相反地，感受性小应激性就大。我们可以

---

① 黑格尔在此引用的是——或许是通过谢林的介绍——一条由 C.F.Kielmeyer 所假定的合规律性，参看该作者所著：《论各种有机力量在各个不同有机体的序列中的相互关系，这些关系的规律和结果》。谢林曾在其《自然哲学》里集中阐述了基尔迈尔的这一假设（见《谢林全集》第 2 卷第 562 页，第 3 卷第 196—197 页，第 203 页）；后来谢林抛弃了这一形式化的构想。——丛书版编者

把动物也好、人也好都分成两类：一类是比较被动的但是很敏感，虽然敏感但缺乏行动能力；另一种就是敏感性不强，但是很能操作、很能行动。这在心理学上有这种划分，抑郁质的、多血质的、胆汁质的、黏液质的，当时的一些划分都是根据这个来的。有些人感受性很强，多愁善感，但是缺乏行动力，什么东西都是退缩，都是忧郁，忧郁质。而另外一些就是强悍的，外向的。我们说内向的人和外向的人就是这样划分的，你这人太多愁善感了，那你的应激性就不强，应激性太强的人他的感受性就很差，当一方增加另一方就减少。下面一句话就带有嘲讽了："或者不如就以大小本身作为内容：某物的大增加了多少，它的小就减少了多少"，事物的大增加了多少，它的小就减少了多少，这不是废话吗？这也成为规律？以大小本身作为内容，它就相当于这样一条空洞的规律：某物的大增加了多少，它的小就减少了多少，它就不那么小了。

　　——但是，如果这条规律被赋予一定的内容，例如是这样：构成一个洞的填充物的东西**减少**得越多，则这个洞就愈**增大**，那么这个反比例同样可以转变成一个正比例，可以表达为：洞的大小与挖取物的量成正比地**增加**；——这是一个**同义反复**的命题，它可以被表达为正比例或者反比例，它以其特具的表达方式就只是说，一个大小的增加就正如这个大小的增加那样。

{153}

　　这是一句毫无意义的话。一个大小的增加，增加了多少呢？正如这个大小的增加那样增加了那么多。这是对于当时的机械论所谓的感受性和应激性在大小上成反比的一种嘲弄，就是说，你们那条规律其实讲穿了、说白了就是这么一句话，就是某物的大增加多少，它的小就减少多少。减少的小就是增加的大，实际上是同一个意思嘛。那么"如果这条规律被赋予一定内容"，你把内容加进去，不仅仅讲大和小本身，如果是讲大的东西和小的东西，那么就会有这么一个例子，"构成一个洞的填充物的东西**减少**得越多，则这个洞就愈**增大**"。例如我们挖隧道，挖出来的土石方越多，隧道里空间就越大，这个洞的大小是根据你挖出多少东西衡量的嘛,所以构成一个洞的填充物减少的越多,则这个洞越大,这不是什么规律,这等于什么都没说。这个反比例同样可以变成一个正比例,可以表达为,"洞的大小与挖取物的量成正比地增加"。本来是一个反比例,就是这个洞的填充物的东西减少的越多,这个洞越大,变成正比例你也可以说,你挖出来的东西越多,这个洞就越大。正比例反比例都可以说,但都是同义反复的命题。"它以其特具的表达方式就只是说,一个大小的增加就正如这个大小的增加那样",一个量的增加,增加多少呢? 正如这个量增加的那样多! 这不是同义反复嘛。

　　正如洞与这个洞被填塞和挖取出来的东西在质上是对立着的,但两者的实在的东西及其确定的大小则在两者中都是同样的,并且是同一个东西,同样,大的增加与小的减少也是同一回事情,而它们的意义空洞的对立就导致了一种同义反复,所以那两个有机环节在其实在中,及在其就是这个实在的大小的那个大小中,同样也是不可分离的;

　　这个洞与填充这个洞的这个东西,与挖出来的东西,在质上它们是不同的:这洞是空的,而填充的东西是实的,挖取出来的东西是实的,在质上、在性质上当然不同于这个空的洞,在概念上它们当然是不同的,甚至是相反的、是对立着的。"但两者的实在的东西及其确定的大小则在两者中都是同样的,并且是同一个东西",两者的实在的东西及其确定的大小,就是说这个洞它的实在的东西,它是一个实在的洞,它的确定的大小——这个洞和这个洞里面挖出的东西,这两者的确定的大小——都是同样的。这两者都是同样的,比如说都是一立方米,你挖出多少,那里就空多少,这是同一个东西,它们的大小是同一个东西。"同样,大的增加与小的减少也是同一回事情,而它们的意义空洞的对立就导致了一种同义反复",这意思很简单,但是说得很拗口,说得很麻烦。大的增加和小的减少是同一回事情,这个很好理解,你说一个大更大了,也就是说它的那个小更不小了,是一样的意思。"而它们的意义的空洞的对立",大小当然是对立的,但是它们的对立的意义是完全是空洞的,它们是同一回事情嘛，实际上不是对立的，只是从两个角度去说同一件事。所以它们的意义的空洞对立就导致了同义反复。"所以那两个有机环节在其实在中，及在其就是这个实在的大小的那个大小中，同样也是不可分离的"，就是感受性和应激性这两个环节，不要搞那么多的诡辩，"在其实在中"，就是实际上看来，"及就其就是实在的大小的那个大小中"，就它们的实际大小看来，都是不可分离的，它们就是一回事情。这两个有机环节，它的大小是一回事情，不能说一个增大另外一个就减小，实际上是相等的，没有什么成反比和成正比。实际上它们在量上根本就没有区别，这两个有机环节只有质的区别。在量上如果你要把它区别，那么，经过我们的分析，这实际上是同义反复，一个东西的大的增加，就是另外的一个东西的小的减少，那么你可以说它是成反比的，同样你也可以说它是成正比的，这都可以说，看你怎么说。你颠来倒去、说来说去，最后你发现这一切都是同义反复，所以这两个有机环节在实在中同样也是不可分离的。

<u>一个只有与另一个一起才减少，一个只有与另一个一起才增加，因为一个完全只是在另一个已现成存在的范围内才有意义；——或者毋宁说，将一个有机现象看作应激性还是看作感受性，这一般来说已经是无所谓的事，正如人们谈到它们的大小时那样，——把洞的增大说成是它的空虚的增大还是说成是从中挖出的填充物的增加同样是无所谓的。</u>

"一个只有与另一个一起才减少，一个只有与另一个一起才增加"，这个减少另一个才减少，这个增加那个也才增加，它们同起同落，否则的话根本就不可能有增减，"因为这一个完全只是在另一个已现成存在的范围内才有意义"。感受性只有在应激性已经现成存在的范围内才有意义，反过来亦然，双方都是这样的。"或者毋宁说，将一个有机现象看作应激性还是看作感受性，这一般来说已经是无所谓的事，正如人们谈到它们的大小时那样，——把洞的增大说成是它的空虚的增大还是说成是从中挖出的填充物的增加同样是无所谓的"，应激性和感受性就像一个洞和从这个洞里面所挖出的填充物，是这样一种关系。如果从量上面来

考察的话,就是这样的关系,即等同的关系。从性质上当然是不同的,一个洞和挖出的填充物,性质上是完全不同的,甚至是对立的。但从量上面,它们是同样的,你挖出多少,这个洞就有多大,你挖出的越多,这个洞就越大。所以你从哪方面来看,将一个有机现象看作应激性还是看作感受性,这一般来说,是无所谓的事。无所谓当然是从量上面来说的,从质上来说则肯定还是不一样的。在谈到它们的大小的时候,它们是无所谓的,你可以从应激性的方面来测量它们的大小,也可以从感受性方面来测量它们的大小,测出的结果是一样的。

　　或者一个数目,比如说三,不管我取正三还是负三,三还是一样大;并且,如果我把三增大为四,那么无论正的和负的都变为四;——正像一个磁场的南极正好和它的北极一样强,或者一个正电与它的负电正好同 [182] 样强,或者酸和受到它作用的碱也正好同样强一样。

　　正三和负三,性质上当然是不一样的;但是在量上,在大小上,三是一样大的,只不过一个是负的大小,一个是正的大小。"并且,如果我把三增大为四,那么无论正的和负的都变为四;——正像一个磁场的南极正好和它的北极一样强。或者一个正电与它的负电正好同样强,或者酸和受到它作用的碱也正好同样强一样",这里一连举了好几个例子,意思都是一样的,就是不能单凭强度和大小的量的区分来建立规律,而忽视对立双方质的区别。

　　——一个像上面说的三,或一个磁场等等那样的大小,乃是一个有机的**定在**;它是那种被增加和减少的东西,如果它增加,它的**一对**因子都增加,就像磁场的**两**极或正负电都随着一个磁场或一个电流等等的加强而增强一样。

　　这是破折号里的话。"一个像上面说的三,或一个磁场等等那样的大小",上面所说的三,正三负三,或者一个磁场中南极和北极等等那样的大小。我们从大小来看的话,一个那样的大小"乃是一个有机的**定在**",就是它被附在有机物身上只是作为定在。"它是那种被增加和减少的东

325

西，如果它增加，它的**一对**因子都增加，就像磁场的**两**极或正负电都随着一个磁场或一个电流等等的加强而增强一样"，有机物它的定在确实是类似于知性在规定大小时候那样的一种关系，就是说是那种被增加和减少的东西。定在的两方面一荣俱荣、一损俱损，如果你要为它规定大小的话，那么它就是这样一种大小关系，就是你不能够把它们双方截然分开，把它们对立起来，就像在初级阶段上面的知性，把力和力的表现看作是两种不同的力，把酸和碱、南极和北极都看成是两个不同的东西，正电和负电看做是两种电流。在知性的初级阶段是这样的，但知性到了第二种规律、第二个超感官世界之后，正如前面第 107—108 页 [贺、王译本] 所描述的那样，它就已经上升到一个更高的层次了，或者说已经上升到消极的理性层次了。但它还是知性，还属于知性。真正进入到理性，那就是积极的理性，那就进入到思想、概念或者自我意识了，到那个层次那就是另当别论了。但是在这个层次上面呢，它顶多也就是到达这个量的层次。你要从量的方面来理解的话，那么一个有机的定在确实可以有这样的关系，有机物的外在方面的确可以对它进行大小的测量。当然，黑格尔也没有完全否认那种心理学的比较，有的人是比较偏于感受性的，另外一些人是偏于应激性的，有这种区别，在量上面也有这种区别。但是严格说起来，并没有绝对的区别。就像酸和碱、正电和负电一样，它们是不可分的。所以如果要从量的关系来考察，那这种考察并不能把握有机体的本质。它为什么会这样？你并不知道。这是对有机体的一种外部的观点。

　　——说两者在**内涵**和**外延**上同样都没有什么差异，不可能一方面在外延上减少而在内涵上却增加，而另一方面反过来在内涵上减少而在外延上却增加，这种说法所适用的是同一个空洞的对立概念；实在的内涵完全与外延一样大，反之亦然。

　　"说"，这个"说"摆在前面，就是说这是一个说法，一个什么说法呢？"两者在**内涵**和**外延**上同样都没有什么差异，不可能一方面在外延上减少而在内涵上却增加,而另一方面反过来在内涵上减少而在外延上却增加"。这个说法当然比知性的初级阶段的那个说法要高明一些。知性的初级阶段,一般来说按照形式逻辑,一个概念外延上增加,内涵上就肯定减少,外延和内涵是成反比的。一个概念越大它里面包含的内容就越稀薄、越单薄,它的内涵就减少了。一个最大的概念,比如说物质概念,它是最空洞的,物质是什么? 无所不包。那么这个概念本身什么也没有,你只要把具体的内容塞进去那它就不是最高的了,它就缩小了,它之所以是个最高的概念,就是因为它把所有的内容都抽掉了,它的内涵已经变得最稀薄了。那么内涵最丰富的就是那种外延最小的,比如说某一个具体的人,孙中山,世界上独一无二,只有这么一个人,那他的内涵是最丰富的。这一匹马,关云长的赤兔马,这是特指的,那么它的内涵是最丰富的,你不可能一言以蔽之,你不可能概括,个别事物是没办法概括的。你不能说孙中山一般来说是什么什么,孙中山就是孙中山,他是独特的,不是一般的,你不能概括他的。人的个性是不能概括的,不能还原为某种普遍的概念。你可以从这个方面来讲,也可以从那个方面讲,你可以从无数的方面去讲他,但他本身还是穷尽不了,是最丰富的。个别事物是最丰富的,而最抽象的概念是最空洞的,所以形式逻辑上一般讲外延和内涵是呈反比的,这是一条规律。知性开始也是从这条规律进来,但是后来发现不是的,有些情况之下外延和内涵是同样的,没有什么差别。黑格尔在逻辑学里也讲了外延最大就是内涵最丰富,内涵最丰富也是外延最大,当然黑格尔讲的不是形式逻辑,是辩证逻辑。外延最大是从潜在意义上讲,它的内涵最丰富,从潜在意义上看隐含了最丰富的内涵,但它没发展出来,它必须在整个历程中发展出来,把它的内涵全部发展出来,它的丰富性才展示出来,那么这个时候展示出来的才真正是原来的那个抽象概念的内容。所以辩证地看,最抽象的东西就是最具体的东西。比如说在《逻辑学》中"存在"这个概念是最抽象最空洞的,什么也没有,它就等于无,但是一直到最后的绝对理念,它都是存在,后面讲的东西都包含在存在之中。所以存在这个概念又是最丰富的，只不过它没说出来，是潜在的，作为一种可能性，这就是辩证逻辑。辩证逻辑和形式逻辑的区别就在这里，内涵上最丰富的和外延上最广的实际上是同一的。那么知性到达这个阶段也意识到这一点了，外延和内涵没有什么差异，不可能一方面在外延上减少而在内涵上增加，另一方面在在内涵上减少而外延上却增加。这种说法，什么说法呢？就是说两者在内涵上和外延上是同一的、没有什么差异的这种说法，"所适用的是同一个空洞的对立概念"。也就是说，尽管知性的思维已经达到了这样一个程度，就是已经看到了外延和内涵实际上都没什么差异，但是，这种说法所适用的还是同一个空洞的对立的概念。空洞的对立的概念仍然不是从质上面讲的，而是从量上面讲的，内涵的多少和外延的大小，这还是从量上面讲的，从量上面讲的对立的概念还是空洞的概念。"实在的内涵完全与外延一样大，反过来亦然"，这当然比形式逻辑的观点要高明了，但仍然是知性的观点，是诡辩论或者消极的理性的观点，还是讲"一样大"，讲大小，用这种观点来把握有机体仍然是不够的。所以他这里还是在批判传统的有机体观点。所谓观察的理性从外部、从量、从计算、从实证化、精密化的角度，来对有机体加以规范，这种观点实际上是思路不对的。它当然可以把握一些外在的关系，但是这种外在的关系并不能真正地反映有机体内在的概念。真正要穿透这一层外壳去把握它的灵魂，那就必须动用思想，必须动用概念，而不能仅仅是计算，仅仅是量，或者仅仅凭数学的关系就能把它说明的。

＊　　　　　＊　　　　　＊

上一堂课，讲到对有机体的观察，通常，按照当时流行的办法，就是把它作为机械论或者定量化的一种处理。这是当时的自然科学的通例，也就是说一门自然科学，人们公认只有当它能够用量化的方式来加以规定，那么这门自然科学才能够真正地被承认，才取得了自然科学的资格。

但是黑格尔在这里呢，就是分析这种量化的处理方式对待有机体方面是
如何的无能为力。按照一定的数量大小来寻找有机体的规律，这种做法
导致了一种毫无意义的同义反复。也就是说，在有机体里面，固然我们
可以为它找到一种对立，比如说"感受性和应激性"这样的对立，但是这
种对立它不是大小的对立、不是量上的对立，它是一种质上面的对立。
那么，量的关系和质的关系有一个很大的不同就在于：对于量的关系来
说，一个概念的内涵和外延是成反比例的，外延越大内涵就越小，内涵越
大外延也就越小。这是从量的关系来看，是从形式逻辑来理解。形式逻
辑理解的概念就是从量上面，从大小来理解的。但是按照质的方面来理
解它不是这样，从质的方面理解，内涵和外延可以是同时增加或者减少
的。所以这样一种概念在逻辑层次上是不同的。讲到对立的概念，对立
的概念如果是量上面的对立的概念，那么它是空洞的，也就是说它在质
上面是没有顾到的，它只顾到量，这是一种空洞的对立的概念。而且尽
管你在质上面对它加以考虑，如果你没有从概念的质方面去理解它，只
抓住内涵与外延的成正比例的增加和减少，这个对立的概念仍然是空洞
的。你还是从量的角度来理解质，仍然是从量的比例方面来理解质。所
以上一段最后一句话说的是："这种说法所适用的是同一个空洞的对立
概念；实在的内涵完全与外延一样大，反之亦然。"实在的内涵与外延，
这本来已经从质的方面来理解了，但是呢，着眼的是它"一样大"，还是
从量的方面来着眼的。所以这样一个对立的概念就被抽空了，其实已经
没有对立了。大和小的对立是一种虚假的对立，量上面的对立，数字上
面的对立是一种虚假的对立。你说 2 和 3 怎么对立？这没有对立，量是
不谈对立的。只有质，才谈得上对立。黑的和白的，在这方面才有具体
的对立的内涵，而不是一种空洞的对立。所以对对立的理解是有不同的
逻辑层次的。看接下来这一段。

　　<u>正如所阐明的，在这样立法时，真正说来就导致这样的情况：最初应
激性和感受性构成确定的有机对立；但随后这个内容丧失，而对立就变</u>

329

成大小增减的、或不同内涵外延的形式上的对立；——这种对立不再涉及感受性和应激性的更多本性，也不再表现它们。

这句话把我们刚才讲的那个意思讲得很透了。"正如所阐明的，在这样立法时"，"立法"，Gesetzgeben，也可以译作"建立规律"或"给出规律"，Gesetz 可以译为规律，也可以译为法则、法。康德所说的"人为自然界立法"就是用的这个词，上面多处讲到寻求有机体的规律，也就是给有机体立法。这里讲的就是按照有机体的各方面的大小来建立一组规律，不管是反比例还是正比例，这边增大那边减小或者这边增大那边就跟着增大，总而言之是从大小这样一种量化的方面来立法。那么"真正说来就导致这样的情况：最初应激性和感受性构成确定的有机对立"，应激性和感受性最开始它是一种有机物的对立，这是很明确的。感受性是朝内的，应激性是朝外的，这显然是一种对立。一种是忍受，一种是作出反应，这两个环节应该是有机体的内部的环节。当然它们相互之间也是辩证的，也是互相包含不可脱离的，这个前面已经讲到了。"但随后这个内容丧失"，这个内容丧失，为什么丧失呢？人们注意它们的量的比例关系去了，对它们的性质、对它们的质已经漠不关心了。"而对立就变成大小增减的、或不同内涵外延的形式上的对立"，大小增减，虽然还有内涵和外延，虽然还有应激性和感受性，但是概念上的不同、含义上的不同已经被抽空了，被归结为量的大小，只是一种形式上的对立。所以他讲"这种对立不再涉及感受性和应激性的更多本性"，这样一种对立，内涵和外延形式上的对立、量上的对立，只抓住一个量的片面，与感受性和应激性的本性不再有别的关系了。你用这样一种规定来规定感受性和应激性，根本触及不到它的本质，隔靴搔痒，你只是把握了它的厚薄它的效果，它的外在的量化的关系。这种量化的关系是没有质的，它是在纯粹量的层面上转来转去，而不涉及应激性和感受性的本质。所以"也不再表现它们了"，不再表现应激性和感受性它们到底是怎么对立的。你只是说它量上面是对立的，一个大一个小，或者是两面同时大两面同时小，这个不涉及它本身。

因此，立法的这样一种空洞游戏与那些有机环节并不挂钩，而可以推广到任何地方任何事物上，它完全是基于对这些对立的逻辑本性的无知。

也就是说这样一种立法的方式，它是一种空洞的游戏，与那些有机环节，像感受性和应激性，这都属于有机体的环节，有机体少不了的，任何一个有机体它都必须有感受性，有应激性。感受性里面包含应激性，应激性里面也包含感受性，这是少不了的。但是这种空洞的立法的游戏呢与这些环节根本不挂钩，可以随便推广到任何地方任何事物上，比如推广到无机物上。推广到大地、天空、石头、水、空气、原子分子……，任何事物你都可以做量的比较，跟它的性质没有任何关系。当然你也可以把它套到有机体身上，因为有机体它确实有外在的这一方面，你都可以去规范它。但是规范它以后呢，它跟有机体毫不相干，你还是从物理学的眼光、机械的眼光来看待有机体。你把它看作一个死的东西，跟其他任何死的东西没有两样。所以"它可以推广到任何地方任何事物上，它完全是基于对这些对立的逻辑本性的无知"，对有机体对立的逻辑本性完全无知。也就是说，有机体的这种对立，跟万事万物其他的任何对立，在逻辑层次上已经完全不同，已经从量的层次提升到了质的层次，是质的对立，而不是那种量的形式的对立、外表的对立。量的形式对立、外表对立当然也可以对立，像形式逻辑讲到的个别和一般、个别和特殊、全体和部分，这都是形式逻辑非常讲究的，也就是一种对立的范畴，但是运用到具体事物上面它是形式的，它不涉及内容。那么在有机体那里已经提升到了一个更高的逻辑层次，它的逻辑本性就是建立在质上面，不是建立在量上面。你把这个东西搞混了，是因为对这些对立的逻辑本性的无知。

最后，如果不是把感受性与应激性联系起来，而是把再生性与感受性或应激性联系起来，那就连这样来立法的理由也都失去了；因为再生 {154}

331

性与那两个环节之间并不像它们彼此之间那样处于对立之中；而由于这样的立法是以对立为基础的，所以在这里就连正在着手这样立法的假象也都失去了。

前面讲的是感受性和应激性，这是有机体的一对矛盾，一对对立。但是有机体有三个环节，感受性、应激性和再生性，而且我们前面讲到这是一个三段式。再生性是感受性、应激性的统一，正反合，它是合题。那么这个时候你如果看到感受性和应激性的联系没办法立法，那么是否可以想想、试图尝试一下把再生性与感受性或者再生性与应激性联系起来建立一种规律呢？黑格尔说那显然更加不可能。他说"那就连这样来立法的理由也都失去了"，连以这种方式立法的理由都失去了。这样立法的理由是什么呢？理由就是最后这句话，"由于这样的立法是以对立为基础的"，也就是说以对立为理由的。这样来立法的理由就是有两个东西是对立的，那么我们把对立双方联系起来，就找到它们的一种规律或法则了。在物理学里面找到了它们的一种共变规律，一种互相牵制的规律，作用力和反作用力，时间和空间等等，不管是正比例也好还是反比例也好，就算找到一种规律了。但是这个规律必须有两个环节是对立的，而在这种情况之下，把再生性与感受性或者再生性与应激性联系起来，那么这个理由就失去了，因为再生性与那两个环节不是一种对立的关系，它是一个合题。所以讲，"因为再生性与那两个环节之间并不像它们彼此之间那样处于对立之中，而由于这样的立法是以对立为基础的，所以在这里就连正在着手这样立法的假象也都失去了"。前面你还可以说有一种立法的假象，因为确实，感受性和应激性是对立的，是有机体的两个对立的环节，两个对立的方面。那么你把它们联系起来，好像你就在立法。但为什么说是假象呢？就是说你走错路了，你理解错了它的逻辑层次，你从量的方面来建立这两个对立面的规律联系，所以它就变成了一种假象。但是如果涉及再生性的话，连那个假象都没有，你根本就无从着手。假象，这个地方是 Schein，我们前面讲到这个词在黑格尔这里通常不翻译成假象，翻译成"映像"。因为在黑格尔这里呢，严格说起来，在他的逻辑学体系里面，这个"Schein"它不一定是假的，它就是"反映出来的"，这个词的词根就是"照射、反映"的意思。但在日常用语里面它有"虚假"的意思。但是这个地方他用的是它日常的含义，所以我们也不能太拘泥于严格的术语，这个地方我们还是把它翻译成"假象"。这是关于这三个环节。前两个环节是对立的，是属于那种传统两分法的方式。传统的逻辑是两分法：正面和反面，肯定和否定。从康德和黑格尔以来发明了一种三分法：正反合，还有个合题。而一般的自然科学家所采用的方法还是传统的两分法的方式，所以这个"合题"进入不到他们的视野里面，他们根本就没有尝试用这个合题来形成某种规律。他们要形成规律通常都是用正题和反题，然后找到它们的关系，那么就立法了。而这里表明，不论是正反双方立法，还是正题和反题分别与合题去立法，都将归于失败。

　　上面刚刚考察的那种立法所包含的有机体的区别，是指对有机体**概念**的诸环节加以区别，它据说是一种先天的立法。

　　"上面刚刚考察的那种立法"，也就是最后这种让正题和反题分别与合题立法，它与前面两者之间那种机械的、外在的、定量化的立法的方式还有所不同，也就是层次上还有不同。当然如果在前面那样一种立法的层次上来理解，它也将是失败的，但其实它的层次已经比前面那种立法提升了，它"是指对有机体**概念**的诸环节加以区别"，也就是说这样一种立法，包含着一些区别，但这种区别是一种什么样的区别呢？是指将有机体的概念的诸环节加以区别，"概念"打了着重号。也就是说把有机体的概念中的那些环节区别开来，而不是把现实的感受性的系统和应激性的系统区别开来，是在这种意义上面的区别。这种区别已经包含在有机体的概念里面的。比如说感受性和应激性，凡是有机体都有这两方面，它是概念中的应有之义。着眼于这个层次来区别它们，这是在再生性这个环节上所提升到的立法方式，因为再生性已经不能再像前面那样仅仅从现实的定在或构形来寻求有机体的规律了,连这样做的假象都失去了,这就逼得它不得不上升到一个更高的层次,就是只从概念上对诸环节加以区别,这样来为有机体立法。"它据说是一种先天的立法",这是康德的用语了,先天的立法, ein apriorisches Gesetzgeben, 黑格尔在这里用了一个"apriori",用了一个康德的术语。一般来说黑格尔是不用这种术语的,在黑格尔那里不谈先天,也不谈先验。那么他这里为什么要用康德的术语? 说明在他看来当时所流行的对有机体的那样一种区分层次太低了,甚至康德也只是在机械物理学中运用先天的立法原则,而在有机体中则只是一种无规律的合规律性,只是反思判断力的原则。连他本人都没有意识到,"人为自然立法"即先天的立法不仅适用于物理学,也适用于生物学和有机体。而康德的从范畴和概念中为自然界先天立法的思想,恰好可以作为把有机体的法则从机械论提升起来的一条途径、一个方向,虽然还不够,还陷在先天概念和后天经验的对立中,但毕竟接触到了概念的思维,比经验派的生物学要强。当然黑格尔只是借用康德的思想来提升有机体的观念。所以接下来他又批评这种先天立法也不能最终解决问题。

　　但在这种立法自身中本质上含有这样的思想:这些区别具有**现成在手**的含义,而那只不过在观察着的意识,无论如何都必须仅仅执着于它们的定在之上。

　　也就是说,虽然先天立法比前面那些立法层次要高,已经触及到概念分析了,"但在这种立法自身中,本质上含有这样的思想",从本质上来看这样一种先天立法包含着这样一种思想,什么思想呢? 就是"这些区别具有**现成在手**的含义"。就是说这些区别虽然是先天的,虽然是从有机体的概念里面分析出来的,但是这些区别具有现成在手的含义,也就是具有它们在现实中现成的对应物、现成的所指。"而那只不过在观察着的意识,无论如何都必须仅仅执着于它们的定在之上",就是说,因为对有机体的观察只不过是一种旁观的意识,所以对它来说最重要的是无论如何都必须去抓住这些区别在现实中的定在（Dasein），并且只执着于它们现成的存在。就是说你必须把这些从概念里面分析出来的区别，把它们定在那里，只考察它们的定在。这是先天立法本质上固有的缺陷，它不得不把自己绑在经验事物的定在上，正如康德所说的，先天知性范畴只可能有经验性的运用，而不能有先验的运用。

　　有机的现实性必然自身具有如同它的概念所表现的那样一种对立，[183]
这种对立可以被规定为应激性和感受性，正如它们两者又显得与再生性
有差异一样。

　　"有机的现实性必然自身具有如同它的概念所表现的那样一种对立"，有机的现实性，就是前面讲的它们的定在。定在就是具体的存在，也就是现实的存在，现成在手的存在。在有机体这个概念中有两个环节，一个是感受性，一个是应激性，还有第三个环节就是再生性，所有这些"性"都有它对应的定在，都在有机体的现实性里面有它们的体现。所以有机的现实性也必然具有这样一种对立，也就是说概念里面的对立必然会表现在现实性中，概念中的对立表现为现实的对立，一种定在的对立。"这种对立可以被规定为应激性和感受性，正如它们两者又显得与再生性有差异一样"，这种对立我们可以把它规定下来，一个是应激性，一个是感受性，再一个，它们两者又显现为与再生性有差异，——这个地方用的就是差异了，就不是对立了。对立是两个，一个是应激性一个是感受性。那么另外一方面呢，这两者与再生性又是有差异的，差异跟对立还不太一样。我们前面讲了，应激性和感受性可以说是对立，但是，应激性和再生性就不能说是对立了，只是差别、差异。感受性和再生性也不能说是对立了，它也是差异。但是这样一些区别都是包含在有机体的概念里面的，都是有机体的概念所表现出来的一种现实性，或者一种定在。现实中的这种区别正由于是概念先天规定的，所以具有必然性，或者说，有机概念使有机现实中的这些区别带有了必然性。这还是康德的"人为自然立法"的思路。

335

——在此考察有机概念的诸环节时的那种**外在性**，是内在东西**自己的直接的**外在性，而不是在整体中的和作为**形态**的外在东西，不是可以用来以后在联系中考察内在东西的那种外在东西。①

这个破折号后面做了一个区分，做了一个什么区分呢？"在此考察有机概念的诸环节时的那种**外在性**"，我们在这个地方考察有机概念的三个环节，这三个环节都会表现在外，表现为定在，表现为现实性。但我们这里撇开这种外在性不谈，只看它们作为概念的诸环节的那种外在性，它"是内在东西**自己的直接的**外在性"。什么是内在东西呢？就是概念，有机体的概念就是内在东西。内在东西它的概念里面就有应激性、感受性和再生性，这是属于概念里面的，它们对于有机系统和整个有机体的形态而言是内在的东西，但在有机体概念本身中，作为这个概念规定的诸环节，却又是外的东西，但仍然是概念本身中的外在的东西。概念内部的这种内外关系是直接的，就是概念里面的那些区分、那些环节直接具有外在的对立和差异，"而不是在整体中的和作为**形态**的**外在东西**"。这个有区别，这种概念本身中的外在性，既不是在整体中的外在东西，又不是作为形态的外在东西。前面已经讲了两种外在的东西，一种是作为有机体形态的各种系统，神经系统、肌肉系统等等解剖学上的外在东西；另一种是整体的外在东西，例如再生性就是整体，"这种整体要么是作为个体通过对它自己的个别部分的产生而返回其自身，要么是作为类通过个体的产生而返回其自身"［见前面贺、王译本第178—179页］。而这里讲的是一种不同于前两者的外在东西，就是作为内在东西自己的直接外在性。作为内在东西的直接外化的那种外在性，跟这个整体它本身的那种外在性和各种形态的外在性都是不一样的，它可以说是内在的外在

---

① 所谓"以后"，参看后面第190页："现在剩下也还要**单独对自身**考察的就是：什么是有机物的**外在东西**，以及**有机体的**内外对立是怎样在外在东西身上规定自身的，这正如当初整体的**内在东西**曾被置于与它**自己的**外在东西的联系中来考察一样。"——丛书版编者［按：中译参看后面贺王译本第188页］

性,后面那两种还是外在的外在性。虽然感受性和应激性对于神经系统和肌肉系统在前面已经被看作内在东西了,但感受性和应激性本身一旦被看作概念的诸环节,就成为另一种意义上的外在东西。所以这里有个细分,就是一般来说,有机体有几个层次的内外关系,即内在的概念、它的几个概念环节、表现为几个属性、再表现于外部各个系统的构形、以及整体形态,每个前一项对后一项都是内在的,每个后一项对前一项则是外在的。我们前面讲解剖学和形态学,解剖学就可以说是内在东西的外在东西;形态学就是外在东西的外在东西,是有机体整个表现在外的东西。但这里讲的"内在东西**自己的直接的**外在性",则是终极的一对内外关系,是单就概念内部来划分的内外关系,它"不是可以用来以后在联系中去考察内在东西的那种外在东西"。"以后",这里是指后面第 188 第二段讲的,还可以反过来从外在的东西身上考察它本身的内在东西。从内在的外在到外在的内在,这两者之间有种呼应关系。德文版编者这里加了一个注释,可以参看。

　　<u>但如果这样来统握诸环节的对立,如同这对立在定在中那样,则感</u><u>受性、应激性和再生性就降低为一些普通的**属性**,成为像特殊的比重、颜</u><u>色、硬度等等那样一些互不相干的普遍性了。</u>

　　"但",这个"但"就是说我们现在还没有达到上述那样一种概念中的外在性,而是从一种肢解的立场上、机械的立场上来理解有机体。"但如果这样来统握诸环节的对立,如同这对立在定在中那样",这样把握诸环节的对立,就是从定在的方面来统握它,仅仅从现实的事物来统握它,如同这个对立是现实中孤立的一个个的定在的东西的对立。比如感受性就是固定的神经系统,应激性就是固定的肌肉系统,再生性就是固定的内脏系统。"则感受性、应激性和再生性就降低为一些普通的**属性**",感受性、应激性和再生性它们本来是有机体的诸环节、有机体的属性,也可以称之为有机体的三种主要的属性,但是这个时候呢就下降为一些普通

的属性了。不光是有机体，任何事物好像都会具有这一类的属性。你就把有机体的属性变成了一种一般的属性了，"成为像特殊的比重、颜色、硬度等等那样一些互不相干的普遍性了"。这些东西都是普遍的属性，比如颜色，红色，它是普遍的，很多东西都具有红色，不仅仅拘泥于特殊的存在者。还有如比重、硬度等等，所有这些东西在一切物质存在身上都可以具有，所以它们是一种普遍性。但是又是特殊的，它们互不相干的，颜色和硬度互不相干，硬度和比重互不相干，它们完全没有一种连带关系。你从它们相互之间的关系里面你根本建立不起某种确定的规律。我们说有机体有感受性、应激性和再生性，就像说，这个杯子是白色的、硬的、有重量的，就像说任何一件事情一样。这就把有机体的属性看作是一般事物的属性、把有机现象看作是一般物理现象了。

在这个意义上，当然可以观察到一个有机物比另一个更有感受性或更有应激性或再生力更强；——也可以观察到某<u>一种</u>有机物的感受性等等与另<u>一种</u>有机物的感受性等等是有差异的，某一个有机物对待特定刺激的态度是不同于另一个有机物的，比如马对待燕麦的态度不同于对待干草，狗对待这两者的态度又不同，如此等等；同样可以观察到的是，一个物体比另一个物体更为坚硬等等。

"在这个意义上，当然可以观察到一个有机物比另一个更有感受性或更有应激性或再生力更强"，这和上一句是一个意思，就在一种普通属性的意义上，像比重、颜色、硬度，你用这样一种态度去看待感受性、应激性和再生性，那么在这个意义上面当然你可以观察到一个有机物比另一个更有感受性或更有应激性或再生力更强，这个"更"也就是从量上面，从量的大小上面来对它们加以比较。有机物都有感受性，但是每个有机物的感受性都不一样。有的特别敏感，有的就麻木一些，有的应激性非常强烈，有的就非常温和，有的就很能生，有的生殖力很弱，这些都是可以加以比较的。但是这些比较都是从外在的量的大小强弱方面进行比较。如果你把它当作一种普通的属性的话，那你当然也可以从外在的方面对它加以比较。你也可以找到某些规律,但这些规律是不是就是有机体的本质规律呢? 这就难说了。这仅仅是一种外在的考察,对观察的意识来说,你的确可以观察到一些外部的特征。你把一个有机体当作一个物体、当作任何一物体一样的来看待,你就可以发现它们是有些区别的,比如上面提到过的人的四种气质的理论,多血质、胆汁质、黏液质、忧郁质,可以做这种区别。"——也可以观察到某**一种**有机物的感受性等等与另**一种**的有机物的感受性等等是有差异的",一个物种跟另外一个物种,它们的感受性是有差异的。"某一个有机物对待特定刺激的态度是不同于另一个有机物的,比如马对待燕麦的态度不同于对待干草",干草是粗饲料,燕麦是精饲料,马当然更加喜欢吃精饲料了。"狗对待这两者的态度又不同,如此等等",狗不管是对燕麦还是对干草都不感兴趣,视若无睹。"同样可以观察到的是,一个物体比另一个物体更为坚硬等等",就是把这种物理上的硬度跟马和狗的反应态度同等对待,把它们放在机械事物的同等层次上相提并论。

　　——然而像硬度、颜色等等这样的感性属性,以及对燕麦刺激的接受性、对重负的应激性、或能生育多少个和什么样的幼子,诸如此类的现象如果都被相互联系起来并互相比较,则它们本质上是与某种合规律性相冲突的。

　　"然而",就是说我们当然可以从观察上对有机体进行区分,就像我们对无机物也可以做出区分一样,但是"像硬度、颜色等等这样的感性属性,以及对燕麦刺激的接受性,对重负的应激性,或能生育多少个和什么样幼子,诸如此类的现象如果都被相互联系起来并互相比较,则它们本质上是与某种合规律性相冲突的"。就是你把这样的一些现象联系起来,通过把它们相互比较,你试图找出它们的某种规律,那么这是根本不可能的,因为这样一些现象本质上是与某种合规律性相冲突的,或者说你根本就无法从里面找到某种规律。

　　因为它们的**感性存在**的规定性恰好就在于,它们是完全互不相干地实存着的，它们所表达的毋宁是自然之摆脱概念羁绊的自由，而不是某种联系的统一性，毋宁是在概念诸环节之间的偶然的大小等级阶梯上对这种联系的非理性的反复玩弄，而不是这种联系本身。

为什么这样一些现象跟合规律性相冲突？这里就讲了它的理由。"因为它们的**感性存在**的规定性"，"感性存在"打了着重号，就是说，这都是一些感性存在，或者说都是一些经验的偶然事实，"恰好就在于，它们是完全互不相干地实存着的"，感性存在这个"存在"用的是"Sein"，这个"实存"用的是"Existenz"，实存着的，这些感性存在的规定性恰好在于它们是完全互不相干地实存着。这个"存在"和"实存"是有区别的，存在是更加本质性的，而"实存"是比较表面的，实存"Existenz"可以理解为"Dasein"，就是"定在"，具体的存在，表现出来的存在。比方说这些感性的规定性是互不相干的实存着的，我们刚才讲这样一些硬度、颜色，以及接受性、应激性、再生性，这些东西相互之间完全互不相干，一个跟另外一个谈不上联系，各自不相干地实存着。你要从里面找出某种规律性，那是找不出来的，没有什么规律贯穿于其中。"它们所表达的毋宁是自然之摆脱概念羁绊的自由"，自然摆脱概念的束缚，这是它的自由，这个自由当然不是黑格尔所理解的那种严格意义上的自由意志，而是一种不受概念的羁绊的散漫的偶然现象。马对燕麦感兴趣一些，对干草就不感兴趣，而狗则都不感兴趣，这是一种偶然的现象，这里头没有必然性，没有逻辑没有规律，它"不是某种联系的统一性"。当然像硬度，一个事物的硬度，一个事物的比重，它们本身是有规律的，有物理学的规律。它比重如何变化，它有物理学的规律，它的颜色也有它物理学的规律的，但是它们相互之间没有规律。颜色和硬度有什么联系呢？没有联系，不一定某个颜色就代表一定的硬度、代表一定的比重，它们完全是自然之摆脱概念羁绊的自由，纯粹偶然碰上的，而不是某种联系的统一性。再一个，"毋宁是在概念诸环节之间的偶然的大小等级阶梯上对这种联系的非理性的反复玩弄，而不是这种联系本身"，在概念诸环节之间，有机体的概念有三个环节，那么在这些概念诸环节之间偶然的大小等级上面，这一环节之间哪个大哪个小，应激性大还是感受性大，或者说这个东西比那个东西的应激性大，那个东西比这个东西的感受性大。那么这种感性的规定性就是在这些偶然的大小等级上面，对这种联系的非理性的反复玩弄，翻来覆去地试图寻找某种规律，但实际上是一种玩弄，是一种摆脱概念羁绊的自由，虽然是概念的环节，但是不是用概念来羁绊它，而是随心所欲地玩弄这些概念的环节。它所表达的不是这种联系本身，没有表达出这些环节本身它是怎样一种联系、怎样一种规律，没有表达出某种联系的统一性。所以这种尝试是离开了事情本身，而诉之于一种任意性，诉之于随心所欲。这样去寻求有机体的规律是此路不通的。

[（3）有机物诸形态的含义]

这个小标题，德文编者原来把它定为"外在与内在方面的关系"，但这种关系在前面第一个小标题"**（1）有机属性与有机形态**"中已经讲过了，而在这个小标题中讲的却不是着眼于内外关系，而是着眼于有机物的外在诸形态的含义，所以我们把原先定的这个小标题改为"**（3）有机物诸形态的含义**"。我们可以联系前面第二个小标题，在 179 页下面："**[（2）内在方面的诸环节相互关联]**"，所有这三个小标题都是属于第二个标题"**[2. 有机物的形态]**"（见第 177 页）下面的。其中的逻辑关系是：按照有机体的规律，有机物的形态要从内在方面来进行规定，所以首先要考察内部有机属性与外部有机形态的关系；但内部属性的诸环节只是互相关联，它们与外部形态并没有一对一的对应关系，而纯粹是内部概念的关系；于是，剩下的有机体外部诸形态在规律中所起的作用就成了问题，需要探讨它们的含义。而在"有机物的形态"讲完了以后呢，后面的 185 页上就是"**[3. 关于有机物的思想]**"，这个思想就比形态更加深入一层了。前面还是讲的有机物的形态如何能够通过观察而形成规律，结论是，从内外关系方面以及从内在方面和从外在方面，都无法形成规律。那么第三个小标题就是"有机物的思想"，就是要从有机物的形态上升到有机物的思想，这样来把握有机物才是对路的，才不会陷入机械论。我把这些小标题之间的关系给大家理了一下，把握这个层次关系就比较好理解了。否则的话，就会搅乱它里面这个逻辑线索。这里先看有机物诸形态的含义。

{155} 只有**另**一方面，即据以将有机概念的那些单纯环节与有机**形态**的诸环节进行比较的那方面，才也许会建立起真正的规律，来把真实的**外在东西**说成是**内在东西**的摹本。

"只有**另**一方面"，另一方面打了着重号。也就是前面讲的，都还只涉及一方面，就是内在各环节之间的关系，现在我们不讲内在各环节之间的关系了，而讲另一方面，就是"据以将有机概念的那些单纯环节与有机**形态**的诸环节进行比较的那方面"，也就是据以把内在环节与外在环节联系起来、加以比较的那个根据。我们凭什么说外在的东西是内在的东西的表现？只有搞清楚了这一方面，"才也许会建立起真正的规律，来把真实的**外在东西**说成是**内在东西**的摹本"。"也许会"，这里是一种虚拟式，能不能建立，还是个问号。当然后面证明还是不行，还是不能建立，但是我们总得去试一试，经历一番。意识的经验科学就是在这种尝试中走过来的，我们就去试一试，也许会建立起真正的规律，来把真实的外在的东西说成是内在东西的摹本。Abdruck，这个词我们前面遇到过了，"摹本"也可以理解为印记、表现。我们前面已经提到这样一个规律："外在东西是内在东西的表现"。目的论无非就是这样，实现出来的目的就是它原先的动机的表现。所以我们要做到"把真实的外在的东西说成是**内在东西**的摹本"，但问题正在于，我们凭什么这样断言？通常会认为，我虽然不了解这内在的东西的本质，但是它毕竟在外界的东西上打下了印记，那么我们可以凭借这个印记来判断内在的东西。所以外在东西就是内在东西的一个摹本。那么这里头是不是可以找到真正的规律呢？真正的规律就是能够说明外在的东西是内在东西的表现或者摹本的这样一种规律。当然是不是真正的规律还不一定，所以这里是虚拟式。这就是另一方面，即这个摹本、印记的作用和含义还没有考察。

　　——但既然那些单纯环节都是些渗透性流动性的属性，所以它们在有机事物中并不具有这样一个分泌出来的实在的表现，像被称为一种个别形态系统那样的东西。

　　这个"但"后面又转了，前面讲尝试一下，是不是也许会建立起真正的规律来，把真实的外在的东西说成是内在东西的摹本。"但既然那些单纯环节都是些渗透性流动性的属性，所以它们在有机事物中并不具有这样一个分泌出来的实在的表现，像被称为一种个别形态系统那样的东西"，但这种设想也被摧毁了，考察一个分泌出来的表现，是不是就能建立起一种内外关系的真正的规律呢？也不行。为什么不行？"既然那些单纯环节都是些渗透性流动性的属性"，那些概念的单纯环节，我们都不能够用定在去理解它们，它们是渗透在全身的，你不能把它孤立起来看。它每一个都是整体，每一个都和另外一个相重叠、相渗透，甚至于就是一回事，都是"渗透性流动性的属性"。所以它们在有机事物中并不存在这样分泌出来的实在的表现，"分泌出来的"。这里特别用了这样一个词：ausscheiden，也可以译作"分离"出来的、"沉淀"下来的，跟前面讲的流动性、渗透性联系起来，用这么一个词来表达液体里面分泌出来、沉淀出来的一种结晶，那个结晶就可以看作一种实在的东西、外在的东西，一种实在的表现。但是由于这些环节是一种渗透性流动性的属性，所以它们在有机事物中并不具有这样一个沉淀、分泌出来的实在的表现，实在的表现分泌出来它就固化了，变成一种结晶体了，它就不再是渗透性流动性的东西了。所以说它不可能分泌出来一个实在的表现，"像被称之为个别形态系统那样的东西"。什么是分泌出来的实在的表现呢？比如说就像神经系统、肌肉系统、内脏系统那样，"被称之为个别形态系统那样的东西"，像那样一些东西。比如说感受性分泌出神经系统，应激性分泌出肌肉系统，再生性分泌出内脏系统，这不是笑话吗？这样一种设想是不可能的。因为，感受性也好，应激性、再生性也好，它们都是渗透性流动性的属性，它们怎么可能分泌出某一个系统呢？被称之为个别形态系统那样的东西不可能成为它们的表现，或它们打在有机体上的印记。这里的"表现"（Ausdruck），也相当于前面讲的"摹本"（Abdruck）。

[184]　　或者，如果说有机体这一抽象理念之所以在上面三个环节中真实地得到了表现，只是因为它们都不是什么固存的东西，而仅仅是概念和运动的诸环节的话，那么相反，有机体作为形态则不能通过像解剖学分解出来的那样三个确定的系统来把握。

　　"或者，如果说有机体这一抽象理念之所以在上面三个环节中真实地得到了表现，只是因为它们都不是什么固存的东西，而仅仅是概念和运动的诸环节的话"，有机体的这样一个概念，这样一个抽象的理念，我们用三个环节来表现它，就是感受性、应激性和再生性，用这三个环节来表现有机体这样一个抽象的理念是真实的。这个抽象理念的确包含三个具体的方面，一个是感受性，一个是应激性，一个是再生性。那么，抽象理念之所以能在这三个环节中得到真实的表现，只是因为它们不是什么固存的东西。感受性也好，应激性也好，再生性也好，都仅仅是概念和运动的诸环节，所以它们可以用来表现抽象理念。这三个具体的环节每一个都是流动的，都流布于有机体这个理念的全身，正是由于它们实际上不是什么固存的东西，而是概念和运动的诸环节，所以只能从概念的层次上、而不能从现实定在中把握它们。只有这样来理解，有机体的抽象理念和那三个环节的关系才可以有一种表现和被表现的关系。"那么相反，有机体作为形态则不能通过像解剖学分解出来的那样三个确定的系统来把握"，前面是正面说明，只有通过概念和运动才能把握这种表现关系；这里是排除，就是说如果把"有机体作为形态"来理解，也就是作为固定的系统如神经系统、肌肉系统和内脏系统等等来理解，如同解剖学所做的那样，那是无法把握有机体的这样一种表现关系的。在概念上是可以的，有机体的理念可以通过三个概念来把握；那么有机体的形态能不能通过它的三个部分来把握呢？能不能通过像解剖学分解出来的那样三个确定的系统来把握呢？不行，这是相反的。怎么相反？一个是有机体的概念或者是有机体的理念，另外一个是有机体的形态，这两者相反。有机体的概念可以通过划分三个环节来把握，因为这三个环节都是流动的，都是运动的，概念中的，互相渗透的；而有机体作为形态它是外在的，外在的方面你把它划分开来，它就不能够互相渗透了，概念你划分了以后，它还是可以渗透的。一个是有机体的概念，一个是有机体的形态，不是一回事。

就这三个系统应该在其现实性中被发现出来、并通过这一发现取得合法地位而言，也有必要提醒一下，解剖学所揭示出来的并不止这样三个系统，而是还多得多。

这是另外一个问题。第一个问题就是说有机体的概念和有机体的形态有不同的关系。再者，"就这三个系统应该在其现实性中被发现出来、并通过这一发现取得合法地位而言"，这三个系统通常认为，都应该在现实性中发现出来，这是经验的观察的出发点。只有在现实中找到切实的根据，比如说在解剖有机体的时候的确发现有这三个系统，这才为这一发现提供了合法性地位。医学院的研究生在实习的时候，老师就会告诉你，你看这白色的就是神经，那是肌肉等等，这是在现实性中发现出来、解剖出来的，并通过这一发现取得了合法地位。但是，"有必要提醒一下"，提醒什么呢？"解剖学所揭示出来的并不止这三个系统，而是还多得多"。解剖学，生物学家、医生，他们解剖出来的难道就仅仅是神经系统、肌肉系统和内脏系统吗？那循环系统呢？血管呢？都摆在面前，那些为何不提呢？血管它既不是内脏也不是神经，也不是肌肉。还有消化系统、呼吸系统、生殖系统，还有泌尿系统等等，所有这些系统，不是这三个系统能够概括得了的。你把感受性、应激性和再生性仅仅与这三个系统一一对应，这是错误的，内外的关系不能够这样一对一地对应，因为你在外部的系统的解剖中，你发现的系统要比三个系统要多得多，而你在内在的概念中，它只有三个环节，一个是感受性，一个是应激性，一个是再生性，这是不能够对应的。外在的东西并不能看成是内在的东西的一个摹本，或者是一个表现、一个印记，这是对不上号的。

　　——况且即使撇开这一点不谈，一般地说来，感受**系统**也必须有某种完全不同于所谓**神经系统**的含义，同样应激**系统**也必须有某种不同于**肌肉系统**的含义，再生**系统**也必须有某种与再生性的**内脏**不同的含义。①

　　"即使撇开这一点不谈"，撇开对不上号这一点不谈，一般说来，感受系统是不是就能够对应于神经系统呢？他说："感受**系统**也必须有某种完全不同于所谓**神经系统**的含义"，从含义上来说，感受系统与神经系统也是对不上号的。你先不说数量上，三个概念的环节对应于三个解剖学的系统，这个数量上是不能够一一对应的，撇开这一点不谈，就算它一一对应，它们的"系统"含义也不是对应的。这句中的"系统"全部打了着重号，说明这是两类不同含义上的系统，一个是概念系统，一个是形态系统，以至于，一个是活的系统，一个是死的系统。"同样应激**系统**也必须有某种不同于**肌肉系统**的含义，再生**系统**也必须有某种与再生性的**内脏**不同的含义"，这也是同样不能等同的，一个是数量不能对应，一个是它们的含义也不能对应，就是说，感受性、应激性和再生性本身就是概念系统，它们和外在的有机形态的系统是不能画等号的。

---

① 为黑格尔这一批判提供理由的也许是谢林的阐释，后者曾对各种不同的有机系统作出区别。谢林赞同这一论点，即感受性必须作为应激性的否定而在其中显露出来的那种有机体，呈现出对应激性的一种绝对的否定性：大脑系统和神经系统。反过来，应激性在其中显露出来的那种有机体则会是应激性：心脏和动脉。最后，再生力把自己表现在第三个系统中，属于这个系统的是营养、分泌和吸收的全部器官。参看谢林：《自然哲学体系的最初纲要》，《谢林全集》第 3 卷第 198 页以下，第 204 页。又参看 C.I.Kilian：《全部医疗体系纲要》第 54—55 页。黑格尔的批判针对的与其说是谢林，不如说是 Kilian，是谢林马上在其"关于医学研究和一般有机自然学"的讲演中，强调了那种仅仅是经验性的比较解剖学的从属性含义，即它只提供了理解一切形态的象征意义及在外在东西中理解内在类型的指示。参看谢林："关于学院研究方法的讲演"，载《谢林全集》第 5 卷，第 342 页以下。——丛书版编者

在**形态**本身的系统中,有机体乃是被按其僵死实存的抽象方面来统握的;在这样理解之下,有机体的诸环节是属于解剖学和尸体的,而不是属于知识和活的有机体的。

这句话等于是做了总结了。"在形态本身的系统中",比如说神经系统、肌肉系统、生殖系统、内脏系统等等,在这样一些系统中,"有机体乃是被按其僵死实存的抽象方面来统握的",有机体在解剖出来的这些系统之中,是按照一个"僵死实存的抽象方面"——"僵死实存",实存Existenz,也就是定在,僵死的定在的抽象方面——来统握的。在解剖学的眼光之下,有机体是按照尸体的结构加以理解的,它是一种僵死的存在、僵死的实存。所以他讲:"在这样理解之下,有机体的诸环节是属于解剖学和尸体的,而不是属于知识和活的有机体的",在这样理解之下,在解剖学家的眼光之下,"有机体的诸环节"——有机体的各个环节包括感受性、应激性和再生性——是属于解剖学和尸体的,你把它归属于解剖学也就是归属于尸体了。"而不是属于知识和活的有机体的",不是属于知识,这样一些环节它还没有构成知识,它不是属于对有机体的知识,也就不属于活的有机体。在有机体活着的时候,你不可能把它解剖,一解剖就死了嘛!所以你解剖出来的那个东西它不是属于活的有机体,活的有机体没法解剖。

作为这样一些部分的诸环节,毋宁已经停止**存在**了,因为它们已不再是过程。

这句话很明确了。"作为这样一些部分的诸环节,毋宁已经停止**存在**了",存在打了着重号,这个跟前面讲的实存是对应的,前面讲的是僵死的实存Existenz,这个地方用的是存在sein,存在要更加本源一些,实存是表面的,相当于dasein,定在,感性具体的存在。那么作为这样一些部分,作为解剖学解剖出来的尸体的这样一些部分,虽然还在实存,有它物理的定在,毋宁说已经停止存在了,它已经不再存在了,有机体已经死了,它的生命已经不存在了。"因为它们已不再是过程",你把它解剖出来，它就终止了它的过程，它就退出生命过程了。

既然有机体的**存在**，从本质上说乃是普遍性或在自己本身中的反思，那么无论它的整体的**存在**还是它的那些环节都不能持存于一个解剖学的系统之中，

我们先看这半句。"既然有机体的**存在**"，这里又打了着重号，强调这个存在，有机体的存在"从本质上说"，注意这个存在已经进入到本质了，这个存在的本质是什么呢？"乃是普遍性或在自己本身中的反思"。有机体的存在，有机体如何存在，或者说有机体如何是有机体，有机体如何是活的，从本质上说乃是普遍性，有机物的存在是普遍性，你不能把它切割出来，切得零零碎碎的，有机物的各个环节都是普遍地在它的整体中起作用的，所以有机物本质上乃是普遍性。或在自己本身中的反思，它是自我反思的，在自身中反思的。它自己照顾自己，自己观察自己，自己控制自己，它是这么样一个系统，这个是有机物存在的本质。"那么无论它的整体的**存在**还是它的那些环节都不能持存于一个解剖学的系统之中"，所以它的存在，它的整体的存在或者是它的部分的存在，都不能持存于一个解剖学系统之中，由解剖所解剖出来的系统已经不是有机体的存在了，有机体并不能持存于这样一个解剖出来的系统之中，一旦在这种系统中，它就走向死亡。

相反，现实的表现和它们的外在性毋宁只是作为某种运动才现成在手的，这运动流行于形态的不同部分中，在这运动中，凡作为个别系统被割裂出来并被固定下来的东西，本质上都呈现为流动性的环节，以至于不是解剖学所发现的那种现实性，而是只有作为过程的那种现实性，才可以被当作这些部分的实在性，也只有在这过程中，各个解剖学的部分才有意义。

这句话比较长。"相反"，也就是说有机体的整体或者它的各环节都不能持存于一个解剖学所划定的系统之中，"相反，现实的表现和它们的外在性"，各环节的现实的表现和它们的外在性，如何看待它们呢？有机

体的各环节肯定有它们现实的表现和外在性,我们可以把它抓住、逮住,加以静止的观察。然而,"毋宁只是作为某种运动才现成在手的",这种外在性是作为某种运动才是现实的,你抓一条鱼来,抓个小动物来,你可以看到每一个瞬间它都在运动,哪怕它待着不动,它的内部也不断地在运动,只有在运动中它才活着。如果一个东西不动了,一条鱼翻白了浮在水面上了,那它就死了,你可以由此判定这个有机体已经不存在了。如果它还是活着的,它还在动,它就还没有死。"这运动流行于形态的不同的部分中",它的形态有各个部分呐,它的每个部分都参与了运动,如果有某一部分没有参与运动,肯定是这动物有残疾了,它那一部分已经死了,它那部分应该切除。但是一个正常的有机体它的每一个部分都参与了这样一个运动。"在这运动中,凡作为个别系统被割裂出来并被固定下来的东西,本质上都呈现为流动性的环节",比如说解剖学,我们在这样一个有机体身上,当然可以通过解剖,把它的个别系统割裂出来并固定下来,我们可以解剖一个兔子,解剖它的神经系统,解剖它的肌肉系统,解剖它的内脏,把它固定下来,我们并不否定这样做的必要性。然而,凡是这样一些东西,我们在解剖台上所看到的这样一些东西,本质上都是作为流动性的环节而呈现的。"以至于不是解剖学所发现的那种现实性,而是只有作为过程的那种现实性,才可以被当作这些部分的实在性",这里有两种现实性,一种是解剖学所发现的现实性,另外一个是作为过程的现实性,第一种是机械的,第二种是有机的。作为过程的现实性是有机的现实性,作为解剖学的那种现实性是机械的、死的现实性。只有活的现实性,只有作为过程的现实性,才可以被当作这些部分的实在性。现实性和实在性这里用语有所区别:现实性 Wirklichkeit,实在性 Realität,这两个词我们前面讲到过,现实性和实在性不完全一样,现实性代表一种能动的现实性,一种起作用的现实性;实在性就是事物、东西,没有那种能动的意思,它就是摆在那里的。只有那种现实性,才可以被当作这些部分的实在性,有机体的实在性本质上是现实性,它可以摆在那里，但是你把它摆在那里，它还是在起作用、在运动，它包含有一种能动性。它在内部做工作，你外部也许看不见，你发现它不动了，睡着了，但是你稍微碰它一下，它马上醒了。它不像物理学上的实在性，一块石头摆在那里，当然是有块石头，但是你碰它，它没反应。两者都可以叫作实在性，实在性比较泛。但是有机体真正的现实性，不是解剖学所发现的那种现实性，而是只有作为过程的那种现实性，才可以被当作这些部分的实在性。"也只有在这过程中，各个解剖学的部分才有意义"，"各个解剖学的部分"，当然解剖学黑格尔已经对它很瞧不起了，但是还是要看到它的意义。解剖学并不是没有意义的，解剖学的意义不在它本身，而在运动之中。你通过解剖学可以设想它在活着的时候它是怎么运动的，这个当然还是很有意义的，不是说解剖学就没意义了，黑格尔也不是这个意思。他是说解剖学的局限性，你把它当成一个死的东西，解剖出来就是一个实在性摆在那里的东西，那你就误会了，解剖学的意义仅仅在于，我们借用来考察有机体在活着的时候怎么运用这样一些系统。在这个眼光之下解剖学才有意义，你不要把它当作机械的物体来看待，你要把它当作一个活生生的机体，它在外部所表现出来的量化方面的关系都必须要追溯到它有机过程，我们才能够把握它的意义，否则的话你就走偏了。

　　由此可见，有机物的**内在东西**的诸环节就本身而言没有能力充当存在之规律的诸方面，因为在这样一条规律里，它们本应当能够被某种定在表述出来，本应当能够互相区别，而不是每个都能以同样的方式代替另一个来称呼的；

　　我们先看这半句，这里有个分号。"由此可见"，由上面的分析我们可以得出这样的结论，就是"有机物的**内在东西**的诸环节就本身而言没有能力充当存在之规律的诸方面"。有机体的规律是内在方面与外在方面的关系，那么内在东西的诸环节就本身而言，"没有能力充当存在之规律的诸方面",不可能充当存在规律的诸方面。"存在之规律"也就是有机体的外部形态的规律。那么从内在的方面来说,是不是它可以介入外部存在的规律,单独地就充当这个规律中外在的某个方面呢? 不可能。"因为在这样一条规律里,它们本应当能够被某种定在表述出来",这是虚拟式了,就是说假如真有这样一条规律的话,这些环节就应当每一个都固定在一个定在身上,比如说感受性就固定在神经系统上,应激性就固定在肌肉系统上,被它们所表述。"本应当能够相互区别,而不是每个都能以同样的方式代替另一个来称呼的",就是应当这样固定下来,它们井水不犯河水,相互严格区别开来,而不可能每一个都可以代替另一个来称呼整个有机体。就像上面说的,我们说这个有机体是一个神经系统,和说它是一个肌肉系统,这都没有关系的,都是说的同一个有机体。因为这些系统都是相互重叠、相互渗透和流布全身的,并不固定在各自的定在身上。但如果真有这样一条规律的话,这种情况应当就不会存在,而应当分别由某个固定的定在表述一个环节,使这些环节严格区别开来。但这种可能性在前面已经被否定了。所以这里讲到"在这样一条规律里,它们本应当……",所用的是虚拟式。但是这种"本应当"的事情和现实的情况是不相符合的。由此得出的结论就应该是,这样一种规律本身是不可能的,这样一种设想的情况根本就是不可能的。

再者,被置于一方的这些环节并不能在另一方的某个固定系统里得到自己的体现;因为这个固定的系统不但不是内在东西的诸环节的表现,而且也不是某种本身完全具备有机真理性的东西。

前面讲的就是说,内在诸环节没有能力介入到外在东西中,充当存在规律的诸方面,这是第一点。"再者,被置于一方的这些环节并不能在另一方的某个固定系统里得到自己的体现",这是第二点。一个是内在的东西不可能充当存在规律的诸方面;再一个是,这些内在的环节被置于一方,不可能体现在外在的方面的某个固定的系统里,成为某种定在的东西。就是说,内在的东西既不能自己成为规律中的定在方面,也不能由一个定在来代表自己、体现自己。比如像感受性，就不能够在神经系统里面完全得到自己的体现。"因为这个固定的系统不但不是内在东西的诸环节的表现，而且也不是某种本身完全具备有机真理性的东西"。固定的系统是解剖学解剖出来的，已经失去它的有机真理性了，或者说它只能为有机真理性提供某种参考，本身并不具有完全的有机真理性。它本身都不具有完全的有机真理性，你怎么能说它是内在东西的表现呢？如果它是内在东西的表现的话，那内在东西岂不是一个死的东西啦？但是我们都知道内在东西是活的东西。而这样一个固定系统，它是死的东西，所以你怎么能把死的东西看作是活的东西的一种体现，一种摹本？

[185] 　　**毋宁说，有机物的本质既然自在地就是共相，那么它一般说就同样必须普遍地提供出它在现实性中的诸环节，也就是把这些环节作为连续贯通的过程来拥有，但却不是在一个孤立的事物方面提供一幅共相的图景。**

　　这是把前面的否定了以后，再正面地说了。"毋宁说，有机物的本质既然自在地就是共相"，有机物的本质既然本身就是普遍的东西，它在有机物的整个生活过程、生存过程中是贯通下来的，只要有机物没有死，它就贯通了它的本质的。"那么它一般说来就同样必须普遍地提供出它在现实性中的诸环节，也就是把这些环节作为连续贯通的过程来拥有"，既然它本身就是共相，一般说来，当然它的诸环节也就必须在现实中普遍地提供出来，必须化身为现实，并且是这样化身为现实，即在现实中把这些环节普遍地、无所不在地提供出来，也就是把它们"作为连续贯通的过程来拥有"。这个应当是顺理成章的，除非不是共相，比如说，你把它的这个现实性的诸环节分解了，它已经不具有有机的普遍性了，你对各个部分各自为政来孤立地看待了，那它就成了机械论的对象，不成整体了。只要它是普遍的，它的有机体的内在的那些环节都是普遍性的环节，那么它要表现出来，就必须在现实中普遍地提供出来，即贯通于它整个生存过程中间，不是零零星星的左一个系统右一个系统，左一部分右一部分，这样体现出来。"但却不是在一个孤立的事物方面提供一副共相的图景"，比如说在神经方面提供一个神经系统的挂图，在肌肉方面提供一个肌肉系统挂图，在内脏方面提供一个内脏系统的挂图。这样做是不行的，你不能把它的某个方面、某一部分割裂开来，把一种共相加在它上面，而丢掉了整体性。要说共相，那么有机物的本质自在地就是共相，它把它的各环节自行连续贯通在现实中，而不是由各个孤立事物来拼凑那些共相。这是这一个小标题，"[(3)**有机物诸形态的含义**]"的意思，就是说有机体的外部形态如果仅仅停留于解剖学上的含义，那是不足以把握有机体的规律的，那些僵死的形态不可能表现出有机体的生命内容，必须把这些形态理解为普遍的、动态的、连续贯通的过程。那就需要从概念内部的诸环节上来把握，需要运用概念思维，而不只是外在地观察了。黑格尔批判了当时这种解剖学的割裂，而提出了他自己的取向，这就进入到下面这个标题了。

[**3.关于有机物的思想**]　　　　　　　　　　　　　　　　{156}

这是对有机物的观察的第三个标题。前面的第一个标题是"一般规定"[171页]，这是内在抽象的，概念上的；第二个标题是"有机物的形态"[177页]，有机物所表现在外的形态，通过解剖学所解剖出来的形态，有机体身上的各种系统形态，这是外在的考察；那么第三个标题，这里是"关于有机物的思想"，这跟有机物的形态就不一样了，又回到内在去了。形态一般都是外在的，而"有机物的思想"则进入到有机物的内部了。只有通过思想才能把握有机体的规律，这是上面"有机物的形态"最后所得出的结论。

[**（1）有机的统一**]

有机物的思想底下又分为三个小标题，第一个小标题是"**有机的统一**"，这是直接承接上面的结论来的，就是不能像解剖学那样机械地割裂

353

有机体的各个环节,而必须运用思想达到有机体的统一。第二个小标题是**"对建立规律(立法)的扬弃"** [186 页],就是一旦运用思想,这就超出了一般规律的层次了,不再是什么"外在东西是内在东西的表现",或内在的东西为外在的东西"立法",而是整体的统一的有机过程,物理学的那种建立规律的思维就被扬弃了。第三个小标题——**"整个有机物,它的自由与规定性"** [188 页],就是正面来阐述如何把握有机物的方法,即提升到关于有机物的自由的思想。这都是对有机物的思想的一种阐述,从浅到深。首先这里我们从有机物的统一来看有机物的思想,也就是说有机物的统一只有通过有机物的思想才能加以把握。通过解剖学是不行的,通过一种外在的操作是不行的,你必须要深入到有机物的思想,才能够把握有机物的统一,必须要从有机物的统一才能理解有机物的思想。

　　<u>通过这样一种方式,在有机体身上,某种**规律**的**表象**就完全失去了。</u>

　　"通过这样一种方式",这是跟上面接着来的,也就是通过一种"普遍地提供出它在现实性中的诸环节,也就是把这些环节作为连续贯通的过程来拥有"的超越机械处理的方式,通过一种超越解剖学的处理方式,"在有机体身上,某种**规律**的**表象**就完全失去了"。规律打了着重号,表象也打了着重号。也就是说在有机物的整体上面,你不能用规律来对它加以规范,规律这个概念它本身就是机械性的,所以他第二个小标题也讲到了"对建立规律(立法)的扬弃",人为自然界立法的思路在这里被扬弃了。这种思路仍然是一种"表象"的思路,而不是概念性的、有机性的思路,它仍然试图把有机体纳入某种规律的公式,最终能够用数学的精密性来轻松地加以把握。而现在,既然你要通过一种连续贯通的过程来理解有机体,那就不是用规律的表象可以把握的。但是规律并没有被抛弃,规律只是被扬弃了,它还在;但是它已经变成了规律的思想,就是下面我们马上要读到的,规律的表象失去了,但是规律的思想留下来了。注意这个地方讲到规律的"表象"完全失去了,你在把握有机体的时候,

必须从表象思维提升到概念思维，提升到思想。

规律想把对立统握和表现为静止的双方，并在这双方中来统握和表现那本身是双方的相互联系的规定性。

什么是规律？规律的表象是什么？规律的表象就是这样，"规律想把对立统握和表现为静止的双方"。规律通常是这样，自然科学规律，物理学的规律，通常都是这样，想把对立的东西统握起来，并且表现为静止的双方。一方面是在左边，一方面是在右边，这两方面都是静止的，都是可重复的，都是有固定的联系的。"并在这双方中来统握和表现那本身是双方的相互联系的规定性"，把它们作为静止的双方进行联系，给它们一个相互联系的规定性，这就是规律。规律通常就是这样来表象的。我们一谈到规律就想到这样一种操作方式，把两个相对立的方面用一个联系把它规定下来。

显现出普遍性的属于**内在的东西**，而静止形态的各部分属于**外在的东西**，这两者据说构成规律的相符合的双方，但却如此相互分立，而失去了自己的有机含义；

"显现出普遍性的属于**内在的东西**，而静止形态的各部分属于**外在的东西**"，就是有机体的内在东西都是有普遍性的，都是渗透于有机体整体的。而静止形态的各部分，包括那些系统如神经系统肌肉系统等等，都属于外在的东西，好像是这个内在东西的外在表现。那么"这两者据说构成规律的相符合的双方"，在通常流行的解释里面就是这样，试图把它们构成规律的相符合的双方。外在东西是内在东西的表现嘛，那么如何表现出来它有一种规律呀，内在的东西这里怎么样一动，外在的东西立刻就发生了反应，就表现出来了，那么测定一下这种互动的比例，相互之间就形成规律了，据说是这样的。"但却如此相互分立"，分别而立，虽然内外相符，但却互相对立，不能互相打通而成为一个统一的运动过程。"而失去了自己的有机含义"，失去了生命的统一体的含义。就是外部的静止的形态，那些解剖学所展示出来的系统，跟这些内在的普遍性的环节如此的相互分立，而失去了自己的有机含义。这个我们前面已经讲到了，外部形态不从概念的含义上来理解，就已经不具有有机的真理性了，已经是尸体了，尸体跟活的机体是对立的，完全融不到一块儿去。

而规律表象的根据恰好在于，规律的双方都会有一个自为存在着的漠不相干的持存，并且在它们身上这种联系都会作为双方相互符合的规定性而被划分开来。

前面讲了如此分立的环节失去了自己的有机含义。你要把它们双方联系起来构成双方相符合的规律，但是它们却失去了有机的含义，所以这个立法是不成功的，建立不起规律来。"而规律表象的根据"，这句话就是说如果要建立起一个规律，那么这个表象它的根据何在呢，"恰好在于规律的双方都会有一个自为存在着的漠不相干的持存"，一个规律的表象，应该是基于这样一个规定，就是把规律的双方想象为各自为政地持存着的，表象 Vorstellung 也可以翻译成想象。这个规律的表象必须想象双方互不相干地存在，"自为存在"也可以翻译成"独立存在"，它们本来并不相干，然后由外部对双方的联系进行测定。"并且在它们身上这种联系都会作为双方相互符合的规定性而被划分开来"，规律的双方固然每一个都是独立持存的，互不相干，但是由于碰到一起恰好相符合而有了联系，于是这种联系就会在它们身上进行划分，给双方都带来相应的规定性，比如量的比例的分配。根据这种规定性，我们就会说这两方面形成了某种规律。规律的表象本来是基于这样的根据之上的。但是前面说了，这种根据、这种规定性在有机体里面是建立不起来的，如果勉强建立起来，它就失去了有机的含义，有机的各种形态的含义就成了机械的了。如果你按照这样的规律的表象来为有机体立法，来建立一种规律的话，那么有机体就失去了它有机的含义。

相反，有机物的每一方面就自己本身而言都是这样的：它是一切规定都被消融其中的那种单纯的普遍性，它就是这个消融过程的运动。

"相反"，跟什么相反呢？就是跟规律的表象相反。有机体跟规律的表象是完全相反的，或者说用规律的表象来描述有机体是根本不行的，是根本相违背的。因为"有机物的每一方面就自己本身而言都是这样的：它是一切规定都被消融于其中的那种单纯的普遍性，它就是这个消融过程的运动"。有机物的每一方面、或者说每一个环节都是这样的，就自己本身而言是这样的，它的一切规定都消融在有机物的每一方面、每一个环节之中了。比如说感受性，它已经把一切规定都消融在其中，它就是一种单纯的普遍性。你不能在感受性里面找出一些什么另外的规定，感受性是很单纯的，它无所不在，它弥漫于全身。应激性也是的，你不能够区分的，不能够分成两个部分然后把它们联系起来，那样的分析就会把它的单纯性给破坏掉了。"它就是这个消融过程的运动"，感受性、应激性、再生性这些东西，就是把那些规定加以消融的运动。你有一个规定它马上就把它消融掉了，它是在这样一个不断消融掉规定的过程之中体现出来的。所以有机物的每一方面就其本身而言都是整体，而这个整体是运动的。什么运动？就是"这个消融过程的运动"，它的本性就是这样的，它是在一个过程之中，在不断地消融掉那些冒出来的规定性的运动中，把自己实现出来的整体。所以就它自己本身而言，它就是那种单纯的普遍性。当然你通过解剖学可以把每一瞬间的那个规定把它固定下来，但在活的机体里面它每一瞬间都把那些规定又消融掉了。

　　对这种立法与前述各种形式的区别的明见将完全揭示出这种立法的本性。

　　也就是说，如果我们明见到这种立法与前述各种形式的区别，那么这种立法的本性就会昭然若揭。前述各种形式是什么形式呢？下面讲到了，就是我们回顾一下，回顾我们从一开始讲到知觉和知性，在自我意识之前，我们在知觉阶段、知性阶段所谈的那些立法、寻求规律的形式，并且我们把目前这种立法与前述各种立法形式加以区别。我们在知性的阶段、甚至在知觉的阶段就已经讲到要寻求规律了，而在对有机物的观察的理性中，我们又把这种寻求规律的过程重走了一遍。现在我们达到了这种先天立法的阶段，即它是单纯的普遍性，是从先天概念本身内部来立法。那么这种立法与前面想要建立规律而不成功的尝试有什么区别呢？如果我们洞见到、或明见到了这样的区别，那就将完全揭示出这种立法的本性。什么是立法？在前面讲知性的先天立法的时候，还没有揭示出这个立法的本性，只有在对有机体观察的这个最后阶段，我们才把立法的本性揭示出来。也就是说我们在后来的阶段可以洞见到前面的阶段的本性，在前面立法总是陷入到机械的联系之中，只有当有机的含义从有机形态中显露出来的这个阶段，才揭示出了这个立法的真正本质。

——就是说，如果我们回顾一下知觉的运动和在知觉中进行自我反思从而规定其对象的知性的运动，那么知性在这种情况下在其对象中所面对的并非普遍与个别、本质与外表这样一些抽象规定的**联系**，而是它本身就是过渡，这种过渡对自身而言并没有成为对象性的。

我们把这种立法与前述的各种形式来区别一下，"如果我们回顾一下知觉的运动和在知觉中进行自我反思从而规定其对象的知性的运动"，我们回顾一下前面讲的知觉和知性，在知觉的运动里还没有明确提出规律，那么在知觉中进行自我反思，从而规定知觉的对象的那样一个知性，才开始明确提出了"规律"[参看贺、王译本第99页小标题"规律作为现象的真理"，和第166页小标题"规律的发现"]。知性就是要通过为自然立法而对知觉的对象加以规定，这个是知性。那么"知性在这种情况下在其对象中所面对的并非普遍与个别、本质与外表这样一些抽象规定的**联系**"，"联系"打了着重号。普遍与个别、本质与外表、力和力的表现等等这样一些抽象规定，当然是有联系的，但是知性在对象中所面对的并不是这样一些联系，并不是这样一些固定的联系，"而是它本身就是过渡"，也就是各个规定向各自的对立面过渡。前面已经有这种说法："由于理性的本能现在进入到对这规定性按其本性，即不是按其自为的存在、而是按其向对立面的过渡去寻找，它所寻求的就是**规律**和规律的**概念**了"

[见贺、王译本第 167 页]。这是理性的本能、也就是知性实际上做的。但它并没有意识到这一点，"这种过渡对自身而言并没有成为对象性的"。知性作为理性的本能在这时受到命运拨弄，不断地遭到颠倒，向对立面转化，甚至形成了第二个超感官世界的第二种规律，即向对立面转化的规律，但它瞄准的目标却仍然是那种固定的联系，还没有把这种转化本身当作一个对象来加以考察。所以知性本质上就是机械论的，即使对过渡和转化的规律，它也用机械性加以解释，以至于变成了诡辩。它知道有这种转化，但在这转化的漩涡中，它努力地想把握住某些固定的联系。知性的目的还是要把握那个知觉的对象，而不是那种转化，并没有把转化当作对象来考察。它只是感受到这样一种对象性的捉弄，理性本能在后面支配着它转到这里转到那里，到处摸索，但是没有反过身来把握到这种使它转晕了的东西究竟是什么。

　　与此相反，这里存在着的是有机的统一性，亦即正是那些对立的联系，这种联系乃是纯粹的过渡，它本身就是**对象**。

　　"与此相反"，与前面讲的知性所遇到的情况相反，"这里存在着的是有机的统一性"。在知性和力里面，是没有有机统一性的，机械力学嘛，机械力学是不讲有机统一性的。虽然它被力学本身的辩证法所捉弄，但是它没有上升到有机的统一性，因而把握不了那种有机的互相转换、互相过渡。反之，这里存在着的则是有机统一性，在有机体这里，当我们研究有机物的时候，我们研究的就是有机的统一性。"亦即正是那些对立的联系，这种联系乃是纯粹的过渡，它本身就是**对象**"，这里有机的统一性就是那种对立的联系，就是那些对立面的互相过渡，而且是"纯粹的过渡"，即已经超越了定在而是那个过渡运动本身。这种运动已经把那些机械的定在都扬弃掉了，我们现在可以单纯从它的过渡本身来看它，把这种过渡作为对象来看待，作为有机的统一来看待了。有机统一的观点把在知性中已经解构了的东西重新联系起来、统一起来了。在前面知性阶段中，这些转化是对规律的破坏。本来有规律，作用力等于反作用力，牛顿第三定理；但是我们发现作用力和反作用力其实是一个东西，没有什么区分。没有区分你怎么去找它们的联系呢？那不是同义反复吗？作用力等于作用力。只有有机体的观点才能把这种联系建立起来，在物理学、在力学里面，其实背后也有辩证法，但是是隐藏着的，你从有机体各环节向对立面转化的观点来看待物理学，你就不会转晕头，你就知道这后面有辩证法，但是物理学家用不着这样。我们经常听到自然科学家说，"我们用不着辩证法"，但是他实际上受辩证法支配。即算受辩证法支配，他也不用考虑，因为他考虑的是物理世界。他不用去有机地看待这些问题，因为那些东西本身是机械的。但他无形中受到有机规律的支配。而到了有机体的这个领域里面，就把在力学中没有意识到的那样一种联系，把它当作对象来专门考察，这就超出知性的限度而进入到理性的领域了。

　　<u>当这种过渡在其单纯性中时，它直接就是**普遍性**；而由于普遍性进入到规律想要表达其联系的区别中，规律的诸环节就**作为**这种意识的**普遍的**对象而存在，而这个规律说的是，**外在的东西**是**内在东西**的表现。</u>

　　这就是接下来讲啦。有机的统一性把纯粹的过渡当作自己的对象，那么，如何当成自己的对象呢？"当这种过渡在其单纯性中时，它直接就是**普遍性**"。什么叫"在其单纯性中"？过渡，本来是从一个过渡到另外一个，这就不单纯了，有两个东西；但是在其单纯性中，就是我把这个东西那个东西都把它放在括弧里，我只看这个过渡本身，把单纯的过渡当作对象。我不是把这个东西和那个东西以及它们的联系当作对象，我就把这个过渡当作对象。那么这个过渡呢，在其单纯性中它直接就是普遍性，这种过渡就是普遍的，一切都在过渡。万物皆流，赫拉克利特说，"一切都在流动"，都在变化。当然有机体主要是讲的，只要是有机体，它就在流动，它就在过渡。"而由于普遍性进入到规律想要表达其联系的区别中"，普遍性在进入到区别中，这个普遍性，它本来已经没有区别了，它把区别扬弃了；但是它又要进入到区别、下降到区别。为什么要下降到区别呢？因为规律想要表达它的联系，规律要表达这个过渡双方的联

系，就必须要有一种区别。由于普遍性要进入到这样一种区别里面来，以便规律表达其联系，这个时候呢，"则规律的诸环节就**作为**这种意识的**普遍的**对象而存在"。"规律的诸环节"，比如说感受性、应激性、再生性，这都是规律的诸环节，就作为"这种意识"，"这种意识"就是我们把它们当作有机体来看待这样一种意识，意识经验科学在对待有机体的时候，它有一种观察的意识，规律的诸环节作为这种观察的意识的普遍的对象而存在，"普遍的"打了着重号。就是有机体的每一个环节都是作为普遍的对象而存在的，而不是作为定在而存在的。感受性不是作为神经系统而存在的，应激性不是作为肌肉系统而存在的，那都是定在。它们都作为普遍的对象而存在的，你可以考察感受性，也可以考察应激性，也可以考察再生性；但是，要把它们当做普遍的对象，你不要把它局限于某个定在的身上。你要见到这个区别，你就要把这个区别的每一个环节当作普遍的环节，因为你本身已经把普遍性当作对象，这种过渡直接就是普遍性，那么它的区别也是一种普遍的区别，每一个区别的环节都是一种普遍的存在，你要把它当作这样的存在来看待、来意识。意识的经验科学走到这一步了，已经能够把有机体的每一个环节都当作普遍的存在来看待了。"而这规律说的是，**外在的东西**是**内在东西**的表现"，这个在前面177页就已经讲到了，一开始就已经提到了，有机体的规律是一种什么规律呢？是"外在东西是内在东西的表现"的规律，你如果要说规律的话，那么它就有这么样一种规律。这个规律说的是这样的一句话：外在东西是内在东西的表现。但是你对它的理解，你不要把它固定在某个东西上面，说这个东西就是那个东西的表现，这个神经系统就是感受性的表现。它不是这个意思，你那样就没有把它当作普遍的东西了，你就把它当作定在了，当作解剖出来的一个具体的系统来看待了。你要把它当作普遍的东西看待，每一个环节都是整体。比如说，有机体就是感受性。同样也可以说有机体就是应激性，也可以说有机体就是再生性。每一个环节都是普遍的，都可以代表整个有机体。在这种意义上，外在东西是内在东西的表现,有机体就是感受性的表现,又是应激性的表现,又是再生性的表现,在这个意义上可以说。所以这个规律还在,虽然它的表象已经被摧毁了,但是这种规律还在,我们还可以说:外在东西是内在东西的表现。但是这样一种规律呢,已经不是规律的表象了,而是规律的思想。它把那个表象、把那个定在已经扬弃了,只剩下一个思想。

知性在这里已经把握到规律的**思想**本身了,因为在此以前,知性只是一般地在寻找规律,浮现在知性面前的是作为确定内容的诸规律环节,而不是规律的思想。

"知性在这里已经把握到规律的**思想**本身了",知性在自己的极限处就达到了思想本身,而在此以前呢,"知性只是一般地在寻找规律,浮现在知性面前的是作为确定内容的诸规律环节,而不是规律的思想"。其实知性在此以前已经遇到了规律的思想。我们可以翻到 [贺、王译本] 第91 页,从第一行开始,我们看看这段话:"力的概念所隶属于其下的知性就是那把不同的环节作为不同的环节而担负起来的**概念**,因而这些不同的环节**就它们本身**来说应当是没有区别的,所以它们的区别只存在于思想中。——或者上面所建立起来的只是力的概念,而不是力的实在性"。这是在"力和知性"这一章里讲的,在力和力的交互作用里面,一开始就讲到这个。就是说它们的区别只存在于思想中,上面所建立起来的只是力的概念,而不是力的实在性。就是说力的概念或者力的思想,在力和力的表现里面已经出现了。但是它不是知性所面对的对象,知性还没有把它当作对象来考察。力的概念或者力的思想在知性的那个阶段上面呢,还不能够考察。知性还处在为力和力的表现、力和力的交互作用寻求规律这个层次上面,它还沉入到一些具体的机械的关系里头拔不出来。你要把这些关系都扬弃了,要跳出来,比如说你达到了有机体的阶段,你才能够从整体上把握它的概念——不同环节能够担负起来的那个概念——以及它们在思想中的区别。当时它还是在现实的、实在的区别中来考察力和力的表现的规律。我们再回到这句话:"知性在这里已把握到规律的**思想**本身了"，"在这里"，就是在有机体诸环节的纯粹过渡的普遍性上，我们已经把握到规律的思想本身了。但是它原来还没有把握到，在机械力、机械性那个层次上，它是把握不到的，"因为在此以前，知性只是一般地在寻找规律"，知性在寻找规律，还谈不上提升规律。"浮现在知性面前的是作为确定内容的诸规律环节，而不是规律的思想"，规律的思想只是在有机体的阶段才能够出现的。比如说第 180 页第 4 行："但除此而外，即使内在的东西方面，自身也是一个多方面的关系，因而它首先就给自己提供了一种规律的思想，即那些普遍的有机活动或属性相互之间的某种联系。"这里已经进入到有机体了，所以初步提出了规律的思想，但还是抽象的，内在的环节相互之间的联系还只被理解为一种"先天的立法"，而无法摆脱具体事物的定在的内容。只有当观察的理性把这种先天立法运用于定在，发现它导致的不是有机体的规律，而是机械的偶然性，从而立法失败之后，这时知性才真正面对了唯一剩下来的普遍性，即那个单纯的过渡，这才"把握到规律的**思想**本身"。

　　——因此就内容而言，在这里应该得到保存的不是这样一些规律，它们只是静止地把纯粹是**存在着的**区别接收到普遍性的形式中来而已，相反是这样一些规律，它们在这些区别里也直接拥有概念的不安息、从而同时也拥有各方面联系的必然性。　[186]

　　"因此就内容而言"，就有机体的内容来说，而不是单从形式上面来讲，"在这里应该得到保存的不是这样一些规律，它们只是静止地把纯粹是**存在着的**区别接收到普遍性的形式中来而已"。也就是说，在有机体里那样一些规律是不值得保存的，什么样一些规律呢？就是那种"二合一"的规律，一方面是先天立法的形式，另一方面是"**存在着的**区别"，也就是那些偶然的外在事物或定在的形态。这两方面的结合只是静止的接受，就像把一块木头绑在腿上一样。这种规律必然会使有机体退回到机械的偶然性，这种外部的规律跟物理学的、机械的规律没什么区别，本质上是一样的。那么在这里我们就不应该把它保存下来，应该保存下来的是哪一种规律呢？"相反是这样一些规律，它们在这些区别里也直接拥有概念的不安息"。它们当然也是有区别的，解剖学所解剖出来的那些区别已经放在那里了；但是它们在这些区别里直接拥有概念的不安息，不要把解剖学解剖出来的那些区别、那些系统看作是静止的、孤立的、僵死的，而是要看做不停地在骚动，不停地在运动，在贯穿、在渗透。"同时也拥有各方面联系的必然性"，所有这些系统、这些环节，它们的联系都有必然性。为什么有必然性？因为各方面的联系都是从同一个有机体的单纯过渡的运动中建立起来的，这种运动贯穿始终，要从总体上才能看出来，要从有机的统一性才能看出来。个别地从每一个系统上去看，是看不出来的，那是解剖学的眼光，你必须从总体的目的性概念的这个角度去考察。所谓必然的联系，就是说它们都是为了一个共同的目标——有机体的自我保存，这种目的性使得它们的各个系统之间的联系具有必然性。如果你分解开来看，那就没有必然性了，那是偶然凑拢起来的，是各种部件拼凑起来的一个东西，那都是偶然的。有机体总体上作为一个统一体，在运动和过渡中有它的目的性，这就赋予它必然性了。

　　然而正因为对象、有机统一体把对存在的无限扬弃或绝对否定直接与静止的存在结合在一起，并且这些环节本质上都是**纯粹的过渡**，所以根本就得不出像规律所要求的这样一些**存在着的**方面。

　　"然而"，也就是尽管我们可以就内容而言把那些有机总体的规律保存下来，只要我们在解剖学做出来的那些区分之中看到概念的运动和过渡，但是"正因为对象、有机统一体把对存在的无限扬弃或绝对否定直接与静止的存在结合在一起，并且这些环节本质上都是**纯粹的过渡**，所以根本就得不出像规律所要求的这样一些**存在着的**方面"。就是说，这样一来，规律所要求的那些"存在着的方面"就被扬弃了，因为当你把解剖学的那些"静止的存在"与概念过渡的那种"对存在的无限扬弃或绝对否定"结合起来时，这些环节就都成为了"纯粹的过渡"，而不能满足规律所要求的对存在着的定在的规定了，这就必然导致对规律本身的扬弃，从而进入到下一个小标题的主题"对建立规律（立法）的扬弃"了。前面第184页已经讲道："也只有在这个过程中，各个解剖学的部分才有意义"，就是说，必须在解剖学的各种形态中直接拥有概念的不安息，同时拥有各方面联系的必然性，你才能真正地理解解剖学的意义。但是正是因为你已经把解剖学那些部分、那些区分都做了概念的理解，使它们卷入到了对存在的无限扬弃或绝对否定、绝对的不安息，那么静止的存在也就被燃烧起来、被鼓动起来了，当你把概念的不安息贯注进去，把它的灵魂赋予它，把生命力赋予它，那它就不再是静止的存在了。这个时候就得不出规律所要求的这样一些存在着的方面，找不出规律所要求的那样一种完全静止的东西。在有机体里面根本没有什么静止的东西，那你如何立法呢？没有任何东西能够抓得住的，能够静止地摆在那里让你去建立某种联系的，那规律在有机体身上岂不是就不适用了嘛，就被扬弃了嘛，规律就被扬弃了。所以下面这个标题就是"对立法的扬弃"。当然你还可以立法，还可以这样去研究，那都是表面的。在生物学的领域里面你去立法，当然可以描述一些现象，比如说马喜欢吃燕麦，不太喜欢吃干草等等，这样一些有机体的规律。但是你要意识到这都是一种表面的描述，做这样一些表面的描述是为了从里面发现更深层次的有机体的本性，也就是有机体内部的过程，有机的统一是怎么样运作的，从这个有机的统一里面你根本就得不出像规律要求的这样一些定在的方面。当然，外在的方面你可以找得出来，但是从它的这些纯粹的过渡，从它的有机统一体这个角度来看，就找不出它的这些定在方面，或者说凡是这些定在的方面，它都把它变成了一种规律的思想，变成了一种普遍的活动性，变成了一种纯粹的过渡，它超越于所有这些存在着的方面，在上面有一个支配着的东西，那就是规律的思想。规律的思想就是有机统一的思想，有机统一的思想跟机械的规律、跟自然科学规律是完全不一样的，它是把各种环节当做活的东西来看待，不是像一般的规律那样在各种现成的环节中去寻找某种联系，然后对它们做出规定，加以固定，列出定理。在有机体里面，我们不能够得出一个定理，没有哪个在有机体里面得出一个定理。达尔文进化论也不是定理，"适者生存"也不是定理，你可以根据这样一些规律的思想去研究有机体它的发展演变，但是这是绝对不可能定量化的和固定化的，要根据不同的场合、根据不同的环境去加以考察，要运用思想。达尔文的适者生存是规律的思想，但严格说它不是规律。所以这是有区别的。在"3. 关于有机物的思想"这个标题下，它的第一个小标题是"（1）有机的统一"，"有机的统一"就是关于有机物的思想，最初表现为有机物的思想，然后呢，是"对立法的扬弃"，你要把立法、建立规律这种做法扬弃掉，你才能达到有机物的思想。第三个小标题"整个有机物，它的自由与规定性"，这才是点出了规律的思想的本质。有机统一是怎么来的呢？是整个有机物的自由，整个有机物的生命，它的自由与规定性是从这里面建立起来的。这是下堂课要讲的，今天就讲到这里。

*　　　　　*　　　　　*

{157}　　　　[（2）对立法（建立规律）的扬弃]

　　　好，我们接着上一次讲到的关于有机物的思想。第一个小标题是"有机的统一"，现在是第二个小标题"对立法的扬弃"，也可以译作"对建立规律的扬弃"。这个话题其实前面已经讲到了，以先天立法的方式所建立起来的那些规律实际上证明都是站不住脚的，都是一种机械论的观察方式，试图用机械论来解释有机体的规律，包括大小、强弱等等这样一些比例，想通过这样一种数学的方式来解决有机体的问题，来摸索有机体里面的一些关联、一些关系，这个已经证明是失败的，一讲到规律，就失去了有机性。所以，"建立规律"这样一种思路值得考虑。我们不能为有机体先天地建立一些规律，这种做法已被扬弃了。但是有种规律的思想，我们可以把它保留下来，这样的规律它不是那种静止的、可以定量化地加以处理的规律，而是要从概念的不安息导致一种必然性，从而拥有各方面联系的必然性。比如说一个有机体，它是一个整体的概念，有机体的各个部分都有必然联系，它不像一个机器各方面是拼凑起来的，它的每一个部分、每一个肢体跟它的整体都有必然联系。如果这样来把握规律的话，那是可以的，但是这种规律是规律的思想，不是原来意义上的规律。有规律的思想但是没有存在的规律，因为没有存在的方面、没有固定的方面。那么原来那种要建立一种规律的思路就应该扬弃了。

　　为了获得这样一些方面，知性必须立足于有机关系的另一环节上，也就是立足于有机定在的在自身中**反思的存在**之上。

　　"为了获得这样一些方面"，哪些方面呢？这是接着上面来讲的，上面讲在这样一种有机统一体里面"根本就得不出像规律所要求的这样一些**存在着的**方面"，这是上一段的最后一句话。你要找"**存在着的**方面"，现在我们手头只有一些规律的思想，规律的思想当然有概念，但是是概念的不安息。它也有必然性，但是这种必然性是无限的扬弃和绝对的否定性。绝对的否定直接与静止的存在结合在一起，那么静止的存在就被摧毁了，那就没有存在着的方面了。现在你要获得这样一些"存在着的方面"，必须另辟蹊径，不能靠现成的静止的定在提供，而必须自己去生成。"为了获得这样一些方面，知性必须立足于有机关系的另一环节上"，寻找规律本来就是知性的功能，就是知性的思路。知性这个时候必须立足于有机关系的另一环节上，"另一环节"是相对于前面讲的那个环节而言的，前面讲的那个环节就是第 185 页的下面讲的："浮现在知性面前的是作为确定内容的诸规律环节，而不是规律的思想"，所以后面才讲，我们现在得不出规律所要求的这样一些存在着的方面了。要得到这样一些方面，现在就必须立足于有机关系的另一环节上，另一环节不再是外在的存在环节，而是内在的东西本身。"也就是立足于有机定在的在自身**中反思的存在**之上"，"有机定在"就是有机物，在自身中反思的存在之上，"反思的存在"打了着重号，即 Refletiertsein。这个另一环节就是有机物的在自身中反思、在内部反思的存在,我们必须从这个内在环节来看有机物的"存在着的方面"。前面是从内部去看外部、从内外关系中试图来建立规律,这个思路已经说明行不通了。那么,这个时候我们反过来向内看一看,我们不从内在的东西去寻找它的外在的关系来建立规律,而是就这个内在的东西本身中通过反思来建立规律,看行不行。有机体的自身中的反思也是有存在的,它的存在就在于内在的感受性、应激性、再生性。那么,我们从这个三个环节中,它们都属于内在的,看能不能够提供出一些存在着的方面。任何一个有机体它的存在肯定是有感受性的,不然就死了,肯定是有应激性的,不然也僵了,肯定是有再生性的,不然就灭绝了,这是任何一个有机体的存在的方面。那么,我们现在转过头来,向外追求规定性、追求规律已经走不通了,我们向内来追求看行不行。

<u>但是这种存在完全是在自身中反思的,以至于没有给自己留下任何对他者的规定性。</u>

你要返回到有机体自身,它自身固然是有它的存在的,但是这种存在完全是自身中反思的。感受性也好、应激性也好、再生性也好,就它们本身而言都是在自身中反思的,你可以体会到,任何一个有机体缺了它不行。但是它究竟是什么呢? 你能不能够在外部的环节上面把它固定下来呢? 不能。前面已经讲了,你既不能把感受性固定在神经系统上面,也不能把应激性固定在肌肉系统上面,也不能把再生性固定在内脏系统上面。它就是它,它不由这些外在的系统来代表。所以"这种存在完全是在自身中反思的,以至于没有给自己留下任何对他者的规定性",比如说,感受性如何规定神经系统的? 应激性如何规定肌肉系统的? 这些外在规定性和感受性都没有关系,不是由这种内在的东西自己规定下来的。感受性等等本身没有留下任何对他者的规定性,也不能够用对他者的规定性来赋予某个内在的环节。

直接的感性存在与规定性本身直接就是一个,因而在自身中表现出一种质的区别,例如蓝与红,酸与碱等等的区别。

直接的感性存在"，"直接的"打了着重号，"与规定性本身直接就是一个"。直接的感性存在跟有机体的自身中反思的存在是不一样的，所谓"直接的感性存在"就是非反思的感性存在，你要反思就间接了。一个有机体它有感受性，并且它知道自己有感受性，它的感受性是通过反思而显现出来的，它是自觉的。感受性本身它跟直接的感性存在不一样，感受性它是一种自觉的反映。这个东西有没有感觉，它有一种内在的反映。它不直接就是一种反作用，而是它的反映体现于有机体身内、体内，所以它不是一种直接的感性存在。而直接的感性存在与它的规定性本身直接就是一个，这种非反思的感性存在它本身就是一种感性的规定性，可以直接确定下来。"因而在自身中表现出一种质的区别，例如蓝与红、酸与碱等等的区别"，蓝与红、酸与碱，我们一看就知道，我们一触摸就知道，它是有它确定的规定性的。每一种规定性它直接就有一种质的区别，这个跟感受性、跟应激性就不一样了。感受性和应激性你不能说它有一种什么固定的、质的区别。有的有机体感受性特别强，有的应激性特别强，但是这个"强"它不能够作为一种质的区别，不像红和蓝，或者酸和碱的区别你可以把它直接定义下来。

但返回到自身了的有机存在却是与他者完全漠不相干的，它的定在乃是单纯的普遍性，拒绝给观察提供持久不变的感性区别，换句话说，它把自己的本质规定性仅仅作为**存在着的**各种规定性的**转化**来显示。

这句话说得比较明确了。"但"，就是跟那种直接感性存在不一样，有机体是这样一种存在，它是"返回到自身了的有机存在"，直接的感性存在它是非反思的，而这里讲的有机存在是返回到自身了的有机存在。有机存在它是时时刻刻都返回它自身的，无机物它不用返回自身，它没有自身，它都是敞开的。而有机物它是封闭的，它自身反思。这种有机存在"却是与他者完全漠不相干的"，与他者漠不相干，当然不是说与他者完全不发生关系，而是说这种有机存在，它的目的是保持自己，他者、刺激它的东西或者是限制它的东西到底是什么它不管，它只是从自己的立场加以感受，作出反应，或者吸收，或者拒绝，一切以自己为中心。它是返回到自身的，自我封闭的，它只是在自己内部遵守一定的程序来做出反应，与他者漠不相干。这个跟蓝与红、酸和碱是大不一样的。蓝与红那肯定是与外在的东西相关的，它的这个反射的光波是不一样的。酸和碱也是相对而言的，相对于它所作用的那个对象而言的。酸的东西对于比它更酸的东西来说，它又成了碱的东西，它相对于它的处境而变化，而显示它的规定性。但是这个有机体就不一样了，它是一个封闭的、独立的有机存在，任凭外界如何改变，它总要想办法维持自身的不变。"它的定在乃是单纯的普遍性"。有机体的定在就是单纯的普遍性，就是很简单，要活下去啊。单纯的普遍性就是说，它就是生命，生命是一个单纯的普遍性，至于是如何地维持生命，这个不管，在任何情况下都要维持生命。它只要还活着，它就是生命，不管它活的好还是活的差，不管它是靠这个活着，还是靠那个活着。它总而言之活着了，这是最重要的。它"拒绝给观察提供持久不变的感性区别"，活着可以是以不同方式，没有一定的感性模式。例如每个人的活着，每个人的幸福感，每个人的生命感都是自己内心体会到的，你不能从外在的方面对他的活着加以规定，一个亿万富翁的活着跟一个穷人的活着，对活着本身来说没有区别。一只蚊子的活着，一个细菌的活着，跟一个人的活着，跟一个高等动物的活着，对活着来说也是没有区别的。"换句话说，它把自己的本质规定为仅仅作为**存在着的**各种规定性的**转化**来显示"，换句话说，它，也就是有机存在，把自己的本质规定性仅仅显示为存在着的诸规定性的转化。"存在着的"和"转化"都打了着重号，它是"存在着的"，也有各种规定性，但只考虑它们的"转化"。活着的本质究竟是什么呢？活着的本质是这些规定性的转化。不管有什么样的存在着的规定性，都被纳入到有机体的转化过程中，它们都在这种转化中显示出它是有生命的。不管你吃进去的是什么，都要新陈代谢，一个亿万富翁跟一个乞丐的新陈代谢是一样的，没有本质的区别。这转化过程才体现出生命的本质，你不能从外在的东西对他加以规定，它是存在着的诸规定性的转化。生命有它自己的规律，它就是这些有机环节的诸规定性的转化，通过这种转化来显示有机体。

因此，当区别把自己表现为存在着的区别时，正好它也是一种**漠不相干的**区别，即作为**大小**的区别。但在这里概念被清除了，必然性也消失了。

"因此"，就是从上面说的我们来作一个归纳。"当区别把自己表现为存在着的区别时"，存在着的区别跟前面讲的存在着的规定性的转化不一样，生命、有机体它是通过存在着的规定性的转化来显示的，与外在的他者漠不相干；而当区别把自己表现为存在着的区别，而没有转化，你把它表现为就是存在着的区别，就是存在着的规定性，这个时候"正好它也是一种**漠不相干的**区别，即作为**大小**的区别"。即这也是一种漠不相干的区别，当然不像有机体那样与外在的东西漠不相干，而是相互之间漠不相干，它只关心大小。区别本身，你把它固定下来，你从这个新陈代谢过程截取中间的一个镜头，把它切断固定在那里，去分析、去观察它的各个器官相互之间的关系，那么，这样一种关系，仅仅有大小的区别。这个地方大一些，那个地方小一些，你从这个大一些和小一些来判断它的生存状况。医生经常也是这样，给你拍一个片子，你这个肺部肿大，或者心脏扩张，跟一般的正常状况不一样。但是这些比较能说明什么问题呢？它们相互之间，如果你不通过医生的解释的话，在我们一般的人看起来，没有办法把它跟人的生命联系起来。一般的没有这方面知识就会说，这个人心脏好大，但是医生一看就知道这个人有心脏病了。所以你如果不是在它的运动过程中，在它的新陈代谢或者是有机发展的过程中来考察这样一些关系，从它们的转化来显示有机生命的话，你截取中间的一个片断，一个照片，你来观察它，那么它就是一种漠不相干的区别，它仅仅是一种大小的区别，量的区别。你不是要找存在着的环节吗，你要找这个方面吗？那么，我们如果不是从转化来考察它，那么它就仅仅是大小的区别，只能从量上面对它们加以比较、加以分辨。"但在这里概念被清

371

除了，必然性也消失了”，在这种区别中，概念被清除了，必然性也消失了。你仅仅从 X 光片上面看到的那些东西，如果你没有经过医学训练，那么，有机的概念是反映不出来的，也没有必然性，仅仅是一些机械的、外在的、偶然的关系。就像说人是机器，动物是机器，那么你从 X 光片上面所看到的就是这个机器的一种机械关系——你的血管粗不粗，你的心脏大不大。仅仅从这些方面来考察，人就变成了机器了。一个外行人从 X 光片上面看到的人体内部结构就是一种机械的结构，他没有概念，也没有必然性，因为他没有考虑到它们的转化，没有考虑到所有这些定在、这些存在着的规定性，它们是如何转化的。“概念被清除了，必然性也消失了”，这可以跟第 186 页的第一行说的相对照：“在这些区别里，也直接拥有概念的不安息，从而同时也拥有各方面联系的必然性。”有机体的区别必须有概念及其必然性，但是如果你仅仅从一种大小的区别、漠不相干的区别来寻求存在着的方面，那么概念和必然性就都将不存在，规律的思想就被还原为一般的规律了。我们好不容易从一般的规律提升到规律的思想，也就是规律的概念、必然性，提升到这个层次。但是，为了寻找那个存在着的方面，为了能够像当时的机械物理学那样来把握有机体，我们把概念清除了，使得必然性也消失了。这就是机械论的毛病，总是要想抓住某些存在着的方面，可以抓得住的，可以用定量化的方式来加以规定的方面。但是，因此它就失去了概念，就不能把握有机体。你对有机体的解释，看起来好像是定量化的，好像是机械的，好像是必然的，但其实是偶然的，其实没有必然性。机械的必然性对于有机体来说恰好是偶然性，它没有反映有机体内部的必然性。有机体内部的必然性是一种概念的必然性，是一种规律的思想的必然性。所以这个地方就层次下降了。

——但如果这种漠不相干的存在的内容和充实性，及感性诸规定的转化，全都被囊括进一个有机规定的单纯性中，那么这同时就表明，这内容和转化恰恰不具有那种——直接属性的——规定性，而质的东西就如我们上面所看到的,^① 只落入到大小中去了。

　　"——但如果这种漠不相干的存在的内容和充实性, 及感性诸规定的转化, 全都被囊括进一个有机规定的单纯性中", 这个破折号隔断了上一句, 说明这不是对上一句话说的, 而是对上上一句话说的。上上一句话是:"但返回到自身了的有机存在却是与他者完全漠不相干的, 它的定在乃是单纯的普遍性, 拒绝给观察提供持久不变的感性区别, 换句话说, 它把自己的本质规定性仅仅作为**存在着的**各种规定性的**转化**来显示。"也就是说, 有机体对外部的这种漠不相干的存在当然还是有自己的内容和充实性的, 这些内容和充实性, 以及那些感性规定的转化, 全都被纳入到了一个有机规定的单纯性中。这是有机存在的本质规定与直接的感性存在的重要的区别, 前面已经指出了。但这个地方却指出, 这种本质规定同样不能把握有机体的全部本质。"那么这同时就表明, 这内容和转化恰恰不具有那种——直接属性的——规定性", 就是说, 这种有机规定在这种理解下又失去了感性规定的那种直接属性的规定性, 当它们超越于感性规定的定在之上时, 它们同时也失去了内在东西本身直接的外在规定, 而不得不依赖于间接的规定。"而质的东西就如我们上面所看到的, 只落入到大小中去了", 上面所看到的, 在哪里看到的? 这里德文编者有一个注, 说要大家参看 [丛书版] 第 183 页, 中文贺、王译本相当于 181 页。那里整个小标题谈的都是有机体"内在方面的诸环节的相互关联"的情况, 即知性的那种内在的先天立法从感性的存在者提升上去之后, 却并不能把这些感性存在的散漫的规定性统摄起来, 它们所表述的"毋宁是在概念诸环节之间的偶然的大小等级上对这些属性和现象的非理性的反复玩弄, 而不是这些环节本身"。[贺、王译本第 183 页] 不过现在这里讲的已经不是先天的立法, 而是第二个小标题"有机物的思想", 这种思想

---

① 参看前面第 183 页:"它们所特有的质的对立于是就进入到大小, 并且产生出这样一条规律:'感受性与应激性在大小上成反比, 所以当一方增加另一方就减少'。"——丛书版编者

立足于概念的对立面的过渡，与先天立法的抽象性已经有层次上的区别。但即使如此，这种规律的概念和思想仍然落入了与先天立法的同样的命运。这就进一步说明，即使提升到了规律的思想，提升到了概念运动的层次，但只要"立法"或建立规律的思路仍然没有改变，结局就注定是沦为机械论的量上的区别。前面是讲你能否从内外关系方面来对有机体作出某种本质规定，我们发现做不到；那么现在我们从内在的方面、自身反思的方面，能不能给它作出某种本质规定呢？我们发现也做不到，种种尝试都失败了。这就必须要考察建立规律（立法）这种做法本身的合理性了。

于是，虽然被统握为有机规定性的那个对象性的东西，已经在其自身中拥有了概念，因而与对知性而言的对象有区别，而知性在统握其规律的内容时，所采取的纯粹是知觉的态度，但是，前一种统握正由于统握到的东西被运用于一条**规律**的各环节上，又还是完全落回到纯然知觉的知性那种原则和作派中去了；

我们先看这个分号的这半句。这还是接着上面的意思讲，即使在有机规定性中拥有了概念，也仍然免不了落入机械论的"大小"的规定中。"于是虽然被统握为有机规定性的那个对象性的东西，已经在其自身中拥有了概念"，"被统握为有机规定性"，就是被统握为有机统一性，现在我们已经是从概念上来理解这种有机统一性了，它已经在自身中拥有了概念了。"因而与对知性而言的对象有区别"，就是已经不再沿用知性为对象先天立法这种做法，而是超越于其上，达到了"规律的思想"的层次，这就是我们上面讲的有机物自身中反思的层次。但上面已经讲到，即使在这个层次，也仍然不能避免落入机械论的量化的规定性窠臼。所以，虽然有机体已经被把握为有机统一的概念和思想了，这已经超出了知性的对象，"而知性在统握其规律的内容时，所采取的纯粹是知觉的态度"，就此而言这种有机统一的思想已经达到了更高的层次；"但是，前一种统握正由于统握到的东西被运用于一条**规律**的各环节上,又还是完全落回到纯然知觉的知性那种原则和作派中去了"。就是说,对有机统一这个概念的统握,正由于这个概念被运用于"规律"之上,把概念的各环节理解为规律的各环节,所以最后还是功亏一篑,仍然落回到只不过是知觉的知性的做法中去了。"纯然知觉的知性",其实知性可以看作知觉和理性之间的中间环节,它的最高原理在康德那里可以通过自我意识而向理性过渡,但它在对待规律的内容时所采取的却仍然是知觉的态度,也就是把这个内容看作是在概念之外、与概念相对立的一个知觉对象。而现在,对有机统一的概念的统握由于还是把自己看作是一种对规律的规定、立法,所以仍然把概念的诸环节看作是对知觉对象的某种属性的规定,而这种属性最终又归结为量的大小规定,以便从这种规定中总结出某种可以定量化的规律来。这就又落回到知性对待知觉对象的那种原则和作派中去了。

　　因为这样一来,统握到的东西就获得了一种固定的规定性的方式,一种直接属性的、或一种静止现象的形式,此外,还被纳入到大小的规定之中,而概念的本性就被压抑了。

　　为什么那种有机统一性的概念会退回到知性的定量化的机械论中去呢? "因为这样一来",也就是说,由于"统握到的东西被运用于一条规律的各环节上面"样一种做法,"这样一来,统握到的东西就获得了一种固定的规定性方式",你把统握到的东西运用于一条规律的各环节上面,或者说把它们看作一条规律的各环节,那你岂不是把被统握的这个有机体固定在了一条规律的各环节的上面,使它成为了一种固定的规定性的方式? 这种方式是"一种直接属性的、或一种静止现象的形式",直接的属性也就是前面讲的直接感性存在的规定性,像红和蓝,酸和碱那样一些属性。你把这样一些固定的规定性赋予有机体,它就获得了一种直接属性的形式。"或一种静止现象的形式",你就把这种属性当作一种静止的现象,你赋予了它这样一种静止现象的形式,好像它就不是动态的,而是固定不变的了。而前面说过，有机生命如果不是动态的，它就僵化了，它就是僵尸，它就不是生命，而是尸体。"此外，还被纳入到大小的规定之中"，你既然要寻找它的规律嘛，那么你就只能够把这些静止的属性或形式从它们的大小的规定来加以衡量。"而概念的本性就被压抑了"。概念的本性它是不能够用大小来衡量的，你把这种现象仅仅归结为大小的规定，一种大小的比较，概念的本性就被压抑了。它本来是包含着概念的本性的，前面第一句就讲到，"虽然被统握为有机规定性的那个对象性的东西，已经在其自身中拥有了概念"，它已经拥有了概念了，有机体你就是要用概念来把握它，你不能采取机械的方式、数学的方式、计算的方式来把握它。但是，现在这种规定又变成了一种大小的关系、大小的规定，那么，概念的本性就被压抑了。

[187]　　　——因此，把一个纯然被知觉到的东西兑换成一个自身中反思的东西，把一个纯然的感性规定性兑换成一个有机规定性，这种做法就再次失去其价值了，确切地说，这是因为知性还没有把建立规律（立法）的做法扬弃掉。

最后这句话涉及这个小标题的本题了："[（2）对立法（建立规律）的扬弃]"。观察的理性习惯于建立规律、立法，这是导致机械论的罪魁祸首，是到将这种做法扬弃的时候了。"因此，把一个纯然被知觉的东西兑换成一个自身中反思的东西"，"纯然被知觉的东西"就是知性的对象，也就是那种机械的东西、物理的对象、无机物，它是由知觉的主客二分原则建立起来的。"兑换成一个自身中反思的东西，把一个纯然的感性规定性兑换成一个有机规定性"，这个"兑换"，Umtauschung，翻译成调换、兑换、变换都可以。我这里翻译成兑换，就像在交易所里面兑换，你把你的股票兑换成现金。股票是一种符号，当然现金也是一种符号，但这两个符号的层次是不一样的。现金是可以拿来就用的，而股票它仅仅是一个代表，你必须兑换成现金它才能用。所以我这里翻译成兑换，为什么要翻译成兑换呢？它跟后面的"失去其价值"是对应的，他接着讲"这种做法就再次失去其价值了"，就是你把它兑换成现金；但是现金也成了一个符号，贬值了，变得一文不值了。前面是讲，"你把知觉的东西兑换成一个自身中反思的东西"，自身中反思那就是有机体，有机体才是自身中反思的东西，一块石头，它不是自身中反思的东西，一杯水它也不是自身中反思的东西，只有一个有机物它才是自身中反思的东西，因为它有自身，它有内部。你把一个知觉的东西兑换成一个自身中反思的东西也就意味着，你从一个物理的现象提升到一个有机物的层次。这个中间就存在一个价值兑换了。如何把证券兑换成现金，或者如何把现金兑换成黄金、白银，硬通货。或者甚至于把黄金、白银兑换成实物，这都是不同层次的，都需要兑换。需要把无机物兑换成有机物、自身中反思的东西。"把一个单纯的感性规定性兑换成一个有机规定性"，单纯的感性规定性，比如说红色和蓝色，酸和碱，这样一些规定性。你要把它兑换成有机规定性，比如说感受性、应激性，要兑换成这样一个层次的规定性。"这种做法就再次失去其价值了"，就是说你本来是把那种单纯是符号性的东西变成具有购买力的东西，使它能够切实地解释有机体。本来你用那种单纯符号性的东西、表面的东西解释不了有机体，你必须把它兑换成有机体本身的语言，才能解释它，但是这种做法，在这个时候再次失去其价值。你本来是要增加它的价值，以便来解释有机体。有机体按照知性的知觉方式解释不了，你必须从有机整体方面、概念的思想方面来解释它。但是根据前面所讲的，"概念的本性被压抑了"，因此这样一种兑换就再次失去价值。所谓"再次"，就是前面已经做过种种努力，想要摆脱机械论，切中有机体的本质规定，但都失败了；现在已经达到概念的层次了，看来似乎有希望了。但由于概念的本性被压抑，这样一种兑换就再次失去其价值了，即又一次遭到了失败。归结其原因呢，"确切地说，这是因为知性还没有把建立规律（立法）的做法扬弃掉"，就是说想要建立起规律这种思路根本就不对，这种思路在物理学中是可以的，人为自然立法，法在这边，自然在那边；但是在生物学领域里面，用在有机体身上，这思路不对，应该把这种做法扬弃掉。你在有机体方面按照知性的、知觉的那种眼光去寻求一种规律，这种做法从根本上就错了。所以必须扬弃建立规律这种作法。下面他就举了几个例子，它们跟前面讲的兑换的做法是相关的，就是用这几个例子来说明这种兑换如何失去了价值。

　　为了用几个例子在这种兑换方面进行比较，于是比如说，某种在知觉看来具有强大肌肉的动物就被规定为一种具有高度应激性的动物有机体，或者把在知觉看来一种具有很大软弱性的状态规定为一种具有高度感受性的状态，或者如果有人愿意的话，规定为一种超常的刺激，确切地说规定为这刺激的一种因次化[①]　（这些术语把感性的东西不是转译为概念，而是转译为拉丁文——此外还是一种糟糕的拉丁文）。[②]

　　"为了用几个例子在这种兑换方面进行比较，于是比如说"，它举了三个例子。一个是，"在知觉看来，具有强大肌肉的动物就被规定为一种具有高度应激性的动物有机体"，这是一种兑换了。怎样兑换？在知觉看来具有强大肌肉的动物，比如说狮子，它的力量很大，这是可以知觉到的，不信你试一试，它一巴掌就把你扑翻了，你一点反抗能力都没有。这个知觉是完全可以知觉到的，具有强大的肌肉的动物，你还可以解剖它，你看它的肌肉多么强大，它的咬肌多么强大，可以测试一下它的咬肌的力量是每平方厘米多少多少公斤，你都可以算出来，从物理学的角度你都可以把它算出来。在知觉看来，它是具有强大肌肉的动物。这是在知觉的层面。那么，它就被规定为一种具有高度应激性的动物。前面这种

---

① 这里影射的是 C.I.Kilian 的用语，"超常的刺激"、"因次化"都是他使用过的；"因次化"也见于谢林的自然哲学，参看《动力过程或物理范畴的普遍演绎》，载《思辨的物理学杂志》第 1 卷第 2 册（《谢林全集》第 4 卷第 31、64 页）。——丛书版编者

② "转译为拉丁文——此外还是一种糟糕的拉丁文"一语在原始文本中即如此；为了能够在同一页上后来补上**较大或较小的感受性**这些不常见的词，黑格尔在修改这一处时选用了更为简洁的措辞"转译成德语式拉丁文（Deutschlatein）"。——丛书版编者

具有强大肌肉的动物呢还是从一种知性的、知觉的眼光来看的,带机械测定的;现在你把它规定为一种具有高度应激性的动物有机体,这就是从有机体的角度、眼光来看,或者是从一种自身中反思这样一个立场来看了。这种自身反思体现为高度应激性,应激性是有机体概念的一种内在的环节,这时你就把知觉和知性的这样一种外在的、机械的眼光已经兑换成了一个有机的眼光,把强壮的有机体兑换成了具有高度应激性的动物有机体。这是一个例子,第二个例子是反例了,不是具有强大肌肉的动物。而是"把在知觉看来一种具有很大软弱性的状态规定为一种具有高度感受性的状态",前一个是应激性,这一个是感受性,它们好像是相反的。前面讲了,有人因此就把它们规定为好像是成反比的,应激性越大,感受性就越小,等等。"或者如果有人愿意的话,规定为一种超常的刺激","超常的刺激"跟"具有高度感受性的状态"表述有一点不同,其实是一样的,"刺激"Affektion 有激动、感动、感染的意思。在康德那里我们把它翻译成刺激,物自体刺激人的感官,得到了感性的表象,也可以翻译成感染、感染疾病这样一种意思。所以他讲,"如果有人愿意的话",你要那样说也可以,你要说得更精确一点也可以。怎么样可以呢,规定为一种超常的刺激,异乎寻常的刺激,比一般的刺激都要高。"确切地说,规定为这刺激的一种因次化",因次化 Potenzierung, Potenz 这个词在数学上就是幂的意思,一个数的几次方我们把它称之为幂。那么这个词是从谢林那里来的,谢林用得最多,他用它来构建整个体系,谢林的体系是分层次的。就是说,绝对,或者说绝对精神,在它的无意识的状态中,通过一种神秘的方式体现为自然界,然后从自然界经过不断地发展、不断地提升它的"因次",进入到人类的意识,进入到人类的生活,进入到人类的社会,又经过了人的认识、科学、道德、艺术等等,最后返回到绝对。这跟黑格尔体系有一些类似的地方,绝对精神外化为自然界和人类社会,最后通过人类社会和精神的发展到高级阶段,回到了绝对,也就是上帝。但是,黑格尔对谢林很不满的一个地方就是,谢林把这样一种

379

逐级上升的方式理解为一种类似于数学上这样一种因次的提升，这样一种成几何级数的上升。当然这比那种单纯的机械论要强一点，单纯的机械论完全是一种直线的上升，甚至根本没有上升，没有质的区别，没有质的飞跃。而在谢林那里是有质的飞跃的，他把它说成是因次，或者说成是幂，就是一个东西的二次方，三次方，以这种方式增加，那跟加法和减法就完全不在一个层次上面了。谢林试图用这样的方式来表达自然界和人类社会万事万物的那种质的区别，那种等级的区别。但是，这种等级的区别仍然保留了数学的方式。这个是从斯宾诺莎来的，斯宾诺莎的伦理学讲到自然界、也讲到了人类社会，讲到了人的奴役和人的自由等等，所有这些东西都是"用几何学方式证明"的。谢林深受斯宾诺莎的影响，他认为的他体系虽然不是用几何学的方式，但是可以类比于几何学的方式来加以说明。他就采取了一种幂的方式，因次化的方式，表明在谢林那里仍然有一种斯宾诺莎式的数学直观或者理智直观在起作用，这是黑格尔很不满的。黑格尔抛弃了斯宾诺莎那种数学式的理智直观，当然黑格尔也有理性的直观，理性回到直观，也有这种说法，但是他一般不用理性直观或者理智直观这个词。他认为这个词已经被斯宾诺莎用烂了，已经把它用在数学的含义上面了。所以黑格尔在这个地方，在括弧里面就顺便把谢林讽刺了一番。他说，"这些术语把感性的东西不是转译为概念，而是转译为拉丁文"，Potenz 就是拉丁文，拉丁文就是斯宾诺莎写文章用的文字，斯宾诺莎的《伦理学》就是用拉丁文写的。"——此外还是一种糟糕的拉丁文"，一种蹩脚的拉丁文。就是说这个拉丁文用的并不好，把 Potenz 加上一个德语化的词尾 ierung 非常别扭，况且"因次"这个词的含义本来就很含糊，因次"化"就更加含糊了。用这个词来更"确切地"说明有机体的"一种超常的刺激"，超常的刺激就是带有一种不是量可以描述的现象，一种质的飞跃，突然一下就跃升到另外一个量级上面去了，这是一种超常的刺激。"确切地说规定为这刺激的一种因次化"，就是试图把一种不可量化的刺激用某种方式重新量化，使它说得更加"确切"，这就是"因次化"的作用。正常的增加就是算术级数的增加,超常的增加就是几何级数的增加,按照因次来增加。但是这样说呢,仍然没有摆脱它原来的那样一种思维方式,还是从量的方式来描述有机体。所以它并没有把感性的东西"转译为概念",就是说按照黑格尔的方式,你要转译的话你就把它转译为概念,那就到位了。但是它不是转译到概念,而是绕来绕去,转译为拉丁文,拉丁文就很陌生了。拉丁文有一种陌生性,它不是德文,不是德文它就没有日常母语的亲切感、贴切感,而是隔了一层。所以后来为什么德国哲学家不再用拉丁文,而用德语来写作,往往拉丁文的意思非常陌生、非常含糊,因为它是一种外来文字嘛。我们今天也有很多人喜欢卖弄一些外来词,在当时也是这样,喜欢卖弄拉丁文,用拉丁文一说你就糊涂了。我们今天你甩出一个外来词我就糊涂了,你就把我震住了。有的人显得很有学问,就是因为他会甩很多外来词。但是他不能够把它转译为现代汉语,这就是一种取巧的方式。那么这里实际上是讲谢林了,谢林他搞不清楚他就甩一个拉丁文出来,但是用这个拉丁文能说明什么问题呢? 说明不了什么问题,特别说明不了有机体的问题。这种转译也是一种兑换的方式,但这个兑换等于没有兑换,它没有价值。你把一种机械的关系兑换成一种高等的机械的关系,那还是机械的关系,等于没有实现它的价值,没有从机械的对象真正地提升到有机的对象。下面就来分析这几个例子。

　　说动物具有强大的肌肉,也可以由知性表达为动物具有一种强大的 {158}**肌肉力,**——正如很大的软弱性也可以表达为一种渺小的**力**一样。

　　"说动物具有强大的肌肉",这种说法,前面讲是在知觉看来,这是知觉的说法;但还有一种知性的说法,知性就是诉之于"力",力和知性是连在一起的。所以这种说法"也可以由知性表达为动物具有一种强大的**肌肉力**",肌肉力打了着重号。强大的肌肉意味着什么呢? 意味着它有力啊。狮子具有强大的肌肉,肌肉是来干什么的呢? 肌肉是用力的,说明它有力气,有力量。"正如很大的软弱性也可以表达为一种渺小的**力**

一样。"这个力也打了着重号。也就是说，知性要寻找规律，首先要把握力，力当然很抽象，但是，知性正是通过这种力来建立规律的。所以用知性的表达来说，动物具有一种强大的力。什么力呢？肌肉力。同样，"软弱性也可以表达为一种渺小的力"，也就是说用力的大小来规定、描述一个动物有机体，强壮和软弱的质上的区别通过力就被兑换成大小的量的区别了。这就是知性和力的思维方式。

用应激性来进行规定比作为力的规定优越，后者表达的是无规定的自身中反思，但前者则表达有规定的自身中反思，因为肌肉所**特具的**力正是应激性；

来看这个分号前面，"用应激性来进行规定比作为**力**的规定优越"，这就是前面讲的兑换了。前面一句话讲："于是比如说，某种在知觉看来具有强大肌肉的动物，就被规定为一种具有高度应激性的动物有机体。"这个"被规定为"也可以理解为"被兑换为"，换一种说法，我不说有强大的肌肉了，我说它具有高度的应激性，是不是这样就能够表达有机体了呢？所以这里来分析了，"用应激性来进行规定比作为力的规定优越"，的确优越，应激性它就不能够用机械的东西来理解了，它好像是有机体特有的，这种兑换应该说对有机体来说是有意义的。你们最好不要用什么力、用什么肌肉力来规定一头动物，而要用应激性来规定它，这个就比较贴近有机体的真实情况了。"后者表达的是无规定的自身中反思"，后者就是力的规定，用力来进行规定，它表达的是无规定的自身中反思。因为力这个东西是无规定的，它是最抽象的，你可能从外部加给它规定，这个力那个力，作用力反作用力，惯性力、吸引力、重力等等。但所有这些力本质上都是同一个力，而力本身是没有规定的，可以用到任何对象上。就是说什么东西都有的力，它最没有规定、没有区分、没有特殊性，它是最普遍、最抽象、最空洞的一个概念。所以它是"无规定的自身中反思"，力这个概念是一种无规定的自身中反思，所有的力你都可以回到它自身进行反思，你一反思你就发现它是无规定的。其实是因为它没有内部，力本身它没有自身，没有一个封闭的内部。"但前者则表达有规定的自身中反思，因为肌肉所**特具**的力正是应激性"，但前者，前者就是应激性了，用应激性来进行规定比用力来进行规定要优越，因为力是表达的无规定的自身中反思，而应激性表达的则是有规定的自身中反思。为什么呢？因为应激性是有机体的属性，它是有内部的。肌肉所特有的力正应该归于应激性，这就使应激性有了规定了。应激性是一种有规定的自身中反思，就是说，它是有机体的肌肉的一种表现。我们没有说一个石头的反作用力是应激性，那个是不恰当的。你去击打一个石头，它当然有反作用力，但是这个反作用力没有人说它是应激性。你打一下它留下一块痕迹，留下一个印子，也没有人说那个印子就是它的感受性。应激性和感受性是特定的，有规定的，是规定要用在有机体身上的，比如说用在有机体的肌肉上，肌肉所特有的力正是应激性，这就把应激性规定下来了。应激性是有规定的，而一般的力是没有规定的，虽然它们都是自身中的反思，但是，一个有规定，一个没有规定。

　　——而且用应激性来规定也比用**强大肌肉**来规定优越，在后者中同时包含的是如同在力里面已经包含的那种自身中反思。

　　前面讲"用应激性来规定比用力来规定要优越"，这是比在知性的层面上用"力"作规定要优越；"而且用应激性来规定也比用**强大肌肉**来规定优越"，这是比在知觉的层面上用"强大"来规定要优越。一个是用力学的眼光，一个是用数学的眼光，都不如应激性这种有机的眼光优越。力这样一种知性的眼光，和肌肉强大这样一种知觉的眼光，都还没有摆脱机械论的限制。"在后者中同时包含的是如同在力里面已经包含的那种自身中反思"，就是说不论是强大肌肉，还是强大的肌肉力，都已经包含有某种自身中反思了，也就是包含那种无规定的自身中反思了。正如"力"的自身中反思是无规定的一样，"强大"的自身中反思也是无规定的，反思什么是"大"和反思什么是"力"一样，不可能有确定的回答。

对于有机体，用力学术语来描述固然是机械的，但用肌肉的强大来描述同样是机械的，真正能够规定有机体的就是用应激性来描述，前两种描述都只有在应激性上才得到规定，就其自身中反思而言则是无规定的、空洞的。力当然可以用大小来衡量，那么肌肉的强大也是用大小来衡量，这样一种自身中反思是无规定的，可以用在任何事物身上。当然你可以对它们进行规定，大和小都可以从量上面进行规定，但它们本身是没有规定的，它们没有质。凡是要讨论量的关系，都有个前提，就是它在质上面是相同的，你才能比较，不同质的东西，如何去比较它的量呢？你说两个苹果比一个桌子多一些，这种比较是不伦不类的。你只能说两个苹果比一个苹果多一些，你不能说两个苹果比一个桌子多一些，你那个质不同嘛。但是如果质同一，那质就不起作用了，你的比较仅仅是量上面的比较，那种自身反思就是一种无规定的自身反思。

　　这正如软弱性或渺小的力、**有机的被动性**，都是通过**感受性**而得到确定的表达一样。

　　这是反例，也可以照此来理解。"软弱性或渺小的力、**有机的被动性**"，有机的被动性打了着重号，前面讲的应激性是一种主动的力，是讲主动性，那么从被动性方面来讲呢也是一样，"都是通过**感受性**而得到确定的表达"。软弱性或细小的力、有机的被动性等等这样一些东西最终要通过感受性才能得到确定的表达，它们最后都要落实到感受性，才获得了规定性。前面是落实到应激性，这里是落实到感受性，应激性和感受性才是有机体本身的表达方式，但是其他的什么软弱性、渺小的力、被动性、主动性、强大的力等等都不是有机体本身的表达。或者说，你要把它表达为有机体，你就必须要回溯到使它们得以表达的那个应激性和感受性，这才到位。也就是说，在所有这些表达里面起根本作用的是应激性、感受性这样一些环节，这才是有机体概念的环节，至于什么肌肉的大小、力的大小、被动性、主动性这些东西，本身都不足以表达有机体。如果你要用来表达有机体，你最终都要找到它的根源，那就是应激性和感受性这样一些表达方式。

但是,如果这个感受性这样自为地被接受和固定下来,而且还与**大小**的规定结合起来,并作为较大或较小的感受性而与较大或较小的应激性对立起来,则感受性或应激性就又完全降低到感性元素而成为属性的一种普通形式了,它们的联系就不是概念,相反它是大小,于是那种对立就陷入了大小中,成为一种无思想的区别了。

这句话是关键性的。"但是,如果这个感受性这样自为地被接受和固定下来",这个"但是"是转折了。前面讲的是,用应激性或者用感受性来取代强大的肌肉、或者软弱的状态、渺小的力啊,这种兑换应该是比较好的,应该是正当的,应该进行一场兑换,要把那种在物理学上面、在知觉的层次上面所把握到的东西把它兑换成思想和概念中的东西,兑换成有机体的自身中反思的东西,兑换成应激性、感受性、再生性这样一些东西。所有那些描述都要以感受性和应激性作为前提来理解,不能够单独来理解,单独理解就是还原论。你把感受性和应激性本身看得无所谓了,似乎可以归结为这样一些肌肉力的大小,主动和被动,可以归结为这样一种关系了,那就是还原论了。所以必须进行一番兑换。但是话题一转,"如果这个感受性这样自为地被接受和固定下来",就是这种感受性自为地、也就是独立地被接受和固定下来,成为这样一种固定的东西。感受性本来是一个不能固定的东西,你把它固定下来,"而且还与**大小**的规定结合起来,并作为较大或较小的感受性而与较大或较小的应激性对立起来"。你固定下来,你就可以比较它的大小了,你就可以把它从大小方面加以规定,并作为较大和较小的感受性而与较大和较小的应激性对立起来。这就是前面讲的机械论,往往是这样来寻求规律的。一个有机体它的感受性是大还是小啊,它的应激性是大还是小啊,这两方面成什么比例呀,是正比还是成反比呀,把它们这样对立起来。对立起来就可以寻找规律了,所谓的规律就是在两个对立面中间寻找某种关系,一面增加,那一面就减少,或者是双方共变。"则感受性或应激性就又完全降低为感性元素而成为属性的一种普通形式了"，这句话是关键。这样，感受性或应激性就完全降低为感性元素了，这就是还原论了，你把它固定下来，僵化地加以对待，加以比较、加以衡量，试图去寻求其中的某种规律，那么你就是把它降低为感性元素，使它成为属性的一种普通形式，成为一种普通属性。就像红和蓝，酸和碱一样，你把有机体规定为感受性和应激性，就像把无机物规定为红或蓝、酸或碱一样。然后你把它们的大小、强弱、深浅进行比较，寻求其中的某种规律，这就是一种"属性的普通形式"。感受性和应激性，前面讲了，它们不是那种普通的属性，它们是有机体的内在反思，你现在把它变成了一种普通的属性。就像说这个杯子是白的或者说黑的，我们也说那个有机体是有感受性的，是有应激性的，好像这样完全是在同一个层次水平上说的。你这样来看待有机体，那就是一种降低，你就把对有机体的那种观察的立足点从有机体的层次上又降回到知觉和知性的机械的层次上去了，这种兑换就失去价值了。你本来好不容易找到了比较好的表达方式，比如说感受性和应激性，现在你把感受性和应激性固定下来，你又退回到原来那种方式去了。这样一来，"它们的联系就不是概念，相反是大小"。它们的联系——感受性和应激性之间的联系——就不是概念的联系，什么概念呢？有机体的概念，生命的概念。本来只能通过规律的思想、概念来把握的有机体的联系，现在，就变成了不是概念而只是大小的联系了。仅仅比较它的大小，这个大小当然不一定是讲的身材上的大小，大象那么大，蚊子那么小，而且是感受性和应激性的大小，从这方面来进行比较。"于是那种对立就陷入了大小中，成为一种无思想的区别了"，仅仅从大小、哪怕是感受性等等的大小来比较有机体，那就是一种无思想的区别。好不容易提升起来的有机物的思想又丢失了，概念被压抑了，只剩下一种机械的大小的区别。

即使在这里排除了**力、强、弱**这类术语的无规定性，那么现在所产生的同样是在较高和较低的感受性和应激性的对立中、以及在它们的互相消长中,空洞而无规定地兜圈子。①

　　"即使在这里排除了**力、强、弱**这类术语的无规定性",力、强、弱这类术语都是在数学意义上面、在数量大小的比较意义上面来谈的,所以它们在质上是无规定性的。力、强、弱,这些在一个事物的质上是没有规定的,只是从量方面、外在的数量方面、大小上面来加以比较的。即算撇开这些不谈,不用这些过于数学化的术语来比较有机体的属性,"那么现在所产生的同样是在较高和较低的感受性或应激性的对立中、以及在它们的互相消长中,空洞而无规定地兜圈子",那么现在同样会产生较高或较低的感受性和应激性的对立,你还是在感受性和应激性哪个高哪个低的这种对立之中,"以及在它们的互相消长之中",比如说成反比例,一个高另外一个就低,"空洞而无规定地兜圈子"。你还是在高低不同、此消彼长的这些外在的方面进行比较,你始终触及不到有机体的概念,触及不到有机体的本质。这个地方仍然是在影射谢林的做法。"即使在这里排除力、强、弱这类术语的无规定性",按照这里丛书版编者注的说法,谢林就抛弃了这些术语,他觉得像斯宾诺莎的那种几何学的方式、那种数学的方式,的确是太没有规定性了。谢林则想赋予自然界以丰富的规定性,他的自然哲学是很丰富的,很多人都称赞他,连恩格斯都称赞他,说他的青春思想体现在自然哲学里面,把整个自然界描写得那么样生机勃勃,充满着辩证法。两极性的思想,两极性互相对立,又上升到更高的一个因次,不同的因次之间不是一种简单的量的区别,而是有质的区别。谢林的自然哲学就是这样的,但是黑格尔在这里要贬低他。就是说,即算你排除了这样一些术语的无规定性,但是你仍然是在较高或较低的感

---

①　黑格尔在这里采用的是 J.Brown 的刺激理论以及谢林及其追随者对这一理论的接受。值得注意的是,谢林后来把这种关于感受性和应激性的上升和下降的理论作为纯然形式化的构想而抛弃了。强、弱和力的概念被视为布朗理论的术语。在谢林看来布朗提出了可激动性这个概念,"却没有推导出这个概念本身"(《全集》第 3 卷第153 页)。谢林本人也企图构想这一概念,因为他研究了有机的力、感受性、应激性和再生性相互之间的关系 (参看同前, 及第 156—172 页)。——丛书版编者

受性和应激性这样一个层面上、这样一个互相对立的层面上兜圈子。感受性和应激性当然是已经有了质的区别了，但是这种质的区别你还是把它归结为量的区别，较高的和较低的，高高低低用什么来衡量，用 Potenz 来衡量，用几何学里的幂，用几何级数的区别来加以描述。这就没有实质性的突破，还是在空洞而无规定地兜圈子，没有切入到概念。

较大或者较小的感受性和应激性，正如作为强与弱的那些完全感性的、无思想的规定那样，也是无思想地被统握并这样被表述的感性现象。

"较大或者较小的感受性和应激性"，当你仅仅用较大或者较小来规定感受性和应激性时，你就和那种用强或弱来规定直接的感性区别的无思想性的做法处于同一个水平了。例如，说一个有机体的感受性更大或者应激性更小，这就和说一只北极熊毛色很白很亮一样，都是一种无思想的规定性。因为这些形容词都是可以无区别地应用于任何一个对象上的，它们对于每个对象都是偶然的，而它们的共同之处只在于可以通过仪器来一视同仁地检测，得出统一单位的数据。所以这种感受性和应激性也就成了"无思想地被统握并被这样表述的感性现象"，这样一种做法，仍然没有逃出传统的这种感性的无思想的规定。

[188]　代替那些无概念的表达的，不是概念，而是通过某种规定来实现的强和弱，只不过这种规定，就其本身而言，是基于概念来接受并以概念为内容的，但它已完全丧失了它的起源和特性。

"代替那些无概念的表达的，不是概念"，本来应该用概念来代替那些无概念的表达，这就会是一种有价值的兑换，你要把它兑换成概念才能理解有机体呀，本来应该是这样。但是，现在恰好不是这样。最初看起来是这样，当我用感受性、应激性这些概念环节来代替那些红色、白色、硬度等等感性表象时，似乎就是要用有机体的概念来解释有机体了，但却一个转向，我们兑换来的不是概念，"而是通过某种规定来实现的强和弱"，代替那些无概念的表达的是强和弱，不是感受性和应激性本身，而是感受性的强和弱，或者应激性的强和弱。我们用感受性和应激性这些变得无思想、无规定了的规定偷换了有机体的统一概念,"只不过这种规定,就其本身而言,是基于概念来接受并以概念为内容的,但它已完全丧失了它的起源和特性"。这种规定,也就是应激性和感受性的规定,就其本身而言是基于有机体的概念来理解的,本来就是这概念中的诸环节嘛;但现在一旦把它们纳入到强弱大小的框架中来考察,它们就完全丧失了自己的起源和特性了,也就是从概念和思想的高处堕落为和感性的无思想的描述同一个层次了。感受性和应激性是用来实现强和弱的表达的一种规定,但现在这种规定被它的强和弱的描述所吞没、所掩盖了,它们忘记了自己的高贵的出处,而和最粗陋的知觉知性同流合污了。这里让我们想起了海德格尔所讲的"存在遗忘",我们只看到了存在者,而把存在者得以存在起来的那个前提忘记了,丧失了自己的这个起源和特性。当然海德格尔的存在遗忘不见得是从这里来的,但是这里有某种类似性。当你把有机体仅仅从这样一种存在者的层次上面、从定在的层次上面来加以把握的时候,你就忘记了它的来源。它的来源是一种概念和思想,是种能动的东西。

　　——所以,通过这种内容借以造成规律这方面的那个单纯性和直接性的形式,通过构成这样一些规定性之相互区别的元素的那个大小,那原始的作为概念而存在着并建立起来的本质就保留了感性知觉的方式,并且就像以力的强弱或以直接的感性属性来做规定时那样,停留在远离认识的地方了。

　　这就造成了这样一种后果。你忘记了它的起源,忘记了它的起源就怎么样呢?他说,"所以,通过这种内容借以造成规律这方面的那个单纯性和直接性的形式",通过这种形式,通过这种单纯性和直接性的形式,这种单纯性和直接性的形式是有机体的内容用来造成规律的这方面的。因为有机体的生命形式是单纯的,是直接的。那么,有机体的内容你要把它造成规律,规律这方面它就要依靠单纯性和直接性的形式,也就是依靠生命形式,依靠生命形式来造成了有机体规律这方面的内容，使得有机体所谓的规律有了它的这一方面。规律的一方面已经造成了，那么规律还有另外一方面，另一方面是什么方面呢？"通过构成这样一些规定性之相互区别的元素的那个大小"，这是另一方面。前一方面可以说是内在的方面，规律的内在方面，后一方面可以说是比较外在的方面。你要找规律必须有两个方面嘛，一方面是内在的有机形式，直接的、单纯的形式，它由这种有机形式表现出来；另一方面呢，构成这样一些规定性的相互区别的元素的那个大小。比如说，你的感受性表现出来它的强弱，是强还是弱，你的应激性是大还是小，这个强弱大小都是你的生命形式所表现出来的。这样一来你就可以在这两者之间找到某种联系呀，这些外在的东西是那个内在的东西的表现呀，你就可以从中建立起某种规律呀。有机体的规律是什么呢？有些有机体的感受性强，它就表现出特别敏感，有的应激性比较强，它就表现得很强大，它的肌肉就很壮实，而外在的强烈和强大是与内在的敏感和激烈成反比的。这不就找到规律了吗？那么，通过这两方面，一方面是单纯性和直接性的形式，另一方面是各种区别元素的大小，把这方面联系起来构成一个规律。于是，"那原始的作为概念而存在着并建立起来的本质就保留了感性知觉的方式"。那原始的作为概念而存在并建立起来的本质，比如说感受性和应激性，它们都是原始的作为概念而存在的，并且作为概念本质而建立起来的，这个时候就保留了感性知觉的方式，或者说，就残留了感性知觉的方式。你本来是探讨有机体，探讨有机体你就必须要立足于超感官的方式，立足于概念和思想。通过你这两个方面，一个方面是有机体的内在的直接形式，另一个方面是有机体外在的那个大小的表现，你想在它们之间建立起一种规律的联系来。但是，那原始的作为概念而存在并被建立起来的本质，也就是有机体的本质了，就保留了感性知觉的方式，这种方式就宣称代表那个有机体的内在的直接形式，以至于终于把后者完全遮蔽了。"并且就像以力的强弱或以直接的感性属性来做规定时那样，停留在远离认识的地方了"，以力的强弱或直接的感性属性来做规定时,那是什么时候呢? 那是知性的知觉阶段。知性抱着知觉的态度,以力的强弱和直接的感性属性来做规定,这个阶段我们其实早就超越了,而现在却又返回去了。它压制了我们的有机体的概念,使我们就像还处于那个阶段一样,停留在远离认识的地方。你要把握有机体的知识,但是,你离知识还远得很,你离有机体的认识还远得很,你还停留在知性的这样一种以力的强弱、以感性的属性如红色、蓝色、酸和碱等等这样一些规定上。你停留在这样一个阶段,怎么能够把握有机体呢? 所以这就远离认识了,你想把握规律,实际上你根本就把握不了。

[(3)整个有机物,它的自由与规定性]

这是 [3. 关于有机物的思想] 这个标题下面的第三个小标题了,前面第一个小标题讲了"有机的统一",有机的统一是促使我们从寻找有机体的规律这样一种分门别类的、分析的眼光提升到一种综合的眼光。有机的统一,我们要从综合的眼光才能够把握有机体。那么,由此而来的第二个小标题就是"对于立法的扬弃",对建立规律这样一种做法的扬弃。建立规律始终建立不了,为什么? 因为它对有机体采取了一种分析的眼光,总是想把有机体加以肢解,然后各个部分加以比较,条分缕析地加以比较,哪怕你在表达的术语方面进行了一种兑换,但是,这种兑换呢又遗忘了它们的来源、遗忘了这些表达的起源和性质,你把它们仍然当做一种机械的关系来处理。那么,现在第三个小标题是"[(3) 整个有机物,它的自由与规定性]",这里涉及自由的概念,有机物的规定性就是自由的规定性。

现在剩下也还要**单独对自身**考察的就是:什么是有机物的**外在东西**,以及**有机体的**内外对立是怎样在外在东西身上规定自身的;这正如当初整体的**内在东西**曾被置于与它**自己的**外在东西的联系中来考察 {159}

391

一样。①

"现在剩下也还要**单独对自身**考察的"，前面都讲了，内在的东西是怎么表现出来的，还有内与外的关系，以及规律的被扬弃，有机体的整体观跟规律的被扬弃已经讲过了。现在还剩下一个东西没有单独对自身来考察一番，什么东西呢？"就是：什么是有机物的**外在东西**"，就是说，有机物的外在东西，它本身是怎么样的。有机物体现为外在的形态，这个形态本身是怎么样的，你既然要从整体上去考察它，整个有机物要综合地来看待，那么，你就要从它整体的有机形态单独地来考察它。你先别忙着去剖析它，把它分解，去探讨它内在的结构，那种做法现在这里已经失效了，已经失去价值了。现在我们要做的，就是从外在的方面看它的独立自为的特点。它是外在的东西，前面都是从它附着于内在东西之上的特征来看它，作为内在东西的一种单纯外在的表现，而现在你要把有机体整体的形态当作一个独立的东西就它自身来考察。你不要把它分解为循环系统、神经系统等等，那它就被肢解了。"以及**有机体的**内外对立是怎样在外在东西身上规定自身的"，也就是前面所考察的那种有机体的内外对立是如何体现在外在东西身上的，但不是强调这种对立，而是强调这种对立是有机体的对立，"有机体的"打了着重号。"这正如当初整体的**内在东西**曾被置于与它**自己的**外在东西的联系中来考察一样"，内在东西打了着重号。曾经被，也就是前面我们曾经把有机整体的内在东西置于与它自己的外在东西的联系中来考察，德文本注明参看前面一段话，在贺、王译本上是第179页。其实还可以参看前面第183页："在此考察有机概念的诸环节时的那种**外在性**，是内在东西**自己的直接的**外在性，而不是作为整体的外在和形态的**外在东西**，不是必须用来以后从联系中去考察内在东西的那种**外在东西**。"这句中的"以后"和现在讲的

① 参看前面第181页："称之为**内在东西**的那个方面拥有它**自己的外在方面**，它区别于在整体中被称为**外在**的那个东西。"——丛书版编者 [按：中译参看贺、王译本第179页]

"当初"是互相呼应的。所有这三段话（贺、王译本第 179、183、188 页）中"自己的"都打上了着重号，前两段话我们曾解释说，这是"内在东西自己的外在东西"。而现在这里剩下要考察的与此相反，现在我们要考察的不是内在东西自己的外在东西，而是外在东西自己的内外关系。外在东西自己也有它的内在东西，这跟原来的那个内在东西不在一个层次上面，也就是说，原来考察的是内在东西自己的外在东西，现在我们要考察的是外在东西自己的内在东西。总的来说有机体本来有内外两个方面，但是每一方面又都各自有它的内外两个方面。现在我们已经从内在的方面逐渐浮上来了，因为内在的方面呢，往往导致了有机体的肢解。那么，我们要从整体上把握，我们就要把它从外在的形态方面加以把握。我们浮到它的外在形体上面来作整体的把握，这个时候，它的外在的方面也呈现出一种内外关系。所以，从内的外，我们现在进入到了外的内，从内部的外部，我们现在进入到了外部的内部。

就其自身来看，外在东西就是一般构形，就是存在诸元素中为自己划分肢节的那个生命的系统，而本质上同时又是有机本质的为他者存在——在其自为存在中的对象性本质。

"就其自身来看"，就外在的东西自身来看，外在东西是什么呢？ **"外在东西就是一般构形"**，构形。Gestaltung 前面讲过，是构成形态，完形。有机体的形态它是构成的形态，它是自身形成的，它是成形，这就是外在东西。"就是存在**诸元素**中为自己划分肢节的那个生命的系统"，它是怎么成形的呢？是在存在诸元素中为自己划分肢节，这就形成一个生命的系统，就是生命的系统把存在的诸元素作为自己肢节加以划分。系统就是一个整体了，成形就是一个有机体形成于外的东西，也就是一个生命系统。黑格尔在这里主要是考察动物了，动物都是有肢节的，都有划分、都有分工的。任何一个动物它都有肢体分工，嘴、眼、脑、四肢，都有一些划分。这些划分是由生命系统来整体规划分，这种整体中的划分就叫构形, Gestaltung。"而本质上同时又是有机本质的**为他者**存在——在其**自为存在**中的对象性本质"，这种成形，这种外在的东西，同时又是有机本质的为他者存在，"为他者"打了着重号，或者翻译为"为他存在"也可以，但是后面多处提到"他者"，所以我翻译成"为他者存在"。为他者存在也就是"在其**自为存在**中的对象性本质"，有机本质本身是内在的，看不见、摸不着。生命，生命力，我们说这个有机体有生命力，但生命力要表现出来啊，表现出来它就是生命力的形态，生命力的为他者存在，也就是表现为生命力的外部的形态。外部形态就是为他者，因为生命力本身是内在的，生命力为他者存在就是为了这个肢体嘛。生命就是为了形成这个肢体、为了保护它这个肢体而存在的。这个他者本身就是有机本质的一种体现，但它又不等于有机本质，它是有机本质的他者。这个身体，对于有机生命力来说，是一个他者，它要保护它，要保护它的各部分的肢体。它，这个外在东西的构形，这个生命系统，就是"在**其自为存在**中的对象性本质"。有机体的形态是一个对象性本质，但是呢，是在自为存在中的对象性本质。有机体的形态跟一切物理存在、无机物的存在不同的地方，就在于一切无机物的存在是一种自在的存在，而有机物的存在是自为的存在，是在其自为存在中的对象性本质。从对象性这一点来看，有机物和无机物都是一样的，没什么不同。但是有机物的对象性的本质，它是在自为存在中的对象性本质。它是自为的，我们说东西是死的，人是活的，人是自为的。但是它还是对象性的。活着表现在什么地方呢，表现在人的肢体、动物的肢体上面。

——这个**他者**首先显现为它的外在的无机自然。

动物的形态作为一个他者，"首先显现为它的外在的无机自然"，它首先是以外在的无机自然的形态表现出来的，所以才叫作"他者"。人的身体，当然它是有机物，但是有机物首先显现为一种无机的自然，好像它也是一个东西，它跟石头、跟泥巴好像没什么区别，好像跟大理石也没有什么区别。首先显现为它的外在的、无机自然。有机物跟无机自然是结合在一起的。我们知道有机物都是从无机自然中汲取自己的营养,汲取自己的身体的所需而构造起来的。如果没有无机物、没有水、没有矿物质,没有这些东西,那有机物根本无法形成。通过新陈代谢,它构成了自己有机的身体,但是,首先它显现为外在的无机自然,无机自然是有机物的外在的外在,外在东西的外在方面。在动物身上,比如说动物的毛发,动物的角,动物的对付外面的那些方面,角质化了的,好像是一种无机自然。动物的爪牙也是这样,对付无机物的部位往往在动物身上表现为一种无机自然。当然实际上已经不是无机自然了,在动物身上的东西已经不能单纯地看作是无机自然,但它首先显现为一种无机自然,它是用来对付外在的无机自然界的。

在将这双方置于与一个规律的联系中来考察时,如我们上面看到的,这种无机自然并不能构成一个规律的与有机本质相对立的方面,因为有机本质同时又是绝对自为的,并拥有与无机自然的一种普遍的和自由的联系。

这个他者,这个外在的无机自然,"将这双方置于与一个规律的联系中来考察",哪双方呢? 一个是内在的方面,生命系统,生命系统是外在方面的内在方面;而它所显现出来的无机自然是外在方面的外在方面,所以这个外在的方面也有内外的关系。在这时,这双方也有一个规律,一个是有机系统,一个是无机自然,在一切有机体身上,它的外在的形态上面都有这样一种内外的对立。将这双方置于与一个规律的关系中来考察时,它有内外的对立,那就有规律了,那就可以寻找规律了。这个时候,"如我们上面所看到的,这种无机自然并不构成一个规律的与有机本质相对立的方面",这种无机自然并不是与它的有机本质相对立的,这两方面并不处在一种对立关系之中。它的有机本质,比如说感受性,它的无机自然,比如说爪牙、羽毛,这两方面并不构成一个规律中与有机本质相对立的方面,好像一个在这边一个在那边,相互对立,于是就有规律了,通常人们是这样看的。但其实它们并不是相对立的方面。他说,"因为有机本质同时又是绝对自为的，并拥有与无机自然的一种普遍的和自由的联系"，有机本质是绝对自为的，它跟它的无机自然并不是一个对立的关系，它随意支配它的无机自然，它拥有与无机自然的一种普遍的和自由的联系。"自由"这个词在这个地方出现了，一种自由的联系。为什么这个地方出现了自由这个词，我们可以联想到前面，从知性进入到自我意识，从知性的最后阶段进入到自我意识，就进入到自由的王国了，自我意识就开始有自由意识伴随着了。那么在这里也是这样，有机体、有机的本质它是绝对自为的，同时拥有与无机自然的一种普遍的和自由的联系，普遍的联系就是说它在有机自然中无所不在。这种无机自然中无所不在的普遍联系包含着有机的本质，包括动物的角、爪牙、毛发等等这样一些角质化了的东西，它们仍然体现出了有机本质的联系、普遍的联系和自由的联系。就是，它们都是依存于有机本质本身的、被自由支配的，是为了自身的需要而长出来的。所以，外部的外部和外部的内部，这两者在这里并不构成一种对立关系，因此呢，也不能够从中找到某种规律性。

但如果在有机形态本身上更切近地规定这两方面的关系，那么有机形态一方面是转身对着无机自然的，但另一方面，又是**自为的**和在自身中反思的。

就是说，你不能把外在东西的内外这两方面看作是一种对立的关系，看作是有一种规律在里面的联系。"但是如果在有机形态本身上更切近地规定这两方面的关系"，外的外和外的内，这两方面的关系，如果你立足于有机形态本身来规定这两方面的关系，"那么有机形态一方面是转身对着无机自然的，但另一方面又是**自为的**和在自身中反思的"。有机形态，外的外和外的内都属于有机形态，生命系统跟无机自然都统一在有机形态之中。于是，我们立足于有机形态，更切近地规定两者的关系，"那么有机形态一方面是转身对着无机自然的"，它是针对着无机自然的，是它把自己变成无机自然的。"但另一方面,又是**自为的**和在自身中反思的",有机形态它有两个方向,一个是向外,针对着无机自然,一个是向内,自我反思。它本身具有这样一种两面性,所以它能够形成有机形态外部的内外关系。

现实的有机本质乃是一个中项,它将生命的**自为存在**与一般的**他者**或**自在存在**结合起来。

"**现实的**有机本质",现实的打了着重号,这个现实的意味着它不是单纯的、自为的和在自身中反思的。有机本质就它本身来说,它是看不见、摸不着的,有机物的生命力你也看不见摸不着,你要看见它、摸得着它,你必须要着眼于它的现实性。生命力本身看不见、摸不着,但是"**现实的**有机本质乃是一个中项,它将生命的自为存在与一般的**他者**或**自在存在**结合起来","他者"和"自在存在"都打了着重号。也就是它把生命的自为存在和自在存在结合起来,把生命的内在方面和外在方面结合起来,把生命的有机本质和生命的无机自然结合起来。无机自然是外在的方面,外在的方面的外在方面就是他者或者说自在存在,它是自在存在的,它不是自为的。这个动物的角、动物的牙、动物的爪可以被磨掉,当然磨掉它又会长出来,但是它磨掉就磨掉了,你把它磨掉它也不会感觉到痛。它是自在的,它没有知觉。有机的现实本质与一般他者或自在存在结合起来,把生命的自为存在和一般的他者结合起来,它是一个中项。

——但自为存在这一端,是作为无限的"一"的内在东西,它把形态本身的诸环节从它们的持存中以及与他者的关联中收回于它自身,这一端也是无内容的东西,它借形态给自己提供出内容,并在其上作为这形态的过程显现出来。 [189]

现实的有机本质是一个中项,把生命的内在和外在、自为和自在把它结合起来。"但自为存在这一端",就是有机本质的内部的这一端,"是作为无限的'一'的内在东西",也就是一个有机体的生命力。它作为无限的一,无限的,就是不受限制的,它不被规定,没有被规定在某一个范

397

围之内的。无限的一，作为单一，任何一个有机体它都是一，从头至尾它都是一个一。你可以规定它的外部的各种各样的表现，比如说它长大了，生老病死等等。但是它作为一个有机体，它就是它，它还是它。作为生命本质的内在的东西，它还是一个一。这个无限，我们可以对照知性章的最后一个阶段，就是无限性，到了无限性就出现了自我意识，到了自我意识就出现了自由。无限就是不受限制，一个一始终如一，不被限制，不被改变或中断。这样一种内在的东西，就是自为存在这一端，生命内部本质上是这样一种东西。"它把形态本身的诸环节从它们的持存中以及与他者的关联中收回于它自身"，有了这样一个无限的一作为它的生命力，作为它内在的自为存在，它就能够把形态本身的诸环节收回于自身了。形态本身有很多环节，外部的东西嘛，外部的东西你总是可以划分的，它的各种系统，它的各个肢体，把"诸环节从它们的持存中以及与他者的关联中收回于它自身"，它使所有这些外部的表现都返回它自身，都是这个生命力的一所体现出来的外在东西。他说，"这一端也是无内容的东西"，生命力，你把所有的东西都返回到它，但是它本身是什么呢？它本身不是任何一个环节，不是任何一个肢体，不是任何一个感官。感受性、应激性像这样一种东西它本身是无内容的，生命力它本身是无内容的。但是正因为它无内容，它可以造出内容。"它借形态给自己提供出内容"，那些形态都归结为它了，都被它收回了，那么它也就凭借这形态给自己提供出内容。这些形态都是它构形出来的，它本身没内容，它就是一股单纯的生命力，但是，它所形成的形态都是它的内容，它给自己提供出内容。"并在其上作为这形态的过程显现出来"，在这些形态中、在这些环节中，有机生命显现为这一形态的过程。这个形态从婴儿长大了，又老了，最后死了，这样一个过程就是生命的过程，它不执着于某个形态，而是显现为这样一个生长变化的过程，这样一个外部的过程。你讲这个有机体它是有生命的，体现在什么地方呢？体现在它要长大，你把这个生命力固定在一个东西上面，那它就死了。但是在形态的过程中体现出来它是有生命的,所以生命力本身没有什么内容,但是它的确可以为自己提供出内容来,所有内容都是它提供的,但是它本身是没有内容的。

在这作为单纯的否定性或**纯粹个别性**的一端中,有机物拥有自己绝对的自由,凭借这种自由,它面对为他者存在和面对形态各环节的规定性而不受干扰并得到保护。

自由这个概念出现了,"在这作为单纯的否定性或**纯粹个别性**的一端中",这是前面讲的这一端了,这一端是无内容的东西,是无限的一。它是作为单纯的否定性或纯粹个别性的一端,有机体的这一端就是内在的生命力的这一端。生命力它完全是个别的,生命力它不是集体表现出来的,它就是一个个的生命力,一个一个的个体,纯粹个别性、单纯否定性。就是它本身没有规定,凡是有规定它就要否定它,它就要突破它,它就要生长,改变自己的形态。在这样一种"纯粹个别性、单纯否定性"的一端中,"有机物拥有自己绝对的自由",它是绝对自由的,它不受任何东西的阻碍。"凭借这种自由,它面对为他者存在和面对形态各环节的规定性而不受干扰并得到保护",这种自由面对为他者存在,"为他者存在"就是刚才讲的无机的自然,它外部的那种表现,表现出一种形态,表现出一种外的形态。它面对为他者存在的这种外在的形态和形态的各环节的规定性而漠不相干、不受干扰。生命力它不受干扰,它面对这样一些东西,但是它并不被这些东西所规定,而且还凭借这种自由得到保护。生命不断地在生生不息,你不能用这样一些他者的规定性来规定这个生命本身,它有它自己的规定。它不受这些外部的东西所规定,它反而要规定这些外部的东西。

这种自由同时也是各环节本身的自由,它是各环节作为**定在着的**而显现出来并得到统握的可能性,而且在这自由中,各环节之间像对他者那样,相互之间也是不受束缚不受干扰的,因为这种自由的**单纯性**就是**存在**,或者是各环节的单纯的实体。

"这种自由同时也是各环节本身的自由",各环节,有机体的各环节,主要是前面讲的三个环节了：感受性、应激性和再生性。每一个环节它自身都是自由的，感受性也是自由的，它不受应激性的干扰，应激性也不受再生性的干扰。它们各自都是自由的，实际上是一个东西。但是呢，你把它划分成各个环节，每一个环节都是自由的。这种自由"是各环节作为**定在着的**而显现出来并得到统握的可能性"，各环节作为定在着的而具体地显现出来，感受性、应激性这些东西都可以作为定在显现出来。但是，它们之所以可以显现出来并且得到统握，得到理解，得到把握，其可能性就在这种自由。或者说，这种自由是各个环节能够显现出来的前提，之所以可能，自由是最根本的。但是自由是本身是没有规定的。你不能够赋予自由一种规定，作为它的内容，那它就不自由了。"而且在这自由中，各环节之间像对他者那样，相互之间也是不受束缚不受干扰的，因为这种自由的**单纯性**就是**存在**，或者是各环节的单纯的实体"，在这自由中，不但对他者是不受干扰的，而且各环节相互之间也是不受束缚不受干扰的。前面已经讲了，这个自由面对为他者存在和面对形态的各环节的规定性而不受干扰并得到保护，那么这一句主要就是讲为什么会这样。这是因为"这种自由的**单纯性**就是**存在**，或者是各环节的单纯的实体"。这种有机体的自由既然面对着它的外在的形态、面对着它的他者而不受干扰，那么，这些环节相互之间也不会受干扰。为什么？因为这种自由的单纯性就是存在，就是各环节的单纯的实体。单纯性打了着重号，存在也打了着重号。自由的存在就是以这种单纯性而存在的。我们说有一个有机体，存在着一个有生命的东西，那么就意味着它是一个单纯性的自由的东西。自由它本身没有内容，它是完全单纯的，它是一，它是以一的方式存在的。"或者是各环节的单纯的实体"，单纯的实体就是主体。黑格尔前面已经讲过，一切问题取决于要把实体理解为主体，也就是把实体理解为自由的。这个实体不是像斯宾诺莎所理解的那样一种僵死的东西，而是一种主体性的东西，一种自由的东西。自由才是有机体的实体，是单纯的实体，不是相对的实体，而是绝对的自由。从这个角度来理解有机体,我们才能把握有机体的深层次的本质。

　　不论形态或为他者存在会如何在多种多样的转换中四处漫游,这个概念或纯粹的自由都是一个而且是同一个生命;对这个生命之激流而言它所推动的是哪一种水磨,这是无所谓的。

　　"不论形态或为他者存在",形态,有机体的形态。或为他者存在,有机体的形态就是为他者存在了,有机体的形态就是有机体的为他者存在,就是它表现出一种外在客观的形态了。客观形态那就是要为他的,那就是那种对象性的东西。"不论形态或为他者存在会如何在多种多样的转换中四处漫游",这种形态,这种外部的形态、为他的存在,在多种多样的转换中四处漫游,一下变成这个形态,一下变成那个形态,成长啊,随机应变啊,适应不同的环境啊,总而言之是同一个生命在那里四处漫游。"这个概念或纯粹的自由都是一个而且是同一个生命",这个概念,即生命的概念,或纯粹的自由,不管它如何样地多变、善变,总而言之,它还是那个生命。"对这个生命之激流而言",这里打了一个形象的比方,生命就是一个赫拉克利特之流,人不能两次踏入同一条河流,但这才是同一条河流。"它所推动的是哪一种水磨,这是无所谓的",这个激流可能推动了各式各样的水磨,这个对于激流本身来说是不相干的。生命就是一股激流,一个能动的过程,一个自由的主体。至于它造就的是一种什么样的他者形态,这个无所谓。最重要的是它有一种内在的生命,你要从概念上来把握它,它是一种概念,是一种纯粹的自由,是同一个生命。在它的激流中它可以遇到各种各样的东西,使它们改变自己的外部的形态,但是那无所谓,它反正要改变这些形态,变成什么形态无所谓。它要完成自己生命的使命,至于造成什么样的后果,这个取决于种种环境的条件,但是它要生长,这个是绝对的。

　　——现在首先要注意的是,这个概念在这里不能像以前那样,凭借对本来内在东西的考察,而以内在东西的**过程**形式或它的各环节发展的形式得到统握,而必须以它的作为**单纯的内在东西**这个构成与**现实的生**

命本质相对立的纯粹普遍方面的形式来统握,或者说,把它作为形态的
存在着的肢体的**持存元素**来统握;

　　"现在首先要注意的是",现在,在我们把生命的概念、自由的概念推
出来的时候,我们已经进入到了这个小标题的主题:"整个有机物,它的
自由与规定性"。那么现在首先要注意的是什么问题呢?　"这个概念在
这里不能像以前那样,凭借对本来内在东西的考察,而以内在东西的**过
程**形式或它的各环节发展的形式得到统握"。这个概念是什么概念呢?
自由的概念,或者说,生命力的概念,同一个生命的概念,生命之激流,
它就是自由的概念了。这个概念在这里呢,"不能像以前那样",以前怎
么样呢?　"凭借对本来内在东西的考察,而以内在东西的**过程**形式或它
的各环节发展的形式得到统握"。在这里不能这样来得到统握,怎么样
统握呢?　像以前那样,凭借对本来是内在东西的考察来统握。我们一讲
到生命,马上想到是那个本来的真正内在的东西,但现在我们已经超出
那个阶段了。我们现在考察的是有机整体,恰好是外在的东西,我们从
外在的整体才能把握生命。再一个,不能像以前那样,"以内在东西的**过
程**形式或它的各环节发展的形式得到统握"。以前是这样的,对于一个
有机物,我们要把握它的本质,我们就分析它,找到它的那些本来的内在
的东西对它加以考察;而内在的东西是变动不居的、不断变化的,你抓都
抓不住的,那么,我们就通过这种考察,在内在东西的过程形式中来理解
它。它的变化有一个过程,我们就把这过程中各环节发展的那种形式把
它抽象出来,以这种形式来统握它。比如说它的过程我们可以把它归结
为一个规律,一种数学方程式。我们可不可以凭借这样一种过程的形式
就把握生命的本质、自由的概念了呢?　不行的,那种做法已经被扬弃了,
那只是建立规律的做法。"而必须以它的作为**单纯的内在东西**这个构成
与**现实的**生命本质相对立的纯粹普遍方面的形式来统握",而必须以它
的、以这个概念的这样一种形式来统握,什么样的形式呢?　"作为**单纯
的内在东西**"的形式,而这个单纯内在东西是构成"与**现实**的生命本质相

对立的纯粹普遍方面"的。"单纯的内在东西"打了着重号。就是说，这个"内在的东西"你不能再把它分解了，不能通过它的运动再去找它的这种过程形式了，你必须以单纯内在东西的形式来把握这个概念，而这个单纯的内在东西是构成与现实的生命本质相对立的那个纯粹普遍方面的。单纯的内在东西本来是与构成现实的生命本质相对立的，一个是单纯内在的东西，一个是现实的生命本质，"现实"也打了着重号，说明这两个打了着重号的东西是相对立的。内在生命力看不见摸不着，或者说没有现实性，但它在与现实的生命本质的对立中构成纯粹普遍的方面。在这个对立中它是纯粹普遍的方面，就它的形式来把握，这就对了，不能够像以前那样把一个有机体把它分解，内在和外在，然后抓住它的内在的东西去寻找它的形式，以为这样就把握到了有机生命的本质或者规律，不是这样的。而必须把有机体作为单纯内在的东西的形式来把握。"或者说，把它作为形态的存在着的肢体的**持存元素**来统握"，简单说，把它作为肢体的持存元素来把握。有机形态的存在着的肢体的持存元素，存在着的肢体那是外在的，那么这些外在形态的持存元素，也就是外在的东西本身所具有的单纯内在的东西。这些肢体当然也是存在着的，甚至于你也可以静止地去观察，一个人有两只手、有两条腿，这些肢体你都可以把它当作存在着的来考察。贯穿在这些肢体中的持存的元素，那就是这些外在东西本身的单纯内在东西，那就是生命力，必须通过外在东西本身的内在东西来统握生命力。外在东西就是那些形态、存在着的肢体等等，它们本身具有持存着的元素，那就是它里面的生命力，是外在东西本身的内在东西。这里用"元素"（Elemente），也是表明它们不是抽象的内在东西，而是外在东西本身的实实在在的内在东西。

因为这种形式才是我们在这里所考察的，凭借这种形式生命的本质是作为持存的单纯性而存在的。

"这种形式才是我们在这里所考察的"，我们在这里考察的不是它的质料，不是那些肢体，而是这些肢体里面的那种持存元素，是那种单纯内在东西的形式。"凭借这种形式生命的本质是作为持存的单纯性而存在的"，生命的本质在这种形式中，是作为持存的单纯性，也就是作为单纯的内在东西这个形式而存在的，从这个方面我们才能把握有机体。生命的本质是作为持存的单纯性，不能够把它肢解为各个肢体，各个环节，各个部分，而必须从整体上来看，它是作为持存的单纯性而存在的。它既是持存的，是一个对象，但是，它又是单纯的，它不能还原为它的各个部分。它是整体的单纯性，支配着这个整体，支配着各个部分的那种单纯性的原则，就是自由的原则，有机体要这样来把握才能够到位。

这样一来，为他者存在或现实构形的规定性就被吸收进这个作为其本质的单纯普遍性中，它是一个同样单纯的、普遍的、非感性的规定性，并且只能是这样一种被表现为**数**的规定性。

"这样一来"，通过前面讲的，外在的东西和内在的东西达到了这样一种统一，"这样一来，**为他者存在**或现实构形的规定性"，也就是那种外部的规定性了，外部的为他者存在，外部的有机形态的现实构形，这样一种有机体的外部的规定性，"就被吸收进这个作为其本质的单纯普遍性中"，外在的东西就被内在的东西吸收了。或者说，内在的东西，这个单纯的普遍性，这个与现实生命相对立、同时又作为现实生命的本质的纯粹普遍方面，就把现实构形的规定性吸收到自身中来，把它自己的对立面吸收进来，自由、生命力、有机概念就使得这些现实构形提升到超感官的层次。"它是一个同样单纯的、普遍的、非感性的规定性"，它，也就是为他者存在或现实构形的规定性，是一个和那内在的单纯普遍性同样单纯普遍的、非感性的规定性，因为它被吸收到这个作为其本质的内在的单纯普遍性中去了。它被吸收到生命力中去了，生命力是单纯普遍性的，那么它被吸收进来以后，这种规定性同样也是一个单纯普遍的、非感性的规定性。现实构形本身当然是感性的，但现实构形的"规定性"，是什么东西来规定它成了感性的形态的呢？那么，这样一种规定性，是一个同样单纯普遍的、非感性的规定性。"并且只能是这样一种被表现为**数**

的规定性"，就是外在东西的外在东西，它的规定性只能够表现为一种数的规定性。当你在规定这些外部构形的时候，你还只能用数来对它加以规定。就是说，当我们考察一个有机体的外部形态的时候，它里面仍然有一种内外关系，这个内外关系一方面在内部体现为一种单纯的内在东西，那就是生命力，那就是自由的概念。那么，外部的东西呢？外部的形态，现实的形态，现实的构形或为他的存在，它们的规定性就是数。我们可以从大小、数量、数目来把握它的外部规定。外部东西的外部规定就是数，只能是被表现为数的规定性。但是，数的规定性它是一个同样单纯普遍的非感性的规定性。用它来规定感性的形态，从有机体的外部形态方面，你的确可以找到它的规定性，它本身的规定性就是数，就是大小，就是数量。

　　——数是形态的联结那无规定的生命和现实的生命的中项，它像前　　{160}
者一样的单纯又像后者一样的有规定。

　　数是中项，中项这个前面我们已经讲到过了，前一页的倒数第五行，"现实的有机本质乃是一个中项，它将生命的自为存在与一般的他者或自在存在结合起来"。现实的有机物的本质是一个中项，所以，中项有一点类似于康德的图型法，它处于两者之中，它既有这一方面的特点，又有另一方面的特点，所以，它是个中介。数就是形态的中项，它"联结那无规定的生命和现实的生命"。无规定的生命就是自由，就是生命的概念，生命力的概念；现实的生命就是它的形态。自由的生命要和现实的生命形态结合起来，那就必须通过数。数就是结合这两方面的，"它像前者一样的单纯，又像后者一样的有规定"。数像前者一样的单纯，像无规定的生命、自由、自由的生命，像那一端一样单纯，它也是无内容的东西，数是单纯的。但是，它又是有规定的，这就像现实的生命的形态一样，它又是有规定的。所以，它可以成为一个中项，把双方联结在一起。所以它是既具有前者的特点，又具有后者的特点。数这个东西，它没有质的考虑，你不给它一个单位的话，那它就是一个单纯的数。但是，它又是有规定的，一、二、三、四都是不一样的，都是有区别的。数目都是有区别的，所以它又不像自由的概念那样毫无区别，自由概念内部是没有区别的。你不能说这个自由大一些，那个自由小一些。这个自由多一些，那个自由少一些，自由就是自由，没什么大小多少的区别。但是，数它有，大的数和小的数，它是有规定、有区别的。

于是，**在前者、在内在的东西**中，作为数而存在的东西都必然会把外在的东西按照自己的方式表现为多种形式的现实性、**生活方式、颜色等等**，总之表现为在现象中所展示出来的全部区别的总和。

"在前者、在**内在的东西**中"，也就是在这种无规定的生命中，在自由的概念中，"作为数而存在的东西"，自由的概念它本身不是数，但是，在这种内在的东西中，作为数而存在的东西，它已经是外在的东西了。内在东西现在表现为数，表现为大小、表现为强弱。"都必然会把外在的东西按照自己的方式表现为多种形式的现实性、生活方式、颜色等等"，生命的自由是内在的东西，但是它一旦作为数而存在，那么，就必然会把外在的东西按照数的方式表现为多种形式的现实性、生活方式、颜色等等。就是说，在有机体身上，多种形式的现实性、多种形式的生活方式，包括颜色，包括鸟的羽毛、老虎皮毛的颜色等等各种各样的现实性，都是由数表现出来的，是一种生命力的间接的表现，但是不是生命力的直接的表现。生命力通过数而表现出各式各样的现实性、生活方式、颜色等等，这后面都有数在起作用。但是，它并不是生命力的直接的表现，生命力本身没有直接的表现，必须凭借数这个中介，所有形态上的区分背后都有数在起作用。我们今天把它归结为基因，老虎的基因跟狮子的基因结合起来，形成狮虎兽，它的外在形态就不一样了，介于老虎和狮子之间了，这都是由基因决定的。黑格尔的时代当然还没有基因学说，但是，他已经猜测到了这后面有一种数的关系，这数的关系不等于生命，也不等于自由，但是，它是由此决定的，都必然会把外在的东西按照其方式表现为多种形式的现实性、生活方式、颜色等等。"总之表现为在现象中所展示出来的全部区别的总和", 在现象中展开出来的全部区别的集合, 都是由数所导致的。这就是用机械论来解释有机体的根源, 为什么这样, 它是有一定道理的, 但是它不是全部道理, 或者不是最根本的道理, 离对有机体的知识还远得很。它们只是截取了其中的一个环节, 外在东西的外在环节。它不是从有机体作为一个单纯的整体来看待这种外部的整体性, 而是从中寻找到另外一种单纯的东西, 就是数。数跟有机体的自由有一点是共同的, 它们都是单纯的, 数也是单纯的。但是, 不同的就是说, 数的这种单纯性它是有它的规定的, 它不像有机体的、生命的单纯性那样, 是无限的, 是无规定的。无规定就会导致自由, 而有规定就会导致机械论。所以, 机械论在这一点上它们虽然有它的一点道理, 但是, 根本上它把有机体的自由的这一面悬置了, 或者说把它遗忘了。

＊　　　　＊　　　　＊

我们先画两个图在这里 (见黑板上画有图一、图二), 这个关系太复杂了, 不画出来, 就缺少一点直观。

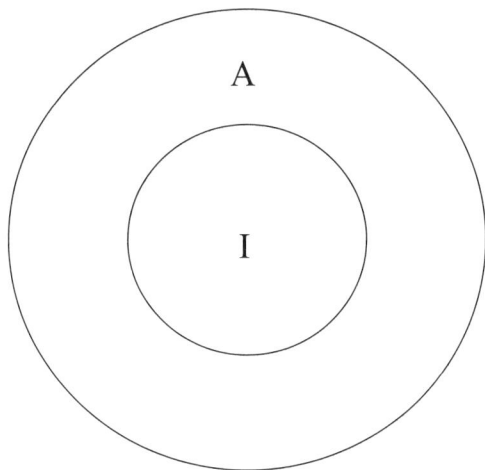

图一

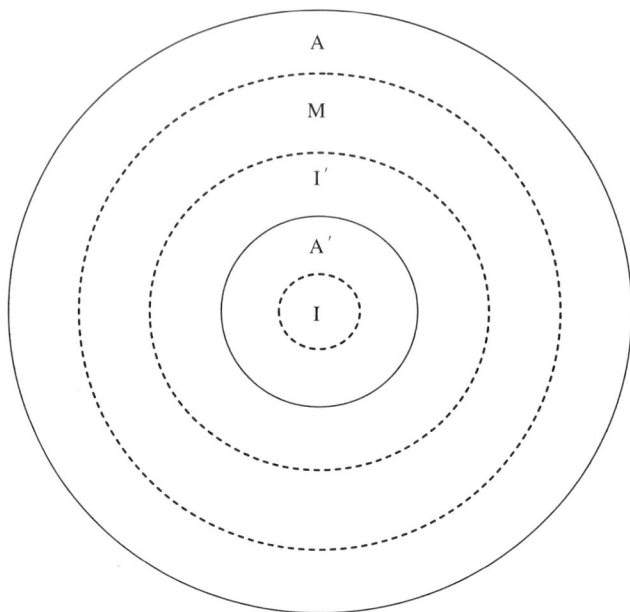

图二

　　我们接着上一次没讲完的，上次已经讲到第 189 页的下面，讲到了一个最主要的线索，就是有机物或者有机体，它的内和外的关系，在内外关系里面，内在的东西和外在的东西，各自也有它的内外，每个外部也有它的内部，内部也有它的外部，这是两个不同层次的、两种不同意义上的内和外。我们先看图一。图一就是我们上次已经达到的这样一个结构，里面的圆圈我把它标为 I，用德文的读法叫 Innere，I 是它的第一个字母；Innere 就是内部的东西，或者内在的东西。外面这一圈就是 A，A 就是 Äußere，就是外在的东西。内在的东西和外在的东西本来是这样一个圈，里面的一层是内在的，外面的一层是外在的。内在的东西是什么呢，内在的东西就是目的性。这个在第 177 页上面已经讲得很清楚了，177 页上面讲内外之别，讲到内在的东西是目的性，目的概念。在第 7 行：“我们就看到目的概念大致被认为是归在**内在的东西**之下的，而现实性则被认为归于**外在的东西**之下，而它们的联系则产生出这样的规律：**外在的**

东西是内在的东西的表现。"它是这么一种关系,就是说内在的东西是目的性,而外在的东西呢是现实性。那么外在的东西、这种现实性是内在的目的性表现出来的一种形态。所以外在的东西 A,我们可以把它理解为现实性的形态。一个有机体我们总是在现实性上看到它,有一些外部的形态,这些形态,它是由内在的目的性所决定的。那么我们就把外在的东西看作内在东西的表现,并把这个称为有机体的规律。这是在第177 页上面已经讲到这一层了。那么第 178 页呢又讲到这么一个问题,就是说内在的东西,本身它也有外在的形态;它不是外在的东西,但是呢,它是内在东西本身的外在形态。所以这里有两种或者两个不同层次的外在的东西,一个层次的外在的东西就是我们眼看到的现实的有机体,另外一个层次呢,就是在这个现实的有机体里面,它的内在的东西本身具有的一种外在的东西。比如说内在的东西,它是目的,我们刚才讲了目的性。那么在第 178 页第 3 行讲,目的性是什么呢? 目的性是内在的实体,是单纯的灵魂,是共相。它是自身反思的有机体,它渗透于全身。内在的东西不是说仅仅局限在某一个器官里面,而是渗透于全身,它具有一种共相的普遍性,它是有机体的自身反思。它作为单纯的灵魂,表现为三种有机的环节,就是感受性、应激性和再生性,这都是属于内在的东西。那么内在的东西本身它有它外在的东西,外在的形态,这是 179 页第 3 行以下讲到的,它是一种构形方式,是内在的东西自己的外在的方面,它体现为一些有机的系统,神经系统、肌肉系统、内脏系统。内在的东西它本身的外在的表现,就是这些系统。但是神经系统等等也是内在的,它也不能够从外表上看出来,你必须解剖才能看出来,你必须把身体划开,它在里面,所以他说这是内在的东西本身的外在的东西。那么内在的感受性如何表现在神经系统上面,这样一种规律经过他的论证,说明是不可能的。你要找到它的这种规律,要把它们一一对应起来,这一个怎么样,那一个就会怎么样,这是一种虚假的规律。也就是这样一种区分还是有的,但是这种区分只能从概念上加以区分,而不能给它加以定量化的区分。定量化的区分你是定不出来的,你说哪个大些,哪个小些,或者它们比例怎么样,成反比还是成正比,这种表象上的区分只能是大小上的区分,而本质的区分呢,只能从概念上加以区分。包括感受性、应激性和再生性,这样一些环节,它们的区分都不是从表象上能够划得开来的,只是概念上可以区分开来,它有这些不同的功能。但是你具体要说出来哪一部分是感受性,哪一部分是应激性,这个没办法区分。所以从表象上对它加以规律地描述,只能是失败的。这是内在的东西本身的外在的东西,我们把它放在 A′ 的层次上。内在的东西,它本身有外在的 A′,它整个还是内在的东西,但是它本身里面有它的外在的东西。

那么在第 188 页,就是上次我们讲到的这个地方,第 3 个小标题“整个有机物,它的自由与规定性”下面讲:“现在剩下也还要**单独对自身**考察的就是:什么是有机物的**外在东西**,以及**有机体的**内外对立是怎样在外在东西身上规定自身的,这正如当初整体的**内在东西**曾被置于与它**自己的**外在东西的联系中来考察一样”。就是说,现在我们转过来看,我们刚才讲了,内在的东西里面有两个层次,它有它自己的外在的东西,作为内在的内在和作为外在的内在,这是内在的东西本身包含的两个层次;那么现在我们从外在的方面来考察,也就从 A（指黑板图二、图一中的 A 圈）,从 Äußere 这个层次来考察。就是我们先把这个内在的东西,先把它放在一边,我们先来考察这个 A,把它当作是自为的、独立的来考察。从内在的方面我们已经考察过了,我们考察的结论就是失败了,你要找到规律,你要观察到内在的东西,怎么和它自身的 A′、外在的东西发生关系,这个我们已经证明没办法掌握它的规律。那么我们试一下,换一个方向,原来我们是从内到外来把握规律,现在我们换一个方向,从外到内看能不能把握到规律。所以第 188 页的这个第 3 个小标题一开始就讲到这个东西,就是要从单独自为地从外在东西来努力地去发现或者去观察,有机体到底有什么样的规律。这个 A,又称之为一般构形,这是从外在的东西来看,一条狗,它有四条腿,它有两只耳朵,它有一条尾巴等等,

有机体都是可以从外在的东西去观察的。那么外在的东西呢，它又显现
为一种无机自然，这个我们今天这一次要讲到的，显现为无机自然。就
是说任何一个有机体，它实际上显现出来的都是自然物，它跟无机自然
是没有本质区别的，从外部的形态上面你看不出它有本质的区别；一只
猫跟一块石头，它们从很高的地方掉下来，同样会摔碎，或者摔伤，它们
具有无机性。单纯从外在的方面来看，它们都是属于无机自然，但是呢，
有机体的这个无机自然，它与有机的本质是有联系的，在这一点上它跟
单纯的无机自然又不一样。但是我们现在既然从外在的方面来看，我们
就要从无机的自然这个最外部的方面入手，来寻找它的规律，那么这个
无机自然与有机本质如何联系呢？那就有一些规定，完全外在的东西，
无机自然（在黑板上于图二 A 圈最外层写"无机自然"），与有机本质，（在
黑板上于 A 圈最内层即 I′ 圈写"有机本质"）有机本质我们可以看作外
在东西的内在东西。

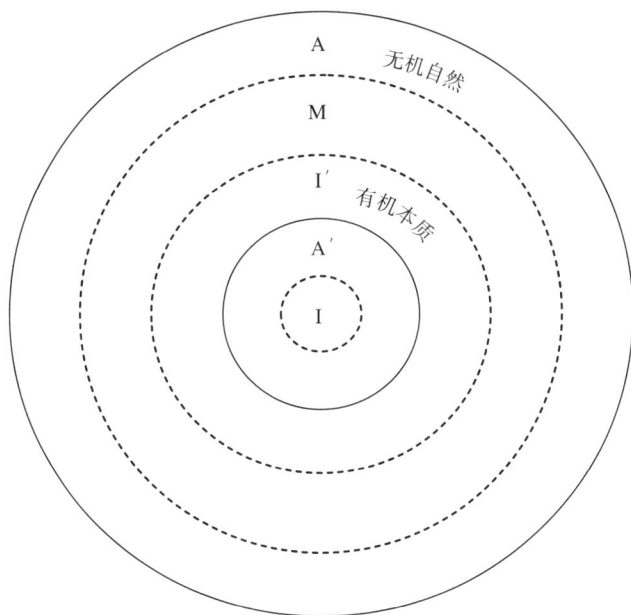

图二（填充文字后）

411

我们刚才讲了，内在东西有它自身的外在东西，那么外在东西呢？也有它自身的内在的东西。外在东西的内在东西，就是它的有机本质，或者有机形态。当然外在东西本身也是有机形态，但是它最外面的直观，一眼看去，它是一种无机的形态，它是无机自然。但是你更仔细一看呢，你就发现它是个有机物，它是一个活的东西，它不是一个尸体，也不是一块石头；这个时候呢，你就发现它有它的有机本质或有机形态。这还是外在的，就是一眼看去你也会知道这个是活的，那个是死的，这个是能区别开来的。那么这个中间就有一个中介 M（德文词 Mitte），(指示黑板)，就是这个外在的无机自然与它自身的有机的本质如何能够联系起来，它有一个中介，这个中介，他这里讲到了有几种表现形式。比如说，比重，比重当然是无机自然的，一个物理学的概念。凝聚性，凝聚性也是一个物理学的概念，但是凝聚性跟有机体就非常接近了，有机体也是凝聚到一起的，组织起来的。但凝聚性它还不等于是有机的概念。再就是，"数"，我们上次课已经讲到了"数"，是一个中项，在有机体的三段论里面，"数"，可以是一个中项，它起一个连接的作用，一方面它是抽象的，它是单纯的，另一方面，它又是有规定的。所以它可以把内在的东西的那种单纯的灵魂，那是没有规定的，那是抽象的，与那种外在的规律性，外在的属性，各种各样的规定的属性，把它连接起来，通过"数"连接起来。有点像康德的这个"图型"，康德的时间图型，一方面是抽象的，但是另一方面它又是感性的，它可以把一种抽象的东西和一种具体的东西联系起来。那么"数"在有机体这里，也曾经被人们看作是这样一种"中项"、"中介"或者"中间环节"。所以我们设立了一个"M"，这样一个中介环节，这个中介环节可以在外在的层次上面，把作为外在的外在和外在本身的内在连接起来。外在本身的内在，我们标为 I′，I 就是 Innere，I′ 和 I 有层次的不同，I′ 呢就是外在的东西的内在东西，I 呢本身就是内在的东西。A′ 和 I′ 各自都有它所属的内在和外在。这里我画了这么一个图，大家可以按照这个图去琢磨一下，比较清晰一些，不然的话，把人的脑子搅昏了。这里头分得这么细,有时候几乎觉得没有太大的必要,但他就是这样子,思辨哲学嘛。他就是要搞得细而又细,一定要搞彻底,一定要把它搞穿,这是黑格尔。其实从康德以来就有这种风格,一直就是这样一种风格。

那么我们今天来看看这一段,189页下面,一开始他就提出来这样一个结构。他说,

有机整体的两个方面——一个是**内在**方面,另一个则是**外在**方面,而每一方面在自己本身又各有内在的东西与外在的东西——前面曾把这两方面按照其双方的内在东西做比较,这时,前一个内在方面的内在东西曾经是那个概念,即**抽象**之不安息,后一个外在的东西的内在方面则在它自己的概念上具有静止的普遍性,也在其中拥有静止的规定性,即数。 [190]

这个地方,最后把这个数点出来了,这就是我们所讲的中介了。前面其实已经讲到了数,讲到了大小。上次我们读到的最后这句话:"在前者、在**内在的东西**中,作为数而存在的东西都必然会把外在的东西按照自己的方式表现为多种形式的现实性、生活方式、颜色等等,总之表现为在现象中所展示出来的全部区别的总和。"这就已经提到了"数"这个概念。现在这里呢是正式提出来。就是说有机整体的两个方面,这里做了一个总结。外在的东西是内在东西的表现,这是有机体的合目的性,被认为是一个规律。那么这里就总结了,"有机整体的两个方面——一个是**内在**方面,另一个则是**外在**方面,而每一方面在自己本身又各有内在的东西与外在的东西"。这是把这两个方面给摆出来了,有两个方面,每个方面又各有内外,总而言之,内在方面和外在方面,这是我们的图一已经标示出来的。但是内在方面和外在方面呢又各有内外。接下来我们还会讲到,在外在方面的内外之间还有一个中介。当然内在的东西的内外之间也应该有一个中介,不过黑格尔没有提,其实就是所谓的"大小"。大小当然也是数,也是量。但作为大小的量,比较模糊一些,作为数的量那

就比较精确一些了，因为它是"外在的东西"的中介嘛。外在的东西的中介，那就跟物理学结合得比较紧了，它就必须要用数来精确地表示。"前面曾把这两方面按照其双方的内在东西做比较"，在前面一直我们都在讨论的是，将外在方面和内在方面它们各自的内在的东西作比较，所以外在的东西呢，像有机体身上所显现出来的这种无机自然还没有被考虑到。我们要考虑的是有机体嘛，我们当然是要追究它究竟是如何变成有机体的；至于无机物嘛，那跟物理学没有什么区别，那交给物理学去研究就够了。所以我们主要是按照其双方的内在的东西作比较。这个时候，"前一个内在方面的内在东西曾经是那个概念，即**抽象**之不安息"。前一个内在的内在，曾经是我们这个图一里面所标出的这个 I, Innere, Innere 是什么呢？是抽象之不安静的概念。这是一个概念，是抽象的不安，抽象打了着重号，它是完全抽象的。有机体，作为一种内在的灵魂，单纯的灵魂，或者内在的目的概念，它是一种抽象的不安。所谓抽象的，是因为它还没有表现为外在的存在、实存，还没有内容。但它不安，它总是想新名堂，总是要追求它自己的目的，总是不断地今天这，明天那，不断地运动。但是在这个动态中呢，又不是真的做出了什么，因为它是内在的东西嘛，所以它只是抽象的不安。这么一个概念就是作为内在的内在。而"后一个外在的东西的内在方面则在它自己的概念上具有静止的普遍性，也在其中拥有静止的规定性，即数"，外在的东西的内在方面，我们刚才讲到了外在东西的内在方面，它是一种构形的方式，就是神经系统、肌肉系统、内脏系统，是这样一些系统，是解剖学所解剖出来的。那么这些系统，在它自己的概念上具有静止的普遍性，即遍布全身；也在其中拥有静止的规定性，即数，它有静止的规定性，有数的规定性。神经系统、肌肉系统，通过解剖学，我们都可以对它作出一种静止的规定性，可以量化、精确化，解剖学可以作出定量化的规定。神经系统等等我们可以对它加以测量，通过解剖，可以测量神经的长度，肌肉的长度、它的厚度和强度。所以这些东西是可以拥有一种静止的规定性即数的规定性的。那么这个数,它是一种中介,是外在和内在之间的中介。所以外在的东西,它有它的内在的方面,这个内在的方面跟这个外在的方面之间是通过数来精确地加以确定的。这是对刚才的那个结构在内在的方面所作的进一步的细化。我们前此都是在讨论内在的东西。外在的东西也是着眼于它的内在的东西,内在的东西也是着眼于它的内在的东西。所以内和外,这两方面,我们前面所讨论过的,都是着眼于它的本身的内在方面来加以比较。

因此如果说前者[内在的内在方面],由于有概念在它那里发展着自己的诸环节,曾经通过这种联系的必然性的假象预示了那些欺骗性的规律,那么后者[外在的内在方面],由于数显示为它的规律的一个方面的规定性,就立即放弃了这种想法。

这是一个对比,内在的内在和外在的内在有一个对比,有一个什么对比呢? 就是说内在的内在"由于有概念在那里发展着自己的诸环节",有概念,什么概念呢? 就是刚才讲的,作为抽象的不安息,这个概念。内在的内在是"抽象的不安息"的概念,就是有机体的目的性概念,它时时刻刻在设定自己的目的,在瞄准它的目标,当然最终它是为了维持自己的生存。那么你要维持自己的生存,你要不断地变换你的对象,寻找你的对象,那么你就必须发展出你的各环节来,比如说感受性、应激性、再生性,这都是它的概念由同一个目的性发展出来的诸环节。你要实现你的目的性,实现你的生存,那你就必须首先要有感受性,然后要有应激性,然后还要有再生性。由于有这些环节,就"通过这种联系的必然性的假象预示了那些欺骗性的规律"。什么联系的必然性的假象呢? 这些环节跟解剖学的那些系统之间好像是有某种规律的,它们的联系好像是有规律的,但是呢,这种规律是假象。这个我们前面已经揭穿了,实际上没有什么规律,你要把它看作是规律的话,那你就把它看作一个机器了,那就已经不是目的性,不是有机物体了。前面一直在批判当时的机械论的有机观,就是试图从这样一些概念里面、从这样一些概念环节里面去寻求某种规律,大小、比例。那么,它为什么要寻求这些规律呢? 因为有一个概念在那里呀,有机体的概念在那里支配一切呀。所以按照这个概念,就诱使人们去寻求在这个概念之下的某种具体的规律。这概念如何实现出来?概念如何变成实存,变成定在?诱使人们去寻求中间的某种联系的必然性。但是这种必然性是一种假象,所预示的其实是些欺骗性的规律。你可以找到很多规律,比如说应激性和感受性的反比定理,一个生物的应激性越强,它的感受性就越弱。我们通常也讲,这个人是一个实践型的,是一个动手型的;那个人是个沉思型的,各有长短,这好像也是一些规律性。但是你把它变成一种规律性的时候,它就是一种假象。实际上感受性、应激性这些东西是不可分的,没有什么成反比或成正比的关系,你如果要真正从有机体本身的本质来看的话,是没有的。你从外部的表现它当然是可以有,但是那种外部的表现它是一种机械的规律,你要用它来把握有机体的秘密,那是不可能的。"那么后者［外在的内在方面］,由于数显示为它的规律的一个方面的规定性,就立即放弃了这种想法",外在的内在方面,由于数,也就是这个 M,这个中介,显示为它的规律的一个方面的规定性。数可以纳入到规律里面,给这个规律以确定性,以规定性,但是数本身不是规律,这一点要明确,数只是规律的工具。数学当然有规律,但是数学作为一种工具,它是规律中的一个方面的规定性。哪个方面呢,就是量的方面,它只是规律里面的量的方面的规定性,它不考虑质的。所以数显示为这个后者的规律的一个方面的规定性,"就立即放弃了这种想法"。放弃了什么想法呢?就是放弃了想要成为规律的这样一种想法。外在的内在方面反而没有要凭借数来成为规律的这样一种想法。也就是说,内在的概念,它可以诱发出规律的假象;而数,外在的内在东西,跟前面的那个内在的概念、内在的内在不同的地方就是,数已经不是规律了,它放弃了建立规律的想法,不再企图靠自己去为有机体"立法"了。

　　因为数正是一种完全静止的、僵死的和漠不相干的规定,在这里,一切运动和联系都消灭了,它已断绝了通往冲动的生机、生命的方式和其他感性定在的桥梁。

数本来是一个中介，但现在，它已经断绝了通往生动活跃的生命的桥梁。它本来要当个中介，但是这个中介可以说是失败的，中介不成了，实际上它恰好成为了隔绝的一道壁垒，一道鸿沟。"它断绝了通往冲动的生机、生命的方式和其他感性定在的桥梁"。为什么呢？"因为数正是那种完全静止的、僵死的和漠不相干的规定，在这里，一切运动和联系都消灭了"，数和数之间完全是一种静止的关系，你把它定下来它就在那里了，它中间没有它自己的运动和联系，更没有这个生命冲动，没有生机活力，没有生命的方式和感性的定在。我们刚才讲了它只是一个方面的规定性，就是量，它规定量，至于这个量是如何会增加和减少，它凭什么会增加和减少，它的这个量是由什么样的质所决定的，这个它不考虑，它是一种完全静止的、僵死的、漠不相干的规定性。这个中介在这里可以说是断裂的，它的中介作用失败了，失效了。前面的一个小标题，在第186页，对建立规律（立法）的扬弃，就是说，你怎么建立规律都没有办法，你从内在的东西的内在东西出发，想在感受性到神经系统之间，从内到外来建立一种规律，这个前面已经失败了。那么现在从外到内建立规律也失败了。也就是外在方面的内在方面，想通过数来规定有机体的这个规律性，也失败了。那么结论是什么呢？结论就是它没有规律，有机体没办法建立规律，从内到外建立不起规律，从外到内也建立不起规律。那怎么办呢？那就进入到第三个大标题了，就是罗马字的"Ⅲ"的标题。

[Ⅲ. 将自然当作一个有机整体来观察]

前面我们通过解剖学，通过左分析右分析，各个不同的层次，分析来分析去，我们发现都找不到规律。那么这个时候，我们已经到了最外在的东西了，最外在的东西就是，"将自然当作一个有机整体来观察"。有机体最外的东西就是 A，我们这个图上标为 A，那么 A 之外是自然界。自然界以有机体为中心，我们也可以把它看作是为这个有机体服务的，这个在康德第三批判里面已经有这个想法了。就是说，康德第三批判里面，从有机体出发，我们可以把整个自然界看作是一个有机整体。只要有一个有机体，我们就可以把整个自然界当作是为它服务的。在那个有机体的眼睛里面，整个自然界的确是为它服务的，因为整个自然界毕竟产生出它来了，它就会认为这个自然界是为了我而存在的。如果我没有的话，那么自然界就没意义；既然我有了，那么整个自然界的意义就在于它是为我存在的。这样，我们就可以把整个自然界呢，当作一个大的有机整体来观察。以我这个有机体为核心，自然界被看作是为我服务的。那么其中第一个小标题是：

［1.无机物的组织：比重，凝聚性，数］

　　前面讲到，有机体身体它本身就带有无机性了，这个无机性跟它的外部那些无机自然界是一样的东西。我们讲有机体其实都是由外部的无机自然界所组成的。当你失去生命，当你变成尸体以后，你就回归于整个自然界。我们说人死了，化归黄土，变成和整个自然界是一样的东西了。现在讲究火葬，死了以后骨灰抛入大海，或者抛入江河，你不是跟大自然融为一体了吗？就说明你的这种构成的确是由无机物所构成的，当然不止是无机物。但最外在的东西就是无机物。所以我们现在推开来看，从更外部的方面，再来对有机体进行一番规定，看看能不能规定。我们说有机体的内部的方面我们已经没有办法规定了，不管是从内在的内在，还是从外在的内在，我们已经无法从内部规定有机体了；那么我们就从外在本身看能不能规定有机体。从外在的无机自然开始，从自然界开始来规定有机体，这又是一个立场，这跟前面那两种观点都不一样。前面的两种观点，一种是从内在的内在，一种是从外在的内在，来规定有机体；想要寻找出某种规律，结果发现都失败了。那么现在，我们整个转移我们的视角，将自然界当作一个有机整体来观察。首先就是无机物的组织：比重，凝聚性，数，这三个概念，我们都可以把它看作是 A，外在的东西，Äußere。

　　但这样来考察有机物的**形态**本身，并且对内在的东西只作为这形态的一个内在的东西来考察,实际上已经不再是对有机物的一种考察了。

这是从上面延续下来的,"但这样来考察有机物的**形态**本身",有机物的形态本身就是 A 了,就是外在的东西,有机物表现外在的形态,这个形态(德文词 Gestaltung),我们也可以把它翻译成"形状",它本来也有这个意思,可以理解为形状、形态。这样来考察有机物的形态本身,"并且对内在的东西只作为这形态的一个内在的东西来考察"。我们考察有机物的外在的东西,当然不能够脱离内在的东西,但是,把这个内在的东西只是作为这个外在形态的一个内在的东西来考察,或者说把内在的东西依附于外在的东西来考察。我们前面是只就内在的东西来考察,把外在的东西看作是依附于内在东西的;现在呢,我们把内在的东西依附于这个外在的形态来考察,这就换了一个相反的视角,以外在的东西为主。我们现在不是以内在的东西为主,而是就外在来考察外在,当然附带的呢,用它来解释内在的东西。这就"实际上已经不再是对有机物的一种考察了",当这样考察的时候,已经不再是对有机物的考察了,已经是把它当作一个无机物来考察了。哪怕对于有机物的外在形态,如果你仅仅考察有机物的形态本身,这就已经脱离了有机物本身的这个领域了。

因为,那本应联系起来的两个方面只被建立为各不相干的,因而那构成有机物的本质的自身中反思就被扬弃掉了。

为什么不再是对有机物一种考察了呢? 是因为那本应相互联系的两个方面,外在和内在,本来应该是相互联系的,但你们考察这个有机物的形态本身的时候,你抓住它的外部形态本身来考察的时候,"那本应联系起来的两个方面只被建立为各不相干的"。你撇开它的内在的东西,不管它内在有什么,反正它总要在外在表现出来的嘛;所以我们走一条捷径,我们把它看作是一个"黑箱",有机体是一个"黑箱"。我们不管它的内部在干什么,我们只求它的效果,我们只来测量它的效果,看这样能不能找到有机物的规律。"因而那构成有机物的本质的自身中反思就被扬弃掉了"。你把它当成一个"黑箱",那它当然就不是自身中反思或自身中反映的了，你就没有进入到它内部，没有去把握它的概念，你只是把握它的后果，把握它的效应。现代仿生学，或者是现代控制论就是这样的，我不管它是由什么东西造成的，它反正只要起到这样一个作用就够了。就是说有机体，我从中也可以找到一些规律，我可以仿造鸟的翅膀或者是这个蜻蜓的翅膀来造出一个飞行器。它跟鸟或蜻蜓没什么区别，只是构成的质料不同，里面的结构也可能不同，甚至于原理也可能有些不同，但是它能起到同样的作用。从这个方面来考察，那就是没有把它当成一种有机物来考察，你是把它当成一个机器来考察，当成一种控制论的装置来考察，自身中反思就被扬弃掉了。我们在这里就不讨论它的自身中的反思，它的内在的东西。内在的东西它神秘，我们抓不住，我们没办法把握，我们也不需要把握。现代的心理学，包括行为主义、实验心理学也是这样，通过测试你的肌肉量，你的反应力，你的神经传递速度等，甚至通过实验统计数字，来预测你的效果。那实际上很有效的。而那种形而上学的东西，玄而又玄的东西，那是没有效果的，你想破脑袋也没用，就干脆不考虑它。

相反，在这里将宁可把曾经尝试过的那种内外比较托付给无机的自然；在这里，无限的概念只是那潜藏在内部的**本质**，或者说落在自我意识之外的本质，而不再像在有机物那里一样具有自己的对象性的在场了。

"相反"，这个相反是跟什么相反呢？就是说，实际上已经不再是对有机物的一种内外比较，而是对无机物的内外比较了。"相反，在这里将宁可把已经尝试过的那种内外比较托付给无机的自然"，就是说，当我们对于这个有机形态的外部作这样的考察的时候，我们将把曾经尝试过的那种内外比较转交、移交给无机自然。我们前面一直在作内外比较，那么现在呢，我们把这种内外比较从有机体身上转到另外一个地方，转到纯粹的外部，就是托付给无机自然界去做。有机自然是无机自然的产物，有机体是无机物的产物，有机体整个都是由无机自然构成的，包括分子、原子、水分、阳光、能量，这些东西，都是构成有机体的无机自然的元素，那么我们就只考察这个无机自然，肯定没错。在考察无机自然的时候，我们把以前用来考察有机体的那种内外比较，把它转移到这方面来，再来考察这个无机自然它本身的内部和外部。"在这里，无限的概念只是那潜藏在内部的**本质**，或者说落在自我意识之外的本质"，在这里，也就是在这个无机自然这里，无机自然都是有限的概念，都是有限定的，都是有规定的。打破一切规定就是无限，无规定的自由，这个概念只是那潜藏于内部的本质，我们现在不考察它。它只是潜藏于内部，它不露出来，它是一个黑箱。当然我们承认它，它里面有一种打破限度的自由冲动，但是它不能够构成规律，不能够作科学的观察，所以它只能是存而不论。在这个地方，在无机自然上面，它的那种无限的概念，作为一种单纯的灵魂，一种普遍的共相，是潜藏于内部的本质，它是"落在自我意识之外的本质"。当我们考察无机自然的时候，它的无限的概念落在了自我意识之外，就是说，我们把它存而不论，我们不考察它。我们的自我意识根本没有把它纳入进来，它被排除在我的关注范围之外了。这个无限的概念前面在知性和力的一章中是向自我意识过渡的阶段，也就是说，当达到无限性的概念的时候，知性就进入到自我意识；但是在那里同时又指出，"在这一内在区别里，无限性本身虽然成了知性的对象，但知性又错失了无限性本身，因为它把这自在的区别，把同名者的自相排斥，把自身吸引的不等同的东西，重又分配到两个世界或两个实体性的要素上去了"[参看贺、王译本第112—113 页]。而在这里也是如此，无限性概念只是落在自我意识之外的本质，我们这里不考察它，我们的自我意识把有机体划分为内外两部分，我们只考察外在的部分，不考察这个内在的无限性概念，无限的概念"不再像在有机物那里一样具有自己的对象性的在场了"。这个无限的概念就是前面讲的内在的内在，就是作为抽象之不安息的概念，是作为规律的思想，作为规律的概念，而不是现实的规律。那么，这种东西在现在呢，我们先把它隔离开来，不要让它干扰我们的这个研究。以前我们在考察有机物的时候，这样一种无限性的概念总是有它的对象性在场，我们考察这样一个对象，内在的内在，它总是在场。你考察有机物的外在，也是最后要把握它的内在，有机物在我们心目中，你要考察它，只有当你进入到内在的内在，你才彻底地把握了它，所以它是我们考察的目的。但是现在不同，现在我们不去考察它，我们现在考察的是无机自然，看能不能单从无机自然里面引出有机物的规律来。

因此，这种内在东西与外在东西的联系还必须在它自己本来的领域里加以考察。

"内在的东西与外在的东西的联系还必须在它"，"它"也就是这个联系，在这样一个联系的"本来的领域"里面，也就是在无机自然本身的领域里面，来"加以考察"。内外不论如何对立，总是要联系的，而一联系就必然体现在无机自然中，于是我们现在就只考察这种联系所存在的那个"本来的（eigentlich）"领域，也就是它自己本身固有的领域，我们只抓住这个联系的纽带本身来考察。内在的东西和外在的东西的联系，现在必须转移到无机自然的领域里面来考察，这个我们前面还没考察过，我们前面一直在考察的就是有机物本身，它的各种环节、各种层次，即使谈到内在和外在相互之间的联系，也没有从无机自然的角度来谈，而现在我们换了一个角度。

首先，形态［形状］的那个内在的东西，作为一个无机事物中的单纯的个别性，就是**比重**。

无机自然也有形态，这个形态跟有机形态不太一样的地方，就是说它应当理解为形状，或形体，也就是通常所说的"有形之物"。任何无机自然，它都是有广延的，所以也是有形状的。"形状的那个内在的东西"，形状它也有内在的东西，任何一个有形之物，它都有它内在的东西，"作为一个无机事物中的单纯的个别性，就是**比重**"。任何一个有形之物，它都有它的比重，它的比重就是它的单纯的个别性，每一个有形之物它的比重都不一样，而这个比重呢又是单纯的，可以在同一单位上计算的。当然每一个有形之物它还有很多其他的个别性，也有很多其他不同的地方,有的颜色不同,有的大小不同,有的结构不同等等。但是单纯的个别性,那就是比重,后来道尔顿用原子量的大小来标明,但在黑格尔这里还只是把它看作每个有形之物的"个别性"。

　　作为单纯的存在,比重也正像它唯一能做的数的规定那样,可以被观察,或者真正说来,可以通过对观察的比较而被发现,并以这种方式显得提供了规律的一个方面。

　　现在我们谈比重。"作为一种单纯的存在",比重是一种单纯的存在,没有质只有量。它"也正像它唯一能做的数的规定性那样,可以被观察",它可以被观察,怎么样被观察呢? 像它唯一能做的数的规定性那样,可以通过数的规定性来观察,也就是可以被测定和计算了,这是它唯一能做的规定性。你要规定一个比重,怎么规定? 只能从数学上加以规定。其他的颜色、气味,都不是从数学上加以规定,都是从别的质的方面、性质方面、感觉方面来加以规定。但是比重呢,你只能够从数的方面对它加以规定。一个东西的比重,它就是一个数目,你可以把它确定下来,除此之外就没有别的规定了。比重是可以测量的,它的重量和它的形体大小的比例,重量和它的体积的比例,这是可以测量的。"或者真正说来,可以通过观察的比较而被发现"。真正说来,也就是说说得更准确一些,其实,是可以通过观察的比较而被发现。观察通过眼睛观察,但是比重你怎么能够一眼看出来呢? 但是它可以通过观察的比较,先观察体积,再观察重量,两方面比较一下,比重就出来了。它不能直接看到,你看到一个很大的东西,它的比重不一定很大,比重是属于内在的东西。但是比重通过一种比较能够被发现出来。"并以这种方式显得提供了规律的一个方面",显得是,这个是假设了,有虚拟的口气。它好像是提供了规律的一个方面。比重,它是内在方面,在这个方面上只要再加上另外一个方面,也就是外在的方面,你就可以找到一种规律了。比重它是一种内在的单纯性,而另一方面就是外在的多数性,它们都由比重来决定。

　　形状、颜色、硬度、韧性以及无数的其他属性则似乎是一起构成了那

外在的方面,而内在东西的规定性,即数,则似乎必定会表现得仿佛一方在另一方上有自己的反映一样。

这也是虚拟式,就是说,有了比重以后,它好像就构成了规律的一个内在的方面。那么另外一些属性,就构成了规律的外在方面。什么属性呢？形状,形状就是刚才讲的形态了,这个地方翻译成形状,因为他讲物理学嘛。"形状、颜色、硬度、韧性以及无数的其他属性,则似乎是一起构成了那外在的方面",所有这些属性,我们通常称之为感性属性,无数其他的感性的属性,它们一起构成了外在的方面,它们都被比重所决定。比重是规律的内在方面,由一定的比重决定了一个事物它的形状、颜色、硬度、韧性等等其他的属性。这个后来在道尔顿的原子分子论里面就是这样来解释的。道尔顿的原子分子论最早提出来是 1808 年,比《精神现象学》发表晚一年,所以黑格尔在写《精神现象学》的时候并不知道这个原子论,但是这个思想早就在酝酿。所以他这里头包含有一种猜测,那个时候已经形成了这样一种思维方式。无数其他属性似乎一起构成了那外在的方面,那么比重就是内在的方面。"而内在的东西的规定性,即数,则似乎必定会表现得仿佛一方在另一方上有自己的反映一样",这也是虚拟式。比重作为内在的东西的唯一可能的规定性就是数,那么数似乎必定会表现一方在另一方上有自己的反映。外在的方面,形状也好、颜色、硬度等等,都是由它的比重所决定的,用原子论的说法就是由原子量的大小所决定的。当然这里都是用的是虚拟式,表明黑格尔并不同意这种机械还原论的观点。

{161}
[191]

既然否定性在这里不是被统握为过程的运动,而是被统握为**静止的统一**或**单纯的自为存在**,那么这个否定性就毋宁显现为这样的东西:事物因它而反抗那过程,并因它而保持自己于其自身,而与那过程漠不相干。

"既然否定性在这里",也就是说在无机物这里,在这种由不变的比重决定一切的情况之下,所体现出来的否定性,"不是被统握为过程的运

424

动"。就是由比重来决定一个事物的颜色、形状、硬度、韧性等等,这当然不是过程或运动了,这是非常静止地来考察一个有形之物、一个对象。这里面也包含了某种否定性,就是内在的东西对外在的东西有一种否定性,但是这种否定性不是像在有机体里面那样被统握为过程的运动,"**而是被统握为静止的统一或单纯的自为存在**"。它是一个静止的对象,一个统一的对象,它的统一性就在于它的内在的比重决定了它外在的形态、外在的属性,那些都可以变来变去,比重却是不变的,它是一种单纯的自为存在。它自己的比重决定了它自己的形状、颜色等等,它是自为的,它自己有自己的原因。"那么这个否定性就毋宁显现为这样的东西,事物因它而反抗那过程"。比重的否定性就显现为这样的东西了,什么样的东西呢? 一个事物,一个有形之物,因为它的不变的比重而反抗那个变化的过程。"并因它而保持自己于自身,而与那过程漠不相干",事物因为有自己的比重,而在不断的形态变化中保持自己于自身。这就是牛顿、拉瓦锡以来科学家们相信的"物质不灭定律"或"质量守恒定律"。这个看起来好像是跟有机体有类似的地方,因为有机体也是尽量保持内部状态的不变,但是其实本质上是不同的。有机体是在投身于过程之中来保持不变,而这个由比重所决定的这样一个形态,它是静止的,它是抗拒过程而保持不变的。所以它与其说是一个过程,不如说它是一种惰性。它的保持自身只是一种惰性,我们不能说它有它的个性,或者它有它的自身维持,像有机体那样。相反,它没有自我保持的能力,它不能自我保持。有机体也抗拒外界的东西,但它自己在动,而无机物呢它自己是不动的,它与那过程漠不相干,它自己没有过程。

但是,由于这个单纯的自为存在是静止地与他者漠不相干的,比重就作为一个**属性**而与其他属性**并行**;因此它与这个多数性的一切必然联系或者说一切合规律性就都终止了。

"但是",就是说,虽然这样一个自我保持对运动过程有一种抗拒,与之漠不相干,好像这里头有某种一贯的规律了,但是其实是没有规律的。

"由于这个单纯的自为存在是静止地与他者漠不相干的，比重就作为一个**属性**而与其他属性**并行**"，也就是说，由于这个只由它自己的比重所决定的自为存在，单纯的自为存在，是一个与他者漠不相干的静止的东西，比重就作为一个属性而与另一些属性并行。比重，它也是一个属性了，物体有很多属性，比如说形状、颜色、硬度、韧性等等，其中也有比重。所以比重只是其他各种属性中的一个属性，它与其他的另一些属性并行，并排而行，它与其他那些属性并没有一种因果关系，而只是并列关系。"因此它与这个多数性的一切必然联系或者说一切合规律性就都终止了"，就是说，它也是其他属性中的一个属性，它跟其他属性是并列的，在同一个层次上面。你可以从比重的立场上面来看其他的属性，其他属性也可以站在它们的立场上面来看比重。因此，它与这个多数性的一切必然联系，或者说一切合规律性，就都终止了。比重和其他的那些属性，多数性也就是多个属性，当然你可以说它们有联系，但是这种联系是偶然的，它没有必然性。一切必然联系，或者说一切合规律性，就都终止了。为什么都终止了？因为，比重和其他的那些属性都是并列的，同层次的，所以它们之间的联系是偶然的，是碰到一起的，它们没有什么必然性。必然性就必须是决定性的，它在背后，你逃不出它，一切都被它所决定，这就是必然性，这才有规律性。但是在比重这个场合之下，这些必然性和规律性都终止了。因为，比重是单纯的自为存在，与一个他者漠不相干，是静止的东西。比重自己就是自己，自为存在，与他者，与其他属性，本来是漠不相干的。比重和颜色有什么关系？没有什么关系，如果碰到有某种关系，那也是偶然的关系。

　　——比重作为这样的单纯内在东西，**在其本身中**是没有区别的，或者说，它只有非本质的区别；因为正是它的**纯粹的单纯性**把一切本质的区别活动都扬弃了。

　　"比重作为这样的单纯内在东西，**在其本身中**是没有区别的"，在其本身中打了着重号，任何东西它都有比重，当然这东西可能不一样，但它的比重本身是没有区别的。比重的区别只有数量的区别、多少的区别，而且可以换算的。棉花的比重跟钢铁的比重当然不一样，但是作为比重，那只是一个数量上的区别，它没有性质上的区别。"或者说，它只有非本质的区别"，非本质的区别就是量的区别。量的区别不是质的区别，它可能有量的区别，但这是非本质的区别。"因为正是它的**纯粹的单纯性**把一切本质的区别活动都扬弃了"，比重的这种单纯性，把一切本质的区别活动都扬弃掉了，它不作这种区别了。它是单纯的，它一旦固定下来，它就是它了。比重的这种关系、体积和重量的这种关系一旦固定下来，就不加区别了，也不需要作区别，只要能够计算就够了。

因此，这种非本质的区别，即**大小**，似乎也就必须要在另一方面，即作为各种属性的多数性方面拥有自己的映像或**他者**了，因为这区别一般说来借此才是区别。

"因此，这种非本质的区别，即**大小**"，这种区别是非本质的，比重本身当然可以做区别，但是这种区别其实不是什么真正的区别，而只是同质的量的计算。这种大小"似乎也就必须要在另一方面，即作为各种属性的多数性方面拥有自己的映像和**他者**了"，这一句是虚拟式。这种大小没有本质的区别，只有非本质的区别；但是假如这种非本质区别也要成为区别的话，那它似乎就必须要在另一方面，就是我们把它看作是由比重所决定的另一方面，也就是那些属性方面，拥有自己的映像或他者。前面也说过［见上一段的最后一句］，"形状、颜色、硬度、韧性以及无数的其他属性则似乎是一起构成了那**外在的**方面，而内在东西的规定性，即数，则似乎必定会表现得仿佛一方在另一方上有自己的反映一样。"也就是必须把形状、颜色、硬度等等属性看作是由比重所决定的映像或他者，它们反映出比重的大小。比重的这个大小，似乎必定要在另一方面中拥有自己的反映，才能真正区别开来。大小，也就是量的区别，如果要成为真正的区别的话，就必须在其他各种属性的多数性方面看出来，它们被看作比重的大小在他者中的反映。"因为这区别一般说来借此才是区别"，因为，大小一般说来如果要有区别,只有在他者身上才是区别,大小必须表现在形形色色的属性上面,各种各样的属性上面,这样才真正有所区别,也就是才能成为质的区别。一个单纯的数字不是什么区别。这句的虚拟式说明,比重不得不否定自身而朝它的对立面即凝聚性过渡了。

如果这个多数性本身被结合到对立面的单纯性中,例如说作为**凝聚性**而得到规定,以至于这个凝聚性就是**在他在中的自为存在**,就像比重之为**纯粹的自为存在**那样,那么首先,这个凝聚性乃是纯粹的、建立在概念中的、与前一规定性相反的规定性,而建立规律的做法就会是在前面讨论感受性对应激性的联系时所考察过的那种做法了。

"如果这个多数性本身被结合到对立面的单纯性中",如果这个多数性本身,也就是这些属性,形形色色,各种各样的属性,如果把它们都结合到对立面的单纯性中,对立面的单纯性,就是把它结合为一个对立面,内在的单纯对外在的单纯,把所有这些形形色色的多数性的属性作为一个单纯的对立面树立起来,让它们由比重的单纯性来决定,单纯对单纯,不就可以形成一条规律了吗?但现在这个对立面太复杂了,如果我们能够把这样一些复杂的属性看作一个单一体,把所有这些复杂的多数性结合到对立面的单纯性中,"例如说作为**凝聚性**而得到规定",那就好办了。就是说,比重所决定的这个对象,虽然有那么多的复杂的属性,但是它们是凝聚起来的;如果能归结为单纯的"凝聚性",那么本来是一个复杂的东西,一个多数性的东西,但是在凝聚性上面,它们就可以表现为一个单一体了。"以至于这个凝聚性就是**在他在中的自为存在**,就像比重之为**纯粹的自为存在**那样",这两个打了着重号的词组恰好是对应的。一方面是凝聚性,是在他在中的自为存在;另方面是比重,是纯粹的自为存在。这样对应起来,就形成了同一个自为存在的两种方式,在其中,比重是纯粹的自为存在,比重决定了其他的属性,决定了它的他在;而这个他在呢凝聚为一个对象,它同样是这个自为存在,它是由比重凝聚而成的。凝聚性就是比重所决定的那个对象,比重规定的那个对象,就是规定为

428

凝聚性。那个凝聚性里面包含有很多复杂的属性,但所有这些复杂的属性都凝聚为了一个对象,一个他在。如果是这样的话,"那么首先,这个凝聚性乃是纯粹的、建立在概念中的、与前一规定性相反的规定性,而建立规律的做法就会是在前面讨论感受性对应激性的联系时所考察过的那种做法了"。这里丛书版编者加了一个注,请读者参看前面第183—184页,也就是贺、王中译本第181页第2行到182页的第2段。我们只须看后面这段的最后结论就行了:"正如所阐明的,在这样立法时,真正说来就导致这样的情况:最初应激性和感受性构成确定的有机对立;但随后这个内容丧失,而对立就变成大小增减的、或不同内涵外延的形式上的对立——这种对立不再涉及感受性和应激性的更多本性,也不再表现它们。因此,立法的这样一种空洞游戏与那些有机环节并不挂钩,而可以推广到任何地方任何事物上,它完全是基于对这些对立的逻辑本性的无知。"就是说,试图在有机体的内在诸环节之间建立起规律来的做法遭遇到了失败。而这种失败的命运同样也等待着为比重和凝聚性之间立法的企图。因为,如果想以这种方式为比重和凝聚性立法的话,我们把那些多数性都凝聚起来,作为比重所规定的对象,"那么首先,这个凝聚性乃是纯粹的、建立在概念中的、与前一规定性相反的规定性"。凝聚性也是一种纯粹的规定性,但是它是建立在概念里的规定性,也就是建立在与比重相对立的统一体中的规定性,它是与比重相反的,但又是要与这个相反的对立面结合进一个概念中的。那么它们是不是就形成规律了呢? 不可能,这只是规律的概念,或者说,规律的思想,而不是现实的规律。规律的思想它是种概念,但是它不是一种实存,不是一种定在,你不能把它当作一种具体的规律来看待,否则你就会导致失败。所以他讲,"而建立规律的做法就会是在前面讨论感受性对应激性的联系时所考察过的那种做法了",这里是虚拟式。就是说如果你要把它建立为规律,那就完全是"基于对这些对立的逻辑本性的无知",是根本不可能的。你还想把比重和凝聚性建立为一种规律,那就像前面讲的与感受性和应激性的本性不再相干一样，在这里也会导致与这个重力和凝聚性的本性毫不相干。重力和凝聚性的关系与感受性和应激性的关系很相像，是一种纯粹的自为存在和在他在中的自为存在的关系，好像是有机物的内在东西在无机物的外在东西中的反映。我们讲有机体，常常也这样来理解，好像有机体无非就是一种凝聚性了，凝聚性就是自己凝聚起来嘛，所谓自组织嘛。但实际上凝聚性、无机自然它是没有自组织能力的，只有有机物才有自组织能力。凝聚性你把它当作一个概念看是可以的，凝聚性是与比重这个对立面相统一的，你这样想一想是可以的，但你不要真的把它当作一个有机体。无机自然你把它真的当作一个有机体，那是违背无机物的本性的。

——其次，这样一来，这个凝聚性作为在他在中的自为存在的**概念**，仅只是与比重对峙的那一方面的**抽象**，其本身并无实存。①

"其次"和上一句的"首先"是相接的。就是说，这个凝聚性不单是和比重一起构成一个对立统一的概念，而且它本身也只是一个概念而已。作为在他在中自为存在的概念，它只是一个概念。在他在中的自为存在，跟这个有机体的概念已经非常接近了，已经很像是有机体了，但它们的区别就在这里，有机体是把这个概念实现出来的，而凝聚性呢，它没有，

---

① 这里所参考的显然是 H.Steffen 的有关凝聚性和比重之间的关系的规定，以及他在金属的凝聚性系列和欠凝聚性的系列中所做的区别。在两个系列的每一个中，与凝聚性的增加结合着的都是比重的某种减少。参看 H.Steffen：《地球队的内在自然史文集》第 129 页："**金属的比重在这两个系列中与凝聚性成反比**，使得最重的金属构成系列的开端，更轻的金属构成其结束。"谢林对这种观点最初表示赞同。参看《我的哲学体系的陈述》（《谢林全集》第 4 卷，第 154 页以下）。然后他在自己的论文"四大贵金属"中（载于《思辨物理学新杂志》，谢林编，第 1 卷，第 3 部分，图宾根 1802，第 94 页，《谢林全集》第 4 卷第 515 页）让人们注意斯特芬所提出的这条规律的限度。斯特芬后来也修正了他自己的理论。黑格尔对这个理论的分析早在耶拿自然哲学中就有了（参看《黑格尔全集》第 6 卷，第 122—123 页）。——当黑格尔把凝聚性规定为"**在他在中的自为**"时，他在术语上是接近谢林的。谢林也强调凝聚性和比重只有在相互关系中才是可设想的（见《谢林全集》第 4 卷第 452、454 页）。——丛书版编者

它仅仅是一个抽象的概念。"作为在他在中的自为存在的**概念**，仅只是与比重对峙的那一方面的**抽象**，其本身并无实存"。凝聚性你可以描述它，你说这个东西是具有凝聚性的，具有凝聚力的。凝聚力是一个很抽象的概念，凝聚力是什么，无非是这些东西聚到一起了。聚到一起它还可以分开呀，凝聚力能够阻止它吗？外在的干扰、外在的破坏的力量一来，这些东西就分解了，所以它只是一种在他在中自为存在的概念，其本身并无实存。

因为在他在中的自为存在是这样的一个过程，在这个过程里，无机物将必须把它的自为存在表现为一种**自我保存**，这种自我保存保护它免于作为一个产物的环节从这个过程中出局。

为什么凝聚性并无实存，这里解释了。"因为在他在中的自为存在"，在他在中的自为存在就是凝聚性的概念了，那么我们来考察这个概念的内涵，"是这样一个过程"，它里面包含的意思，它的含义，实际上是这样一个过程。"在这个过程里，无机物将必须把它的自为存在表现为一种**自我保存**"，这里是虚拟式了，就是说，这个概念的内涵不是抽象的概念，而是实在的过程，我们必须设想有这样一个过程，在这个过程里面，无机物将把它的自为存在表现为一种自我保存。如果真有这样一个过程，它就必须表现为自我保存，"自我保存"打了着重号。当然实际上并没有，这只是概念中的设定。无机物，如果你把它的投入这样一个过程，它将必须把它的自为存在表现为一种自我保存。但是按照无机物的本性来说，它是不可能这样的，它跟这过程是毫不相干的。但是你如果要假想它被纳入到这样一个过程里面，它就必须把自己的自为存在表现为一种自我保存。比重已经是一种纯粹的自为存在了，但是它还不是自我保存。它只是自为存在，比重决定无机物自己的颜色、形状、广延、韧性，好像是自为的，但是它不是自我保存的，它不能够保持自己。但是如果是在凝聚性的这个过程里面呢，那么无机物就必须把它的自为存在表现为一种自我保存，这就是凝聚性的概念。"这种自我保存保护它免于作为一个产物的环节从这个过程中出

431

局"，这种自我保存它起了什么作用呢？可以"保护它免于作为一个产物的环节从这个过程中出局"，那不就是有机体了吗？无机物在这个过程中将成为有机体。但问题是根本不存在这一过程。无机物实际上一旦投身于过程，通过各种各样的反应，通过物理的、化学的作用，它就被侵蚀了，就解体了，这个东西就不成为这个东西了。所以接下来他讲，

但这恰恰是违背无机物的本性的，这本性并不具有目的或自己本身中的普遍性。

前面讲的是一种虚的情况，就是说他在中的自为存在不只是一个概念，而且是一个过程，在这个过程里面，无机物将必须把它的自为存在表现为一种自我保存。但无机物如果能够做到这样，那它就不是无机物了，那它就是有机物了。而"这恰恰是违背无机物的本性的"，无机物怎么可能自己来自我保存呢？无机物的本性就是不能自我保存，它就是无机的、开放的，任凭外界的影响来改变它的结构。有机物才能够自我保存，才能够保护自己免于作为一个产物的环节从这个过程中出局。当然它有新陈代谢，但是新陈代谢也是它自己所控制的，不是由外界的影响导致的，它是一个前后一贯的合目的的过程。那么这个过程恰好是违背无机物的本性的，"这本性并不具有目的或自己本身中的普遍性"。无机物没有目的，有机物才有目的，有目的，才能够有自我保存，才能使自己免于作为某个产物的环节从中出局。这就使它具有自身中的普遍性，也就是自我保持的一贯性，从头至尾，它都是它，它贯通、涵盖了整个过程，具有普遍性。而一个无机物它在这个过程中就解体了，它就变成另外一个或者另外一些无机物了，它不能够把自己当作一种普遍的东西坚持下来。

无机物的过程毋宁只是如同它的自为存在、如同它的比重**扬弃**自身那样的被规定的行为。

无机物的过程不像有机物的过程那样自行规定自己的目的，它毋宁是一种被规定的行为，就像它的比重那样。它的比重是纯粹自为存在，而这种自为存在表现为这比重扬弃自身，就是说跟前面的自我保存相反，

这个过程是扬弃自身的。无机物，虽然它的概念中也包含有自为存在，像比重，它自己规定自己的各种属性，但这只是在概念中，而不是在过程中。一旦投身于过程，这比重就扬弃自身而成为别的东西，成为被别的东西所规定的行为。

在这样一种被规定的行为中，无机物的凝聚性也许会持存于自己的真实概念中，但这行为本身和无机物的比重之规定的大小，乃是完全互不相干的两个概念。

"在这样一种被规定的行为中，无机物的凝聚性也许会持存于自己的真实概念中"，这句用的虚拟式，就是说即使我们承认这一点，承认凝聚性也许会持存于自己的真实概念中，但这都无济于事。无机物的凝聚性在过程和具体行为中是没有实存性的，哪怕它在概念上也许有持存性。"但这行为本身和无机物的比重之规定大小，乃是完全互不相干的两个概念"，这句又是实指了，就是说，哪怕承认了行为本身的概念上的持存性，但这个概念和无机物比重的规定的大小，还是两个不相干的概念，一个是抽象概念，另一个是具体可规定、可计算的大小概念。这就是上面讲的："这个凝聚性作为在他在中的自为存在的**概念**，仅只是与比重对峙的那一方面的**抽象**，其本身并无实存。"这也正如前面讲感受性和应激性之间的规律概念一样，一旦运用于现实中，就成为了与实际并不挂钩的"空洞的游戏"，这种做法是"基于对这些对立的逻辑本性的无知"。

假如完全撇开行为的种类不管而限制在大小的表象上，那也许就可以考虑这样的一种规定：较大的比重，作为一种较高的自身中存在，会比较小的比重更抗拒进入这一过程。

"假如完全撇开行为的种类不管"，是无机物也好，还是有机物也好，我们不管，"而限制在大小的表象上"，撇开种类，撇开它的概念，撇开它的"质"不管，我们只考虑大小的表象。"那也许就可以考虑这样一种规定"，这里完全是虚拟式了，我们是不是就可以作出这样一种规定，——这样一种规定也许就可以变成一种规律了，那么，我们可不可以提出这

433

样一条规律呢？就是"较大的比重，作为一种较高的自身中存在，会比较小的比重更抗拒进入这一过程"。较大的比重也许会更加抗拒进入到这个实际的自身扬弃的过程，比如说它的惯性更大，或者是质量更大，或者是更加密实，更加沉重的东西，是不是抵抗力就更大，就更加难以进入到这一过程。什么过程呢？就是上面讲的，"如同它的自为存在、如同它的比重**扬弃**自身那样的被规定的行为"的无机过程，也就是自我扬弃的过程。假如真是这样，那么就会像上面讲的："它的自为存在表现为一种**自我保存**，这种自我保存保护它免于作为一个产物的环节从这个过程中出局。"一个无机物由于自身的比重较大而抗拒这比重的自我扬弃，抗拒它被过程带入毁灭，类似于有机体的自我保持，这样一来，是不是这个无机过程也就能够带上有机体的目的性、并为之制定一条规律了呢？

　　但是相反，自为存在的自由只是在重量很轻时才证明自己参与一切事物而又在这种多样性中保持着自身。

　　"但是相反"，前面是讲的较大的比重会抗拒进入到这一过程，那么反过来也可以说，"自为存在的自由只是在重量很轻时才证明自己参与一切事物而又在这种多样性中保持着自身"。自为存在的自由，也就是像有机体这样一种自由，前面也讲了，有机体甚至于是一种绝对的自由。前面在第 189 页第 2 行讲道："有机物拥有自己的绝对的自由，凭借这种自由，它面对为他者存在和面对形态各环节的规定性而不受干扰并得到保护"。那么这里讲无机物也会有这样的自由，不过它"只是在重量很轻时才证明自己参与一切事物而又在这种多样性中保持着自身"。也就是说，无机物的自为存在的自由必须是很轻灵的，只有在很轻灵的时候，才能证明自己参与一切事物，或者渗透于一切事物，而又保持自身于事物多样性之中，如果你比重太大了，你就渗透不进去了。所以自从古希腊以来，人们通常都把灵魂这样一种东西比作一种气，一种空气，有的比喻成火，都是一种很轻的东西，向上的东西。而土往往被看作是没有生命的东西，是比重比较大的，那么它就是抗拒进入到过程之中的。这也是当时的一种通常的看法。人们通常去寻找自然界的活力，不会到土里面去找，一般都到气，到火这样一些东西里面去寻找，寻找有机的东西的原因，首先它必须是重量比较轻的东西。这是有可能会找到的一些所谓规律，当然这些规律都是黑格尔所不认可的，他甚至带有一点嘲笑的意味：你们要在无机物中找有机体的特点，是在更重的东西中寻找那种自我保持呢，还是在更轻的东西中寻找那种自由？有点类似于伽利略在自由落体中所发现的那个亚里士多德的悖论：重的东西和轻的东西谁先落地？如果重的东西先落地，那么我把重的东西上捆绑一个轻的东西，它的下落速度是增大了还是减缓了？

　　那种没有外延联系的内聚性（Intensität），乃是一种空无内容的抽　[192]象，因为外延性才构成内聚性的**定在**。

　　"没有外延联系的内聚性"，内聚性和凝聚性，他用的是两个不同的词，其实意思大概是差不多的。凝聚性是 Kohäsion，内聚性是 Intensität。内聚性又可以翻译成内涵，它跟外延是相对应的。我们这里翻译成内聚性，跟这个凝聚性可以有一种联系，但凝聚性并不和外延性相反，而内聚性则是跟外延性相反、相排斥的一个概念，讲外延时就不讲内涵，讲内涵时也不讲外延。所以内聚性可以看作是凝聚性的一个极限状态，即完全消失了外延而向内凝聚，就像莱布尼茨的单子那样。"那种没有外延联系的内聚性"，没有外延关系，也没有体积，没有大小关系，没有定在的关系。如果没有那种关系，单纯是一种内聚性呢，那就是重量最轻、轻到完全没有了重量的情况。没有体积当然也就没有重量、没有比重了，从轻的东西中寻找自由，这是最后的极限了。然而这种情况"乃是一种空无内容的抽象，因为外延性才构成内聚性的**定在**"，那种没有外延性的内聚性或者内涵是不可能现实存在的，而失去了定在，谈何自由？莱布尼茨把无机物设想成由无数没有外延的单子构成，以此来赋予万物以自由的能动性，这只不过是一种形而上学的抽象玄想罢了，是脱离现实的。

　　但前面已经说过，无机物在自己的联系中的自我保存是超出了这种联系的本性的,因为无机物在其本身并不具有运动原则,或者说无机物的存在并不是绝对的否定性和概念。

最后这句话把这些都推翻了,就是说,"但前面已经说过,无机物在自己的联系中的自我保存是超出了这种联系的本性的"。上面 (推上去第 10 行) 已经讲过,设想无机物在自己的联系中具有自我保存,"这恰恰是违背无机物的本性的"。无机物和他物有联系,但是这种联系使它改变自身、否定自身,成为别的东西,但却没有自我保存。如果你说在这种联系中,它有一种自我保存,那就超出了这种联系的本性,那是有机物才有的联系。无机物的联系在本性里面不存在自我保存。所以前面的假设,不论是说较大的比重就更能拒绝进入这一过程,还是说较轻的东西它就可能自由地参与一切过程,而又保持自身、逃脱各种事物对它的规定,这两种设想其实都是超出了无机物的本性的,是一种空想。为什么呢?"因为无机物在其本身并不具有运动的原则",无机物它是可以被投入到运动,但它本身并不具有运动的原则,也就是不具有自己运动的原则。"或者说无机物的存在并不是绝对的否定性和概念",无机物的存在并不是绝对的否定性,只有自由才是绝对的否定性。无机物的存在它有否定性,它有否定性的存在,但是它不是绝对的否定,不是自否定,而只是被否定。也不是概念,无机物的存在不是概念,而它的概念也不是存在,没有自己的定在。像凝聚性,在无机物里面有凝聚性,但是它只是一个概念,它是建立在概念中的规定性,它本身不可能存在。是概念它就不存在,是存在的东西,它就不是概念。凡是无机物的存在,它就不是概念,只能计算而不能思想,这一点要搞清楚。

{162}　　反之,如果不把无机物的这另一方面看作过程而是看作静止的存在,那么这个另一方面就是普通所说的凝聚性。某种**单纯的**感性属性就立于这方面而抵抗住了**他在**的放任的环节,这他在分散为许多互不相干的属性,而又像比重那样归属于凝聚性之下;于是那一大批属性一起就在凝聚性上构成了另一方面。

"反之",这个反之是跟上面讲的相反。上面是说,当我们把无机物投入到过程中,想去发现它的有机属性,那么我们就会强迫无机物承担起它根本不具备的那样一种属性,就是自我保存,而这是违背无机物的本性的。所以我们不要从无机物里面,不要从比重的纯粹自为存在里面去寻找某种有机性的要素。这是跟第三个大标题"将自然当作一个有机整体来观察"有关系的。就是说,我们把无机自然当作一个有机体来观察,那么首先我们从比重的角度来观察,这肯定是失败的,要从这个里头、从比重里头找到有机物得以产生出来的根源,那是做不到的。所以把自然当作一个有机整体来观察的时候呢,我们不能够立足于比重,把它投入运动过程中,去探寻凝聚性或内聚性。从比重入手你就使无机物加上了过多的负担,那是违背它的本性的,不能够把目的性、把内在的普遍性强行要求无机物来承担。"反之,如果不把无机物的这另一方面看作过程而是看作静止的存在,那么这个另一方面就是普通所说的凝聚性",无机物的这另一方面是哪一方面? 就是作为对象的那一方面。前面讲,无机物的这一方面是比重,就是"纯粹的自为存在";另一方面是凝聚性,就是"在他在中的自为存在",也就是作为对象的自为存在,这两方面是对立的。这一方面的比重是要投身于运动过程的,另一方面的凝聚性则可以看作是静止的。所以如果不是把无机物看作过程而是看作静止的存在,那么这个另一方面,就是普通所说的凝聚性,也就是作为比重的对象的凝聚性。"某种**单纯的**感性属性就立于这方面抵抗住了**他在**的放任的环节",某种单纯的感性属性,单纯打了着重号,就是说只要是立足于凝聚性,那么某种单纯的感性属性就可以抵抗他在的任意侵蚀。就是说,一种单纯的感性属性,它面临着很多其他的放任环节的各种各样的冲击,但由于立足于凝聚性,它就可以保持它的这一方面的感性属性而不受冲击,而且可以依靠凝聚性而把其他那些属性凝聚起来,它就在一定程度上抗得住干扰,凝聚性赋予了它这样一种抵抗力。比如说比重就是一种单纯的感性属性,有了凝聚性它就可以抵抗住他在的那些放任的环节。但是"这个他在分散为许多不相干的属性,而又像比重那样归属于凝聚性之下",他在就是对方,就是对立面,它的放任、它的任意侵扰被抵抗住了,它被凝聚在一起不松散,不散架,这就是凝聚性。但这个他在分散为许多互不相干的属性,除了这个比重以外,还有很多其他的属性,它们都像比重那样归属于凝聚性之下,它们被凝聚起来了,这个他在被凝聚起来了,虽然他在分散为许多互不相干的属性,但是它们被凝聚起来了。"于是那一大批属性一起就在凝聚性上构成了另一方面"。这一大批属性被凝聚起来了,所以它们一起构成了立足于凝聚性的另一方面,凝聚性就是另一方面了。凝聚性就是与比重相对的一方面,我们就把凝聚性看作是比重的对方。

　　但在这一属性身上,正如在另外那些属性身上一样,**数**是唯一的规定性,它不仅不表现这些属性相互的联系和过渡,而且恰恰本质上就是没有任何必然联系、而是显示了对一切合规律性的清除的,因为它是把规定性表达为一种**非本质的**规定性的。

　　"这一属性"指某种单纯的感性属性,就是凭借凝聚性而抵抗住了他在的放任的环节的那个单纯的感性属性。"但在这一属性身上,正如在另外那些属性身上一样,**数**是唯一的规定性",前面讲的是凝聚性能够使得这些他在的感性属性凝聚起来抗拒它们的分散的倾向,但在其中,这一单纯的感性属性是凝聚力的核心。比如说比重,比重把所有那些东西凝聚为一个对象,凝聚为它的另一方面,它们都要由它来解释。但是不论是在这一属性身上,还是在其他那些属性身上,"数"都是唯一的规定性。在重力身上,数是唯一的规定性,这个前面已经讲了;而在另外那些属性身上也一样,形状、坚韧性、不可入性等等,包括颜色等等,数都是它们唯一的规定性。你要把它们规定下来,只有通过数。直接的感性确定性是确定不下来的,只有定量化才能够把它规定下来。那么这个数,"它不仅不表现这些属性相互的联系和过渡",它能够把这些属性相互加以量的比较, 数的大小, 能够相互参看、对照, 但是, 不表现这些属性相互的联系和过渡。一个属性是否能够联系到另外一个属性, 有没有必然的联系, 会不会变成另外一个属性, 数对此是不管的, 因为它只是着眼于量, 它不管质。"而且恰恰本质上就是没有任何必然联系、而是显示了对一切合规律性的清除的"。数, 恰恰本质上没有任何必然联系, 数量的这种相关性都是凑合起来的, 碰巧。这个量的聚集, 多一点, 或者少一点, 这个完全是偶然的, 它们没有任何必然的联系, 而体现着对一切合规律性的消除。数的关系是一切合规律的消除, 因为它已经把质的东西完全撇开了, 它只定量而不定性。那么它要有合规律性就必须要有另外的东西来给它立法, 它本身没有合规律性。数学只是一种工具, 只是把握规律性的一种工具, 它本身并不具有合规律性, 你有一种规律性可以用数学加以描述, 但是数学本身它不是一种合规律性, 它恰好体现着一切合规律性的消灭。"因为它是把规定性表达为一种**非本质的**规定性的", 规定性本来是建立在质上的, 这个东西有规定性, 首先是质的规定性, 那么, 通过数的规定性, 它只是表达了一种非本质的规定性。你把它量化了, 量化了当然就可以适用于一切事物身上了。就像我们今天的这个学术成果的量化, 发了多少篇论文, 它不管你写什么东西, 它消灭了一切本质的规定性。

因此, 这样一来, 一系列的物体, 如果它们将区别表现为自己的比重上的数的区别, 那么它们与另外那些属性的区别系列绝对不是互相平行的, 即使为了把事情简化而从中只选取个别的或几个属性也罢。①

"因此, 这样一来", 如果你仅仅从数的方面来寻找某种规律, 立足于数来寻找某种规律, 因而"一系列的物体, 如果它们将区别表现为自己的

---

① 黑格尔论证的焦点甚至在这里也是 Henrich Steffen 的部分平行部分对立的金属系列的理论。这些系列的平行性在于, 在这两个系列的每一个中, 凝聚性的增加都导致比重减少的结果。在每个系列中, 连同更大的凝聚性一起增长的也有金属氧化的内聚性, 但这种内聚性在两个不同系列中却显示出完全不同的效果。参看斯特芬:《地球的内在自然史文集》第 161 页、第 162 页以下。——丛书版编者

比重上的数的区别"。一系列的物体，它们有区别，但是如果你把它们的区别仅仅表现为比重上数的区别，"那么它们与另外那些属性的区别系列绝对不是互相平行的"。比重是一种属性，它只是数的区别，那么它们与另外那些属性的区别系列并不是平等对应的。另外那些属性，它也有自己的区别系列，比如说红色，它有一个区别的系列，形状有一个区别的系列，硬度等等，都有自己区别的系列，比重的区别系列与另外那些属性的区别系列，绝对不是互相平行的，也就是说并不是说你这里比重有多大，它那边相应地就有多大，或者就有多小。你找不到平行关系，你找不到对应关系，它不是一一对应的，那你怎么能发现它的必然性呢？你通过归纳法，都必须要有一一对应。归纳法里面，有这种做法，就是共变法，寻找双方能够一一对应的某种属性关系，那么你就可以总结出一条规律来了。但是这里却找不到一种平行关系，找不到一种比例关系。"即使为了把事情简化而从中只选取个别的或几个属性也罢"，选取另外某一个属性，比如说颜色，比重的大小跟颜色的改变是不是能够找到它的对应关系呢？你把事情简化了，事情还是没有这么简单。它除了颜色的变化以外，还有别的方面的变化，比如说硬度、气味、不可入性、形状，等等。那要加进来就更复杂了，即算没有那么复杂，哪怕你只抽出比如说颜色来，它的数量变化也不是平行的。

因为实际上只有这一整束的属性才有可能在这个平行中构成另一方。

这句话，整个地调整了。"因为实际上只有这一整束的属性"，这一整束的属性，包括颜色，包括形状，包括硬度，包括等等所有一切，"才有可能在这个平行中构成另一方"。就是说即使你从中抽出一种或一组属性来，你都找不到这种平行关系，何况严格说起来，你还不能够这样做，你只能够把整个这一束属性看作是应该平行的对方。你要找这个对应关系的话，除非你从一种属性和其他所有属性的总体之间找到一种对应关系，那才能找出规律来，才有效。现在你连从中找出一种或一组属性来跟它对应都做不到,那面对这么多复杂的属性就更找不出规律了。你一个属性跟另外一个属性尚且不能平行,你一个属性跟另外那么多属性一起,那就更不能平行了,这种可能性实际上是不存在的。"才有可能",这个"有可能"就是说,你如果说要把它当作一个有机的规律来看待的话,要寻找某种规律的话,那么你必须把一整束的属性当作另一方,当作平行的另一方,才有这种可能;而这种可能实际上还是没有可能。下面讲为什么没有可能。

在把这一整束属性在自身中安排有序并使之结合成一个整体时,对观察而言,一方面手头现成地就有这些多种多样属性的各种大小规定性,但另一方面,它们的区别又是作为质上的而出现的。

"在把这一整束属性在自身中安排有序并使之结合成一个整体时",你要把这一整束的属性、各种各样的属性在自身中安排有序,并使之结合成一个整体,只有安排有序才能结合成一个整体,而不是一盘散沙。这样才能和比重这一个属性加以对照,看它们是否能够对应起来,从中找到某种规律。当你这样做时,"对观察而言,一方面手头现成地就有这些多种多样属性的各种大小的规定性",这是你手头的材料,看你如何才能把它们安排有序,结合成一个整体。那么在观察的意识看来,既然手头现有的只是各种大小的规定性,你就只能从大小上面来对它们加以排列,哪个大些,哪个小些,那个倒是可以的。这个形状、颜色、硬度、韧性,这些方面,你可以按照它的大小的规定性来对它们加以排列。"但另一方面,它们的区别又是作为质上的而出现的",前面说的排列只是量上的大小排列,你量上的排列没有用啊,因为所有这些属性,作为一整束的属性,你还必须在质上面要把它们统一起来。因为它们的区别同时又是显现为质上的。

现在,凡是在这一大堆属性里也许必须被称为肯定的或否定的[①]并

---

① 参看亨利希·斯特芬:《地球上的内在自然史文集》第 176 页:"全部金属系列由它们的外部两点向我们显示出两个对立的极,其中的一极仿佛在日益固化(收缩——我仍然是打比方——阴极),而另一极则是日益摆脱(膨胀——阳极)。"——丛书版编者

且会互相扬弃的东西，即一般来说那公式的高度组合起来的内部造型与展示，都会是属于概念的，而概念恰恰在人们想让这些属性作为**存在着的**东西摆在那里并这样接受它们时，就以这种方式被排除掉了；

我们看这半句。前面讲的，你想把这些属性看作是互相平行的，那是绝对不可能的，因为这样做手头唯一的材料就是这些属性的数量上各种大小的规定性，量的规定性，但除了量的规定性以外，还有质的方面。那么这句话就讲了："现在，凡是在这一大堆属性里也许必须被称为肯定的或否定的并且会互相扬弃的东西，即一般来说那公式的高度组合起来的内部造型与展示，都会是属于概念的"。要讲质的方面，质的方面是什么呢？质的方面首先就是肯定和否定了。我们在康德的判断表里已经看到了，这个"质的判断"底下就是肯定的、否定的和无限的，互相扬弃的也就相当于无限的了，这就是质的区别。这些就不是量的关系了，量的关系就是单一、多数、全体，它不是一种互相扬弃，也不是肯定和否定，而是加和减。质才有肯定和否定，并且会互相扬弃，互相作用。"即一般来说，那公式的高度组合起来的内部造型与展示，都会是属于概念的"，那公式，Formel，也就是这些属性相互之间所形成的那样一种固定形式，那样一种公式，这是观察的理性梦寐以求的，因为这种高度组合起来的内部造型与展示，这种质的规律公式，本身就体现了无机物中的有机组织了。然而，它们"都会是属于概念的"，所有这些性质上的区别、质上的区别都是属于概念的，而不是属于量的，不是属于表象和存在的。"而概念恰恰在人们想让这些属性作为**存在着的**东西摆在那里并这样接受它们时，就以这种方式被排除掉了"，存在着的打了着重号，作为存在着的东西摆在那里，人们想让属性的这种关系成为现实的，一旦这样做，就远离了概念，概念在这里就已经被排除掉了，那也就不可能有那种高度组合起来的内部造型和展示了，质就不能把握了，所有的属性就都成了一盘散沙。质不能把握，光靠量，没办法形成规律。所以这里整个都是对前面的一种否定，就是说，你如果要找到某种规律，你就必须要找到一种属性跟其他属性之间的平行关系,比如穆勒的归纳法里面有"共变法",这个地方一变,那边的相应的关系也就改变。如果没有这种共变关系,你怎么找到规律?那么这种平行关系如何能够找到,光是量上面的比较,那是不行的,这些属性要表现为质。但是它表现为质,你就必须用概念去把握;而概念一开始你就把它排除了,怎么排除的?因为人们想让这些属性作为存在着的东西摆在那里,并且这样来接受它们。概念就以这种方式被排除掉了,为什么呢?你把这样一些属性作为存在的东西摆在那里,但是概念跟存在是格格不入的,概念没有存在。而存在的呢,只是量,只是表象,也没有概念。当然这里的概念,即那种高度组合起来的内部造型与展示的公式,是指有机体的概念,这也正是康德要把有机体的概念归于"反思性的判断力"的原因,因为在存在着的东西里面找不到有机体的概念,凡是存在着的,都把这概念排除掉了。

在这种存在里,没有任何属性显示出对其他属性的否定的特性,而是一个属性如同其他属性一样地存在着,此外也没有任何属性暗示了自己在整体安排中的位置。

这是说明存在着的东西是如何把概念排除掉的。"在这种存在里",前面讲的存在着的东西嘛,这些属性都是存在着的,都是可观察、可测量的,都是感性的属性,都不是概念。所以"没有任何属性显示出对其他属性的否定的特性",任何一个属性对其他属性都不具有否定的特性。比如说形状和颜色,互不相干嘛,一个并不否定其他一个,两个可以完全漠不相干地并存。"而是一个属性如同其他属性一样地存在着",形状也存在着,颜色也存在着,比重也存在着,凝聚性也存在着,所有这些存在的属性都并存着。并存但是并不平行,它们的变化并不具有"共变"关系。"此外也没有任何属性暗示了自己在整体安排中的位置",没有任何属性哪怕是暗示了它在整体安排中所处的位置,比如说它凌驾于其他属性之上,或者它为其他属性奠基,等等。它没有结构,不是说在一个整体中,有不同的层次、等级,它处在哪个位置上面,在属性上你是看不出来的。

它就是直接的感性表象,感性的属性,并不表明它处在整体中的哪个位置上面。你看到就看到了,你没看到就没有。你看到东西都是平面的,都是在一个截面上、一个层次上面看到的,它没有一种位置关系,没有一种结构关系,没有一种性质上的安排。没有质上的联系,就没有概念。

[193] ——在一个以平行的区别延伸着 ① 的系列里,——不论这关系会被认为是两方面同时增加还是只有一方增加而另一方减少——,人们所关心的只是这个联合起来的整体**最终的**单纯表现,这整体据说构成规律中与比重相对的那个方面;

我们先看这半句,"在一个以平行的区别延伸着的系列里",这又是一种设想了,前面讲到它实际上绝对不是平行的,一个属性跟其他那些属性相互之间的联系,绝对不是平行的,没有什么共变关系。但是在一个依照平行的区别延伸着的系列那里,"不论这关系会被认为是两方面同时增加还是只有一方增加另一方减少",即不论这种平行关系是成正比还是成反比的,只要有一种平行的关系。那么"人们所关心的只是这个联合起来的整体**最终的**单纯表现"。人们不关心它里面的关系是成正比还是反比,人们所关心的只是这个最后联合起来的整体的单纯表现。成正比也好,成反比也好,你最终的单纯表现是什么,人们所关心的只是这个联合起来的整体,"这整体据说构成规律中与比重相对的那个方面"。为什么只关心那个整体?就是说那个整体才是应当用来构成与比重相对的方面的,要寻求的是这个整体与底下起决定作用的比重之间有什么共变关系,而不只是着眼于整体中的某个元素。所以我们才把凝聚性当成最终联合起来的这个整体的最终的单纯表现,你最后是凝聚起来了。不管它是以一种什么样的规律,以反比的还是正比的规律凝聚起来的,你总而言之最后是凝聚起来了,这样我们也就可以来考察它和比重之间有什么规律了。所以人们所关心的只是这个联合起来的整体,这个整体"据

① 第一版缺"延伸着",据第二版补上。——袖珍版编者

说"，这个是虚拟式了，也就是我们认为它应当构成规律中与比重相对的那个方面。与比重相对的，就是说，这个凝聚体是比重的对立面，但它又是由比重决定的，人们关心的就是比重所决定的那个凝聚体是什么样的，也就是比重是如何决定它的，由此去寻找它和比重之间的规律。

但是这一方面，作为**存在着的结果**，恰好不是别的而正是前面已提到过的东西，即那种个别的属性，比如说像普通凝聚性，在它旁边不相干地，现成地还有别的属性，其中也包括比重，每个别的属性都可以有同样的权利，也可以说同样的无权，被选为整个这另一方面的代表；

这也是一个分号。"但是这一方面，作为**存在着的结果**，恰好不是别的而正是前面提到过的东西，即那种个别的属性，比如说像普通凝聚性"，就是说人们所关心的不是说整体中的这两个平行的系列究竟是如何共变的，是按照正比例呢还是按照反比例来共变的，人们所关心的是，这个联合起来的整体，它最终的单纯表现，这个整体本来应当构成规律的与比重相对的那个方面。就是说，你要讨论比重如何样按照一定的规律必然地决定了一个对象，那么中间这个比例、这个数量关系人们并不关心，人们所关心的只是它的性质，比重如何构成了凝聚性。比重是一种属性，它如何构成了凝聚性，这不光是一种数量上面的同时增加或成反比的减少，这个问题不重要，重要的是比重怎么会成为了凝聚性。比重与凝聚性是完全不同性质的属性，它怎么会成为了凝聚性呢？你单从数量上来解释不了，都是一种表面的、形式的解释，不涉及本质。这是一个单纯的概念。比重是一个单纯的自为存在，它怎么就成为了在他在中的自为存在，成为了这个凝聚性？比重在这一方决定了另一方，这种规律除了量的规定以外，还必须要有质的规定。那么质的规定到底是一种什么样的规定？他说，"但是这一方面，**作为存在着的结果**"，存在着的结果打了着重号。我们知道凝聚性它是一种建立在概念上的规定，它不能够表现为一种存在着的结果。如果作为存在着的结果，"它恰好不是别的而正是前面提到过的东西，即那种个别的属性"。如果作为存在着的结果，凝聚性就不是各种各样的复杂的属性的一种凝聚体了，它本身也成为了整体的一个部分，凝聚性本身就不是一个概念了。它本身也就成了一种属性了，就跟其他属性没有什么等级上的区别了，那它怎么能够凝聚其他的属性呢？它就不是别的，正是前面已提到过的东西，即那种个别的属性，比如说像普通凝聚性。像普通的凝聚性，这个就不再是凝聚性的概念规定了，凝聚性的概念规定它是没有自己的实存的。你一定要把它看作实存，它就被下降为不是一种概念，而是一个表象，而是一个个别的属性。它也是一个个别属性，比如说，像普通凝聚性，"在它旁边不相干地，现成地还有别的属性，其中也包括比重"，凝聚性跟比重就是两个不相干的属性，都是个别的，这就成了一大堆属性了。凝聚性、比重、颜色、形状等等，所有的属性都在一大堆、都是现成的。"每个别的属性都可以有同样的权利，也可以说同样无权，被选为整个这另一方面的代表"，既然你把凝聚性看作是另一方面的代表，而凝聚性自己也只是一个个别的属性，那么你何不把其他的属性也看作另一方面的代表呢？同样，比重作为决定另一方面的一种属性，实际上它所决定的是一个它根本不能够决定的、甚至于是跟它漠不相干的属性，一个个别的属性怎么能决定另外一个个别的属性呢？这个里头的规律同样建立不起来。就是说，你从性质方面来考虑，同样建立不起规律来；你从数量方面当然可以找到一种平行性，但这个还不是规律，因为还有一个质的问题，是什么东西在平行。这个问题你不解决，那么你找到的这种规律是非本质的，它不是规律，它单纯是数学上的大小关系，不成其为规律，它必须要把定性的东西加进来，光是定量不够。除了比重、除了凝聚性以外，任何一个属性都可以作为另一方面的代表，因此也都不能作为另一方面的代表。都是代表，那大家都不是代表了，都是偶然碰上的了，你愿意把什么东西作为代表，你就可以作为代表，但它没有代表性。它自己也是一个个别的属性。它跟决定它的那个个别的属性之间没有一种必然的决定关系，只有一种偶然碰上的关系。

　　不论这一个还是那一个都只会代表本质,用德国话说,只会表象本质,但都不是事情本身。①

　　"不论这一个还是那一个都只会代表本质",特别强调这个代表 repräsentieren,它跟这个德国话的表象,vorstellen,有某种类似性。repräsentieren 就是代表,代替,这不是个德文词,而是拉丁文变来的;而 vorstellen,表象是纯德语词,就是把它推到前面来,置于前面。"用德国话说,只会**表象**本质"。这个 vorstellen 在德语里面是一个很独特的词,在英语里面是没有相应的词的,我们有时候不好把它怎么译,通常翻译成表象,但是有时候会翻译成观念,有时候翻译成想象,有时候还有其他的一些译法,如介绍、推荐,推到前面去,置于前面嘛。用德国话说只会"表象"本质,"但都不是事情本身"。尽管它表象本质,但只是本质的代替者,而不是本质自身,不是事情本身。就是说所有这些说法,都是一些表面的说法,象征的说法,没有真正地把握事情本身,没有真正理解内在的东西和本质。所以你要从这个里头找到有机物的规律,那是不可能的。从无机自然中引出有机物的规律来是不可能的,但已经有一点萌芽,有一点影子。就像凝聚性这样一些被看作是属性的东西,实际上它是建立在概念之上的规定性,它不能够在现存的存在、在定在上面体现出来。一旦在现存的定在上面体现出来,它就失去了它的概念性,它就变成机械的了。所以在无机自然界里面,虽然已经有一些有机物概念的潜在的萌芽,但是它是隐藏的,它是不能实现出来的,你不要指望通过某种规律的寻找,把它从无机自然里面挖出来,这个是做不到的。你所有的那些努力,所涉及的都是一种代表或者一种表象,而不是事情本身。事情本身在黑格尔看来就是那种没有说出来的东西,即概念本身、思想本身、规律的思想,没有规律,但是有规律的思想,没有自我保存,但是有自我保

―――――――――――――――
　① 黑格尔在以上影射的是斯特芬对于"代表者"和"代表"这一术语的使用。斯特芬主张这种观点,氮元素代表整个金属系列的正极,碳元素则代表其负极。参看他的《地球的内在自然史文集》第 195 页以下。――丛书版编者

存的概念。在凝聚性中，已经有自我保存的概念，但是在无机界实现不了，它只是一种概念。

{163}　　因此，想要发现一些在两个方面单纯是平行地延伸、而又按照这两方面的一条规律来表现物体之根本性质的物体系列，这样的企图就必须被视为是一种不知道它自己的任务，也不知道要用来达成这任务之手段的想法。

　　这最后一句是批判了。根据上面所说的，我们可以推出来，"因此，想要发现一些在两个方面单纯是平行地延伸、而又按照这两方面的一条规律来表现物体之根本性质的物体系列，这样的企图"，什么企图呢？想要发现一些物体系列，什么样的物体系列呢？一个是在两个方面只是平行地延伸。物体系列，一个物体系列跟另外一个物体系列，两方面平行地延伸；再一个是，又按照这两方面的一条规律来表现物体之根本性质，这样一些物体系列。比如说两个物体系列，这两方面都在平行地延伸，但是平行并不是漠不相干，而是互相呼应，所以有一条规律能够表现这两个物体的根本性质。平行地延伸有一种共变关系，同时通过这两方面的这样一条规律来表现物体之根本性质。本来是共变关系，本来是一种量的关系，那么通过这种量的关系，找出一条规律来表现这物体的根本的性质，从量进到质，深入到本质，这听起来似乎很合理。然而，"这样的企图就必须被视为是一种不知道它自己的任务，也不知道要用来达成这任务之手段的想法"，这样的想法、这种企图很无知，它不知道它自己的任务何在，你究竟想干什么，你想在无机物里面得出什么样的结论，是有机体的原则还是机械性的原则，这个都不清楚。也不知道要达成这个任务的手段，如何才能达成这个任务？你的目标就不清楚，你对于达成这个目标的手段就更不会清楚。这样一种企图本身就是一种糊里糊涂的想法，实际上是模模糊糊地想在无机物里面找到有机体的某种痕迹，把自然界有机化。康德在第三批判里面有这个想法，我们可以通过自然界设想有机体，然后从有机体扩展开来，把整个自然界也设想为一个有机的整体，设想成是为着有机体的而安排好、而组织起来的。但是具体到无机自然界，怎么样能够构成一个有机体的观念，康德当然是没有想好的，而且康德根本就没有这样去想，他在现实中对有机体的存在仍然只抱一种机械论的眼光，有机体的原则却只是一种反思的判断力，就是我们可以这样去设想，但是我们不要当真。黑格尔在这里也有类似的说法，就是说你如果把这个有机体的目的性设想为无机自然界的一种有机整体，那么这种设想从无机自然本身的角度来看是完全不恰当的，那是违背无机自然界的本性的。但在另外一个角度上，黑格尔认为有机自然界是从无机界里面产生出来的，这一点毫无疑问；那么产生出来，它必须有某些痕迹，某些萌芽，某些潜在的因素，那就是从概念上面，从思想上面，你可以这样来考虑。但是你不能够从存在方面，从定在方面，从实存方面把它坐实了，把它落实了。落实下来，那就不对了，那就偏离了这个目标。所以你在无机物里面可以设想某种潜在的有机统一的概念，而这些概念也并不是像康德所讲的那样，好像根本不起作用，完全是主观反思的，而是一种客观的精神在那里隐藏着，在里头活动，只是还未表现在外，这一点他跟康德还是不一样的。所以从无机界里面怎么样引出有机物的原则，首先呢是从重量、比重、凝聚性、数这些方面，对此他毋宁是批判的，就是说不应该直接从这个角度来理解，但从这个角度，我们可以形成初步的概念，以便上升到更高的一种把握，通过后来的发展，我们可以验证这样一种上升是有道理的，这是黑格尔的思路。今天就到这里吧。

＊　　　　　＊　　　　　＊

　　好，我们继续上次讲的。我们在观察的理性那里，对自然的观察，有三个部分，一个是对无机自然的观察，一个是对有机自然的观察，那么这第三个标题，就是将自然当作一有机整体来观察，也就是把无机自然和有机自然合起来观察，在无机自然里面去观察出一种有机的关系。这就是我们上次讲到的小标题是无机物的组织：比重，凝聚性和数。比重、凝

449

聚性和数当然不是有机物，但是包含一种组织性的概念，我们知道"有机的"这个术语，它的原来的意思就是组织性的，organisiert，组织，那么无机世界它也有组织，它也有一种联系，就是比重和凝聚性，它们是用数来衡量的，这是我们上次讲过的。就是从无机物里我们看出了有一种东西，比如说凝聚性，它带有一种组织的概念，当然它还不是组织，无机物的这样一些属性只包含有一种组织的概念。所以上一节呢，我们看到黑格尔把这种貌似组织性解构了，最后发现它在现实中根本不是什么组织，你要从里面寻求某些有机物的规律性，那是徒劳的，只会流于机械关系。那么我们今天读的这一段呢，就是第二个小标题，

［2. 有机物的组织：类，种，个体］

类（Gattung）和种（Art），这是生物学里面的一个概念，生物学里面讲分类、物种，类在种之上。当然这些中文翻译，也有些不同，有的把类翻译成属，有的把种翻译成属，把这里这个种呢，翻译成类，这些译名在汉语里搞得非常混乱。哲学的翻译跟生物学的翻译是完全相反的，像生物学里面，种比属要大，但在哲学里面呢，属要比种大。我们讲亚里士多德的"定义"，所谓本质定义就是"种加属差"，通常是这样讲。但也有讲"属加种差"。当然这是个翻译的问题，没有什么大的关系，我们知道原文是哪个字就够了。在这个地方呢，类就是 Gattung，种呢就是 Art。那么有机物的组织就是这样一套东西，种、属、类这样一套东西。个体是最基层的，因为生物体有机体都是以个体的形式出现的，但是我们要找它属于哪一种或者说哪一属。我们在海洋生物里面找到一个东西，我们要判断它是属于哪一类的，鱼类还是哺乳类或者爬行类，还是什么纲、目，在生物学里划分得很细的。这里我们先不去管它。我们这里讲有机物的组织，它是以这种层次出现的，首先是类，类是最高的，生物有机体首先分成几大类，然后每个类里面分为一些种，每个种又有无数的个体。当然这只是大致的划分，不是生物学中的细致的划分。这是对有机物的一种宏观的组织，不同于每个个体内部的有机组织。按照这样一种等级次

序组织起来的我们就叫做有机界，这是第二个小标题下我们要讲到的。

前面曾经把应当呈现给观察的那个形态的内外联系一下子就搬到了无机物的领域中来；现在可以更切近地说明这种联系所带进来的那个使命，并由此表明这种关系还有另外一种形式和联系。

这是承前启后了，承前就是说，"前面曾经把应当呈现给观察的那个形态的内外联系一下子就搬到了无机物的领域中来"，也就是上面那个小标题讲到了无机物，讲到无机物里面的组织。但是那个地方讲无机物的组织跟前面"知性和力"讲物理学的时候是不一样的，它的目标是将无机自然当成一个有机整体来观察，在这个大标题下面来讲无机物的组织。在知性和力的那一章里面没有这个使命，它是就事论事，把自然当成一个力学的机械体系来考察。现在我们要把自然当做一个有机整体来观察，那我们的目的就是要从无机物的组织里面看出有机物的萌芽。有机物哪来的呢，首先我们要从无机物里面找根源，我们找来找去，没找到切切实实的根源，只找到一种概念，找到一种思想，找到一种有机规律的概念。比如说凝聚性，凝聚性是建立在概念中的规定性，它本身没有存在，没有实存。你可以看出来，无机自然界里面也有一种内外关系，但是那是你通过概念把它发现出来的，无机自然界本身哪有什么内外关系，你可以说一切都是外在的，没有什么类。不可入性是暂时的，它总是可入的，物质是无限可入的，没有什么边界，它跟有机物是不一样的。有机物确实有个不可入的内部，你要是进去了，把它破坏了，那它就不存在了。但无机物你无论怎么样进去，它还是它，只不过分散了而已，这个是很不一样的。但是你在探讨无机物的时候，如果你抱着这个使命探讨的话，你就会把有机体身上的那种内外关系搬到无机物身上。所以这句话讲，"前面曾经把应当呈现给观察的那个形态的内外联系一下子就搬到了无机物的领域中来"，这是我们在前面做的。我们把无机物也看成有种内外关系，最内在的是比重，然后表现为形状，比重表现为形状，它体现为一种具有凝聚性的对象。这个凝聚性好像就是在把外部的东西吸引到内部里面来的这样一种力量,好像凝聚性是一个向内用力的趋势。那么按照这样一种方式,我们也可以把无机物作一种内外区分。虽然无机物本身,从机械论的眼光来看,无所谓内外,一切是内一切是外,内和外是相通的,没有什么边界。但是,我们因为带有一种使命嘛,我们就把内外联系一下子搬到无机物的领域中来。这个"一下子"就是中间没有过渡,所以它是强行搬过来的,我们强行把有机物的内外关系应用于无机物身上,是没有什么道理的。虽然没有道理,但它有一种趋向,一种意图,这种意图我们就可以来分析了。所以接下来讲,"现在可以更切近地说明这种联系所带进来的那个使命,并由此表明这种关系还有另外一种形式和联系"。现在开始可以更切近的说明,这种"联系"、也就是内外联系所带进来的那个使命,什么使命这里没有明说,但是一看就可以明白,就是说为什么要在无机物身上建立这样一种联系,是有一种使命的。这使命也可以翻译成规定,Bestimmung 有两个含义,一个是规定,一个是使命。那么它这个地方,它有一种含义,就是这种联系呢,它是有一种使命的,它是为了确定一种有机关系,这就是它使命。但它又是无机的,在无机领域你怎么确立有机关系呢?你确定不了。但它有这种使命,它要求确立,"并由此表明这种关系还有另外一种形式和联系"。就是说它不仅仅在无机物身上,在比重和凝聚性那里体现出那种形式和联系,而且还有一种真正的有机的形式和联系。

就是说,在有机物里,一般说来,那种在无机物那里似乎提供了对内在外在做这样一种比较的可能性的东西就失去了。

这里进一步解释,另外一种形式和联系是什么样的形式和联系呢?"就是说,在有机物里,一般说来,那种在无机物那里似乎提供了对内在外在做这样一种比较的可能性的东西就失去了"。它是不同于无机物里面的内外关系的另外一种联系:在无机物里面有一种东西,它可以提供一种可能性,按照这种可能性,我们可以对内在和外在做这样一种比较;但是提供这样一种可能性的东西在有机物那里就失去了。提供这种可能性的东西是什么呢？就是数、大小、量。由于有数，我们就有这种可能，对内在和外在做这样一种比较，也就是做数量上的比较。在无机物那里都是这样的，无机物那里比较都是一种量化的比较，它把性质抛开了，把质抛开了，或者说把质归结为量了。我们在自然科学里面到处看到的是定量分析，我们上次课也讲到了，定量分析是对无机物考察的一个根本的东西，在这个东西上面，我们才有可能对于外在的东西和内在的东西加以比较，不然你比较什么，你无从比较。但有机物一般说来就不能够做这种比较了。当然如果你着眼于无机的方面也可以，比如计算骨质疏松的程度，肺活量的大小，对了解机体的状况也是有意义的，但这只是局部的、表面的。总体来说有机体不能这样比较。

无机物的内在是一个单纯的内在，它对知觉呈现为**存在着的**属性；因此它的规定性本质上就是大小，它显现为一种与外在东西或许多其他的感性属性互不相干地存在着的属性。

"无机物的内在是一个单纯的内在，它对知觉呈现为**存在着的**属性"，"存在着的"打了着重号，它强调无机物的内在是存在着的，它很单纯的，它是摆在那里的，向知觉敞开着的。比如说比重，比重是很实在的，可以测量的，你把它称一下，量一下大小，就可以确定它的比重了。所以它是一个单纯的内在，它没有深度，它就是个数的关系，是一个存在着的属性，只需要知觉就可以看出来。"因此它的规定性本质上就是大小"，你要规定它，那本质上就是讲大小，你说出了大小就把它讲到位了，就讲到它的本质了，它的本质就只是大小。"它显现为一种与外在东西或许多其他的感性属性互不相干地存在着的属性"，它显现为一种存在着的属性，一种什么样的存在着的属性呢，与外在的东西或许多其他的感性属性互不相干。也就是说，它本身也是一种感性的属性，存在着的属性就是感性的属性，我们前面讲感性确定性，感性就相当于存在的范畴，存在的属性就是感性属性。感性属性和其他的感性属性互不相关，与外在的东西互不相干，要发生联系也只有外在地把它们联系起来。比如你把重量和体积联系起来而形成比重，但你不能用测重量的方式测体积，或者用测体积的方式测重量，而要分别测好了再把它们相互挂钩。同样，如果你把这个比重当成内在的东西，那么它与跟它相对的那些外在的东西也是互不相关的，物体有这样一种比重的东西，就呈现为一种什么样的形状，什么样的颜色，什么样的硬度，那些形状颜色硬度跟比重是互不相关的，要一个个单独去测量。你要在里面找某种规律那是找不着的，它们是并列的属性。一个物体有重量、有形状、有颜色、有硬度、有韧性，等等，所有这些感性的属性都是并列的，而且一个不影响另一个，它们互不相关。但是你可以把比重看作是内在的，而其他的属性都是外在的，你可以这样区分，这是无机物的内在。

但有机生命的自为存在却不像这样站在它的外在东西的对面，而是在自己本身就拥有**他在**的原则。

"有机生命的自为存在却不像这样站在它的外在东西的对面"，就是说无机物的存在，它的内在是跟它的外在是相对立的，互不相干的，一个内一个外。前面讲无机物的比重作为内在的东西是站在它的外在东西的对面的，站在形状、颜色、韧性这些东西的对面，与所有这样一些属性相对立。但有机生命它的自为存在就不像这样了，"而是在自己本身就拥有**他在**的原则"。也就是说，有机生命的这个对方，不是对方，就是它自己，它跟它的对方是一体的，它本身就拥有他在的原则。它的内在跟它的外在实际上是一体的，不像无机物那样是分裂的，有一个内，有一个外，你把它划分开来，可以分别对它们加以考察。有机生命体它不能够分别加以考察，它的这种自为存在本身就具有他在的原则，它的外部的各种属性，就是由它自身的内部原则而建立起来、而形成起来的。

如果我们把自为存在规定为**与自己本身的单纯自我维持的联系**，则它的他在就是单纯的**否定性**，而有机的统一就是自我等同的自身联系与纯粹的否定性这两者的统一。

这是进一步讲，有机生命的自为存在是怎么样一种关系，它的这个内和外其实都是一体的。"如果我们把自为存在规定为**与自己本身的单纯自我维持的联系**",有机生命的自为存在是什么呢,我们把它规定为"与自己本身的单纯自我维持的联系"。自为存在是种联系,什么联系呢? 自己跟自己的联系,并且是与自己本身的单纯自我维持的联系,把自己当作一个单纯自我维持的自为存在去发生联系,这样一种联系就是有机体的自为存在。如果我们把自为存在规定为这样一种联系的话,"则它的他在就是单纯的**否定性**"。这个时候你所讲的自为存在,也就是这种联系,好像只是内部的,是内在的存在,那么"他在"又是什么呢? 有机体如何表现它的外在方面呢? 它的"他在"就是单纯的否定性。它也有它的他在,但这个他在不是它的对立面的一个对象,不是一个外在的什么东西,而是表现为它自己的单纯的否定性。因为它自我维持嘛,自我维持就是要否定一切破坏它的自我维持的东西,那么这个有机体的他在,就是一种单纯的否定性。为了坚持它的自我维持,它就排斥一切干扰它自我维持的东西,它的这种排斥性、否定性就是它的他在,就是有机体的他在。所以有机体的他在并不是另外一个什么东西,你如果从这个眼光来看,你就把它看成无机物了。但是有机物的他在跟无机物的他在不同的地方就在于,它不是固定的一个对象存在,它是一种单纯的否定性。"有机的统一就是自我等同的自身联系与纯粹的否定性这两者的统一","有机的统一"就是这样一种统一,一方面它自我等同,自身联系,这是内部的;另一方面是单纯的否定性,这是外部的,这是他在。要划分内外关系的话,那就只能这样划分,一方面它是自我等同的自身联系;另一方面是单纯的否定性。但这两者是统一的,它们是一个东西。就是说你要自我等同的自身相联系,你就必然要否定别的东西,你如果不否定别的东西,你怎么能维持自己,你要抗拒别的东西,你才能维持自己,不然的话,你就被别的东西解构了。所以你必须要用一种否定的态度面对外部世界,这样你才能有一种自我维持,或者反过来也一样,你要把自己等同起来,维持下来,那么你才能对外部世界有一种抗拒,有一种单纯的否定性,不管外部世界是什么，只要它干扰你，那么你就要否定它。所以这个内和外实际上是一个事情的两面。它不像在无机物里那样，内部是这样一些属性，而外部是另外一些属性，这两者之间漠不相干。

[194]　　这个统一作为统一，就是有机物的内在东西；有机物因此而本身是普遍的，或者说它就是**类**。

　　"这个统一作为统一，就是有机物的内在东西"，有机物内在的东西就是自为存在和他在的统一，这个内在的东西本身就包含着它的他在。它的外在东西是包含在它自身里面的，而不是被排斥在它之外的，它的内在东西就在维持这个统一，对于外部来说它就有一种否定。"有机体因此而本身是普遍的，或者说它就是**类**"，有机物因为它是统一，作为统一的统一，它不是由外在东西统一，它是由它自己统一自己的，因此它本身是普遍的。或者说它就是类，"类"打了着重号，这个地方类又出现了。我们之前在讲自我意识一章的时候，一开始也出现过类这个概念，那是就自我意识而言的，那里也提到生命，但是没有展开。这个地方是专门就有机生命而言讲到的类。这样一种类，它本身是普遍的。所谓类，我们刚才讲，作为一种分类法，它应该是代表最高层次的，类，然后种，然后底下是个体。所以类代表普遍性，种代表特殊性，个体代表个别性，普遍、特殊和个别是这样一种逻辑关系。有机物因此本身是普遍的，因为它是作为统一性的统一性，或者说它就是类。而这种作为统一性的统一性呢，它表现为一种内在性，它是内在的东西。它作为普遍的东西并不是由外在的某种东西使它成为普遍的，并不是那种外在的普遍性，而是一种内在的普遍性，就是有机体由于它有这种内在的普遍性，所以它才具有类的普遍性。我们说，一个有机体它的普遍性体现在什么地方呢？它不是体现在本身的某种特点，而是体现在它是作为统一的统一，即"自我等同的自身联系与纯粹的否定性这两者的统一"。就是说，有机体通过他在的否定性，而把一切外在的东西都纳入到自我等同的自身联系之中，成为和它自身一"类"的东西。所有的无机物都因此成为了有机物的他在，都否定了自身的无机性质而具有了有机性质。这样，有机物的内在的东西就扩展成了普遍的类，它的目的性遍及整个环境，乃至于使整个自然界都成为了自己的无机的身体。

但类对于自己的现实性的自由是不同于比**重**对于形态的自由的。比重的自由是一种**存在着的**自由，或者说，它是作为特殊的属性而站在一方面的。但由于它是**存在着的**自由，它也就仅仅是**本质上**属于这个形态的**一个规定性**，或者说，因此它**作为本质**就是一个被规定的东西。

"类对于自己的现实性的自由"，就是说类对于自己的现实性有种自由，是它把自己实现在自然界中，成为自然界的普遍原则，它可以不受自然界的束缚，而自然界可以看作类的自由的实现；但这种自由"不同于比**重**对于形态的自由"，"重"字打了着重号。前面讲过，比重对于它的外在的表现、对其他各种属性也有一种自由，这些外在的东西都是由它决定的，只不过，"自为存在的自由只是在重量很轻时才证明自己参与一切事物而又在这种多样性中保持着自身"［见贺、王译本第 191 页］。而有机体在无机自然面前也有一种自由，"因为有机本质同时又是绝对自为的，并拥有与无机自然的一种普遍的和自由的联系"［贺、王译本第 188 页］。一般来说，这两种情况都可以说是内在的东西表现于外，或者外在的东西是内在东西的表现，现实形态是内在的自由的表现。但这两者的自由有本质的区别。先看比重的自由。"比重的自由是一种**存在着的**自由，或者说，它是作为特殊的属性而站在一方面的"，比重对于其他形态或属性的自由是一种"存在着的"自由，也就是一种感性存在的自由，它是作为特殊的属性而站在一方面的。比重和颜色、硬度等都是属性，比重这样一个属性不过是站在了一方面，即内在的一方面，去和其他属性的外在的那一方面对峙。所以它两方面是割裂的、隔绝的，这跟有机物不一样。有机物的内和外是不可分的，是同一个东西的两面，而无机物的内和外它是两个存在的东西，它们是可以分割开来看的。"但由于它是**存在着的自由**，它也就仅仅是**本质上**属于这个形态的**一个规定性**，或者说，因此它**作为本质**就是一个被规定的东西"，正由于比重只是一个存在着的自由的东西，这种自由也就仅仅是本质上属于这个形态的一个规定性，它作为本质而受到这形态的规定。也就是说，它被规定为这个外在形态的内在本质，也就是比重。因此比重的自由只不过是这个特殊形态的一种规定性、一种属性而已，与其他属性不同的是，它是属于这个形态的本质的，或者说，它由此是一个作为本质而被规定的东西，或者说它是被规定为本质的东西。我们把比重规定为形态的本质，同一个比重可以表现出各种各样的形状，这就是存在着的自由。

但是类的自由却是一个普遍的自由，它与这个形态或形态的现实性是漠不相干的。因此应归之于无机物的**自为存在本身**的那个**规定性**，正如在无机物那里只立于它的**存在**之下，在有机物这里则立于**它的**自为存在之下；

"但是类的自由却是一种普遍的自由，它与这个形态或形态的现实性是漠不相干的"，这里转过来看有机的类的自由，它跟这个比重的自由是不一样的。比重的自由是个被规定为形态的本质的自由，是个特定的自由，仅仅是对于这个形态而言，比重它是自由的，因此它是被这个形态所规定、所限定的。但是类的自由却是一种普遍的自由，它不管对于什么东西，"它与这个形态或形态的现实性是漠不相干的"。它不限于某个现实形态，任何形态它都可以把它纳入到自己的类，作为类的一种证明。或者可以说，类把它的整个现实的世界都"类化了"，都和有机体同类了。有机物周围的世界万物都是它的外在的身体、延长的肢体，所以它与这个具体的形态或形态的现实性是漠不相干的，它不受这个那个形态的规定，而要反过来规定这个那个形态，把它们一视同仁地统摄在自己的类中。类的自由是一个普遍的自由，它根本就不在乎什么形态，它对于自己的现实性具有充分的自由；而比重，它要跟这个形态联系起来看，它是那个形态的本质，在形态底下，另外有比重作为它的本质。但有机物就不一样了，它不是说在这个形态底下有个类，它不是对什么而言的本质, 对它自身而言, 它甚至可以说是万物的本质。它对外部的东西漠不相干, 它就是自己自由的, 它是最内在的自由的。"因此应归之于无机物的**自为存在本身**的那个**规定性**, 正如在无机物那里只立于它的**存在**之下, 在有机物这里则立于**它的**自为存在之下", 无机物的自为存在, 无机物的所谓自由, 所谓独立, 它是属于那样一种规定性的, 它是被规定的、有限的。它被它的存在所规定, 因此只能立于这个存在之下。比如说比重, 你把它的自为存在看作是自由的, 这个规定就只是立于比重的存在之下, 比重它是存在的, 那么你把比重确定了, 那么它就自为存在了, 它就自由了。而在有机物这里, 这种自由的规定则是立于"**它的**自为存在之下", "它的"打了着重号, 也就是立足于它自己所造成的自为存在之下。也就是有机物的自为存在是立足于它自身, 它是自己存在的, 而不像比重是既定的, 有机物是自己存在的, 不是被存在的。被存在的也可以在存在之后把自由加在自己身上, 在无机物那里的自由只不过是说它不受别的属性的干扰, 但它自己还是个固定的、存在着的属性, 并不是它自己有一种自为的自由, 有一种组织能力和生命活力。而在有机物这里, 它是立足于它自己的自为存在之下的。

　　因此, 虽然这规定性在无机物那里同时仅仅是作为**属性**存在, 但毕竟它还拥有**本质**的身份, 因为它是作为单纯的否定者与那作为为他存在的定在互相对立着的, 而这单纯的否定者, 在其最后的个别规定性中乃是一个数。

　　前面把无机物和有机物做了一个对比, 一个是存在, 一个是自为存在。"因此, 虽然这规定性在无机物那里同时仅仅是作为**属性**存在", 属性打了着重号, 规定性在无机物那里仅仅是作为属性存在, 比如说比重, 你把它看成内在的东西, 或者说最内在的东西, 但是它还是一种属性, 它仅仅是属性而已, 仅仅作为属性存在。"但毕竟它还拥有**本质**的身份", 就是说它毕竟是一种本质属性, 具有高出其他属性的尊严。这个身份Würde 也可以翻译成尊严, 就是说它的身份跟其他的属性不一样, 它是一种本质属性。"因为它是作为单纯的否定者与那作为为他存在的定在互相对立着的"，怎样拥有本质身份？它作为单纯的否定者，就是说你把比重看成单纯的否定者，用比重来解释一切、还原一切。比重是很单纯的，因为比重它本身可以完全抽象掉，变成一种数量关系，一种大小关系，你用它来解释所有那些为他存在的定在，把它们全都否定掉，说它们无非是比重的表现，把它们还原为比重。它把那些为他存在的定在看作是它的对象，看作它的对立面，看作是被它所解释的，外在的东西被它这个内在的东西所解释。"而这单纯的否定者，在其最后的个别规定性中乃是一个数"，这个单纯的否定者，比重，在其最后的个别规定性中，——说到底比重是什么呢，比重乃是一个数，或者说，乃是一种数量关系。比重是一个数量关系，你要用它来解释所有其他的东西，你就把所有其他东西都还原为了一种数学关系，一种定量化的关系。

但是有机物是一个个别性，这个别性自身是个纯粹的否定性，因而它就将应归之于**漠不相干的存在**的数的固定规定性在其自身中清除掉了。

"但是有机物是一个个别性"，它不是一个什么属性，它不像比重一样是一个什么属性，它是一个个别性，"这个别性自身是纯粹的否定性"。它本身就是一种纯粹的否定性，它不需要最后归结到数，它自身就是存在着的否定性。它否定别的东西，不是通过数来否定别的东西，而是通过它自己，通过它的个别性来否定别的东西，所以它是自身存在着的否定性。"因而它就将应归之于**漠不相干的存在**的数的固定规定性在其自身中清除掉了"，这是跟无机物不一样的地方，它把数的规定性在其自身中清除掉了。数的规定性在有机体里面不起作用，或者说起的不是根本的作用，应归之于漠不相干的存在。数的规定性本来是归之于这样一种漠不相干的存在的，两个东西漠不相干，那么你如何把它们联系起来呢？就只有通过数，只有通过数量的比较，你才能联系起来，才能使它们发生联系，但它们本身还是漠不相干的。这种数的固定规定性在有机体那里面被从自身中清除掉了,你不能用数来把握有机体,有机体的个别不是可以还原为数量关系的,这是跟无机物大不相同的地方。

所以只要有机物在其自身拥有漠不相干的存在环节,并在其中拥有数这个环节,那么数就只能被视为在它身上的某种浮面的东西 (Spiel),却不能被视为它的生命活性之本质。

这跟无机物、跟比重是大不一样的。我们前面讲了,比重是一种属性,但是一种本质属性,我们可以从比重上抓住一个无机物的本质,那么无机物的本质就是通过数量去加以规定的,是可以定量化、精密化的。但是呢,"只要有机物在其自身拥有漠不相干的存在环节,并在其中拥有数这个环节",这一点当然也不能否认,有机物也是物体,有机物跟自然界的无机物在这一点上是共通的,它们都是物体,它们都拥有漠不相干的存在环节,并在其中拥有数这个环节。有机物也有数这个环节,动物学家抓到一个动物,首先就要测量它的体长,称一下它的体重,测一下各个部分的数据等等,这个肯定要做的。但是,只要有机物在其自身中拥有这样一些环节,"那么数就只能被视为它身上的某种浮面的东西"。浮面的东西,Spiel,这个词有很多意义:游戏,开玩笑,消遣,演戏,假装,反正不是什么正经事。在有机体身上你要谈到数,那就是不太实质性的,不太严肃的事情,只是表现在外的浮面的东西。当然你可以这样说一说,从外围、从外部对有机体作一种表面的描述,"却不能被视为它的生命活性之本质"。数在生物体身上不是本质性的,它有这方面,你没事也可以在这方面做些计算,大致了解一下,统计统计,比较比较,当然也可以,但是你并不因此就抓住了生命活性的本质。这跟比重是不一样的,比重它本身就代表了无机物的本质规定性,而数的比较在有机体这里它不是生命活性的本质规定性。

但是现在,虽然纯粹的否定性以及这一过程的原则并不落于有机物 {164}以外,因而有机物并不把这种否定性作为自己**本质**中的一种规定性来拥有,而是这个别性自己自在地就是普遍的,这个纯粹的个别性却毕竟不

461

是以它的本身是**抽象的**或**普遍的**诸环节而在有机物身上展示出来并成为现实的。

　　这里又一个"但是"，"但是"什么呢？　"但是现在，虽然纯粹的否定性以及这一过程的原则并不落于有机物以外"，这个我们刚才讲了。有机物它的这个他在，或者说它的外部的东西是纯粹的否定性，这纯粹的否定性跟内部的自我维持是一体两面，你要自我维持，你就必须抗拒外来的干扰。纯粹的否定性以及这一过程的原则，并不落于有机物以外，它就是有机物本身的，它不是有机物外面的一个什么对象，一个表皮或者说一个外壳，不是那么个东西，它就在有机物本身的里面。"因而有机物并不把这种否定性作为自己**本质**中的一种规定性来拥有"，并不是说有机物本质上就是要否定外部事物的，那倒不是，有机物的本质规定性并不在于它的纯粹否定性，应该说自我维持才是它的本质规定性，它就是要自我维持。由于要自我维持，所以才拒绝一切外部的干扰，并不是有机体本质中就有这样一种纯粹的否定性，把它作为一种本质属性来拥有。"而是这个别性自己自在地就是普遍的"，个别的有机体自在的就是普遍的，它作为类就是一直贯彻下去的，对外界一直具有纯粹的否定性，它将万物"类化"、变成自己生存目的的手段。因为它自在的就是普遍的，它是一种类，具有一种类的普遍性。虽然是这样，但"这个纯粹的个别性却毕竟不是以它的本身是**抽象的**或**普遍的**诸环节而在有机物身上展示出来并成为现实的"。就是尽管它的否定性不是落在它以外的，它自在的就是普遍的，但是呢，这种纯粹的个别性要作为一个个别的有机体实现出来，却毕竟不是以它的本身是抽象的或普遍的诸环节实现为有机体的。就是说，有机体的个别性虽然自在地自身就是普遍的，但却不能以这种普遍的方式实现出来、展示出来，一种现实的有机体不能靠一个抽象的类的概念而实现出来。尽管这个类的概念是在它之内的，但有机体要成为一种外在的现实那还需要别的东西。

　　相反，这种说法超出了那个退回到**内在性**的普遍性之外；而在现实性或形态、也就是自身展示着的个别性与有机共相或类之间, 插进了那**特定的**共相, 即**种**。

　　"相反", 就是说, 它不是依靠这种抽象和普遍的环节而展示出来、实现出来的, 它要成为现实, 这中间还应该插进一个东西。"这种说法超出了那个退回到**内在性**的普遍性之外", 这种说法, 就是说你要把它发展出来实现出来, 这种说法已经超出了那种退回到内在性的普遍性之外。这个类, 它是普遍性, 它不在有机体以外而在有机体以内, 这个前面讲了, 它是内在的。类本身是内在的, 它退回到了一种内在性。那么你要把个别有机体实现出来, 你就要走出这种普遍性之外, 你就必须超出它。要超出它怎么办呢?　"而在现实性或形态、也就是自身展示着的个别性与有机共相或类之间, 插进了那**特定的**共相, 即**种**", 就是说你要走出那种内在的普遍性, 而在个别性和类的普遍性之间插进一个"种"的环节。"现实性或形态、也就是自身展示着的个别性", 这是一方;"有机共相或类", 这是另一方。你要把有机体实现出来, 你就必须在这个实现出来的个别性与共相或类之间, 再插进一个中介, 这就是特定的共相即种。种也是共相, 但却是特定的共相, 有具体规定的共相, 它是特殊的共相, 可以充当抽象的普遍性和单一的个别性之间的中介, 因为它兼具双方的特点。必须在普遍性和个别性之间插进一个特殊性, 那就是种, 类实现为个体要经过一个中介, 那就是种。但类本身不因为种的改变而改变, 类本身是普遍性, 而种是特殊性, 同一个类有很多很多种, 同一个种也有很多很多的个体。那么种呢, 就介于类和个体之间。类是普遍的, 个体是个别的, 那么种呢既有普遍性也有个体性, 它是一种特定的共相, 一种被规定的共相。特殊的共相跟那个抽象的共相、普遍的共相不一样, 类是一种抽象的普遍性, 而种, 是一种具体的普遍性, 这个类的普遍性要实现出来成为个体, 它中间必须要有种作为中介, 它才能实现出来。

　　共相或类的否定性所达到的那种实存, 只是一种过程的展开了的运动, 这个过程流经**存在着的形态之各部分**。

"共相或类的否定性所达到的那种实存"，共相类有它的否定性，它否定一切外来干扰而维持有机体自身的统一；但这种否定性要实现为有机体的实存，也就是说它要经过种的中介来达到实存。那么显然，这必定是一个中介过程。它"只是一种过程的展开了的运动，这个过程流经**存在着的形态之各部分**"，就是说这样一种共相和类所达到的实存，是流经存在着的形态之各部分的过程，是这一过程的运动。类在现实性上，在实存中，它就是这样一个过程，通过这个过程来实现有机体的个别性。那么这个过程流经存在着的形态之各部分，也就是流经了有机体的各个种，所以它具有普遍性啊。它流经各个部分，各个种的形态，在这个过程中展开了的运动，就是这个类的实存。

[195] 　　假如类在其自身作为静止的单纯性具有区别开的各部分，因而它的**单纯的否定性**本身同时就是流经那些同样单纯的、直接在本身就是普遍的部分的运动，而那些部分都是在这里作为一些环节而现实存在着的话，那么，有机物的类就会是意识了。

　　这句话全都是虚拟式。"假如类在其自身作为静止的单纯性具有区别开的各部分"，刚才讲了，类本身是静止的，它是不变的，种可以变、个体可以变，但类是不变的，它是普遍性的。作为静止的单纯性具有区别开的各部分，它拥有各个不同的种，种就是它的区别开的各部分。"因而它的**单纯的否定性**本身同时就是流经那些同样单纯的、直接在本身就是普遍的部分的运动"，它的单纯的否定性本身，也就是这个类的普遍性只是单纯的否定性，它本身并不具有自己的实存，而只是"流经"（verläuft）那些具有实存的种，它是流经那些部分的运动，这些部分作为一些种，和它这个类是同样单纯的，因为种本身也是一种共相嘛。所以这些种也直接在本身就是普遍的部分，每个种都是实存的，但同时又直接在本身就是普遍的，所以它们才能够作为类和个体的中介。"而那些部分都是在这里作为一些环节而现实存在着的话"，这里"的话"是从开头的"假如"接下来的，"假如……的话"，整个套在里面，作为一个假设的前提。假如有前面那些前提，再加上，那些部分、那些种都是在这里作为一些环节而现实存在着，它们都是作为类的一些实存的环节，——那就会怎么样呢？"那么，有机物的类就会是意识了"。假如那样的话，类就会是意识了，因为它仅仅保持为静止的单纯性，它所具有的区别开的各部分只是通过它的单纯的否定性而流经那些现实的环节，而本身并不参与其中。这样考察的类就将是超越于一切现实存在之上的普遍性，它本身就会停留于意识的层面，而不具现实性了。这里是用的虚拟式，就是说，现在还没有达到那个层次，在有机体中目前还没有产生出意识来，要到后面阶段才会有意识。但假如我们把类这种静止的单纯性看成是一种流经各种各样部分的运动，这些部分作为一些环节是现实的存在的，那么有机物的类就会是意识到的类。它不再只是一个抽象的概念，而有了它的内容，意识有了它的对象，但它自己还是和这个对象格格不入，相互对峙，这就达到了对象意识。它的单纯否定性就是这个流经各部分、各个种、各个环节的过程，那么有机物的类就是以这些种为对象的对象意识。这个地方讲到意识，就是说类不再是一个单纯的抽象的概念，不再是一种抽象的普遍性了，而会是一种对象意识。

但这样，**单纯的规定性**作为种的规定性，在种身上就是以一种无精神的方式而现成在手的；现实性是从种开始的，或者说凡是进入到现实性中的都不是类本身，即是说根本不是思想。

前面讲的是一种假设的情况，如果说把类作为那样一种理解的话，那么类就进入到意识了。但这样一来，你把类提得那么高，类就比有机体更高一个层次了。我们知道并不是所有的有机体都有意识，你把类提到意识这样一个层次，那么剩下来的呢，那就是低层次的了。"但这样，**单纯的规定性**"，"单纯的规定性"打了着重号。单纯的规定性"作为种的规定性，在种身上就是以一种无精神的方式而现成在手的"，就是说你把类提上去了，那么剩下的那个种呢，单纯的规定性是作为种的规定性。这个类呢，它是一种单纯的否定性；而种呢，它是一种单纯的规定性，单纯的规定性也可以理解成单纯的肯定性。种是一种单纯的肯定，我在类里面分出一个种，类是单纯否定的，而你在类里面限定某一种，那就是一种肯定了，那就是一种单纯的肯定性了。但这样一来，单纯的规定性，作为种的规定性，在种身上就是以一种无精神的方式而现成在手的。种是一个现成的东西，它帮助类实现个别的现实性，作为中介，它在抽象的类和现实的个别性之间形成了一个中介，而它本身还是现实的。"现实性是从种开始的，或者说凡是进入到现实性中的都不是类本身"，假如把类提升上去了的话，那么剩下的那个种呢，它就是一种无思想的物质。它是现成的东西，但它没有思想，它的思想都交给类了，类已经提上去了，提到意识、进入到思想了。但是种没有进入到思想，种是低层次的，但它有现实性，现实性是从种开始的。类呢虽然高高在上，但是它没有现实性，它是一种抽象的普遍性，纯粹的否定性，但是没有现实性，凡是进入到现实中的都不是类本身，"即是说根本不是思想"。类本身是高高在上的，思想是高层次的，而现实性是低层次的，一高一低，格格不入。

这个类，作为现实的有机物只是由一位代理者来代表的。

这个类作为一个现实的有机物，类毕竟还要成为现实的有机物，这个类的概念它本身就是讲的有机物，有机物如果都是不现实的，那岂不是空谈？但是类作为现实的有机物呢，只是由一位代理者来代表的，就是说它与现实的有机物隔着一层，本身不能直接体现在有机物中，在现实中，它必须要由一个代理者来代表，就是刚才讲的种。种在现实性中，它是代表着类的，但是它还不是类。凡是现实的，都不是类。

但这位代理者，即数，似乎标志着从类到个体构型的过渡，似乎把必然性的两个方面呈现于观察之前，一者呈现为单纯的规定性，再者把它呈现为一种被展开并且生出多样性来的形态，但其实标志着共相与个别东西的互不相干与自由；

它有一位代理者，类的代理者我们刚才讲了是种，种是很现实的，种是代表现实方面的，但是它没有精神，它没有思想，它没有意识，所以它的中介作用、代理作用是通过数来进行的。种和类的区别就是在这个地方。我们通常也讲,人类是很高的,但一般讲人种,那就比较低了。人类主义和人种主义、种族主义,显然有高低的不同。为全人类是很高尚的,我们不讲为全人种,为全人种那是种族主义,那是很低层次的。所以讲全人类的时候它就带有一种崇高性,带有一种思想性;而讲到人种的时候,它就是一种血缘,一种动物性,是可以数字化的。像希特勒的种族主义,鼓吹日耳曼民族最优秀,很多生物学家、人类学家都为希特勒卖命,去测量各种人种的头颅大小、他的面部形状、他的身体的尺寸,把这个数据记录下来,规定了标准的日耳曼人种应该是怎么样的。种族主义最后要归结于计算,定量化,纯种的日耳曼人种有一套数据能够把它的特征规定下来。所以这里讲的这个种,它就是最后归结为数。"但这位代理者,即数,似乎标志着从类到个体构型的过渡",似乎是从类到个体的构型、个体的形态的过渡。每一个个体都有它的形态,但种族的数据,例如日耳曼人有他们的一系列的数据,可以在一定近似度上描述他们每个个体,差不太远。"似乎把必然性的两个方面呈现于观察之前",前面已经讲到数是一个中项,它既是抽象的,同时又有规定性,那它似乎就可以把必然性的两个方面呈现于观察之前。"一者呈现为单纯的规定性",必然性一方面是单纯的数的规定性,可以在这方面代表类的普遍性;"再者把它呈现为一种被展开并生出多样性来的形态",就是另一方面呢,把这种必然性呈现为一种多样性的形态。数一方面它是抽象的,另一方面,它又不是概念。在康德那里呢,数学、时间、空间这些都是既有它的抽象性,又是感性直观的形式,所以它在感性方面,它又呈现出多样性的形态。数学能描述多样性的形态,而这些形态通过数又是可以通约、可以换算、可以比较的,具有类的普遍性。但是所有上面这些都是用的虚拟词"似乎"(scheinen),都是要被否定的,下面才是实指的:"但其实标志着共相与个别东西的互不相干与自由"。看起来,好像数有两个方面,一方面就是单纯的规定性,另一方面就是多样性,它左右逢源。但其实它标志着共相与个别东西的互相游离，就是说，它貌似把普遍与个别双方结合起来，实则把双方隔离开来。数和个别东西是不相干的，数本身是一种单纯的规定性，它只在个别东西的表面量化指标上飘来飘去，与个别东西的内容性质是不相干的。同样，数虽然本身有普遍性，但其实它与类的普遍性也不相干，它只能计算而不能归类。

个别的东西被类抛给了无本质的大小区别，但它自己作为活的东西却表明自己同样也是摆脱了这种区别的。

"个别的东西被类抛给了无本质的大小区别"，这就是从个别东西这方面说数对双方的隔离作用。类把个别的东西抛给了无本质的大小区别、量的区别，量的区别是无本质的，它只是在一种表面层次上的计算，它不管你的本质是什么样，它只是计算你的外延。"抛给了"，就是说抛下不管了，类把个别东西丢给了无本质的数去计算大小，类本身则被提升到一种意识的层次，提升到一种思想的层次，而类的底下的这些个别的东西就被看成了无思想性的量的关系。"但它自己作为活的东西却表明自己同样也是摆脱了这种区别的"，其实个别东西自己并不受这种大小区别的干扰，个别东西不能还原为一种数量关系，它在这种区别之下另有自己的内容。

真正的普遍性，像它曾被规定的那样，在这里只是**内在的本质**；它作为**种的规定性**是形式的普遍性，面对这种形式的普遍性，那真正的普遍性是站在个别性那一面的；而这个个别性由此就是一种活的个别性，并且通过自己**内在的东西**而无视**它那作为种的规定性**了。

"真正的普遍性，像它曾被规定的那样"，这里用的过去时，就是前面曾经对类的真正的普遍性作过规定。前面一段在提出类概念的时候说"有机的统一就是自我等同的自身联系与纯粹的否定性这两者的统一"，并且说："这个统一作为统一，就是有机物的内在东西；有机物因此而本身是普遍的，或者说它就是**类**"；接下来又说："类的自由却是一个普遍的自由，它与这个形态或形态的现实性是漠不相干的。"这些规定性都表明，类的普遍性是超越于具体种的形态之上的一种概念的普遍性，而不是数量的普遍性。这一句是从类的普遍性这方面揭示数对双方的隔离作用，与上一句有种对照关系。前面所规定的类的真正的普遍性，不是数所作的那种浮面的规定，它"在这里只是**内在的本质**"，或者说真实的普遍性是有机体的内在本质，而不是单纯的数量关系。正因此它就不能通过数或者种的中介而与个别性相联结，而是直接和个别性相联结。那么似乎可以被用作双方中介的这个数或种的规定性就只不过是一种形式的规定性，"它作为**种的规定性**是形式的普遍性，面对这种形式的普遍性，那真正的普遍性是站在个别性那一面的"。真正的普遍性不通过数的中介，而是直接就站在个别性一边，它就是个别有机体的内在的本质。但是如果你把它"作为种的规定性"来看待的话，它就成了一种形式的普遍性，而不再是真正的普遍性了。与之相反，真正的普遍性作为内在的本质，它就在个别性之中，"而这个别性由此就是一种活的个别性，并且通过自己**内在的东西**而无视**它那作为种的规定性**了"。类的真正的普遍性在个别性中充当它的本质的东西，使它具有活力，由此而成为一种"活的个别性"，而不再只是那种定量化的个别规定，所以个别性就无视自己那个作为种的规定性了。种的普遍性是我们前面讲的数学的普遍性，数学的普遍性是形式的普遍性，形式的普遍性没有内在，它完全是外在的。数学计算根本不能把握本质，你只能把握外在的东西，而真正的普遍性是内在的普遍性，按照它曾被规定的那样，只能够是内在的本质。也就是说，个别性其实本身就包含着真正的普遍性，包含着类。我们前面讲，只要有一个有机体，它就可以把整个宇宙都当作自己自我维持的手段，这样一种普遍性是内在于个别有机体中的本质的规定性，它不能用数学加以肢解，但是它其实包含着真正的普遍性。个别性以真正的普遍性作为它的本质，这实际上就是，个别性要以类来作为它的本质，那么它就活了；否则它就只能是死的、机械的规定性。个别性一旦有真正的普遍性站在它这一边，作为它的主心骨，作为它的支撑，那么它就是一种活的个别性了，它就有了活力，一种有原则的个别性。它超越了它的种的界限，而上升到类了。

但是这一个别性并不同时就是普遍的个体，即是说，并非在这个体上，普遍性同样也具有外在的现实性，相反，普遍的个体是落在有机的有生命的东西之外的。

"但是这一个别性并不同时就是普遍的个体"，它还是个别性，虽然它有普遍性作为它的内在的原则，但它并不是一个普遍的个体。"即是说，并非在这个体上，普遍性同样也具有外在的现实性，相反，普遍的个体是落在有机的有生命的东西之外的"，它不是普遍的个体，只是有普遍性作为它的内在本质而已。那么什么是普遍的个体？普遍的个体，打个比方，就像我们平常说的"大我"，大我作为你的内心的东西，是可以的，但是如果作为一种外在的现实性那是很可怕的，你把自己一个人变成了现实的全人类的东西，当成了一个现实中所有人都必须服从的大我，一个普遍的个体，那你就是上帝了。所以"这一个别性并不同时就是普遍的个体，即是说并非在这个个体上，普遍性同样也具有外在的现实性"，普遍性是你内在的原则，但并不意味着你真的就成了一个包容天地的个体，如果那样的话，那你就是上帝了。上帝就是普遍的个体，或者说，整个自然界就是普遍的个体。如果你要从有机体的眼光去看自然界的话，那么整个自然界就是一个自然的有机体，但自然的有机体并不只有你这个有机体，它作为一个整体而存在于你这个有机体之外，虽然你的原则和它相通，但你不等于就是它。所以，"相反，普遍的个体是落在有机的有生命的东西之外的"，就是说有机的有生命的东西当然可以以类的普遍性作为自己内在的原则，但是要形成一个普遍的个体，那么这个普遍的个体肯定是在有机的有生命的东西之外的，是它所面对的这个自然界。

可是这个**普遍的**个体，正如它**直接**就是各种自然构型的个体一样，并不是意识自身；假如它要是意识的话，那它的定在作为个别的**有机生命的个体**就必定不会落于它以外了。

"可是这个**普遍的**个体，正如它**直接**就是各种自然构型的个体一样"，普遍的个体，我们把它看成是整个宇宙作为一个个体，整个自然界作为一个个体。这个普遍的个体"并不是意识自身"，而是各种自然构型的个体，各种自然构型，各种自然的形态，一切个体的个体，一切个体的总和。但它还不是意识自身，这个具有普遍性的个体，正如那把类的普遍性作为自身内在的本质的个别有机体一样，都还是无意识地体现着类的普遍性，而不具有意识。它们都是意识的对象，但本身还不是意识。自然生生不息，形成了各种各样的构型，我们把它整个看成一个个体，这个普遍的个体并不是意识自身。"假如它要是意识的话"，又是一个虚拟式了，假如这个普遍的个体要成为意识的话，那就必须有个条件，什么条件？"那它的定在作为个别的**有机生命的个体**就必定不会落于它以外了"。但这个条件是不存在的，所以这里要用虚拟式。这和前面讲的那个虚拟式是同样的意思，本页上面一开始就讲道："假如类在其自身作为静止的单纯性具有区别开的各部分，因而它的**单纯的否定性**本身同时就是流经那些同样单纯的、直接在本身就是普遍的部分的运动，而那些部分都是在这里作为一些环节而现实存在着的话，那么，有机物的类就会是意识了"，这也是虚拟式。就是假如共相和个别性不再处于漠不相干，互相游离的状态，而是在一个过程中成为同一运动的各环节，则有机物的类就会是意识了。这意识流经它的各个环节，没有哪个环节能够落于它之外，但它本身高高在上，只把这些环节作为意识的对象。但现在还未达到这个程度，自然界通过有机物只是无意识地呈现出类的普遍性，而在实际存在中，普遍的个体和个别的个体相互还是外在的，无法由类的意识来把它们贯通为一个整体。下面马上还要讲到地球，他把地球称之为作为个体的个体，就是把地球看成是普遍的个体。当然地球本身首先是无机的，但我们所居住的地球这样来安排，我们可以把它看成是有目的的，由此就推出整个自然界就是一个有机体。整个自然界虽然是无机物，但既然地球上产生了有机体，我们就可以把整个地球看成是一个有机的构成，并由此扩展到宇宙，因为它已经有了目的了。地球上的有机物可以把整个地球的阳光、水、石头，都看作自己生存的手段，纳入到一个目的系统中来，那整个地球岂不是被当成一个有机整体了。这也是康德在第三批判里面讲到过的原理。这个世界上只要有一个有机体，这个有机体就可以把这个世界看成它的手段，把它纳入到一个有机整体的关系中来考察。通过下面讲的，可以进一步印证这种理解，我们休息一下吧。

[3. 生命，偶然的理性]

好，我们再看下面这一段。下面这第三个标题是"生命，偶然的理性"，这些标题做得还是比较好的，可以帮助理解。我们看前面 191 页第一个小标题是"无机物的组织：比重，凝聚性，数"，第 193 页第二个小标题是"有机物的组织：类，种和个体"，那么 195 页最下面这个是"生命，偶然的理性"。先讲无机物，后讲有机物，最后再讲到生命，以及偶然的理性。生命比有机物要高一个层次，有机物还不一定是生命，它不过是组织起来的东西而已，但无机物也有某种组织，如比重等。又如地球是有组织的，是"有机体"，但还不是生命。① 为什么把"偶然的理性"列出来呢？ 是为了向下一阶段过渡，抓住理性这样一个概念。本来观察的理性到了偶然的理性，再往下过渡就是要找到理性本身的规律了，找到理性本身的规律，那就是自我意识了。第 198 页这个标题就是"(b) 对自我意识在其纯粹现实性及其外在现实的联系中的观察；逻辑规律和心理学规律"，它还是观察，但已经是对自我意识的观察。前面顶多是意识，对意识的观察，比如说类，类已经上升到了意识的层面了，不光是自然界

---

① 可参看 [德] 黑格尔：《自然哲学》，梁志学等译，商务印书馆 1986 年版，第 381 页："§338. 最初的有机体，就其首先被规定为直接的有机体或自在地存在着的有机体而言，不是作为有生命的东西而存在的，因为作为主体和过程，生命本质上是自相中介的活动。"他所谓的有机体和我们今天所理解的略有差别。

的有机体，而且是已经达到了一种意识，但是还没有达到自我意识，它就是一种高高在上的，一种抽象的意识。那么要达到自我意识，那就是对正在进行观察的这个意识加以观察，对观察的意识加以观察，那就是观察的自我意识了。我们来看看你是怎么观察的，那么我们发现你在观察中运用了逻辑规律，你在观察中体现了心理学的规律，这就是第 198 页 (b) 这个标题为什么要探讨逻辑规律和心理学规律的原因。我们观察了一大通以后，我们反过身来对这个观察本身来观察一下看。你在进行观察，你观察了无机界，你观察到了有机界，你观察到了生命，最后达到对观察本身的观察。它不是偶然的，以前是偶然的，碰上了，我就是这样观察的，但是达到自我意识的时候，它就已经摆脱这种偶然性了。所以这里这个"(3) 生命，偶然的理性"可以说是对前面的一个总结，和对后面的一个过渡。

我们从这里看到了一个推论，它的一端是那**作为普遍的东西**或作为类的**普遍生命**，而另一端是那**同一个**普遍生命**作为个别的东西**，或作为普遍的个体；其中项则是由这两端所合成的：前者似乎是作为**特定的**普遍性或作为种参与进中项的，后者则似乎是作为**本来的**或个别的**个别性**参与进中项的。 [196] {165}

"我们从这里看到了一个推论"，这个"我们"，在《精神现象学》里凡是讲"我们"的时候就是讲一个读《精神现象学》的人，包括读者和作者。我们从旁边来看，意识的经验科学是怎么样的经验它的历程的，这样一个旁观者的"我们"不参与进去的，都是在事情已经发展出来了后，他做一种事后诸葛亮式的总结。这里也是做总结了，我们从这里看到了一个推论。这个"推论"也可以翻译做"三段论"，三段论就有三项了，大前提、小前提、结论。那么这三项，有个大词、有个小词、有个中词。有两端，一端是大前提，另外一端是结论，中间是小前提了，是中项。所以他这里讲，"它的一端是那作为**普遍的东西**或作为类的**普遍生命**，而另一端是那**同一个**普遍生命**作为个别的东西**，或作为普遍的个体"。一端是普遍的东西，作为类的普遍生命，也就是类了。另一端是同一个普遍生命，但是，是作为个别的东西，也就是上面讲到的普遍的个体，普遍的个体在这里作为结论出现了。总而言之，大前提是作为类的普遍生命，结论是同一个普遍生命作为个别的东西，或作为普遍的个体；那么"其中项则是由这两端所合成的"。怎么合成的呢？ "前者似乎是作为**特定的**普遍性或作为种参与进中项的"，特定的普遍性就是种了，类的普遍性把自己下降为种来充当中项；后者，也就是另一端，结论，"则似乎是作为**本来的**或个别的**个别性**参与进中项的"，在结论里把它的个别性参与进了中项，那么中项就构成了两端的一个结合。这个三段论式我们可以更清晰地列出来，看它是怎么推论的：

　　大前提：凡有机物都具有类的普遍性；

　　小前提（中项）：这个个体是一种有机物；

　　结论：这个个体具有类的普遍性，或它是一个普遍的个体。

在这里，大前提是，凡有机物都具有类的普遍性。他的原文是这样说的，"一端是作为普遍的东西或作为类的普遍生命"，普遍生命就是有机体，凡是有机体，那么它当然就具有类的普遍性，这是大前提。另一端就是结论里面讲的，"**同一个**普遍的生命作为**个别的东西**，或作为普遍的个体"。同一个普遍的生命作为个别的东西，就是类的普遍性完全体现在一个个体身上，这个个体就是普遍的个体，它同时具有类的普遍性，它是普遍和个别的统一， ——这是结论。那么中项就是小前提：这个个体是一种有机物。它是由这两端所合成的，前者似乎是作为特定的普遍性或作为种参与进中项的，这就是"一种有机物"中的"种"。类的普遍性在这里作为种参与进来，落实到种的身上。所以我们讲这个个体是一种有机物，是有机物这个类底下的"一种"。那么后者，也就是从结论里面，也有一个参与进中项里来，就是"作为**本来的**个别的**个别性**"。"本来的"，eigentlich，也可以译作"本真的"、"真正的"，强调它是最终的个别性，是作为个别性的个别性。在中项"这个个体是一种有机物"里面，它把大前提中类的普遍性和结论里的个体性都结合起来了，作为一个中介把双方结合起来了。这是一个规范的形式逻辑的三段论。黑格尔的理解当然不仅仅是从形式逻辑的三段论来理解的，虽然它有一种形式逻辑的关系，但是黑格尔是从辩证的含义或者辩证的层次上面来解读这个三段论的含义的。我们刚才的解读是形式逻辑的解读，形式逻辑的解读是一种表层的解读；但是，从它的具体的内涵加以解读，那还得做很多工作。黑格尔这里第三个小标题，整个讲的就是怎么样具体地解读这样一种关系。不然的话，很简单，我们通过这个推论，就从类的普遍概念到个体的个别概念，最后就推出了普遍的个体。普遍的个体我们刚才讲了，就是自然界作为一个有机体，于是我们从一个有机体就证明了整个自然界是有机的。就像我们刚才讲的，只要这个地球上有一个有机体，我们就能推论出这个地球是这个有机体的手段，或者有机体的无机身体，它本身属于一个有机系统的，构成一个有机系统。整个地球只有当它产生了有机体，它才会成为一个有机系统，因为它成了这个有机体的手段，它整个都是在为这个有机体做准备。这个地球是如此独特，如此具有个别性，如果它稍微有一点差错，有一点闪失，它上面的有机体就存在不下来了，地球上就不可能有生命。我们看到，亿万个星球里面，至今还没有发现其他星球上有生命，这不是非常独特吗？这个地球难道不是一个极个别的东西、一个终极个体吗？但是它又是普遍的个体，就是说，所有的地球上的、包括地球外的、包括其他星球上的东西，由于地球上有了有机体，它们就全都成了这个有机体的手段。

　　——而由于这个推论完全是属于**构形**方面的，所以其中也同样包含着作为无机自然而被区别开来的东西。

　　"由于这个推论完全是属于**构形**方面的"，构形方面就是形态构成方面，也就是外在的形态方面。凡是有机物都具有类的普遍性，任何一个类都是有机物的普遍的原则；但如果一个普遍的有机物同时也是个体构形的，能够体现在直观中，那么这个个体本身就是一个普遍的个体，它使得这个普遍的宇宙在自己身上个体化了。一个个别的有机物使得整个宇宙都个体化了，都以它的这个个体作为目的，所以它是一个普遍的个体。当然，如果类的普遍性停留于意识中、思想中，而有机体的个别性本身和普遍性隔离，那这些个体就不是普遍的个体，而只是这个那个有机体而已。而双方一旦结合起来，就构成了普遍的个体。但是这种推论它完全属于构形的方面，不仅仅是思想意识中的推论，而是外在形态方面的推论，"所以其中也同样包含着作为无机自然而被区别开来的东西"，这个普遍的个体就把整个无机自然界都涵盖在自身的普遍原则即目的论原则中了。无机自然的那些外在的区别都成为这个普遍个体本身的一个环节，它们一起促成了这个普遍个体性的完成。所以前面首先要讲无机自然，然后再讲有机自然，然后再讲生命的推论，而到了这个生命的推论里面，就反过来把无机自然都包括在内了。这个普遍个体的普遍性，普遍到什么程度呢？最后的结论是一个普遍的个体。普遍的个体是在具体的个别的有机体之外的一个个体，所有地球上的有机体都生活在地球之上；虽然在它之上、之外，但它还是由有机体的普遍原则推出来的。有一个有机体，你就可以把有机体之外的东西都看作是为它服务的，那么整个地球、所有的为有机体服务的这样一个无机自然界，都可以看作是这个有机体的手段，都被纳入到有机体的目的里面来了。这个毫不奇怪，动物身上也有些无机的东西，像指甲，毛发这些东西都是为它服务的，它还会适应环境，让环境成为它维持自身生存的利用对象。所以普遍的有机个体通过各种有机体也把无机的自然包含在自身内了，甚至按照自然界的法则被区别开来的东西，也被包括在有机体里面了。这个推论可以说是一个无所不包的推论，是一个哲学的推论，不仅仅是生物学的，而且是一个世界观的推论。

现在由于普遍的生命作为**类的单纯本质**从它自己这方面展开着概念的区别，并且必须把这些区别体现为那些单纯规定性的一个系列，所以这个系列就是由各种漠不相干地建立起来的区别所构成的一个系统，或

一个数的系列。

"现在"，这个是分析了，分析上面的三段论了，"现在由于普遍的生命作为**类的单纯本质**"，在大前提里面讲到，普遍的东西作为类的普遍生命。现在，普遍生命作为类的单纯本质，"从它自己这方面展开着概念的区别"，类的概念本身有一种高高在上的、不食人间烟火的概念的区别，这是在类的单纯本质中展示出来的。"并且必须把这种区别体现为那些单纯规定性的一个系列"，就是说，它也必须把这些区别体现出来，体现为各种单纯规定性的一个系列。也就是前面讲的，类的概念必须从高处下降，通过种或数的中介，以便最后在有机个体性上落实下来，所以它必须把自己的区别体现为一个单纯规定性的系列，也就是首先体现为数的系列。这样，"所以这个系列就是由各种漠不相干地建立起来的区别所构成的一个系统，或**一个数的系列**"。数的那些规定性都是各种不相干地建立起来的区别，本来类的概念是不可分的，它的各种概念的区别是不可分的。什么是有机体的类，有机体的类就是那种自我维持的统一性，它本身就有一种纯粹的否定性，就是要抗拒那些对自我维持的破坏。这里头当然有概念的区别，这种概念的区别是不可分的。但是这种概念的区别必须把它体现出来，体现为各种规定性的系列；那么一旦体现出来，在现实中这个系列就是由各种漠不相干的区别所构成的一个系统。这个系统的使命本来是作为中介联结类的普遍概念和个别有机体，但由于它本身的各种区别的漠不相干性，它就成了与普遍的类和个别的有机体都漠不相干的自行其是的系统，成了隔绝双方的鸿沟，这个前面已经讲过了。但只要有机体是一个现实的存在，而不仅仅是概念，那么它要实现出来，它就必然被纳入到数的系列里面去。当然有机体的概念本身已经把这种数的规定性清除掉了，但是一旦在现实中存在有机体，它当然还是可以用数的系列加以规定的。

如果说以前曾把有机物在个别性的形式下与这个无本质的区别对立起来，这个区别既不表现也不包含个别性的活的本性，——并且如果说就无机物而言，按照它的一大堆属性中展示出来的整个定在来看，所必须说明的恰好也是这一点，——那么现在，这个普遍的个体乃是这样的东西，它不仅必须看作摆脱了类的每一种划分而自由，而且还必须作为类的威力来考察。

"以前"就是在前面几段，前面一直把有机物在个别性的形式下与这个无本质的区别对立起来，不光是对立起来，而且把它清除掉了，把数的关系清除掉了。我们前面讲到，当然你也可以用数进行描述，但是那只是一种"浮面的东西"，并不涉及事情本身，并不涉及有机体的本质。有机物曾经"在个别性的形式下与数的无本质的区别对立起来，这个区别既不表现也不包含有机的活的本性"，这是上面已经阐明的。"——并且如果说就无机物而言，按照它的一大堆属性中展示出来的整个定在来看，所必须说明的恰好也是这一点"，这个破折号连着两个"如果说"。前一个是，如果说以前曾把有机物在个别性的形式下与数这个无本质的区别对立起来，这贬低了数学观点的意义；后一个是，如果说就无机物而言，按照它的整个定在来看，所必须说明的恰好也是这一点。哪一点？就是说即使在无机物的整个定在系统中，数学观点也是没有多少用武之地的。前一个"如果说"是站在个别有机物的立场上与无本质的区别、与这种数的系列对立起来，对这个数的系列加以排斥。那么第二个"如果说"，是说即使就无机物而言，站在无机物的立场上面，如果要从整体上来看的话，也同样不能单凭数学的机械区别来加以把握。就是说，哪怕是无机物，只要我们想从整体上把握它，数学的观点就已经不够了，而必然要引入有机的个别性原则。例如把地球如果当作一个整体来对待，就必须看作一个有机体，一个有组织的个体存在，而不能看作一大堆数学关系的凑合。"那么现在，这个普遍的个体乃是这样的东西，它不仅必须看作摆脱了类的每一种划分而自由，而且还必须作为类的威力来考察"，这就推出了地球这个普遍个体的性质，就是说，地球就必须看作摆脱了类的分割，不能把自己交给中介、从高高在上的统一体而分化为种或数的关系。

它必须在这种关系面前保持自己的自由，仍然作为一个整体的类来发挥自己的"威力"。普遍的个体在自己的个体性中本身就是最高的类、最高的普遍性，它摆脱了类的划分而是自由的，而且必须看作类的威力。威力 Macht，也可以翻译做力量，权力，权威。它必须看作是类的力量之源。普遍的个体是类的力量之源，类要发挥它的威力，它就必须要借助普遍的个体。

类当它按照数的普遍规定性将自身分解为一些种时，哪怕把这些种的定在的个别规定性，如形状，颜色等等，当作对它们进行划分的根据，它在这一平静的事务中，却遭受着来自普遍的个体即**这个地球**方面的暴力，而这普遍的个体作为普遍的否定性，作为像这个地球本身具有的那样一些区别，作为这个地球因为这些区别所隶属的那个实体之故而来的本性，是与类的本性不同的本性，它是针对类的系统化而提出来的。

"类当它按照数的**普遍规定性**将自身分解为一些种时"，类分解为一些种，如何分解呢，按照数的普遍规定性来分解为一些种。这个在当时的生物学分类法里面就是这样分类的，特别像当时著名的生物学家林奈。林奈的生物分类法就是按照一种数量关系来分的，比如说，植物按照花蕊的根数来划分种，当然这个东西今天看起来很可笑了，很外在了，但有一点他抓住了，就是要按照它的生殖系统来分种，我们今天讲的种都是根据生殖方面来划分的，哪怕我们今天讲的 DNA 也是根据它的遗传基因来划分的。在林奈以前就更加一般化了，分成海生的，水生动物，陆生动物，根据生态，这个就更不准确了。我们知道在海洋里面有很多哺乳动物，在陆地上有的鸟类根本就不会飞，蝙蝠飞在天上，可它根本不是鸟类，这个早就已经被人质疑了，按这个划分方式不能够划分种类。所以林奈就根据生殖方面的数量关系，植物的花就是生殖器官，那么根据花蕊的根数来分。动物界则是根据其他器官，奇蹄目、偶蹄目、有几个胃，牛有四个胃，属于反刍动物啊，根据这样的一些方式来划分种。"哪怕把这些种的定在的个别规定性，如形状，颜色等，当作对它们进行划分的根据"。哪怕，也就是说不是简单地数数，而是根据个别规定性如形状、颜色等，短吻鳄、黑熊白熊、绿孔雀蓝孔雀等，当作对它们进行划分的根据，但哪怕这些，最终也是按照数的普遍规定性进行划分的，当然可能计算更复杂一些，但仍然是以数作为划分的根据。"它在这一平静的事务中，却遭受着来自普遍的个体即**这个地球**方面的暴力"，所谓平静的事务，也就是说既然是一种数学的计算，那就很平静了，那就计算就是了，拿出笔来算就是了，不需要讨论的。莱布尼茨当年发明一种数学逻辑，说我们将来遇到问题，就不要争了，拿出笔来算一算就是了，这就很平静了。所以后来罗素讲莱布尼茨是最伟大的哲学家，因为他发明了数理逻辑，一直到今天计算机里面都用这个。这是最伟大的，这不需要争的，它有一个客观的标准，有一个数学关系在里头。它是一桩平静的事务，它是事务性的，没有什么可争的，你就做事就是了。这是一个普通白领就可以胜任的，这就像登记账目一样简单。然而在这一平静的事务中，却遭受了来自普遍的个体即这个地球方面的暴力。本来是没有什么暴力的，和和气气地，你去算就是了，但是，却遭受了暴力。数学的计算遭受着来自普遍的个体即这个地球的暴力，"这个地球"打了着重号，说明它是个别的、独一无二的。就是说，你表面上看上去好像在平静地计算，但是实际上，你已经被决定了，而且你随时都被决定，随时可以把你这一摊平静的账目搞得乱七八糟。你根本不需要算的，你还没有算好，那个地方又变了，它有各种不同的偶然因素。为什么有偶然因素呢？因为它遭受着普遍个体的暴力。普遍的个体，它为所欲为，它有它自己的目的，它不是按照你算出来就是那样的了，它不是的。它是一个个体，而且是一个普遍的个体。这个普遍的个体是什么呢？就是这个地球。这个地球是什么意思？就是这个世界。我们所处的世界恰好是我们在这个地球上所看到的这个样子，这是很偶然的。莱布尼茨讲，是上帝在一切可能的世界中选择了现在这个最好的世界，这就是对上帝的目的论的证明。康德在《纯粹理性批判》里面提出了有三种理性神学的证明，一种是本体论的证明，一种是宇宙

480

论的证明，一种是目的论的证明。本体论上的证明是逻辑上的，和现实没关系，它要从逻辑推出现实来。宇宙论的证明呢，就是说，一般来说宇宙它必须有一个原因，不管是哪个宇宙，凡是可能的宇宙都必须有一个充足的理由或原因，那么你从原因后面的原因一直追溯上去，最后必然推出一个上帝作为最充分的原因，这是宇宙论的解释。目的论的证明，就是不是一般的宇宙，而是特定的，正是我们所生活的这个宇宙，既然我们生活在里面，我们是有目的的，那么整个宇宙也一定有一个最终目的，我们就必然要把整个宇宙纳入到一个目的系统里面来，要追问这个宇宙的目的，由此证明了上帝存在。康德这里就是针对莱布尼茨的说法，批判了这种独断论，但是后来在第三批判中又在反思判断力的基础上恢复和发展了这种目的论。上帝在一切可能的宇宙中选择了这个最好的宇宙，那么这里讲的"这个地球"，也就是这个特定的地球，Erde，它不是一般的星球，也不是一般的土地，不是一般的大地，而就是我们站在这个地方的大地。它是一个专名，它是个别的东西，但它有普遍性，它是一个普遍的个体。这个地球的普遍性是什么？就是它是一个目的系统，它的每一部分都是有机地组织起来的，为了一个最终的目的。那么它就有一种暴力了，它不是按照你的数学计算来安排所有这些形态的，你坐在那里计算，但它的目的你没有考虑到，你的那些计算都白费，都是儿戏，都是做无用功。你怎么可能计算出这个地球的目的呢？它要干什么呢？所以这个类如果按照数的关系来划分种的话，就会感受到来自地球系统的威力，甚至是暴力。"而这普遍的个体作为普遍的否定性，作为像这个地球本身具有的那样一些区别，作为这个地球因为这些区别所隶属的那个实体之故而来的本性，是与类的本性不同的本性，它是针对类的系统化而提出来的"，这句很长，有三个"作为"。一个是作为普遍的否定性，地球是普遍的个体，它有它的目的，它的目的是内在的，对于一切干扰它的目的的行为或事物都有一种否定性，你只能按照它安排的那样服从它的目的。再一个是，作为像这个地球本身具有的那样一些区别，地球本身有

一些区别,像山川、大地、河流、海洋,都有一些区别,这些区别都是有目
的的,少了一样都不行,都完不成目的。还有就是,作为这个地球因为这
些区别所隶属的那个实体之故而来的本性,这个地球的实体的本性,如
它的自转公转等等,那些区别如山河湖海都是由这种实体而形成的。科
学家们常说,地球离太阳只要再远一点或者近一点,就不会有生命存在
了,而这与地球本身的自转公转相关。普遍个体的所有这些本性,都是
与类的本性不同的本性。地球的本性和类的本性是不同的,什么是类的
本性? 按照前面的说法,类本身只是高高在上的意识和思想,它在现实
的有机物中并不直接出场,而必须由一位代理者来代表它;一旦由代理
者来代理,它就导致一个数的系列或机械系统,仍然与现实中个别的东
西漠不相干 [参看前面一页]。而地球这样一个普遍个体要在现实中体
现某种整体的目的性,它就必须对那个数的系列或系统施加暴力,干扰
甚至破坏类的系统化过程。所以说普遍个体的本性就是针对着类的系统
化而提出来的,类的系统化在现实的种里面总是遭受到地球方面的暴力,
甚至常常导致某个物种的灭绝。

　　类的这一系统化的举动,就成了一项完全受限制的事务,它只可在
那些强力元素的范围内来推动类,而由于那些元素的毫无约束的暴力,
这一事务就到处被中断,残缺不全,而失去活力了。

　　"类的这一系统化的举动",类要把自己系统化,它必须借助于代理
者,即数的系列,但这一系统化的举动"就成了一项完全受限制的事务"。
这种系统化受到地球这个普遍个体的限制,地球有自己个别的目的性和
组织,这是不能够还原为数量关系的,甚至常常打乱这种数量关系的体
系和次序,使它不成系统。类的系统化和普遍个体的组织就处于矛盾冲
突中,正如前面说的:"这个**普遍的**个体,正如它**直接**就是各种自然构型
的个体一样,并不是意识自身;假如它要是意识的话,那它的定在作为**个
别的有机生命的个体**就必定不会落于它以外了" [见前页最后一句]。类
的本性是意识,而地球的本性则是直接的自然构形的个体,类一旦要在

这个地球上实现出来,它就要受到限制,受到地球的各种条件的限制。幸好我们这个地球准备好了大气层,水分,空气,氧气,阳光,温度,什么东西都很适合有机生命,"它只可在那些强力元素的范围内来推动类";但是如果用这些条件的数学关系去实现类的系统化,它就会受到限制。类在这个世界上只能根据已经准备好了的条件来系统化自身,但是,"由于那些元素的毫无约束的暴力,这一事物就到处被中断,残缺不全,而失去活力了"。因为这样一些暴力和类的本性是完全不同的,它是一种异己的力量,偶然的干扰,虽然也遵循数学关系,但却支离破碎、不成系统。所以那些元素的毫无约束的暴力就使得这样一个系统化的事务,到处被中断。本来长得好好的,突然一个天灾,突然一场森林大火,全都烧毁了,一切又要重来。到处中断,残缺不全,你要根据类的划分来规划类的系统,怎么样发展,实际上它时时刻刻受到各种偶然性的干扰。所以这样一种事务性的工作就失去活力了。我们想要使万物展现出普遍的类,展现出有机的活力,但是一旦付诸实行,就受到地球上诸元素的暴力干扰,而使这个系统瘫痪了。

＊　　　　　　＊　　　　　　＊

好,我们来接着上次讲。上面我们讲到了第三个小标题"生命,偶然的理性",为什么叫"偶然的理性"? 就是说在我们探讨生命的过程中,我们已经推出了一个三段论,我们上次讲到一个三段论的推论,这三段论的推论肯定是一种理性的推论,也就是在对生命的观察中,我们得出了一个理性的推论,但这个理性的推论还是偶然的。按照理性本身来说它应该是必然的,它具有必然性,但是这个三段论推论其实还是偶然的,其实还只是一种偶然的理性,虽然已经上升到理性。我们已经看到了在观察生命的过程中,从普遍到特殊到个别,从普遍到个别到特殊;而且,大前提、小前提和结论,中间有个中项,这个中项是由两端所合成的。这两端一个是个别的东西,一个是普遍的东西,它们合成了一个中项。但

483

这个合成是偶然合成的，碰到一起，恰好碰上，你发现了，你找到了，那么你就把它构成一个三段论。但这个三段论内在的规律，并不是必然的，而是偶然凑到一起。为什么会是这样？根据上次讲的这个三段论，引出了普遍的个体这样一个概念，你有普遍性；但是这个普遍性，是一个个别的普遍性，个别的普遍性就体现在我们这个地球，作为有机体存在的一个前提。我们这个地球是很特殊的，在那么多的星球里面恰好我们这个地球具有了形成生命的各种条件，那么这些条件形成了我们这个星球的个性。不是任何别的星球、行星，而是我们这个地球的这样一种特色，使得我们的有机系统得以形成。那么你要解释有机体，你要观察有机体的规律，你就离不了用我们这个星球上特殊的普遍条件，特有的组织构形，用这种普遍的个体、也就是地球这样一个个体特有的条件，来解释我们这个有机体的系统是如何构成的。那么在这种解释过程中，你把地球的那些条件都引进来解释有机体的系统，那当然你的这样一种立足点就不是有机体，而是无机自然。地球的地理位置，各个区域的气候，地形条件各方面，你把它用来解释有机体的构成，有机体的系统，那就是一种外在的解释。所以上次讲到最后的这几句话，也就提到了，有机体的系统需要解释，但是，又只能用地球的这样一些区别来加以解释，而这样一些区别就时刻与类的系统化原则形成冲突，或者说不断地对类的系统化原则加以中断。你想把自然界的整体当作一个有机体来看待，想用自然界整体、普遍个体或者地球来解释有机体的那个量化系统，实际上却陷入外在的暴力冲突。那么这样一种解释的失败说明了什么？我们今天要讲的这一段就是从上面所得出的一个结论，就是站在一个更高的层面上来回顾我们前面这一系列失败的过程，我们从中看出了什么。

　　由此得出，对观察而言，在构形的定在中只有理性才能**作为一般生命**形成起来，但一般生命在其区别中，自己本身并不现实地具有任何合乎理性的系列与划分，并不是一个在其自身中建立起来的形态系统。

[197]

　　"由此得出"，也就是由上面的三段论，对于三段论的解释，对三段论

484

的推演,我们得出结论。得出什么结论呢,就是"对观察而言,在构形的定在中只有理性才能**作为一般生命**形成起来"。在构形的定在中,就是在我们直观到的这个地球上的生命中,在具有形态的、构形起来的、也就是现实的定在中,你如果考察现实的有机生命,你就会发现,只有理性才能作为一般生命形成起来。"作为一般生命"打了着重号,也就是说,凡是要谈生命的话,就必须从理性的推论来一般地理解,就像前面谈类必须从意识和思想来理解一样。实际上我们从前面的三段论中已经看出这一点了,我们为什么要提出一个三段论,就是为了解释一般生命,就是解释在地球上一般来说怎么可能有生命。那么我们这样一种解释是一种理性的推论,只有理性才能作为一般生命形成起来。但是我们对于三段论的解释,刚才讲了,实际上又是失败的,它对于生命的定在系统不断地产生一种中断、解构作用,使它变得失去活力。你要用地球的有机整体来解释各个具体的有机体,那你就把有机体的量化系统打乱了,把它割裂了。但是你还是要把它当作有机体来看,那么就只有停留在理性之中,而不是在现实中,才可以设想。在理性的推论中,它可以构成一个三段论,这个三段论可以表示地球的整个有机系统。这个有机系统一旦进入到现实中,就遭到了破碎,而只能在理性中维持它的统一。所以"只有理性才能**作为一般生命**形成起来",作为一般生命,而不是作为现实的个别的生命。在现实的生命中系统的解释已经失败了,但是作为一般生命,泛泛而谈来讲生命,我们可以通过三段论来推论,说生命的系统就是这样形成起来的。但是实际上对观察而言,形成起来的是什么呢? 形成起来的只是理性的三段论,现实的生命系统却形成不起来。作为一般生命,作为一般有机体,形成起来的只是三段论,而不是现实的有机体。现实的有机体对观察的意识来说是怎么样的呢,是由地球的各种条件所决定的。我们要从地球的条件,阳光、地球磁场、液态水、空气,要从这些角度去对它加以解释。于是我们就不是用有机体本身的原则来解释,而是用无机自然的原则来解释。所以这个一般生命,它不是作为现实的生命形成起来,而是作为理性,或者说把理性作为一般生命才形成起来的。"但一般生命在其区别中,自己本身并不现实地具有任何合乎理性的系列与划分",就是我们刚才讲的,就一般生命来说,在理性层次上,它是形成了的,但在现实层次上它还没有形成,或者说在现实层次上它还没有作为理性形成。现实层面上是怎么形成的呢? 你把它归于机械论,归结为无机自然了。所以一般生命在其区别中,自己并不现实地具有合乎理性的系列与划分,并不现实地具有合理性的那样一些解释。在理性的层面上你可以对它进行推论,但是在现实中,它"并不是一个在其自身中建立起来的形态系统"。对观察的理性来说,这里还是一个很大的缺陷。尽管你从理性上已经意识到了有机体应该是一个三段论,但这个三段论如何能够形成有机体,如何能够形成有机系统? 你一解释就变成机械论了,而这个机械论与有机体的目的性是互相破坏的,是格格不入的,所以它并不现实地具有任何合乎理性的系列与划分。现实中具有的系列和划分都是偶然的,相互之间没有什么系统关联,所以并没有一个在其自身中建立起来的形态系统。理性的三段论一落实到现实中,就变成一种偶然的理性,这跟理性的本质就是完全矛盾的了,理性应该是必然的,怎么能成为偶然的呢? 落实到现实中的是机械论,量化系统,这就是偶然的、凑到一起的,各种条件凑合就形成了有机体,那有机体还能称之为一个系统吗? 它就没有一个形态系统了。

　　——假如在有机构形的三段论里,那个让种及其现实性作为个别的个体性而隶属于其下的中项,在自己本身上就有内在普遍性与普遍个体性这两端的话,那么这个中项就会在其现实性的**运动**中具有普遍性的表现和本性,并且会是系统化自身的发展过程。

　　"假如",这都是虚拟式。"假如在有机构形的三段论里",有机构形的三段论就是我们前面讲的,推出普遍个体的那个三段论,"那个让种及其现实性作为个别的个体性而隶属于其下的中项",也就是在这个三段论里的中项"这个个体是一种有机物",它使得种及其现实性隶属于其下。这个中项它有两端，一方面是个别性，个体性，这个个体性是作为现实性，现实的有机体都是个别的，都是个体。三段论将这些个体性隶属于中项之下，使它成为普遍性的"一种"。假如这样一个中项使得个体性隶属于其下，"在自己本身上就具有内在普遍性与普遍个体性这两端的话"。就是说这个中项，在其底下隶属着个别的个体性，但是同时，它在自己本身中就有内在普遍性与普遍个体性这两端。也就是说，假如这个中项在自己本身中就有两端，哪两端？一方面它是内在的普遍性，另一方面，它是普遍的个体性，就是这个中项在自己身上既有个别性也有普遍性。在前面这一页我们看到，"其中项则是由这两端合成的"，一个是普遍性一端，即种的共相，一个是个别性一端，这两端合成了中项。那么，我们现在讲的这个假如，假如不是合成的，假如这个中项"在自己本身上"就有内在普遍性与普遍个体性这两端。这就和前面讲的不一样了。一方面是内在的普遍性，它和地球没什么关系，它自己就有一种内在的普遍性；另一方面，它本身就有普遍的个体性，它把它所带有的个别性普遍化了。我们现在设想这样一个中项，原来那个中项是凑到一起的，是由两端所合成的，形式逻辑的中项都是这样，它的中项是由两端拼凑起来的，合成的一个中项。而我现在假设一下，这个中项它本身就具有这两端，不是合成的，它在自己本身就具有这两端，那会怎么样呢？"那么这个中项就会在其现实性的**运动**中具有普遍性的表现和本性，并且会是系统化自身的发展过程"。一个是这个中项就将会，"将会"是虚拟式，在其现实性的运动中，运动打了着重号，这个中项就会是一个运动，在这个运动中具有普遍性的表现和本性。这个中项的普遍性就不会是凑合起来的，不是合成的，而是在这个现实性的运动中具有普遍性的表现和本性。它的表现和本性就是普遍性，不是说拿来一个普遍性把它夹在里面，不是的。这个中项就将会在其现实性的运动中，它就会动起来了，中项就成了一个能动的东西了，这个能动的东西把两端统一在自身之中。是在运动中统一于自身，而不是静止地把两方面拉过来拼凑起来，这样一个具有个别性与个体性的中项，在其运动中就具有普遍性的表现和本性。它表现出来就具有普遍性了，虽然它本身，作为一种现实的运动，它是个别性，但是这种个别性呢，不是拉来的，而是在运动中体现出来的。而且在这个运动中同时体现出普遍性，具有普遍性的表现和本性，它的本性就是普遍的，但是这种普遍性是在运动过程中实现出来的普遍性。"并且是系统化自身的发展过程"，既然它是这样一个现实的运动，并且，它本身具有普遍性的表现和本性，那它就会是"系统化自身的发展过程"。"系统化自身"，刚才我们讲了，在观察的理性那里，这种系统化还没有形成，它并不是一个在其自身中建立起来的形态系统。这个形态系统没有形成，因为由机械论来解释有机体，它怎么会自己成为一个系统呢，你刚刚想要建立系统，它又被外来的暴力所中断。那么假如我们设想一下，这个中介本身是能动的，而不是拼凑起来的，那个中项就会是系统化自身的发展过程，就是在自身中自行建立起来的一个形态系统。当然这是一个假设，一种虚拟。为什么要用虚拟式，就是说我们从这个有机体的三段论中，虽然我们的解释是失败的，但是我们毕竟已经意识到了这里头有一个理性的形成过程；如果我们在现实中找不到，我们毕竟有了一个理性的三段论嘛，那么我们就假设一下，这个理性的三段论里面的中项，如果我们设定它是一个现实的运动，在这个现实的运动中把个别性和普遍性统一于自身，这个中项就不会是组合起来的一个中项，而是一个运动的中项。那么这样一设想，它就会是一个系统化自身的发展过程。也就是说，有机体可以用这样一种方式来加以解释。当然还是虚拟式，因为那需要更高层次的意识形态，就目前观察的理性所达到的层次，还不够。现在还没有达到这个层次，但是假如我们从三段论里把它设想为那样的普遍和个别的统一，在运动中的统一，那么有机系统就变成了一个发展过程。它这里提出一个假设，一个虚拟，这个假设是有来由的，就是根据前面讲的，我们已经看出来了，只有理性才能作为一般生命形成起来，那么我们就不妨把理性作为一般生命如何形成起来做一个假设。理性作为一般生命如何形成起来，如何具有必然性，而不仅仅是偶然性，我们就抓住这个中项来做文章。大前提和结论都是给定的，但是中项不是给定的，中项是大前提和结论得以结合起来的一个能动的环节。这是一个关键的环节，要解释有机体关键是如何处理这个中项，如何看待中项。你如果把中项看作凑合起来的东西，在形式逻辑里面就是这样，你把两者一加，那不就得出来了吗，就好像用数学来计算一样。但是如果你把这个中项设想为大前提和结论之间的一种运动过程，那就不一样了，你就可以用来解释有机体的形成和发展过程。

这样，**意识**在普遍精神与其个别性或感性意识之间拥有的中项，就是意识诸形态的系统，即自己安排成整体的一个精神生命，——这个系统就是这里所考察的系统，它作为世界历史而有它的对象性的定在。

"这样"，由前面那个假设，我们得出来的后面这句话不是虚拟式了，我们得出了一个现实的结果。什么现实结果？就是意识把意识诸形态的系统发展当作中项来拥有。"**意识**在普遍精神与其个别性或感性意识之间拥有的中项，就是意识诸形态的系统"，简化一下这句话，就是说，意识拥有了意识诸形态的系统，作为它的中项。虽然前面那些意识的诸形态都不成系统，但如果我们提升到意识的层面上来看，这些形态有一个能动的中项，它能够把它们发展为一个系统，"即自己安排成整体的一个精神生命"。当然意识拥有了这样一个系统，不见得就是说我们就可以解释现实的有机系统了，这只是在意识中拥有的，所以前面用的是虚拟式。但是尽管是虚拟式，也说明意识确实拥有了这样一个系统，它在虚拟中虽然没有拥有现实的有机系统，但却拥有了它自己的诸意识形态的系统。意识如何拥有这个系统的呢？它在普遍精神与其个别性或感性意识之间设想了一个统一的中项，因而拥有了那个意识诸形态的系统，作为自己安排成整体的精神生命。自己安排成整体的精神生命，也就是前面196页最后一句讲的，"一个在其自身中建立起来的形态系统"，这个原来是建立不起来的，虽然建立不起来，但是我们在意识中已经拥有了。

虽然我们现实中还达不到这样一种观察，并没有观察到，但是我们在意识中已经拥有作为自己安排成整体的精神生命。这是一个精神的生命，不是机械物质的。按照黑格尔的看法，有机体实际上已经是潜在的精神了，你如果不从精神角度来理解有机体，那是理解不了的，那你就会把有机体还原成机械论。黑格尔在《自然哲学》中也说过："生命只能思辨地加以理解，因为生命中存在的正是思辨的东西。"① 这也可以说明，为什么黑格尔前面谈到对有机体的观察时，一直都强调这些关键词："目的概念"［第 173 页］、关于有机物的"思想"或"规律的思想"［第 185 页］、有机物的类是"意识"［第 195 页］、生命和"偶然的理性"［第 195 页］，再就是这里提到的"普遍精神"和"精神生命"，概念、思想、意识、理性、精神，这是一脉相承的。现在，我们在意识中已经拥有了这样一个自己安排成整体的精神生命，这是我们在诸意识形态前面的发展进程中反思到的。在意识中已经拥有了这样一个系统了，虽然它还没有成为现实，但是假设的虚拟式把我们引导到了对意识本身中的新情况的关注。"——这个系统就是这里所考察的系统，它作为世界历史而有它的对象性的定在"，这句话好像有点跳跃了。这个系统就是我们在这里所考察的，就是我们不再考察那个有机系统如何形成了，我们考察我们意识中的这个系统是如何形成的。表面上看起来它仅仅是我们主观上、意识中所虚拟出来的这么一个系统，但是实际上它正是我们这里所考察的，它才是我们之所以要把对象当作有机物来考察的根本原因。现在我们要反身来看一看，我们在考察什么，实际上我们所考察的有机体，它是按照理性的三段论式在进行推论。我们的观察的意识表面上考察的是在现实中的有机体，实际上考察的恰好是这个三段论，恰好是三段论所引出来的意识诸形态的系统。意识所拥有的才是我们所考察的，我们在这里真正考察的是这个东西。我们一直没意识到这一点，我们意识到的是那个对象，现实的

---

① [德] 黑格尔：《自然哲学》，梁志学等译，商务印书馆 1986 年版，第 377 页。

有机体,但是没有意识到我们在考察现实的有机体对象的时候,我们实际上考察的是我们自己的意识,是我们在考察有机体的时候的那个意识本身。所以在这里要点出来,这个系统就是在这里所考察的系统,它作为"世界历史"而有它的对象性的定在。这样一个系统是个什么样的系统呢? 它不是现实的有机系统,而是一个有机系统的意识,这样你的目光就从外部转向内部了,你转向了你的意识本身,这是你已经获得、已经拥有了的一个意识诸形态的系统。那么这样一个系统是不是永远就只存在于意识中呢? 不是的,它"作为世界历史而有它的对象性的定在"。一旦你转向了意识本身的这样一个系统,那么它就作为世界历史而有它的对象性的定在,或者说,它就会一步步去赢得自己的对象性的定在。作为有机体,它还没有它的对象性的定在,它还不是现实的,因为它还不是历史的,它只是我们对有机体的意识。那么这个对有机体的意识在什么时候才有它的对象性的定在——在世界历史中。这就预示了后面的整个发展,意识的经验科学在这里跳到了一个新的层次,在这个新的层次上面,世界历史由此而构成。那就不是自然界了,那就从自然界进入到了人类历史,进入到了人类社会中了。在自然界里面你的观察的眼光始终是受局限的,因为黑格尔讲过,太阳底下无新事,在自然界是没有变化的,自然界是没有历史、没有发展的,只有人类历史才有发展。自然界是静止的,是不动不变的,物种是不变的,就那么些。那么真正的发展,真正的时间是从人类历史开始的,而人类历史从哪里开始? 人类历史就是从人的意识和自我意识开始。这就是我们后面即将讲到的,就是 198 页的这个标题"(b) 对自我意识在其纯粹性及其与外在现实的联系中的观察;逻辑规律与心理学规律",逻辑规律和心理规律都是讲意识的,都是讲意识的系统,都是意识诸形态的系统。那么世界历史就从这个基础上面开始起步——当你回到人的内心,回到人的灵魂,回到人的心理,这个时候世界历史就开始发动了。在目前还是意识里面的事情,它没有它的定在,它只是一种虚拟,在虚拟中意识获得了它的意识诸形态的系统,作为能动的中项而拥有了这么一个系统。但是它要在进一步的发展中，作为世界历史的发展过程，它才获得它的对象性的定在，才能实实在在地显示出来。这个在后面要讲到，它具体是怎么样实现出来的。在目前，在有机体的阶段，它还是作为我们对有机体的一种意识，一种虚拟态而存在，还不是现实的。

{166}　　　但是，有机自然并没有什么历史；它是从它的共相、从生命直接落到定在的个别性里去的，而单纯的规定性与个别生命活性在这样一个现实性中结合起来的诸环节所产生的，是那仅仅作为偶然运动的形成过程，在其中每一环节在自己那部分中都是能动的，并将维持着整体；

　　　"但是，有机自然并没有什么历史"，这是回到我们的有机体领域里面了。刚才是一个虚拟，虚拟里面当然也得到了一些肯定的东西，但是是在意识层面上获得的，而不是在现实层面。在意识层面上获得的将来会成为它进一步的定在的基础，就是世界历史。世界历史的起点从这里开始，进入到人类意识领域里面我们的人类历史才起步了，这是将来的事情，这里还没有。所以有机自然跟世界历史是对立的，世界历史已经不是自然了，有机自然还没有进入到历史。"它是从它的共相、从生命直接落到定在的个别性去的"，就是有机自然的问题不是什么历史的问题，为什么不是历史的问题呢？因为它不是发展出来的。有机体不是发展出来的，不是通过中项的活动、通过中项的能动性把它推出来的。尽管我们前面已经有了一个三段论的推理，但是那个推理是非常形式化的，它的中项还不具有一种真正的客观的能动性，而是主观外在地把两个环节组合起来、凑合起来。所以这样一种凑合，就是从它的普遍性、从它的共相、从生命"直接降落"到定在的个别性里去。生命作为一种共相，作为一种类，不经中项，直接就掉到了个别性。或者说，如果说有中项的话，原来的形式逻辑的中项，它不过是把普遍的共相和个别性，把它们以一种偶然的方式凑合起来的。当然我们讲到定在的个别性，一个有机体，那么这个里面肯定有普遍性，有类，它属于有机体这一类；它还有种，是哪一种有机体,那么我们给它进行一种归类就是了,进行一种划分就是了。这种划分是很平静的,不需要怎么努力,你只需要把现有的东西放到一起就是了。所以它是直接落到定在的个别性里去的。有机体的个别性跟一个其他的无机的事物不一样的地方,就在于它里面直接放进了生命的类,每个有机体里面都有它生命的类作为它的普遍性的本质。所以这样一种个别性,这样一种有机物,它缺了一个真正的中项,缺了那个能动的中项。正因为它缺了中项,所以我们说它掉落进去了,坠落了,它没有一个过渡。这个落下的用词就说明它没有中项,它中间没有过渡,直接就把一个个体和类凑合在一起。它怎么凑合起来的呢? 人为的,不是它自己发展出来的,发展出来的那就不是落进去了,那就是运动,那就是发展,但这里没有运动、没有发展,也没有历史。有机自然没有历史。"而单纯的规定性与个别生命活性在这样一个现实性中结合起来的诸环节所产生的,是那仅仅作为偶然运动的形成过程",就是在这样一个现实中联合起来的环节,一个是单纯的规定性,比如说类,一个是个别生命的活性,活生生的现实的生命,这两方面在现实中联合起来。从现实的生命的角度来看,你把这两个环节联合起来了,这两个环节也产生了一种运动,但是这种运动仅仅是作为偶然运动的形成过程。它也形成了一个三段论,但是,它是种偶然的运动,你从大前提到小前提再到推出结论,这个当然有一种运动,但这种运动是偶然的,你恰好把它凑起来了。你有个大前提:凡事有机物都具有类的普遍性,这是大前提;凑巧你这里有一个个体,这种个体是一种有机物,这是小前提;那么你就可以把这个有机物,这个个体和大前提的单纯规定结合在一起得出结论,说这个个体也具有类的普遍性。这也是一种运动啊,但这种运动是外来的,是人为的,因此它是偶然的,它不是自己必然发展出来的一种运动。前面那个小标题也是这样讲的,"生命,偶然的理性",偶然的理性就还不是真正的理性,是一种凑合起来的理性。当然它形成三段论好像是一种理性的推论了,但是里面还没有理性的精神实质,没有理性的内容,只是一种形式上的理性,形式上的理性是一种偶然的理性。我们后面讲思维的规律,形式逻辑,它仅仅停留在这个层次上面,它仅仅作为偶然运动的形成过程。"其中每一环节在自己那部分中都是能动的,并将维持着整体",在这样一个形成过程中,在这样一个偶然的运动中,每一环节在自己那部分中都是能动的,个别性环节和普遍性环节,在自己部分中都是活动的,因为它是有机体嘛,有机体当然就是能动的了。大前提"凡是有机物都具有类的普遍性",这种理解应该是一种活动的理解,一种动态的理解。具有类的普遍性,什么是类的普遍性,就是能够延续,能够再生,能够具有感受性、应激性,而这是活动的、我们活生生地看到的这个有机体。"并将维持着整体",这里用的是将来时,也就是说,这种能动性的目的是要维持整体,但这只是将来的目标,而不是现在达到的事实。

　　但是这种活跃性**自为地**本身仅仅局限于自己这一点上,因为整体在这一点中并不是现成在手的,而整体不在其中现成在手,是因为它在这里并不作为完整的东西而**自为**存在。

　　"但是这种活跃性",活跃性就是前面讲的能动性,他用了两个不同的词,活跃性就是每一个环节在自己那部分中都是能动的,都是活跃的。但是这种活跃性呢,"**自为地**本身仅仅局限于自己这一点上",这种活跃性是自为的,它仅仅局限于自己这一点上,它将维持自己为一个整体。动物界、植物界,为了维持自己的生存,表现得那样的多姿多彩,但是归根结底,每一个物种都是为了维持自己的生存,它仅仅局限于自己这一点。但它这个整体并不是真正的整体,而只是自然界整体的一个部分,所以它总是最后不得不放弃自己的整体而为了将来更大的整体作出牺牲。每个个体为了维持自己的种的延续,都将放弃自己自为的活跃性而走向死亡;而就整个地球生态而言,每个物种都被限制在一定的限度内,以免打破整体的平衡。"因为整体在这一点中并不是现成在手的",整个有机系统,包括整个宇宙,你要把它看作一个有机系统,在这一点上,也就是在这个自为地维持自身的有机体这一点上,并不是现成在手的。它

494

那一点并不是现成地就有一个整体了,相反每一个有机体都是自为的,都是为它自己的,它对它自己是在趋向于成为整体,但是对其他有机体和整个地球它只是部分,它和外界处于冲突中,自己成不了一个整体。所以在有机世界里各种各样的有机体都不构成一个整体。"而整体不在其中现成在手,是因为它在这里并不是作为完整的东西而**自为**存在",这个整体在这里,也就是在有机体这里,并不是作为完整的东西而自为存在的,而是作为片段的东西,作为凑合起来的东西,是偶然碰到一起的,不是自己形成起来的。它不像刚才所讲的,"自己安排成整体的精神生命"那样存在着,不是自己把自己安排成整体的那样一种精神的生命。在类身上,意识已经上升到超出有机自然了,但是有机自然本身仍然是一种机械凑合的关系。在有机自然里面所表现出来的现实还是无机的凑合的,还是机械的,而不是真正把有机的精神体现出来了。有机的精神只是体现在意识之中,不是体现在现实之中。它只是体现在我们把握现实有机体的时候,我们的把握,我们的理性,我们的意识,本身已经呈现出一种有机性了,它已经有了一种系统性,已经系统化了,它是系统化自身的,它是自己安排成整体的精神的一个意识诸形态系统。这个我们意识已经做到了,但是我们在现实中还没有看到。所以这样一个整体还不是现成在手的,还没有拿到手,我们在现实中还没有拿到这样一个整体,但是我们在意识中已经意识到这样一个整体了。

因此,除了观察的理性在有机自然中仅仅做到把有机自然本身作为一般的普遍生命来直观以外,而且,就观察的理性而言,对这普遍生命的发展与实现的直观也仅仅是按照那些完全普遍地区别开来的系统而形成起来的,适合于这些系统的规定性的,并非有机自然在有机物本身中的本质,而是它在普遍个体中的本质;而且在地球的这些区别**之中**,这种直观才按照类所寻求的那些系列编排而形成起来。

"除了观察的理性在有机自然中仅仅做到把有机自然本身作为一般的普遍生命来直观以外",这就是类了,观察的理性在有机自然中,我们把有机自然作为类来直观。我们看出来有机物这一类跟无机物是不一样的，我们直观到了活的东西和死的东西是不一样的，作为一般的普遍生命，我们有一个直观。观察的理性在有机自然方面仅仅做到了把有机自然仅仅看作是类，有了这么一个直观。除了这个直观以外，"而且，就观察的理性而言，对这普遍生命的发展与实现的直观也仅仅是按照那些完全普遍地区别开来的系统而形成起来的"，前面是观察的理性，这里也是就观察的理性而言，但前面是讲类的直观，这里是讲"对这普遍生命的发展与实现的直观"，也就是对生命在现实中的直观。那么前面讲了，我们在现实的有机体里面还没有把它看作一个自身发展的系统，它的实现还不是发展的，还是凑合起来的，但是我们又看到有机体在发展，在实现，那么我们就仅仅按照那些完全普遍地区别开来的系统而形成这种直观。什么叫"完全普遍地区别开来的系统"？也就是那种数学化的机械论系统，我们是按照无机自然在数学关系上的那种普遍区别的系统，来直观有机生命的发展与实现的。有机生命确实在发展与实现，但是，我们在直观它的时候，我们是按照机械论的区别、按照数学定量化的区别来直观有机体的发展。所以观察的理性对待有机自然的直观有种分裂，普遍的类和现实的发展格格不入，一方面是高高在上的类的意识，另一方面却是漠不相干的数的关系。"适合于这些系统的规定性的，并非有机自然在有机物本身中的本质，而是它在普遍个体中的本质"，就是说，适合于这些系统的量化规定性的并不是有机物本身的本质，你把它用到有机物身上会导致机械论，有机物将失去活力；只有普遍个体的本质才是适合于这个系统的规定性的。前面第 195 页说，个别有机物本身的本质是一种"内在的本质"，一种"活的个别性"，它"无视它那作为种的规定性"，当然不适合作这样一种量化系统的规定。只有普遍的个体，也就是一切有机物的总体、这个地球，才适合这种系统规定，虽然前面讲这些系统不断地被地球的威力所中断，变得残缺不全，变得失去活力，但地球在这样做的时候同样也是依赖机械的数学上的"暴力"，像山洪暴发、地震、森林大火,所以本质上不会与这种量化系统相冲突、相违背,而不过是重新洗牌而已。所以地球的区别不但适合于这些系列的规定性,"而且在地球的这些区别**之中**,这种直观才按照类所寻求的那些系列编排而形成起来","之中"打了着重号。地球本来是一个不可分的整体,如果你把地球放在这些区别之中来考察它们的相互联系,如地理位置、地形等等,那么在地球的这些区别之中,才形成了类得以分化成种的数学系列的大背景。也就是说地球的这些区别是一个大环境,类要把自己体现在种的数量系列中,除了数量本身的抽象规定之外,还得服从地球的这些区别的机械论的背景,只有在这样一些区别之中,这种直观才按照类所寻求的那些系列编排而形成起来。地球作为普遍的个体,本来是作为一个有机系统的系统质而设想的,是类的推论所推出来的;但当它现实地作为"类的威力"而发挥作用时,同样陷入了机械的暴力,违背了有机体的活力。它不但没有克服类在下降为种时所带上的量化限制,而且成为了这种量化限制的同样是量化的条件,从有机自然倒退回了无机自然。所以,普遍个体虽然是为了拯救类的有机本质而设想出来的一种整体的系统质,但它像类本身一样不能落实在现实的构形中,一旦降下来,就被纠缠进数的系列的机械关系中,而类本身则仍然高高在上,成了一种与现实的直观完全不同和无关的理性直观了。整个这一段就是讲,观察的理性在有机物中有两种直观,这两种直观互不相谋,一种是"仅仅做到把有机自然本身作为一般的普遍生命来直观",也就是把有机自然本身作为类来直观;除此之外,就是"仅仅是按照那些完全普遍地区别开来的系统"而形成的"对这一普遍生命发展与实现的直观"。注意这两方面都是"仅仅",也就是各守住自己一方而与另一方不搭界,双方是"除了……之外,而且"的关系。也就是说前一方面是作为一般普遍生命、类,那是在概念上、意识上,在概念和意识上我们已经把握了有机体的类,但仅仅是抽象的把握,这个观察的理性做到了。但是后一方面,具体的把握,如果要包括有机体的发展与现实,在现实中的直观,那么,也仅仅只能按照那些完全普遍的区别了的系统而形成起来。所以后面这种直观它是按照地球的区别来直观的，也就是按照地球上的那种无机自然的直观而形成起来的。所以这里有两个层次，就是观察的理性对有机物的观察，在一般的普遍的生命这个层次上面，它已经做到了把有机自然本身作为一般普遍生命来直观，知道要一般地把有机体和无机物区分开来，有机体是类，而无机物不是。它已经形成了有机物的概念，它获得了有机规律的思想，它对于类有了初步的意识，它形成了有机体的理性的三段论，经历了意识诸形态的系统。这是一个层次，在意识的层面，在更高的概念的层面上它已经直观到了有机体的本质。但是在另一个层次即现实的层面呢，它没办法，它最终只好把有机体还原为数的系列，而且有机自然的数的系列还要服从地球的一般的区别的无机自然的编排。试图打通这两个层次的一切尝试都遭到了失败。

所以，由于**有机生命的普遍性**在它的现实性中没有真正的自为存在着的中介，而让自己直接地坠落到**个别性**这一端中，所以观察的意识所面对的就仅仅是作为事物的**意谓**（Meinen）；并且当理性能有闲情逸致去观察这种意谓时，它就被局限于对这些意谓，即对自然的奇思异想（Einfällen）加以描写和记述。

"所以"，这是从上面一段推下来的，这里有一种逻辑关系。"由于**有机生命的普遍性**"，有机生命的普遍性打了着重号，也就是类的普遍性，"在它的现实性中没有真正的自为存在着的中介，而让自己直接地坠落到**个别性**这一端中"。就是我们刚才讲的，在有机生命的高层次的那一端，我们对于有机生命的类已经有了概念的把握了；但是，高高在上的有机生命的概念应该在现实性中体现出来，怎么体现呢？在它的现实性中没有真正的自为存在着的中介，没有真正的中介。前面三段论式已经提出一个种的中介了，但是这个中介是假的，它是凑合起来的，它是合成的，它不是真正的中介，因为它没有自为存在、自行发展。真正的自为存在的中介，就是后面假设里面讲的，假如有这么一个中介，它自身既是个别的，又是普遍的，因为它是运动的，在自身个别的现实运动中把自己实现为普遍性，这样来把个别和普遍联结起来。如果有这样的中介的话，那就好办了，但可惜我们现在还没有。但是尽管我们没有，我们已经意识到了。而由于在这里有机生命的普遍性在现实性中没有真正的中介，"而让自己直接的坠落到个别性这一端中"，没有中介，那它要达到现实性，达到个别性，它就只有掉下去了，它就只有坠落了，中间没有一个梯子让它过渡一下，那它的普遍性就直接摔到了个别性上面，"硬着陆"了。这是一种偶然的碰撞，普遍性碰到了个别性，摔到了个别性上，因为它没有中介。有中介的话，它就不会摔，它就会过渡过来，它就会把这两端有机地结合起来。"所以观察的意识所面对的就仅仅是作为事物的**意谓**"，作为事物，有机物就是个事物嘛。但是有机物作为一个事物，它究竟意谓着什么？观察的意识所面对的仅仅是作为事物的意谓。意谓在前面"感性确定性"这章中是最后得出来的，就是说感性确定性实际上最后你确定不了，你想要寻找一个确定性，最后你得到的仅仅是一个意谓，这个意谓就是不确定的东西，你认为什么它就是什么。也可以翻译成"意见"，你以为的东西，Meinen 就是以为嘛，你认为，这个就是不确定的。那是没有客观根据的，只是你主观上想当然的那么一个东西。那么观察的意识面对的仅仅是一种意谓，仅仅是你想当然的一个东西，就是把普遍性把它坠落到个别性这一端中以后，那就成了只是你主观认为的东西，客观上没有任何证据。你只是想当然地把你的想法和有机体的现象结合起来，你认为这就是对有机体的解释了，但实际上你根本没有解释。你用外在的东西来解释它，却赋予这种解释内在的意谓，而没有现实的自为的中介，所以仅仅是一种作为事物的意谓，一种想当然。类嘛，它肯定要表现在个体身上，而有机的个体肯定有类的普遍性了，但是类如何能表现为个体，个体又如何具有普遍性，这个还没去考虑，只是想当然，或者它至少没有说出来。意谓本身是说不出来的，在三段论里面，从形式逻辑角度它根本没有说出来，它只是一种形式的联结。你把它联结起来，从推论上说，没错，但它的具体的含义是什么，还需要解释。如果你不解释，只是想当然，那就只是一种意谓，就是不确定性了。"并且当理性能有闲情逸致去观察这种意谓时，它就被局限于对这些意谓，即对自然的奇思异想加以描写和记述"，理性有闲情逸致去观察一下这种意谓，三段论已经是理性了，但是你把它用在观察这种意谓，这只是理性的闲情逸致，不是理性的正业，而是它的一种业余的、茶余饭后的闲谈，它就被局限于对这些意谓加以描述了。这样的意谓就相当于对自然的奇思异想，Einfällen 这个词，词典上的含义就是突发奇想，突然想到的念头，突然冒出来的念头。但它的词根与 einfallen 相同，后者有倒塌、陷落、下沉的意思，也与前面的"坠落"（unterfallen）相关，有"天上掉下来的念头"的意思，我们把它翻译成奇思异想。理性在它的闲情逸致中，它所做的也就仅仅是对这些奇思异想、对这些突然想到的偶然念头加以描写和记述，我想到了什么，我就把它记下来，没有过脑子，没有深入的去想。当然理性在有时间的时候也不妨去做一点这样的消遣，但是你不要把它当真了，不要把它当作是解决问题的严肃的工作了。

[198]   <u>不错，意谓的这种毫无精神的自由将会到处呈现出规律的苗头，必然性的征兆，秩序和系列的暗示，以及机智的表面联系。</u>

理性的闲情逸致所造成的是些什么东西？不错，"意谓的这种毫无精神的自由"，意谓由于它的不确定性，你就可以自由地解释，意谓有种随心所欲，但是它是毫无精神的，里面没有精神，没有一种支配的原则，它完全是受一种偶然性摆布。意谓你想到什么就是什么，那是很偶然的。所以这种毫无精神的自由，"将会到处呈现为规律的苗头"，规律，但只是苗头；"必然性的征兆"，必然性却只是征兆；"秩序和系列的暗示"，有次序和系列，但仅仅是暗示；"以及机智的表面联系"，虽然机智，却只在表面联系上做工夫。这些东西都是理性的，规律、必然性、次序、系列、机智，这些东西都和理性有关，但都不是严格意义上的理性，都是偶然的理性。这就是理性的闲情逸致所得出来的结果，你不是认真地对待理性本身,而是把它随意地、随心所欲地运用于你所意谓的那些东西,运用于对有机自然你所以为的那些东西。你随便地把理性用在上面,就可以得出这样一些东西。

　　但是这种观察,在有机物与无机物的存在着的区别相联系时,如和元素、区域和气候相联系时,就规律和必然性而言,超不出有**很大影响**这种说法**之外**。①

　　就是说这样一种观察,通过偶然的理性对意谓加以观察,"在有机物与无机物的存在着的区别相联系时",也就是当我们从无机物的那些存在着的区别来解释有机物时,例如"和元素、区域和气候相联系时",对有机物的本质的解释没有多大意义。有机物跟无机物的区别当然有联系,比如说元素的区别,水、空气、土壤等等;区域的区别,南方北方;气候,冬天夏天等等。有机物与所有这些东西相联系,但"就规律和必然性而言",就是你要寻找有机物中的规律和必然性的话,这些联系意思不大,"超不出有**很大影响**这种说法**之外**"。你顶多说这个有机物受到了某种元素、某个区域、某种气候的很大的影响,比如干旱,这场干旱对有机物有很大的影响,亚马逊流域水量充足,对当地的植被,动物有很大影响,南方和北方等等,所有这些元素都有很大的影响。你顶多是作出这么一些区别,这能算是规律吗,这能算是必然性吗,这不是碰到一起的东西吗?这句话我们可以翻到第 172 页,上面有一句类似的话:"这里停留在一种如此肤浅的规定,以至于就连这规定的必然性这一说法也只能是肤浅的,超不出有很大影响这种说法,况且人们并不知道哪些真正隶属于这些影响,而哪些不隶属于它。"这里讲到有机物对很多东西的关系啦,像"空中的动物都具有鸟的形状,鱼类的动物都具有鱼的性质,北方的动物都有厚厚的毛皮等等,显然具有一种贫乏性"等等,要想从中寻找某种规律

---

①　参看 G.R.Treviranus :《为科学家和医生写的生物学或生命自然哲学》,第 2 卷,哥廷根 1803 年,第 47、81、和 138 页,详细阐述了黑格尔所引用的"诸元素"、"地域"和"气候"。——丛书版编者

性是徒劳的。这里这句话等于重复了前面的那个说法，就是说，你想要把握有机物的规律，你把它和这样一些偶然凑合到一起的元素，区域气候等等联系起来，那是找不到规律的，也形不成必然性的，顶多也超不出有很大影响这种说法，这种说法没什么意义。当然在日常生活中也可以给你某种类似于知识的说法，但是这只是意谓，只是想当然，冬天动物就有厚厚的毛，夏天就怎么样，这些东西都是想当然的，它不是规律，只是一种偶然性的现象。

同样的，另一方面，当个体性不具有地球的含义而是具有**内在于有机生命中的一**的含义时，这个一虽然与共相直接统一而构成类，但正因为如此，这个类的单纯的统一就只把自己规定为数，因而将质的现象都放弃了，——这时观察所能拿出去的也不过是一些**得体的评语，有趣的联系**，和**对概念的好意的迎合**而已。

"同样，另一方面"，另一方面是什么意思呢，前面一方面是讲的普遍的方面，本段一开头就讲了："所以，由于有机生命的普遍性"，有机生命的普遍性打了着重号，"在自己的现实性中没有真正的自为存在的中介，而是让自己直接地坠落到个别性这一端中"，讲的是普遍性的方面，它没有中项，就只能成为意谓。它怎么坠落到个别性上来的，这个没法解释，只能想当然。也可以得出一些东西，像这规律的苗头，必然性的征兆，秩序和系列的暗示，这样一些东西没多少意义，顶多就是说有很大的影响，没有把有机体的本质表达出来。这是从普遍的方面，普遍的方面在下降到个别的有机体时，最后成为了仅仅是意谓而已，因为它没有中项。而这里讲的"另一方面"，就是个体性的方面，个体性的方面也没有中项。普遍的方面没有中项它就没办法过渡到个别性，它只能掉下来；而个体的方面呢，没有中项它就不能上升到普遍性。所以同样的，"当个体性不具有地球的含义而是具有**内在于有机生命中的一**的含义时"，从个体性这方面来说，如果它不具有地球的含义，不具有普遍个体的含义，也就是不是那种整体性的个体，而只是指那种内在于有机生命中的"一"。这是每个有机体所具有的那种个体性或者单一性，它是有机生命内部的一，它跟外部的环境，气候没有关系，我们只考虑这个个别性的一。"这个一虽然与共相直接统一而构成类"，与普遍性直接统一，不通过中介，没有中项，说到一个个体直接就是说它的类。"但正因为如此，这个类的单纯的统一就只把自己规定为数"，从有机体的一来直接构成类，构成一个单纯的统一，那么这种立足于个别性的单纯的统一就只把自己规定为数，就是说个体性方面就坠入到了数。从普遍性的方面，由于没有中介，它坠入到了直接由地球的各种区别来解释有机体；那么站在有机体的立场，它要把自身变成普遍性，它也缺乏中介。那么它只有通过把自己规定为数来把自己变为普遍的。"因而将质的现象都放弃了"，个别的东西你要把它变成一种普遍的东西而不仅仅是这种个别的东西，那么你只有通过一种数量的规定，而把质的现象都放弃了。这是讲个别的东西如何扩展成普遍的。而前面讲的是普遍如何落实到个别性，那坠入到了地球物理学和地理学，只能泛泛而谈对有机体的影响。那么你要从个别的东西上升到普遍性，也没有什么别的办法，那只有依靠数。"这时观察所能拿出去的也不过是一些**得体的评语，有趣的联系**，和**对概念的好意的迎合**而已"，你要用数量关系来规定个别的有机体，使它能够普遍的把握，那么你能够拿得出来的是些什么东西呢？"不过是一些**得体的评语**"，你的评语也许是恰当的，是不过分的，没有不妥当的地方，你顶多是做出这样一些评语。"**有趣的联系**"，也许你把一种有趣的数量关系把它附会到有机体身上。"和**对概念的好意的迎合**"，就是你准备好用概念来加以解释，但我现在还没有概念，只是准备好了运用概念，就像康德所讲的"无概念的合规律性"，为了能够运用概念，我就必须把这个东西解释成好像适合于概念一样。你已经有这种意识，你觉得最终还是得靠概念来解释，但是你只有量的标准，你如何能够用概念加以解释？你要用概念加以解释，你必须有质的标准，但是你把质的标准已经放弃了。尽管放弃了，你还是准备着用概念加以解释，保持对于概念的好意的迎合这样一种态度，顶多是这样。但是这样一些评语，这样一些联系，这样一些好意的迎合又有什么意义呢？

但是得体的**评语**并不是什么**必然性的认知，有趣的**联系则止步于**兴趣**，但兴趣还只是对理性的意谓；而个体借以暗示一个概念的那种**好意**，乃是一种天真的**好意**，如果它想要并且自以为自在自为地有某种价值，那它就是幼稚可笑的了。

这种方式所得出来的是这样一些东西：得体的评语，有趣的联系，对概念的好意的迎合。那么下面逐个来讲。"得体的**评语**并不是什么**必然性的认知**"，你的评语很得体，没有什么超乎寻常的，一切都是那么样的妥当，但是呢，评语并不是认知，它没有必然性。"**有趣的**联系则止步于**兴趣**"，你对它有兴趣，你对它的量的关系、对这一组数字有兴趣，仅仅表现出你的兴趣而已，至于是不是客观的，这个还不知道，它只是你的兴趣。"但兴趣还只是对理性的意谓"，这里又提到了意谓，也就是说不管从普遍坠落到个别，还是从个别跳到普遍，最终得到的都是意谓，都是不确定性，都是一种想当然的关系。兴趣只是对理性的意谓，只是一种偶然的理性，偶尔想到的一种奇思异想。"而个体借以暗示一个概念的那种**好意**，乃是一种天真的**好意**"，这种好意当然有它的作用，就是个体借以暗示一个概念，有机的个体通过这种好意准备给这个概念留下它的适用性的可能。暗示一个概念，它不是上升到概念，而只是暗示一个概念，这里有一种天真的好意。就是说，这种出发点是好的，你知道它可以为概念提供某种基础，提供某种准备，提供某种可能性，但是这种想法还是一种非常天真的想法，以为直接凭意谓就能达到概念的普遍性。"如果它想要并且自以为自在自为地有某种价值，那它就是幼稚可笑的了"，如果保持这种暗示性，那还只是天真；但如果自以为就有某种客观的价值，那就幼稚可笑了。天真和幼稚可笑，一个是 kindlich（天真），一个是 kindisch（幼稚），意思相近，但一个带有褒义，一个带贬义。总而言之就是说，这是一种还没有成熟的理性。理性在这个阶段上还是一种试探，还是一种想当然，还是一种闲情逸致和暗示，还没有真正地把有机体当作一个事业来做。真正要把有机体当作一个事业来做，你就必须抓住你已经得到的东西，你在对有机体的观察中得到了什么呢？你真正得到的不是对有机体本身现实地用一种什么样的规律加以把握，而是你在观察有机体的时候你的意识中发生了什么，你获得了一个什么样的意识形态。在意识的经验科学中，你已经提升到了意识的哪一阶段，这才是你现实地已经拥有的。尽管你在对有机体的解释中一步步走过来，每一步都失败了，但是你的有机体的意识、生命意识已经形成了，这是最大的成果。所以在这个意义上你并没有失败。你所有的失败都是一种操练，使得你的生命意识形成起来，使得你的理性在有机的观察中形成起来，使得你的理性从一种偶然的理性提升到理性的必然性。但是这样一个层面必须要反思才能达到，如果观察的理性只是眼光向外观察，那永远也观察不到这一层，你必须把你的眼光收回来，观察你的观察本身，观察你在观察的时候在干什么，你才能够上升到这样一个层次。回到意识本身，回到意识在干什么这件事情，这才是事情本身，其他那些都是为了得出这个而做的一种操练，一种练习。所以在把握有机体的时候，人们往往免不了把它变成一种机械论，把它还原为一种数量关系，你搞了半天，还是失去了有机体。但不要紧的，你实际上得到了，你在你的精神中，你在你的意识中已经得到了，已经把有机体的这样一种原则渗透到了你的观察活动本身。那么你只要把这个观察活动当作你的对象来向内观察，那不就是收获吗？这就是观察的理性进入到的第二个阶段，是我们下面要讲的。

b. 对自我意识在其纯粹性及其与外在现实的联系中的观察；逻辑规律与心理学规律　{167}

我们现在在继续下面的啊。我们先看这个标题，这是黑格尔原有的标题，不是编者加的。"**b. 对自我意识在其纯粹性及其与外在现实的联**

505

系中的观察；逻辑规律与心理学规律”，对自我意识在其纯粹性中的观察就是逻辑规律，在其与外在现实的联系中的观察就是心理学的规律。心理学在康德黑格尔的时代是一门刚刚兴起的经验科学，它和物理学都属于经验科学。那么心理学通常被认为是对人的内在心灵与外在现实的联系中的一种经验的观察。当然这种联系是立足于自我意识，立足于内在，而对内在的意识和外在事物的联系进行观察，这就是心理学。前提是自我意识，这个自我意识作为“**b**”的核心词，在前面其实已经交代了，但是没有直接点出来。比如说我们刚才讲到的这个，197 页的第 5 行，“**意识在普遍精神与其个别性或感性意识之间拥有的中项，就是意识诸形态的系统，即自己安排成整体的一个精神生命**”。意识拥有了意识诸构形的系统，也就是说意识拥有了意识系统，意识还打了着重号，那么拥有意识系统的意识是什么呢，当然就是自我意识了。前面其实已经接触到了这样一个主题，但是在那个时候，我们还没有进入到自我意识的领域，所以它只能够作为一种虚拟来谈，就是假如是那样的话，那么意识就达到自我意识了，就进入到了世界历史了，就在世界历史里有它的对象性的存在了，这完全是对自我意识历程的一种描述了。但是那个时候我们因为探讨的还是有机体，所以还无暇顾及，它只是一种暗示，暗示我们马上要过渡到自我意识了。观察的理性它的 **a** 是对自然的观察，**b** 是对自我意识的观察，那么对自然的观察就对应于前面讲的意识章，对自我意识的观察就对应于前面讲的自我意识章。对自然界的观察都属于意识的阶段，或者说都属于对象意识的阶段，把自然界看作对象，无机自然，有机自然都是我们的对象；那么现在我们进入到意识对意识本身的观察，那就是对自我意识观察了。对自我意识的观察有两个层次，一个是对自我意识在其纯粹性中的观察，那就是逻辑规律。逻辑规律是自我意识在其纯粹性中我们所观察到的，我们观察纯粹自我意识的时候，首先观察到的就是逻辑学规律，比如前面出现的三段论推理；再一个是我们观察自我意识在其与外在现实的联系中，我们就建立起了心理学规律，这是两个这样的层次。所以 **b** 这一部分，它也就分成了这样几个阶段，我们看第一个小标题就是思维规律，198 页最后一行，"I. 思维规律"，思维规律也就是逻辑规律了，也就是形式逻辑的规律了；第 200 页中间，"II. 心理学的规律"，也就是自我意识在其与现实的关联中的观察；那么还有第三个，202 页第 4 行，"III. 个体性的规律"，也就是把心理学和逻辑性的规律合二为一，不仅在与现实的关系中来观察自我意识，而是把这种关系考虑在内，观察自我意识本身它的个体性所具有的规律，那就是形式逻辑规律和心理学规律的合题，那就是自我意识作为一个个体本身拥有的规律，即能动的辩证规律。由此我们就进入到了第三部分，204 页："**c.** 对自我意识与其直接现实性的联系的观察"，就是说这样一个个体，不是对外在现实，而对它的直接现实的关系，包括面相学与头盖骨相学，就是具体的个体在面相和头盖骨的构造上如何直接表现出来，我们能不能找到某种规律，这是这几个环节。后面这个环节很长了，要一直到 232 页，才进入到"理性的自我意识通过自身的活动而实现"，也就是进入到实践理性，用康德的话来说，前面都是理论理性，那么后面就过渡到了实践理性了。这是我们对于相关标题做的一些梳理。

对自然的观察通过在无机自然中把概念实现出来而发现了一些规律，这些规律的诸环节就是那些同时处于抽象状况中的事物；但这种概念并不是一种自身反思的单纯性。

这个是回顾前面了，因为这 **b** 节跟前面的 "**a.** 对自然的观察" 相比，已经上了一个台阶了，已经从意识上升到自我意识了，那么我们对意识阶段、对自然的观察要做一个回顾。"对自然的观察通过在无机自然中把概念实现出来而发现了一些规律"，在无机自然中把概念实现出来，如何实现出来？我们前面讲到规律，把规律的概念实现出来，把重力、电、酸碱等等的规律实现出来，这都是在无机自然中把概念实现出来而发现的一些规律。"这些规律的诸环节就是那些同时处于抽象状况中的事物"，这些规律的各个环节呢，是些抽象的事物，处于抽象状况中。这些环节本身是抽象的，它们通过类比和归纳只能建立一些偶然的联系，只有把它们提升到概念才能摆脱感性的偶然性而体现规律的必然性。但这种概念并没有达到自身反思，并没有把概念本身作为观察的对象。所以"这种概念并不是一种自身反思的单纯性"，它也许有概念，但这是无机物，我们前面对于无机物的观察得出来的是这样一些抽象概念。

与此相反，有机自然的生命仅仅是这种自身反思的单纯性；生命自身作为普遍的东西和个别东西的对立在这种生命自身的本质里并未消除；这种本质并不是类；要是类的话，在它的无区别的元素里就会自行分化并推动自身，同时在它的自为的自身对抗中又会是无区别。

"与此相反"，前面讲的是对无机物的观察，我们对无机自然的观察也发现了一些规律，也发现了一些抽象的概念，但这些概念呢，没有自身反思；而"与此相反，有机自然的生命仅仅是这种自身反思的单纯性"。这是大不一样的，无机物发现了一些规律，但这些规律没有自身反思到规律的概念；而有机物呢，却仅仅是这种自身反思的概念，而没有规律。无机物你可以找到规律，但这些规律没有提升到概念的自身反思。有机物呢，你找不到规律，而只有规律的概念。它仅仅是这种自身反思的单纯性，这种自身反思无法变成现实，它高高在上，你可以从概念上，从意识，从思想的角度来把握它，从理性的角度来把握它，但它落实不到个别性上。你要强迫它下降到个别性，它就摔到个别性上面，成为了数量关系和机械关系，顶多能够撞击出一些有趣的联想，一些必然性的征兆，但没有真正的必然性。"生命自身作为普遍的东西与个别东西的对立在这种生命自身的本质里并未消除"，生命自身的对立，什么对立呢？作为普遍的东西和个别的东西对立，生命一方面作为普遍的东西、类，另方面作为个别的东西、个体，这种对立在这个生命自身的本质里并没有消除。我们上面已经讲了，普遍性和个别性由于缺乏中介，所以它是对立的，这在生命自身的本质里并没有消除。你要消除，你就必须找到那个真正的中介，而不是表面凑合起来的中介；而你要找到真正的中介就必须到意识里面找，在现实中是找不着的，在现实的生命中它只是一个意谓。所以这种对立在这种生命自身的本质里是消除不了的。"这种本质并不是类"，还未达到类，因为类其实是高居于现实的生命之上的一种意识，一种概念。生命的本质还没有体现为类，它体现为地球的威力，体现为普遍的个体，而普遍的个体和类是相冲突、相矛盾的。要用普遍的个体、用地球的各种区别，地理、气候、元素，来解释这个类，实际上是把这个类肢解了。你想要把这个类变成一个自己给自己造成秩序的这样一种系统，但是这个工作总是被粗暴地打断，总是被搞得支离破碎，构不成一个系统。下面是个虚拟式，"要是类的话"，这是我加上去的短语，表示它是一个虚拟式，之所以用虚拟式，是说现在我们超越有机体这个阶段，向更高一个阶段冲击和试探一下，看看会怎么样。"在它的无区别的元素里就会自行分化并推动自身"。有机体的本质现在还不是类，但是假如是类呢，那它在自己无区别的元素里就会自行分化并推动自身了。类的无区别的元素里，这个元素是无区别的，类本身是单纯的本质。前面讲过："由于普遍的生命作为**类的单纯本质**从它自己这方面展开着概念的区别，并且必须把这些区别体现为那些单纯规定性的一个系列，所以这个系列就是由各种漠不相干地建立起来的区别所构成的一个系统，或**一个数的系列**。"［贺、王译本第 196 页］当然这种系统化遭到了失败，因为类在这里不是自行分化并推动自身，而是陷入到那些漠不相干的区别的数的系列中，被肢解了。如果生命真的是类的话，它就不会陷在这种普遍性和个别性的对立中，而是会在它的无区别元素里自行分化并推动自身。它本身没有区别，但正因为如此它可以造成区别，自行分化。这才是有机体的特点，有机体的类的特点就在于，它不是由别的东西把它区别开来，而是它自己把自己区别开来，并推动自身；只不过它不能在现实中把这一点实现出来。这样一种类，你就可以把它看作一种能动的中介了，自己以自身为中介，而分化自身、推动自身。"同时在它的自为的自身对抗中又会是无区别"，就是说类它自己把自己区别开来，同时这种区别又是无区别的，这就是自我意识的结构了。正如前面第 174 页所指出的："自我意识在观察有机自然时所发现的不是别的，就是这一本质（Wesen），它发现自己是**作为一个生命**的物，但还是在它自己所是的东西与它所发现的东西之间造成了一种不是区别的区别来。"在有机生命的目的概念里面一开始就已经揭示了这一自我意识结构，这里则是在类的概念中再次反思到这一结构，自我意识不再只是一个观察者，而且成了被观察者。这就不是一个抽象的概念了，而是一个具体的概念了，那就是自我意识。我们前面讲自我意识章的时候，也是从这个角度来谈的，一个欲望，一个生命，一个类，我们由此才进入到自我意识的领域，那么这里也是，类本身就体现了自我意识的结构，就是自行分化，自己推动自身，自为地对抗自己，同时又跟自己没有区别，就是一个东西。

　　观察发现这个自由的概念，它的普遍性在自己本身中同样绝对具有发展了的个别性，这是只有在作为概念而实存着的概念本身里、或者说在自我意识中才具有的。

　　这最后一句点出了自我意识。"观察发现这个自由的概念"，这个自由的概念就是类的概念。前面也曾提到有机体的自由："在这作为单纯的否定性或**纯粹个别性**的一端中，有机物拥有自己绝对的自由，凭借这种自由，它面对为他者存在和面对形态各环节的规定性而不受干扰并得到保护"［第 189 页］。但个别有机体的这种自由只是消极的自由，即不受干扰不受束缚的自由。类的概念作为一个自由的概念最初也是这样，前面讲"类的自由却是一个普遍的自由，它与这个形态或形态的现实性是漠不相干的。"［第 194 页］但现在，当我们把类在概念层次上作为一个对象来考察时，"它的普遍性在自己本身中同样绝对具有发展了的个别性"，这时它成了积极的自由。就是说，它是自身分化、推动自身，自为的对抗自己同时跟自己又没有区别。它不再对个别性冷眼相看，而是"同样绝对"地把个别性、把"发展了的"个别性拥入自身中，这是与前面那种拒斥其他东西的消极的自由同样绝对的积极自由。观察已经意识到这个自由的概念了,先是意识到消极的自由概念,通过一步一步提升观察的层次,最后达到对类的这样一种自我中介的理解,这样来理解的类,就是一个积极自由的概念。我们前面也讲到,只有从自由的概念方面,我们才能真正理解有机体。但这种理解在当时只能采取虚拟式,同现实的机械的自然没有关系,它是人的主观中的一种意识,一种概念,一种思想。现在我们要颠倒过来,把这种在意识中,在概念和思想中所呈现的东西当作我们观察的意识真正所获得的成果来观察。其他的那些尝试都失败了,但在某种意义上也成功了,因为它们引出了这个成果,在暗中发展出自由的概念。绝对自由最初是指有机体完全由自己决定的,不受外界干扰的,超越个别有机体而高高在上;现在是指普遍性由自己把个别性发展出来,并把这个发展了的个别性据为己有。个别性现在不是由外在的东西提供给普遍性的,而完全是由它自己发展出来的,不是凑合起来的,而是普遍性的本性。自由的概念它的本性就是发展着的个别性,所以它是绝对的中介。在对有机体的观察中,由于缺乏中介,所以你没办法解释,你顶多可以找到一些表面上的规律,这个不解决问题,它没有必然性,它只是一种意谓。那么在这个自由的概念里面,它已经有了必然性,也就是它的普遍性绝对的具有发展了的个别性。"这是只有在作为概念而实存着的概念本身里、或者说在自我意识里才具有的",绝对具有发展了的个别性,在什么里面才能具有这样的个别性呢,"是只有在作为概念而实存着的概念本身里"。作为概念本身而实存是什么意思? 前面已经多次出现了概念,但是前面的那些概念还都没有作为概念而"实存",因为它们都还没有实际地行动起来,而只是抽象概念,所以都还不是概念本身。意识已经意识到了概念,但这种概念还没有实存,思维和存在还没有通过概念的行动达到统一,概念是概念,定在是定在,概念是一方,现实性是另一方,所以概念还没有它的实存。前面讲,概念的实存只有在世界历史中才有的它的对象性的定在,这样一个对象性的定在在这里已经起步了,在哪里起步呢,在自我意识里起步了。自我意识只有人才有啊,所以也可以说在人这里才起步了。世界历史从人类社会开始起步了,在自然界里面没有,不管是无机自然还是有机自然还都没有起步,只有进入到人类社会,到自我意识,才开始有了它的实存。所以这种个别性只有在自我意识里才具有,这种个别性与原来那种个别性就不一样了。原来的个别性是找到的,是碰到的,而这里的个别性是由普遍性发展出来的个别性,它是一种发展了的个别性。自由的概念,它的普遍性在自己本身中同样绝对具有发展了的个别性,这种个别性就具有必然性了,不是偶然碰到的。自我意识的个别性是由自我意识的普遍性发展出来的,自我意识的普遍性作为自我意识的本质使自己成为个别性,使自己具有个体性,使自己具有了对外的冲击力,具有了一种冲动,具有了一种欲望,生命,类的冲动,这才具有改造世界的一种能力。

这是一个引子,这个 "b.对自我意识……的观察" 前面的一个引子是承前启后,把以前的东西都引到了自我意识这个基点上,所以在自我意识里面,普遍的东西才能发展出个别性,普遍和个别在自我意识里面才能真正达到统一,才能找到真正的中介。在以往的阶段普遍的东西都是在观念中而没有实存,而在自我意识这里呢,它已经有了实存,不再是虚拟式了。它的实存首先就表现在思维规律上面。思维的规律,就是形式逻辑了。对观察的意识来说,这还是种观察的意识,思维的规律就是对于观察本身的观察。观察就是思维嘛,你怎么思维的,那么我们对这种思维反过来加以反思,加以观察,我们就会发现,它是按照思维规律来思维的,它有一种规律,这种规律,在它的纯粹性中就是逻辑规律,就是形式逻辑规律。

[**I. 思维的规律**]

对观察的观察的第一步,就是从抽象的层面对它进行观察,那就是思维规律。前面第185页我们曾看到,观察的理性想要在有机物中寻求规律,虽然没有寻求到规律,但"我们"却已经把握到"规律的思想"了,

512

只不过尚未落实到现实的存在上而已；而现在观察的理性在反思自身的实存时，这个对象在自我意识中就不再是"规律的思想"，而颠倒为"思维的规律"了。黑格尔在《精神哲学》中描述这一颠倒过程说："对于意识来说，自我的继续规定具有一种客体的变化不依赖于自我活动的外观，因而在意识那里对于这种变化的逻辑的考察就还只是属于**我们**；而**对于**自由精神来说则是：它自己从自己产生出客体的自己发展着的和变化着的诸规定，它自己使客体性主观化和使主体性客观化。"① 可见从意识（对象意识）到自我意识的自由是两个不同的阶段。前面对于有机体三段论的考察就是属于"我们"旁观者的考察 [第 195—196 页]，它未成为观察的理性自己的对象，只是属于意识阶段的对规律的思维；而到了自我意识阶段，对这种推论的逻辑考察就成了"自己从自己产生出客体的自己发展着的和变化着的诸规定"，也就是刚才讲的"自行分化并推动自身"，"它的普遍性在自己本身中同样绝对具有发展了的个别性"，这就从形式逻辑的外在技术手段变成了自由精神和自由概念的体现。所以"思维的规律"这部分主要就是批评形式逻辑的那种外在的形式化，并从中引出自由精神的自己运动和发展以及主体和客体的交互统一来。要注意的是，逻辑的思维规律在《精神哲学》中是放在心理学规律之后来讲的，而这里却放在心理学之前。因为这里讲的逻辑只是着眼于形式逻辑，属于理论上的形式技术；而《精神哲学》中的逻辑的辩证内涵已得到展开，概念、判断和推论都在表面形式的表象底下显露出了思想的自己运动的本质，所以它被放在心理学之后，并接着就向实践的理性过渡了。②

　　由于观察现在返回到它自身并指向作为自由概念的现实概念，它首先发现的是**思维的规律**。　[199]

---

① [德] 黑格尔：《精神哲学》，杨祖陶译，人民出版社 2006 年版，第 241—242 页。

② 对此可参看同上，第 292—295 页。

"由于观察现在返回到自身"，观察返回到观察，观察对观察进行观察，现在到了这样一个层次，观察返回到自身了。"并指向作为自由概念的现实概念"，返回到自身，指向一个概念，指向一个现实的概念。什么现实的概念呢？我们一直在观察，这已经是一个现实，是一个事实，我们观察自然，观察无机物，观察有机物，这不都在观察嘛，这是一个现实的概念。但是这个现实的概念呢，同以往所观察的现实的概念都不一样，它是"作为自由概念"的现实概念。你在观察的时候，你最初是不自由的，你要尽量使自己的观察符合观察的对象，否则你的观察就没有现实性。但是现在，当你的观察返回到自身的时候，你已经不考虑是否与对象相符合的问题了，你只考虑你是怎么观察的，把这个作为对象。这时你的观察就是自由的观察了，不受对象的束缚了，而你的观察所指向的概念就是作为自由概念的现实概念了。你在观察的时候，你现实地在做什么，这才是你现在的对象。在这样一个对象上面，观察"首先发现的是**思维的规律**"。就是这样一个作为自由观察的现实的概念，它是有规律的，我们一路来观察，那么我们这种观察，作为一种现实的概念，它是按照思维规律来观察的，我们观察的时候一直是按照这种规律进行的，这是一个事实。只要你返回自身对自己看一眼，你马上就会发现，我们思维是按照规律的，不是语无伦次的，你语无伦次你就不可能从无机自然到有机自然，一路走过来，把前面的一步一步地推翻，又得出新的东西。你首先发现的就是思维本身的规律。

思维规律在其本身中就是这样一种个别性，这种个别性是一种抽象的、完全退回到单纯性中的否定运动，而这些规律都存在于实在性以外。

"思维规律在其本身中就是这样一种个别性"，思维规律既然是作为一种自由概念的现实概念，它就要在现实中起作用，因而体现出一种个别性。它靠这种个别性实现自身，它有一种个性，它就要这样思维，思维就是要这样思维，这是它的个别性。"这种个别性是一种抽象的、完全退回到单纯性中的否定运动"，如何体现思维规律的个别性？思维规律的个别性就是这样的，它是一种抽象的、完全退回到单纯性中的否定运动。一般思维当然要思维一些东西，但这些东西都不是思维规律，你思维这个，思维那个，但思维本身是一种抽象，它有它自己的规律，这种规律完全退回到单纯性中，它不管你思维什么，而只看你怎么思维，所以它是一种否定运动。你要讲到思维本身，它的特点，它的个性，那你要把它里面的那些内容全都撇开，你才能看出思维作为思维是一种什么东西，它自身的规律是什么。它否定了它的一切内容，在它的单纯抽象形式中运行，排除一切内容的干扰。形式逻辑就是这样，为什么亚里士多德提出形式逻辑来，把所有的内容都撇开，用符号代替它们，以便仅仅把形式提出来，就是因为这个形式的规律才是思维自身的特点，才是思维独有的。所以它是"完全退回到单纯性中的否定运动，而这些规律都存在于实在性之外"。你要把实在性的内容全部撇开，这样提取出来的思维规律才是纯粹的思维规律。

　　——说这些规律没有**实在性**，这完全无异于说：它们没有真理性。据说这些规律，虽然不是**全部的**真理，毕竟还应该是**形式的**真理。然而没有实在性的纯粹形式乃是思想的事物、或未在自身起分裂的空洞的抽象，这种分裂不是别的，正是内容。

　　"说这些规律没有**实在性**"，刚才讲了，这些规律都存在于实在性之外，那么就这些规律本身而言，它们都没有实在性了。"这完全无异于说：它们没有真理性"，就是说彻头彻尾的等于说，这些规律没有真理性。这是有所指的，看下面这句话："据说这些规律，虽然不是**全部的**真理，毕竟还应该是**形式的**真理"。"据说"，据谁说？这里针对的是康德的观点。康德在《纯粹理性批判》"先验逻辑的理念"中把形式逻辑和先验逻辑都纳入到他的"真理的逻辑"里面，以和"幻相的逻辑"即先验辩证论相对比；但他又认为在真理的逻辑中，形式逻辑只涉及真理的形式，也就是一般思维的形式，而不涉及内容，它只是真理的消极的标准；当然对认识真理而言形式逻辑并不是充分的，还须建立一门涉及内容的"先验逻辑"，才能达到"知识与对象相符合"这一真理的要求①。所以康德主张,不合形式逻辑的东西肯定是错误的,但是合乎形式逻辑的也并不一定是对的,因此形式逻辑它只有部分的真理,即形式上的真理。而黑格尔则认为,如果一种思维规律或者逻辑不涉及实在性的内容,那就根本没有真理性,而不是说这种逻辑虽然不是全部真理,还可以是部分的即形式上的真理。所以在黑格尔看来形式逻辑既然不涉及实在的内容,它就完全没有真理性,"形式的真理"不是真理,而只是"正确性"而已。"然而没有实在性的纯粹形式乃是思想的事物、或未在自身起分裂的空洞的抽象,这种分裂不是别的,正是内容","然而",就是反驳康德的观点了,"没有实在性的纯粹形式乃是思想的事物、或未在自身起分裂的空洞的抽象"。在黑格尔看来,这些规律没有实在性,只是纯粹形式,因此也没有真理性。没有真理性它们是什么呢? 只是思想的事物,或者翻译成"思想物",思想物是没有真理性的,它只是思想物嘛。真理是什么,真理是思维和存在的统一,或观念和客观对象的统一。你单纯一个思想的东西,那能叫作真理吗? 没有实在性的纯粹形式只是思想的东西,"或未在自身起分裂的空洞的抽象",它是一种没有在自身起分裂的、没有分化自身的空洞的抽象。它还没有从思想物里面分化出客观的对象,没有使自身外化为客观事物。所以讲"这种分裂不是别的,正是内容",如果起了分裂的话,这种分裂才是内容,思想物才会有自己的内容,它就不再是形式逻辑,而是能动的辩证逻辑了。我们通常认为黑格尔否定形式逻辑,其实不是那回事,他只是说它没有真理性,它只是一个思想物,但他并没有说它没有价值,或者形式逻辑完全可以抛弃,他并没有这个意思。相反,他有另外一层意思。我们看下面一句。

　　——但是另一方面,由于它们是纯粹思维的规律,而纯粹思维却是

---

① 参看 [德] 康德《纯粹理性批判》,邓晓芒译,杨祖陶校,人民出版社 2004 年版,第55—57 页。

自在的共相,因而是一种直接具有存在并在其存在中本身具有一切实在性的认知,所以这些规律就是些绝对概念,并且不可分割地既是形式的又是事物的本质性。

前面否定了形式逻辑具有真理性,但是另一方面,他反过来又说了,"由于它们",由于这些规律,"是纯粹思维的规律,而纯粹思维却是自在的共相"。这些规律,哪怕是思想物,哪怕是空洞的抽象,它们也是纯粹思维的规律,而纯粹思维是自在的共相。纯粹思维是共相,当然它是自在的,还没有自为,但是它已经是自在的共相了,已经客观上是共相了。"因而是一种直接具有存在并在其存在中本身具有一切实在性的认知",就是说,它是直接具有存在的,你说它是思维规律,不管是思想物也好,是空洞的抽象也好,它已经有一个形式逻辑规律在那里了,这和其他思想物如幻想、想象是不同的。自从亚里士多德以来,两千年来它一直在起作用,谁都不能把它动摇。它不但具有直接的存在,而且"在其存在中本身具有一切实在性的认知",就是说形式逻辑的思维规律它本身没有实在性,因而也没有真理性;但是就思维规律本身所具有的存在而言,它本身又在这种存在中具有一切实在性的认知。换言之,一切实在性的认知都少不了形式逻辑,都在形式逻辑之下才能发生,这就是形式逻辑的实在性的作用,也是它的存在之所在、它的意义之所在。"所以这些规律就是些绝对概念,并且不可分割地既是形式的又是事物的本质性",这些规律是些绝对概念,绝对概念就是放之四海而皆准,不是我主观上的,而是客观的,你在任何地方都要用到它们。所以它们既是形式的本质性,又是事物的本质性,这两方面是不可分割的。它们既是形式的本质性,是以抽象的形式所表达的本质;但同时呢,又是事物的本质性,就是一切事物底下都有这些抽象的形式作为它们的本质性。也就是说形式逻辑它是空洞的,但它本身的存在是具有绝对本质性的,你不能撇开它,你不能因为它空洞就不用它,你在谈任何问题的时候,都要在它这个平台上来谈。当然它这个平台还不是真理性的平台,你不要以为你谈了以后就把握到真理了，但是你的任何真理都要以它为平台，你都必须站在它的平台之上来谈。当然是抽象的，空洞的本质性，事物的空洞的本质性，但它是本质性。或者说，如果你把形式逻辑本身加以发挥，它就会显示出它的本质性，但目前，它还是种自在的共相，潜在的共相，它的本质还是潜在的。虽然它在其存在中具有一切实在性的认知，但是，你如果不把它挖掘出来，它就空在那里，它就是空洞的、自在的。所以你必须从它的底下去发现它真正的本质。形式逻辑底下真正的本质是什么？那就是辩证逻辑了，你如果把这个层次挖掘出来，那么它就成了把握真理的通道了，它就能够把握真理了，甚至它本身就是唯一的真理了。你如果不把它的本质性挖掘出来，你单靠这种形式，你是把握不到真理的，它在实在性之外，它把实在性都撇开了。而辩证逻辑就是运用它这一套，包括我们前面讲的三段论的推论，包括判断，包括概念，运用这一套形式逻辑所发现出来的共相、规范而探讨真理本身，看一切实在性是如何发展出来的，如何实现自身的。所以形式逻辑在这一过程中起了一个前提作用，你不能完全否认它，它即是形式的，又是事物的本质性，但是事物的本质性，在你没有挖掘出来的时候，它是沉睡着的，就形式逻辑本身作为思维规律来把握，它还仅仅是形式的。

因为在自身中推动自身的普遍性就是那**分裂为二的**单纯概念，所以这概念就以这种方式，在自身中有了**内容**，而且是这样的一种内容，它是一切内容，只是并非一种感性存在。

"因为在自身中推动自身的普遍性就是那**分裂为二的**单纯概念"，单纯概念自身分裂为二，这就是在自身中推动自身的普遍性。就是说你把这种普遍性理解为自己推动自己，——自己推动自己已经是分裂为二了，一个自己和另外一个自己已经分开了，你才能够推动啊。自我推动就是一个单纯概念分裂为二，分裂为二它还是单纯的，因为它是自己分裂自己，它在二中又是一，这种分裂又是不分裂，自我意识就是这么一个结构。"所以这概念就以这种方式，在自身中有了**内容**"，既然分裂为二，它就有了内容，至少有了双方的关系。我们前面讲了这种分裂不是别的，分裂就是内容，如果你不分裂，你静止地摆在那里，那就没有内容了，那就是形式逻辑的抽象性。形式逻辑就是把一切内容都抽掉以后摆在那里的一个静止的东西，那就没有内容了。但是它如果自我推动，把自己分裂为二，那它就有了内容，它的内容就是这种分裂为二。抽象的概念一旦把自己分裂为二，进入到自我分裂，自我推动，那么它就有了内容，那我们就可以说，这其实就已经从形式逻辑的规律变成了辩证逻辑的规律。辩证逻辑就是这样的，一个概念自己分裂自己，自己和自己即相分裂，成为对立面，又相统一，它就是这样一种内容。"而且是这样的一种内容，它是一切内容，只是并非一种感性存在"，它是一切内容，但唯独的把感性存在撇开了，它是在概念层次上的内容，它是具体的概念，但不是具体的感性，不是表象，这个层次它已经超越了。感性存在没有上升到概念的层次，我们现在谈的是概念，概念自己把自己分裂为二，具有了概念的内容，它就使自己成为一个具体概念。所以它是一切内容，因为具体概念无所不包，感性存在的真正内容也是具体概念的一个环节。但在这个层次上来讲，感性存在那个阶段已经被超越了，所以在这个内容里把感性存在排除出去，特别强调这是概念本身的内容，这是思维的内容。

　　这是一种既不在与形式的矛盾中和形式相分离、也压根就不和形式相分离的内容，毋宁说，它本质上就是形式自身；因为形式只不过是将自身分离为自己的各个纯粹环节的那种共相而已。

　　"这是一种既不在与形式的矛盾中和形式相分离，也压根就不和形式相分离的内容"，简化一下这句话，这是一种内容。这个"这"，这里用的是 es，它是泛指，就是指前面的那个内容，它是一切内容，只是并非感性存在。这是一种什么内容呢？它不但不在与形式的矛盾中和形式相分离，同时还压根就不和形式相分离，实际上是说，这是一种完全不能和形式相分离的内容。不和形式相分离有两个层次，一个是就其与形式相矛盾而言，就是说不只是在和形式相矛盾相冲突的情况下仍然不和形式相分离，而且第二个是，它根本就不和形式相分离，哪怕没有矛盾，它也不是和形式并列或者可分的，而是说它和形式根本就是一回事情。这种内容就是形式，它不光是不和形式相矛盾，而且它本身就是形式，本身就是不和形式相分离的内容。所以"毋宁说，它本质上就是形式自身"，这种内容就是形式自身，它不只是不和形式相冲突。你不和形式相冲突，你还是把它们看作两个东西了，只是不相冲突而已；但是你要把它们看作是一个东西，内容和形式就是一个东西，从本质上来看这种内容就是形式自身。"因为形式本质上不过是将自身分离为自己的各个纯粹环节的那种共相而已"，为什么这样说呢？因为所谓形式，不是空洞的形式，不是抽象的形式，不是摆在那里静止不变的形式框架，它本质上不过是那种能动的共相，它将自身分离为自己的各个纯粹环节。你如果把形式理解为静止不动的，那当然它就和内容格格不入了，那就是形式逻辑了；但是你如果把形式理解为一种自我分离的共相，从自身发展出自己的各个纯粹的环节，或者说，一个概念把自己不断地一分为二，又回到自身，这样区分出很多很多概念，把这些概念当作自己的各个环节，这样一种共相就是真正的形式了。你要这样来理解形式，你就会把内容本身当作形式，因为形式把自己区分出的各个环节就是内容了，形式在这种区分中就有了内容了，这样来理解的话，形式和内容就是统一的，是一个东西。

＊ ＊ ＊

我们今天接着上次讲到的逻辑学的这一部分，199页的下面这一段开始。前面已经讲了，逻辑学它是对自我意识的纯粹的考察，因此它是一种带有抽象性的考察，它有一种形式逻辑的空洞性、形式性、抽象性，在纯粹的形式下来考察自我意识，你就会得出一种纯粹的，抽象的形式逻辑。形式逻辑是空的，它没有内容，你把内容都抽掉了，你要从纯粹的角度去考察它，那它就没有内容了，但是黑格尔认为，它底下还有一种绝对的本质在支撑着它。我们的思维为什么会遵守形式逻辑，它背后是有种东西的。那么这种东西,通过什么才能显示出来呢,作为一种静止的规律是显示不出来的,只有通过形式逻辑本身进入到自身分裂,那就有了内容了。如果从分裂、从自我否定、从自身运动的这个角度考察形式逻辑,那么形式逻辑就有了内容,就成了内容逻辑。这个从康德那里就已经开始做这个尝试,就是说先验的逻辑就有了内容,先验逻辑和形式逻辑是平行的,但是先验逻辑是代表一种内容,不像形式逻辑仅仅是形式。实际上在黑格尔看来,这是形式逻辑自身的分裂,不是说有两种逻辑摆在那里,而是说形式自身分裂,它就变成了所谓的先验逻辑,最后是辩证逻辑。当然这个内容不是感性的内容,而是概念的内容,概念本身的内容,这是我们上次讲到的。所以形式和内容在形式逻辑那里有一种复杂的关系,形式逻辑是讲形式的,但是不能说它没有内容,只是它的内容还没有开发,还没有发展出来。那么观察的理性在观察这么一种形式逻辑的时候呢,恰好就应该对它做双重的观察,一方面可以把它看作形式,另外一方面可以把它看作内容,或者说,从它的形式底下看出内容。

但当这种形式、或者说对观察而言的内容作为观察而存在时,它就获得了对一种被发现了的、给定了的、也就是仅仅存在着的内容的规定。

"但当这种形式、或者说**对观察而言**的内容作为观察而存在时",对观察而言打了着重号,这种形式曾经是观察本身的形式,现在成了对观察而言的内容。但它当初是作为观察而存在的,那时"它就获得了对一种**被发现了的**、给定了的、也就是仅仅**存在着**的内容的规定"。"但",这个但是什么意思呢,就是说形式逻辑它的形式,当它本身被观察的时候,它也成为了观察的内容;但是呢,这种形式或者这种内容仅仅是种存在着的内容,这个存在着的打了着重号。就是说它有一种内容,但仅仅是一种存在着的内容,这是对它内容方面的一种限定,它跟上面讲的形式逻辑通过自己的分裂而发展出来的内容是不一样的。它被限定为被发现和给定了的,它就是那个现成在手的事实,它仅仅是存在着的,被动的,而不是自己运动和自己发展自己的。当年亚里士多德发现了形式逻辑的规律,他怎么发现的呢? 他到我们日常说话的语言里面去找规律,他搜集了大量的例句,然后从里面总结出一般规律。观察的理性在观察我们怎么说话、怎么表达思想的时候,就找到了思维的规律,获得了对一种内容的规定,但这个内容呢,是被发现的,给定了的。我们就是这样说话的,我们为什么这样说话,我们不知道,我们也不去管它,我们只考察我们平时是怎么说话的,我们日用而不知。亚里士多德的贡献就在于他让我们知道自己是这样说话的,这当然是种自我意识了,这是思维的一种自我意识。人的灵魂开始有了自我意识,我们平时是这样思考的,有一套规律。但是这套规律是被发现的,给定的,是仅仅存在着的,这是一个不可否认的事实,我们为什么是这样,我们先不管它。

{168}　　它就成为诸多联系的**静止的存在**,成为一大堆被分割开来的必然性,这些必然性据说作为一种**固定的**内容**在自己的规定性里**自在自为地就具有真理性,这就实际上摆脱了形式。

　　既然如此,"它",也就是这些内容规定,"就成为诸多联系的**静止的存在**"。形式逻辑有很多联系,概念啊,判断啊,推理啊等等,这些联系都是静止的存在,一旦规定下来它就不变了,就是放在那里的一个框架。任何人要思考,要表达,都必须遵守思维规律,你不能超出它,你不能偏离它,你偏离了它你就是在胡说八道。所以这些规律是静止的存在,并且"成为一大堆被分割开来的必然性",它有必然性,但这些必然性是一大堆被分割开来的必然性,层层划分,概念、判断、推理,判断分多少个类型,推理分多少个格,多少个式,都是有必然性的,但相互之间分割开来,没有联系。"这些必然性据说作为一种**固定的**内容**在自己的规定性里**自在自为地就具有真理性",这些必然性据说具有真理性。据说,据谁说? 据亚里士多德,以及后来的所有逻辑学家们都是这样说的,都是说形式逻辑作为一种固定的内容在自己的规定性里自在自为地就有真理性。特别是理性派的哲学家,认为逻辑才是真理,经验只是意见,经验这种东西是不确定的,只有逻辑是永恒的。到了今天,连经验派的逻辑学家也这样说了，像罗素他们，主张逻辑经验主义。但黑格尔针对的主要还是理性派的形而上学。"因而实际上摆脱了形式"，既然它们具有真理性，那么实际上就摆脱了形式，它们就不再是一般思维的规律，而是一种客观存在的规律。逻辑规律实际上成了客观存在的规律。所以理性派的哲学家们经常用逻辑来说事，来论证上帝的存在，来描述宇宙的结构，世界的结构，他们把它看作是一种由形式逻辑来制定的内容。当然黑格尔自己也认为形式逻辑是内容，但是他的那个内容是由单纯的形式造成的，不是摆在那里，不是静止的。而以往的形式逻辑学家，特别是理性派哲学家们，他们是把形式逻辑当作一种固定的内容，不是由形式发展出来的，而是摆在那里的。你把形式直接当成内容，它就丢掉了形式，这个是黑格尔不赞成的。你要成为内容，当然可以，而且必须成为内容，但不是以这种方式，不是以一种静止的、固定的方式来成为内容，否则就脱离了形式，陷入到这些内容里面去了。

　　——但那些固定规定性的、或多种不同规律的绝对真理性，是与自我意识的统一性相矛盾的，或者说是与一般思维的和一般形式的统一性相矛盾的。

　　"但那些固定规定性的、或多种不同规律的绝对真理性"，就是这样一些固定的规定性，像形式逻辑的规定那么样的固定，或者多种不同的规律，找到了很多规律，三段论式的推理规则，判断的规则，它们的绝对真理性，"是与自我意识的统一性相矛盾的"。这个在康德那里已经揭示出来了，就是形式逻辑的那样一些判断推理的划分只是些形式，它跟自我意识的统一性、跟统觉的统一性是相矛盾的，你要是想使它们相容的话，你必须把它提升到先验逻辑。康德已经做了这一步工作，把形式逻辑提升为先验逻辑，把概念或范畴、判断和推理都看作是自我意识的统觉统一性的各种功能。但是从形式逻辑本身来看，它是与自我意识的统一性相矛盾的，它们是没有统一性的，都是一些分割开来的必然性。它们有等级关系，但是没有一种动态的关联，不是一个发展出另外一个，不是一个东西逐步发展到更高的层次，不是这样的；而是所有的东西都摆在那里，你到哪个层次上去取，必须按照既定的"正位论"，不要搞错了。所以它跟自我意识的统一性相矛盾，"或者说是与一般思维的或者一般形式的统一性相矛盾的"，自我意识的统一性就是一般思维和一般形式的统一性。"一般形式的统一性"，这个一般形式和形式逻辑的形式就不一样了，形式逻辑在这种形式面前它倒变成了内容。而这个内容是和一般思维的形式相矛盾的，是不相融的，因为这个内容是静止的，而一般思维的形式是能动的。自我意识的统一性是能动的，一个能动的东西是和静止不变的东西相矛盾的。我们这里要特别注意黑格尔对"形式"这个概念的用法，不是那么简单的。首先是抽象形式，形式逻辑是抽象形式，这个意义上可以说它是形式的；但另一方面呢，一般思维和一般形式的统一，这种一般形式它不是抽象形式，它是能动的形式，是创造出内容并覆盖一切内容的形式，因此是"一般的"形式。形式的这种复杂性来自亚里士多德，亚里士多德的"形式"这个概念是非常复杂的，我们在读古希腊哲学的时候，特别要注意这一点。通常把亚里士多德的形式追溯到柏拉图的理念，eidos，到了亚里士多德这里，同一个词，我们把它翻译成形式。因为在亚里士多德这里，它不是那个高高在上的理念，不是彼岸世界的观念，而是万事万物本身蕴含的形式，万事万物以它自身的这种形式作为目的，去追求它，或者说被自己的这种形式所驱使，而实现自身。那么这个形式就同时具有了能动的含义，一方面具有柏拉图的理念论的形式的含义，那种抽象的形式，或者空洞的形式，另外一方面具有一种能动的实现自身，使自己"赋形"的含义。形式因此也可以从动词来理解，形式就是赋形，使自己具有形式。所以在质料和形式的关系里面，形式是能动的，质料是被动的，质料由形式而赋形。形式的这个双重含义一直是个公案，两千年来引得无数哲学家陷入困惑，没办法讲清楚，可以说在黑格尔这里才把它理清楚。所以我们要细心地揣摩，就是说他这个地方讲形式，和那个地方讲形式是不一样，一种空洞的形式和一种能动的形式是不一样的。思维是有形式的，它是能够赋形的，康德的形式已经具有了这种含义，康德自我意识的统觉就是先天形式，这个统觉具有能动赋形的含义。但是这种形式你不能把它直接当内容来看，它有待于建构起自己的内容。在观察的理性看来，它当然也是内容，你观察它，你可以总结出很多规律，但是它还并不具有统一的形式，只是一套静止不变的框架。

凡是对于固定的、自在持存着的规律所说出来的东西，都只能是在其自身中进行反思的统一性的一个环节，只能作为一种消逝着的大小而出场。

"凡是对于固定的、自在持存着的规律所说出来的东西"，固定的，自在持存着的规律，那就是形式逻辑的规律了。形式逻辑的规律就是固定的，亚里士多德以来两千多年基本上没有变化，它们是自在持存着的，你可以描述它们，这是些客观存在的、未经反思的东西。那么你对它们所说出来的东西，"都只能是在其自身中进行反思的统一性的一个环节"，这些东西黑格尔也没有否认它们，但认为它们只是在其自身中进行反思的统一性的一个环节。它们和反思的统一性是相矛盾的，所以它们构成了矛盾的一方，矛盾的一个环节，构成整体统一性的一个环节。黑格尔也不排斥形式逻辑，不说形式逻辑就应该完全丢掉，他站在一个更高的视角，把形式逻辑当作他的辩证逻辑之中的一个环节，或者一个层次。在其自身中进行反思，就是自我意识的反思了，自我意识反思的统一性，从这一部分的标题"b"来看，对自我意识在其纯粹性中的观察就是逻辑规律，在其与外在现实的联系中的观察就是心理学规律。那么这两方面统一起来，就是自我意识的统一性，就是在其自身进行反思的统一性，而其中的一个环节就是形式逻辑。他说，"只能作为一种消逝着的大小而出场"，它只能作为一种消逝着的大小。形式逻辑只看大小，我们讲形式逻辑，特别体现在它的三段论推理，就是大前提，小前提，结论；在判断方面则是全称判断、特称判断、单称判断；在概念上是个别、特殊、一般，

　　总之这都是一种量的关系。所以形式逻辑的这种关系是大小关系，你不能用小的东西用来包括大的东西，你要搞反了，那就错了；或者你外延不周延，超出了大前提的范围，或者以偏概全，那你也错了，所以这是一种概念的大小关系问题。但在黑格尔看来，这种大小是作为一种"消逝着的大小"，它本身是固定不变的，但是在这个统一性里面，它成了消逝着的，突破自身界限的，也就是作为一种运动着的环节而出场的。

[200]　　**然而这些固定的规定性或不同规律，在被这种考察从运动的关联里撕裂开来并被置于个别的境地时，它们所缺少的不是内容，因为它们都有一个规定了的内容，**① **它们所缺乏的毋宁是那作为它们的本质的形式。**

　　前面讲的这种形式，观察是把它当作内容来看待的。"然而这些固定的规定性或不同规律"，本来应当是作为自我意识统一性的一个环节来看待的，却被"从运动的关联里撕裂开来并被置于个别的境地"。它本身是运动着的消逝的环节，你要把它从运动关联中撕裂开来，割裂开来，把它固定地放在那里作个别的考察，刻舟求剑式地来考察的时候，"它们所缺少的不是内容"。因为你把它们直接当成内容来观察，这些形式逻辑规律就都有一个规定了的内容，就是这样一套规矩，这就是它们的内容。但"它们所缺乏的毋宁是那作为它们本质的形式"，这里又出现了"形式"，这个形式就是我们刚才讲的，它就不是形式逻辑的那种抽象形式了，而是成形、赋形，是在运动中的形式，是综合统一的运动形式。亚里士多德的形式也包含有这两个方面，一个是它可以是一个框架，比如亚里士多德的蜡块说，相当于白板说了，就是我们的认识就像戒指印在一块蜡上面，我们只是接受了那个戒指的形式，而没有接受它的质料，比如这个戒指是金子打的还是银子打的，这个在蜡块上反映不出来，我们只能反映出这个戒指有什么形状，上面有什么花纹。那就是抽象的形式，这是一种含义。另一种形式就是亚里士多德讲形式作为任何一个事物本

① 第一版为："它们反而都有一个规定了的内容"。——袖珍版编者

身内部所追求的目的，它要成为它，它要成形。一个橡树的种子它要成为一棵橡树，那个橡树就是它的形式，它在生长过程中成形，最后长成了一株大的橡树，那就是它的目的。整个过程都受这个形式所决定，最后成形了，那么这种形式就是一个过程，就是一个运动，就是一种实现。亚里士多德所谓的"隐德莱希"，有的翻译成"圆成"，就是实现，完成自身，这就是真正的形式。那么在这里呢，黑格尔也是这样讲的，我们读黑格尔的时候，要时时刻刻想到这么几个人，亚里士多德是最重要的，当然还有柏拉图，还有康德等等，都是我们要熟悉的。整个黑格尔体系类似于一个亚里士多德的体系，所以马克思恩格斯把亚里士多德称为"古代世界的黑格尔"，他的体系和亚里士多德非常相近。黑格尔这些概念也是按照亚里士多德这样用的，但是自觉地赋予了它们辩证法的含义。所以这样一些形式被观察的理性从它的运动的关联里面割裂开来单独看待的话，这个时候它们所缺少的其实不是内容。我们通常指责形式逻辑说它没有内容，是空洞的形式，黑格尔却倒过来说，它不是没有内容，它本身就是内容，因为它们都有一个规定了的内容。第一版的表述是："它们反倒都有一个规定了的内容"，它们反而是有内容的。因为这些形式被当作内容了，但是这些内容都是被割裂了的，被隔绝开来的，静止地零乱地堆放在那里，所以它们缺乏的恰好是形式。它们缺乏形式，都是临时应付，谈到某个问题，我需要某个形式，我就把它拿来，需要全称判断，需要直言判断，需要假言判断，我就从里面去取，这些都是现成的内容了。"它们所缺乏的毋宁是那作为它们的本质的形式"，作为形式逻辑本质的形式，那个形式才是真正的形式。那就是能动的形式，是运动的形式，那个形式就是黑格尔的辩证逻辑，辩证逻辑是形式逻辑的本质。黑格尔的辩证法，你也可以说它是种形式，黑格尔的逻辑学他自称为"阴影的王国"，它就是纯粹的形式；但是这个形式是能动的，它会把自己发展为大千世界，这才是真正的形式。形式逻辑恰好没有真正的形式，在这个意义形式逻辑是讲错了的，不是真正的形式逻辑。

实际上，这些规律之所以不是思维的真理，与其说是因为它们据说只有形式而没有内容，倒不如说是出于相反的理由，是因为它们在自己的规定性中或者正是**作为一种**被剥夺了形式的**内容**，而被说成是某种绝对的东西。

"实际上，这些规律之所以不是思维的真理"，前面讲了它们据说好像是绝对真理，但是黑格尔是不认可的，你以为这些规定性自在地具有真理性？其实不是这样的。所以他这里讲到了，实际上这些规律不是思维的真理。为什么呢？"与其说是因为它们据说只有形式而没有内容"，这里又是据说。就是说形式逻辑在当时也遇到了经验派的极大的挑战，经验派认为形式逻辑完全是些没有内容的空洞的形式，除了归纳法以外，不能作为真理的依据。但是对形式逻辑的这种攻击呢，黑格尔也不认可，他要捍卫形式。他说，并不是因为它们只是一些形式而没有内容，"倒不如说是出于相反的理由"，相反的理由当然就是指，其实它们都是只有内容而没有形式，没有真正的形式。要从这个角度来扬弃形式逻辑，并不是说完全否定，形式逻辑有它的局限性。这局限性并不在于它们尽是些形式而没有内容，通常讲形式逻辑是抽象形式，是形式主义，形式主义就是没有内容嘛，只是讲求形式上的论证，好像说的头头是道，但经不起现实的考验。但是黑格尔认为不是这样的，它们实际上只是些内容，而没有真正的形式。"因为它们在自己的规定性中或者正是**作为一种**被剥夺了形式的**内容**"，内容打了着重号，"而被说成某种绝对的东西"，因为它们只是在自己的规定性中被说成某种绝对的东西，这些规定性其实是一种被剥夺了形式的内容。它们本身是作为形式而规定下来的，但是一旦规定下来，它们就被剥夺了形式，就变成了一大堆的内容。要从这个角度去反驳形式逻辑，那就对了，不是说它们没有内容，而是说它们就是些被剥夺了形式的内容，它们缺的正是形式。这是对形式逻辑很独到的批评，至今只有黑格尔做过。

在它们的真理性里，它们作为在思维的统一性里消逝着的环节，将必须被视为认知或思维运动,却不应该被视为认知的**规律**。

　　"在它们的真理性里",就是说如果你把这样一些形式逻辑的规律放在它的真理性里面来看的话,放在它应该的那样一个视野里面来看的话,"它们作为在思维的统一性里消逝着的环节,将必须被视为认知或思维运动"。"将必须被视为",这是一种虚拟式,如果在它的真理性里来考察,那么就必须被视为是认知或思维运动。就是说,如果它们具有真理性的话,那么你就必须这样来看它,那就对了。当然逻辑学家们并没有这么看,所以这里用的是虚拟式。在黑格尔《逻辑学》里面也有形式逻辑,其中概念论的"主观概念"部分就是讲形式逻辑的,但已经是从辩证逻辑的角度去理解形式逻辑,去深挖形式逻辑底下的真理性的。如果只从它的表层,从它本身表现出来的形态看,那是没有真理性的,这样一些形式逻辑的环节,你必须从动态的眼光去看,把它们看作是一种认知或思维运动。"却不应该被视为认知的**规律**",规律打了着重号。不是什么思维和认知必须遵循的规律,而是它本身就是场运动,判断就是场运动,推理更加是如此。概念呢,就是有生命的东西,你不要把它看作形式化的框架,好像概念是种框架,什么东西都可以往里装,往上套,而是它本身是能动的。概念本身自我分化,分化出判断,由判断发展出推理,由推理的四个格,一步一步的,最后发展到客观性,发展出客观世界。这样理解,把形式逻辑那样一套规定性全部理解为一场认知和思维的运动,那就对了,这就是形式逻辑的真理性所在。形式逻辑的真理性不在那些抽象的形式,不在认知的规律,而在一种能动的形式。我们通常说,形式逻辑是什么,形式逻辑是思维规律,是思维的法则,你要思维你必须遵守这一套法则,这是一直到康德都是这样理解的。至于为什么我们要这样思维,那不管,反正亚里士多德已经发现了,我们就是这样思维的,我们必须遵守它的规律。按照康德的说法就是依靠我们先天的法则,一套知性先天的法规,人的思维就是这样,一切有理性者只能这样思维。黑格尔则提出,它不是思维的规律,而是思维的运动,这是石破天惊的。

　　但这观察并不是认知本身也不知道认知，而是把认知的本性颠倒为**存在**的形态，也就是把认知的否定性仅仅作为认知的**规律**来统握。

　　"但这观察"，我们现在讲的是观察的理性。前面一句话是虚拟式，就是在将来的《逻辑学》里面，形式逻辑会有它的真正的地位，形式逻辑真正的地位是你要把它看作是一场思维的运动，而不是所谓的思维规律。在《逻辑学》里面就是这样处理的，在《精神哲学》里面也是这样理解的。但是我们现在是观察的理性，没到那一步，所以前面用的是虚拟式。这个地方回到刚才，他说，"但这观察并不是认知本身也不知道认知"，观察，我们还在观察，观察还不是认知啊，我们还在旁观啊。一直要到《逻辑学》里面才是认知本身的运动。《精神现象学》最后一个阶段"绝对认知"也揭示了这一点，进入到绝对认知了，我们才能真正认知，才进入到《逻辑学》。但在这里，我们还是在观察，还没到那一步。"而是把认知的本性颠倒为**存在**的形态"，还处在很低级的层次上面，处在存在论的形态上面。观察的理性是理性里面的存在阶段，理性里面观察的理性是最低层次的，是存在论的阶段。它把认知的本性颠倒为存在的形态，以为我们的认知必须立足于存在的形态才能展开。认知，首先你的思维必须遵守逻辑规律，通常的观点都是这样看的。但是实际上呢，应该是倒过来的，存在的形态是应该依赖于认知的本性的，存在之所以存在是由于认知的本性使得它是这样存在的。所有的逻辑规律，我们讲了，为什么会是这样思维，这历来的逻辑学家是不问的。为什么不问？他颠倒过来了，他认为如果问为什么我们这样思维，这就把他的前提否定了，前提是设定的，设定了以后你才能去问其他东西是为什么。所以首先要确定存在是什么，而不是为什么。我们是什么样的，我们就是这样思维的，你要追问我们为什么这样思维，那个就没有底了，就追问不到了，按照康德的说法，那我们就追问到物自体。所以我们不能追问我们为什么是这样思维的，我们必须把它当作一套先验的法则定下来。这是我们找到的，是我们在人类思维里面碰到的，就是这样，概莫能外，凡是有理性者都会这样。那么在这个前提下呢，我们再去认知。他就没有想到这样一些规律本身是你认知出来的，认知才是第一性的，才是在先的。你想在学会游泳之前切勿下水，——这是黑格尔对康德的批判，——实际上你在检查你的认识工具的时候，你已经在认知了，你对认识工具的批判难道不就是认识吗？所以认知是在先的，那些规律是在后的，它们只是作为一个消逝着的环节。所以这些人实际上是搞颠倒了，他们把认知的本性颠倒为存在的形态，"也就是把认知的否定性仅仅作为认知的**规律**来统握"。否定性是认知的本质，就是一种能动的否定活动，就是一场运动。把这种运动仅仅作为认知的规律来统握，你要用规律来统握这个否定性，你所获得的仅仅是否定的结果，那些静止的成果，但对否定性本身你没有统握到。把认知的否定性仅仅作为认知的规律来统握，这个是非常表面的。

　　——在这里根据事物的普遍本性指出所谓思维规律的无效性就已经够了。更进一步的发挥属于思辨哲学，在思辨哲学里，这些规律都将显示为它们在真理中的样子，也就是显示为个别的消逝着的环节，它们的真理性只是思维运动的整体，以及认知自身。

　　"在这里根据事物的普遍本性指出所谓思维规律的无效性就已经够了"，前面一直在批评形式逻辑，作为思维规律，实际上是无效的，实际上是一种误置，一种颠倒，把本来应该作为前提的东西把它颠倒为结果，把它固定下来，这是不符合事物的本性的。事物的本性不是固定不变的，而是运动着的，否定性的。在这里，我们只要知道这些就够了，就不具体去探讨形式逻辑的规律是如何展示出它的辩证本性的了。"更进一步的发挥属于思辨哲学"，那是后面《逻辑学》要展开的。为什么《逻辑学》是思辨哲学？我们通常讲思辨就是"从概念到概念"的思维，与具体现实无关，超越于现实之上。黑格尔把自己的哲学称为思辨哲学，就是他的哲学都是由思辨来统摄的，虽然他也讲了许多现实的具体的事情，但归根结底是思辨哲学，是纯粹概念的哲学，他完全用概念体系来统摄一切。所以"在思辨哲学里，这些规律将都将显示出它们在真理中的样子"。比如在黑格尔的《逻辑学》里面，形式逻辑都将显示出它们在真理中的样子。它在真理中是什么样子？在真理中就是作为整个辩证逻辑体系的一个消逝着的环节。"也就是显示为个别的消逝着的环节"，作为一个统一体中的环节来把握它的运动，那就是它真理性的样子，而现在这个样子还不是的。所以在未来的逻辑学里面，概念判断推理都是在主观性中，一个接一个地出现了又消失了，一个扬弃一个，不断地往前推进。"它们的真理性只是思维运动的整体，以及认知自身"，整个逻辑学体系就是思维运动的整体，这就是形式逻辑的真理之所在。这里等于是一个预告了，就是说，我们会在《逻辑学》里面把这些规律放在它们的真理性里加以考察，就是放在思维运动、认知运动的过程中来考察，这才是对形式逻辑的真正本质的把握。而在形式逻辑的规律里面，现在还没有达到这一层。虽然没有达到这一层，但做了一个预告，我们将来会仔细的探讨。在《精神哲学》这本书里面呢，黑格尔没有把逻辑规律当作一个单独的环节来加以探讨。在那里，是在心理学快结束的时候，才提了一下，提到了概念判断推理，就是在中译本第293页—294页里面讲的，但那个时候已经开始向实践哲学过渡了，因为逻辑的辩证实质肯定是实践性的。而在这里他是分两个层次，思维规律是第一个小标题，第二个小标题是心理学规律。

［II. 心理学的规律］

为什么从逻辑学进入到心理学呢？就是当自我意识把自己当作一个对象来观察，而这个对象恰好也是观察本身，这个时候出现了两个层次：一个是抽象的纯粹层次，那就是逻辑学，一个是具体层次的，那就是心理学。就是我们通过一系列的观察，我们回过头来反思，反思我们以前的观察，一个是我们以什么样的方式在观察？这就是逻辑学；一个是我们观察到了些什么？那就是心理学，我们通过一系列的观察有一系列的心理活动。那么逻辑学和心理学就有一些区别。逻辑学我们当作思维的规律，也就是当作一种思维的工具，亚里士多德讲的《工具论》，我们运用这套工具去把握别的东西，把握别的知识，知识可以变来变去，对象可以变来变去，这套工具是不变的，放之四海而皆准，可以不断地运用。那么心理学，它就不是工具论了，它就是我们在进行的事情本身。前面是讲我们进行活动的方式，它的规律；现在我们讨论的是这个事情本身，这个活动的实质，那就是心理学。活动的方式归根到底被看作心理学问题，逻辑学里面也有心理主义的解释，休谟就有这种倾向，就连胡塞尔早年也认为，逻辑的本质就是人的心理活动。我们刚才所有的考察不都是在心理里面完成的吗？那么我们来考察一下这个心理，这个心理学的规律。这个就不是形式逻辑的规律了，心理学是一门经验科学，就是我自己，这个心理，它所体现出来的一贯性，它的规定性，我们能不能从里面找到一些规律呢？我们来看这一段。

思维的这种否定的统一是为它自己的，或者不如说，思维的否定统一就是那自为本身的存在，就是个体性原则，在它的实在性中就是行为着的意识。

"思维的这种否定的统一"，他是接着上面来讲的，思维的活动是一种否定的统一，否定的统一也可以理解为运动的统一，不断的运动，不断的一个否定一个，但又是统一的。这种统一性就在于它的自我否定性，不断地自我否定，使得自己不断地推动自己。所以思维的这种否定的统一"是为它自己的"，这个跟形式逻辑就不一样了。形式逻辑也有否定判断，但这不是自否定，而是否定别的东西，形式逻辑的思维规律是为其他的东西的，你掌握了这一套规律你就可以获得很多外界的知识。而心理学的否定是为它自己的，心理学是一种自否定的运动过程。形式逻辑你可以看作一套静止的规定，但心理学呢，你可以把它看作是一个能动过程。而且它是为它自己的，它"就是那**自为本身的存在**"，它就不是工具了，它就是它自己，它的目的也就在自己之内。那么这个自为存在"就是个体性原则，在它的实在性中就是**行为着的意识**"，在心理学中思维的否定统一就是个体性原则，因为它是自否定，每个人的思维都在他的个体里面，都作为他自己的心理而呈现为一个过程。在它的个体性原则的实在性中，就是行为着的意识，这种自为原则作为个体性原则，它的实在性体现为个体的行为，它就是行为着的意识，或者说能动的意识。

因此，通过事情的本性，观察的意识就被继续引向了作为诸思维规律之实在性的行为着的意识。

"通过事情的本性"，我们刚才讲了，心理学就是这个时候所意识到、所观察到的事情本身。而形式逻辑还不是，形式逻辑还只是事情的一种形式，只是我们要把握事情所采取的一种方法，一种逻辑工具，而心理学才是事情本身。通过事情的本性，"观察的意识就被继续引向了作为诸思维规律之实在性的行为着的意识"。观察的意识要观察的是事情本身，你观察那些形式逻辑的规律，也是为了把握事情本身啊。于是观察的意识就被进一步引向了作为那些思维规律之实在性的行为着的意识。作为那些思维规律之实在性，前面讲了那些形式逻辑的规律，它们的实在性是什么呢，它的实在性就是行为着的意识，就是你刚才采取的行动，去观察的行动，现在你要对它进行有意识的观察。形式逻辑的规律实实在在所做的恰好是心理学里面的行为，心理学里面的动作。这是对逻辑学的一种心理学的解释，在当时像休谟这些人，他们对逻辑学采取一种心理主义的解释，休谟认为形式逻辑本身是什么呢，就是观念与观念的符合，观念与观念怎么符合的，这还是一种行为着的意识，一种心理现象。逻辑学是一种心理现象，我们之所以进行逻辑推理，是因为我们在行动中，在我们的经验中，在我们的观念的活动中，我们可以找到这样一套心理学规律。形式逻辑是我们心理的一种运作方式，可以归结为心理学的规律。心理主义的逻辑观也是现代的胡塞尔最初所持的观点，他的《算术哲学》就是试图把逻辑规律归结为人的心理规律。当然这种思路呢，黑格尔肯定是不赞成的，但他认为这也是一个必经的阶段，观察的意识在这阶段必定被进一步引向"作为诸思维规律的实在性的行为着的意识"，这对于前面没有实在性的思维规律、逻辑规律来说是一个进步。观察的意识是不知不觉地被引向了一个更高的阶段，就是把人的这种思维规律、这种形式逻辑规律归结为人在内心的行动，观念与观念是怎么符合的这样一种行动。

但由于对观察的意识来说这种关联并不存在，它就以为一方面它仍然保留了这些思维规律里的思维，而另一方面这思维又在它现在视为对象的东西里获得了另外一种存在，即行为着的意识，这意识是如此地自为，以至于它扬弃他在，并在对它自身作为否定的东西的这种直观中具有了现实性。

这是对心理主义的一种分析了。"但由于对观察的意识来说这种关联并不存在"，什么关联不存在呢？就是这些逻辑规律和心理学的行为着的意识、逻辑规律和心理规律之间的这种关联，对观察的意识并不存在。它并没有观察到逻辑学和心理学有什么样的关联，它只是观察的意识嘛，它只是在旁边观察，所以它并没有观察到这样一种关联。既然没有关联，那么在它面前就有两个领域了，一个逻辑学领域，一个心理学领域。所以他讲，"它就以为一方面它仍然保留了这些思维规律里的思维"，一方面逻辑的规律这样的一个形式的思维被保留下来了，这些规律它不否认，但是它是属于一方面。"而另一方面这思维又在它现在视为对象的东西里获得了另外一种存在"，另一方面这种思维获得了另外一种存在，在什么地方获得了另外一种存在呢？在它现在视为对象的东西里，也就是在心理学里。逻辑学一方面它有概念、判断、推理，这一整套规律，这个他们都不否认，这个思维规律作为思维被保留下来了；而另一方面呢，这些思维又获得了另外一种存在，又获得了心理学的存在。"即行为着的意识，这意识是如此地自为，以至于它扬弃他在，并在对它自身作为否定的东西的这种直观中具有了现实性"，就是说形式逻辑的规律又获得了另外一种存在，另外一种存在就是行为着的意识。这样一种行动着的意识是如此的自为，前面讲了，它就是自为本身的存在嘛。怎么样自为存在的呢？以至于它扬弃它在，也就是扬弃外在的东西，扬弃导致心理学的那些东西，但它自身还保留着，在它的心理里面保留着。它不管外在东西究竟是怎样的，但是，外在东西在它心理里面起了作用，它扬弃他者，把他在变成自己的东西。"并在对它自身作为否定的东西的这种直观中具有了现实性"，它扬弃了它在，是不就不现实了呢？不，它有它的现实性，它的现实性就在它自身作为否定的东西的这种直观中。它对它自己作为否定的东西、作为运动、作为否定他在的这样一种主体，具有一种直观，这都是它自己经历过的，它在这种直观中拥有了它的现实性。它这种现实性不是外在的现实性，而是心理活动自身的现实性。心理和外在的东西是不可分的，是受外在东西影响的，但是呢我们现在考察的是心理本身，它自身具有一种现实性。我确确实实有了这种观念，这种观念肯定是由外在东西带给我的，但我不管，我只考察我有了哪些观念，这就是心理学它的立足点。心理学不是考察对象的，现在我们已经从对象转回到了自我意识本身了，所以我们考察的是心理学它本身的规律。这两方面是两个不相干的方面，对逻辑学的心理主义解释实际上也做不到把逻辑规律完全还原为心理规律，你又不能否认逻辑规律，所以现在只好是这样了：一方面呢保留了逻辑规律，作为思维规律里的思维给它保留了下来；但是另一方面呢，它总是在你谈逻辑规律的时候从旁观察，你在谈的时候你在干什么，你的行为带有一种行为的意识，就像一个医生在和你谈话的时候在给你测量血压，测量你的心跳、呼吸，类似于这样。心理学也是，在你在谈逻辑规律的时候，我就在考察你的心理，你之所以进行逻辑判断，是由于你受到了外界什么影响，给你带来了什么样的心理影响，所以你就做这样的判断。但是是不是逻辑规律都可以还原为这种心理学呢，又不是，逻辑规律它自己是一套思维，所以这是两张皮。逻辑的心理主义总是不能彻底解释逻辑，所以后来胡塞尔克服了早年的心理主义，做了一种改进，说我谈的不是人的心理，我谈的是一般的可能心理，我谈的是逻辑上的心理。所以胡塞尔现象学就是把逻辑学和心理学更加融洽地结合起来的一种尝试。所谓的现象学还原，还原到事情本身，还原到人在心理中实际上出现的事情，包括逻辑规律，也是我们在心理中实际上出现的事情。但是这些在心理中实际上出现的事情又不能仅仅理解为心理学，或者是人类学，你还得把它理解为一种逻辑上的必然性。这种逻辑上的必然性当然是种可能性，一种可能世界的必然性，你的心理是别人可能经历到的，没经历到，但是可能经历到，这有一种逻辑上的可能性。把心理学也变成逻辑学，这是胡塞尔的《逻辑研究》所干的事情，他想要把心理学，包括物理学在内，都归结为逻辑学。但是这种逻辑是种大写的逻辑，是一种宇宙论的逻辑，是一种哲学本体论意义上的逻辑，这是胡塞尔后来作出的一种改进。在黑格尔这里呢，就是指出这两者是粘不到一块去的，这两者本身总是两张皮，一方面保留了思维规律，里面有思维；另一方面呢，它又试图把这种思维解释为另外一种存在，就是心理学的存在。在心理学的存在里面，思维具有了它的现实性。逻辑学是没有现实性的，但是在心理学里面逻辑学获得了它的现实性。就是你采用这样一种逻辑方式进行论证，你的现实性实际上是一种行动着的意识，实际上就是心理学的活动。

于是在意识的行动着的现实性方面就为观察开启了一个新的领域。
"**在意识的行动着的现实性方面**"，"**观察**"，"**新的领域**"，都打了着重号。心理学是什么？心理学就是要观察"意识的行动着的现实性"，这可以说他对心理学的一种定义。意识在它的行动中具有它的现实性，它实实在在所发生的行动，就是心理学的对象；而心理学只是对这种现象进行"观察"，不干别的。它是一门意识的经验科学，不过这里的经验只限于观察，而没有经历一个过程的意思。但毕竟，这对于观察来说开辟了一个新的领域，前面讲观察，对无机物的观察，对有机物的观察，现在我们开始对自我意识、对人的心理进行观察，这就开辟了一个新的领域。
心理学包括一大批规律，根据这些规律，精神针对自己的现实性作为某个**被碰到的他在**的那些不同方式，而采取了不同态度；

这里正式提出心理学了。"心理学包括一大批规律，根据这些规律，精神针对自己的现实性作为某个**被碰到的他在**的那些不同方式，而采取了不同态度"，这里"精神"成为了主语，这种情况在后面会慢慢多起来。"针对它自己的现实性作为某个**被碰到的他在**的那些不同方式"，精神在心理学里面有它自己的现实性，也就是心理学里面出现的那些现实的活动。这种现实性"作为某个**被碰到的他在**"，是精神所针对的对象，精神根据这个他在的不同方式"而采取了不同的态度"。精神之所以有这样一种现实性是由于它"碰到了"现实的他在，并对之采取不同的态度，这里打着重号强调这种偶然的"碰到"。心理学总是这样研究人的心理的，就是从小的经历啊，心理上所受到的创伤啊，人所遭遇到的某种环境啊等等。这些被碰到的他在有各种不同的方式，精神碰到的他在总是各个不同的，每个人都会遇到不同的他在，不同的环境，不同的处境，不同的偶然事件。精神针对这些不同的方式而采取了不同的态度，就是说，精神采取不同的态度，视它在现实性中所碰到的各种不同的环境、不同的条件而定。那么精神在采取不同的态度时，依据的是一些什么规律？这些规律就是心理学研究的对象。精神在什么情况下采取了这种态度，什么情况下采取另一种态度，这就是心理学的规律了。所以心理学看起来是研究一个人的心理，实际上是研究一个人的心理与现实的关系，只不过是立足于心理来研究。我们这个标题"b.对自我意识在其纯粹性及其与外在现实的联系中的观察"，与外在现实的联系中的观察就是心理学，当然立足于自我意识本身，但是呢，它的内容就是这个灵魂、这个心理与外在现实的联系，也就是与他在的关系。而这个他在是被碰到的，正因为如此，它才是一种现实性。精神根据碰到的不同方式而采取不同的态度，从这些不同的态度里面，我们可以看出来它所依据的心理学的规律。

{169}
[201] 有时候是接受这一现实性，并**去适应**那些碰到的风俗习惯、伦理道德、以及精神作为现实性成为自身对象的那种思维方式；有时候是抗拒

538

这现实性而**主动地认知自身,凭借爱好和激情从中只为自己挑选特殊的东西,并使对象性的东西适应于它自己**。

这是对比而言的,"有时候……有时候……",根据不同的方式采取不同的态度,什么不同的态度? 实际上就是这两种态度。"有时是接受这一现实性",精神接受这个现实,就是外在的他在影响了我,那我就采取接受的态度,影响是怎么样,我就怎么样。"并**去适应**那些碰到的风俗习惯、伦理道德、以及精神作为现实性成为自身对象的那种思维方式",去适应也就是去接受,完全是被动的。适应什么呢? "碰到的风俗习惯",风俗习惯你是碰到的,所谓传统,我们讲传统文化是我们碰到的,我们生下来,就生在这样的社会中,我们生在这样的历史条件之下。"伦理道德",这些是我们的他在,我们从小所受的教育就是这样。"以及精神作为现实性成为自身对象的那种思维方式",精神怎么样把自己的现实性当作对象,这种既定的思维方式也是必须适应的。我经常讲文化模式或者思维模式,我们如何对待风俗习惯、伦理道德这些现实的精神对象,有一套固定的思维模式。这些是我们从小就受到的教育,我们把它当作既定的现实性接受下来,我们既然生在这样一个环境中,那么我们就要适应这样的环境,我否定了它,就等于否定了自己。这是一种接受的态度,我既然接受了这一套,那么我就应该把它坚持到底,我就是这么个人,我就是受这样的教育长大的,我从小就接受了老师和家长的教育,教导我们做人,教会了我们怎么怎么样,我就以它自居,这就是我,我维护它就是维护我自己。所以一讲传统这些东西,很多人都不愿意去进行一种批判的审视,因为他觉得这样就把他自己否定了,那是他安身立命之所。我只能站在这个立场上否定别的东西,不能站在别的立场上否定我自己。这是一种态度,就是对传统的伦理道德、风俗习惯以及思维方式,采取无条件地接受的态度。但是,还有另外一种态度,"有时候是抗拒这现实性而主动地认知自身,凭借爱好和激情从中只为自己挑选特殊的东西,并使对象性的东西**适应于它自己**"。这另外一种态度就完全不同了，"抗拒这现实性"，也许不是从小就抗拒，而是到了一定的时候就抗拒这现实性，觉得这一套东西太束缚人，而主动地认知自身，有一种自我反思，这就不是被动的了，而是能动的了。笛卡尔讲自我反思，说人生必须有一个时候，把以往所受的全部教育都呕吐出来，加以审视，全部的再加以检验，哪怕是天经地义的，从小灌输进来的，我都把它归零；然后再从头来找到一个支点，再把这些东西呢，一个一个的经过检验，能够站得住的，我把它建立在我的这个基点之上，这个支点就叫做"我思故我在"。我思故我在是个很厉害的东西，作为一个人安身立命的唯一的基础，所接受下来的其他东西都不能成为基础，唯独我思可以作为基础。凡是跟我思不符合的，我都要加以怀疑，把它否定。所以这是抗拒这现实性而主动地认知自身。"凭借爱好和激情"，这是黑格尔强调的，笛卡尔没有讲到爱好和激情，他只讲到我思，黑格尔则非常重视爱好和激情，爱好和激情是历史的动力。这就是另外一种态度，"凭借自己的爱好和激情，从中只为自己挑选特殊的东西"，从那些伦理道德风俗习惯思维方式等等中，只挑选那些特殊的、为我所需的东西，"并使对象性的东西**适应于它自己**"。"适应于它自己"打了着重号，以和前面打了着重号的"去适应"相对照，一个被动，一个主动。不是去适应对象，而是使对象性的东西适应自己，那就是改造世界、批判世界了，用自己的标准去价值重估了。根据什么重估？根据我的爱好和激情。当然你可以问，爱好和激情从哪里来的，这又回到前面那种态度去了，爱好和激情也是接受下来的，也是历史时代带给你的。所以这两种态度是交织的，一种是全盘接受，一种是全盘否定，但是实际上全盘接受也是你在接受，全盘否定呢，你也是从接受下来的东西中给你带来否定的动力，你才能够去否定。所以这两种态度是一种辩证关系，采取哪一种态度都是走极端。

前一种情况是否定的对待作为个别性的自己，后一种情况是否定地对待作为普遍存在的自己。

这两种态度都是否定的对待，为什么是否定的对待？我们上一段最后一句话就是这样说的，"以至于它扬弃他在并在它自身作为否定的东西的这种直观中具有了现实性"。所以心理学它是建立在自我否定之上的，一个是否定作为个别性的自己，另外一个是否定作为普遍存在的自己，都是否定自己，都是自我否定。前一种接受的态度也是自我否定，不要以为前一种接受的态度就没有自我否定了，它也是自我否定，否定什么呢？否定作为个别性的自己。就是你接受的那一套伦理道德风俗习惯，它从小教导你要成为什么人，要怎么做，都已经清清楚楚，都已经给你把道理说明白了，如果你还要一意孤行的话，那你就是大逆不道了，所以你就要把自己的个别性否定掉，服从一般的陈见。否定作为个别性的自己，否定自己的为所欲为或者否定自己的自由意志，这是一种自我否定。这就是"以理杀人"，或者鲁迅所说的"吃人"。传统对个别性是非常压抑的，传统需要个别性作出牺牲，你才能维护传统。那么后一种情况也是否定，"否定地对待作为普遍存在的自己"，自己一方面有个别性，另外一方面也有普遍存在，包括自己从小所受到的教育，包括从小被灌输的观念等等。那么这种否定呢，是否定作为普遍存在的自己，就是我所有以往接受的观念，那些普遍的存在，那些大家公认的东西，我都要把它否定掉。虽然那些东西我已经把它融化在我的血液里面了，但是我现在要主动的认知它，要否定它，要批判它。作为普遍存在的自己也是自己，那些东西也是自己，不是说那些风俗习惯道德和我没关系了，我就可以把它一脚踢开了，我一念之间就可以把它抛弃掉，全在于我的自由意志。有那么容易啊，你的思维方式里面、你的血液里面都渗透了传统。但是有一种态度，即否定作为普遍存在的自己，这也是一种自我否定。这两种态度都是自我否定，都表现出行动的意识它的本质就是自我否定。但是看你否定什么东西，一种是否定你的自由意志，否定你自己的超常规的奇思异想；另外一种是否定自己所接受的全盘教育，否定自己最内在的，最不可怀疑的天经地义的东西，要重新开辟新路。

　　——按照前一方面，这种独立性只是赋予了被碰到的东西以一般被意识到的个体性这一**形式**，至于内容方面，则仍然停留于那被碰到的普遍现实性之内；

"按照前一方面"，前一方面是被动接受传统的方面，接受伦理道德风俗习惯，"这种独立性"，它也有独立性，接受传统、维护传统的人，他也有种独立性。"这种独立性只是赋予了被碰到的东西以一般被意识到的个体性这一**形式**"，形式打了着重号。就是说在形式上，它还是个体性的，我们看到许多维护传统的人，都觉得这是出于自己的一种独立人格，他有一种独立的担当，我一肩担起天下的道义，虽千万人吾往矣，他有一种独立的人格。这种独立性是赋予被碰到的东西的，被碰到的东西就是传统了，我生下来就碰到了，我出生的这个家庭就有伦理道德了，这些东西现成都在那里。那么我赋予它们以一般的个体这一形式，我碰到的当然不是个体，但是我赋予了它们个体的形式，我担当起它们就赋予了它们我个体的形式，这是我个人的安身立命之所。当然它的内容不是个别的，内容完全是三皇五帝、文武周公、家国天下、儒家孔孟，由道统传下来的这一套；但是它是由我担当起来的啊，我赋予它们以个体这一形式，但仅仅是形式上的个体性而已。"至于内容方面，则仍然停留于那被碰到的普遍现实性之内"，它的内容都是被碰到的，是传统已经在那里的既成事实，没经过自己的脑子的。但是在形式上呢，我赋予了它以貌似的个体性。这种个体性的形式有时是非常强的，有一种大丈夫精神，威武不能屈，贫贱不能移，富贵不能淫，三军可夺帅匹夫不可夺志，这样一种个体性。形式上是个人的担当，但是内容方面，完全没有个人，不是由自我建立的，而是从传统的普遍的现实性接受下来的东西。

但按照后一方面，这种独立性至少给这现实性作出了某种自己特有的、并不与其本质内容相矛盾的修改，或者甚至于也作出了这样一种使个体作为特殊的现实性和自己特有的内容而与那普遍现实性相对抗的修改，

"按照后一方面，这种独立性至少给现实性作出了某种自己特有的、

并不与其本质内容相矛盾的修改"，这是后一方面。独立性至少给这现实性作出了某种修改，作出了一种改良。怎样一种改良呢？某种自己特有的不与现实性的本质内容相矛盾的修改。是独立性所特有的、我所提出的改良，但是并不与其、也就是与现实性的本质相矛盾。在这种修改上面体现了一种个体的独立性。从文化精神上来说，我们现在这个时代已经与几千年以前不同了，现在应该有一种独立的创造，一种体制的创造，但是它跟现实性的本质内容并不矛盾，这是一层意思，至少作出了一种修改。另外一层意思更进一步，"或者甚至于也作出了这样一种使个体作为特殊的现实性和自己特有的内容而与那普遍现实性相对抗的修改"。前面一种是与现实性不矛盾，但是做了某种修改，相当于现在一些人提倡的传统文化的"创造性转化"。但是甚至于，——我们注意前面讲的是"至少"，是从低标准来说的，从高标准来说，则"甚至于"会达到这样一种地步，作出了这样的修改，什么修改呢？使个体作为特殊的现实性和自己特有的内容，而与那普遍现实性相对抗的修改，这相当于传统文化的自我批判。我就是现实性，传统当然也是现实性，但是我生活在现代，我的生活就是我的现实性，我的现实可以与传统留下来那一套现实性相对抗，反抗现行的教育给我带来的现实性。凭什么反抗，凭你在现实生活中所获得现实性，凭你的生活的那种现实性，用我现在实实在在生活的现实性去反抗传统给我带来的现实性，或者用新的现实性去反抗旧的现实性。这样一种修改，那是更进一层的，更激进的。所以在后一种情况下，独立性也有两个层次，一种是温和的形式，一种是激进的形式，一种是改良，一种是革命或批判。

　　——并且，当这个个体只是以某种个别的方式扬弃普遍现实性时，这就导致犯罪，或者当个体以某种普遍的方式，并且是为一切人而这样做时，这就用另一个世界、另外的法权、另外的法律和道德取代了现有的这些东西。

　　"并且"，这个并且后面，还要更进一层。"当这个个体只是以某种个别的方式扬弃普遍现实性",就是说当你这个个体只是你的一种个性,以一种个别的方式来扬弃现实性,"这就导致了犯罪"。就是说你一个个人,你反对现实,比如说当今的物欲横流,你反对传统道德,你以个别的方式,你以自己的个人利益,或者以个人的为所欲为,满足自己的贪欲,以这种方式来扬弃普遍现实性时,这就导致犯罪。礼崩乐坏,物欲横流,我们今天的贪官污吏遍地流行,就是每个人都以一种个别的方式来扬弃或者来反抗普遍的现实性,这就导致犯罪。但是另外一种,"或者当个体以某种普遍的方式,并且是为一切人而这样做时,这就用另一个世界、另外的法权、另外的法律和道德取代了现有的这些东西"。那就是普世价值了,也就是当你采取一种普世价值来对抗传统现实性形式的时候,就用另一个世界,另外的法权、另外的法律和道德取代了现有的这些东西。那就是真正的推动历史了,就是重建一个新世界了。它不是没有法权、法律和道德,而是用另外的法权、法律和道德取代了以往的旧的。我们说现在没有道德了,那么你怎么办? 你如果把所有的道德以个人的名义去摧毁它,既然没有道德了,那就可以违背它,那就可以为所欲为,没有道德底线,那就导致今天的可悲的道德现状。那么另外一种,就是以普遍性的方式,现在道德滑坡了,如果没有救了,你是不是还是要创造出新的东西来? 以普遍的方式,扬弃旧的普遍的东西,将新的普世价值发扬光大。你如果没有普世价值的话,你的那些旧的普遍的东西、旧的传的东西都是虚伪的,连一个小老百姓都不相信。看来黑格尔的时代和我们这个时代非常相近了,所以我比较重视读德国古典哲学的东西,这个有很大的原因,就是它非常现实。如果你读懂了的话,你会发现里面有很多东西可以解决我们今天的现实问题。休息一下吧。

好,我们再继续往下讲。前面是讲了心理学的两种态度,观察人的心理的时候,我们发现两种态度,一种是被动接受的心理,一种是改革或者是革命,反抗既成现实。反抗既成事实其实不是外在的,因为既成事实就是我自己,所以反抗既成现实表现在心理学里面,就是自我反抗,自我否定,否定自己从小所接受下来的、被看作是自己安身立命之本的那一套东西,这是另外一种态度。下面就是讲到观察的心理学的一些具体的内容。

<u>进行观察的心理学最初说出的是它的在那能动的意识中向它显露出来的、具有**普遍的方式**的知觉,它发现了各式各样的能力、爱好和激情,并且由于它在把这一堆收集来的东西讲述出来时不能克制对自我意识的统一性的回忆,那么接下来它至少就不得不感到惊讶,居然在精神里如同在一个口袋里一样竟能同时装下这么多种多样、这么异质而偶然凑合的东西,尤其哪怕它们都呈现为不是僵死的静物,而是些不停的运动也罢。</u>

这一段就是一句话。前面是讲观察的两种态度,这里就是观察到的具体内容,观察的心理学观察到了什么东西呢?"进行观察的心理学最初说出的是它的在那能动的意识中向它显露出来的、具有**普遍的方式**的知觉"。最初说出的是什么呢?是知觉。什么知觉呢?那些在能动的意识中向它显露出来的知觉,我们前面讲了它是行动着的意识,能动的意识,自我否定的意识,在这个意识中,向它、向这种心理学,显露出来的一种知觉,是具有普遍方式的知觉。首先向它显露出来的知觉具有普遍的方式,"普遍的方式"打了着重号,就是这些知觉不仅在某个人身上具有,而且在所有人的身上都具有。观察的心理学最初是这样的,把人的各种各样的知觉以一种普遍的方式说出来,心理学就是表述这样一些东西的。比如说,"它发现了各式各样的能力、爱好和激情,并且由于它在把这一堆收集来的东西讲出来时不能克制对自我意识的统一性的回忆",就是说最初观察的心理学说出来的就是这样一些具有普遍方式的知觉,比如说各种能力。心理学里讲到感觉能力,表象能力,知性能力认知能力,抽象能力分析能力等等各种各样的能力;还有爱好,各种各样的爱好;各种各样的激情,快乐痛苦等等。一般心理学都描述这样一些东

西，这些东西都是普遍的，不是只体现出某一个人的特点的。你有激情，我也有激情，当然你的激情和我不一样，但是不一样的那方面心理学不考察。心理学不是考察一个一个的人，心理学是要寻求一般规律，所以心理学经常讲到想象力、激情、痛苦和快乐，各种各样的能力，都是就一般的形式来讲的，因为它要找一般规律嘛。而且它在把这一堆收集来的东西讲出来时不能克制对自我意识的统一性的回忆，就说是它在讲这些东西的时候呢，它时时回想到、反思到所有的这些东西都是在自我意识的统一性之下表现出来的。各种能力也好，激情也好，爱好也好，它都有一个我，每一个人都有一个我，都是在自我意识的统一性之下才表现出所有这样一些能力。对自我的统一性的回忆，这个回忆（Erinnerung）其实就是反思了，柏拉图的"回忆说"认为，一切知识、一切学习都只不过是回忆罢了，都是回想起自己先天的那一套东西。在康德那里，他的先验自我意识时刻伴随着一切心理表象，是通过反思而在人内心中发现的，里面也可以看出柏拉图回忆说的影子。就是说我之所以有这些知识，它们是何以可能的，要追溯到它们的源头，康德最后追溯到了先验的自我意识统觉的统一性。那么这里讲，"不能克制对自我意识统一性的回忆"，这是遏制不住的，任何心理学在描述各种各样的能力的时候，它都要回到自我意识的统一性。"那么接下来它至少就不得不感到惊讶，居然在精神里如同在一个口袋里一样竟能同时装下这么多种多样、这么异质而偶然凑合的东西，尤其哪怕它们都呈现为不是僵死的静物，而是些不停的运动也罢"，这是必然会得出的荒诞感。这里包含有对于用心理学解释认识论的某种批判，也就是对康德认识论的批判，康德的认识论没有摆脱心理主义，后来胡塞尔也指出这一点。什么样的荒诞感呢？就是把精神看作一个口袋，把所有在内心里面发现的东西，康德称之为"表象"的东西，都往里面装。这是观察的心理学它的特殊的思维方式，就是把这些心理机能一个一个拿来考察，用一个自我意识完全经验地把它们联结起来。自我意识的统一性在这样的情况下就变成了一个大口袋，每个人都有个口袋，都有一个自我意识，都把他所表现出来的各种各样的能力爱好和激情把它装进去。"以至于就会不得不感到惊讶"，这里带有讽刺意味了，就是说"居然在精神里面如同在一个口袋里面一样竟能同时装下这么多种多样、这么异质而偶然凑合的东西"。令人惊讶的是，口袋里的东西如此杂乱无章，偶然拼凑，还能放在自我意识的统一的框架中。当然康德的"口袋"也并不是那么杂乱的，他还是一层一层地建构起来的，感性、知性、判断力、理性等等，但这些都是现成地摆在那里等着我们去发现的，它们之间完全是异质的，需要找到一些媒介把它们联结起来。观察的心理学的毛病就在这个地方，就是说它实际上是到人类的心理里面去搜罗所有它能遇到的这样一些能力，这样一些爱好和激情，就像康德所讲的，我的每一个表象都伴随着自我意识。这就令人感到惊讶了，自我意识怎么是这样一个大口袋，什么乱七八糟的东西都可以塞进去。"尤其哪怕它们呈现为不是僵死的静物，而是些不停的运动也罢"，尤其哪怕，这个句式很别扭，就是尤其使人感到惊讶的是，哪怕它们呈现的都不是僵死的静物，而是些不停的运动，它们仍然能被装进来。就是说不但能够装下这么多偶然凑合的东西，而且这些偶然凑合的东西还在不断地变化，它们都能装到自我意识里面来。你把一些静止的东西装进来还勉强可以设想，但是你把不断地变化也装进来，那你这个口袋不是随时在变大变小吗？这就是更进一层了，就是说哪怕它们不是僵死的静物，而是不停的运动，这个口袋也能装得下。例如康德的先验演绎的"三重综合"，每一重综合都是能动的，但又都被装到自我意识这个大口袋中。黑格尔的意思是，既然如此，那么何不把这些零零星星的东西看作同一个能动的自我意识自身发展的不同阶段呢？为什么只停留于静止状态的"先验分析"和"建筑术"中呢？当然这就必须超出经验观察的心理学，而上升到理论和实践的统一。

　　在对这些不同能力的叙述中，观察处于普遍性的一方；而这各方面能力的统一体则是与这个普遍性相对立的一方，即**现实的**个体性。

"在对这些不同能力的叙述中，观察处于普遍性一方"，这就是前面讲的，"观察的心理学最初说出的是它的在那能动的意识中向它显露出来的、具有**普遍的方式**的知觉"。我们刚才讲了，这种知觉是一种普遍方式，不是张三李四的，而是一般的、一切有认知能力者的一种普遍方式。表象能力，想象力，这都是采取一种普遍的方式的知觉，我讲的是一般的想象力，我不是讲的张三，他是一个艺术家，他的想象力特别发达，这个我不讲。所以观察是站在普遍性一方的，它要找规律嘛，所以必须要站在普遍性一方。"而这各方面能力的统一体则是与这个普遍性相对立的一方，即**现实的**个体性"，而这个统一体，由自我意识大口袋所装进来的统一体，则是与这个普遍性相对立的一方，即现实的个体性。现实的个体性总是要把所有的这些能力放在一个独特的大口袋里面，比如说张三，他有一个大口袋，他有一个自我意识，他把它统摄在一个大口袋里面就构成了他现实的个体性。张三这个现实的人在那里，他表现出的能力是普遍的，他有想象力，任何人都有想象力，但所有这些东西都是放在张三这个自我意识的大口袋里，形成了他的个性，形成了他的个人独特的心理结构。那么观察的这种普遍性跟每一个个体的个性是相对立的。

——然而对各个有区别的现实个体性再像这样加以统握和描述，说一个人比较爱好这样一个东西，另一个人比较爱好那样一个东西，一个人理解力比另一个人强，这是一种甚至比列举昆虫苔藓等等的种类还要无趣得多的事情；

就是说观察在心理学中遇到了一个矛盾，一个是要找到普遍性，另一个面对的是个别的人，那么如何来调和普遍性和个别的人，如何能够把普遍性运用到个别的人身上？"然而对各个有区别的现实个体性再像这样加以统握和描述"，前面已经对一般心理学的观察中自我意识的普遍性和它底下的各种能力的多样性之间的"口袋"关系表示了惊讶，这里则是对各种能力"再像这样"用来统握和描述个别人的心理提出质疑。

"说一个人比较爱好这样一个东西,另一个人比较爱好那样一个东西,一个人理解力比另一个人强,这是一种甚至比列举昆虫苔藓等等的种类还要无趣得多的事情",就是说,当你把那些普遍的能力运用到个体性身上的时候,对各个有区别的现实个体性再像这样加以统握和描述是很无聊的。因为这类描述仍然像上面那样,是对既成事实的一种静止状态的分析,分得再细,也只能搜集到心理现象的繁琐的多样性,而不能把握心理的本质。比如说一个人比较爱好这样一个东西,另一个人比较爱好那样一个东西,一个人理解力比另一个人强,这都是个案了。这样一种统握和描述,是某种比列举昆虫苔藓等等的种类更无趣得多的事情,那只是一种博物学的兴趣,而不是心理学的理论兴趣。据说世界上的动物中,昆虫的种类是最多的,昆虫是一个最大的种群,比哺乳动物,比海洋里面的各种各样的动物种类要多得多,那你去列举吧,你列举一辈子也列举不完。苔藓也是有很多很多种类的,多半长在人迹罕至的地方,如原始森林、极地等等。哪怕你搜集得再完备,这也是没有什么理论意义的,只能满足一些好奇心。心理学要陷入这种猎奇的兴趣中,还谈什么寻求心理学的规律。

因为这些种类由于本质上就属于偶然的个别化的元素,才使得观察有权这样个别地和无概念地对待它们。

为什么没有意义呢,"因为这些种类",昆虫啊,苔藓啊,是"由于本质上就属于偶然的个别化的元素"。各种各样的昆虫、苔藓,各种各样的种类、亚种,在各种不同的地域里面所表现出的分化,本质上是属于偶然的个别化的元素。这些低级的生物,它们没有内在的原则,都是根据外在的条件而形成的一些偶然的种类。因此"才使得观察有权这样个别地和无概念地对待它们",你的观察的理性对待昆虫、对待苔藓这样的低级生物可以这样,就某些种类去加以比较加以描述,因为它们本身还没有上升到普遍性的概念,你可以无概念地对待它们。但是对人的心理则不行。你说某个人的理解力比另外一个人强,当然你也可以这样去说,但是这样不解决问题，这不能把握人的本性。因为这些都是一些外在的偶然的个别化的元素，未进入内的东西。

相反，把有意识的个体性也这样无精神地当作**个别的**存在着的现象[202]来对待，则有自相矛盾之处，即个体性的本质就是精神的共相。

就是说对人来说不能像对昆虫、对苔藓那样去加以个别的考察，因为那些考察都是受外在的环境所支配的一种偶然的个别性。你对某一个人，张三或者李四做这样的考察，这对心理学来说是没有意义的。为什么心理学不考察张三李四，即算要举例子，也是做一个典型的例证，不是为了要考察某个人？就是因为人与人是有共性的，人与人是有共相的、相通的。即算他们的爱好不同，理解力不同，层次有高低，智商有高下，但是这些东西作为个人来说没有心理学的意义，你不能由这些外在的东西来断言他的灵魂。我们讲今天的人权理论已经确定了这一点，不能因为这些区别而对某个人采取歧视态度。比如说，男女在思维方式情感方式上有所不同，亚裔、非洲裔和白人在这些方面也有区别，但不能因此而有性别歧视和种族歧视。你不能根据这些区别对人的本质进行定性，因为这些区别都是由他们的外部偶然环境所造成的，不能作为心理学的一般规律来探讨。所以他讲，"相反，把有意识的个体性也这样无精神地当作**个别的**存在着的现象来对待，则有自相矛盾之处，即个体性的本质就是精神的共相"，"相反"，是指与昆虫苔藓之类的低级生物相反，每一个有意识的个体虽然千差万别，每一个个体都不一样，但是他们有个共相，你要把握他的本质你就要把握这种共相。你不能把握他的外在的偶然的形态，包括种族的形态，比如黄皮肤、黑眼睛，这对于把握中国人的心灵来说没有本质的意义，这是一种种族血缘特征，是偶然决定了的，几千年以来的种族融合所造成的，黄种人就是这样。所以你用这个东西来当作你灵魂的安身立命之处，那就糟糕了，那你就把自己下降为昆虫和苔藓这样一个层次了。所以你要把自己当作人来看待，那就不能从这些方面来给人归类，你就必须上升到精神的共相。

　　但由于这样的统握同时也让个体性进入到普遍性的形式中，它就发现了**个体性的规律**，并且看起来现在似乎就有了某种合理的目的，而且在从事一件必要的事务了。

　　就是虽然前面那样的做法是不对的，不能通过那种方式来把握心理学的本质，"但由于这样的统握同时也让个体性进入到普遍性的形式中"，就是毕竟它把个体性纳入进了普遍性的形式。普遍性和个体性有矛盾，但是它毕竟把双方联结起来了，所以"它就发现了**个体性的规律**"，个体性的规律打了着重号。心理学开始发现了个体性的规律，什么个体性的规律？就是一般普遍性的形式如何在个体性中表现出来，这个里头有一种规律。正因为个体性和普遍性是矛盾的，是两个方面，所以你把两个方面联结起来，你就可以形成一个规律。我们前面多次讲到，所谓规律，就是两个东西之间的联系嘛。当然这个规律黑格尔并不认可，只是观察的理性企图通过这种方式来发现心理学的规律。心理学有一大堆规律，这一大堆规律怎么发现出来的？就是通过心理学找到的那些普遍的能力、激情、兴趣等等，把它们应用到个体身上，就发现了个体性的规律。"并且看起来现在似乎就有了某种合理的目的，而且在从事一件必要的事务了"，看起来似乎是这样，这当然是黑格尔的一种嘲笑的口吻了，看上去好像是这样了，现在似乎就有了某种合理的目的了，而且是在从事一件必要的事务了。所谓事务，就是正经事了。心理学由于这样一来好像发现了个体性的规律，它好像干的就是一件正经事了，俨然它在做正事了，它在干什么？它在发现规律！但实际上在黑格尔看来这是不可能的，你什么规律啊，最后你这个规律是会消失的，这个后面马上要讲到。但是毕竟呢，观察的理性在观察自我意识、在观察心理学的时候，它是想要通过个别与普遍的关系来构成一条规律的，看起来它们好像在干正事。

　　这个下面有个小标题，[Ⅲ 个体性的规律]，拉松版编者加的，估计是放错了位置，不应该放在这里，个体性的规律就是心理学的规律，心理学的规律和个体性的规律是整体和部分的关系，没有必要分成两个标题。前一个小标题是心理学的规律，在第200页，这个小标题讲的个体性的规律，是一回事情。所以我倾向于把第三个小标题移到第203页的第二段，而且应该这样来设这个小标题："III. 个体性规律的丧失"，从内容上来看应该是讲这个东西。就是心理学拼命要建立个体性规律，但是呢，最后失去了，建立不起来。为什么建立不起来？因为个体性的本质是自由，你给自由建立一套规律，这在心理学的意义上是不可能的，所以就丧失了，这个我们后面要讲到。现在我们还讲不到那里。

{170}　　构成个体性规律之内容的环节，一边是个体性自身，另一边是它的普遍的无机自然界，也就是所碰到的情况、处境、风俗习惯、伦理道德、宗教等等；特定的个体性必须从这些里面才能得到理解。

　　前面已经讲了，心理学所要探讨的就是个体性的规律，把它那些普遍的东西运用于个体身上，就可以得出个体性的规律，也就是心理学的规律了。那么我们就来分析"构成个体性规律之内容的环节"，有两个环节，"一边是个体性自身，另一边是它的普遍的无机自然界，也就是所碰到的情况、处境、风俗习惯、伦理道德、宗教等等"。这个我们以前就涉及了，就是心理学有两种态度，一种是接受性的，一种是反抗性的，就是接受还是反抗外界，他这里讲的是普遍的无机自然界。这里的"无机自然界"是带有类比性、比喻性的，它不是讲的大自然，山川河流，宇宙星空，不是讲的这些东西，而是讲所碰到的那些偶然的情况和处境，即社会性的风俗习惯，伦理道德和宗教等等，这些东西对于个体性自身来说，相当于普遍的无机自然界。它对个体性自身来说，它是无机的，当然它本身是精神性的，像伦理道德，宗教，那都是人造的嘛，人都是有机的；但是对于现在当下这一个人来说，传统传下来那些东西都是无机的，都是强制性的，它们的作用相当于自然界。在后面要讲到，这又叫"一般世界状况"。"一般世界状况"就是历史、时代、社会现状、传统，传到今天留下来的这一套东西，个体所面对着的这一套东西。这对个体来说相当于普遍的无机自然界，它是普遍的，人人都这样，它是无机的，它不能随你去把它变成有机的东西。它本身是没有生命的、僵死的，你可以把它纳入作为你的原则，就像吸收自然界的营养，那是你的生命，不是它的生命。所以它是无机自然界，也就是偶然碰到的外部情况，"特定的个体性必须从这些里面才能得到理解"，每一个个体都生活在传统给他留下的一般世界状况中，那么每一个特定的个体呢，都必须从这里面得到理解。对于一个中国人，你要了解他，必须从他生活的这个社会，这个历史传统，他所受的教育，风俗习惯等等所有这些，你才能理解他。每个个体都是这样，必须从这些才能得到理解，因为他已经接受了这些东西，不管是自愿的还是不自愿的，他生下来就是这样了，他就在这种环境中长大。

　　它们既包含着特定的东西，也包含着普遍的东西，并且同时又是现成在手的东西，这现成在手的东西把自己呈现给观察，另一方面，又以个体性的形式把自己表现出来。

　　"它们"，所有这些普遍的无机自然界，"既包含着特定的东西，也包含着普遍的东西"。所有这些一般世界状况，当然它们被个体看作普遍的无机自然界，但是它们本身又是有特定的规定性的，例如中国文化就有不同于西方文化的规定性或者特色。"并且同时又是**现成在手的东西**"，现成在手的东西打了着重号，这个更重要。就是说，现实的这样一些情况，处境，风俗，习惯这是普遍的，但是同时又是具有自身特色的，更重要的是同时又是现成在手的，它们就是现实。我们每一个人都生活在现实中，并且和现实的社会和历史传统不断地在打交道，所以它们同时都是现成在手的东西。你要研究一个人的心理，你就要研究他所生活的现实，包括它他自己的现实和他周围环境的现实。"这现成在手的东西把自己呈现给观察"，这样一些现成在手的东西、一般世界状况呈现在观察面前，让观察来对它们加以考察。"另一方面，又以个体性的形式把自己表现出来"，为什么能够以个体性的形式把自己表现出来呢，因为它

553

们是靠个体性的东西来承载的，所以它们的特色或规定性就体现为个体性的形式。这是构成个体性规律之内容的环节，总的来说是两个环节，一个方面是个体性，一个方面是普遍的无机自然，就是周围环境。或者我们就历史人物来说，任何一个历史人物都是生活在特定的时代，都是历史所造成的，但同时，他又造成了历史。历史人物是历史时代所造成的，同时他又造就了他那个时代。所以这里讲，这个现成在手的东西把自己呈现给观察，当作一种客观的现实，另一方面又以个体性的形式把自己表现出来，这就有种能动性了。下面就讲这两个环节是如何发生关系的，能不能从里面找到些规律。

于是这双方关系的规律似乎就有必要包含这一点，即这些特定的情况对个体性发生了怎样一种作用与影响。

你要找这双方的规律，一个是个体性，一个是普遍性，一个是个人，一个是时代，时代的一般状况，包括传统所留下来的影响等等。那么这两个方面有什么规律呢？"似乎就有必要包含这一点，即这些特定的情况对个体性发生了怎样一种作用与影响"，这里用的虚拟式，说明这是姑妄言之，黑格尔其实是不赞成的。你要考察一种规律，似乎你就要考察，这个人如何被这个社会所造成的。我们经常说一个人，犯罪也好，有道德的也好，我们都说他是被社会所造成的，那就要找规律啊。我们今天都要找规律。为什么犯罪？因为从小没有好好读书，因为政治思想教育不够，所以我们要开一门课，就可以不犯罪了。我们现在很多课，就包含这样一种想法，要对学生加以影响，这是一种思路。就是要找到一些规律，这些特定的情况对个体发生了怎样的作用，要使他远离那些坏的影响，接受一些好的影响。所谓人是环境的产物，这是一条规律啊。每个人都是他的环境造成的，所以人们就想从这个里头找到一些规律。

但这种个体性恰好**正如**它本身也是**共相、因而是**以一种直接的静止的方式与那**现成在手的**共相如伦理道德风俗习惯等等融合在一起、并且是适应于它们的那样，**同样**它也对这些东西采取对抗态度，并且宁可颠覆它们，——以及在它们的个别性中完全漠不关心地对待它们，既不让它们影响自己，也不对它们采取行动。

这是一个长句子，它的句型是这样的："恰好正如……那样，同样也……"，应该这样来把握。"但这种个体性恰好**正如**它本身也是**共相**"，个体性恰好正如……那样。正如什么样呢？个体性，他们本身也是共相，个体性本身就是共相，因为人就是环境造成的嘛，比如中国人，在外国人眼里个个都是一个样子，几乎分不出来。黑人在我们眼里也是差不多的样子。个体性本身就是共相，"因而是以一种直接的静止的方式与那**现成在手的**共相如伦理道德风俗习惯等等融合在一起"，直接静止的，每一个人处在什么环境中，接受什么样的教育，他就是什么样的人。我们从小学就开始找模子，找榜样，优秀生、三好生这是模子，最好每个人都符合这个模子，那每个人就都是共相了。优秀生、三好生，就是完全和伦理道德融合在一起的个体，这就是值得表彰的。"并且是适应于它们的那样"，每个人的个性与公认的伦理道德标准融合在一起，并且与这种标准相适应。正如个体性是适应这些东西并且和这些东西融为一体的那样，这是一方面。而另一方面呢，"**同样**它也对这些东西采取对抗态度，并且宁可颠覆它们"。你不要看到一方面，就忘记另一方面了，人固然是环境的产物，但不是你教给他什么，就是什么，他另外还有一种对抗性。小孩子都还有逆反心理呢，你叫他往东，他偏要往西，跟你对着干。所以人不一定完全是环境的产物，或者说环境的产物生产出来的有可能恰好是相反的东西，教育也可能起反作用，你越是教他一些东西，他越不买账。一方面那些听话的孩子也许就接受了，但是还有些不听话的孩子。即算是听话的，他也是极力克服了他的对抗的心态，他才能够接受，他不是完全心甘情愿接受的。所以，同样有另外一方面，这个"同样"打了着重号，与前面"正如"相呼应。他不但采取对抗态度，而且宁可颠覆它们，反其道而行之。"——以及在它们的个别性中完全漠不关心地对待它们，既不让它们影响自己，也不对它们采取行动"，这是第三种态度，也就是消极对抗，我行我素。我们现在的教育就陷入了这个困境，你想教育它，家长也好老师也好，苦口婆心，他却当作耳边风，我行我素，或者完全颠覆你这个东西。这就有两面，一方面人是环境的产物，另一方面，人对他的环境有一种反抗性。你无法预料一个人会采取何种态度，更何况他也许表面一套，内心是另一套，这就很难找出人的心理学上一定的规律。

因此不论对个体性发生影响的是**什么**，以及它拥有的是**何种**影响——其实这都是同一个意思——它都只取决于个体性自身；**借此**这个个体性就**成为了这个特定的个体性**，这只不过说，**它已经就是这样了**。

"不论对个体性发生的影响的是**什么**，以及它拥有的是**何种**影响"，这两句话是一个意思。"对个体发生的影响是**什么**"，这是指影响的内容；"以及它拥有的是**何种**影响"，这是指这个"什么"产生影响的方式，是正面的还是负面的影响。这两种说法是不一样的，但其实是一个意思，总之是产生了影响。但是这种影响"都只取决于个体性自身"，个体性也许会接受，但也许会抗拒。他要接受也是主动的接受，你不要以为他像一个大口袋一样，你装进什么就是什么，他是个人。所以你影响他，也要他接受这种影响，或者说任何影响对他来说都是他所接受的影响，而不是你装进去的。所以为什么要表扬好学生呢，因为他的自由意志接受了这种影响，所以就值得表扬了。如果是一个机器一样造出来的，你造成他这样子，他就是这样子，不可能是另外的样子，那有什么值得表扬的呢？那就不需要表扬了。正因为他本来也可以不这样，所以才需要表扬。另一方面就需要惩罚，你不这样就要惩罚，你按我的做了，那就要表扬，至少给个满分吧，你不这样做，那就给零分了，那就不及格了，要奖惩。之所以要奖惩，都是因为它取决于个体性自身。"**借此**这个个体性就**成为了这个特定的个体性**，这只不过说，**它已经就是这样了**"，借此，借什么呢？借助于这个个体自身。这个个体性就成为这个特定的个体，就是不论他是否符合传统的模子，一个人成为这样一个人都是由于他自己的个体性，都取决于他的个体性自身，人是他自己造成的。波伏娃说女人是自己造成的，其实更宽泛地说，人都是自己造成的。你要不成为人也可以，你马上就可以变成动物；你愿意成为人，你才能成为人，你愿意成为这样的人，你才能成为这样一个人。借此这个个体就成为了这个特定的个体性，这只不过说，他已经就是这样了。他再特定、再与众不同，他已经就是这样了，就是他已经是个自我选择的个体了。个体性在这个意义上他是个既成事实，就是他从来不是环境造成的，而一直是自己造成自己的。这个既成事实也是他所选择的，是他的个体性的表现，是他的自由的表现。

情况、处境、伦理道德等等，一方面被显示为**现成在手的**，另一方面，**在这个特定个体性里**，它们都只表现出个体性的那种无人关心的、不确定的本质。

既然说个体性已经是这样了，我们就考察现在这个样子吧。现在是什么样子呢，"情况、处境、伦理道德等等，一方面被显示为**现成在手的**"，现成在手的打了着重号。这些东西都是现成在手的，社会的一般现实摆在那里，我们说你要现实一点，你要考虑现实条件之下你怎么做，这些就是现实的条件，现实的处境。"另一方面，**在这个特定个体性里**"，这个特定的个体性打了着重号，"它们都只表现出个体性的那种无人关心的、不确定的本质"。现成在手的东西就是伦理道德等等的处境，就是所谓"国情"；但是另外一方面呢，每个特定个体性有他的个性，但是它们都只表现出个体性的那种无人关心的，不确定的本质。也就是我们刚才讲的，他的个体性是由他自己造成的，是由他自己的选择、由他自己的自由意志所造成的，但是这个方面呢，无人关心，没有人关心他是怎么样选择的。因为这个选择它具有不确定性。这个选择是不确定的，你既然已经选择了这样，那就这样了，但是你本来还可以不这样，还可以有别的选择，那个不管。我们就考察他这样，只考虑结果怎样，至于他当初是如何选择的，这是没人关心的。也关心不到。他当初选择是他个人的事情，他要成为这样嘛，他要犯罪嘛，他当初怎么要犯罪，这个是不确定的，他当初也可以不犯罪，但是他选择了成为这样了。所以当初的那个情况是没人关心的，人们所关心的只是他受到什么影响，造成了什么后果。但为什么同样受到这些影响，有些人犯罪，有些人却没有犯罪，这个区别从何而来，这是没人关心的。人们也没有办法关心，因为它是不确定的，它是自由意志嘛。

假如不曾有过这些情况、思维方式、伦理道德、一般世界状况，那么个体当然不会成为他现在所是的东西；因为这个普遍的实体就是所有那些处于这世界状况里的东西。

这是一个虚拟式。"假如不曾有过这些情况、思维方式、伦理道德、一般世界状况"，我们讲人是环境的产物，假如没有这些社会环境，"那么个体当然不会成为他现在所是的东西"。什么样的环境造成什么样的个体，如果没有这样的环境，当然就不会造成这样的个体。"因为这个普遍的实体就是所有那些处于这世界状况里的东西"，这个普遍的实体也就是这种普遍的世界状况，是由所有那些处于世界状况里的东西构成的，当然也包括这个个体了。你把处于世界状况中的东西当作一个实体来看待，这个实体是具有普遍性的。一个时代之所以有时代精神，是因为那个时代的一般世界状况影响了大多数人，影响了一个时代的人们都在干什么，都在想什么。所以这样一个实体是一个普遍的实体，个别人不算数，你要了解现在的人，你就必须要把现在的世界状况加以分析，你分析透了，你对现在一般人就把握透了，你就知道他们为什么这样了。在"小悦悦事件"中，为什么人情这么冷漠，为什么看到小孩子被压了，18个人走过去都不停留，就走过去了，为什么？这是目前的一般世界状况。你要了解到一般世界状况怎么形成的，你就了解了这些人。这些人也不是十恶不赦的人，都是普通人，甚至我们在座的，甚至我本人当场走过去，能不能停下来把她送到医院去，都很难说。我想，我顶多可能打个报警电话，我是不是会把她抱起来，送到医院去，这个我现在都没有把握。因为现在一般世界状况是这样的，那么多人救人被人诬陷，被人讹诈，你不能不考虑一下。都是普通人，没有道德君子，高尚的人是少数，极坏的人也是少数。道德君子就是那个救她的那个捡垃圾的，那是一个非常纯朴的有道德的人，一般人已经没有那么淳朴了。这是一般的理解，就是说你要理解一个时代的普遍的状况，普通人你要理解他们，你就必须从时代状况里找原因。

——但是，正如世界状况在**这一个**个体中——而这个个体是我们想加以理解的——特殊化了自己一样，那么它想必也是自在自为地使自己特殊化的，并且是在它给自己提供的这样一种规定性中影响了一个个体的；只有这样，它才会把这个个体造成他所是的这个特定的个体。 [203]

"但是"，为什么这个地方用但是，就是前面讲的，个体为什么会成为他现在所是的样子呢，就是因为世界状况影响了他，个体之形成就在于时代状况对他的影响，我们一般这样理解个人。但是反过来说，"正如世界状况在**这一个**个体中……特殊化了自己一样，那么它想必也是自在自为地使自己特殊化的"，中间省略的是插入语："而这个个体是我们想加以理解的"。这是反过来说的，就是一方面，个体是受世界状况影响而成为个体的；那么世界状况呢，也在个体里面使自己特殊化了。世界状况是普遍的一般状况，但是它在个体身上使自己特殊化了。前面是讲个体使自己普遍化了，个体使自己成为普遍世界状况的一个代表，使自己成为了个体，使自己成为了一个典型。那么反过来说，世界状况在这个个体中特殊化了自己，而且想必也是自在自为的使自己特殊化的。就是说，如果我们想要理解这个个体，就可以把他当作世界状况在个体中的特殊化。现在这个世界状况成为了主语，前面一种情况是个体是主语，个体在世界状况里面，个体在一般普遍性的无机自然里面得到了理解。那么世界状况也在个体身上得到了理解，是世界状况主动地使自己特殊化了，或者使自己实现出来了。世界状况是一个客观精神的主体，它有自己的主动性，它把历史中的个人当作实现自己目的的工具。我们讲黑格尔的客观唯心主义在这里表现出来了，世界状况好像是一个主体，它使自己特殊化在一个个体身上，它有一种主动性。个体要通过世界状况自身的特殊化来理解，正如世界状况在这个个体中特殊化了自己一样，那么"它想必也是自在自为地使自己特殊化的"。"想必也"是个虚拟式，想来必定是。"自在自为地使自己特殊化了"，世界精神把每一个个体当作自己的工具来实现自己的目的，这是黑格尔历史哲学的一个基本的概念，但在这里还是个虚拟式。实际上是黑格尔真正的意思，但在这里还只是一种猜想，在观察的理性面前，这一点还显露不出来，要到很后面的地方才出现。"并且是在它给个体提供的这样一种规定性中影响了一个个体的"，也就是我们通常讲的，时势造英雄，时势是主体，它造了英雄。我们讲英雄造时势，这个英雄是主体，时势是英雄造成的；但反过来也可以说，时势造英雄，时代有它自身要达到的目的。我们今天反思辛亥革命百年，我们从里面看出来，这个时代有目的，就是自由民主，造出了一大批的英雄，人们前仆后继，为之献身，直到今天还没有最后完成，那么这个时代就体现出一种主体性，世界潮流，浩浩荡荡，顺之者昌，逆之者亡，好像它在这里造就了英雄。冥冥之中，有一种时代精神，有一种绝对精神，在造就我们这个历史时代的人物画卷。"只有这样，它才会把这个个体造成他所是的这个特定的个体"，只有世界状况发挥自己的主动性，提出自己的目的性，展示出自身的理想，它才能够引领那么多的革命先烈，抛头颅洒热血，去为之献身。它把这个个体造成了他现在所是的个体，时代造就了人。

　　如果外在的东西自在自为地具有这样的性状，就像它在个体性身上所显现出来的那样，那么个体性就会从这个外在的东西中得到理解。

　　"如果外在的东西"，哪怕是无机自然界，哪怕一般世界状况，"自在自为地具有这样的性状"，具有什么样的性状呢，"就像它在个体性身上所显现出来的那样"。如果这个时代精神，这个客观精神，具有和个体性身上所显现出的那种主动性，那种创造性，那么个体性就会从这个外在状况中得到理解。我们要理解历史中的人物,我们就可以从整个历史中的时代精神,用黑格尔的话就是绝对精神,它的外在东西的个体性、创造性来理解个体。我们就会把拿破仑理解为"骑在马背上的世界精神"。世界精神骑在马背上,以拿破仑作为它的手段,作为它的工具,作为它的代表,而实现了自己的目的。拿破仑用完以后就被扔了,后来就被流放到海伦娜岛,他已经用完了,没有用了,又要找另外一个人,时代精神成了一个主体。

　　我们就会对那些形象拥有一个双重的画廊,其中一方是另一方的反光;一个是各种外在情况的完整规定性和范围的画廊,另一个则是这同一个画廊,被翻译成像这些形象在有意识的本质中那样的方式;前者是球面,后者是中心点,中心点在自身中表象着球面。

　　如果那样看的话,那么"我们就会对那些形象拥有一个双重的画廊",也就是历史的形象就会有一个双重的画廊。历史就像一个人物画廊,但这个画廊是双重的。"其中一方是另一方的反光",我们要从双重的眼光去看历史中的人物,一方面时势造英雄,另一方面英雄造时势,这两方面都应该看。"一个是各种外在情况的完整规定性和范围的画廊",这就是时势,一般世界情况;"另一个则是这同一个画廊,被翻译成像这些形象在有意识的本质中那样的方式",那就是个体了。"有意识的本质",每一个个体都是有意识的,但是,他要自觉地意识到时代精神,他必须经过一道翻译,一道转化。从他自己来说,他并没有意识到时代精神,他是本能的,他是激情的。比如拿破仑的野心,他就是为了自己的权力欲,而没有意识到自己是世界精神的工具。虽然他没有意识到这一点,但是他实际上承担了世界历史的工具,所以他必须要经过一道翻译才会达到历史的自觉。历史理性采取了个体的激情的方式,个体的情欲、个体的野心的方式,把自己实现出来,"前者是球面,后者是中心点,中心点在自身中表象着球面"。它们的关系就像一个球面和一个中心点一样,这个球面是外在的,中心点是内在的,中心点在自身中表现着球面。每个历史人物都是一个中心点，他所表现出的是球面，但是他实际上是以自我为中心的，他不一定意识到他所表象的东西，但他实际上代表着他所表象的东西。这个就是以虚拟式的方式说出来的一番道理，这一番道理是在我们寻求心理学规律的时候，我们踏入到了历史的领域而悟到的。这种规律已经不是心理学的规律了，但是它是在寻求心理学的规律时必然引申出来的。如果你要在心理学里面找规律的话，毋宁说，你就会超出心理学的范畴，进入到历史领域。进入到历史领域，实际上就是已经暗示着后面还有更高的层次，就是实践理性的层次。但是目前还没有，目前还是理论理性，还是观察的理性，还是从旁边观察，静观，静观个体和周围环境之间是一种怎么样的现实关系。所以这个地方是用的虚拟式。

那么下面一段，刚才讲了，我们打算在这里插入第三个小标题："III. 个体性规律的丧失"。个体性在这样的情况下，你还立足于个体性和心理学的基础上，那么你的规律就会丧失掉，你如果不把自己的眼界扩展到社会历史的领域，而只从心理学的眼光来找规律的话，那是没有规律的。为什么没有规律，因为每个人都是自由的，都是自由选择的，都是不确定的，你怎么能找规律？所以呢，这里实际上已经提示了向历史领域的转化。但是呢，向历史转化也还有个绕不过去的阶段，这就是我们下次要讲到的 204 页这个标题："c. 对自我意识与其直接现实性的联系的观察；面相学与头盖骨相学"。就是你要把握现实，这个历史的现实是人的直接的现实，它不是一种外在的现实，它是人自己做出来的现实；那么人做出来的现实就涉及人的内心的外部表现，内心的外部表现直接地说来，一个是面相学，一个是头盖骨相学。这个面相学包含很广，包括人的现实生活，包括人的劳动，包括人的生产，包括人的人际关系，也包括人的语言，以及在这个上面建立起来的伦理道德风俗习惯等等，这就开始向实践理性过渡了。当然这个过渡很长，面相学和头盖骨相学讲了很多很多，这个在黑格尔的《精神哲学》里面被大大压缩了，面相学和头盖骨相学几句话就带过去了，但是在《精神现象学》里面是着重介绍的，我们下次再讲，今天就到这里。

我们今天继续上次没讲完的心理学规律。心理学规律我们上次已经讲到了，就是心理学企图在世界状况和主体自身两者之间建立一种联系。也就是一个个体，他本身是由环境造成的，就是当时的世界状况，伦理道德，风俗习惯，思维方式，所有这些方式纳入到了个体，形成了主体自身的内容。人是社会的产物，我们通常都这样认为的。但是这样一个由时势所造成的个体，他反过来又对环境有他的影响和作用，那么我们是否可以从里面寻找到某种规律呢？上次已经讲到了，就像一个球面和中心点之间的关系，球面和中心点它们相当于两个互相照应的画廊，他把它们形容为画廊，一个是另外一个的反光，我在人的内心，在个体里所看到的那一幅幅画，实际上就是外部世界的一种反射，那么我们从这里头看到一种反射和被反射的关系，球面和中心点的关系，我们从这两者之间去寻求某种规律。很多人研究历史，或者个体在历史中的作用，就是这样考察的，研究到某个人的时候，就说他的这样一些观点和行为都是由环境造成的，那么他当然又影响到环境，在这种反反复复之间似乎有一种内外联系，我们把这看作一个统一体，既不要忽视这一方面，又不要忘记那一方面。但是总而言之，这两方面都是由环境造成的，因为个体就是环境造成的，个体又用他被环境造成的心理结构来影响环境，那还是环境影响环境，环境通过个体影响环境嘛，那么这里就似乎可以总结出某种客观规律来了。一般的考察历史往往走向这样一条路，就是首先个体心理是什么，个体心理是由环境造成的，人是环境的产物，但是人又影响环境，当人影响环境的时候还是环境的产物，他还是用环境的产物来影响环境的。上一次讲到这一部分，就是讲到心理学的规律，包括个体的规律，观察的理性在考察心理学的时候，力图从这个角度来把握人的心理，因为它是观察的理性嘛，它总要从心理的客观可把握的东西来得出它的观察的结论。

[**III. 个体性规律的丧失**]

那么今天讲的这一段,203页中间这一段,我给它加了小标题,把原来那个小标题移到这里,"Ⅲ．**个体性规律的丧失**"。也就是反过来反思一下,这样的观察的理性用来把握心理学的规律,对吗? 能把握得到吗? 当然黑格尔的结论是,这是完全把握不到的,这是一种幻想,以为这样就可以把心理学的规律把握在一种客观的观察的眼光之中。所以个体性的规律在这样一种观点面前就丧失了,个体性的规律仍然不能够成立,或者说个体心理学的规律仍然不能够成立。你想要客观地把握个体性的规律,这种尝试本身是失败的。我们来看看如何是失败的,他的解释。

但是球面这一个体世界直接具有双重含义,**要么**,它也许是**自在自为存在着的世界**和**处境**,**以及**在这种情况下的**个体的世界**,即这个体仅仅与世界融合为一并让这个世界如它所是的那样纳入到自身中来,而且把它只当作形式的意识来对待;

"球面这一个体性世界直接具有双重含义",这是上一段讲的,球面和中心点之间关系。球面就是周围的环境,那么中心点呢,就是个体的意识,就是球面这样一个画廊被翻译成它们在有意识的本质中那样的方式。这个意识像一面镜子一样反映了外在环境,它是外在环境的反光,观察的理性企图通过这种方式找到心理学的规律。这个球面,我们把它看作一个以人的意识为中心的个体世界,这个中心点和球面相互之间是统一的,是不可分割的,所以我们把它称为球面这一个体世界。但这个个体的世界具有双重的含义,哪双重含义? "**要么**,它也许是**自在自为存在着的世界**和**处境**,**以及**在这种情况下的**个体的世界**",这是一重含义,我们可以从这个角度来看待球面这个个体世界。它也许是自在自为的存在着的世界和处境,这里用的是虚拟式,也就是我们通常讲的,客观世界是不以人的意识为转移的,是客观存在的。以及在这种情况下的个体的世界,它是客观存在这种意义下的个体世界,在这里,"这个体仅仅是与世界融合为一",也就是单向地把自己融入世界中,"并让这个世界如它所是的那样纳入到自身中来"，也就是原原本本地接受到自身中来，"而且把它只当作形式的意识来对待"。当作形式的意识，这里的形式指抽象形式，也就是像亚里士多德的"蜡块说"那样，对世界的接受或反映只是涉及它的形式，而不涉及它的内容或质料。在这种意义上，它是个体世界，个体已经把客观世界纳入到自身中来了，这个时候我们可以说，它就是个体的世界。尽管这个个体世界就是周围世界，但个体与这世界融合为一，它没有与这世界不同的东西啊。当然它是一个个体，我们把它叫做一个个体世界，但是这个个体没有与普遍的环境所不同的东西，它全盘接受了这个世界，如它所是的那样，没有做任何改变，没有进行加工改造，没有触动它。但个体也只把世界当作形式的意识来对待，也就是把它当作一种意识的形式。前面不是讲了么，"被翻译成像这些情况在有意识的本质中那样的方式"，就是上次讲的最后这句话，世界被翻译成了一种意识的形式，那么这种意识也就是一种形式的意识，它不具有意识自身的内容，也不具有外部世界本身的内容。虽然它所有的东西都来自外界，但却只反映外界的形式。所以外界的环境处境，我们只赋予它以意识的形式，我们不加任何改动，没有增加意识本身的内容。这是一种态度，当我们讲到个体的世界，当我们讲到环境和个体的关系，那么这重含义是一个方面，就是把这个世界当作是自在自为的、客观的，而把我们的意识当作是一种形式的意识，是对这个世界表面形式的反映。通常的唯物主义反映论就是这样讲的，就是我们的认识只不过是对外部客观世界的一种反映而已，再没有任何意识本身的内容。所以这种形式的意识也就只不过是意识的形式，它本身是空洞的，它是一个空盒子，用来装外部世界，所有的内容都是外部世界塞进去的。那么一旦塞到个体的意识里面去了，我们当然可以把它称作是个体的世界了，这是一种含义。

　　——但**要么**，它在那现成在手的东西已被它所**颠倒**了的情况下，才是个体的世界。

　　这是第二重。第一重是原原本本的接受外部世界的影响，把外部世界的影响直接当作是我个体性的内容，但实际上这个个体性本身是没有内容的，它的内容全部来自于外部，它只是一种形式的反映或反映的形式，这是一种含义。第二重是，要么"它在那现成在手的东西已被它所**颠倒**了的情况下，才是个体的世界"，这就完全相反了。就是现成在手的环境，既定的现实，所有这些东西当它们和主体性相接触的时候，主体性对它们进行了一番全盘的颠倒。现实世界对于这个个体来说是有必要的，但只是作为对手、作为敌人才有必要，个体要发挥自己的主体能动性，他就必须有对手，他必要找一个对手来施展自己，作为自己的用武之地。那么他的个体世界就体现在对外部世界的颠覆，就是外部世界对他来说只是他用来颠覆的材料，他不是原原本本地接受外部世界。这是一个完全相反的角度。只有在这种情况下，这个球面，这个世界才是个体的世界。这就把重点放在个体性身上了，前面一种是把重点放在球面、放在环境身上。这个球面作为一个个体世界直接具有双重含义，一重含义立足于世界来看个体，另一重含义，立足于个体来看世界，立足于个体看世界就是把世界看作自己颠覆的对象，当作自己施展拳脚的一个地方，没有这个对象他表现不出来，有这个对象，这个对象就是他的对象，就是被他所据为己有的对象，就是被他所统治、所颠覆、所利用的对象。这样一种个体世界是完全另外一种含义，就是相反的、唯心主义的含义。前一个个体世界是说这个个体是世界的，这里这个个体世界是讲世界是个体的，世界属于个体，这就有唯物唯心双重的含义。

{171} ——既然由于这种自由之故，现实性能够具有这样双重的含义，那么个体的世界就只能从这个个体自身来理解；

"既然由于这种自由之故"，这里出现了自由的概念了，自由的概念是由上面第二重含义引出的，就是说个体可以把现成在手的东西颠倒过来，用头脑立地，他才是个体的世界，这就是自由了。自由只有在第二重含义里面才出现，这第二重含义比第一重含义更深刻。第一重讲个体是环境的产物，既然是环境的产物，那就没有个体了，个体就不成为个体了，个体就会分解为各种各样环境的影响了。个体的一举一动都可以从环境里面得到解释，那还有什么个体，那也就没有自由了。但是第二重含义里面把自由突出出来了，当然也没有完全否认他是环境的产物或者他受到环境的影响，但是这种影响和那种完全被动地接受不一样。我们上次已经讲到，环境的影响也要你自己能够接受啊，你自己愿意接受，它才能够影响你，你不愿意接受，它就起反作用，它就适得其反。这充分体现出人是自由的，他不是你想捏成什么就是什么。所以他这里讲，由于这种自由之故，"现实性能够具有双重含义"，就是说在自由的基础之上，前面讲的那两种含义都可以建立起来。自由嘛，自由就是两可，它既可以是在第一重含义上面，又可以在第二重含义上面来体现自己，当然更深刻的是在第二重含义上面体现的自由，它本身包含第一重含义。人是环境的产物，但这也是由人自己的自由来决定的，这双重含义都是立足于人的自由。既然如此，"那么个体的世界就只能从这个个体自身来理解"。第二重含义已经深入到自由了，已经揭示了这两重含义它们共同的基础就在于自由，既然这样，个体的世界就只能从个体自身来理解，也就是说只能从第二重含义来理解。第一重含义，当然也没有被抛弃，但是可以从第二重含义来得到解释。人为什么看起来是环境的产物呢，是因为人选择了服从和适应这个环境，这还是他的自由选择。

　　而那被表象为自在自为**存在着的**现实性对个体所发生的**影响**，则由于这种个体性而绝对获得了相反的意义，个体既可以**听任**现实性的影响之流给予自己的冲击，也可以截断它和颠倒它。

　　"而那被表象为自在自为**存在着的**现实性对个体所发生的**影响**"，被表象为自在自为存在着的现实性就是那种客观存在着的世界、环境、处境，我们把它表象为不以人意识为转移而自己独立存在着的那样一个现实性。这个客观环境对个体所发生的影响被看作是不可抗拒的、客观必然的，而个体则是这环境的产物。但现在，"则由于这种个体性而绝对获得了相反的意义"，由于我们立足于个体的自由而绝对的获得了相反的含义。"绝对的"，什么是绝对的？绝对的就是把正反两方面都包含在内的，把双重含义都包含在内的。双重含义每一重都有相对性，我把两方都包含在内，那就是绝对的了。我们立足于这种个体性，才能把正反两方面都包含在内，这种绝对的个体自身同时就获得了相反的意义。就是环境对个体的影响对个体来说是相反的意义，似乎环境不由个体，而个体脱离不了环境，如果仅仅着眼于这种相反的意义，那么个体就被消灭掉了。但个体获得了相反的意义以后，即使在这种相反的意义上个体仍然能够保持它自身，"个体即可以**听任**现实性的影响之流给予自己的冲击，也可以截断它和颠倒它"。个体一方面可以听任现实性的影响之流对自己的冲击，"听任"打了着重号，就是说哪怕它逆来顺受，也是它的个体行为或自由选择；另一方面，也可以截断它或颠倒它，这也是一种影响，是相反意义的影响。任何环境或者教育都有可能带来完全相反的影响，如果你把被教育者当成一块白板、一件东西来操作的话，你有可能成功，也有可能适得其反。只有诉诸被教育者自己的自由意志的教育才是真正成功的教育。

　　然而这样一来，**心理学的必然性**就变成了一句空话，就是说一个本应具有这种影响的个体所现成在手的是这种绝对的可能性，即它本来也有可能不具有这种影响。

　　"然而这样一来，**心理学的必然性**就变成了一句空话"，你要追求心理学的必然规律，但现在发现心理学中最根本的基点是自由，所以这种必然性就成了一句空话。我们讲教师是人类灵魂的工程师，听起来好像你能够按照某种规划和设计任意捏造一个灵魂出来，搞什么灵魂工程、思想教育工程，来建造学生的灵魂，实际上都是空话。你好不容易建造起来的东西被他自己一念之间就颠覆了。"就是说一个本应具有这种影响的个体"，本应具有，这里是虚拟式，就是从这种心理学的眼光来看、从人是环境的产物来看本应具有的。有的心理学家、教育学家写了大量的著作来证明人是教育的产物，没有教不好的学生，只有教不好的老师，一切在于教育方法。方法对头了，你给他什么样的教育，他就是什么样的人。这好像很有规律啊，听起来很有道理，而且根据统计学，还确实大部分情况是符合的。但是如果不把人的自由意志考虑在内，就会出麻烦，有些学生就会把你的教育原理颠覆掉。任何教育原理都必须与时俱进，就因为人的自由意志总是在发展，总在超越自身原来的水平，不存在放之四海而皆准的教育方法。所以这种心理学的必然性就变成了一句空话，因为它没有注意到人的自由。人跟东西是不一样的，人是不能当作一件工程来建造的，老师不是什么工程师，老师应该是艺术家。"一个本应具有这种影响的个体所现成在手的是这种绝对的可能性，即它本来也有可能不具有这种影响"，"绝对的可能性"就是正反两面都有可能，你无论怎么建造他，他现成在手的就有这种可能性，就是他本来也有可能不具这种影响，这种影响对他来说形同耳边风。他不是后来才变坏的，或者后来受到了什么不良影响，而他本身就具有这两种可能性。当然你可以说，不受影响也是影响，他要颠覆你，他有逆反心理，他要跟你对着干，这也是你所激发的，是你的教育起的作用。这两种可能性加起来就可以看作是绝对的可能性，自由的可能性，他既可以这样，也可以那样。你要是立足人的自由的个体性，那么你就会看到人的这种绝对的可能性，你对心理学的这种必然性的规律就不那么自信了。心理学哪有那种规律啊，教育学也不是这样的规律，甚至教育不是什么规律，它是一种艺术，教育者和被教育者之间是欣赏和被欣赏者的关系。不是说我把你塑造成什么样子，你就是什么样子，而是我把我自己塑造成什么样子，你来欣赏，于是你就受到潜移默化。学生欣赏老师，在欣赏过程中，他潜移默化，于是受到了教育，真正的教育是这样子的，充分的顾及到每个学生的主体性，包括老师自己的主体性，他们都是自由的，自由和自由相互碰撞，相互欣赏。真正的自由都是互相吸引的，真正的自由人格都是互相欣赏的。所以心理学的规律在这种意义上就丧失了、解构了，人作为自由的主体不受心理学的必然性所规定。

因此，被看作是**自在自为的**并且本应构成规律的一个方面、也就是构成那普遍方面的那种**存在**就丧失掉了。

个体性规律的丧失，就是这样丧失掉的。"因此，被看作是**自在自为的**并且本应构成规律的一个方面、也就是构成那普遍方面的那种**存在**就丧失掉了"，被看作客观存在的那个普遍的方面，本来应该构成个体性规律的一个方面；但由于自由的不确定性、自发性和偶然性，所以这个普遍的方面、必然性方面就成了一句空话，而丧失掉了。构成规律的这个普遍必然的方面丧失掉了，那规律也就丧失掉了。因为你要构成规律，你就必须有双方，一个是普遍性的方面，一个是个体性的方面，但是普遍性方面它的存在现在已经丧失掉了，就丧失在个体性对它的反抗和颠覆之中了，那它就不构成规律了。必然性就变成了自由，变成了自由就没有规律了，你怎么能用规律来规定自由呢？

[204] 个体性是这样的东西，它就是**它自己**的世界，也就是**属于它自己**的世界；个体性本身是它行为的范围，在其中它已把自身作为现实性呈现出来了，它自身干脆就只是**现成在手的存在**与**被造成的存在**的统一体；

"个体性是这样的东西"，前面一句讲，规律的一个方面、也就是构成普遍性方面的那种存在丧失掉了，那么另一方面就是个体性。那么个体性是怎样的呢？ "它就是**它自己**的世界，也就是**属于它自己**的世界"。个体性并不是你把它放在普遍的世界之中，把它放在环境之中，把它看作是这个环境的产物，不是的。个体性本身就是世界，你不要把它放在一个外在的世界之中，那样的世界已经丧失掉了，现在的个体性当然还有世界，这个世界就是它自己。它的世界是属于它自己的，不是外在的，不是不以人意识为转移的一个客观世界，然后你跳进去了，不是这样的。或者说，在这样一种观点之下，那种原来被当作外部的世界现在属于个体性自己了。你把我抛入这个世界，但是我已经把这个世界征服了，我已经把这个世界变成我自己的一部分，一个环节，这个世界就是我的世界，它就是在我之内，不在我之外。"个体性本身是它行为的范围，在其

570

中它已把自身作为现实性呈现出来了,它自身干脆就只是**现成在手的存在与被造成的存在**的统一体",这个观点就非常出格了,跟通常我们的理解就不一样了。"个体性本身就是它行为的范围",它的行为不出个体性的范围,它为所欲为,但所有的为所欲为都是它自己的范围,它并不需要跳出个体性去适应一个外在的范围,它的所作所为都是以它为圆心所做出来的。"在其中它把自身作为现实性体现出来了",它作为现实性体现出来,体现在什么地方,体现在它的行为之中。我们通常会认为,个体性当你把它当作是孤立的个体,把它与外部的环境分离开来话,那么它就没有现实性了。但这种观点不一样,个体性不是脱离环境,它就是它自己的环境,它的现实性就在它自身,就在自身范围内的各种行为,在这种行为中它把自己作为现实性体现出来。它不是去适应什么外在的环境,而是为所欲为,它的世界就是它自己。这样一种个体性它也有它的现实性的体现,"它自身不过是**现成在手的存在**与**被造成的存在**的统一体"。现成在手的打了着重号,被造成的存在也打了着重号。现在个体性一方面是这样一种东西,它是现成在手的,它是既定的;但是另外一方面,它又是被造成的存在,甚至于这两者完全一回事。它有了,它怎么有的?是它自己造成的。我们上一次讲到人是自己造成的,人自己把自己造就成了人,这就是人的现实存在。或者说人根本就没有什么现成存在,你生下来还不一定是个人,你是一步一步把自己造成了人。所以你生下来这个事实只不过是你被造成的开始,你开始把自己造成人了。所以你既是现成在手的存在,也是被造成的存在。被造成的当然也就现成在手了,你把自己造成什么,你就现成的是什么,当你没有创造的时候,你就什么也不是,你所是的就是你所造成的。你是这样一个统一体,你不要把它割裂开来,好像先有一个东西了,你再在这个东西上面进行加工,不是的,不是加工,它就是你的本源。人的所谓现成的存在就是它的制造,就是它的运动,就是它改变自身,用我的话说就是自否定。自否定就是人的现成的存在,人现成地没有别的东西,只有一个东西就是自己否定自己,自己改变自己。

这个统一体的两个方面并不像心理学规律所表象的那样作为**自在的**现成的世界和作为**自为**存在着的个体性彼此分离开来；或者说，当它们每一个被这样独立地来考察时，那么它们相互之间的联系的任何必然性和规律都不是现成在手的。

"这个统一体的两个方面并不像心理学规律所表象的那样"。这统一体两个方面，一个是现成在手的，一个是制造出来的、被造成的，这两个方面并不像心理学规律所表象的那样。注意这个"表象"，Vorstellung，心理学是停留在一个表象的层次。在《精神哲学》里面的"理论精神"分了三个层次，直观，表象和思维。表象是之间的一个环节，离思维还有一段距离。这里讲的像心理学规律所表象的那样，就是说心理学规律已经不是直观了，它已经在寻求规律了，但是它还停留在表象的层面。表象的层面就是知觉和知性的层面，在这一层面上，"作为**自在的**现成的世界和作为**自为**存在着的个体性彼此分离开来"。表象的思维只能采取一种分裂的方式来看待它所研究的对象的各个环节。本来现成在手的和被造成的两者是统一的，但是在心理学里面它被表象成这样，好像一个是自在的，一个是自为的，是彼此分离的。自在的就是世界，自为的就是个体，我们前面讲了，个体的世界有双重含义，你可以从自在的世界角度来看，把人看作是环境的产物，你也可以从自为的个体性方面来看，人的个体性是自由，它是对环境的颠覆。如果你割裂开这两方面，你没把它看作是统一体，那么心理学的规律就被解构了。心理学规律为什么解构，就是因为心理学的表象把这两方面看作是割裂的。要么它从环境的方面机械地来看待人的个体，要么它从个体性方面看，那就是自由，那就完全没有规律，这两方面在心理学那里是统一不起来的。但在这里呢，我们已经进入到了这样一个层次了，就是说，它们是统一的，它们两个方面并不像心理学规律所表象的那样彼此分裂开来。"或者说，当它们每一个被这样独立地来考察时，那么它们相互之间的联系的任何必然性和规律都不是现成在手的"。这就是说，当你从心理学的眼光把它们割裂开来，每一个被这样独立地来考察，要么从这一方面来考察，要么从那一方面来考察，那么你找不到任何现成的规律和必然性。当然你可以说，在并非现成在手的意义上，我们可以去寻求它动态的规律性和必然性，当你立足于个体的自由去寻求某种必然性和规律，那倒可以另当别论，那是下一步的事情了。我们一直要到实践的理性，才能够为这种自由的主体寻求它的必然性和规律。但我们现在还停留在理论的理性，至少在心理学这个阶段上，是没有现成的必然性和规律的。我们通常讲心理学，肯定要谈到直观、表象、思维，甚至于情感、情绪、习惯等等，但是我们在黑格尔这里没有看到，他只是着眼于心理学中自我意识和外在现实的联系，实际上是着眼于从心理学中引出人的心灵的自由来，这是和一般心理学不同的。

c.对自我意识与其直接现实性的联系的观察；面相学与头盖骨相学

下面我们要讲到的是"对自我意识与直接现实性的联系的观察"，也就是考察面相学与头盖骨相学。面相学与头盖骨相学，在《精神哲学》中译本第 196 页里面讲到"现实的灵魂"，提到了面相学。这个面相学我们不要简单理解为我们中国人讲的相面术，算命、看相，看你面有福相，面有吉相，它不是的。它这个面相学它是很符合当时的科学规范的，它实际上是人类学，人的形态学。头盖骨相学是其中的一个部分，到后来发展得比较集中了，就是说面相学其他的方面不重要，头盖骨相学最重要，你的头盖骨的形状最重要。我们今天把它称之为体质人类学，就是考察人的体质跟其他的动物有什么区别，对人跟其他的动物的区别作这样一种体质上的考察。不过，在《精神哲学》里面它是先讲人类学，再讲心理学，而这里则是讲了心理学以后再讲人类学，讲完人类学、头盖骨相学以后，我们就过渡到实践的理性，过渡到实践哲学。为什么有这样的区别？在《精神哲学》里面从理论哲学过渡到实践哲学很自然，就是理论精神通过自己外化为实践精神,理论精神到最后,提到了逻辑学中的概念、判断、推理,从推理推出实践精神。就是主观精神外化为实践精神,它是《精神哲学》的一种眼光,这种眼光是上帝的眼观光,上帝把主观的东西外化为客观的东西,这是顺理成章的。而在《精神现象学》里是人的眼光,从人的眼光来看,理论的观察要变成实践的精神,那你就必须有实践的一些前提,比如说你体质上就必须有一些器官,观察的理性它是人的眼光,它先要把这些搞清楚。个体的人在社会中要进入到实践活动,那么就有个前提,就是你必须是个活生生的人,必须能够被观察。

那么我们先看看它的过程。"对自我意识与其直接现实性的联系的观察;面相学与头盖骨相学",这与前面 b 的标题有所不同,b 是"对自我意识在其纯粹性及其与外在现实性的联系中的观察;逻辑规律与心理学规律"。纯粹性当然是逻辑规律了,及其与外在现实性联系中的观察就是心理学规律。心理学是自我意识与外在现实性的联系,而在这里呢,是自我意识与其直接现实性的联系中的观察。心理学反映的是外部世界、环境的作用,而面相学和头盖骨相学直接就是自我意识本身的现实性。你不要把面相学和头盖骨相学看作人的一个臭皮囊。我们通常讲人的肉体是心灵的一个臭皮囊,一个容器,我们把灵魂装在这个容器里面,这个容器和这个灵魂是不一样的。我们通常讲身心关系,身体和心理的关系,好像是两张皮贴在一块,不是的。人的肉体,面相学和头盖骨相学它是自我意识的直接现实性,它的肉体不仅仅是一个肉体,而是它的相貌,是它的表情,是它的姿态,是它的行动,在这个意义上可以讲,它是内心灵魂的直接现实性。那么对自我意识与其直接现实性的联系的观察,这个要比心理学的观察更加直接。心理学的观察好像很直接了,我直接考察人的心理;但是你到人的内心去看一看,你发现内心里面的东西都是对外部世界的反映,不管你是接受也好,拒斥也好,颠覆也好,它都是对外部世界的反映。所以心理学它和现实的关系反而是间接的。而自我意识与现实的直接的关系是面相学和头盖骨相学,这比心理学更直接。

　　心理学的观察没有找到自我意识与现实性的、或者与对立于自我意识的世界的关系的任何规律，并且由于双方相互的漠不相干而退回到了实在个体性那**特有的规定性**，即个体性**自在自为地**就是自身，或者说它包含着**自为**存在与**自在**存在的、在个体性的绝对中介中已清除了的对立。

　　头一句话是总结前面的，"心理学的观察没有找到自我意识与现实性的、或者与对立于自我意识的世界的关系的任何规律"。我们刚才讲了，心理学所寻求的那些规律都丧失了，它没有发现自我意识与现实性的关系的任何规律，没有找到任何客观规律。自我意识和现实性的规律在心理学里面已经讲了，但是那个现实性是指的对立于自我意识的世界，自我意识与这样一种和自我意识相对立的现实性的关系，这个中间没有什么规律。那么我们能不能换一个眼光，不是去寻找这样一种外部的现实性，而是寻找一种更加直接的、不是跟自我意识对立的现实性，即自我意识本身的现实性，那就是这里要讲的面相学和头盖骨相学了。而在心理学里找不到任何规律，"并且由于双方相互的漠不相干而退回到了实在个体性那**特有的规定性**"。哪两方面漠不相干？一个是个体，一个是世界，个体和世界是两张皮，粘不到一块来；其中固然有影响，但这种影响是两可的，可以有影响，也可以没有影响，也可以有反影响。所以由于双方相互的漠不相干而退回到了实在个体那特有规定性。特有的规定性打了着重号。我们前面讲了，它退回到了个体的自由，个体的自由就是个体特有的规定性，它不是外在环境的规定性。外在环境哪有什么自由，个体才有自由的规定性。这个特有的规定性后面有解释，"即个体性**自在自为地**就是自身"，这就是它特有的规定性。自在自为的不是世界，自在自为的是个体性自身，个体性自身它自满自足，自在自为，它独立存在，它不需要另外有个外在的东西来补充它。"或者说它包含着**自为**存在与**自在**存在的、在个体性的绝对中介中已清除了的对立"，它包含着对立，但却是已清除了的对立，它包含着一个对立的双方，但这对立双方对立性已经被清除了，已经统一起来了。自为存在与自在存在在心理学那里是对立的，但是现在呢，在个体性它特有的规定性里面呢，这个对立已经被清除了。虽然被清除了，但这双方还在，双方都被包含在个体性特有的规定性里面了。或者说个体性自身占有了双方，它把双方都扬弃的包含于自身，一个是自为存在，一个是自在存在；一个是内心，一个是身体。

　　个体性就是现在对观察所形成或者观察现在所转向的那个对象。

　　就是观察在这个时候，观察到这一步了，个体性现在就对观察形成一个对象，我们的观察现在要考察的不再是心理学的那个个体世界了，而是在这个世界中的个体性。个体性成了我们要考察的对象，或者说，观察现在转向了个体性这个对象了，转向对这个个体的面相学和头盖骨相学的考察。这和心理学相比又是一个更高的层次了，在心理学里面考察的是个体性和世界的联系，而现在我们考察的是个体与自身的联系，个体本身就有面相和头盖骨，有身心关系。我们现在从内心和外部世界的关系进入到了身心关系，这是更内在的层次。身心关系本身也构成了一对矛盾，作为自在存在和自为存在也构成了一对对立，但是这个对立跟原来那个对立的层次是不同的。

　　个体自在自为地就是自身：它是**自为的**，或者说，它是一个自由的行为；但它也是**自在的**，或者说，它自身具有一个**本源的**规定了的**存在**，——这一规定性，按照概念来说，正就是心理学本来想在个体以外找到的那种东西。

　　"个体自在自为地就是自身"，这是个体的特有的规定。为什么说个体自在自为的就是自身呢？ "它是**自为的**，或者说，它是一个自由的行为"。"**自为的**"好理解，自为就是一个自由的行为，它为所欲为，它自行其是，它不管外在世界。它无非就是个体性嘛，外部环境如何，它不管，它是自为的。"但它也是**自在的**，或者说，它自身具有一个**本源的**规定了的**存在**"，本源的和存在都打了着重号。就是说，个体虽然是自为的，但它从本源上说也是自在的，它不能不是自在的。你是自为的，但如果你没有自在的话，你就是空的了，你凭什么来自为呢？ 根本不存在的东西，也就谈不上自为。所以它也是自在的。它必须要有一个本源的规定了的存在。本源的，原始的，它事先就有一个存在在那里，然后它才能够自为，它才能够自由的行动，这是另一方面，它也是自在的。总的来说它是自在自为的，但是呢，一方面自为的是说它是自由的行为，另一方面自在的，就是说它有一个本源的规定了的存在，它本源地具有规定性，在这个规定性上它才能够改变这个规定性，或者自为，或者是颠覆，或者怎么样，都可以，但首先它必须有一个本源的规定了的存在。"这一规定性，按照概念来说，正就是心理学本来想在个体以外找到的那种东西"，本源的规定了的存在，它是一种什么样的规定性呢？这样一种规定性按照概念来说就是心理学想在个体以外找到的那种东西，也就是客观存在的规定性了。心理学本来想在环境中找到对个体的规定性，但现在我们已经不在环境中找了，我们就在个体性自身来找，这才真正实现了心理学所追求的目标。面相学和头盖骨相学都是个体自身的规定性，你有一个什么样的面相，你有一种什么样的头盖骨，这都有规定的，都是有定量、定性的一些规定性。那么在心理学里面，它本来试图从外部世界、从环境里面来寻找这种规定性，来规定个体的自由，它失败了。但现在，我们是在个体性本身里面去寻找这种规定性，这按照概念来说，正好就是心理学想在个体以外寻找到的东西。按照概念来说，就是虽然前面的心理学和这里的面相学及头盖骨相学已经不同了，但是它们的对象按照概念来说还是一脉相承的，虽然一个是外部世界，一个是人的体质、人的形貌，但是按照概念来说，都是要找一种现实的规定性来规定个体的自由。可见心理学发展的走向必然是面相学和头盖骨相学。

这样**在个体自身中**就出现了对立，即这种双重化了的东西，它既是意识的运动，又是一种显现出来的现实性的固定存在，这个现实性在个体身上是直接**属于个体的**。

"这样**在个体自身中**就出现了对立"，前面讲，个体性已经扬弃了对立，它把这个对立包含在自身中。这里又出现了对立，在心理学那个层次上它已经不对立了,人和世界,人和外部世界已经不对立了。但是在面相学和头盖骨相学上面,它又出现了对立,在个体自身中又出现了对立。"即这种双重化了的东西,它既是意识的运动,又是一种显现出来的现实性的固定存在"。一方面它是意识的运动,它本身就是意识运动,但是呢,它又不是内在的看不见摸不着的,而是显现出来的现实性,它有固定的存在,这就是面相学。面相学既是意识的运动,比如说表情,表情它当然是意识的运动了,它是有意识的,我们从人的表情上面就可以看到他在想什么。它有双方,一方面它有它的意识,它是意识的运动,另一方面呢,它又是显现出来的现实性的固定的存在,你可以测量的。演员的表情你可以把它用摄影机拍下来去加以分析,你可以说你这个表情做得还不到位,还不足以表达你所想要表达的意思。演员经常对着镜子来研究自己的表情,如何才能表达自己想要表达的意思。所以它有两个方面,就是既是意识的运动,又是一种显现出来的固定存在,"这个现实性在个体身上是直接**属于个体的**",这个现实性,面相上面表现出的现实性,表情姿态所表现出来的现实性,在个体身上,它是直接属于个体的,属于个体的打了着重号。每个人都有它的面相、表情和姿态,每个人的音容笑貌,他的说话方式,他的表情的方式,他的手势,他的习惯动作都是非常个性化的,这样一种现实性直接属于个体。演员要模仿一个人,像卓别林要模仿希特勒,模仿得惟妙惟肖,他就是在很多细节上面都抓住了直接属于希特勒个人的东西。卓别林的天才就在这里,他能把自己变成希特勒本人,好像他就是希特勒。

{172}　　　这个**存在**,这个规定了的个体性的**身体**,就是个体性的**本源性**,是个体性的未经作为的东西 (Nichtgetanhaben)。

　　"这个**存在**",存在打了着重号,现实性就是个体的存在了。是什么呢,"这个规定了的个体性的身体",Leib 也可以翻译成躯体、肉体或者是身体,我们把它翻译成身体。这个规定了的个体性的身体,"就是个体性的**本源性**"。个体性,它的身体就是它的本源性。我们讲人格,person

的另外一个意思就是人身，人的身体，人的身体代表人的个体性，代表人格，你侵犯了一个人的身体就侵犯了他的人格。我们讲"身外之物"，我的财产啊，我的别的东西你都可以拿去，但是你不能侵犯我的身体。在新加坡、马来西亚都还保留着鞭刑，鞭笞，打30皮鞭，那不得了，那一皮鞭都受不了的，这个都是触犯人的身体，侵犯人权的，人的基本人权你不能侵犯。为什么？因为身体是个体性的本源性。一个人和另外一个人不同，首先在于他们的身体不同，这个人的身体和另外那个人的身体不同。所以身体是个体性的本源性，原始根据，是个体性的未经作为的东西。未经作为的东西，Nichtgetanhaben，这个黑格尔和海德格尔有点相似了，经常造一些词，这个词在德文词典里是没有的，他把几个词放在一起，Nichtgetanhaben，应该是分开写，Nicht，就是没有，getan，就是tun的第二分词，就是做，作为，行为，我们翻译成行为，haben 就是有，表示完成时，本世纪时髦的说法："我有去过张家界"，可能是从这种语法学来的。(学生：有的版本是分开写的)，是啊，哲学丛书版就是分开的，nicht getan Haben，但Haben变成了大写，所以意思是一样的，都是表示一个名词。我这个袖珍版上是写成一个词，我把它翻译成未经作为，或者是未曾作为，就是还没有做，还没有行动的那个东西，那是身体。人生下来就有一个身体，它还没有行动，但它已经有身体了。一个婴儿，生下地了，我们把他捧在手里，这就是一个还未经作为的东西，它还没有自己去做什么，但它已经存在了。人的身体它是人的一切作为的本源，我要做事，我要行动，我凭什么来行动，凭我的身体。举手投足，大哭大叫，这都是我的作为，但首先你要有身体，你要有身体的体征，你要活着你才能够干这些事情，那么活着这样一个身体是个体的本源性前提。下面，

　　但是由于个体同时又仅仅是它所作为出来的东西，所以它的身体也是由它产生出来的对它自身的表现；同时也是一种符号，这种符号不再停留于直接的事实，而只是借以使个体认识到，它在把自己本源的本性发动起来这种意义上是什么。

前面讲了个体性还未曾作为,还没有作为它已经有身体了;而这里又反过来讲了,"但是由于个体同时又仅仅是它所作为出来的东西"。它没有作为,它的身体是它的未经作为的东西,是本源的一个前提,一个存在;但是由于个体又仅仅是它作为出来的东西,前面讲了,人是人自己造成的,个体只是它所作为出来的东西,就是说如果它没有作为的话,它就不存在,它就还不是个体。或者反过来说,只有当它作为的时候它才是它自己,如果它的身体是未有作为,那它就还不是它。本来是本源性在先了,但是在先的同时,又仅仅是它所作为出来的东西,它必须要做出来,"所以它的身体也是由它**产生出来的**对它自身的表现"。所以它的身体也是对它自身的表现,这种表现呢,是由它自己产生出来的。身体不是一个没有灵魂的躯体,身体肯定要表现出来。婴儿生下来他就要表现,他生下来第一声啼哭就已经在表现了,当然你可以从生物学、生理学和医学的角度说他什么也没表现,他不过是生理上的反应,因为他第一次呼吸,原来在憋着气,原来是靠母亲的羊水来供养,他必须大声啼哭才能获得充足的氧气,但这种解释很外在了。实际上他的个体性已经开始表现出来了,他啼哭了。甚至于他的个性在他里面就已经体现出来了,这孩子将来是温柔的啊,还是有脾气的啊,还是什么样子的,在他第一声啼哭里面你几乎都可以感受出来。所以他的身体也是由他所产生出来的自身表现,"产生出来的"打了着重号。他的身体就是一种他自身的个体性的表现,这种表现是由个体性所产生出来的,他不是现成在那里的。"同时也是一种**符号**",符号打了着重号,这个符号,Zeichen,也是一个很重要的关键词,符号后面还有解释,什么是符号。"这种符号不再停留于直接的事实,而只是借以使个体认识到,它在把自己本源的本性发动起来这种意义上是什么"。符号是有意的,我们通常讲,符号里面蕴含着别的东西,这个别的东西并不在这个符号本身可以直接看出来。我们有时候对这个符号不理解,不知道它到底代表什么意思,你不是从符号上面直接就可以看出它的意思。语言也是种符号,语言这种符号你就不能直接看出来,你不会外语,你不能通过直接听外语就知道它是什么意思,你要通过长期的学习,在生活中去体会,感悟,你才能真正地掌握外语。如果你不学习的话,你听到外语你就像听到任何自然界的声音一样,甚至于更差,自然界的声音你还知道它在干什么,你听外语你不知道它在干什么,你以为神经病。李阳的疯狂英语,不懂英语的听了以为这个人发神经了。就是从符号本身看不出它的意思,需要约定,这才叫符号。所以讲,这种符号不再停留于直接的事实,而只是借这个符号使个体认识到某些东西,认识到什么呢,"它",也就是个体,"在把自己本源的本性发动起来这种意义上**是**什么"。符号只是借以使个体认识到它是什么,通过这个符号,通过它的身体,我可以认识到个体是什么,它是如何被发动起来的。通过它的表情,通过它的姿态,我可以认识到这是一个什么人。它把自己本源的本性,把自己的这种表情啊,姿态啊,把它发动起来,在这种意义上,它是什么,它正在表情的时候,它内心是怎么想,它的意识里面发生了什么事情。对于符号,这里简单地讲了这些,后面讲到语言的时候,还要具体地讲。在这里只是讲到,这个符号不是它表面的直接的事实,而是它所暗示出来的东西,它所表示出来的东西。我们通过符号,通过人的身体,我们认识到个体是什么,就是它的这种表情意味着什么。休息一下吧。

　　这实际上就引入身心关系了,从前面的心理学引入到了身心关系。心理学和外部世界的现实性还隔着一层,人的心理和环境;那么身心关系就更加直接了,就是人的内心直接表现在他的外表上,研究这个关系。那么这是两个不同的角度,下面就讲这两个角度之间的层次递进关系。

　　如果我们联系到前面的观点来考察此处现成在手的环节,那么这里是某种普遍的人类形态,或至少也是某种气候中、某个大陆上、某个民族里普遍的人类形态,如同刚才那些普遍的伦理道德和教养那样。 [205]

　　"如果我们联系到前面的观点来考察此处现成在手的环节,那么这里是某种普遍的人类形态"，前面的观点是什么观点？前面第 200 页下面讲："于是在**意识的行动着的现实性**方面就为**观察**开启了一个**新的领域**"，这就是个体性对一般世界情况、普遍的伦理道德的既可以接受又可以拒斥的关系。而这里的身心关系也是普遍的人类形态，每个人都有身心关系，它体现在面相学的现成在手的各个环节中。我们现在从这么一个普遍的立场来考察这种关系，这就是一种普遍的人类形态。"或至少也是某种气候中、某个大陆上、某个民族里的普遍人类形态"，为什么讲"至少也是"呢？就是普遍的人类形态和外部世界的特殊情况当然也有关系，某种气候啊，欧洲或非洲大陆上某个民族啊，但仍然是"普遍的人类形态"。在某种环境中的普遍的人类形态肯定有变化的，不同的人种、不同的气候、不同地区等等，但我们是研究普遍形态，至少比如说在欧洲人中他们的表情大致上有类似的含义，亚洲人也许和欧洲人有所不同，但在亚洲人中还是有一定普遍性的。"如同刚才那些普遍的伦理道德和教养那样"，这是前面的观点，讲到了一般世界情况中的伦理道德、风俗习惯、思维方式等等，虽然每个民族都不太一样，但在本民族中却仍然有一定的普遍性。这是前面心理学所考察的，而在这里所要考察的是在同样的气候、大陆、民族那里，面相学上有何普遍的形态。

在那里还加上了内在于普遍现实性的那些特殊的情况和处境；而在这里，这种特殊的现实性是作为个体形态的特殊构造而存在的。

"在那里"，就是在刚才那里，在心理学那里，"还加上了内在于普遍现实性的那些特殊的情况和处境"。在心理学中那些伦理道德和教养的普遍性那里更复杂些，还加上了内在于普遍现实性的那些特殊的情况和处境。就是说，心理学不光是讨论伦理道德和教养那种普遍一般的情况，而且还加上普遍现实性的特殊情况和处境，要考虑的不光是一般的伦理道德和教养，而且要考察某个民族、某个大陆和气候条件之下特殊的情况和处境。比如希腊人裸体的习惯在北方人是很犯忌的，必须考察一般世界状况以及在一般世界状况下特殊的情况和处境，要加上这样一些具体的内容。"而在这里，这种特殊的现实性是作为个体形态的特殊构造而存在的"，也就是在这里也有一种特殊的现实性。在那里是普遍现实性的特殊的处境，而在这里的特殊现实性呢，则是个体的特殊构造，我们要深入到人类一般的个体形态，它的特殊构造。下面马上要讲到的这些特殊构造，像这个手、直立行走、口，它们的特殊构造。所以在这两种情况下都有它的特殊性，但是各自的特殊性是不一样的，前一种是讲普遍环境之下的特殊性，这一种是讲个体之上的形态的特殊构造。所以这个立足点已经转移了，已经从心理学注重普遍环境的影响转移到个体的身心关系上来了。

　　——而在另一方面，如同刚才个体的自由行为、即现实性与现成在手的现实性相对抗而作为**个体自己**的现实性建立起来那样，在这里树立起来的形态则表现了由个体自己所建立的**自我**实现活动，它是个体的自动性本质的特征与形式。

　　"而在另一方面"，另一方面是哪一方面呢？前面是讲的普遍性和特殊性的关系，这有区别。在心理学里面是普遍的伦理道德及教养和特殊情况及处境的关系；在面相学这里，讲的是普遍的人类形态与特殊的、作为个体形态上的特殊构造的关系，这是一方面。这一方面是普遍与特殊之间的关系。而另一方面，则是讲个体的独立性与其特殊表现的关系，这一方面是特殊与个别之间的关系，从普遍与特殊转到了特殊与个别。在这方面，"如同刚才个体的自由行为、即现实性与现成在手的现实性相对抗而作为**个体自己**的现实性建立起来那样"，"刚才"，就是在心理学里面，个体的自由行为与现实性相对抗而建立起了自己的现实性。心理学我们刚才讲到了，个体的自由行为与这个环境是相对抗的，他可以颠覆这个环境。我们讲环境造人，但人也可以对抗环境，也可以颠覆这个环境，可以抗拒这个环境。所以刚才，你在心理学里面要讲个体性，那么个体性呢，作为个体自由的行为，就要与现成在手的现实性相对抗，才能够建立起来。在心理学里面个体和环境是对立的，你要讲个体，那就是个体自己的现实性，意思就是说，他有他自己的现实性，他跟现实的环境不一样，他是个体的现实。这是在心理学里面。而到了面相学里，"在这里树立起来的形态则表现了由个体自己所建立的**自我**实现活动，它是个体的自动性本质的特征与形式"。这跟心理学就不一样了，这是面相学了，这是人类学了，在这里树立起来的形态，人类的形态，则表现了由个体自己所建立的自我实现活动。自我打了着重号，它是种自我的实现活动。在这里讲到身心关系的时候，这个身心关系不是说一个内部和外部相对抗的那种关系，不是说只有在对抗外在的现实时才能体现出个体的现实，已经不是这种关系了。而是这种形态，你也可以说它是外在的，身体嘛，身体的活动对于个体的内在的东西来说，你也可以把它看作是外在的东西，但是它表现了由个体自己所建立起来的自我实现活动。它跟这个自我不是对立的，也不是并列的，它们就是一回事，人的身体就是自我的实现活动，是他的个别性的特殊表现，所以这里就不一样了。"它是个体的自动性本质的特征与形式"，它，那个形态，是个体的自动性本质的特征与形式。人类的形态，人类的身体，是个体的自动性本质、能动性本质的特征与形式。个体的能动性体现在什么地方呢？就体现在它的身体上，就体现为身体的特征与形式，它有什么样的身体表现，它就有什么样的自动性的本质。这种特征与形式，就是它的身体，就是它的面相，就是它的外貌。我们通常以为外貌好像是和内心是不同的，其实是一体的，人的外貌就是它内心的表现，是他的自我实现活动。这已经是立足于人类学和面相学了。

但是，不论是普遍的现实性还是刚才的观察在个体以外所碰到的特殊的现实性，在这里都是同一个个体的现实性，是这个个体天生的身体，并且隶属于个体行为的那种表现也恰好落在这个身体上。

"但是"，这个但是就是说，在这个地方，这个特征与形式跟这个自动性活动的本质相互之间已经不再是外在的一种联系了，形态直接表现了自我实现活动。"但是，不论是普遍的现实性还是刚才的观察在个体以外所碰到的特殊的现实性,在这里都是同一个个体的现实性",不论是普遍的现实性,就是普遍的习俗,人类的普遍形态,它是一种现实的形态;还是心理学的观察在个体以外所碰到的特殊的现实性,在不同的环境和处境那里所碰到的那样一些特殊的现实性。普遍的现实性和特殊的现实性,不管是普遍的也好,还是特殊的也好,反正在这里都落实到同一个个体的现实性上来了。或者说,同一个体身体的外部特征凝聚了普遍的现实性和特殊的现实性,它们都集中体现在个别身上。普遍性和特殊性都凝聚在个别性身上,普遍的现实性和特殊的现实性在这里都成了同一个个体的现实性,"是这个个体天生的身体"。人的自然的身体,你看得见,但是呢,它同时表现了普遍性和特殊性。你讲外部的环境也好,气候也好,风俗习惯也好,伦理道德也好,它们全都凝聚在个体的外貌上。一个人类个体的外貌,它的形态凝聚了它全部的文化。当然这个文化不光是一个外部的僵死的躯体,而是包括它的表情,包括它的姿态,走路的方式,习惯动作等等,都凝聚在个体的天生的身体上,"并且隶属于个体行为的那种表现也恰好落在这个身体上"。隶属于个体行为的表现,也就是个体的独特的性格,也落实在这个身体上,它的种种表现,它的表情,它的姿态,音容笑貌,个性特点,都落在这个身体上面。这是个别、特殊和普遍的统一。

在心理学的考察里,那自在自为地存在着的现实性与规定了的个体性本应该是彼此联系着的;但是在这里**整个**被规定的**个体性**是观察的对象;而对象的对立的每一方面本身都是这个整体。

这又是一种比较。"在心理学的考察里,那自在自为地存在着的现实性与规定了的个体性本应该是彼此联系着的",就是说自在自为存在的现实性,一般世界状况,环境处境,与规定了的个体性,就是这个个体它特定的心理,"本应该是彼此联系着的"。在心理学里面本应该是这样的,就是一方面是普遍的外部世界,一方面是个别的内心世界,这方面彼此联系,由此我们可以去从中寻找它们的规律性。但是前面讲了,这种联系失败了，个别性不受普遍性的限制，双方并没有成为一个整体。"但是在这里"，也就是在面相学和头盖骨相学这里，"**整个被规定的个体性**"，整个和个体性都打了着重号，"是观察的对象"。现在我们还在观察，但观察的对象已经变成了整个被规定了的个体，已经去掉了或扬弃了外在现实和个体性之间的那种对立，把它看作一个整体了，看成一个身心的统一体。心理学的那种外在联系在这里变成了内在的身心统一体。"而对象的对立的每一方面都本身是这个整体"，对象对立的每一方面，它也有对立，身心关系，每一方面都是这个整体，身就包括心，心也包括身。一个人的心，它一定要表现出来，它不可能不表现在身体上面；而一个人身体上每一种表现都反映了他的内心，身心是一个整体，每一方面本身就是这个整体。你从心方面来看，它就包括身体，不能够撇开身体的表现去考察心；你从人的身体来看，也不能撇开他的内心来考察他的身体。这个跟心理学已经完全不同了。

因此，属于这外在整体的不仅有**本源的存在**，即天生的身体，而且同样有这身体的隶属于内在东西之能动性的构造；身体是无教养的与有教养的存在的统一体，是个体之被自为存在渗透了的现实性。

"因此，属于这外在整体性的"，这里分出了外在和内在，但是外在和内在构成一个整体了，并且每一方都是全部，都是整体。那么我从外在的方面来看，属于身体这一个整体的是什么呢？"不仅有**本源的存在**，即天生的身体"。首先是它的本源的存在，它生下来是个身体，它被生下来了，已经有一个身体了，本源的存在即天生的躯体。不仅有这一方面，"而且同样有这身体的隶属于内在东西之能动性的构造"，就是这个身体是怎么构造成的，我们要从它的内在东西的能动性方面去考察它，这构造是隶属于内在东西之能动性的。就是它每一部分的构造都是为它的内在东西的能动性服务的，所以不能撇开这个功能去考察它的身体。像解剖学那样把身体大卸八块，对它的每一部分分别去考察，那你就没有从整体上考察身体，没有从内在东西的能动性来把握它的构造。身体的构造是属于内在东西的能动性的，例如它的功能是用来表情的，人的脸部为什么有那么多表情肌肉，那些表情肌肉有什么用，这个仅仅从外部的本源的存在是解释不了的。它有用，它是用来表达精神的东西，人的手，它是用来制造出内心的合目的性的一些设想。你从解剖学把手简单地看作是五根指头，一个巴掌，那是解释不了的，你要从它的功能上来看它的构造，这个构造是为了什么，为什么这个大拇指要分开，那边四个指头要并拢，这个有讲究的。"身体是无教养的与有教养的存在的统一体，是个体之被自为存在渗透了的现实性"，它是无教养的和有教养的存在，因为前面讲到了教养，伦理道德和教养啊，人是自己造成自己的啊。这里gebildet 这个词也可以译作构造成的、构成的，我们前面已经把 Bildung 这个词翻译做教化或者教养，那么在这里呢，可以翻译为有教养的。无教养的，就是天生的，它还没有去自己把自己形成，有教养的就是自己形成起来的，经过了自己的改造，经过了自己的教养，经过了有意识的道德修养而形成的。身体一方面是无教养的，它是本源的存在，生下来就这么个存在，就这么个身体；但是呢，另一方面它是有教养的，它是形成起来的，它每一部分的功能都是在练习过程中、在培养过程中获得的，表现出它的内在东西之能动性的存在，它是这两种存在的统一。"是个体之被自为存在渗透的了现实性"，它是个体的现实性，但是这种现实性被自为存在渗透了。人的自由、人的能动性渗透的了个体的现实性。人的躯体实际上每一点都表现出它的自由的能动性，黑格尔在《美学》里面特别提到了古希腊的人体雕刻，它每一块肌肉好像都有生命，都有灵气，都有生气。我们今天考古发掘出来的哪怕是一个碎片，已经残缺不全了，都仍然可以放在博物馆里面去展览。展览看什么？一个破东西，断臂的维纳斯不用说了，胜利女神的雕像头都没有了，只剩下一对翅膀，有的只剩下一条腿，它们仍然可以摆在那里供人观看，供人遐想，因为它的每一部分都展示出它生命的灵气。古希腊雕塑哪怕断成了几截，它的每一部分都可以表现出它的整体性，你可以通过自己的想象把它去补充完整，它整个都被自为存在渗透了。

　　这个既包含着特定的本源的固定部分、又包含着唯有通过行为才产生的那些特征在内的整体，它**存在着**，而这个**存在**就是内在东西的**表现**，是作为意识和运动建立起来的个体的**表现**。

　　"这个既包含着特定的本源的固定部分、又包含着唯有通过行为才产生的那些特征在内的整体，它**存在着**"，这句话简要地说就是，这个整体存在着，存在着打了着重号。什么样的整体存在着呢，它包含两部分，既包含着特定的本源的固定部分，又包含着唯有通过行为才出来产生的特征。也就是说，它是一种双重的存在，一方面它有特定的本源的固定部分，就是它的肉体存在，另一方面它又包含那些只有通过行为才产生的特征，人为修养的特征。就是说这些特征它只有通过行为才产生，只有通过人的能动性，人的活动，才产生出这样一些人自己造成的特征。人的表情、姿态，人的行为方式，通过习惯凝固成了它自己不可分割的一部分。它不光是肉体，而是肉体体现出来的那样一种行为方式，那样一种表情方式，那样一种优雅的姿态。古希腊雕刻的那些女神雕像都有一种优雅的姿态，那些姿态已经凝固成它的一部分了，已经凝固在它的这些本源的固定的存在上面了，已经在这些固定的存在上面展示出它全部的精神内涵。这样一种整体存在的两方面，一方面是作为自在的存在，一方面是作为自为的存在。"而这个**存在**就是内在东西的**表现**"，这个存在、人的身体就是心灵的表现，这里又再次提出内在东西的外在表现这条规律了。我们要把身体看作是心灵的表现，它跟其他的无机物、乃至于跟动物植物都不一样，它是内在东西的外在表现。"是作为意识和运动建立起来的个体的**表现**"，是个体的表现，这种个体性是作为意识和运动而建立起来的，这种个体就是内在的东西了，它是作为意识和运动而建立起来的。外在东西是内在东西的表现，我们前面已经接触过这个规律的定义了，但在前面从力和力的表现直到心理学的规律，都已经被扬弃了，那些规律都丧失了。那么我们现在在面相学上、在身心关系方面是否能够建立起一种新的规律呢？我们可以把身体看作是心灵的表现啊。

——同样，这个**内在的东西**也不再是形式的、无内容的或无规定的自动性了，这自动性的内容和规定性也不再像刚才那样处于外部环境之中；相反，内在的东西是一个自在地被规定的本源的性格，这性格的形式仅仅是能动性。

"同样，这个**内在的东西**也不再是形式的、无内容的或无规定的自动性了"，在心理学那里，这个内在的东西还仅仅是被当作一种自动性，或者自由，但它本身没有内容，它的内容都是从外部环境接受来的。当然它可以去抗拒环境，但它用什么去抗拒呢，它不知道，它没有什么东西可以抗拒环境，它只是要抗拒，它不接受。所以在那个时候呢，它是一种形式的自动性，无内容、无规定的自动性。但是现在它不再是那种空洞形式的自动性了，它有了它的内容，有了它的规定性。"这自动性的内容和规定性也不再像刚才那样处于外部环境之中"，这自动性有了它的内容，有了它的规定性，但这个内容和规定性不再像心理学中那样，处在外部环境之中。外部环境中的内在的东西，如果要有个体的内容规定，只能从外部环境吸纳进来，要么接受它，要么反抗它，不管你接受还是反抗，这个内容都是外部来的。但是现在不再像刚才那样处于外部环境之中。"相反，内在的东西是一个自在地被规定的本源的性格，这性格的形式仅仅是能动性"，这个时候，内在东西是一个自在地被规定的本源的性格，它不由外在的环境去规定它，它是本源的，它的源头在它自身。它的内容不是从外部接纳来的，是它本身自发地本源地产生出来的。这性格的形式呢，仅仅是能动性，而不再有被动性。性格，Charakter，也可以翻译成个性、特性等等。在这里讲的就是，个体性的内容是一个自在规定了的本源的东西，它不是有待于外在的东西来规定的，而是本源的；而个体性的形式只以其自动性为其形式，它不需要由什么外在的伦理道德来赋予它形式，它唯一的形式就是它的自动性。性格就是这么个东西，它是能动的，它是独一无二的，它是自由的，唯一的以自动性为它的形式。它不接受任何别的形式。

所以在这里所考察的就是这两方面之间的关系，即必须如何规定内在的东西，以及内在东西在外在东西中的这个**表现**该如何理解。

"所以在这里所考察的就是这两方面之间的关系"，这两方面，也就是前面讲到的，它既包含着特定的本源的固定的部分，又包含着只有通过行为才能产生的特征的整体。一方面它是本源的存在着的，它是身体；另一方面它又只能通过自主行动才能产生它的特征，通过它的自动性、通过内在的东西才能理解它的外在的身体表现。这两方面的关系就是我们现在要考察的。"即必须如何规定内在的东西，以及内在东西在外在东西中的这个**表现**该如何理解"，内容和形式之间，内在的东西和外在的东西之间，这两方面是不是能从中找出某种规律来，这就是现在的话题。

{173}　　**［Ⅰ.器官的面相学的含义］**

这一段很长了，我们看能不能加快速度了。这个标题是"Ⅰ.**器官的面相学的含义**"。器官就是身体器官，它的含义就是内在东西、精神的含义，现在我们进到了身心关系。

这个外在东西首先只是作为**器官**而使内在的东西成为看得见的，或一般的来说使它成为一种为他的存在；因为内在的东西就其存在于器官中而言，它就是**活动**自身。

"这个外在的东西首先只是作为**器官**而使内在的东西成为看得见的"，人的身体是作为器官而使得他内在的东西、精神成为看得见的。内在的东西看不见摸不着啊，它要成为现实性，要成为看得见的，就必须要凭借身体，身体作为器官而使它成为看得见的。这器官的含义比较丰富，不是我们日常所讲的五官，手、腿，他这里的器官包含功能在内。既然是器官，它就不是肢体的某一部分。它是管什么方面的，在汉语里面，器官，官就是管，它是管某一方面的，它具有某种官能。器官在发挥自己功能的时候，使得内在的东西表现出来，成为看得见的。"或一般来说使它成

为一种为他的存在"，使内在的东西成为一种为他的存在。内在的东西
一般是一种自为的存在，但是凭借着器官，它成为了一种为他的存在，它
表现出来了，表现出来干什么呢？表现出来给别人看，而且对别的东西
发生影响，内在的东西成了一种为他的存在，它们都是存在，自为存在和
这个本源的自在存在。它们都是存在的，但是呢，内在的东西是通过器
官的这种本源的存在而成为了一种为他的存在。"因为内在的东西就其
存在于器官中而言，它就是**活动**自身"，内在的东西存在于器官中，作为
什么样的东西存在于器官中呢，作为活动本身，作为器官的活动。

　　说话的口，劳动的手，如果人们愿意的话，还加上腿，都是些本身就　　[206]
包含着行为**自身**，或内在的东西自身，并使之实现和完成的器官；但内在
的东西通过这些器官而获得的外在性，却是作为一种从个体分离开来的
现实性的行为业绩。

　　"说话的口，劳动的手，如果人们愿意的话，还加上腿"，劳动不仅仅
运用手，有时候还加上腿，协调动作，手和腿协调动作。你如果愿意的
话，再加上腿，对于劳动来说手当然更重要了，腿是附加的。"都是些本
身就包含着行为**自身**，或内在的东西自身，并使之实现和完成的器官"，
这都是些器官，都是些什么器官呢？包含着行为自身或内在的东西自身，
行为自身，Tun als Tun，就是行为作为行为，它本身就是内在的东西，刚
才讲了内在的东西就是行为嘛，就是这个活动自身嘛。那么口、手、腿本
身都包含着行为自身，或内在的东西自身，"并使之实现和完成的器官"。
这是一些器官，这些器官是实现和完成行为自身或内在东西自身的。是
这样一些器官，这个里头提到了说话的口和劳动的手，这个非常重要，一
个是语言，一个是劳动。这是从发生学的角度来谈人类的起源，来谈自
我意识与它直接的现实性的关系，这个里头有历史唯物主义的因素。当
然他还没有意识到什么历史唯物主义，他甚至于把说话的口放在劳动的
手前面，说话甚至于比劳动更重要。但他强调这都是些把内在的东西表
现出来的方式，一个是用手劳动，一个是用嘴说话。用嘴说话，亚里士多

德就讲人是能说话的动物嘛，能说话把人和动物区别开来了。劳动和说话、和语言是并列的，它们都包含着行为自身或内在东西自身，是使之实现和完成的器官。"但内在的东西通过这些器官而获得的外在性，却是作为一种从个体分离开来的现实性的行为业绩"，这个"但"就是说，虽然这些器官把内在的东西实现和完成起来，但是呢，内在的东西通过这些器官而获得的外在性，却成为一种从个体分离开来的现实性的"行为业绩"。"行为业绩"，die Tat，它跟"行为"(Tun) 是同一个词的名词形式和动词形式，它是指做出来的行为，造成的事实，与前面讲的"行为自身"相对照。这里头又有区别。虽然是内在东西、行为本身的表现，是内在东西的实现了，但是呢，一旦内在东西通过这些器官而获得外在性，比如说作品，产品，比如说说出来的话，符号，马上就作为一种从个体分离开来的现实性的行为业绩而存在了。通过这些器官而获得的外在性表现出来了，当然就有外在性了，但是这种外在性是一种现实性的行为业绩，它是从个体分离开来的。你话已经说出来了，你劳动产品已经做出来了，它们已经不是你的一部分了，我们通常把这叫作外化，外化就是一种分离过程嘛。

语言和劳动都是外化的活动，个体在其中不再把自己保持和据有于自身中，而是让内在的东西完全走出自身以外，并使自己委身于他者。

"语言和劳动都是外化的活动"，语言是我们说话，劳动是我们做事，都是外化，都要影响他人，都要使自己变成作品和产品。"个体在其中不再把自己保持和据有于自身中"，个体在语言和劳动中不再固守于自身中，"而是让内在的东西完全走出自身以外，并使自己委身于它者"。语言和劳动都是让内在的东西走出自身以外，对他人，他物发生影响；一旦发生影响，这个就不是你自己的东西了。"并使自己委身于他者"，不光是你影响他者，他者也要影响你，你就进入到一种交互关系之中。你说出话来，你做出事来，你就进入到一种社会关系之中，受到他人、他物的支配。

因此，人们既可以说这些外化的活动已将内在的东西表现得太多了，同样也可以说，它们将内在的东西表现得太少了；说**太多了**，——是因为在它们那里内在的东西突破了自己，没有留下它们与内在东西的任何对立；它们所提供的不仅是对内在的东西的一种**表现**，而且直接就是内在的东西自身；

太多和太少，在什么意义上讲太多，在什么意义上讲太少？这下面有解释。"说**太多了**，——是因为在它们那里内在的东西突破了自己，没有留下它们与内在东西的任何对立"，为什么说外化活动把内在的东西表现得太多了，有这样一种解释，说是因为在它们那里，在外化活动那里，内在的东西突破了自己。内在的东西冲破了自己，把自己跟外在的东西打通了，没有阻碍了，没有留下外在东西与内在东西的任何对立，内在的东西就是外在的东西，我想说的意思就是我说的话。我们从说话来讲，中国传统讲言意之辨，有言尽意、言不尽意之说。言尽意就是我说的都在话里面，我的意思都在话里面，话可以把我的意思完全表达干净，表达完整。我的意思就是我说的话，这中间没有什么隔阂，我畅所欲言，心无遮拦，我没有什么东西没说出来，我全都说了；那么你从我说的话里面也就可以把握我说的全部意思。但是黑格尔问，你这样不是说得太多了？言尽意，言能够尽意吗？你把言意完全等同起来，那就太多了。所以这种内在的东西表现得太多了的意思，就是言尽意的意思。我们讲，言不尽意，意在言外，你说话总是意犹未尽的，你不可能把你的意思完全表达出来。意思和言语是两个完全不同层次的东西，中间是有隔阂的。但是呢，有种观点认为言可以尽意，只要你有东西，你就能说得出来，你之所以还没有说出来，是因为你还没想到，或者至少你还没有想成熟。你真的想通了，你就能够完全表达出来。克罗齐讲，直觉即表现，凡是表现出来的，都是你直觉到的，凡是直觉到的，都能够表现出来，你意思到了，你一定就能表现出来。这就没有留余地了，言和意之间没有留余地，完全打通了。所以他讲，没有留下外在东西与内在东西的任何对立，这就说得太多了，以为自己"所提供的不仅是对内在东西的一种**表现**,而且直接就是内在的东西自身"。我把内在东西已经表达出来了,我把心肝肚肺都掏出来了,都给你看,都摆在桌子上面了,这话可信吗?我就相信你啊?这个无从对证。人与人之间不相通,言固然可以表达意,但是,言不尽意,你要以为言已经尽了意,那你就说多了。

说**太少了**,——是因为语言和行动中的内在东西使自身成为另一种东西,[①]

"说**太少了**,——是因为语言和行动中的内在东西使自身成为另一种东西",上面讲了太多的情况,这时讲太少的情况。就是说,外在的东西是内在东西的表现,外在的东西仅仅是内在东西的表现吗?这就说的太少了。前面说太多了,就是说你外在东西就完全表现出内在东西了吗?那个说的太多了,不一定完全表现出了内在东西,要留有余地。那么,说外在的东西是内在东西的表现,又说得太少了,因为外在的东西不仅仅是内在东西的表现,它还有别的东西。它表现的不仅仅你内心想表达的东西,它还表现了很多别的东西。因为语言和行为的内在东西使自身成为了一种另外的东西,一旦你说出来,它就表现出一种另外的东西。这里有个注,这个注好几个版本里面都没有,贺先生和王先生估计是从他们所依据的荷夫迈斯特本、实际上是后者所依据的拉松本里面引来的,但标明为"黑格尔原注"似不准确,其实是拉松版编者加的注。但意思倒的确很吻合。注文修订为:"①参看席勒:'灵魂刚一说话,哎呀,灵魂已经不再是它了'以及'我们的行为当它在我们的胸膛以内,还是我的;一旦离开它的出生地,离开在本心中的安全角落,被传递到生命的异乡,它就属于使任何人的艺术都无法接近的那些险恶的力量了。'——据拉松

---

① 　参看席勒:"灵魂刚一说话,哎呀,灵魂已经不再是它了"以及"我们的行为当它在我们的胸膛以内,还是我的;一旦离开它的出生地,离开在本心中的安全角落,被传递到生命的异乡,它就属于使任何人的艺术都无法接近的那些险恶的力量了。"——据拉松版1907年,编者

版 1907 年，编者注"。这是席勒的一句话，灵魂刚刚一说话，灵魂已经不
是它了，它说出来的已经不是原来的意思了。那是什么意思呢，是话本
身的意思，甚至于是别人理解的意思。你说出来的话别人不一定会像你
那样去理解，他会加上他自己的理解。还有下面一句话，"我们的行为当
它还在我们的胸膛以内，还是我的；一旦离开它的出生地，离开在本心中
的安全角落，被传递到生命的异乡，它就属于使任何人的艺术都无法接
近的那些险恶的力量了。"这是同一个意思，我们的行为当它还在我的胸
膛以内，当它还在我的思想里面的时候，它还是我的。思想当然也是种
行为了，我们去思想，这种行为，它还是我的行为。一旦离开它的出生地，
离开我的大脑，离开我的胸膛，离开在我心里的安全角落，进入生命的异
乡，就是被传递到我的胸膛之外，我的身体之外，它就不由我们说话人自
己控制了，控制它的意义的是某种对我完全陌生的力量。人家爱怎么理
解就怎么理解，完全和我的意图不相干，在我看来甚至是一种险恶的势
力。这可能是席勒自己的一种切身体会。席勒是个诗人，他写出来的话
有种种不同的理解，每一种理解都和他自己的大相径庭，他有时候感到
很苦恼。诗人往往感到很苦恼，因为写出来的东西都被人家误解了，都
体会不到他原来想要表达的意思。所以你说外在东西就是内在东西的表
现，这个说的太少了，你说出的外在东西不仅仅是内在东西的表现，而且
是很多别的东西的表现，也可能是他人的内在东西的表现。我们讲一千
个观众就有一千个哈姆雷特，每个人在观看哈姆雷特的时候都有他的理
解，所有这些理解都不一定是莎士比亚的理解，可能都离开了莎士比亚
的原意。那你没办法啊，你写出来就是让人家看嘛，你让人家看，你就得
让人家误解嘛。所以人的作品，人的语言，它本身就有这个特点，它一说
出来就变成一种另外的东西。这个注加在这里非常的恰当。再看正文。

　　所以它这样将自己委身于变化的元素：这变化的元素将说出来的词
语和做出来的行为业绩加以颠倒，使它们由此变成某种另外的东西，不
同于它们自在自为地作为这个特定个体的诸行动所是的东西。

这就好理解了。"所以它这样将自己委身于变化的元素",你把话说出来,你把诗写出来,你把作品做出来抛给社会,这个社会到处都是变化的元素,它不是你胸膛里面所想象的固定不变的东西。为什么有的作家创作出了作品,不愿意发表呢,有的创作出作品来,临死都要把它烧掉,像卡夫卡,临死的时候嘱咐他的朋友,我所有的作品你都要把它烧掉。这个高更也是,死的时候把他所有的作品烧掉。为什么要烧掉呢?他不愿意抛给那些变化的元素,不愿意委身于变化的元素。他没有发表出去的时候还是我的,一旦发表出去,它就面目全非,人家就会从完全跟我不同、甚至完全相反的角度来理解我的作品。卡夫卡一个世纪以来,几乎被所有的人都误解了,我们中国人的理解就是卡夫卡在批判资本主义社会异化现象,都完全是误解。这种情况很普遍,也很自然,你不能因为误解就不发表了,如果他的朋友真的信了他的话,把他的作品都烧掉,我们就没有卡夫卡了。所以发表还是必要的,误解是正常的,你发表出来就是让人家误解的嘛,没有任何一个人的理解完全百分之百符合作者的初衷,也不必要。作者的初衷就那么神圣?那么不可侵犯?作品发表出来就是社会的,就是人类的,就是大家的,就是让大家来误解的,就是让大家来运用来提高的,这不就是你的目的实现了嘛,具体的你的那个意图是次要的。所以作者并不完全知道自己所要表达的意思,我们今天是这样来解释的,按照解释学的观点这样来解释就比较通了。但黑格尔和席勒那个时候还没有解释学,所以他们还是比较相信个人的理解,个人的意图,作者的意图还是第一性的。但是很可惜,一旦发表出来,作者的意图就失去了它的独立性。

这些行动的作品,不仅因为有其他行动交织进来的这种外在性,而失去了作为某种与其他那些个体性相对而持存着的东西的性格;

"这些行动的作品,不仅因为有其他行动交织进来的这种外在性",就是说,你的作品拿出去,人家也有行动啊,你的行动造成一个作品,人家在阅读,他也是一个行动啊,有其他的行动交织进来,作品就有了外在性。你作品发表出去，就有读者，有评论家，他们的行动交织进来，就使作品具有了一种外在性。于是就"失去了作为某种与其他那些个体性相对而持存着的东西的性格"，由于这种外在性就失去了这种性格，失去了什么性格呢？某种与其他那些个体相对而持存着的东西。就是说，你的作品与其他那些个体性是相对的，但是它自身持存着，拒斥别人的任意解释。你不要改变我的作品，我的作品是持存着的，它有它固定的含义，你不要随便篡改。但这样一种持存东西的特性，一旦发表出去，就丧失了。你要人家不要篡改你的意思，你做得到吗？做不到。

　　而且，由于它们把自己作为分离的、漠不相干的外在东西来与自己所包含的内在东西做比较，它们作为内在的东西也就可能**因为个体**本身而是某种与它们所显现的不同的另一种东西，

　　"而且由于它们"，这个而且就是说，作品不仅是由于有其他的行动交织进来而失去了它的独立性，失去了它持存东西的特有性格，而且呢，由于它们"把自己作为分离的、漠不相干的外在东西来与自己所包含的内在东西做比较"，不光是外人在那里误读你的作品，而且呢，你自己也把你的作品作为分离的、漠不相干的外在东西，来与自己所包含的内在东西做比较。也就是你自己也做了这种区分，我的作品跟我的意思之间还有区别，我并没有完全表达我的意思，我苦于表达不出我的全部的意思。我写一首诗，这首诗是不是表达了我的全部的感想，感受，那是很难做到的，有一句能够表达出来那就非常了不得了，那就很得意了。一首诗里面有一句好的，就很难得了，其他的都在边上摸来摸去，都还没有到位。所以我发表出来的东西是一种与我自己分离了的、漠不相关的外在东西，我把它呢，与自身中所包含的内在东西做比较。这里头有种区别，我的作品与我的原意有区别。不仅仅我的作品发表出去，别人会误解它，而且我自己的作品在我的理解中和我的原意也有区别。"它们作为内在的东西也就可能**因为个体**本身而是某种与它们所显现的不同的另一种东西"，就是说它们作为内在的东西也可能由于我自身的缘故，而是某种它

597

们所显现的不同的另外一种东西。我本来想说这个意思，但是我说出来的是另外一句话，所以作家和诗人经常感到非常的遗憾，这就没办法了，他的水平只有这样，觉得自己才气不够，不能把自己真正的意思全部淋漓尽致地表达出来。所以他经常会觉得自己的诗或者小说里面有些地方是败笔。但是又没法改了，好的就那么几句，其他都没有到位。由于个体自身的缘故而成为了某种与它们所显现的不同的另外一种东西。另外一种什么东西呢？

　　——要么是个体故意为了显现而把它们做成了某种不同于它们在真理中所是的另外的东西，——要么是个体太笨拙了，它不能给自己提供出它真正想要的外在方面，也不能把这个外在方面这样来加固，使它自己的作品可以不为其他个体所颠倒。

　　有两种情况，"要么是个体故意为了显现而把它们做成了某种不同于它们在真理中所是的另外的东西"，就是说我本来想表达这么一个意思，这个意思在真理中本来应该是那么一种意思，但是我表达不出来，那个意思表达不出来。为了显现，为了表达出来，我就把它们做成了某种不同于它们在真理中所是的另外的东西。就是我虽然表达不出来，但是我可以采取故意夸张、比喻、暗示等等的修辞手法来表达，靠你们自己去体会吧。你们不能从字面上直接理解，这是一种暗示性的表达，一种隐喻的朦胧的表达。朦胧诗为什么写得那么朦胧呢，并不是故意要朦胧，他还是要表达某种意思，但是那个意思直接表达不出来。表达不出来是不是就不写呢，也不行，不吐不快，骨鲠在喉，他一定要写，写呢，又写不到位，所以就尽量地朦胧，朦胧就是为了避免太清晰了会误导人家。写朦胧一点呢，还留一些余地，虽然没有完全表达出来，但是已经包含在内了。你可能偶然在里面悟到了，那你就通了，这就还有一个机会；如果你表达明确了，那就没有机会了，那就根本不是我所要表达的意思。所以为了显现，就得故意把它们做成某种不同于它们在真理中所是的另外的东西。不能清晰地表达，这是蓄意的、故意的，这是一种情况。另外一种情况，"要么是个体太笨拙了，它不能给自己提供出它真正想要的外在方面，也不能把这个外在方面这样来加固，使它自己的作品可以不为其他个体所颠倒"。前面一种是故意的，他不笨，但是他为了表现，他把自己的观点加以修改，本来是清晰的话使它变得模糊；这一种呢，则是由于个体太笨，他缺乏才气，缺乏能力，他不能给自己提供出他本想得到的外在方面，也不能把这个外在方面进行加固，使他的作品可以不为其他个体性所颠倒。就是它做出来的东西，由于能力所限，它不能把这个外在方面这样加固，使它的作品主题太鲜明了，可以不为其他个体性所颠倒。这就导致了严格意义的分离，言意之辨，言不尽意，意不尽言，意是那么个意，一说出来就有了很多别的意。我们中国通常有讲言不尽意，但是西方人，可能更强调意不尽言，就是你的意思在那里，但是说出来以后有很多不同的意思，很多不同的解读，一千个读者有一千个作品，每个人在自己心里读你的作品，在阅读后都形成了自己的作品，这就叫意不尽言。你个人的意思不能够囊括言本身的意思，言的意思是无穷无尽的。

　　因此行为作为实现了的作品，就具有两种相反而对立的含义；它要么是内在的个体性而不是内在个体性的表现，要么它作为外在的东西是 [207] **一种摆脱了内在东西而完全不同于内在东西的现实性。**

　　"行为作为实现了的作品，就具有两种相反而对立的含义"，个体的行为或者说作品具有了两种相反的对立的含义。一方面，"要么是**内在的个体性而不是**内在个体性的**表现**"，换言之，它要么没表现出来，它是言不尽意。它确实是内在个体性，但个体性没表现出来，它不是内在个体性的表现。这个内在的打了着重号，表现也打了着重号，就是内在的东西没有表现出来，相当于只可意会不可言传的意谓。它有这一层含义，就是说你看它的作品，你就觉得它肯定还有些东西没说出来，只是采取了一种含糊的方式，没有清晰的表现。这是一方面的含义，就是你要从作品里去猜测作品后面的内在的东西。另一方面，"要么它作为外在的东西是一种**摆脱了**内在东西而完全不同于内在东西的现实性"。要么是

599

另外一种，就是说，它也许说的很确定，它不是那么模模糊糊，但是，它脱离了内在东西，完全不同于内在东西的现实性。它是一种外在的东西，外在的东西你可以去分析它，你可以从语言上，从结构上，从用词上对它加以精确的分析，有时候完全可以做到，诗歌里面做不到，但至少小说里面更容易做到。有的人试图做这样的工作，试图从它的遣词造句，从它作品的外在形式这些方面去加以定型。形式主义的美学，形式主义的文艺理论，新批评，这些人就喜欢搞这一套。就是对它进行语言分析，对它进行形式分析，把它固定为一个形式。我们现在的国内的文学评论界，经常是这样，分析一个作品不去分析它的内容，它的思想，而只分析它的形式，做形式主义分析。当然你也可以这样分析，这种形式完全脱离了内容，只是在外在的现实性方面对它加以分析。但是这样一种分析就算把握了作品吗？前面一种是对内在的含义进行猜测，这也可以用于评论，评论作者的意图，它究竟想表达什么，从作者的心理、从社会意识形态等等去分析，从社会学上去分析，从内容上去分析。另外一种是从作品的形式去分析，形式分析好像更加实证，而内容的分析好像更加玄。任何一个作品都有这两种相反的含义。

由于这种模棱两可之故，我们就不得不去寻求那内在东西**尚在个体自身中**却又可以看得见的、或表现在外的样子。

"由于这种模棱两可性"，一方面它似乎是内容，另一方面似乎又是形式，你从内容上把握它还是从形式上把握它，从内在的东西去把握外在的东西，还是从外在的东西去把握内在的东西，这是"两可"，动摇不定，没办法确定。于是，"我们就不得不去寻求那内在东西**尚在个体自身中**却又可以看得见的、或表现在外的样子"。我们就去追寻那样一个目标了，就是内在的东西还在个体自身中，它还不是外在的东西，它还没有脱离内在的东西，它还是个体自身本来的意思，却又可以看得见，是本来的意思，同时又表现在外。这个就是一种苛求了，我们要追求个体自身中的内在东西，本来的意思是什么样的，但是我们又要从外部表现出来的形象上面去把握这个内心的样子,那怎么可能呢? 俗话说人心隔肚皮,内心的样子完全表现出来是不可能的,外在的东西也不可能完全反映它内在的东西。你要追寻这种完全同一、尚在个体自身中,却又看得见或者可以表现出来的样子,那就只能走禅宗的思路了。禅宗什么思路呢,佛祖讲经,讲完了之后一言不发,拈花微笑,什么都不说了,你去体会。所有人都体会不了,只有一个听众迦叶会心一笑。拈花微笑就是这样一种思路,你说他表现出来了,他什么也没表现,他只微笑了一下。微笑表达什么意思? 微笑可以表达无穷的意思,但是他们居然就能够会意。这是一切评论家或者一切读者所追求的境界,但是实际上是达不到的。但是我们中国人以为可以追求到,只要你达到了那样的道心,那样的慧根,你用那种慧根你就可以悟到,直指人心。禅宗就是这样一种的思路,不需要外在的什么东西,也可以什么话都不说,也可以胡言乱语,也可以拳打棒喝,都可以,反正最后你悟道了,那是你的幸运,悟不到,那是你的不幸。由于这种模棱两可性,我们就只有去追求那样一个目标,那是我们的理想。

但在器官中,内在东西仅仅作为直接的**行为**本身而存在,这行为实际上已达到了它的外在性,而这外在性要么表象了内在的东西,要么没有。考虑到这种对立的情况,那么器官就不能满足所寻求的那种表现了。

"但在器官中,内在东西仅仅作为直接的**行为**本身而存在",就是说所追求的那样一种境界在器官中是追求不到的。在器官中,内在东西仅仅作为直接的行为本身而存在,它是行为,它是表情,它是姿态,都可以看得出来的,在器官中仅仅是这样的。"这行为实际上已达到了它的外在性",这个行为实际上已表现出来了,你看它的表情,你看它的姿态,听它的语音,它都表现在外了。"而这外在性要么表象了内在的东西,要么没有",要么表现了内在的东西,你可以从它的姿态上面直接判断它心里在想什么,但是要么完全没有,你从它外在的姿态上面,表情上面,完全不能断言它在想什么,这两种可能都是有的。你看释迦牟尼拈花微笑,你就知道他在想什么？你所想的，就是释迦牟尼所想的吗？你以为你想通了，你也微笑一下，你的微笑和他的微笑是一个意思吗？但是释迦牟尼以为他懂了，就很满意了，就认为所有弟子就迦叶最聪明了，其实未见得的，它有两可性的。所以讲，"考虑到这种对立的情况，那么器官就不能满足所寻求的那种表现了"，你从器官上面，你从微笑上面，你从姿态上面，你要寻求那种完全内外一致的表现，是不可能的。上面讲，我们不得不寻找那种内在的东西尚在个体自身中，但又可以看得见的样子。既在个体自身中，又可以看得见，那不是自相矛盾吗？在个体自身中就看不见，人心隔肚皮；你看得见就不是它自身的，那就是表现在外的，器官就是表现在外的。你一定要说可以通过器官看到它的内心，那是没有把握的，当然有可能你碰上了，但是呢，也有可能完全是误会。所以器官不能满足所要寻求的那种表现，这个就使器官处于一种尴尬的境地，我们不能凭借器官去把握它的内心，但是你又没有别的途径把握内心，而且你还不能说它完全没有把握内心，器官就是内在东西的表现，但是它又不一定，或者不完全是内在东西的表现。所以你要从这个里头找规律，那是不可能的。好，今天就到这里。

＊　　　　　＊　　　　　＊

我们上次谈到关于器官的面相学的含义，在器官的这个话题上面也有内在和外在的关系。上次读到的 206 页下面的这个注释，这个注释，是彭超给我搜了一下，查到了它的出处，它是在 1907 年的拉松版上面有这个注释，其他地方好像都没有看到。那么这个拉松版的注释并没有说是黑格尔的原注，应该就是这个编者加上去的，可能就是编者自己觉得黑格尔的这个意思可以用席勒这样两段话来表述。不过这两段话蛮好，所以我将来要出我的译本的话可能还是要把它收进去。

那么这两段话，也就是这一大段的意思在里头了。就是语言和它的含义，我们中国人讲言意之辨，语言一说出来，它就不是它了。灵魂已经不再是它了，只要它一表述出来，离开它的出生地，离开本心，它就被抛入到了他人的理解之中，就任随他人理解了。我们经常讲一个作家，他的作品一写出来就不再属于他自己，它属于人类，属于大众，属于读者，由他们去解释。但这种解释往往偏离作者的原意，所以作者经常有一种不满足。他想要追求的是原封不动地把我内心没有说出来的意思通过一种表现，比如说话语、表情、动作、姿态把它反映出来。它既是外在看得见的，同时，又没有走样，有没有这样一种方式？我们上次最后提到禅宗的这种拈花微笑的方式，但这种方式可遇不可求。在器官上面好像做不到这点，不能满足所要寻求的那种表现。因为器官上一旦成为要表现的行为动作，那它就也只能由别人去解释了。你拈花微笑到底什么意思，也许不同的人会有不同的解读，那也由不得你。上次我们讲到了这样一个话题，最后得出来就是器官不能满足我们所要寻求的那种内在和外在的统一，既是外在可见的，但是同时又还在个体自身之中的这样一种境界，单凭器官是达不到的。那么我们今天继续往下谈这个问题。

　　现在假如说，外在形态只有当它不是器官或者不是**行为**，因此是作为**静止的**整体而存在时，它才有可能表现内在的个体性，那么它就会处在一种持存的事物的状态，这种持存之物将把内在的东西当成一种陌生之物平静地接纳到它自己的被动的定在之中，从而变成这个内在东西的　　{174}
符号：

　　"现在假如说"，这个是虚拟式了，现在既然器官已经不能胜任这样一种要求了，那么假如说，"外在的形态只有当它不是器官或者不是**行为**"，它既不是器官，也不是器官的行为。器官是一种特殊的组织机构，它有它的功能，器官和它的功能是不可分的；或者又不是行为，不是它表现出来的动态行为。"因此是作为**静止的**整体而存在时"，外在的形态作为静止的整体而存在，你不要去分辨这个器官那个器官的功能，以及它们的行为，你只看它们静止的整体，它才能够表现内在的个体性。我们假设是这样的话，我们不用从它各部分的活动状态去考察，而是从它的静止的整体状态去考察，这样才能表现内在的个体性。就是我们要追究它的内在个体性，不是看它表现出来是什么东西，而要看它本身是什么东西，它本源是什么东西。它一变化就走样了，你要在它没变化的时候，没发挥功能的时候，从静止的角度去把握它，想要一劳永逸地把它扣在那里，把它扣死，这样去研究它的内在个性到底是什么样子。这是一种假设，或者说一种观点、一种想法。既然器官也好，行为也好，我们都不能把握它的内在个性，那么是不是我们能想这样一个办法，我们把器官和行为都撇开，就从它静止的整体性、整体的存在来扣住内在的个性，在它不变的情况之下来把握它。"那么它就会处在一种持存的事物的状态"，外在的形态如果这样看的话它就是一种事物了。在静止不变的、僵死的状态之下，静止不活动的状态之下，那它就是一种事物，它跟一块石头、一张桌子没什么区别了。"这种持存之物将把内在的东西当作一种陌生之物平静地接纳到它自己的被动的定在之中"，既然你把人的躯体当作一个静止的整体，那么它就是一种持存之物。人的躯体就是这么一个躯体，它有内在的东西，这种内在的东西被当作一种陌生之物装入这个躯体里面，灵魂被装进肉体里面。我们试图通过它的肉体把握它的灵魂，但是这个肉体是一个持存之物，是一种静止的事物状态，既然这是一种事物的状态，那么它对内在东西来说是完全陌生的，内在的东西当然不是一个事物。所以这种持存之物将把内在的东西当作一种陌生之物平静地接纳到它自己的被动的定在中，就是把灵魂装进来，肉体里面装着灵魂。"从而变成这个内在东西的符号"，人的肉体，人的身体，就变成它内在东西的符号。这个符号我们前面已经遇到这个概念，贺、王译本204页下面倒数第五行："所以它的身体也是由它**所产生出来的**对它自身的表现，同时也是一种**符号**，这种符号不再停留于直接的事实，而只是借以使个体认识到，它在把自己本源的本性发动起来这种意义上是什么。"这种符号不再是一种直接的事实，就是说你不能就符号来考察符号，它下面有它的意谓。人的身体跟其他的事物还是有所不同的，就是因为它装进了内在的东西，它装进了人的灵魂，如果没有人的灵魂，那它和所有的事物是一样的，和一张桌子一块石头是一样的，它就是直接的事物。但是它不是直接的事物，它是一个符号，也就意味着这个符号是内在东西的一种表现，从而变成这个内在东西的符号。因为它接纳了灵魂这样一种对它来说是陌生的东西，虽然是陌生的东西，但毕竟把它放到自己里面，把它装进来了，所以这样一种东西我们才叫作符号。一个身体可以看作灵魂的符号，一块石头不能说是什么东西的符号，一张桌子也不能说是什么东西的符号，因为它没有内在东西，人的身体就可以变成这个内在东西的符号。这都是虚拟的情况，其实并不能这样来看待人的身体以及身心关系。

　　——这是一种外在的偶然的表现，它的**现实**方面本身是没有意义的——这是一种语言，它的声音以及声音的结合都不是事情本身，而是通过自由的任意而与事情本身相联结，并且偶然地为着事情本身而存在着。

　　这句话就是讲符号，讲身体作为一种符号。"这是一种外在的偶然的表现"，一种符号对于内在的东西呢，是一种外在的偶然的表现。为什么是"外在偶然的表现"呢？因为内在东西是被当成一种陌生之物装进来的，灵魂对它来说是一种陌生之物，它对灵魂来说是外在的偶然东西的表现。我偶然有这么一个身体，我用它把我的灵魂装进去了，这个灵魂跟它没有任何共同之处。我恰好就是只赋有这一个身体，这就是我的身体，爹妈生的，那么这是外在的偶然的表现，我只能在我这个身体里把我的灵魂表现出来。"它的**现实**方面"，现实打了着重号，"本身是没有意义的"。符号之所以是符号，就在于它的意义不在它自身，不在于它的现实，而在于现实性底下所潜藏的那种没有变成现实东西的内在的东西。内在的东西还不是现实的东西，它是潜在的东西，但是通过符号而现实地表现出来，而这个符号它本身的现实方面是没有意义的。我们看一个符号的时候，不能就符号看符号，我们必须追究它的意思，它的含义，它究竟意味着什么。如果你不从这个角度来看，那这个符号是没有意义的。你的文字就是符号，如果你说文字无非就是画了些道道，那你就无法理解文字了，你也就无法把它看作是符号了。你要把文字看作符号，你必须结合它表达的意思来理解它，它那个道道不是没有意义的，但这些意义不在那些道道上面，而在于那些道道本身所要表达的内在含义上。同样，人的身体如果把它看作一个静止的肉体，那它也是没有意义的，从人的身体本身的现实性方面那它就是一个肉体，仅仅是一个有机物。但它表现什么意思呢，它没表现什么意思，它只是表示它活着，它是一个有机体，就像任何一个动物，任何一种植物，它也是一种有机体，人的有机体跟动物植物的有机体没什么区别。你如果从一个动物植物的眼光来看人的肉体，那它是毫无意义的。你必须要从它的肉体所表达的内在的东西、它的灵魂这个意义上来考察这个肉体的现实方面，把它当作符号来考察，它的意思才能够显示出来。下面又用语言为例来说这个问题。"这是一种语言，它的声音以及声音的结合都不是事情本身"，我们刚才举例说文字，其实语言也是这样，语言的声音以及声音的结合，人的一个声音，一连串的发声，这是语言。那么从语言的声音和一连串的声音这个现实方面来看，它们都不是事情本身。事情本身是什么？是语言的意思。所以，语言作为一种符号，一种声音空气的振动，那当然不是事情本身，虽然它是现实的。虽然空气的振动是语言最现实的方面，是可以测量的，你可以测量它有多少频率，多少分贝，音质音量音色音域，你都可以测量出来，但是它都不是事情本身。事情本身必须要把语言当作另外一种东西的符号，另外一种东西才是事情本身，是符号所要表达的东西，那种内在东西才是事物本身。语言，它的音调和它的声音组合都不是事情本身，"而是通过自由的任意而与事情本身相联结"，最初语言产生的时候是非常任意非常偶然的。为什么不同的民族不同的群体有不同的语言，这个语言相互之间是很难沟通的，要学习才能学会。我们学习英语，英语和汉语那么大的区别完全是任意的。我们通过汉语来表达我们的意思，也可以用英语表达我们的意思,但是汉语也好、英语也好它们本身是偶然的。"并且偶然地为着事情本身而存在着",各种不同的语言是为着事情本身而存在着的,但是采取什么样的语言这是偶然的。这种语言,严格说来应该称之为言语,语言和言语不太一样,索绪尔最开始把语言和言语区分开来,把一般的语言和具体的言语区分开来。黑格尔这个时候还没有区分,他笼而统之就是讲语言,但他的意思已经在这里,就是语言要表达事情本身,如何表达,这个是偶然的。不同的民族对不同的事物有不同的称呼命名,不同的发声。有很多发音,这个民族有那个民族没有。我们汉语中有些发音,西方语言就没有,西方语言的发音我们有的也没有,我们学国际音标,还要练习才能发出来。这些情况都是偶然的。这一段讲的符号,是另外一个角度,就是器官和行为作为表达内在东西的一种外在东西,我们把它撇开了。为什么撇开,因为我们前面讲,从它里面找不到规律。那么我们是不是可以换一个角度,就是说从符号,从它在现实中实实在在的、可以把握到的那种静止的存在入手,把它当作我们能够抓得到、能够扣得死的一个依据,来为内在东西如何表现出来寻求某种规律。但是这种符号作为内在东西的表达,它跟内在东西是陌生的,它们的关系是偶然的。抽象来说,符号都有它一定的含义,但具体来说,某一个符号对应哪个含义这个是偶然的。

对这样一些互为他者的东西的这种任意的联结并不提供任何规律。
　　一句话否定了。你想从静止的整体,从那种符号来寻求某种抓得住的、看得见摸得着的规律,这一条路也被堵死了。"它并不提供任何规律",为什么不提供任何规律呢? 因为它们这种外在和内在的联结完全是偶然的。内在的东西对外在的东西来说是一种陌生的东西,可以装进来,那么装进来的这个盒子、这个皮囊跟里面所装的东西之间它没有什么规律。符号,语言,语言的声音和声音的结合,这些对于它的意义来说都是偶然的。这种任意的联结并不提供任何规律,就是符号并不提供任

607

何规律，符号是偶然建立起来的。

　　但是面相学据说与其他那些拙劣的技艺和毫无希望的研究是有区别的，因为面相学所考察的是特定的个体性在其内在东西与外在东西的**必然**对立中，也就是在它的性格作为有意识的本质与这性格作为存在着的形态的**必然**对立中的情况，并且它将这两个环节如此相互联系起来，就像它们通过自己的概念已经互相联系着、因而必然构成一种规律的内容那样。

　　"但是面相学"，这个"但是"就是说，面相学似乎不等于前面讲的符号，你想要找符号的规律那是找不到的，那样一种虚拟式，一种假设，想从一种静止的整体存在来把握内在的个体性，是不可能的。但是，面相学"据说与其他那些拙劣的技艺和毫无希望的研究是有区别的"，前面讲的都是"拙劣的技艺"，就是想在符号方面做文章那样一种技艺，那是一种符号技术，一种技巧，很拙劣。你想在符号上面做文章来找到某种对应的规律是不可能的。当然有些人也找到一些规律，比如说各个民族对某种对象有相类似的发音，比如说爸爸妈妈，各个民族好像都有类似的叫法。但是你想把这样一种特例把它扩展开来，去研究某种对象一般来说倾向于怎么叫法，那就是很笨的，就是拙劣的技艺。不但是拙劣的技艺，而且是"毫无希望的研究"，后面讲到，这个星相学、手相学等等，都有一点类似于对符号的研究，是毫无希望的研究。面相学与它们是有区别的，与它们这样一些停留在外在静止的形态之上所做的研究是有区别的。面相学并非符号学，"因为面相学所考察的是特定的个体性在其内在东西与外在东西的**必然**对立中，也就是在它的性格作为有意识的本质与这性格作为存在着的形态的**必然**对立中的情况"，面相学考察的是什么呢？考察的是特定的个体的情况，特定个体的什么情况呢？"在其内在东西与外在东西的**必然**对立中"的情况。必然对立，必然打了着重号，那不是偶然的，不是随便一个符号去表达一个意思，也不是一个符号跟另外一个符号碰巧联结起来，不是这样一种偶然的关系，而是一种必然对立。什么的对立呢,内在东西与外在东西的对立,也就是它的性格作为有意识的本质与这性格作为存在着的形态的必然对立。特定的个体就是性格,它有外在东西和内在东西的对立,也就是一方面是有意识的本质,另一方面是作为存在着的形态,两方面都是性格。有意识的本质是性格的内在的方面,存在着的形态是性格的外在方面。那么这两方面之间的必然的对立是什么情况呢,面相学要考察的是这个。既然是必然对立,那它就可以找到规律了,如果完全是偶然的就没有规律了。面相学和符号的研究那是很不一样的,不一样就在于它里面有必然联系,因此它有希望找到某种规律。"并且它将这两个环节如此相互联系起来,就像它们通过自己的概念已经互相联系着、因而必然构成一种规律的内容那样",面相学据说可以找到一种规律,它的内容是什么呢,就是内在的东西和外在的东西这两个环节之间的必然的对立和联结,既对立又联结。只有必然的对立才能联结起来,如果偶然的对立,偶然碰到一起的,那你没办法把它做一种必然的联系,没办法把它构成规律的内容。现在它必然构成一个规律的内容,这是面相学所要做的工作。它跟单纯的研究器官和研究行为不一样,我们前面一路走来,就是讲到器官它本身没有办法形成一种规律,器官的行为也没有办法形成一种规律,因为器官可以表达内在的东西,也可以不表达,所以它没有必然性,并不一定要表达内在的东西。外在东西和内在东西相互之间没有一种必然性,人心隔肚皮,你不能够凭借他的器官就猜测他的内心,这是做不到的。但是面相学它试图超越这种偶然性,它试图在外在的东西和内在的东西之间建立某种规律。这是面相学的研究领域。

反之,在星相学、手相学之类的科学里,看来似乎只是外在的东西与外在的东西、任何某物与一种对它陌生的东西在发生联系。

"反之",就是把面相学与其他学星相学手相学之类的科学区别开了。它这里还叫"科学"(Wissenschaften),这个科学就有一点不是那么严格意义上的了。在这样一些科学里面,"看来似乎只是外在的东西与外在的东西、任何某物与一种对它陌生的东西在发生联系",是这样东西之间发生的联系,显然不是必然的联系,而是外面碰上的联系。星相学手相学都是这样的,外在的东西与外在的东西,任何某物与一种对它完全陌生的东西,任何东西与另外一个异己的东西、偶然碰到的陌生的东西,在星相学和手相学之类的科学里面都是这样一种关系。下面就举例子了。

　　<u>出生时的**这个**星座位置,并且当这种外在的东西更推进于人的身体本身时,手上的**这些**特征,这些对于个别人的生命长短和命运来说一般都是些**外在的**环节。</u>

　　这里举了两个例子,一个是出生时的星座的位置,对一个人的生命长短和命运来说是外在的环节。星相学就是这样,你要看星相,首先问你属于什么星座,属于白羊座、金牛座还是蝎子座还是什么座。中国人讲你出生的时候是哪个时辰,这就决定了你的生命的长短,以及你的命运的好坏。我们中国讲八字好不好,八字好就怎么怎么样,八字不好的人就怎么怎么样,这个八字最不好的人那就是克星,八字相克的人是不能结婚的。这是这个星相学,中国外国都有。手相学也是的,手上的这些特征,什么生命线、发财线等等纹路,对于个别人的生命长短和命运来说也有相关性。一般这都是些外在的环节,我们不能够太相信这些算命的、看相的人说的话。但面相学和这种不一样的,它跟星相学和手相学还不在一个层次上。星相学和手相学太偶然了,它讲的那些东西太外在了。而面相学它根据人的外貌特征来研究人的个体,内在和外在之间的关系,还是讲得出一定的道理的。

　　<u>它们作为一种外在性,彼此处在互不相干之中,相互不具有在一个**外在的东西**与**内在的东西**之间的联系中应包含的那种必然性。</u>[①]

---

① 黑格尔在整个上面一段让人想到的是 Johann Caspar Lavater 想要把面相学建立在科学之上的意向,参看 J.C. 拉瓦特尔:《论面相学》,莱比锡 1772 年,第 21 页以下。——丛书版编者

这个道理可以理解。"它们作为外在性，彼此处在互不相干之中"。星相和你的生命到底有什么关系，完全是漠不相干的，你通过出生的时候星座的位置就能决定你的命运？"相互不具有在一个**外在的东西**与**内在的东西**之间的联系中应包含的那种必然性"，内在东西和外在东西之间如果要有规律的话，就应该包含必然性，但在星相学和手相学里头都不具备这种必然性。所以你要把它称作科学其实是过于抬高了它们。

诚然，对命运来说，手好像不能完全说是某种外在的东西，倒不如说 [208] 它是作为内在东西来与命运发生关系的。

这里给手相学还留下了一点余地。"诚然，对命运来说，手好像不能完全说是某种外在的东西"，手跟你出生时的星座位置那又不在一个等级上，星座的位置相隔太远了，由那个来决定人的命运那怎么可能，那完全是一种胡猜嘛。但是手相学，看手相好像还有一点点联系。手好像不能说完全是某种外在的东西，因为手毕竟是你身上的一个重要器官啊，跟你的命运还有一点点联系。"倒不如说它是作为内在东西来与命运发生关系的"，你说手是外在的东西，但是对人的命运来说，这个手相好像倒还有一种内在性。命运是外在性，你的一生的命运跟你的手相有关。你的手是内在的东西，你有什么样的手你就有什么样的命运，这个不能说完全是无稽之谈。这个里头可以说有某种关系，所以手相在这里有它的特殊性，它跟星相那又不在一个层次上。

因为命运又只不过也是特定个体性作为内在本源规定性**自在地**所是的东西的显现而已。

命运是什么，"命运又只不过也是特定个体性作为内在本源规定性**自在地**所是的东西的显现而已"，特定个体性本身作为内在本源规定性自在地所是的东西是什么？就是人的身体啊，这个里头肯定要把手包含进去。我们前面讲了，人的说话的嘴，劳动的手，还有腿，这些东西对于人来说是一种根本性的器官，"都是些本身就包含着行为自身或内在的东西自身并使之实现和完成的器官"[贺、王译本第 206 页]。这样一些东西你不能说它们是外在的东西，而是特定个体性本身作为内在本源的规定性。人通过手等等而获得它的内在本源规定性。人是什么，人就是具有手和口这样一些器官的动物。而命运，它就是特定个体性的这些内在规定性自在地所是的东西的显现而已，这些自在的本源规定性显现出来就是人的命运。西方有句话叫"性格即命运"，人的手恰好表现人的性格，你看手相，从手相上你也可以看出一个人的性格。所以看手相的那些人其实是有丰富的社会经验的，他看过很多很多人的手，他从你的手一看就知道，你这个人的手是富贵人的手，你这个人的手只配做粗活等等。性格表现在手上，你从他的手的性格上就可以看到他的命运。

　　——为了认知这本源规定性自在地是什么，手相家也和面相家一样走了一条例如说比梭伦① 更短的路径，梭伦认为根据整个生活经历才能从中推知这一点；② 他考察的是现象，而手相家考察的则是**自在**。

　　"为了认知这本源规定性自在地是什么"，上一句就讲到了，这本源的规定性自在地所是的东西，这里进一步说，要想认知这本源规定性自在地是什么，"手相家也和面相家一样走了一条例如说比梭伦更短的路径"。也就是他们都走了一条捷径，这条捷径呢比梭伦要更短。为了认知这本源规定性自在地是什么，也就是为了认知人的性格是什么，手相家也和面相家一样，在这方面手相学和面相学有共同之处，因为你要看相，当然就要看手相和面相。而手相家也和面相家一样走了一条捷径，比梭伦所走的更短。梭伦改革最重要的内容是什么呢，就是废除原来的按照出身来划分的贵族等级。原先是按照出身划分的，现在梭伦认为人

① 　梭伦 (前 630—前 560)，雅典政治家和诗人，曾推行著名的"梭伦改革"，主张废除世袭贵族等级，按照财产的多少把公民划分成四个等级。——中译者
② 　黑格尔暗示的是由希罗多德所报告的那场梭伦与大富豪、吕底亚国王的谈判，确切些说是指梭伦的那句名言："但在有生之年人们必须谨慎地作判断，任何人都不可称之为幸运的，而只能称之为被命运所眷顾的。"参看希罗多德：《历史》，希德对照本，Josef Feix 出版，第 2 卷，慕尼黑 1963 年，第 1 卷，第 32、33 页。——丛书版编者

的等级高低不应该由出身决定，而应该由他的财产多少来决定。财产是什么，财产就是说你一辈子所挣得的东西，你的财产是从你的整个生活经历中获得的。所以，"梭伦认为根据整个生活经历才能推知这一点"，推知哪一点呢？就是推知这本源规定性自在地是什么，也就是推知人的性格，并由此推知人的命运。也就是说你的社会等级要靠你的整个生活经历来推知，而不能靠你出生的时候你是出身于贵族世家、还是贫寒家庭来确定，不能搞出身论，要搞财产论。其实当时有的贵族已经沦落到乞丐不如了，但是他还保持着一个贵族身份，有的贫民发了财，他已经巨富了，你应该把他的等级提高些，这才符合现实。梭伦改革导致了雅典民主制的产生，就是按照财产来划分公民的等级，实际上也就是按照个体的能力来划分等级，而不是按照世袭贵族。那么梭伦的这样一条路径就很长了，你要根据一个人的经历、怎么获得财产来划分，而且每过一段时期就要重新划分一次，随时要调整，所以他走的是一条很长的路。那么手相家和面相家走了一条更短的路，不是说随时随地去考察那些变化着的现象。梭伦"他考察的是现象"，也就是追随那些变化的现象，"手相家考察的则是**自在**"，手相家一把就把你抓住，一槌定音，他抓住的是最根本的东西，就是你用来赚钱的手。你是富翁命，你现在没发财，但你会发财的，你的命运注定你是会发财的。另外一个人那是穷命，你的手是接不住财的，会漏财的，发财也会漏掉。手相学家讲，你的手一看就是个漏财的手，你发不得财，发了财你也会漏掉；而有人的手是富贵相，能接住财，能聚财。所以手相家考察的是自在，梭伦则是根据经验来考察，你必须拿你的财产清单来给我看一看。手相家和面相家在这方面是一样的，都和梭伦不同，考察的是自在。

但手必定体现了个体性在自己的命运方面的自在，这是很容易看得出来的，因为手是紧接着语言器官之后，人类最多地用来显现和实现自身的一个器官。

这是黑格尔对手相学表示某种赞同。他说，"手必定体现了个体性

613

在自己的命运方面的**自在**，这是很容易看得出来的"，自在打了着重号。把手当作人命运的一个客观根据，这是有道理的。"因为手是紧接着语言器官之后，人类最多地用来显现和实现自身的一个器官"。手是紧接着语言器官、也就是说话的嘴之后，人类最多地用来显现和实现自身的一个器官。在前面205—206页我们已经看到了，黑格尔把口放到手之前，说它们"都是些包含些行为的自在或内在东西自身的并使之实现和完成的器官"。这里重申，语言器官最重要，口比手更重要，但是手是紧接着语言器官之后，人类最多地用来显现和实现自身的一个器官，它体现了个体性命运的客观自在的基础。当然首先是说话，你怎么说话就怎么显现自身，怎么实现自身。这在我们中国人看来不可理解，为什么把说话放在前面，说话算什么呢？我们讲"听其言观其行"，行为才是最重要的，脚就是行嘛，就是走路啊，所以中国人把脚看得更重要。中国人首先是脚，然后是手，然后是嘴，是这样排的。说话是统治者的特权，"君子动口不动手"。但是黑格尔以及西方人是相反的排序，即首先是说话，人是能说话的动物。亚里士多德对人的定义是这样的，人是逻各斯的动物，也可以翻译成人是理性的动物，因为说话里面就包含着理性，说话是根据理性，根据语法，根据逻辑来说话的，所以说话、理性使人超出于动物之上。因此他们比较重视语言，也就代表着他们比较重视理性。海德格尔讲语言是存在的家，人的存在就在他的语言，如果人不说话就不存在了。所以言论自由在西方是最重要的，我们中国人觉得言论自由算什么，我们吃饱肚子就够了，言论自由不要也行。但西方人认为你吃饱肚子你还不存在，你只有能说话你才存在。语言是存在之家，从哲学上来讲是这样的，从动物学上来说不一定是这样。人作为一个动物首先要吃饱肚子，但人作为一个人首先要说话。但是手呢，也很重要，紧随在语言之后。人类要显现自身、要实现自身就需要凭借手，凭借手也就是凭借劳动。所以手是在口之后人类最能够显现和实现自身的一个器官。

　　它是人的幸福的一个被赋予灵感的宗匠；对于它人们可以说，它所

是的就是人所**做**的；因为人作为灵感的赋予者，是凭借手，凭借人的自我实现的这个能动的器官而当下在场的，而且由于人本源地就是他特有的命运，那么手就将表现出这个自在。

"它是人的幸福的一个被赋予灵感的宗匠"，这个"宗匠"，Werkmeister，字面就是创造作品的大师，Werk 就是作品，meister 就是师傅、大师。这里所创造的是人的幸福，手作为创造幸福的宗匠是被赋予灵感的，所谓心灵手巧。手是有灵气的、有灵感的，有时候手上的灵感几乎是超乎你想象的，但是你的手做到了，这在很多传统手工艺上都体现出来。尤其在一些高级的精神创造上，手的灵感更是体现得非常明显，像艺术家，音乐家，特别是弹钢琴、拉小提琴的手，你自己想也想不到的，但是手可以自动地帮你实现。手它是有记忆、有灵感的，当然这个灵感还是你赋予它的，通过长期的苦修苦练形成的。但是手本身在人创造自己的幸福时被赋予了灵感。"对于它人们可以说，它所**是**的就是人所**做**的"，什么是手？ 手就是人所做的，我们通常讲"做手"，手就是用来做事的，它的存在就是人的行为。人的一切幸福都是手创造出来的。"因为人作为灵感的赋予者，是凭借手，凭借人的自我实现的这个能动的器官而当下在场的"，手的灵感当然也是人赋予它的，人作为灵感的赋予者是当下在场的，如何当下在场呢？ 正是凭借手而当下在场的，手就是人的自我实现的能动器官。什么叫"当下在场"，就是当下人就是灵感的赋予者，不假思索，它直接就在那里了，它作为灵感的赋予者而当场实现出来了。凭什么来实现的呢？ 就是凭借手来实现的。你的灵感体现在什么地方，就体现在你的手上功夫，你做不做得出来。说多了没用，这里就是罗陀斯，就在这里跳吧！ 这是当下见功夫的事情。"而且由于人本源地就是他特有的命运，那么手就将表现出这个自在"，人本源地就是自己特有的命运。每个人的命运都是特有的，这是人和其他动物不同的地方，因为人的命运是由他的本源规定性所造成的，是他自己做出来的，也就是刚才讲的性格即命运，人本源的性格就是它的命运，那么手就将表现出这

615

个自在。本源的性格那就是人的自在了，那就不是人的现象了，不是说要到人的各种各样的活动，各种各样的业绩，到这些东西里面去判断这个人到底是个什么人，来给他定一个等级，那是后天经验的东西了。但是人本源地、自在地有他的等级，有他的命运，而这样一个自在就要靠手体现出来，所以手就将表现出这个自在。这里用的是将来时，就是说，手是后来一切行为业绩的根源。这里讲的是手相家跟面相学家的共同之处，所以手相学也可以把它看作面相学的一个分支。

这就规定了活动性的器官同时既是一个存在又是它里面的行为，或者说，内在的**自在存在本身在它里面是当下在场的**，并拥有一个**为他的存在**，从这个规定中就产生了对器官的一种与以前不同的看法。

"这就规定了"，就是从上面一段话规定了，上面一段话把面相学和手相学合并到一起来讲。这就规定了"活动性的**器官同时既是一个存在又是它里面的行为**"，活动性的器官或者说能动性的器官，前面讲的自我实现的能动的器官，那就是手了。那么这个能动性的器官同时既是一个存在又是它里面所包含的行为。也就是手这个器官，它的存在和行为是一回事，人的手也是一个事物，从静止的方面来看，手也是一个东西。但是它同时又是这个东西所发出的行为。手是能动的，是活动性的，是有创造性的，所以这个器官同时，这个"同时"打了着重号，既是一个存在又是里面包含的行为。它本源地就是它的这个自在，就是它的存在；但是呢，它又是一种创造的行为。"或者说，内在的**自在**存在本身在它里面是**当下在场的**，并拥有一个**为他的存在**"，换言之，内在的自在存在本身在它里面，在这个器官里面的，在这个手里面，它是当下在场的，并拥有一个为他存在。就是说它也不光是内在的，而是当下就表现出来的在场的，不再是躲在后面，躲在内部，隐而不显。并且它拥有一个为他的存在，一旦显现出来，那么它就是为他的，人家都看到了，人家都受到影响了，你所创造出来的东西对他人肯定会发生影响，它既然已经成为一个当下客观的东西摆在那里，那它就成为一个为他的存在了。"从这个规定中"，从哪个规定中？就是这段话的第一句："这就规定了活动性的器官**同时**既是一个**存在**又是它里面的**行为**"。那么"从这个规定中就产生了对器官的一种与以前不同的看法"。以前是什么看法？以前是非常固定的看法，是一种静止的看法，把人的器官看作是人的各个部分。现在对器官的看法呢，是对它在活动中、在这种创造性中、在这种当下在场中来加以考察。与以前不同的看法下面就讲到了，就是把器官分成两个层次。以前这个器官没有分成两个层次，器官就是器官，但是，它可以表现内部的东西，也可以不表现，所以它是含含糊糊的，动摇于两可之间。你可以从器官看出某种内部的东西，但是也可能看不出来，你把握不定。拈花微笑它究竟表达什么意思，也可能你所理解的意思是错的，也可能它什么也没表达。那么现在我们把器官分成两个层次。

　　因为如果说这些器官之所以表明自己不能被当作是内在东西的**表** {175} **现**，根本说来是因为在这些器官里当下在场的是**作为行为的**行为，但**作为行为业绩的**行为只是外在的东西，内在与外在以这种方式相互分离，并且彼此相互是或者可能是陌生的，那么按照这个被考察的规定，器官也必须再次被作为两者的**中项**，

　　这句话很长，我们先打住。"因为"，也就是解释我们现在为什么对器官有了和以前不同的看法了。因为"如果说这些器官之所以表明自己不能被当作是内在东西的**表现**"，这些器官前面已经讲了，你不能把它当作是内在东西的表现，它可能表现但也可能不表现。那么这里就解释了为什么器官不能当作是内在东西的表现，"根本说来是因为在这些器官里当下在场的是**作为行为的**行为，但**作为行为业绩的**行为只是外在的东西"。作为行为的行为和作为行为业绩的行为是不同的，一个是活动性，另一个是活动的结果。行为本来就是 Tun，行为业绩是 Tat，也是行为，但是它有业绩的意思，就是做出来了的行为，做成了的事情。前面的行为 Tun 只是做，不管做不做得成；但是做成了的行为就是行为的结果，比

如说犯了事，行为已经做出来了，肇事者他肇了事。就是已经做出来的那个行为那就叫 Tat，正在做的那个行为叫 Tun。这两个词，词根是同一个，而且是同义词，都是行为，但是稍微有点区别。已经做出来的、作为业绩的行为只是一种外在的东西，而在器官里当下在场的是作为行为的行为，是在器官里面正在做着的。作为业绩的行为是，你一旦做出来了，行为就发生影响，就是一个为他的存在了。肇事者虽然跑了，不在场了，但是你造成的不良后果留下来了。为什么器官不能够被当作内在东西的表现呢？根本来说在器官里当下在场的是作为行为的行为，所以你不能够说器官就是内在东西的表现，因为在器官里面只是在做，而它要成为"表现"就必须表现在外，成为外在的东西，那就已经是行为业绩，而不是行为本身了。正在做的行为不等于做成了的行为。器官有一种内在的行为，它正在做，至于做不做得成，那还不知道。所以它不能够看作是内在东西的一种表现，它正在做，但它的效果还没表现出来。"内在与外在以这种方式互相分离，并且彼此相互是或者可能是陌生的"，内在与外在以这种方式相互分离，以哪种方式呢？一个是 Tun，一个是 Tat，一个是行为，一个是行为业绩。它们两者是相分离的。你的行为不一定能够达到你所想要的业绩，你的结果很可能是出乎意料的。你的行为当然是受你支配的，你的 Tun 作为行为的行为是受你支配的，但是作为业绩的行为它不受你支配，你没想到造成这样的后果。内在东西与外在东西以这种方式分离，彼此相互是或者可能是陌生的，一个人的动机和它的效果，一个人的做事和他最后的业绩是陌生的，至少可能是陌生的。这就是器官为什么不能够看作内在东西的表现的原因，就是内在外在有种相互分离，你把做出来的结果当作他的行为有时候是不公平的，因为他当初可能没有想到会做出这样一件事情，他可能想的是做另外一件事情，可能是想做一件好事，结果做成了坏事。那么你把这个坏事也看作他的器官的表现那就有点冤枉了。所以不能把器官看作内在东西的一种外在表现，外在东西很可能对于内在东西、内在行动是陌生的。"那么按照这个被考察的规定，器官也必须再次被作为两者的中项”，什么被考察的规定呢？前面讲了，这就规定了活动性的器官同时既是一个存在又是它里面的行为，我们考察的就是这个规定。那么按照这个被考察的规定，器官又一次被当作了中项，即内在的东西和外在的东西的中项，因为毕竟外在的业绩也是行为造成的，行为本身既是由内在东西决定的，同时又直接造成了外在的业绩。

因为正是行为在器官那里是当下在场的这一点，同时构成了器官的外在性，确切说是一种不同于行为业绩的外在性；因为前一种外在性仍然是对个体而言，并停留在个体身上的。

"因为正是行为在器官那里是**当下在场的**这一点，同时构成了器官的**外在性**"，外在性打了着重号，就是说行为在器官那里虽然还没有成为业绩，但是它已经动手在做了，它是一个过程，这个过程是当下在场的。这一点"同时构成了器官的**外在性**"，当下在场地在做，还没做出来，没做出来它就是内在的，只是主观上的那种行为；但是，对于器官来说它有一种外在性，这种外在性我们可以看作是内在的外在性，那就是行为，是Tun。作为行为的行为是一种内在的外在性，是器官本身的外在性，它是正在做着的、当下表现出来的，所以它又是外在的。但是它又没有表现为后果，没有表现为作品，它表现的是它正在做的过程，这构成了器官的外在性。"确切说是一种不同于行为业绩的外在性"，这种外在性不同于外在的Tat。业绩是外在的外在，而Tun是内在的外在。器官作为一种内在的东西，有它自身的外在性。我们讲一个行为它造成了后果，表现出了它的后果，那么这个器官就可以看作是表现外在后果的内在原因，这个内在原因就是器官，由于有这个器官所以造成了外在的后果。但是在器官里面，它也有它的外在性，就是器官本身的行为，器官本身的Tun，器官活动起来那就已经表现在外了，表现出这个器官在行动了，当下在场了。那么它有它的内在的外在性。"因为前一种外在性仍然是对个体而言，并停留在个体身上的"，前一个外在性就是行为本身的外在

性,它不同于业绩的外在性,它仍然只是对个体而言,并停留在个体身上
的。就是还是讲的这样一种器官的外在性,它是对个体的自由意志而言
的,并且是停留在个体自由意志的支配中的,虽然还没有做出业绩来,但
是已经由个体的意志推动着做了。它停留在个体身上,停留在器官身上,
它把它的器官发动起来做了这件事情,仅此而已。至于这个事情做成了
什么事情,那是另外一种外在性了。所以前一种外在性就是器官的外
在性,后一种外在性就是业绩的外在性。器官的外在性是停留在个体身
上的。

　　——内在东西与外在东西的这个中项和统一体自身最初也是外在
的;但随后这个外在性同时也被纳入到了内在的东西中,它作为**单纯的**
[209]　外在性而与散漫的外在性相对立,散漫的外在性要么只是一个**个别的**对
整个个体性是偶然的作品或状态,但要么作为**整个的**外在性,而是那分
散为众多作品和状态的命运。

　　"内在东西与外在东西的这个中项和统一体",中项和统一体就是
器官了,器官必须再次被当作两者的中项,因为它是外在东西的内在东
西和内在东西的外在东西,它可以把内在东西和外在东西统一起来。它
自身"最初也是外在的",因为它作为一个本源的自在的存在,最初是天
生的,对于内在的能动性,器官本身是外在的,它是能动性的手段,是内
在东西的外在表现。"但随后这个外在性同时也被纳入到了内在的东西
中",它的这个外在性,器官的外在性在表现内在东西的过程中,紧接着
它自己又被纳入到了内在的东西之中,就是它本身也被看作了一个内在
的东西。器官的行为对于整个过程来说是内在起作用的,它必须表现出
来,表现为行为的业绩,表现为行为业绩那就由别人去评价了。对于它
自己来说,它是内在东西中的外在性。"它作为**单纯的**外在性而与散漫
的外在性相对立",它被纳入到内在东西之中,那它就是单纯的外在性。
就是说这个外在性、这个行为的外在性是单纯的,它只服从内在的动机,
而不管它导致什么样的效果。我就从一个动机出发来做这件事,但它有

很多种未预想到的可能的结果，一个现实的行为可能导致各种不同的结局，所以它是与散漫的外在性相对立的，与那种可能的业绩的外在性相对立的，这就是"谋事在人，成事在天"。谋事在人，所以是单纯的；成事在天，要取决于各种不同的环境条件，所以是与散漫的外在性相对立的。原来的行为是内在的外在。一旦做出来就与外在的外在相对立了，这些外在的外在都是散漫的。"散漫的外在性要么只是一个**个别的**对整个个体性是偶然的作品或状态，但要么作为**整个的**外在性，而是那分散为众多作品和状态的命运"，散漫的外在性这里分成了两个层次，就是外在的外在性分成了两个层次，"要么只是一个**个别的**对整个个体性是偶然的作品或状态"，这是从作品和状态来看这个外在性的，它是个别的，它就是这样一个个体性所做出来的，是它的作品，是它所造出来的状态，这就是行为业绩了。作品就是行为业绩，是你做出来的，这是你的行为的作品，这是你造成的状态。这个作品的状态是个别的，对整个个体性是偶然的。你的行为究竟造成一个什么样的作品取决于很多条件，你造成一种什么状态也取决于很多的外在条件。所以对于整个个体性来说它是偶然的，你的主观意图要实现这是必然的，内在的外在是必然的，但是外在的外在却是偶然的，成不成得了作品、做成一个什么样的作品，这是偶然的。尽管是偶然的，但是是你做出来的，只是对你的整个个体性而言是偶然的。这是一个层次。第二个层次，"但要么作为**整个的**外在性，而是那分散为众多作品和状态的命运"。前面是"个别的"打了着重号，这里是"整个的"打了着重号。一个是个别的，对于整体来说是偶然的；第二个是作为整个的外在性，它就是命运，这个命运分散为众多的作品和状态，就是在众多作品和状态里面，整个来说它体现出一种命运。命运就不再是偶然性了，而是在大量偶然性中贯穿着的必然性了。所以外在的外在性、散漫的外在性，它和前面单纯的外在性不一样，单纯的外在性完全可以用动机来解释，器官它本身的那种行为，它是受内在性所控制而体现在外的；但这个散漫的外在性就是由周围外在的环境所造成的，这就有两种情况,一个是从个别的层次看,它体现出作品或状态的偶然性,一个是从整体来看,体现出一种必然的命运。所以讲性格即命运,命运当然是要从整体上来看,不是一时一事可以证明的。

　　因此,**手的单纯特征**正如**声调**的**音色**和**音域**作为**语言**的个体规定性一样——哪怕是语言,它也通过手比通过声调又获得了一种更为固定的实存,这就是**文字**,在其特殊性中确切地说就是**字体**①——所有这一切都是内在东西的**表现**,以至于这种表现作为**单纯的外在性**,又与行动与命运的**复多的外在性**相对抗,并作为**内在的东西**而处于与它们对立的关系中。

　　"因此,**手的单纯特征**正如**声调**的**音色**和**音域**作为**语言**的个体规定性一样",我们先把两个破折号中间的插入语省掉,"所有这一切都是内在东西的表现"。就是手相学从手上看它的单纯的特征,看它手掌上的纹路,看它是粗糙还是细腻,是丰满还是枯瘦等等。这些特征正如声调的音色和音域作为语言的个体规定性一样。这里手和口,和语言也是对照着说的。每个人的语言都有它特有的规定性,比如语音声调的音色和音域,有的声音特别尖,有的声音特别粗、特别低沉,有的音域特别宽广等等。所有这些都是语言的个体规定性。而手的这些单纯的特征和语言的规定性一样,所有这一切都是内在东西的表现。"以至于这种表现作为**单纯的外在性**,又与行动与命运的**复多的外在性**相对抗",内在东西的表现就是手相的特征和语言的特征,个体的言语,它的个体的规定性,所有这些东西都是内在东西的表现,都直接透露出内在的性格,它们作为单纯的外在性又和复多的外在性相对抗。"复多的外在性"打了着重号,也就是刚才所讲的散漫的外在性,单纯的外在性和散漫的外在性相对立,与行动与命运的复多的外在性相对抗。行动和命运前面已经讲了,这种散漫的外在性要么是一种个别的偶然的作品和状态,要么是整个外在性

---

① 关于手、字体和嘴的面相学,参看拉瓦特尔:《面相学断想》,第 3 研究 (1777)。——丛书版编者

的命运。个别的外在性是行动的外在性，行动 (Handeln) 比行为 (Tun) 更具体，相当于行为业绩 (Tat)，行动的外在性和命运的外在性都属于复多的外在性。"并作为**内在的东西**而处于与它们对立的关系中"，手相和语言的声音特点，声调的特点，这些东西都是一种内在东西的表现，或者说都是一种内在的外在性，它们站在内在的东西这一边，则是跟那种外在的外在性、复多的外在性、散漫的外在性处于对立的关系中的。我们现在再来看两个破折号中间的这样一个插入语："哪怕是语言，它也通过手比通过声调又获得了一种更为固定的实存，这就是**文字**，在其特殊性中确切地说就是**字体**"。"哪怕是语言"，我们前面讲黑格尔把语言放在手之前，但这里又反过来说，哪怕是语言，它也依赖于手，它通过手比通过声调又获得了一种更为固定的实存。要讲到实存的话，那么手比语言的声调要更加固定，更具有实在性。什么固定的实存呢？这就是"文字"。文字是手写出来的，语言是口说出来的，我可以不用嘴说，我可以动笔来写。这有个什么好处呢？它获得了一种更为固定的实存。语言说过去就说过去了，说过去我可以嘴巴一抹不认账，说了等于没说，但是我们可以把它写下来，这就赖不掉了。我们和人交往，我们要定个合同，定个契约，签个字，那就是获得了一种更为固定的实存，那你就否定不了了。你去法庭上打官司，你把证据拿出来，你把合同拿出来，来检验一下，这是你的亲笔签字，那你说过的话就不能否定了。所以这方面，手比口获得了一种更为固定的实存，这就是文字，文字在这里打了着重号。"在其特殊性中确切地说就是**字体**"，字体也打了着重号。也就是说在合同上，最后要你自己亲笔去签字，那才表明那是你个人认可的。你没有自己的亲笔签名，别人代写的或者是电脑打印的，那个作不了数，因为那不是你的字体。每个人有自己的字体，也许一般人看不出来，但是由笔迹专家一检验就可以查出来，这个到底是不是你自己的签字，这是比较带有个性化的。所以他前面讲语言的个体规定性，语言的个体规定性在签字上面体现得更加突出。当然语言也可以，语言可以凭借它的音调，现在我们通过录音可以检验他声音的频率，声带震动的特性，可以断言这个人是不是本·拉登说的话，磁带播出来了，我们通过语音专家可以分析出来，这就是本·拉登说的，他就是这样的声音，没人模仿得出来，它有它独特的音色、音调、音域，这是别人模仿不了的。字体也是模仿不了的，每个人写字有他的性格特色，所有这些都是内在东西的表现。这就是为什么我们能够通过一个人的字体，以及说话的音色、音调来确定，这就是这个人，这就是他的性格特征，所以它是内在东西的外在表现。当然黑格尔的时代还没有录音机，所以手、也就是手写的文字在实存的确定性方面是语言的不可缺少的补充。总之，所有这些都表明内在的外在性和外在的外在性这两者之间有一种关系，这种关系使我们可以把我们的器官当作一个中项，这个器官作为内在的外在性它是外在的，但是它同时又被纳入到了内在性里面。器官可以被当作一个中项，因为它本身就是内在和外在的统一。

　　——因此，如果首先把个体特定的本性以及与生俱来的特点连同它通过教养而形成的东西一起当作**内在的东西**，当作行动和命运的本质，那么这种内在本质**首先**就在个体的口、手、声调、字体以及其他各种器官和器官的持久不变的规定性上，具有自己的**现象**和外在性，**然后**它才在这个世界中它的现实性上，**进一步**把自己表现到外面去。

　　"因此，如果首先把个体特定的本性以及与生俱来的特点连同它通过教养而形成的东西一起当作**内在的东西**，当作行动和命运的本质"，把个体特定的本性，这个本性，Natur，或译自然，体现在他的字体、他的语言的声调、他的手相等等上面，这都是个体与生俱来的特点。他的手生出来就是那个样子，他的声调、音量等等这些都是天生的。连同它通过教养而形成的东西，通过教养，这就不是天生的了。把这些先天和后天形成的东西一起，"当作**内在的东西**"，也就是当作他的性格。我们讲性格即命运，性格就是这些内在的东西，包括个体与生俱来的特点，以及通过教养而形成的东西，"当作行动和命运的本质"。行动和命运这里又连着提出来了，我们刚才讲了散漫的外在东西有两个层次，一个是个别的行为业绩，一个是整体的命运。那么个体的行为业绩和整体的命运，它们的本质就是个体的性格。"那么这种内在本质**首先**就在个体的口、手、声调、字体以及其他各种器官和器官的持久不变的规定性上，具有自己的**现象**和外在性"，这种内在本质具有自己的现象，具有自己的外在性。我们刚才讲到的内在的外在性，人的性格有一种内在的外在性，这种内在的外在性也是一种现象，它不再是看不见摸不着的了，而是已经显现出来的内在性。如何显现出来？就是通过个体的口、手等等，通过器官的持久稳定的规定性来显现。"**然后**它才在这个世界中它的现实性上，**进一步**把自己表现到外面去"，也就是把这种内在的外在性，这种首先体现出来的外在性，这种体现在口啊、手啊、声音字体啊等等这些器官之上的外在性，进一步表现在外部世界中它的现实性上。它进入到世界的现实性中，那就是一种外在的外在性了，那就是一种散漫的外在性，一种复多的外在性了，这个不由它支配，但受它影响。内在的外在性本身是单纯的，完全是由它支配的，而外在的外在性则不由它支配，这种影响是它预料不到的。这是两种不同的外在性，我们要注意，内在的外在性使得器官有了一种新的地位，就是作为内在和外在的中项。器官它本身就有一种内在的外在性，所以它是可以作为中项的，借助这个中项作用，器官把自己进一步表现在这个世界上，表现在现实的周围环境之中。先是内在表现，内在的现象，然后，把它变成外在的现象。休息一下。

　　上面那一段是讲器官它作为一个中项，它一方面把内在的东西直接地、单纯地变成外在的东西，另一方面，它把这个外在的东西又更加外在化，把这种内在的外在变成外在的外在。所以器官，中项，它是内在和外在的一个统一，它是一个中介。

　　既然这个中项把自己规定为外化，同时这外化又被收回于内在东西之中，所以这个中项的定在就不限于直接的行为器官；毋宁说，这中项是面部和一般构型的那种并不实现什么的运动和形式。

"既然这个中项把自己规定为外化"，这个中项有它的外在的东西，但是这个外在的东西是由它内在的东西所规定的。所以这个外在的东西从内在的东西出来就成了外化，它就从名词 Äußere 变成了一个动名词 Äußerung，外在化。中项把自己规定为外在化，就是把自己内在的东西直接化为外在的东西，也就是变成它的行为，变成直接的在场，当下在场的行为。"同时这外化又被收回于内在东西之中"，这个外化又被收回，什么叫收回呢？就是说这个外化它又是内在东西的外化，它是一种单纯的外在性，所以它还在内在东西之中，它还是从内在的东西角度来看的。它是从这个主观的行为本身来看的、而不是从它的客观业绩来看的外在东西。行为本身也是外在东西，但是这是内在的外在东西，它的业绩，它的效果，它的效应才是外在的外在东西，才是一种散漫的外在东西。作为单纯的外在东西它被收回于内在东西之中，它还是在内在东西这个范畴之内的外在东西。"所以这个中项的定在就不限于直接的行为器官"，这个中项的定在，也就是它的当下在场的那个具体的存在，器官的那个行为，那个内在的行为，就不限于直接的器官。它的行为、它的定在不限于直接的行为器官，不是说就限于你的眼睛、鼻子、耳朵这些东西，"毋宁说，这中项是面部和一般构型的那种并不实现什么的运动和形式"，也就是这些器官的表情姿态。它不限于具体的器官，不限于耳朵、眼睛、鼻子、手脚这样一些器官，而是面部和一般构型的整体的运动形式。一般构型就包括手脚这些一般的形态了，面部和一般构型的那种整体的运动和形式并不实现什么，并不带来什么，并不是要有什么后果、有什么业绩。而是呢，比如说表情、姿态，你有一种生动的反映，点头、微笑、惊讶等等，它并不实现什么，但是，它是一种运动和形式。并不是局限于那种直接的行为器官，而是这些行为器官配合产生一种运动和形式，这个运动和形式也许没有什么业绩，我们前面讲的面带微笑，你说它这个行为有什么业绩呢，有什么效果呢，它没有什么效果，它笑笑而已，它什么也没说，它就一个表情。这个中项的定在是面部和一般构型的那种并不实现什么的运动和形式,表情、姿态都属于这一类,这都是内在东西的外在东西,在表情和姿态上体现出内在的外在。肢体语言,动作语言,禅宗的拳打棒喝,这些都属于不需要实现什么的行为,但是它是一种形式,一种动作。这就是这个中项的定在。

这些特征及其运动,按照这个概念来说,是停留在个体身上含蓄未发的行为,就个体与现实行为的联系来说,则是对这行为的监视和观察,是作为**对现实外化之反思的外化**。

"这些特征及其运动",也就是表情姿态这样一些东西,"按照这个概念来说,是停留在个体身上含蓄未发的行为"。这样一些特征,这样一些运动,按照它的概念来说,按照它作为一个中项的概念来说,是停留在个体身上含蓄未发的行为。就是说它停留在个体身上,返回到内在的东西,而没有它所谓的行为业绩,它还没有表现为外在东西的外在东西,而是停留在个体身上的内在东西的外在东西,只是内在的外在而已。所以它是含蓄未发的行为,停留在个体身上,这个会心一笑,停留在个体身上,含蓄未发。你笑什么?你没说出来,也没做出来,就是笑笑而已,这样一种行为就它的概念来说是含蓄未发的。"就个体与现实行为的联系来说,则是对这行为的监视和观察",从概念来说,它是停留在个体身上含蓄未发的,但是从个体和现实行为的联系来说,就是从客观上来说,则是对这行为的监视和观察。前一个从概念上来说可以理解为从主观上来说,后一个从它与现实行为的联系来说就是客观上说,客观上是对个体自己行为的监视与观察,哪怕主观上并未明确意识到。人的表情姿态是自发的,常常并不是故意要做出来的,甚至有时是控制不住的;但尽管如此,在这种行为后面还有一个行为,就是对这种表现出来的行为有一种内在的观察,有一种监视或者监控。你自己有什么样的表情姿态,你自己是可以意识到的,是有种自我观察和自我评价的,这是行为后面的附带的行为,它是在后面,对你正在做的行为进行监视和观察,或者说进行反思。所以下面接着讲，"是作为**对现实外化之反思的外化**"，反思的外化打了着重号。你在做一件行为，这是现实的外化；但是你对它的反思也被外化了，它表现为你对你自己的行为的态度，你的自我评价，你对自己是赞成还是反感？是得意还是无可奈何？都表现在你的表情姿态上面了。所以其实每个人内心里面对自己都有一部面相学。

　　——个体之所以在它的外在行为中并且对这种外在行为不是缄默的，乃是因为它这时同时也是反思到了自身的，并且把这种自身中反思外化出来；

　　"个体之所以在它的外在行为中并且对这种外在行为不是缄默的"，个体在它的外在行为中，如果是缄默的话那就不必追究它的动机了，那就看它的效果就够了，把它内心的声音撇开不管，听其言观其行，看它做出来的行为是什么就行了，它自己对待自己行为的那种主观态度就沉默了。但是呢，个体之所以在这时不是缄默的，而是有态度的，而且它会表现它的态度，"乃是因为它这时同时也是反思到了自身的"，它在做这些外在行为的时候同时也反思到内心，也反思到了自身，"并且把这种自身中反思外化出来"。它对自己行为的态度经过反思也表现在它的面部，表现在它的表情上面了。做事是一回事情，但是表情可能是另外一回事，表情当然不影响做事，做事还得做。所以表情呢，它是并不实现什么的运动和行为，它是一种并没有什么实际效果的运动形式。面带微笑去做与面带厌恶地去做，同样是去做事，它的微笑或厌恶的表情对它做的事情没有任何改变，并没有实现什么，但是呢，它表现出来了，把它的反思表现出来了。我在做这件事情，这件事情很讨厌，但我不得不去做，这是一种反思的表现，在脸上也表现出来了。

　　这个理论的行为或者说个体与它自己本身对此所做的谈话对别人也是能清楚听到的，因为它本身就是一种外化。

　　"这个理论的行为"，我们注意这个地方"理论"这个词，这样一种反思把它外化出来是一种理论的行为，并不是实践的行为，它对实践没有影响,这只是在自己内心里面的一种自我观察。"或者说个体与它自己本身对此所做的谈话",这样一种反思等于是自己和自己的谈话了,一边自己在做,一边自己心里在说,你做这件事情真恶心,你为什么要去做,但又不得不去做,我到底做呢还是停止不做呢,有些犹豫,这些都在表情上面显露出来。它的这种内心的谈话,这种与它自己本身所做的谈话,还停留在理论层面,我实际上还在做,并不影响我在做,但是呢,我心里面在讨论,到底做还是不做,在理论上进行讨论。这种讨论"对别人也是能清楚听到的,因为它本身就是一种外化",这种内心的讨论别人能听到,别人为什么能听到,因为他能从你的脸上看出来,看出你做这件事情是很不情愿的。你内心经过思想斗争,很矛盾的心理,很犹豫,事情虽然做了,但心里很痛苦,别人都可以看得出来。动物就不是这样的,你从一头拉磨的驴身上看得出来它到底是高兴还是不高兴? 它是木然的,你鞭子一挥,它就走,这个已经决定了。但从人脸上就可以看出来,我虽然听话,你叫我去干我就去干,但是我一脸的不高兴,这是别人都可以看得出来的。这是人和动物的区别,人不但是有反思的,而且这种反思是可以外化或表现出来的。

[Ⅱ.面相学含义的双重性]　　　　　　　　　　{176}

这是第二个小标题:"这种含义的双义性",我们把它改成"面相学含义的双重性"。因为前面一个标题是"Ⅰ.器官的面相学的含义"[第205页],那么这里是接着前面来讲的,所以我们这里讲,面相学含义的双重性。前面讲到器官有它的面相学含义,人的器官都有手相学面相学的意义,都是内在东西的外在表现,即使带有自身反思,这种反思也会外化出来、表现出来,由此可以建立起它的规律性。黑格尔总是这样,提出一种规律性,接下来马上对它进行分析,让人最初以为这真是一种规律,然后又陷入自相矛盾,最后又把它否定掉。面相学含义的双重性,就是要分析它的内在矛盾,以便最后否定面相学。面相学跟星相学,跟单纯的符号是不一样的,它是有它的规律的。但是面相学的含义有它的双重性。

所以,当这种内在东西在自己的外化中仍保持为内在东西时,在它身上个体的被反思的**存在**（Reflektiertsein）就从自己的现实性中被观察到了,并且有必要看看,在这种统一体中所建立起来的这样一种必然性是怎样的情况。

"所以,当这种内在东西在自己的外化中仍保持为内在东西时,在它身上个体的被反思的**存在**就从自己的现实性中被观察到了",这是接着上面来讲,既然内在东西在自己的外化中,这种外化又被收回于自身,这些特征和运动都是停留于个体身上含蓄未发的行为,仍然保持为内在东西,那么我们就从这种现实性中观察到了个体身上的"被反思的**存在**"。"存在"打了着重号,即这种反思本身虽然是内在的,但它已经现实存在了,可以被观察到了。前面在 207 页第 2 行说,"由于这种模棱两可之故,我们就不得不去寻求那内在东西尚在其个体自身中却又可以看得见的,或表现在外的样子。"我们上次讲到这有点接近禅宗的思路,拈花微笑,它表现出来了,但是它又仍然是在个体自身之中。这种表情和姿态就是种情况。它一方面是表现出来了,人人都可以看到,人人都可以听到,但另一方面,它又仍在个体之中,它不影响人的行为,它没有任何实际的后果。在面相学里面呢,我们可以从这个方面来去寻求某种规律。所以这就"有必要看看,在这种统一体中所建立起来的这样一种必然性是怎样的情况"。这个地方实际上表明了面相学所想要寻求的就是这种东西,就是这种在自己的外化中仍保持为内在东西的内在东西是如何建立起自己的必然规律的。这本来是只可意会不可言传的,但是你要意会你至少必须有一个意会的依据,不可言传,我可以不说话,但是我可以通过我的表情,我的姿态来传递信息。不是言传,但是它毕竟是外化了,毕竟是可传的了,在这种东西身上,在自己的外化中仍保持为内在东西的内在东西身上,我们从个体的现实性中去观察它的被反思存在,从个体当下在场的表情姿态看出它这样一种存在是种被反思到的存在。它不是要对你说什么或者干什么，它只是对自己的一种评价，一种监视，是自己对自己的一种观察，这种观察就是一种反思。而这种反思在它脸上已经表现出来了，这种反思存在被观察到了。那么就有必要看看，这种统一体建立起来的必然性是怎样的，在这种内在东西和外在东西的统一体中，在这种把内在东西和外在东西统一在内在东西中的统一体中，是如何通过这个器官的中项建立起必然性来的。面相学无非就是想建立一种必然性，想从这个里头找到一种规律，在你的被反思存在中既然把两方面统一起来了，内在东西和外在东西就有一种必然关联，你的表情必定表现了你内在的某种想法，这个里头有种必然性。如果找到这种必然性，那么面相学作为一门科学就成立了，面相学无非是想要达到这个目的。当然黑格尔并不会承认，他的目的是要把它的内部矛盾揭示出来。

——首先，这种被反思存在不同于行为业绩本身，因而它可以是并且可以被认为是不同于它所是的某种**另外的东西**；人们从一个人的面部可以看出他所说的和他所做的是不是**认真的**。 [210]

"首先，这种被反思存在不同于行为业绩本身"，我们刚才讲了，这种被反思存在表现在它的面部、它的表情上面，它不同于行为业绩本身。表情，包括他的语言，都有一种指示作用，指示的是另外一件事情，它不是指这个行为的客观效果，"因而它可以是并且可以被认为是不同于它所是的某种**另外的东西**"，这种被反思的存在表现出来了，但它并不是它所是的东西，而被认为是另外的东西。就是说它的表情、它的面部的形态所是的是那种形态，我们可以通过照相把它留下来，可以通过视频截图把它留下来，它当时是这样一种表情。但是它实际上被看作是某种另外的东西，也就是它这种表情意味着什么？那是另外一种东西，不同于照片上留下来的。当然有的照片很"传神"，也就是把另外一种东西传达出来了，但如果不是老手的话，这种情况很凑巧，大约不到十分之一。照相术、摄影艺术的最高境界无非就是捕捉这种瞬间，可见这种表情所意谓的东西往往是和表情本身所是的东西完全不同的。人物肖像画也是如此，它追求的不是机械摹仿的逼真，而是内在意味的传神，这种内在的东西甚至于带有神秘莫测的性质，浮现出一种神秘的表情。蒙娜丽莎的表情几百年以来人们都在讨论它究竟意味着什么，它意味着表面之下的另外一种东西。这后面是一个例子了，"人们从一个人的面部可以看出他所说的和他所做的是不是**认真的**"，当然从言行可以看出来一个人是在说，在做，但是从表情可以暴露出他是不是认真的，或者说只是姑妄言之，姑妄行之，敷衍对付。所以表情和他所做的和他所说的可以是不同的东西，它是对所说的和所做的一种反思，那么反思和被反思的东西当然是不一样的。

　　——但是反过来，内在东西的表现所应当是的这个东西，却同时也是**存在着的**表现，因而它本身就降为对**存在**的规定了，这种存在对自我意识到的本质来说绝对是偶然的。

　　"但是反过来，内在东西的表现所应当是的这个东西，却同时也是**存在着的**表现"，这是反过来看了。前面是说被反思存在作为内在东西不同于它所表现出来的行为业绩；而这里说，这种内在东西表现出来，它所应该是的那个东西同时也是存在着的表现，也是行为的业绩。它的表现所应当是的那个东西就是内在东西，但它同时也是存在着的表现，"存在着的"打了着重号。就是说内在的东西应当表现出来，一旦表现出来，它就是存在着的表现，它就是表现在外了，它已经是个当下存在着的事实了。人的表情一旦表情了，被人家看到了，被人家捕捉到了，它就存在着了，就同时也是一种存在着的表现了。"因而它本身就降为对**存在**的规定了"，它本身，内在东西本身就降为对存在的规定了，存在打了着重号。就是内在的东西一旦表现出来，它自己就降为对存在的规定了，而不再只是超越于存在之上的内在东西了。就是说我的表情已经表现出来了，那么我的内在的东西，我的意思，通过这个表情就被降为对这个表情的一种规定。"这种存在对自我意识到的本质来说绝对是偶然的"，肖像画家对模特的精神气质的领会必须落实在每一笔上，但这种笔触对模特本人来说绝对是偶然的,他绝不可能先想好我这个微笑应该笑成一个什么样子再去笑,他就笑成这个样子了。所以我们照相的时候要说"茄子——",茄子和内在的东西有什么关系吗? 完全是偶然的。但是面相学要做的无非是这件事情,要确定一个人的面相在微笑的时候表现了一种什么样的规定。这规定本来是指它内在的东西,但这内在东西反而变成了外在东西的一种规定性。本来是用外在的东西表现内在的东西,但是一旦表现出来,内在的东西本身就降为对存在、对这个外在东西的规定了。于是这个外在东西、这个存在,就好像成了一个符号,而内在东西就成了这个符号的意义。我之所以采取这样一种表情来表达我的自我反思,那完全是偶然的。不同的人也许对同一个反思会有不同的表达,根据每个人不同的特点性格而不同。

因此,这存在固然是表现,但同时也只是像一个**符号**那样的表现,以至于对那表现出来的内容而言,这个存在借以表现出来的符号所具有的性状完全是漠不相干的。

"因此,这存在固然是表现",这存在,比如说一个表情,比如说一句话,固然是表现,"但同时也只是像一个**符号**那样的表现"。你要表现外在的东西,那可能是对外在事物的一个模仿,一种描述;但是你要表述内在的心情,表示内在的反思,那么这种表现呢,仅仅是像一个符号那样的表现。符号那样的表现我们前面讲到了,它完全是偶然的,我用这个符号去表现这样一个对象完全是偶然的,符号与符号之间的关系也完全是偶然的。"以至于对那表现出来的内容而言,这个存在借以表现出来的符号所具有的性状完全是漠不相干的",这就把面相学又归到符号里面去了,把它等同于星象学之类的东西了。表情和语言它有指示作用,但是这个指示作用呢,它本身是偶然的。我们在禅宗里面也看到这样的说法,就是所谓的"指月",就是说,我的指头就是符号,我指给你看那个月亮,你不要看我的手指头,你看我的手指头是看不到月亮的。我手指头有什么意义,我手指头没有意义,它就是把你引向看那个月亮。所以当我指着让你看月亮的时候,你却看着我的手指,那你就搞错了。我不要你看我的手指,要你看我手指着的月亮。小孩子也许不懂这个意思,他就看你的手指,觉得这没什么啊,他不懂指给他看的是月亮,所指的是月亮。禅宗还把这个意思发展到,就是认为所有的能指都是没有意义的,只有那个所指才是有意义的,符号本身是没有意义的,符号所代表、表现的那个内容才是有意义的。所以后来禅宗把一切符号、一切语言都看作是没有意义的,像《五灯会元》里面讲了很多,都是参话头,打禅机,说了很多话,那些话都是废话,那些话都不是有意义的话,都只是在指月,都是指引你去开悟。但是你如果抓住那句话的意思去想来想去,那想破脑袋你也想不清楚,你不要去想那句话的意思,你要顿悟,你要悟出话中有话,这个话是没有说出来的,这叫话头禅。这里也是讲,对那表现出来的内容而言,这个存在借以表现出来的符号的性状完全是无所谓的,是不相干的,你不要去从符号的性状去猜测它里面的意义,符号本身是没有意义的。

　　在这个现象里,内在的东西的确是一种**可见的**不可见的东西,但它并没有被捆在这个现象上,它同样可以处在另外一个现象里,正如另外一个内在东西也可以处在这个现象里一样。

　　"在这个现象里",也就是在这种像符号一样的表现中,"内在的东西的确是一种**可见的**不可见的东西"。可见的不可见的东西,这是一个自相矛盾了,就像一个木制的铁,一个圆形的方,但是黑格尔到处都有这样的类似的话。可见的不可见的东西,不可见的东西本来是不可见的,但它的某种现象使它可见了,比如说你的表情,你的话头,你的能指,能指是可见的,但是呢,所指向的那个东西是不可见的,那个不可见的东西由这个可见的东西表现出来了。把不可见的东西变得可见,把不可说的东西说出来。说不可说。但是一说出来,它就不是的了,禅宗讲,"才说一物便不是",只要你一说出来,它就不是了,你要从"不是"的角度来把握它,你才能够把握它的所是。禅宗把这个叫作"遮诠",遮住了你才能诠释它。海德格尔也讲了很多,这个去蔽就是一种遮蔽,你本来想去掉遮蔽,拼命地去说,却恰好把它遮蔽住了。而禅宗就是说,恰好你把它遮蔽住了,你才把它显现出来。你说出来,但是你不要把它理解为说出来的东西,那你就理解了没有说出来的东西。你把那个说出来的话不是理解成话的意思,甚至于你要从相反的方面去理解,它说出来的你要从没有说出来的方面去理解,你才能够把握它底下真正的意思。说出来的东西你仅仅从可说的方面去理解,那是非常肤浅的,你要从它底下还没有说出来,甚至说不出来的东西来理解说出来的话,你才能真正地理解这句话。这句话是很深奥的,这个现象里,内在的东西是一种可见的不可见的东西。"但它并没有被捆在这个现象上,它同样可以处在另外一个现象里",并没有被捆在说出来的这个话上面。我的意思并没有捆在这句话上面,并不固定地只能用这句话来表示,我可以用这句话来说,也可以用另外一句话来说,我不同的时候可以说不同的话,哪怕它自相矛盾也不要紧,反正它不在于这句话嘛。我今天说是,我明天说不,但是我的意思可以是同一个意思。"正如另外一个内在东西也可以处在这个现象里一样",另外一个意思也可以用这句话来表示,同样一句话可以表达不同的意思,同一个意思也可以用不同的话来表达,甚至于用相反的话来表达,那么同一句话也可以表达不同的意思,甚至于可以表达相反的意思。这就是所谓的言不尽意和意不尽言。言不尽意,这个话不能够完全表达它的意思,你要去猜,你要去悟;同时,意也不尽言,同一句话可以包含很多很多意思,你一个意思并没有穷尽这句话可能包含的意思,也许是相反的意思,这叫意不尽言。我们前面也讲到过,中国人强调的是言不尽意,西方人可能强调的更多是意不尽言。

　　——所以**李希屯伯格**说得对:"要假定相面家一次就看透了人,那么这只取决于一个大胆的决定:使自己又为世世代代的人所不能看透。"①

―――――――――――――

① 　参看李希屯伯格:《论面相学》,第35页。——丛书版编者

这两句话是自相矛盾的，相面家你要假定他一次就能看透一个人，那么有一个前提就是，你决心"使自己又为世世代代的人所不能看透"。你这个相面家自己必须要假定自己不能被所有的人看透，那么你就能够说你一次就能看透所有人。哪怕你还没有同别人打交道，你就能够一下子单从别人的面部，从他的面相，看出他是个什么人。你要做到这一点，就必须假定你自己是没有人能够看透的。你必须假定只有你是个相面家，别人都不是，那你就相当于假定自己是上帝了。这个是跟前面有关的，李希屯伯格为什么说得对呢，就是前面那个道理，就是说同一个现象可以表达不同的含义，而同一个含义可以表达为不同的现象，你要能一次性地把握所有这些关系，除非你是上帝。实际上，所谓的说不可说，所谓的可以看见不可见的东西，都是这样一个原理，就是同样一个意思可以处在另外一个现象里，可以有完全不同的表情和面相，并且同一个表情也可以表达完全不同的意思，你怎么能看透。所以你想要通过一个现象就把握这个人特定的内心的生活世界，那么你就必须有一个前提，你首先必须把自己设定为不能被人看透的，你才能做出这个判断。那么这就意味着你首先必须把自己当上帝，你才能够说你看透了一个人。上帝没有人能够猜到他是怎么想的，那么你身为上帝你才能够说你看透了一个人，实际上是根本做不到的。没有人能够把握任何一个别人的内心，任何人都是不能看透的。

——正如在前面那种关系中，现有的情况是一种存在着的东西，从**它那里个体性取得自己能够和愿意要的东西，要么是屈从于它，要么是颠倒它，出于这个缘故，它既不包含必然性也不包含个体性的本质，**

"正如在前面那种关系中"，这里说的是，正如在讨论心理学规律时所说的那种关系中。这里要追溯到前面讨论心理学的规律时所说的那种关系，都是用的过去时。前面在讨论心理学的时候，已经谈到了这样一种关系，这种关系，我们还记得，就是"现有的情况是一种存在着的东西，从它那里个体性取得**自己**能够和愿意要的东西"，现有的情况包括现有的伦理道德、风俗习惯、思维方式等等，是一种存在着的东西，是一种既成事实，是一种一般世界状况。前面第 202 页就讲到，个体所碰到的就是这样一种关系，它包含各种现成在手的东西，风俗习惯、伦理道德、思维方式等等，所以人是环境的产物，个体性正是从环境里面取得了它能够和愿意要的东西。个体性是如何取得这种东西的呢？有两种完全对立的方式，"要么是屈从于它，要么是颠倒它"。屈从于它就是认可它、接受它，人是环境的产物，有什么样的环境就有什么样的人，有什么样的教育就有什么样的学生。要么是颠倒它，同一种关系从否定的方面，从负面来看，也可以说有什么样的环境就有什么样的叛逆者。你这样一种环境，造成了你的反叛者，你自食其果，这个环境恰好造成了颠覆这个环境的反叛者。时势造英雄可以在两种意义上理解，一方面是时势造成了英雄，英雄代表着时势；另外一方面呢，英雄颠覆了时势，但这也是时势造成的，由这样的时势造就了它的颠覆者。"出于这个缘故，它既不包含必然性也不包含个体性的本质"，就是它既可以屈从它，也可以颠覆它，那么它有什么必然性呢，一定会屈从于它，或者一定会颠倒它？都不是，这里没有必然性，都是偶然的。根据个体的性格来说，有的人他就是比较顺从环境，另外一些人就有反抗精神，我们说这个人有反骨。所以出于这个缘故呢，它既不包含必然性也不包含个体性的本质。它就是这种存在着的现有的情况，它到底是造成了英雄还是造成了奴才，这个没有什么必然性，它既可以这样，也可以那样，这是前面已经讲到过的。所以心理学的规律就被解构了。根据前面的那样一种教训，我们可以引用到这里，就是正如在心理学中没法找到固定不变的规律一样。

　　——同样，在现在这里，个体性的显现着的直接存在是这样一种存在，它要么表现了个体性出于现实性而被反思存在以及个体性的在自身中存在，要么它对于个体性仅仅是一种符号，这符号对它所标志的东西漠不相干，因而在真理中没有标志任何东西；它对个体性来说，既是个体性的面貌，也是个体性可以剥掉的面具。

"同样，在现在这里"，现在我们讨论的已经不是心理学规律了，已经是面相学了，已经是器官的两重性、器官的中介了。"个体性的显现着的直接存在是这样一种存在"，显现着的直接存在，比如说表情，比如说语言。它是这样一种存在，"它要么表现了个体性出于现实性而被反思存在以及个体性的在自身中存在"。这里有两种可能性，一种是表现了个体性的被反思存在，这是从现实性而来的，表现出它对于自己的现实行为业绩有一种反思，在它的表情上面，在它的语言上面，这些存在都表现为是经过反思的；以及个体性的在自身中存在，经过反思当然就是在自身中存在了。在这里内和外都表现出来了，出于现实性而被反思存在是外，是内在的外在性，以及个体性在自身中存在，这是内，就是它的内在东西。内在东西通过它的现实性表现出来，作为一种被反思的存在表现出来。但这只是一种情况。后面还有一种情况，"要么它对于个体性仅仅是一种符号，这符号对它所标志的东西漠不相干，因而在真理中没有标志任何东西"。"要么它仅仅是种符号"，仅仅从它所表现出来的那种存在，就其本身来考察，你可以把它跟它所表达的意思割裂开来或拉开距离看，那就只是些符号。前一种可能就是说你可以通过反思，把它和表达的内容联系起来、结合起来看，那么它就是内在东西的一种直接的外在表现。一般来说，我们从一个人的面相可以看出他的内心，面部就是内心的表现，言为心声，从他的话语我们也可以看出他内心是怎么想的。但是另外一种可能是，要么这些表现对于个体性仅仅是一种符号，这种符号对于它所标志的东西漠不相干，因而在真理中没有标志任何东西。它有可能仅仅是一种表演，一种装扮，仅仅是一种外部的动作，并不表明他就是那么一个人。一个演员他的本领就在这里，表现出他可能根本不具有的那种情感。我们通常说这个演员表现得非常拙劣，演技不好。在银幕上面，我们看这些人好像在哭，而且还有了眼泪，你不知道他的眼泪是怎么弄来的，他那些表面的东西都有了，但是那有可能只是种符号。小孩就看不出来，但是有经验的大人一看就说这个人表现得太假了。而且从本质上来说,就算是演技再好的演员他也是装出来的,他必须要跟他所表演的角色保持一定距离,才能随着剧情的发展而支配自己的情绪,否则就会演砸了。因此日常生活中我们对那些装模作样的人也说:不要演戏了! 所以你想通过表情来确定一个人的内心,想找到某种必然规律,那是靠不住的。"它对个体性来说,既是个体性的面貌,也是个体性可以剥掉的面具",这种符号,这种面部表情,对个体性来说,当然是个体性的面貌,他就是这样的面貌、这样的表情。但也是个体性可以剥掉的面具,他也可以不带这个面具,可以换一副面孔,甚至可以同时有几副面孔。所以面部表情、面貌这些东西都是外在的,你要找到它和内在东西必然的关系,是找不到的。他随时可以剥掉假面具,露出真面目,而那个真面具也许又是一个面具,你还不知道它是不是真的。人的这个面具是可以无穷深入,层层深入的,剥掉一个面具还有一个面具,人就生活在面具之中。凡是表现出来的面具都不一定是他的内心,都可以再深入。这种观点我们可以看作是对面相学的一种解构。

——个体性渗透在自己的形态中,在其中运动,在其中说话;但是这整个的定在却同样作为一种与意志和行动漠不相干的存在而越界了;

"个体性渗透在自己的形态中,在其中运动,在其中说话",个体性在自己的形态中,靠它把个体性表现出来,不然的话个体性表现在什么地方呢? 个体性不是空的,个体性肯定要表现在它的形态中,在其中运动,在其中说话,这是毫无疑问的。甚至你不自觉地都在把你的个体性渗透在你的行动中,哪怕你在拼命地掩饰,你在你的行动中、说话中也会不自觉地显露出你的个体性,有经验的人就可以看得出来。"但是这整个的定在",就是这个外在形态,"却同样作为一种与意志和行动漠不相干的存在而越界了"。就是虽然你的形态处处渗透着你的个体性,但是这个形态本身呢,它会越界,越出个体性的界限,它不一定就表现了你的意志和行动,它本身有它的符号性。它可以和你内在的东西相脱离,跟你的个体性相脱离,它可以超越你内在的东西而越界到外边,越界到跟他人

639

打交道，做给他人看。你的表情、你的动作、你的语言有可能都是做给他人看的。它本来是你个体性的表现，这毫无疑问，但是这样一些符号，它们有可能是做给别人看的，可能只是你的一副面具，可能是假的。所以它就越界了，越出个体性的边界以外，到达了别人那里，是为他的了，而不再是为自己的了。

[211]　**个体性把这个存在以前所具有的含义、即本身具有它的自身中被反思存在或具有其真实本质这样一种含义在自身中清除掉，反过来倒把这种本质放到了意志和行为业绩中。**

"个体性把这个存在以前所具有的含义"，就是说当他不自觉的时候，或者当他还是小孩子的时候，自然而然的，他的存在就具有这样的含义。具有什么含义呢，"即本身具有它的自身中被反思存在或具有其真实本质这样一种含义"，就是说在这种外在形态上面，本身具有个体性的自身中被反思存在，或者说具有其真实本质。他的外在的表情、外在的语言都表现出它的自身中被反思的存在，或其真实的本质，他以前不会作假，小孩子生下来哪会作假？他要什么他就表现出来了，表现在他的外在形态上了。但是，个体性把这个形态以前所具有的这些含义都清除掉了，不再是用来表达它自身中被反思的存在或其真实的本质。"反过来倒把这种本质放到了意志和行为业绩中"，意志和行为业绩（Tat），也就是刚才讲的意志和行动（Handlung），它们和这种越界了的定在是漠不相干的，相比之下那就是内在的外在了；但是在外在的外在方面，在那种定在方面，个体性把它的内在含义都清除掉。什么叫"清除掉了"？我们通常讲，逢人只说三分话，未可全抛一片心，你不要把所有的心里话都说出来，不然被人抓住利用你就吃亏了。就是个体性把这个存在以前所具有的真实本质的含义都清除掉了，我本来只会说真话，但后来我学会了不说真话，甚至于学会了说假话。那么说出来的假话就把这种真实含义都清除掉了。反过来，"倒把这种本质放到了意志和行为业绩中"，我的真实的本质在我的意志中，在我的由意志所决定的行为业绩中，也就是在我做出来的作品中,而不在我的话语和表情中。也就是说,既然言不尽意,你不能相信他所说的话,也不能相信他的表情和姿态,那就只有"听其言而观其行"了,面相学就失去了必然性根基,从这里进一步就将引向人的实践活动。所以面相学虽然跟其他的星相学、符号不太一样,试图去寻找某种客观规律,但它必然一步步地使自己陷入到了这种两难,陷入到了一种自相矛盾,陷入到了一种可能是偶然的东西,那么你的那种规律就没有必然性了。这就把面相学的规律也解构了。今天就到这里吧。

*　　　　　*　　　　　*

上一次我们讲的最后一句话,其实已经点出来,这个面相学,从观察的理性,已经跃跃欲试,要过渡到我们后面将要讲到的实践的理性了。观察的理性通过它自身的演进,最后要过渡到实践的理性,这里已经预示了。从这个面相学里面,我们已经能够看出一个苗头,就是它越来越深入的时候,从这个符号的面相学,就是把人的相貌当作符号来解释,提升到了什么呢? 提升到了实践的、行动的、行为业绩的这样一种面相学。行为业绩的面相学就是看他的行动,我们通常讲听其言观其行,我们要看他的行动。一个人的本质,我们不能够单凭他的相貌,人不可以貌相嘛,我们不可以单凭他的相貌来把握他,还要看他怎么做,做什么。这就过渡到实践了,从观察的理性进入到实践的理性,应该说就是这样过来的。当然,后面还有一个头盖骨相学,要把这个讲完以后,才真正过渡到实践,但这里已经有所预示了。那么上一次讲的那个面相学含义的双重性,其实也就是这个意思。什么是双重性? 面相它有双重含义,哪双重含义? 应该说一个是符号的含义,就是把人的面相当作一种符号,这种符号肯定暗示着它背后的自身中反思,它的表情,我们前面讲了,表情和语言都是符号。但是另外一个层次是行为,符号与行为,有这双重含义。行为的面相学,这个是面相学的更高一层次的含义,更高一层次的含义就会走向实践的理性，那就不再是观察的理性了，那么我们就要从行为上来理解自我意识，自我意识变成了一种行为业绩。上一次讲的最后一句话，就是从符号我们开始转向行为业绩。我们把这个自身中反思和真实的本质的含义，从这个存在、从这个符号上面把它清除掉，反过来，把这种本质放到了意志和行为业绩之中。这就是一个转折了。那么这样的转折导致了什么？这就是我们今天要讲的。

个体性放弃了在诸特征中表现出来的那种自身中反思的存在，而把它自己的本质置于作品之中。

这跟上一句话"个体性把这个存在以前所具有的含义、即本身具有它的自身中被反思存在或具有其真实本质这样一种含义在自身中清除掉，反过来倒把这种本质放到了意志和行为业绩中"，几乎是一个意思。那里说的行为业绩，相当于这里说的作品。"个体性**放弃了**在**诸特征**中表现出来的**那种自身中反思的存在**"，放弃了那样一种在表情姿态中表现出来的自身反思的存在，"而**把它自己的本质置于作品之中**"。这里的"放弃"就相当于上面的"清除掉"，这里的"置于"就是上面的"放到了"，两句话连句式都是一样的。为什么置于作品之中，就是因为它把这种本质放到了意志和行为业绩之中。而意志和行为业绩，首先要看它的作品，你这个意志和行为业绩，它的表现、它的结果，那就是作品，它的现实性就体现在行为的作品上，个体的意志把自己的本质置于作品之中。最终得出来一个什么结果，那就是一个作品，这就是我们通常所讲的，它的本质外化为作品。

在这里个体性与那种关系相矛盾，这种关系在个体性的**内在东西**与**外在东西**应该是什么的问题上，是由理性的本能所确立的，这理性的本能所关注的是自我意识到的个体性的观察活动。

"在这里个体性与那种关系相矛盾"，就是说个体性与以前那种关系已经格格不入了，你现在从那种符号的面相学，进入到了行为的面相学、业绩的面相学，或者作品的面相学。你现在不看相了，只看作品，面相学原来是很直观的，只是看相，看一个人的样子，现在看相不起作用了，那么我们就看他的作品，看他做出了什么。你说这是个艺术家，有的艺术家一眼看去就知道他是个艺术家，但是有的不一定。你看他土头土脑像个农民，但是他是个艺术家，因为他有作品，他可以拿作品来证明自己。那么在这里，当我们把这个立足点转移到作品上面的时候呢，个体性与以前的关系就发生矛盾了，以前是这种关系，它"在个体性的**内在东西**与**外在东西**应该是什么的问题上，是由理性的本能所确立的"。在个体性的内外各自应该是什么这个问题上面，现在个体性与上面那种关系是相矛盾的，因为上面只是由理性的本能来确立这种关系。"这理性的本能所关注的是自我意识到的个体性的观察活动"，理性本能只关注个体对自我的观察活动，而不关注自我意识的个体性的实践活动。那么现在我们从实践的角度来看，与原先单从观察的理性或理性的本能这个角度来看，在什么是内在的东西、什么是外在的东西的问题上当然就会发生矛盾了。原来个体性的内在东西和外在东西应该是什么，这两者之间的关系是通过观察活动的理性本能确定下来的。那么现在我们进入到了行为的面相学，这个时候原来那种关系就不再适合于这种高级的面相学了。

　　这个观点把我们引向了为相面的**科学**——如果有人愿意称之为科学的话——奠定基础的那个真正的思想。

　　也就是说这个个体性颠倒的观点，或者是矛盾的观点，把以往的那种比较表面的面相学的观察活动颠倒过来了，那么"这个观点把我们引向了为相面的**科学**……奠定基础的那个真正的思想"。相面的科学，这科学打了着重号，而且加了一个破折号来解释："如果有人愿意称之为科学的话"。也就是黑格尔在这个时候，已经不太愿意把它称之为科学了，姑妄言之，我们听从多数人的意见，我们暂时把它称之为科学，如果人们愿意的话。现在这个观点把我们引向了为相面的科学奠定基础的那个真正的思想，现在我们的眼光更加深入一步了，深入到面相学后面的那个基础，那个真正的思想。这个思想以往都是隐藏着的，而当我们进入到行为的面相学的时候，这个基础就暴露出来了，面相学提升自己的层次的时候所暴露出来的矛盾，把我们引向了后面的一个真正的思想。什么真正的思想？

　　这种观察所陷入的对立，按照形式来说，就是实践的东西和理论的东西的对立，因为这两者都是在实践的东西本身内部建立起来的，——即这两者的对立，在行动中（这是在最广义的理解中）实现自身的那个个体性，——和同一个个体性，当它在这个行动中同时又从中超出而反思自身、并且这行动就是它的对象时。

{177}

　　"这种观察所陷入的对立"，这种观察在提高自己层次、从理论的观察提升到实践的观察的时候，如前所述，它陷入到了对立，陷入到了与以往那种关系的矛盾。这种对立"按照形式来说，就是实践的东西和理论的东西的对立"，这是按照形式来说，不是按照内容来说的。按照内容来说很具体，一个是把符号、把表情、把语言，把这些东西当作观察的对象，另外一个是把行为业绩，把作品当作观察的对象，这是在内容上面，它们的不同仅仅在于，一个是表情和语言，另外一个是行为业绩。但是就其形式来说，是实践的东西与理论的东西的对立，是实践和理论。什么是实践，什么是理论？实践应该就是行为业绩，理论就是符号，就是对这个个体性的一种自身中的反思。实践和理论的对立，从形式上来说可以这样来看，这就比较超越了。其实后面是这样一种思想在起作用，即面相学它的这样一种提升，暴露出它后面的基础就是实践和理论的对立。"因为这两者都是在实践的东西本身内部建立起来的"，实践和理论对立，双方都是在实践的东西内部建立起来的，就是说实践也好，理论也好，它们都隶属于实践的东西。我们现在进入到了一个真正的思想，这就是实践的思想。实践和理论这种对立其实还是表面的，它们都是在实践的东西本身的范围之内建立起来的，也就是说我们前面所讲的，从这里开始已经过渡到实践的理性，从理论的理性、观察的理性，已经要提升到实践的理性。如何提升？不是从外部加给它一个，而是从理论的理性达到它的高级阶段的时候，我们发现它背后的基础就是实践的理性，是在实践东西本身的内部所建立起来的理论和实践的对立。"——即这两者的对立，在行动中（这是在最广义的理解中）实现自身的那个个体性，和同一个个体性，当它在这个行动中同时又从中超出而反思自身、并且这行动就是它的对象时"，就是说这两者对立是两种不同理解的个体性的对立，一个是在行动中实现自身的那个个体性，这就是实践的方面。这里的行动是"最广义理解"的，也就是不但包括实践的行动，也包括理论上的观察的行动，这种行动是实践和理解的共同基础，所以是最广义上的。另一个个体性，是在这个行动中同时又从中超出而反思自身的个体性，它把这行动作为自己的对象。它们都是一个行动的个体性，但是前一个呢，就在行动中实现自身，后一个则在这个行动中同时又超出自身并反思自身，有一种理论的态度，而把这行动作为它的对象。所以这个行动、这个实践就是这两种个体性、这两种态度的共同基础，在这个共同基础之上体现出实践和理论的一种对立，一种分裂。一个是行动本身，一个是对这个行动的反思，这就是实践和理论的对立。

观察对这样一个对立，是按照它在现象中被规定时的同一个颠倒关系来接受的。

对这样一个对立，观察的理性是如何领会的呢？"是按照它在现象中被规定时的同一个颠倒关系来接受的"。我们前面讲了，这个行动的面相学，跟以往的面相学、跟以往观察的理性对内在东西和外在东西关系的理解是相矛盾的，也就是相颠倒的。这个地方也讲，观察的理性对这样一个对立的理解是颠倒的，因为这个对立在现象中是以同一个颠倒关系而被规定的。在现象中这个对立已经被规定为一种颠倒的关系了，所以我们在现象上所看到的是一种颠倒的关系。在我们前面讲的符号、表情、语言这个层次上面，语言有一种颠倒的作用，表情、符号也都有这样一种颠倒的作用，也就是使它所表达的东西变成表达它的东西，把表现在外的东西当作内在的东西。那么观察的就是按照这样一种颠倒的关系来接受它们的，就是将它们当作自己固定的立足点，去猜测它们可能承载的意义。现在这种实践的面相学有一种趋向，就是把这个颠倒的关系再颠倒过来，所以它就跟以前的观察的理性相矛盾了。观察本来在现象上面是颠倒地理解内外关系，也就是把实践的关系理解为理论的关系。实践被看作是外在的东西，业绩、作品，都是外在的，而对于实践行为的这样一种反思却可以理解为内在的，或者说，实践被看作是外在的，理论被看作是深入到内在的。

对这种观察而言，被视为非本质的外在东西的是行为业绩自身及作品，无论是语言的作品，或是一种更加固定的现实性的作品，——而被视为本质的内在东西的则是个体性的在自身中存在。

这还是讲观察的理性。"对这种观察而言，被视为**非本质的外在东西的是行为业绩**自身及作品"，对面相学进行观察的时候，最初是这样来看待内外关系的，就是说被视为非本质的外在东西是行为业绩和作品，就是行为业绩被看作是非本质的、外在的。你做出这些行动，做出来了，你有业绩，你有很大的成就，但是你的内心是不关心这些的，这些成就都是表面的，都是过眼烟云。你办了一个企业，你赚了钱，你很成功，但是对你自己来说，这都没什么意义，最有意义的反而是内在的东西。现在很多大老板都有这个心态，我虽然赚了那么多钱，但是我穷得只剩下钱了，我内心非常贫乏，所以要补课，要加强修养，所以要出大价钱去进各种各样的国学班、培训班，要读孔子的书，这是加强自己内心。非本质的外在东西，就是行为业绩自身及作品，这是外在方面，我们常常讲的身外之物。"无论是语言的作品，或是一种更加固定的现实性的作品"，语言的作品，包括我的这个小说，小说当然是语言的作品了，包括我说出来的话，这些都不代表我的内心；或者是一种更加固定的现实性的作品，比如说赚的钱，你办的事业，你成功了，这些都是属于非本质的外在的东西。那么，什么是本质的内在的东西呢？他讲："而被视为**本质的内在东西**的则是个体性的**在自身中存在**"，这里"本质的内在东西"和"在自身中存在"都打了着重号，以和上面的"非本质的外在东西"和"行为业绩"两处打了着重号的词组一一对应。本质的内在东西不是行为业绩，而是"个体的**在自身中存在**"，我的内心是怎么想的，我的内心生活当然要通过反思，这些才是本质的内在东西。你真正的本质是什么？还是你的内心生活，这要通过对自身加以反思才能看出来的，这是内的东西。观察的理性最开始是这样来看问题的，一个外在，一个内在，外在就是身外之物、非本质的东西，内在就是自身反思，是本质的东西，但是这样一种观点其实是颠倒的。

　　在实践的意识本身具有的这两个方面之间，在意图与行为业绩之间——在对于自己行动的**意谓**与**行动**本身之间，观察选择了前一方面作为真正的内在东西；——而这个内在东西据说在行为业绩中拥有自己多少是**非本质的**外化，而在自己的形态上却拥有自己真正的外化。

　　"在实践的意识本身具有的这两个方面之间"，哪两个方面之间？"在意图与行为业绩之间"，也就是内和外之间了，下面也是，"在对于自己行动的**意谓**与**行动**本身之间"，也是内与外之间，对于自己行动的意谓，那是你个人内心想到的，这意谓是可意会不可言传的，它才能够代表你的个性。你做的事情跟别人一样，好像没有什么个性，但是你对这个行动的意谓，那是你的个性。总而言之，在实践的意识的内外这两个方面之间，"观察选择了前一方面作为真正的内在东西"。在这两者之间观察选择了前一方面，前一方面也就是意图以及意谓了，你的意谓，你对这个行动的内心态度，这些东西被观察当作是内在的东西。"而这个内在东西据说在行为业绩中拥有自己多少是**非本质的**外化"，这个内在东西在行为业绩中，据说拥有自己非本质的外化。据说，据观察的理性说，这里是存疑的态度。就是说内在的东西外化出来就是非本质的了，行为业绩是非本质的。为什么说"多少是"非本质的外化？外化都是非本质的，但有多和少的不同，行为业绩相对而言是更多非本质性，这是与下面说的相比较来说的："而在自己的形态上却拥有自己真正的外化"。意图与行为业绩之间已经是间接的外化了，所以是更加非本质的；而意图"自己的形态"当然更直接一些，所以还不那么是非本质的。什么是意图"自己的形态"？就是那些直接表现在面相上的表情或行为，这些才是内在东西的"真正的外化"，它们比那些已经成为作品或业绩了的外在东西当然更少一些非本质性，但仍然是非本质的。总而言之外化都是非本质的，要么是完全非本质的，或者是一定程度上非本质的。你做出来的事情，你的作品，你的业绩，这些东西完全是非本质的外化；而你在做的时候，你的表情，你的语言，你的姿态动作等等，在你的这些形态上面，你拥有自己真正的外化，它们也可以说是非本质的。我们前面讲了，这是一种符号，它们可以是你的内心的真实的流露，但也可能是一种表演，它们是不可信的。你以貌取人，你根据他的这个外部的表情，你断言他内心是这样，这是很不可靠的。但是，观察把这样的东西看作比那些外在的行为业绩要更可靠一些，你可以根据他的表情、他的姿态、他的语气、他的字迹，直接看到他的内心。所以人们在读了那些大师们的作品之后还不满足，还要看他们的"真迹"，收藏他们的手稿，觉得那上面带着他们的"体温"。这就是观察的理性为什么要走到符号的面相学的一个理由，他们认为符号的面相学更加实在，它真正的是一种内在东西的直接外化。至于创造出作品来了，那倒是看不出来了，因为作品是任由世人去解释的，每一个不同的人，对作品都有不同的解释，所以那个不能代表作者自己，不能代表他真正的内心。真正能够表达内心的是表情、语音等等，所以我们悼念一位逝者时说，"音容宛在"，这个是能够表达他的内在灵魂的。

　　后面这种外化就是个体精神的直接感性的在场；据说是真正内在性的那种内在性，就是意图的独特性和自为存在的个别性：这两者就是**被意谓的**精神。

　　"后面这种外化"，也就是刚刚讲的这种表情语音等等的外化，这种在自己的形态上面所拥有的真正的外化。这种外化"就是个体精神的直接感性的在场"。个体精神包在身体里面，看不见摸不着，你怎么知道它是这样一种精神呢？就是从这样一种表情形态上面看到了个体精神直接感性的在场。个体精神要想掩盖都掩盖不住，直接地就流露出来了。敏锐的面相学家可以从人的一个不经意的、不易觉察的表情，就判断这个人内心是什么样的，在想什么。当然这需要经过训练，需要有丰富的社会经验，特别是观察人的经验。小说家和肖像画家在这方面特别擅长，一个表情就被他抓住了，就可以用来表达这人有一种什么样的内心，所以这些人我们把他称之为洞察人心的大师。像《蒙娜丽莎》这样的名画，你就可以感到模特内心的丰富和美丽，这样一种表达比别的表达要更加直接、更加感性，精神在这里直接地在场了。"据说是真正内在性的那种内在性，就是意图的独特性和自为存在的个别性"，据说，——实际上黑格尔对这种观察是持批判态度的，他总是用这种口气来描述，——就是人们认为，真正的内在性的那种内在性，也就是前面讲的，内在性的内在性，它只能是意图本身的独特性和自为存在的个别性，那是只可意会不可言传的"这一个"。我们前面讲内在性的外在性那是表情，外在的外在性就是行为业绩，而内在的内在性呢，那就是在表情上面所猜测的那种内在性，就是意图的独特性和自为存在的个别性。意图的独特性，每个人的意图动机是独特的，只有他自己知道；自为存在的个别性，自己为自己存在的个别性，跟所有东西都不同的那种个别性，这是真正内在性的内在性。每个人都是独特的，每个人的内在精神都是跟别人不一样的，那种内在的个别性，才是真正的内在性，作为内在性的内在性。冒号后面是："这两者就是**被意谓的精神**"，哪两者？一方面个体精神的直接感性的在场，这是自为存在的个别性，它必须要感性的在场；再一方面，感性的在场所意谓的真正内在的内在性，这就是意图的独特性。表达出了真正内在的内在性，就是表达出了精神的独特个别性。意图的独特性和自为存在的个别性，这两者就是被意谓的精神，就是只可意会不可言传的精神。真正内在性的内在性，那就是它的意图的独特性和自为存在的个体性，它个体性的意谓那就是精神。精神在这个层次上面体现为这两者的统一，一方面它必须要有感性的在场，在场也就是表现出来，必须通过表情表现出来；但是另一方面，这个表现出来的感性必须要回到它的意谓，回到它内在的内在东西。这就又返回到了感性确定性的立场。

因此观察作为自己的对象来拥有的是一种**被意谓的**定在，它从这中间去寻找规律。

"因此观察作为自己的对象来拥有的是一种**被意谓的**定在"，观察在这样层次上面，它是把被意谓的定在作为自己的对象。被意谓的定在，定在就是感性的在场，有一种定在，有一种表情，有一种语气，但是它是有意识、有意谓的。"它从这中间去寻找规律"，这里讲的还是那种符号性的面相学，就是想从这个表情语言的符号这一方面，去寻求后面的意谓，想在这两者之间建立一种规律。比如说一种什么样的表情，就必然会表达出一种什么样的意谓。这种工作严格说来应该是由艺术家去做的，但是面相学家想把它变成一种科学，找出其中的规律来。那么这种规律就是很主观的，艺术家主观一下不要紧，因为我们在艺术家那里看到的是艺术家的体会，而不是客观事实。你要把艺术家的作品当真作为一个客观事实，那就搞错了，艺术品它不必具有这种功能。但是面相学家恰好在寻求这样的功能，想从中找到一种普遍规律。看下一段。

对精神的被意谓的当下的直接意谓，就是自然的面相学，就是对于内在的自然本性及对其形态的性格凭最初的一瞥就仓促作出的判断。

这还接着上面一句讲这种符号的面相学。"对精神的被意谓的当下的直接意谓"，即对精神的直接意谓；对精神的什么东西的直接意谓呢？对精神的被意谓的当下的直接意谓。当下也就是在场了，精神的当下在场，那就是它的表情、它的符号。我们通过这个符号直接地去意谓它底下的精神，去确定它代表什么，它意谓着什么精神，这"就是自然的面相学"。自然的，natürliche，也就是说它是直观感性的，它是自然而然的、没有经过加工的。面相学有两个层次，我们刚才讲了符号面相学是自然的面相学，就是我们看一个人的表情，看一个人的相貌，这是非常自然的，从小孩子就开始这样。小孩子就知道看脸色，小孩子最初看人就是看他的相貌，首先是他父母的相貌，然后熟悉了兄弟姐妹和熟人等等。所以这是一种非常初级的面相学，自然的面相学，直观的面相学，是对精神的被意谓的当下的直接意谓。"就是对于内在的自然本性及对其形态的性格凭最初的一瞥就仓促作出的判断"，这是对自然的面相学进一步解释。内在的自然本性，自然和本性都是 Natur，我们这里翻译成自然本性。内在的自然本性和形态的性格都是指表情、语调、声音等等这些形态的性格，它们和人天生的气质有关。那么，对于这种内在自然本性和形态性格，自然的面相学凭最初的一瞥就仓促作出了判断，也就是我们通常讲的第一印象。这个人到我们家来，我对他的第一印象就作出判断，比如我一眼就喜欢上这个人，或者我一眼就讨厌这个人了。我们有时说我讨厌这个人，对他有一种生理上的厌恶，什么叫生理上的厌恶，就是莫名的厌恶，说不出原因的，一看就觉得讨厌。这是第一印象，最初的一瞥，一眼看去就仓促做出判断，就是自然的面相学。每一个儿童都是一个自然的面相学家，而且我们说小孩子这种面相术有时候往往是很准的，往往是对的。当然也有不对的时候，但往往有时候仓促作出的判断，比你后来经过理性的分析做出来的判断要更准确。当然这还是初级的，是自然的面相学，不可依靠的。前面讲的面相学的双重含义，符号的面相学和行为的面相学，也可以看作是自然的面相学和相面的"科学"这样双重含义。自然的面相学走向了意谓，不能成为科学，而相面的科学则走向了行为的面相学，走向了实践。

　　这种意谓的对象具有这样的性质，即在其本质中就意味着它在真理中是某种不同于仅仅是感性的、直接的存在的东西。

[212]

　　"这种意谓的对象具有这样的性质"，这种意谓的对象，就是自然的面相学它的对象是一种意谓的对象，它要追究的就是面相底下的意谓。什么是意谓，就是那种个别的独特性，它的意图独特性和自为存在的个别性，是可意会不可言传的，但是它还是表现出来了。然而，是不是就是它本身表现出来了呢？也不是，它是以一种符号的方式表现出来了，它表现在符号上面，表情、语气、态度，这些都是符号。所以它具有这样的性质，"即在其本质中就意味着它在真理中是某种不同于仅仅是感性的、直接的存在的东西"。它在真理中，也就是它真实的情况，是不同于仅仅是感性的直接存在的东西的。感性的直接存在的东西，对于它的真正的意谓来说，只是一种符号。之所以说是符号，就是说符号跟符号所要表达的东西是不同的，所以才叫作符号。你用一个符号去表达它的意谓，那么意谓和用来表达它的那种符号，是两种不同的东西。姑且我们用这个符号来指示、来暗示、来象征它的意谓，但是我们知道，真正的意谓它跟这个感性直接存在的东西是不一样的，跟这个符号是不一样的。因为它是内在精神的东西，跟这种感性直接存在的东西当然是不一样的。你只能用这套符号去指示内在的意谓，但是内在的意谓还是它内在的，还是看不出来的，凡是能看出来的就是感性的，就是符号了。只有言外之意、象外之象、味外之旨，那才是在真理中的东西，才是在真理中它本来的真正的那个样子。

　　虽然这个东西也正是这种在感性东西里走出感性而在自身中反思的存在，即反思那作为不可见东西的可见性的这种可见性当下是什么，被当作观察的对象的是什么。

　　"虽然这个东西"，也就是不同于感情的直接存在的东西、意谓的对象，它"也正是这种在感性东西里走出感性而在自身中反思的存在"。这个与感性的东西不同的东西却正是在这种感性的东西中走出来的，它走出感性；当它走出感性时，它就进入到自身中反思的存在了，回到反思，那就是一种意谓了。意谓是看不见摸不着的，那是没有感性的，那只是一种反思。反思什么呢？"即反思那作为不可见东西的可见性的这种可见性当下是什么，被当作观察的对象的是什么"，即反思不可见的东西的可见性究竟意谓着什么，这个东西也才是被当作观察的对象的东西。可见性就是感性，而意谓是不可见的，是不可感的，它是作为不可见的东西的可见性而具有可见性的，而具有感性的。但精神的东西怎么可能是感性的呢？不可见的东西如果说也有可见性，就是可以表现在感性的符号上面，但是观察真正要考察的对象并不是这个符号，而是那个不可见的东西。它真正的观察对象是不可见的东西，而不是可见的东西，我们在观察的时候，我们抓住了感性的符号，但是我们真正要抓住的是感性符号底下那个不可见的东西，是要从符号上反思到那个意谓。

<u>然而正是这种感性的直接当下，是精神的**现实性**</u>，正如它只是对意谓而言那样；而观察就在这方面，与它的被意谓的定在，与相貌、字体、声调等等相周旋。

前面是讲"虽然"，这里是讲"然而"。虽然它是把这个不可见的东西当作观察的对象，它走出了感性而在自身中反思。虽然是这样，"然而正是这种感性的直接当下，是精神的**现实性**"。前面的"虽然"就是说，虽然观察所反思的对象是不可见的意谓，然而又正是这种感性的直接当下才是精神的现实性。如果完全是不可见的，那精神就没有现实性了，那我们对精神就连谈都不必谈了。精神必须要表现为符号才具有现实性，必须要表现为感性的直接当下，才具有现实性，所以符号又是精神所离不了的。你首先必须表象为表情、语言、语气、语调等等这些东西，它们都是精神的现实性。精神如果不体现出来，它就是空的，如果一个人完全没有这些东西，那他的精神就是不现实的。所以这方面又强调感性的直接当下也是不可少的。虽然它们跟这个意谓、跟精神本身不同，我们的观察要抓的是精神，而不是这些符号，但是这个精神的现实性就在符号中，离不了符号。"正如它只是对意谓而言那样"，正如这种感性的直接当下只是对意谓而言的，它本身没有什么意义。言就是要表达意的，如果言不表达意谓，那么这个言本身没有任何价值，只是一口气、一阵风而已。言的价值就在于要表达出那种不可言说的东西，甚至要暗示出它的不可言说的东西，它本身没有任何意义。"而观察就在这方面，与它的被意谓的定在，与相貌、字体、声调等等相周旋"，观察在这一方面，在符号这一方面，在它的感性直接的当下这一方面，就与它的被意谓的定在

相周旋，被意谓的定在就是具有意谓的定在，也就是与相貌、字体、声调等等相周旋，跟它们打交道，跟它们搅在一起了。

——观察就把这样一个定在，跟恰好这样一个**所意谓的内在东西**联系起来。

观察要找规律，怎么找规律呢？"就把这样一个定在，跟恰好这样一个**所意谓的内在东西**联系起来"，这就建立起一种联系了。你就可以凭借这样一些面貌、字体、声音等等来确定它后面的意谓，而且是把"这样一个"定在跟恰好"这样一个"意谓联系起来，一一对应，这不就有了必然性了吗？建立起这样一种牢固联系，那岂不是就是找到规律了吗？如果我们能够在这个里头找到一种规律，那就有很大的用处了，那我们的刑事侦探就不用做了，这个人是不是一个罪犯，我们根据他的面相、表情、语气、音调等等，不就可以确定了吗？这样一个定在恰好跟这样一个内在东西联系起来，就会被看作一种必然规律。最近揭出来的内蒙古呼格勒图冤案就是这样造成的，办案人员凭直觉一眼就断定他就是杀人凶手，在有罪推定的前提下将他屈打成招，判了死刑，十几年后真凶出现，又来翻案，但人已死了，无法挽回。

这个所意谓的内在东西，不是应当认出来的强盗和窃贼，而是那**能当强盗和窃贼的能力**；[1]

"这个所意谓的内在东西"，指前一句打了着重号的"所意谓的内在东西"，据说它跟某个定在的相貌有必然联系。它"不是应当认出来的强盗和窃贼"，常常会遇到抓强盗或窃贼时根据通缉令上的照片，或者根据目击者的指认来找到犯案人的情况，这个当然无可非议，但这里不是指

---

[1] 参看拉瓦特尔：《面相学断想》第 4 研究（1778），第 110 页："没有任何人有如此善良，以至于不会在某种情况下成为窃贼的。至少在成为窃贼方面不存在任何体质上的不可能性。他的机体就是这样构成的，以至于在快乐袭来时就**可能**诱惑他去尝试偷东西。——所以窃贼的表情的可能性必然就像偷窃行为的可能性一样是定在着的。"——丛书版编者

这种情况,不是已经犯案以后寻找嫌疑人的情况。如果是这种情况,那么作案人的面相,他的字体、声调等等一切蛛丝马迹当然都可以成为破案的关键。这里指的是另外一回事。"**而是那能当强盗和窃贼的能力**",所谓能当强盗和窃贼的能力,也就是说是一种潜在的、可能的强盗和窃贼,或者是一种强盗性和一种窃贼性,这是必须在他抢劫或者行窃之前,在他根本没有犯下抢或盗窃行为的时候就要加以确定的。面相学处理的不是具体的刑事责任问题,而是对人的一般精神属性的判断问题,如果我们能够凭面相预先对每个人的精神特质作出鉴定,我们就可以把人作一个归类,有一类人是守法型的,另一类人是犯罪型的,甚至有的是谋杀型的,我们就可以预先把他抓起来,防患于未然,岂不是省事? 一个人在没有犯罪的时候,你也要看出他内心的可能犯罪的自然倾向,这就属于面相学想要解决的问题,不管他是否犯罪,这个人本质上是一个罪犯,迟早要犯罪,所以要寻找其中的规律。

这样一来,固定的抽象规定性,就迷失在**个别**个体的具体的无限规定性之中,后面这种规定性现在所需要的富于艺术性的绘声绘色,要比前面那些鉴定工作更多。

你要把握人的那种能当强盗和窃贼的能力,谈何容易。"这样一来,固定的抽象规定性,就迷失在**个别**个体的具体的无限规定性之中",本来是要给一个人的内心定性,用一个固定的抽象规定性,如强盗或者窃贼,来限定一个人的灵魂。但是这样一来,我们就必须对一个人的"**个别**个体"进行细致的一对一的规定,看他的每一个面貌特征是如何对应于所要规定的抽象定性的,而这些特征各个个体千差万别,并且特征与特征之间的组合方式与搭配也层出不穷。所以,一个是要作出抽象的、确定无疑的鉴定,但另一方面却陷入到或者迷失在个体的无限规定性的汪洋大海中,无所适从。所以符号的面相学,一旦它要去规定一个人潜在的某种性质,将它纳入到某种范畴中的时候,它的任务就变得无限的繁复,对于这个人到底是一个小偷的本性,还是一个强盗的本性,还是一个好人的本性，要作出判断就变得越来越复杂，越来越繁琐。所以"后面这种规定性现在所需要的富于艺术性的绘声绘色，要比前面那些鉴定工作更多"，前面抽象的鉴定或定性很简单，但是要在具体细节上求证，这个就麻烦了，它需要在人的面相和音容笑貌上进行大量的富于艺术性的绘声绘色，光是测量和计算是无济于事的。当然前面的鉴定工作已经是艺术性的了，我要凭相貌来断定一个人是否会犯罪，这本身就依赖于我的艺术直觉；但如果还要在细节上证实我的怀疑，那就简直是对这种艺术直觉的毫无节制的滥用了。这种绘声绘色，这种对面相的细致描绘，只能是"富于艺术性的"，kunstreich，这个词也可以理解为充满人工性的，Kunst 这个词在德语中除了"艺术"之外另外一个意思就是人工的技巧，人为的东西，甚至是矫揉造作的，做作的。那么它在这个地方用这个词，也就有跟前面相对应的意思，就是它不再是"自然的"，而是人为做作的。前面是自然而然的，不加修饰的，凭直觉第一眼就看出、就断言这个人是个好人，或者是个强盗，这种断言当然比较抽象，是一种抽象的规定性。断言这个人是一个强盗，小孩子也许会这样，看一个人面相长的凶恶，就说这个人一看就知道是个强盗，这是一种抽象的规定性。但是你真正要具体确定，你凭什么说他是个强盗，说他有强盗的性质，那就必须在面相符号上面，到处去搜罗各种各样的符号标记，在这样一些具体的甚至无限的规定性中，如果没有大量人为的技巧，你就迷失在这种无限性中了。但这种人工技巧就不再是自然的，不再是第一眼就可以看出来的，你对每一个细节都需要第一眼的直觉，那就不再是"第一眼"，而是无数凭借内心直觉任意武断地对这些细节的人为加工了。所以现在所要求的描绘的人工技巧，艺术式的绘声绘色，要比前面那种规定性的鉴定更多得多。前面那种规定性它只是抽象地做鉴定，Qualifikationen，鉴定的复数，即对这个那个人凭第一印象做鉴定，那是非常抽象的。那么现在要把它变成一门面相的"科学"，那就不能够停留在那种凭直觉所做的抽象的鉴定了，那就要求大量的人工技巧或艺术加工。刑事侦探学家在这方面受过训练,就是分析一个人的表情,分析一个人的姿态,从他的表情和姿态上面,泄露出他内心的犯罪动机,那是要有丰富的经验,要有人工的技巧,甚至要有艺术家的直觉的,是经过长期训练才能获得的一种本领。那已经不是小孩子一眼看去就直觉到的那种抽象的鉴定了。

　　这样一些富于艺术性的绘声绘色,诚然会比通过"强盗"、"窃贼"或"善良"、"贞洁"等等所做的鉴定,说出更多的东西来,但对于描绘的目的,及说出所意谓的存在或个别的个体性来,这些是远远不够的;同样不够的,是对超出低额头、长鼻子等等之上的那些形态的描绘。①

　　"这样一些富于艺术性的绘声绘色,诚然会比通过'强盗'、'窃贼'或'善良'、'贞洁'等等所做的鉴定,说出更多的东西来",这些富于艺术性或技巧性的描绘,当然比原来那种自然的面相学要更有内容。自然的面相学是直观的,凭第一印象的,现在我们通过人工的技巧加工,我们去找一些规律,而且我们的确也找到了某些规律,那么这就有了一种技巧,这样一种面相学是一种更高级的面相学,超乎自然面相学的那种面相学,我们可以说是一种人工的面相学。前面是一种自然的面相学,我们现在提升到了人工的面相学,或者人为的面相学。那么通过这样一些人工技巧的描绘,诚然会比通过"强盗""窃贼""善良""贞洁"等等所做的抽象鉴定,说出更多的东西来,"但对于描绘的目的,及说出所意谓的存在或个别的个体性来,这些是远远不够的"。你凭借一种外表的描绘,你就想要说出它所意谓的存在或个别的个体性,不管你多么善于绘声绘色、加上了多少人工的技巧,这都是远远不够的。尽管人工的面相学比自然的面相学能够说出更多的东西,但是对于真正要说出所意谓的存在还相距远得很,那是你的目的,但是你绝对达不到这个目的。"同样不够的,是对超出低额头、长鼻子等等之上的那些形态的描绘",超出低额头、长

---

①　关于额头和鼻子的面相学,参看拉瓦特尔:《面相学断想》第4研究(1778),第219—220、257页以下。——丛书版编者

鼻子等等之上，低额头、长鼻子等等是什么呢？这就涉及后面要讲的骨相学，头盖骨相学。超出头盖骨之上的那些对形态的描绘，也是不够的。这里就已经讲到了，后面要讲的头盖骨相学也是不够把握一个人的个体性的意谓的。头盖骨相学也是想超出头盖骨的形态之上去描绘灵魂的形态，但它除了描绘头盖骨的形态之外一无所获，所以这种描绘是不足以达到目的的。一个人的个别的个体性是无限丰富的，你怎么能够根据它的完全外在东西断言它的内心究竟是怎么想的，那是永远做不完的一个工作，虽然你也可以说出一些规定性来，但这是远远不够的。

因为个别形态，也如个别自我意识一样，作为被意谓的存在是不可言说的。

几乎是同语反复。被意谓的存在，所谓被意谓的，意谓就是不可言说的意思，只可意会不可言传，那就叫意谓，Meinung 就是你以为的，你心里面究竟怎么以为的，那个是说不出来的，说出来都不是，说出来那就不是以为了，就已经在外、由别人解释了。"因为个别形态，也如个别自我意识一样"，个别的自我意识也是这样，一般的自我意识当然可以说出来了，但是个别的自我意识，你这个特定的个人的自我意识，"作为被意谓的存在是不可言说的"。这个在我们前面讲到感性确定性的时候已经分析过了，就是意谓它的本质就是不可言说的，你要为意谓找到一种规律，那就只是胡思乱想、胡猜，因为它不可言说，也就无法规定了。

因此那研究意想中的人的识人科学，以及研究人的意想中的现实性、{178}　并想将自然的面相学的那些无意识的判断提升为认知的那种面相学，①

---

① 黑格尔在此所暗示的是拉瓦特尔在自然的面相学和科学的面相学之间所做出的区分。参看拉瓦特尔：《论相面学》第二部分，莱比锡 1772 年，第 19 页，以及《面相学断想》第 1 研究 (1775)，第 14 页："谁单凭在我们身上造成人的外在东西的第一印象来对人的性格作出正确的判断，他就是一个**自然的**面相学家；——谁确定地知道怎么去指出和整理那些特征、那些对他来说就是**性格**的外在性，他就是一个**科学的**面相学家；而一个**哲学的**面相学家是这样的人，他能够去规定那些如此这般得到规定的特征和表现的**根据**，规定这些**外部结果**的**内部原因**。"——丛书版编者

<u>都是一种既无目的又无基础的东西,它永远不能做到说出它所意谓的东西,因为它只是在意谓,它的内容只是意谓到的东西。</u>

这是做结论了。"因此那研究意想中的人的识人科学,以及研究人的意想中的现实性、并想将自然的面相学的那些无意识的判断提升为认知的那种面相学",这里加了一个德文丛书版的注,说这是拉瓦特的主张,他的著作叫作《促进人的认识和相爱的一些面相学的断想》。拉瓦特尔在其中提出三种面相学:自然的面相学、科学的面相学和哲学的面相学。这句话中的识人科学相当于"自然的面相学";将自然的面相学提升为认知的那种面相学则相当于"科学的面相学"。前者就是我们通常讲的"识人术",但并不成其为科学,而只是一些"无意识的判断",从你的外表一看就知道是个什么人。其实只是研究意想中的人,在你的想象中、你的意谓中,这个人是什么样子,这是非常主观的。"以及研究人的意想中的现实性,并想将自然的面相学的那些无意识的判断提升为认知的那种面相学",这是更高级的,就是把自然的面相学提升起来的人工的面相学,我们前面讲的人为的艺术加工的面相学,那就不是自然的了。意想中的现实性,就是不仅仅是直接的现实性,而是意想中的、加上了自己的意谓的现实性。把无意识的判断、也就是那些仓促的判断,提升为一种认知,提升到一种规律性,这就是所谓的"科学的面相学"了。但是这两种面相学,不管是识人科学,还是一种更高层次的科学的面相学,"都是一种既无目的又无基础的东西"。这里一概否定了,前面这两种面相学全都被否定了,或者说面相学的双重含义都被否定了。一个是研究意想中的人,一个是研究人的意想中的现实性。意想中的人那是整体的,那是直观的,意想中它就是这么个人;而意想中的现实性,人的现实性无穷无尽,它的规定性无穷无尽,表现在表情、语调、语气、字体、字迹等等各个方面。所以你必须要把它们当作现实性来把握,但是你把握不了,你还只能通过意想,你以为你把握了现实性,但是这个现实性是无限的,你的把握是远远不够的,你只能是你自以为把握了。所以这两种或者两个

层次的面相学，都是某种既无目的又无基础的东西。既无目的，你所要把握的那个东西，其实你根本是把握不到的，意谓的东西本来就是不可言说的，你想要把握那个东西，把那个东西作为对象来规定，这个目的就是虚的。面相学把不可言说的东西作为言说对象，那怎么能成为目的呢？又无基础，你凭什么去把握，你根据什么来把握？你要根据外在的现实性，那个现实性是无穷无尽，它不能作为你的基础，你远远不够。所以"它永远不能做到说出它所意谓的东西，因为它只是在意谓，它的内容只是意谓到的东西"，因为它只是在进行意谓，它的内容只是被意谓到的东西，被意谓的东西是不可言说的。光是讲意谓不等于科学，我们前面已经多次接触到这样一个命题，就是如果你的科学最后归结为意谓，那就不是科学了，那就没有确定性了，因为确定性只在你的意谓之中，那就不是确定性。每个人都可以意谓一种确定性，那还成为什么确定性嘛。所以这个是它们的下场，不管是自然的、初级的面相学，还是人工的、高级的面相学，它们都不可能达到自己的目的。至于哲学的面相学，黑格尔没有谈，大概相当于前面所讲的为科学的现象学奠定基础的真正的思想，即对立后面的实践的根据吧，这其实已经走出面相学的范围了。

这门科学企图去寻求的**规律**，就是它所意谓的这两个方面的一些联系，因而本身只能是一种空洞的意谓活动罢了。

"这门科学企图去寻求的**规律**"，这里是讲所谓科学的面相学，自然的面相学不讲了。你要成为一门科学，你就必须要找到规律。但是这门科学所企图寻求的规律，"就是它所意谓的这两个方面的一些联系"。它所意谓的这两个方面，一方面是意想中的人，一方面是人的意想中的现实性，这两个方面都是意想中的、意谓中的。意想中的人可以看作是内在的方面，人的意想中的现实性可以看作是外在的方面，但是不论是内在的方面还是外在的方面，都是意想中的，都是意谓的两个方面。你想把意想中的人跟人的意想中的现实性一一对应起来，那"本身只能是一种空洞的意谓活动罢了"。空对空,一个是你想象中的人,它是内在东西,你想要把它的内在东西作为你的对象;但是你的手段也是意想中的,你的手段是搜集不尽的,那些外在的、现实性的符号,那些特征,那是无穷无尽的,所以你只是意想中的一种现实性。那么这两方面怎么可能形成一种固定的——对应的关系呢? 你想把它们联系起来,那只不过是一种空洞的意谓罢了,整个是用意谓对应于意谓来联系另外一种意谓,整个来说都是空洞的意谓,你什么也没有得到。

　　甚至就因为这种自以为是研究精神现实性的认知,它作为自己的对象来拥有的恰好是精神的走出其感性定在而在自身中反思,而且对精神来说,被规定的定在是一种漠不相干的偶然性,所以,这种认知在它所找到的规律中必定会直接认知到,它们什么也没有说出来,其实是纯粹的空谈,或者说只是被给出了关于自己的一种意谓罢了; [213]

　　这里有个"因为所以"的结构,你们要注意大结构。"甚至就因为这种自以为是研究精神现实性的认知,它作为自己的对象来拥有的恰好是精神的走出其感性定在而在自身中反思",这种认知,也就是这种科学的面相学的认知,把这个当作对象,就是精神怎么样走出它的感性的定在,而在自身中反思,也就是精神是如何超出它的感性定在而回到它自身、回到自己的意谓之中的,它因此而自以为是在研究精神的现实性,自以为是一门科学的面相学。"而且对精神来说,被规定的定在是一种漠不相干的偶然性",精神要超出感性的定在回到自身,它就必须把这个被超出的感性定在当作一种偶然性,是和精神漠不相干的。所以这两方面毫无关联,或者至少是没有必然的关联,精神总是要跳出或者走出感性的定在,它不管感性的定在,感性定在不能表达它。所以它只好转回到自身去,进行自身反思。而那个感性的定在,与精神也是漠不相干的,对它来说也是偶然性,这两方面是无法连接起来的。这就是这种认知活动当作自己对象的两方面,一方面精神不满意于感性的定在,要走出它而反思到精神自身;另一方面感性的定在跟精神也漠不相干,它是偶然加在精神上的一种符号。这是研究精神现实性的认知，"这种认知在它所找到的规律中必定会直接认知到，它们什么也没有说出来，其实是纯粹的空谈，或者说只是被给出了**关于自己的一种意谓罢了**"。既然它把这两方面当作自己对象，一方面跟另一方面毫无关系，精神跳出了感性定在，而感性定在呢跟精神也漠不相干，那么这种认知活动所找到的规律就只是空谈。这种认知什么也没有说出来，因为这种所谓的规律，你把这两个方面挂在一起，你最后会发现、会认知到你什么也没说出来，只是给出来了关于自己的一种意谓。你的意谓本来说是精神的，你把它当成对象来研究，观察的理性肯定要把自己当观察的对象，当作客观的事实，一种真理。但是现在你发现你其实对这客观的真理什么也没说出来，你谈的只是你的自己的一种意谓而已，你没有谈出你所观察到的那个对象，它有什么规律？它没有什么规律，只是你那样认为而已。

一种具有真理性的说法是，说出它的**意谓**和借此不提供事情而仅只提出**关于自己的**一种意谓——这表达的是一回事。

"一种具有真理性的说法是，说出它的**意谓**和借此不提供事情而仅只提出**关于自己的**一种意谓，——这表达的是一回事"，这两种表达当然有区别，一个是说出它的意谓，这是一种客观的说法；和借此不提供事情本身，而只提出关于自己的一种意谓，这就是主观的说法。但是这两种表达是一回事。这种说法具有真理性，就是把这两种说法看作是一回事，客观的说法和主观的说法是一回事。为什么是一回事情呢，因为你说来说去都是意谓嘛，你讲的客观的意谓，不还是你所设想的客观意谓，是你以为的客观的意谓？所以你是在意谓的圈子里转来转去，这两件事情是一回事情，意思是一样的。一种是客观的表达，一种是主观的表达，客观的和主观的在这种意义上是同一的，所以这种同一性在说法上是带有真理性的，就是主观和客观相互符合、相互同一。真理性本来就是主客同一的意思。

但就**内容**来说，这些观察跟下述两种观察不可能有什么两样：小贩说,"我们每逢年集都下雨";家庭妇女说,"可也是,每次我晾晒衣服都下雨"。①

这两种说法在形式上、在说法上是具有真理性的,"但就**内容**来说,这些观察跟下述两种观察不可能有什么两样"。这里内容打了着重号,是与前面讲的"说法"相反的。听起来好像不错,主客观相符,这就是真理的架势了;但一考察它的内容,完全不是那么回事。一个生动的例子就是,小贩说我们每逢年集都要下雨,年集就是每年一次的赶集,类似于我们的广交会一样,每年举办一次,每次逢年集都下雨,好像是一种客观规律了。而家庭妇女应声答道,是啊,每次我晾晒衣服都下雨。这个例子是从李希屯伯格的书里面抄来的。但是我晾晒衣服完全是由我主观决定的,而这个年集不是由我主观定的,那是客观上已经定下的,但是两种情况似乎都导致了下雨,这不也是主观和客观相符合吗? 所以这两个意思看起来好像是一回事,但是相差甚远,就是说在内容上面实际上是完全风马牛,讲的不是一回事。我们看了这段对话觉得很好笑,小贩讲的跟家庭妇女讲的其实毫无关联,但是从形式上、从说法上来说是一样的;而两个人讲的表面上好像是一回事情,但是实际上却又是貌合神离,对不上号的。这里是讽刺那种自以为是科学的面相学,它所找到的"规律"就是这种情况。

李希屯伯格就是这样描写面相学的观察的,他还说了这样的话:"如果有人说你的行动虽然像一个诚实的人那样,但我从你的形象上看出来,你是迫不得已的,你在本心中是一个无赖;毫无疑问,这样一番话,直到世界的末日,从任何一个正派人那里都将得到一记耳光的回报。"②

这里又引了李希屯伯格论面相学里面的话。"如果有人说你的行动

---

① 参看李希屯伯格:《论面相学》第72页:"小贩说,我们每逢年集都下雨;家庭妇女说,可也是,每次我晾晒衣服都下雨。"——丛书版编者
② 参看李希屯伯格:《论面相学》第6页。——丛书版编者

虽然像一个诚实的人那样"，一个诚实的人应该有什么行动，你都做到了，你都做到堂、做到位了；"但我从你的形象上看出来，你是迫不得已的，你在本心中是一个无赖"。就是人家做了好事，还要猜测说，你的本心是居心不良，别有用心，你的本心是一个无赖。这有点像中国传统的"诛心之论"，不是批评人家的行为，而是批评人家的动机，这是永远可以立于不败之地的，也是难以根除的极左思潮的来源。按照面相学，把外在的行动当作只是内在东西的表现，而把内心当作是最重要的。但内心怎么得知呢？从形象上看出来，但从形象上是可以看出任何东西来的，比如我就看出来，你是迫不得已的，你在本心中是一个无赖。这就把这种形象变成一种诛心之论了。他本来是想寻求根据的，他知道说话要有根据，什么根据呢？就是看你的样子，面相学就是看你的样子，看你的样子其实就是不要任何根据了，虽然表面上他也有根据，我看你的样子不对，看你不顺眼，我看你脑后有反骨。诸葛亮看相，看出魏延的脑后有反骨，尽管他做的事情很不错，但是不用他，还要把他除掉。这个就是诛心之论，就是不要什么根据，不要事实，不要看他所做的。我们通常讲，听其言，观其行，现在不用看他的具体行动，我们看一个人的样子就可以决定他的内心，这是很荒谬的。想从形象上、表情上看出来你是迫不得已的，表情上怎么能看出来呢？如果这样一种从表情上来看人成为惯例的话，那就是逼着人做出虚假的表情，逼着每个人都成为一个演员。诛心之论流行的地方，人就越来越会演戏，越来越虚伪。表情是可以做出来的，常常可以蒙哄一些人，蒙混过关。比如说痛哭流涕，当众忏悔，写检讨，有时候你明明知道他是假的，但是你也无可奈何，你说他蒙混过关，他已经做了，他检讨都做了，他都流眼泪了，你还要他怎么样？你让他把心掏出来？那心掏不出来的嘛。所以就逼着每个人作假，逼着每个人演戏。演戏演多了，那平时不用演戏的时候，就是目无表情，就是麻木。外国人为什么总觉得中国人一脸的麻木，中国人碰见外国人的时候，不管在国内还是在国外，给人的印象都是不会表情，但只要一表情就过分。就是他平常要做太多虚假的表情，活的太累，所以他的麻木实际上是一种休息，他面无表情的时候，说明正是他很放松的时候。但是你要他表现他义愤填膺，或者是爱国，或者是疾恶如仇的时候，他的表情就出来了，那就是必须要做的时候，特别是在人多的场合之下，大家都在一起的时候。你要是不做出那种表情，你就是十恶不赦了，人家就会斜着眼睛看你了，就有一种压力了。当然现在好一些了，很长一段时间中国人都是这样的，在人前必须要做出一种表情来。但是李希屯伯格说，这样根据人的表情来指责人，从你的形象上看出来你是迫不得已的，你在本心中是一个无赖，"毫无疑问，这样一番话，直到世界的末日，从任何一个正派人那里都将得到一记耳光的回报"。就是说这是一种诽谤，这样一种诛心之论，直到世界末日，任何一个正派的人都会报之以一记耳光。所谓直到世界末日，就是在还未面临上帝的审判之前，没有人能够判断人的内心，只有上帝才是知人心者。而在此之前，任何人想要自称对别人的内心明察秋毫，他将被正派的人扇耳光。你以为你是上帝？你不也有脸面吗？我一记耳光就可以改变你脸部的形象，你还能凭这种形象判断一个人的内心吗？谁能够凭外表判断另外一个人的内心，这个在西方人心目中是很难的，你自己尚且不能判断你自己的内心，只有上帝能够判断所有人的内心，要等到世界末日才见分晓。

　　——这个回报之所以**恰如其分**，乃是因为它驳斥了这样一种意谓科学的第一预设，即认为人的**现实性**就是他的面貌等等。

　　这个回报是恰如其分的，为什么恰如其分呢？因为它驳斥了这样一种意谓科学的第一预设，即把人的外貌和他的内心等同起来的假设。面相学被称之为意谓科学，实际上有一种嘲讽，就是意谓是不能成为科学的，光是谈意谓怎么能成为科学呢？光是谈动机能够成为一种科学吗？能够成为一种规律吗？能够判定一个人吗？光从猜测一个人的动机，一个人的意谓来判定一个人，能成为客观的真理吗？显然是不行的。"这样一种意谓科学的第一预设，即认为人的**现实性**就是他的面貌等等"，现实性打了着重号，他的面貌成为人的现实性，人的行为业绩还不行，人做的事情都不足以成为他的现实性，都隔远了；只有他的面貌是直接代表他的现实性的，这是意谓科学的第一预设，以貌取人。这个预设在这里被驳斥了。

——毋宁说人的**真实的存在**是**他的行为业绩**；在行为业绩里，个体性是**现实的**，而且那把**所意谓的东西**在其两个方面中加以扬弃的也正是人的行为业绩。

这是黑格尔的正面的观点了，在黑格尔看来，"毋宁说人的**真实的存在**是**他的行为业绩**"。人的真实的存在，不是那种只可意会不可言传的东西，那种保存在面貌后面不被触动的东西。那个东西倒是空洞的，是虚假的，人的真实的存在是他的行为业绩，人就是在他的行为业绩中存在的，在他所做的事情中存在的。人做什么，人就是什么；或者说人是什么，他就能做出什么来，所以人的真实的存在是他的行为业绩。"在行为业绩里，个体性是**现实的**，而且那把**所意谓的东西**在其两个方面中加以扬弃的也正是人的行为业绩"，在行为业绩里个体性是现实的，不再是空洞的。而且它把所意谓的东西在其两个方面中加以扬弃，哪两个方面？也就是前面讲到的那两个方面，一个是意想中的人，一个是人的意想中的现实性，这两个方面都是意想中的，都是意谓。但在行为业绩中，这两个方面都被扬弃了，在行为业绩中已经不是意想中的，不是意谓中的，而是实实在在的确定的了。人在他的现实的行动中才是他自身，才是他的存在，所以在行为业绩里，个体性是现实的，而且扬弃了两方面的意谓的东西。这里就开始走向实践了，就是说强调人的实践是面相学必然的发展方向，面相学已经显露出它自身的矛盾性和空洞性，它必须把自己所确定的那种关系颠倒过来，把它认为是非本质的那种行为业绩看作是真正本质的，把它认为是本质的那种符号、意谓，符号以及符号底下的意谓，看作是非本质的，要把这个关系颠倒过来。内外关系，到底哪个是内，哪个是外？行为业绩才是内，虽然它在外，外就是内。那么个体的这种所意谓的东西才是外,是你主观加给对象的。那么这两方面的意谓就都被扬弃了,下面就讲如何扬弃。

首先一方面,那所意谓的东西,是一种肉体性的静止的存在;个体性在行动中毋宁说体现为**否定性的**本质,这本质只有当它扬弃了存在时才**存在**。

"首先一方面,那所意谓的东西,是一种肉体性的静止的存在",这一方面也就是我们刚才讲的意想中的人,它是由上述"识人学"或自然的面相学所研究的。所意谓的东西,是一种肉体性的静止的存在,即人的相貌,如人的表情、面貌,它是一种肉体性的静止的存在。那么我要在这上面指谓一个人,意谓其中的个体性,如何意谓? "个体性在行动中毋宁说体现为**否定性的**本质,这本质只有当它扬弃了存在时才**存在**",个体性的行为业绩对于那种所意谓的东西,那种肉体性的静止的存在,那种固定的,在表情上面,在语言上面,在语气上面所体现出来的东西,是一种否定性的东西。识人学抓住这些东西,是要从中识人,看出人的内在的个体性。当然这些外部形态也是活动的,但是对于人的行动来说,它们是静止的存在,一个人的语气、语调,一个人的表情方式,这些东西都是比较固定的,可以分析测试的,而一个人的个体行动才是运动着的,是在后面驱使着这些表情语气等等的活动的。所以个体性在行动中毋宁说体现为否定性的本质,否定性打了着重号。否定性的本质,它就不是静止的了,它就不是像表现在肉体上面的那样的一种静止的东西了,它对这静止的肉体的存在是否定性的。"这本质只有当它扬弃了存在时才存在",扬弃存在时才存在,那就是一种运动的存在,一种否定性的存在,在活动中把原来的存在否定掉、扬弃掉。识人学首先就把肉体性的静止的存在扬弃了,这些存在作为肉体是存在的,但作为意谓是不存在的,是必须被扬弃的。但这样一来,这种扬弃存在的存在就失去自身的现实性了,它不受肉体存在的束缚,也无法和肉体存在形成一对一的固定联系。识人学所意想中的人就成了只可意会不可言传的东西,你想要在肉体的那些静止的形态上找到跟人的内心精神——对应的某种符号，那是找不着的。所以识人学这种自然的面相学就把自己的对象扬弃掉了，通过这样一种扬弃，我们可以看出来，人的个体性的本质是一种否定性的本质，是一种扬弃存在的存在。就是肉体的这种静止的存在在寻求意谓的过程中被扬弃，但个体性正是通过这种扬弃，才真正存在起来，即作为否定性的本质、作为扬弃存在的存在而存在起来。肉体的存在会由于人的行动而改变自己，它只是随着人的行动而改变的一种动态的关系，你不要在它的静止形态中去找它的对应的意谓，你要在它的动态关系中去发现它的本质，这是一方面。从这方面我们就扬弃了识人学的静止的对应关系，进入到了主体的实践活动。

其次，另一方面，行为业绩对于自我意识到的、那在意谓中本身是无限被规定和无限可规定的个体性而言，同样也扬弃了意谓的不可说性。

其次是另一方面，这就是"科学的面相学"所追求的人的意想中的现实性方面。前一方面是说，行为业绩在自然的面相学、识人学中扬弃了那种感性的存在，那种符号的存在；那么另一方面可以说，行为业绩在科学的面相学中也扬弃了现实性中那种内在的不可言说的意谓，而体现了个体性的能动本质，这两方面都是通往实践的。"其次，另一方面，行为业绩对于自我意识到的、那在意谓中本身是无限被规定和无限可规定的个体性而言，同样也扬弃了意谓的不可说性"，在行动中，在行为业绩中，对自我意识到的无限被规定和无限可规定的个体性，也扬弃了意谓的不可说性。前一页 [212 页] 讲科学的面相学，"这门科学企图去寻求的**规律**，就是它所意谓的这两个方面的一些联系，因而本身只能是一种空洞的意谓活动罢了。"但正是这种意谓活动本身所造成的行为业绩，由于它的无限规定和无限可规定性的活动，而成为了一种可说的、可规定的个体性，而不再是只可意会不可言传的了。自我意识到的个体性是在意谓中无限被规定和无限可规定的，这个意谓我们刚才讲到了，你要把它对应于这种感性的存在的规定，那它是无限可规定的。无限你达不到，达不到你就只能在意谓中去随意猜测了。但如果着眼于个体性的行为业绩，那就和前一方面的识人术一样，同样也扬弃了意谓的不可说性。我现在不用考虑行动后面的不可言说的意谓，我就在行动中扬弃了这种无限的可规定，千言万语都不用说了，你就看我的行动，一个行动就说明了这个个体性，而且它本身才是可以言说、可以评价的。个体性在一个行动中就表现出来了。

　　而在实现了的行为业绩中，这种坏的无限性就被消除了。

　　"而在实现了的行为业绩中"，我不用说那么多，我把它做出来，那么"这种坏的无限性就被消除了"。坏的无限性，前面讲从知性章向自我意识过渡时就说到过无限性的概念，说知性虽然把无限性当成对象，但又错失了无限性本身，因为它把无限性的矛盾双方重又分配到两个世界里去，分配到感官世界和超感官世界的概念里面；而只有把两个世界通过各环节的运动而统一起来，看作一个自我回复的圆圈，才达到自我意识的层次 [贺、王译本，前面参看第 113—114 页]。你要亦步亦趋地追随那些无限多的规定性，你就回不到自身，没法作为个体而行动了，你必须要跳出那种坏的无限性，返回到自身的行动，着眼于这行动的业绩，这才是真正的现实性，它是可规定的、可说的。

　　这行为业绩是一种单纯被规定的东西，普遍的东西，可以在一个抽象中加以把握的东西；它是谋杀，是偷窃，或者说是慈善的行为业绩，英勇的行为业绩等等，对行为业绩可以**说出来它是**什么。

　　"这行为业绩是一种单纯被规定的东西"，它没有那么多规定，它变得单纯了。行为业绩变得单纯了，你千言万语，还不如做一个行动，一个行动就说明了问题。你这个人到底是好人还是坏人，看你怎么做，选择在你面前，有个人被撞伤了，你是不是去救他，一个行动就说明问题，不要说那么多。所以它是一种单纯被规定的东西。它是"普遍的东西"，特殊的东西现在又回到了普遍性，正因为行动成了一种单纯的东西，它就可以贯穿一切特殊的东西而成为普遍的东西。它也是"可以在一个抽中加以把握的东西"，这样一种单纯的普遍东西可以用一个抽象来概括，一个抽象可以概括一切。比如说，"它是谋杀，是偷窃，或者说是慈善的行为业绩，英勇的行为业绩等等"，所有这些都是行为业绩，里面贯穿着一个单纯的行为业绩，一个抽象的原则，它可以用来"说"这些具体的东西。所以"对行为业绩可以**说出来它是什么**"，不再是游移不定，不断追索，也不再只是不可言说的意谓，而是从一个原则出发说出来这个行为业绩"是什么"，对之加以确切的规定。

　　行为业绩**就是**这个，并且它的存在不仅仅是一个符号，而是事情本身。

　　"行为业绩**就是**这个"，"这个"就是"这一个"，在"存在"阶段、"是"的感性确定性阶段，"这一个"是没什么可以多说的了，它是一个单纯的共相，任何东西都是这一个。"并且它的存在不仅仅是一个符号，而是事情本身"，行为业绩不再是一个符号，不再是暗示了一种什么意谓的符号。一个人做了好事，我们会说这表明他是一个好人，仿佛这个好事倒不重要，只不过是好人的符号，他是好人倒是更重要的，我们通过他做好事认识到他是一个好人，这更重要。其实不是的，其实他是好人也好，坏人也好，这个判断是不重要的，重要的是他是不是做了好事。或者我们可以说，他做了好事才是好人，不是因为他是好人，所以他才做好事。一个人是不是好人，我们要看他是不是做好事，他做了好事，我们才可以说他是好人，如果他没有做好事，他标榜说自己是一个好人，那是没人相信的，好人不做好事，那还能叫作好人吗？所以行为业绩，它的存在不仅仅是一个符号，而就是事情本身。行为业绩才是事情本身，这才是真正内在的东西，你把它看作外在的东西，非本质的东西，你就搞颠倒了。面相学在这里就搞颠倒了，所以它必须要再颠倒过来，跨入到实践理性里面去。实践理性才是事情自身，对于这个观察的理性来说，它真正的后面的基础就是实践理性，就是事情自身，就是行为业绩。

　　行为业绩**就是**这个，而个体的人**就是**行为业绩**所是**的东西；在**这个**

"是" 的单纯性中，个别的人对别人而言乃是存在着的、普遍的本质，不再 [214]
只是一种被意谓的东西了。

　　"行为业绩**就是**这个，而个体的人**就是**行为业绩**所是**的东西"，这里
三个 "是" (ist) 都打了着重号，说明在 "存在" 的层面上，个体、"这一个"
和行为业绩是一回事。你是一个什么人，就是要看你的行为业绩是什么，
要看你做出什么事来。有人说，一个人做好事，他有可能是炒作，或者可
能是装出来的，或者是为了欺世盗名，所以才去做好事的。但是也有人
说，他虽然可以在一时一事上虚伪，但是他不可能虚伪一辈子，他可能在
这件事情上、那一件事情上做点好事来欺世盗名，但是他不可能一辈子
都欺世盗名。但是这个说法好像也没有很多人赞同，就是说完全有可能
有的人一辈子都在欺世盗名，他一肚子坏水，但是他不敢做坏事，只敢做
好事，这样忍了一辈子。有这样的人，他一辈子都没有做过一件坏事，就
像韩少功《马桥词典》中的马仲琪，是个老实人，他一生都在看着人家做
坏事，但是他不敢做。最后觉得这辈子亏了，划不来了，最后偷了一块肉，
恰好又被人抓住了，于是就只好自杀了。也许有人会这样评价他，就是
这个人一辈子，其实是个坏人，但是由于胆子小，他不敢做坏事，只敢做
好事，最后暴露了吧，最后他的坏的本性遮盖不住了，暴露了他是个坏人。
其实这样评价不对的，也不公平。就事论事，他做了坏事，当然这一点是
坏的，但是他没有做坏事的时候，他做好事的时候，你得承认他是好人。
不能因为人有做坏事的欲望，就断定他是个坏人，要那样，恐怕就没有人
是好人了。我有次在聊天时也说到，就是如果一个人能够装一辈子好人，
那就是一个好人了，你不能说他是装一辈子好人的坏人。一个人做一件
好事并不难，难的是一辈子只做好事不做坏事，这是毛泽东的名言。一
辈子如果不做坏事，只做好事，这就是一个好人。你不要去追究他的动机，
动机谁能追究得到？ 只有上帝能追究一个人的动机，一个人自己都不一
定知道自己的动机是什么。但是他一辈子没有做坏事，说明他背后的那
个上帝所掌握的动机是好的，也许他自己掌握的动机是坏的，他总想去

做坏事，但是总没有做成或者是总不敢做，这说明还有一个上帝在掌握他的内心。当然我们不信上帝，但是我们要意识到人性的复杂性，在他的自我意识底下，还有他自己都没有意识到的东西。弗洛伊德讲潜意识或者什么东西，说明人的性格、人的自我意识是有无限层次的，那么你要去追究他的无限层次，那就陷入到意谓的无限性去了，那个小说家可以去追究，艺术家可以去挖掘。但是要据此为一个人的个体定性，这是没有意义的。我们对人的认识只能够把握他做了什么，只能从他做了什么来判定一个人，这就是实践论的观点。实践论跟这个理论的立场有很大的不同，我们看一个人，就要看他所做的事是什么，个体的人就是他的行为业绩所是的东西。"在**这个'是'**的单纯性中，个别的人对别人而言乃是存在着的、普遍的本质，不再只是一种被意谓的东西了"，这里就说出他的理由来了，为什么个体的人就是他的行为业绩所是的东西？在这个"是"的单纯性中，个体的人所是的东西，这个"是"是单纯的，就是"这一个"，没有那么多话，没有那么多规定，他做了什么他就直接是什么。在这里头，个别的人对别人而言是存在着的普遍的本质，因为别人也是个别的人，他的本质、他的"是"也是在行为业绩中体现出来的。所以"这一个"就是一个共相，一个普遍的本质，大家都可以在行为业绩这个层面上确定自己的本质，就像马克思讲的，人的本质不是单个人所固有的抽象物，人的本质在其现实性上，是一切社会关系的总和。你的行为业绩对别人发生了影响，别人的行为业绩也对你发生了影响，这就是每个人的普遍本质，这个本质不再是个别人内心的抽象的意谓，而是人们的现实的"社会存在"。

　　虽然他在其中并没有被建立为精神；但是由于这里所谈的应当是他的作为存在的**存在**，并且**从一方面来说**，**形态**和**行为业绩**这个双重存在应当是互相对立的，这一方和那一方都应当是他的现实性，所以不如说只有这个行为业绩才能被断定为他的**真正存在**，

{179}

　　我们先看这半句。"虽然他在其中并没有被建立为精神"，也就是在

672

这个行动中,在这个行为业绩中,他的行动当然并没有被建立为精神,在个体的行动中还没有被建立为精神。我们不能直接从他的行动中就断言他的精神的状况,我们说他是一个好人只是就他造成的效果而言的,但是这个效果还没有被建立为精神。当然是跟精神是有关系的,但是还没有被建立为精神。这个精神就不是个人内在的精神,内在精神只是意谓,你不能凭空去猜测的,不能搞诛心之论。真正能在客观上建立起来的精神,就是进入到世界历史中的精神,在这里还没有被建立。"但是由于这里所谈的应当是他的作为存在的**存在**",这里谈的只是个体的存在本身,虽然涉及了他的本质和社会关系,但还不是面相学这里的话题。"并且**从一方面来说,形态**和**行为业绩**这个双重存在应当是互相对立的",这个"从一方面来说"打了着重号,是与下面的"从另一方面来说"相对应的。就是为什么说精神还没有建立起来,有两方面的原因。一方面,他的形态和行为业绩这个双重存在在面相学这里还是互相对立的,形态就是符号面相学所依据的,行为业绩则是科学的面相学所推出来的,这两方面还没有很好地调和起来。面相学的双重含义,一个是符号,一个是行为业绩,它们被看作应当是互相对立的,作为内和外的关系,不管你把哪一方当作内,把哪一方当作外,总而言之,它们应当是互相对立的。"这一方和那一方都应当是他的现实性",自然的面相学和科学的面相学各执一端,都立足于他的某种现实性,都觉得自己应当是现实的。"所以不如说只有这个行为业绩才能被断定为他的**真正存在**",在这样一种争执和对立的过程中,我们可以看出来,只有行为业绩才能断定为他真正的存在,作为存在的存在,或者是真正的现实性。前面也说过,实践才是理论和实践统一的基础。为什么?下面接下来就说明这一点。

　　——而他的形象则不能,形象所应当表现的是他对自己的行为业绩所意谓的东西,或是别人会以为他只是有可能去做的事。

　　就是说只有这个行为业绩才能被断定为他真正的存在,"而他的形象则不能",他的形象不能断定为他真正的存在。虽然两者都有某种感性的存在，但形象的存在不是作为存在的存在，而是作为意谓的符号的存在，所以不是真正的存在。"形象所应当表现的是他对自己的行为业绩所意谓的东西"，也就是表现了他对自己行为业绩的反思，我在做这件事，那么我是以一种什么样的态度在做这件事，我这种态度就表现在我的形态，我的表情，我的语气等等这些方面。所以形象所应当表现的还是他的行为业绩后面的意谓，而不是真正的存在。意谓本身是不可说的，但是在符号上面应当有所表现，形象应当表现他内心的意谓，哪怕只能是言不尽意，但还是应当表达。但这样一来肯定会有误解，"或是别人会以为他只是有可能去做的事"。别人以为，也就是别人的意谓了，除了他自己的意谓以外，别人也有意谓，也会以为，别人从他的形态、从他的表情语气等等上面所以为的，因而只是他"有可能"去做的事，这都是用的虚拟式了。这个人看样子就像个强盗，他就可能去抢劫，可能去杀人，但是他并没有去做，他只是有可能去做，或者是别人会以为他只是有可能去做。所以在这两者之中，行为业绩才是真正的存在，真正的现实性，因为它不诉之于意谓，也不会被人误解。这是从一方面来说的，就是行为业绩比表现形态更加具有现实性，而要从这种"作为存在的存在"上面建立起精神来，还有一个很长的过程。"作为精神的存在"这个说法要到后面头盖骨相学的最后才会引出来讨论。

　　同样从另一方面来说，由于他的**作品**跟他的内在**可能性**、能力或意图相对立，所以唯有他的作品可以被视为他的真实的现实性，即使他自己在这一点上发生错觉，从他的行动返回自身以后，以为在这个内在东西中，有种跟**行为业绩**中不同的东西也罢。

　　"**同样从另一方面来说**"，另一方面是哪一方面？另一方面是说，作品比内在的东西更现实。一方面是行为业绩比形态更现实，另一方面作品比内在的东西更现实。行为业绩和形态相比，行为业绩是做出来的，形态是静止的符号；作品跟内在的东西相比，作品又是固定的静止的，内在的东西是动摇不定的。"由于他的**作品**跟他的内在**可能性**、能力或意图相对立,所以唯有他的作品可以被视为他的真实的现实性",作品比内在东西更现实,内在的可能性,内在的能力,内在的意图这些东西,当然是动态的。但是你做出作品来没有？如果没有做出作品,这些都是空话。你产生出的作品放在那里,摆在那里,那么这个作品比内在的东西更现实,比内在的那些动机,那些意谓,那些飘忽不定的东西要更现实,"所以唯有他的作品可以被视为他的真实的现实性"。内在的可能性,能力和意图这些东西,都只是意谓,都是可意会不可言传的、说不出来的东西。而作品是表现出来的,那么作品跟这个内在的东西相对立,是唯一可以视为他真实的现实性的东西。一个作家,他的创作意图跟他实际创作出来的作品,那是不能等同的,他的意图一旦创作出作品来,那就是不以他的意图为转移的,那就是现实的、客观的东西了,要别人去评价了。你可以说,我没有把我的意图完全表现出来,但这个不作数,人家还是只看你的作品,不看你的意图。这说明这两方面是对立的,而内在的那一方面只是意谓,它是不现实的。像托尔斯泰写《安娜·卡列尼娜》,本来想把安娜·卡列尼娜写成"一个堕落女人",结果却获得了大家的同情,认为她是一个非常美好的灵魂,这跟托尔斯泰的初衷是完全相反的。但是不管怎么样,《安娜·卡列尼娜》是他创作出来的作品,我们要凭借这个作品去评价托尔斯泰这个人,不能根据他的创作意图去评价他这个人。你根据他的创作意图评价托尔斯泰这部作品,那就没什么好说的了,他的创作意图只是根据世俗的观点。但是问题是他创作出来这么样一个不朽的人物形象,尽管他自己以为别人都误解了他,但是这种误解对于他来说恰好是他的光荣。最好是误解,你不要根据他的创作意图来读这本小说,你要根据他的创作意图来读,那才是误解,你就误解了托尔斯泰,以为托尔斯泰原来是这么一个庸俗的人。所以你必须要尊重他的作品,他的作品才是他真正的现实,"即使他自己在这一点上发生错觉,从他的行动返回自身以后,以为在这个内在东西中,有种跟**行为业绩**中不同的东西也罢",即使他自己在这一点上发生错觉,返回到自己的意图来解释自己的作品，以为这个内在东西跟他的行为业绩不同，即使他自己不同意别人的解释，他仍然是以他的作品而扬名，他的作品仍然不受他内心的错觉的影响。

个体性在通过使自己成为作品而把自己托付给对象性的元素时，的确就借助于被改变和被颠倒，而使自己委身于作品。

"个体性在通过使自己成为作品而把自己托付给对象性的元素时"，个体性把自己表现在作品上面，外化在作品上面，这就把自己托付给作品的对象性的元素了。这时，他"的确就借助于被改变和被颠倒，而使自己委身于作品"了，他的主动变成了被动，他只能任由别人对他作品的品头论足，作品就是他的个体性的铁证。他必须要把自己托付给对象性元素，否则的话他的个体性、他的内在的意图都是没有现实性的，如果他老是在那里冥思苦想，但却一辈子都没有创作出作品来，那他就不存在了。他要存在，他必须把它弄出来，做出来，形成一个作品，他必须把自己托付给对象性元素，托付给作品。你要放弃自己，把自己放弃到对象性之中，这个放弃是一种托付：这个作品就代表我了，我就是它了，我认可了这是我的作品，这就是把自己托付给对象性的元素。但这个时候的确要借助于被改变和被颠倒，使自己委身于作品中，在他托付给作品的时候，他就被改变被颠倒了。他被改变了，怎么被改变了？他本来是一个内在的东西，只是一种意谓，现在变成了一种外在的东西，由别人去评价了，那不是被改变了吗？那不是被颠倒了吗？本来是我自己评价自己，但是由于必须成为现实性才能够评价，所以一旦我把自己变成现实性作品，那么我借助于它来评价自己，就颠倒为别人借助它来评价我了。本来是我自己评价作品，现在成了别人由作品来评价我，我是不得不使自己委身于作品的，任由他人评价。这就是通常所说的异化，外化必然导致异化，你把自己外化出去，那么这个外化的东西就不受你支配了，它不但不受你支配，它还要来支配你。外化出去的东西，它对你自己是有一种支配性的，因为它是社会的，它是他人的，你能脱离社会吗？你能脱离社会，你就不是你了，你就没有现实性了。你要成为现实的你，你就必须让他人来评价，自我意识只有在跟他人、跟另一个自我意识相互承认之中才能建立得起来，你要把我看作是我们，把我们看作就是我。你委身于作品，就是委身于他人的评价。

　　但是行为业绩的性格正是取决于，这个行为业绩是一种保持着的现实存在呢，还是仅仅是一种在自身中不留痕迹地消逝着的被意谓的作品。

　　"但是"，这个地方有个但是。前面是讲的两个方面，一个方面是行为业绩比形态更现实，第二个方面是作品比内在的东西更现实。那么这个"但是"就讲到了行为业绩和作品的关系。两个都是更现实，一个是行为更现实，一个是作品更现实，那么行为和作品这两者又是哪个更现实？所以他讲，"行为业绩的性格正是取决于，这个行为业绩是一种保持着的现实存在呢，还是仅仅是一种在自身中不留痕迹地消逝着的被意谓的作品"。行为业绩的性格，这个"性格"又出来了，Charakter，一个行为业绩的性格，也就是一个个体，真正的个体是一个性格，是一个个别的性格。那么行为业绩的性格是由什么造成的呢？它取决于什么呢？取决于这个行为业绩是一种保持着的现实的存在，还是仅仅是一种在自身中不留痕迹地消逝着的被意谓的作品。从这个语气我们可以看出来，显然是前者。也就是说行为业绩的性格正在于这个行为业绩是一种保持着的现实的存在，它是由这种保持着的现实存在造成的，因为这是一贯下来的存在，这种行为业绩的一贯性才体现出性格。行为业绩是个体的一种一贯的表现，它有它的一贯性，它有它的独特的性格，一贯如此的性格。那么后者，即仅仅是一种在自身中不留痕迹地消逝着的被意谓的作品，这是不可能构成行为业绩的性格的。所以构成行为业绩的性格的是一种保持着的现实存在，而不是仅仅在自身中不留痕迹地消逝着的被意谓的作品。作品在跟行为业绩相提并论的时候，它是要服从行为业绩的，行为业绩它有性格，这个性格取决于这个行为业绩是一种保持着的现实的存在，而不是一种在自身中不留痕迹地消逝着的被意谓的作品。也就是说作品跟这个行为业绩相比较，它又成了被意谓的，而这个行为业绩呢，倒是更具有现实性的。所以行为业绩比作品更具现实意义，这种动态的现实性比那个静止的作品的现实性更有现实性。静止的作品的现实性仍然是被意谓的，是在自身中不留痕迹地消逝着的，就是说，作品并不是创造出来的那个现实的事物，而仍然是那个事物背后的意谓。托尔斯泰的《安娜·卡列尼娜》，并不是说它有几百页，由什么油墨印刷的，由什么纸张印刷的，不是那个东西。作品的本质在于它里面的意谓，这个意谓是言人人殊，每个人有不同的意谓，每个人可以在这个作品上面体会出不同的意谓。所以它是一种仅仅在自身中不留痕迹地消逝着的被意谓的作品，是内在的作品。不留痕迹地消逝着，这个内在的作品是抓不住的，没有任何固定的痕迹使它能够被规定下来，作者也好，读者也好，他们内心的意谓总在变化或消逝着，过几十年再来读这部作品，原先那种感觉可能荡然无存。所以内在的这种意谓的作品是靠不住的，但外在的作品又只是一个载体，真正的作品不是那个载体，而是它里面的含义和意谓，而这个意谓是不留痕迹地消逝着的。从这一点上来说，它比行为业绩要低一层次，行为的业绩更加是现实性的。

对象性并不改变行为业绩本身，它只显示出行为业绩是什么，就是说要么它存在，要么它不存在。

"对象性并不改变行为业绩本身"，行为业绩有对象性，作品也有对象性；但是作品的对象性是一个载体，它的意谓是消逝着的；而行为业绩的对象性它不是载体，它就是行为业绩本身。它并不改变行为业绩本身，它就是行为业绩的存在或者"是"，行为业绩"存在"了，对象就显示出它是"什么"，行为业绩不存在，对象也就不存在。对象性并不改变行为业绩本身，而是和它同步、同在，它就是行为业绩本身的"什么"。行为业绩是什么，就看它的对象性是什么，它显示出行为业绩是什么。而作品不是，作品的对象性并不是跟作品的意谓同一的东西，作品的意谓还是另外一种东西，作品只是它的结果，是一个载体，它的含义在其中还是一种意谓，作品对这个意谓是有改变的。只有行为业绩，那就不再是意谓了，那就是完全做出来的对象性了，它的对象性并不改变它本身。并不是说把行为业绩本身从意谓变成对象了，不是的，行为业绩本身就是对象性的东西。所以它只是显示出来行为业绩存在还是不存在。

　　——至于把这个存在分解为一些意图和这一类精致的东西，借此想**使现实的人**亦即人的行为业绩再次被解释回一种被意谓的存在，不论他自己也许会如何为自己的现实性创造出一些特殊意图来，那么这些工作必须留给意谓懒汉去做；

　　我们先看这半句。"至于把这个存在分解为一些意图和这一类精致的东西"，这个存在，就是前面讲的行为业绩本身的存在，它的对象性的存在。这个存在是单纯的，它其实不能再分解了，它就是"这一个"，它就是事情本身。但是，还是会有人把这个存在分解为一些意图以及这一类精致的东西，说这个行为它底下还有意图，还有它的意谓，还有些很精致的东西，只是没有表现出来而已，这样，它的行为就只是它的意图的一个外壳。这就是通常我们讲的唯动机论、意图论，或者诛心之论，把同样的行为分成有的是别有用心的，有的是出于真心的，把它分成这样一些类别。"借此想**使现实的人**亦即人的行为业绩再次被解释回一种被意谓的存在"，借这样一种方式来分解人的行为业绩，再次把它拉回到一种被意谓的存在来解释。它本来是真正现实性的、对象性的了，你现在又把他拉回到一种主观内心的意谓里面去，把人的行为业绩都归结为他的内在的意谓，在意谓里面去寻求他的存在。"不论他自己也许会如何为自己的现实性创造出一些特殊意图来"，很多人都是力图为自己的现实性的行为创造出一些特殊的意图。我做这些行为，我是有我的意图的，或者这件事情虽然做得不好，但是我的出发点是好的，我的本心是好的等等，创造出这样一些特殊的意图来。"那么这些工作必须留给意谓懒汉去做"，意谓懒汉，Müßiggange der Meinung，也可以译为意谓的懒汉，但是容易引起误解，好像是懒得去意谓了，它不是的，它就是意谓懒汉，就是只抱住意谓不放的懒汉。他只是停留在意谓中，局限于仅仅是依赖意谓，而不去做其他更多的事情。搞诛心之论是最省事的，凡事只要说你动机不纯，就不必论证了，就把你驳倒了，现在我们网络上充斥着这样一些意谓懒汉。而标榜自己主观意图是好的，这似乎也可以对抗一切批评，这也是"左"的思想的万应灵丹。但真正的思想者是不屑于这样做的。

这种人当他发动起他那冷眼旁观的智慧，想否认行动者具有理性的性格，并以这种方式贬损这种性格，即不想把行为业绩、反而想把形象和面部特征宣称为人的存在，这时他就不能不小心上述那个耳光的回报了，这个耳光向他证明，形象并不是**自在**，毋宁说它可能是一个加工的对象。

留给意谓懒汉的就是这样一些工作，什么工作呢？就是把人的存在、把人的行为业绩分解为一些意图和这一类的玩意儿，借此使现实的人的行为再次被解释成一种被意谓的存在，回到内心，强调主观的意图。我们后面要提到的黑格尔多次讲到的"优美灵魂"的学说，强调我的灵魂是优美的，我的动机是好的，我是有良心的。那这个良心何以证明呢？你没法证明，这只是我的意谓。这里说，"这种人当他发动起他那冷眼旁观的智慧"，tatenlos，也可以译作"无为的"智慧，但译作"无为"太高看他了，他就是无所作为而已，什么也不做而指手画脚，好像很有智慧。这里带有讽刺意味。"想否认行动者具有理性的性格"，我们前面讲行为业绩的性格，取决于行为业绩本身的这个持存的现实性。这个持存的现实性里面就贯穿了一种一贯性和统一性，贯穿了一种普遍的共相，这样行动者就具有了一种理性的性格。但是意谓懒汉想否认行动者具有理性的性格，就是否认他具有一贯的性格，从这种个人一贯的性格上面我们可以看出他有理性，有自己的原则，这个是后面要讲到的，事实上是一种实践的理性。实践的理性是体现在性格上的，体现在人格上的，这个不是理论理性，不是观察的理性。但意谓懒汉想否认行动者具有理性的性格，"并以这种方式贬损这种性格"，贬损这种理性的前后一致的性格，说这种理性的性格只是一种非本质的外在的东西，更深层次的东西应该到主观的意谓里面去找,意谓懒汉经常这样说,通过诛心之论来贬损这种行动者的性格。"即不想把行为业绩、反而想把形象和面部特征宣称为人的存在",这是面相学家的一贯的思路,他们觉得面相更能说明一个人的内心。"这时他就不能不小心上述那个耳光的回报了,这个耳光向他证明,形象并不是**自在**,毋宁说它可能是一个加工的对象",前面讲李希屯伯格的打耳光的例子,这个例子说明人的面部特征或表情有可能是一个加工的对象,它并不是自在的,而是有待加工的。它可能是做出来的,可能是表演出来的,它也有可能是被外来的力量所改变的,一个耳光就可以改变你五官的位置和比例。这里更是带有讽刺意味了,就是说你坚持那种面相学的解释,小心挨耳光,一个耳光就会推翻你的理论。这个其实已经从理论理性向实践理性过渡了。不过这里还有一个环节没有处理完,那就是头盖骨相学。头盖骨相学跟面相学相比,它又是一个更加实在、更加固定的环节。面相学已经达到了人的表情,人的语言、语气,人的字体这样一些符号,这些东西已经证明了它们只停留在意谓中,它们不能够真正建立一种规律,建立一门相面科学。那么头盖骨相学似乎就更加科学化一点,你说这个人面部表情这些东西是不确定的,可以任意改变的,那头盖骨相可是装不出来的,你生就这个骨相,不是表演出来的。所以当时流行的一些头盖骨相学,就是想从这个方面来建立一门科学,一直到现在其实还有,从人的人种,从人的骨骼等等,来判断这个人的智慧发育,当然也有它一定的道理,比如说脑容量有多大,可以在一定的外部的方面来判定人的智慧。但是你要从更深层次的来考察,那仍然是一门伪科学,今天就讲到这里。

＊　　　　　＊　　　　　＊

今天进入到头盖骨相学。上一次从面相学最后的部分已经向实践理性过渡,移向它的第二个大标题——理性的自我意识通过其自身活动而实现,也就是实践理性,虽然在这里它没有用这个词。理性的自我意识通过它自身的活动而实现出来的,相当于康德和费希特的实践理性阶段。但是这里还有一个绕不过去的地方,就是头盖骨相学。头盖骨相学严格说起来属于人类学,但是跟一般的人类学又不太一样。就是说,黑格尔把它看作是对自我意识的一种观察,通过头盖骨相学对人类自我意识的观察,即面相学之后落实到一个更加具有实证性的层次。这个阶段如果不经过的话,那么过渡到实践理性,在黑格尔看来仍然没有很充分的根基。当然在观念上已经过去了,但是在实证的方面还有一个地方,就是从人类学的角度我们过渡到实践理性,这个地方我们上次已经讲到过,有一种很微妙的倒转。在《精神哲学》里面,在黑格尔的《哲学百科全书》里面,是直接从心理学过渡到实践理性的,而在这个地方是从人类学、头盖骨相学过渡到实践理性的。区别就在于这个地方讲的是精神现象学,而在百科全书里面讲的是精神哲学,这两个立场有所不同。《精神现象学》还是从精神现象,也就是说从经验的意识、经验科学角度来谈问题,而《精神哲学》是从逻辑学的角度来看问题;或者说《精神现象学》还是从世俗的层面来谈问题,《精神哲学》则是从上帝的眼光来看问题。所以这里不是先讲人类学再讲心理学,而是讲完心理学以后再回到人类学的头盖骨相学,通过这个环节过渡到实践理性。今天我们看 214 页下面的标题。

［III. 头盖骨相学］

前一个标题它没有直接点出头盖骨相学。前一个标题是 [II. 面相学含义的双重性],也就是面相学用康德的话来说,陷入了一种二律背反,陷入了一种矛盾,这个矛盾迫使面相学要向实践理性过渡。但是这个过渡中间有个头盖骨相学,是必须要解决的问题。面相学和头盖骨相学之间有这么一种关联,就是要向实践领域过渡就必须首先要在精神和存在的统一方面落到实处,这就是在人体身上有一个地方,就是头盖骨,它是发出人的实践行为的现实性基奠,一个存在。所以前面讲的都是面相学,现在我们进入头盖骨相学。

如果我们现在来查看一下这些一般关系的范围，在这些关系中，自
我意识到的个体性在面对它的外在东西时是能够被观察到的，那么就会
留下一种关系，是观察还必须把它当作自己的对象的。

[215]

"如果我们现在来查看一下这些一般关系的范围"，我们，也就是我
们旁观者了，我们现在可以到这些一般关系的范围里面去查看一下、搜
索一下。"在这些关系中，自我意识到的个体性在面对它的外在东西时
是能够被观察到的"，也就是我们所要查看的这个范围是些什么样的关
系的范围？这些关系是自我意识的个体性能够在其中被观察到的那些关
系，也就是当它面对外在东西的时候就能够在其中被观察到，而不是随
便什么样的关系。那么我们查看一下这些关系的范围，我们会发现几乎
所有的关系都被我们查看过了，只剩下一种关系还未顾到。"那么就会
留下一种关系，是观察还必须把它当作自己的对象的"，这是在观察的理
性范围之内所留下的最后一种尚未考察过的关系。我们要全面观察具有
自由意识的个体性在面对它的外在东西时是什么样的，那么现在还剩下
最后一个任务，还剩下一种关系没讲，那就是头盖骨相学了。下面先对
这一历程加以概括，从心理学、面相学一直到头盖骨相学。

在心理学里这关系是**事物**的**外在现实性**，据说这现实性在精神上拥
有它自己所意识到的**反映**，并使精神得到理解。

首先前面我们已经讲到了心理学，它属于这个范围。"在心理学里
这关系是**事物**的**外在现实性**"，心理学是属于一般关系的范围之内的，在
心理学里，这个关系体现为事物的外在现实性。我们前面已经讲到，你
要探讨心理学，你要探讨一个个体的心理，你首先必须要搞清楚它的一
般世界状况，它的环境，它的处境，这些是形成心理学的内容的。前面讲
到时势造英雄，人是环境的产物等等，你要观察就只能从这方面来观察。
你要观察一个人的心理，人心隔肚皮，你怎么能观察到呢？有一个办法，
就是从他的环境来看他的心理，来理解他的心理，从观察的角度我们只

能这样看。当然也有人说，环境不能够决定人，有的人同样环境中为什么就没有干坏事，而另外一个人就干了坏事，这个不能完全由环境解释，当然是这样。但是那就不是观察了，对人的自由意志那是观察不到的。为什么在同样的环境之下他就没有犯罪，那是因为他的自由意志，那是他的选择，他的一闪念，那个不能观察到，更不能总结出一般规律。所以就观察而言这个关系是事物的外在现实性。"据说这现实性在精神上拥有它自己所意识到的**反映**，并使精神得到理解"，这种观点把精神理解为现实性的反映，也就是通过反映论使精神得到理解，而且这种反映是它自己所意识到的。就是说这个外在的环境在人的意识中，在人的心理中有这个反映。"据说"，这个据说也就是据唯物主义者说，但前面已经把这个观点反驳掉了，实际上心理学的反映论是把握不到人的精神的。现在只是重新回过头来再检查一番有哪些关系。首先是心理学的关系，从外部的环境来理解精神，外在东西和内在东西的关系就这样被建立起来了，当然这个建立是很不稳固的，没有根据的。

　　相反，在面相学里，精神据说是在它**自己的**外在东西中，即在作为自己本质的**语言**——那可见的不可见性——的某种存在中得到认识的。

　　前面讲心理学，现在反过来讲面相学，面相学和心理学是相反的。在什么方面相反呢？"相反，在面相学里，精神据说是在它**自己的**外在东西中"，自己的打了着重号，为什么自己的要打着重号，就是说相反就相反在这里。面相学和心理学相反的地方，就在于面相学它是在它自己的外在东西中被认识的，而心理学呢，是在和事物的外在现实性发生的关系中来认识的，"**事物的外在现实性**"还打了一个着重号。这两个打着重号的地方是相对照的，一个是事物的外在现实性，一个是精神自己的外在东西，是内在的外在东西，前面是一个外在的外在东西，这就是相反之处。在面相学里面这种内在的外在东西，就是精神主体的语言。"即在作为自己本质的**语言**"，语言打了着重号，这里还有一个解释："那可见的不可见性"，语言是一种可见的不可见性。这个语言是广义的，不光是

684

我们所说的语言，而且包括我们的表情，我们的态度，我们的姿态，身体语言，这些都属于语言，那都是可见的不可见性，你可以看到它的表情、你可以看到它的姿态，你可以听到它的声音，但是它的本质、它表达的意义是不可见的，你所见到的那只是符号。所以语言是一种可见的不可见性，而精神就是在自己的本质、在这种语言、这种可见的不可见性"的某种存在中得到认识的"。精神在作为自己本质的语言中得到认识，也就是说这个语言是精神的本质，这里是用的虚拟式。面相学把语言看作精神的本质的表现，所以相信在语言的某种存在中可以认识精神。语言的某种存在也就是语言的定在，也就是语言的符号性，它的语音、音调、音色等等。你可以拿它标志你所意谓的含义，那个含义是看不见的，但是可见的就是语言的存在。这存在是一种外在东西，但是它是精神自己的外在东西，因为语言是精神的本质表现。这种关系就跟心理学不一样，甚至相反了，一个是事物的外在现实性，一个是精神自己的外在东西，不是通过外在的环境，一般的世界状况，伦理道德传统来认识精神，而是直接通过这个精神的主体它的语言、它说的话、它的表情姿态来认识这个精神，这就是面相学。

还剩下来的就是现实性方面的这个规定，即规定个体性要在其直接的、固定的、纯粹定在着的现实性上说出自己的本质。

前面讲了两个，一个心理学一个面相学，现在，"还剩下来的就是现实性方面的这个规定"。现实性方面第一个规定是事物的外在现实性，第二个规定是精神自己的外在东西，也可以说是精神自己的现实性，那么现在剩下来的是在现实性方面提出的第三个规定。什么规定？"即规定个体性要在其直接的、固定的、纯粹定在着的现实性上说出自己的本质"。光是语言还不行。你要表达个体性的本质，最现实的、最抓得住的，那就是个体性的直接的、固定的、纯粹定在着的现实性，要在这里面表达出个体性的本质，那就是头盖骨相学了。前面心理学和面相学已经从外在的外在东西和内在的外在东西两个层次探讨了精神的内外关系，现在

685

还剩下一个没有探讨的，就是在这个体性直接的、固定的、纯粹定在着的现实性上表达出自己的本质，这相当于外在东西本身的内在东西。这种直接固定的现实性，就是头盖骨。这种纯粹定在着的现实性，我们还剩下来没有探讨，我们现在就要研究这个东西。

——所以最后这种联系，<u>区别于面相学的联系的地方，在于面相学的联系是个体的一种**富于表情的**当下在场，这个个体在自己的**行动着的**外化里同时体现出自我**反思**和自我**考察**的外化，这外化本身就是运动，而那些静止的特征则本质上自己就是一种中介了的存在。</u>

现在提出第三个关系了，在这个我们能够观察到关系的范围里面，前面已经提到了两类，一个是心理学，一个是面相学，现在提出第三类，头盖骨相学。现在这个现实性的关系应该是抓得住的，前面那些心理学和面相学的东西当然也有影响，但都不是直接的，不是固定的，不是纯粹定在着的现实性。所以在这方面你总还是觉得不踏实，你靠这些来把握人的精神总还是觉得不踏实。现在我们要抓住的是实实在在、扎扎实实的一种现实性，这种现实性跟前面的现实性有很大的区别，这里最主要的谈到了跟面相学的区别。它们都属于对自我意识与其直接现实的关系的观察，这是 C 的标题里面已经表明了的。直接现实的关系一个是语言、表情、姿态等等，这是动态的；一个是静态的，就是头盖骨。你的思想、你的自我意识，都必须在头脑里面、大脑里面发生，大脑的外壳就是头盖骨，大脑直接定在的现实性那就是头盖骨。为什么讲完了面相学，还要来讲头盖骨相学？头盖骨相学还不一样。"所以最后这种联系，区别于面相学的联系的地方，在于面相学的联系是个体的一种**富于表情的**当下在场"，富于表情的，sprechende，本意是说出来的，正在表述的，这个词在日常德语里已经丰富化了，它有富于表情的意思。我们有时候也这样说，这个人的眼睛"会说话"，也就是它富于表情。面相学的联系是个体的一种富于表情的当下在场，"这个个体在自己的**行动着的**外化里同时体现出自我**反思**和自我**考察**的外化"，个体的行动着的外化，表情也是一种外化行动，它在行动的同时体现出自我反思和自我考察。这个前面已经讲到了，就是说个体一方面把自己外化出去，另一方面同时把自己作为对象来反思、来考察。一个人在做一件事情，一边做这个事情一边脸上显示某种表情，表示他乐意去做，还是不乐意去做，还是认真地去做，还是马马虎虎对付去做，这个在它的表情上面都可以看出来，所以它是同时体现出自身反思和自身考察的外化。一个人有两种外化，一种是行动本身它是一种外化，另外一种外化是行动时候所带有的表情，也是一种外化。但是后面这个外化是不可信的，你要从人的表情来猜测他的内心是不可靠的，因为表情是可以装出来的，而做的事情装不出来，事情在那里，是可以去检验的。所以在这方面有两种不同的外化。这个前面已经讲到了这样的情况。"这外化本身就是运动，而那些静止的特征则本质上自己就是一种中介了的存在"，这种外化，也就是后面这种自身反思和自身考察的外化，指表情的外化，语言的外化等等，这种外化本身是一种运动。而那些静止的特征，也就是脸型、相貌等等可以在照片上测量的特征，本质上是一种中介了的存在，就是你不能从这个存在直接去看它，去理解它，而要从背后的根据去看它，你要把它看作背后根据的一种中介，把它看作一种手段，它用这种手段表达另外一种意思。所以那些静止的特征，你从静止的方面去看它，它就是那样，你把它照相照出来已经定格了，你从定格上分析不出它的本质，你必须把它看作是另外一种东西的中介，才能够真正理解它。所以不能够静止地看待它，必须看作是另外一种东西的中介，从中看出使它运动起来的是后面的某种内在东西，这样才能理解它。所以它本身是一种运动，而那些静止的特征则本质上是一种中介的存在，只有在运动的中介中才能理解。

但是在尚待考察的这个规定里，外在东西最终是一种完全**静止的**现 {180}
实性，它在其自身并不是言说的符号，而是与自我意识到的运动相分离
而自为地体现出来，并且作为赤裸裸的事物而存在。

这就是第三种。"但是在尚待考察的这个规定里，外在东西最终是

一种完全**静止**的现实性"，也就是在头盖骨相学这里，这个现实性不是被规定为中介，而最终是一种完全静止的现实性。完全静止，它不再被投入运动，头盖骨永远是那样，死了都是那样，它跟生前的形状是一样的，它是完全静止的现实性。"它在其自身并不是言说的符号"，头盖骨并不是一个符号，不是说头盖骨仅仅是一种表情，表情是转瞬即逝的，而头盖骨摆在那里，是改变不了的，你不能像对待表情、语言这些符号那样去看待它。"而是与自我意识到的运动相分离而自为地体现出来"的，头盖骨是不运动的，它与自我意识的运动相分离，你想要运动它都做不到，它自为地、独立不倚地体现自身，它不依赖它所表达的什么含义、什么意谓。"并且作为赤裸裸的事物而存在"的，头盖骨嘛，它就是一种事物。头盖骨跟语言表情不一样，语言、表情你不能当作事物看待，当然它们也是事物，表情肯定是肌肉运动形成的，而语言是空气的振动，是你的声带，当然它们也体现事物。又比如写下的文字，这当然也是事物。但是你不能当事物来理解它们，它们带有含义。而头盖骨可以当事物理解，它没有含义，就是赤裸裸的事物，而且是最顽固的事物，几千年几万年它都可以不变，从古墓里面挖出来，它还是那个样子，它就像一块石头，一块木头，它是凝固化的事物。所以在这样一种规定里面，它跟面相学就不一样了，当然跟心理学更不一样了，它更加落到实处了。这三个层次，心理学是最虚的，面相学比较实一点，头盖骨相学是最实的，是最落到实处的，它研究的是赤裸裸的事物。我们在赤裸裸的事物中能不能建立起它跟自我意识、跟精神之间的关系呢？能不能观察到它跟自我意识的关系呢？这就是头盖骨相学做的事情。

[1. 头盖骨作为精神的外在现实]

首先来探讨这个问题。头盖骨已经是这样一种赤裸裸的事实，如何把它作为精神的外在现实来观察？头盖骨是精神的外在现实，当然这个还需要证明，这个马上就要讲，它跟外在现实之间是一种什么关系？

首先关于内在东西与它的这个外在东西的联系有一点是很明显的，

就是这种联系看来似乎必须被理解为**前因后果**的关系，因为一个自在存在着的东西与另一自在存在着的东西的联系，作为一种**必然**联系，就是这种因果关系。

　　"首先关于内在东西与它的这个外在东西的联系有一点是很明显的"，前面不管心理学还是面相学，一直都在谈的是内在东西和外在东西的联系，现在我们这里也是，首先谈内在东西和外在东西的联系。这个外在东西那就是头盖骨了，而内在东西就是精神，那么它们的联系有一点是很明显的。"就是这种联系看来似乎必须被理解为**前因后果**的关系"，这个"看来似乎"是虚拟的口气，看起来必须被理解为前因后果的关系，这种内外关系是前因后果的关系。为什么这么说？"因为一个自在存在着的东西与另一自在存在着的东西的联系，作为一种**必然**联系，就是这种因果关系"，因为一个自在存在着的东西，比如精神或自我意识，它是自在存在着的；而另外一个，头盖骨，它也是自在存在着的，这两个自在存在着的东西的联系，作为一种必然的联系，而不是偶然碰上的联系，不是像乌鸦叫和村子里死了人那种凑巧的联系，而是必然联系，那就是因果关系了。而这种前因后果，究竟是内在的东西是因，外在东西是果，还是反过来，外在的东西是因，内在东西是果，这是尚未确定的。当然黑格尔首先考察的是前一种情况，即内在东西是精神，外在东西就是人的头盖骨，它是精神的外部表现或者是外化的结果。它不是外化过程，外化过程面相学已经讲了，它是外化的结果，那就是因果关系了。在头盖骨相学里面，我们首先把头盖骨看作精神发展的结果。在古人类研究中，人的聪明程度导致它的大脑已经发育到超出猿人的脑量多少多少了，说明它的精神已经成熟到一个什么阶段了，这里面有个前因后果。而不能反过来说，由于古人类的头盖骨的颅量的扩展，所以人变得更聪明了。正是精神成熟的某一个阶段，使人的大脑结构起了变化，它大脑的容量起了变化，最后导致头盖骨的容量就起了变化。在面相学那里，还不是自在存在着的东西与另外一个自在存在着的东西的联系，而只是同一个东西、同一个过程的两个不同的层面、两种不同的意义。而现在我们要讲的是两个外在的东西，一个是内在的精神，精神当然不能说是赤裸裸的事物，它是跟赤裸裸的事物完全不同的东西，我们讲精神和物质有原则的区别。另一个就是外在的赤裸裸的事物，就是头盖骨，一个物质的存在。这里就有一种关系，就是说内在精神决定了外在的头盖骨的存在，这里面有一种必然的关系。什么样的精神就产生什么样的头盖骨，那就是前因后果的关系，这是首先要考察的一种必然的因果关系。

精神的个体性作为原因本身在肉体上现在必然是会对身体发生作用的。

这就是对前面讲的因果关系的一种解释。"精神的个体性"，这个自在存在着的东西，它"作为原因本身在肉体上现在必然是会对身体发生作用的"，它必须有它在肉体上的表现，就是对身体起作用。既然是精神的个体性，那么从它在肉体上的结果我们可以看出原因，精神和肉体是不可分的，精神影响肉体，精神作用于身体。现在必然要对躯体发生作用。身体，Leib，前面已经把它定译为身体，形容词 leiblich 我们把它翻译成肉体性，另外一个德语词 Körper 我们把它翻译成躯体。作为原因本身在肉体上现在必然会对身体发生作用，这个是跟上面讲的必然联系接着下来的。上面一段讲到，作为一种必然联系就是这种因果关系，那么这种必然联系体现在什么地方？精神个体性的原因在肉体上现在必然会对身体发生作用，发生作用，Wirkung，也可译作产生结果，作为原因必然要对身体产生结果，在身体上我们可以看到精神的个体性所产生的结果。

但它作为原因而存在于其中的那个肉体的东西就是器官，不过不是针对外在现实性的行为的器官，而是自我意识的本质在其自身中的行为的器官，它向外部所针对的只是它自己的躯体；并不能马上看出这些可能是什么器官。

精神的个体性虽然作为原因在肉体上发生作用，有它的结果，"但它作为原因而存在于其中的那个肉体的东西就是器官"，精神个体性作为原因它存在于器官之中，器官也就是精神个体性作为原因而对身体发生作用的那个东西，这个器官也就是大脑。通常讲大脑是精神的器官，是思维的器官，精神个体性如果没有大脑它是不可能存在的，它作为原因而存在于其中的肉体上的那东西就是器官。当然这里还没有讲到大脑，但是它实际上暗示了精神个体性离不开大脑，它就是通过大脑起作用的。"不过不是针对外在现实性的行为的器官，而是自我意识的本质在其自身中的行为的器官"，这种器官不是针对外在现实性行为的器官，比如嘴巴用来说话，或者手用来劳动、改造事物，这都是针对外在的现实性的器官。而这个器官则是针对身体自身的，是自我意识的本质在其自身中的行为的器官，自我意识的本质在其自身中的行为，那就是思维，那就是意识的活动。意识活动是一种思维，意识这种思维活动的器官就是脑，用脑子来思考。思维的器官肯定不是直接作用于外在的现实性的，而只是在想、在策划，所以"它向外部所针对的只是它自己的躯体"，脑子、大脑本身也还是身体，是它自己的躯体，它向外部所针对的只是它自己的躯体，它是控制其他躯体的躯体。它没有对外在的现实性起任何作用，没有影响到外在的现实性，它本身对于精神个体性来说也是外部的，在脑子的内部，那一点东西就是精神的个体性。对于精神个体性来说，脑是外部的，它已经作为肉体存在了。精神的个体性无法解剖出来，而脑子则是可以被解剖出来的，但从外表上看，"并不能马上看出这些可能是什么器官"。如果不解剖的话，这些器官是隐藏着的，如大脑和神经系统。你不能从行为上马上看出内部神经系统是怎么起作用的，视觉、听觉、味觉、动觉在脑子里面都有它各自不同的区域，我们今天的脑科学把脑子划分成各个区域，左右两半球各自有它管辖的区域。当然黑格尔那个时候还没有脑科学，但是已经有一种苗头，脑子里面某个部分是管某个功能的，所以才有头盖骨相学。头盖骨相学当时很粗陋的，现在脑科学已经分得很细了。左边脑半球是管语言和逻辑思维的；右边脑半球是管情感的体验的，管审美的,分得很清楚。而且大脑的额叶,某个部分管视觉,某个部分管嗅觉。我们很难立刻从人的行为看出来他在使用什么器官。总的来说脑子是自我意识的本质在其自身中的行为的器官,但是行为有不同的行为,那么它也要使用不同的器官或器官的部位。

[216]　　假如只是一般地想到器官,那么很容易会想到在手上的一般劳动的器官,同样也会想到性欲的器官,等等。

　　讲到器官这里面就有区分了,如果把头盖骨相学的关系里面所讲的这种器官、也就是大脑的器官称之为器官的话,那么它跟其他的器官是不一样的,它不是针对外在现实性的行为的器官,而是自我意识的本质在自身中行为的器官。一般想到器官的时候,通常都是针对外在现实性行为的器官,比如说四肢,劳动的器官。"假如只是一般地想到器官,那么很容易会想到在手上的一般劳动的器官,同样也会想到性欲的器官,等等",这些都是针对外在现实性的行为的器官。劳动和性行为的器官都是针对外在现实性的,这跟大脑作为器官的功能是完全不一样的,这里提出来对照。一般人,一想到器官立刻会想到劳动器官或者性器官等等,这通常是针对外在现实性的行为的器官,它们都不同于大脑器官。

　　不过这样一些器官应该被作为工具或被作为部分来考察,它们是精神作为一端而拥有的、针对作为外在**对象**存在的另一端的中项。

　　"不过这样一些器官应该被作为工具或被作为部分来考察",劳动,用手劳动,用脚劳动,这都是作为工具;性器官则属于身体的一部分。那么它们的特点是什么呢? "它们是精神作为一端而拥有的、针对作为外在**对象**存在的另一端的中项"。简化这句话,它们是中项。这样一些器官都是中项,什么中项呢? 就是精神这一端所拥有的中项,它针对着另一端,针对着外在对象。这些器官构成精神和外在对象之间的一个中项,精神作为一端,而外在对象作为另一端,它们由这些器官作为中项而联系起来,这些器官都是精神和外在对象打交道的中介,它们的特点是在这里。由此突出了我们现在讲的器官是什么性质。

　　但是在这里,器官被理解成了这样的东西,在其中自我意识到的个体作为一端,面对着与它相对立的它自己的现实性,而**自为地**保持着自身,并不同时转身向外,而是在它的行动里被反思到,这时那**存在**的一方并不是一种**为它的存在**。

　　这就是讲到大脑这种器官的特点了。"但是在这里,器官被理解成了这样的东西",大脑作为一种思维的器官,它不是作为跟外部对象发生作用的中介的器官,而是一种内在的器官。被理解成这样,"在其中自我意识到的个体作为一端,面对着与它相对立的它自己的现实性,而**自为地**保持着自身",在这里自我意识到的个体作为一端,这是运用器官的主体。自我意识个体面对着与它相对立的它自己的现实,这是另一端。这是个体自己内部的两端,个体所面对着另外一端不是一个作为对象的现实性,而就是它自己的现实性,它支配自己的器官不是为了去作用于一个外在的现实,而是用它来作用于自己。所以自我意识到的个体在面对着与它对立的它自己的现实性时,它所使用的大脑器官是自为地保持着自身。面对自身的这样一个现实性,大脑自为地保持自身,"并不同时转身向外",它在思考的时候并不转身向外。并不是说,它就用这个思考就做成了一件事,当然它通过支配其他器官也可以做成一件事,它策划出来,叫其他器官按照这个计划去行动,但是那是以后的事,它并不同时转身向外,在它思考的时候并没有转身向外。并不是它一想,就对外部发生了作用,产生了影响,不是这样的。当它正在思考的时候,还没有转身向外,还没有对外部发生影响,它只是自为地保持着自身,"而是在它的行动里被反思到"。它在运用大脑思维的时候,它并不转身向外,而是向内的被反思到,它同时是对思维的思维。我在思考的时候,我肯定已经意识到我在思考,大脑思维就有这个特点,它总是具有一种反身性,当你运用它的时候你就意识到你在运用它,但是它不一定转身向外。"这时那**存在**的一方并不是一种**为它的存在**",既然它有行动,它用了脑,脑子也是存在着的,所以它的这个行动也是存在着的,它是作为思维的存在。

当然这个存在并不是"**为它的存在**"，并不是一种影响到他物的存在，而只是自为的存在，它仅仅影响到脑子。脑子发热，脑子疲劳，脑子用久了也会想休息等等。但是它不是一种为它的存在，它有存在的方面，但不是为它的存在，这就是脑的内在器官的特点。它跟用手的时候是大不一样的，跟外在的器官作为工具或者被作为部分来考察的器官是大不一样的。它是总管其他器官的器官，它支使其他器官和对象打交道，但自己并不涉入其中。

在面相学的联系里，器官虽然也被当作自身反思的、并对行为进行评说的定在来考察；但这种存在是一种对象性的存在，而面相学的观察结果就是：自我意识正是把它的这个现实性当作某种漠不相干的东西而与之相对立的。

前面讲的是，脑子作为一种器官它的情况有点特殊，它跟这种劳动工具和性交器官都是不一样的，它只是在内部转来转去，在反思，它的存在并不是为它的存在。在面相学的联系里面，情况则介于两者之间。"在面相学的联系里，器官虽然也被当作自身反思的、并对行为进行评说的定在来考察"，比如说话、表情的器官，语言的器官，声带、嘴型等等，必须被当作自身中反思的。表情表明它有一种自身反思，它对自己做的事情到底是厌恶还是欣赏，是沮丧还是得意，这个表明它有一种反思，并对行为有一种评说。面相学就是把器官当成这样一种定在来考察的。"但这种存在是一种对象性的存在"，面相学在这样考察时，把它的对象完全看作是对象性的，是与观察者相外在的。"而面相学的观察结果就是：自我意识正是把它的这个现实性当作某种漠不相干的东西而与之相对立的"，面相学对表情观察的结果，就是自我意识与它的现实性漠不相干，互相对立。前面讲了人的表情也好，人的语言也好，都是可以伪装的，都是表现在外的，这个表现与它所表现的自我意识内容不一定是符合的。面相学尽可能想在里面找到必然的联系，但是失败了，面相学想要建立的规律其实都不是规律，完全是一种偶然性，这样一个现实性、这样一个面相与自我意识互不相干，或者至少是没有必然的联系，这是面相学观察的结果。

　　<u>由于自身中反思的存在本身**在起作用**，这种漠不相干性就消失了；借此那个定在就获得了与自身中反思存在的一种必然的联系；</u>

　　"由于自身中反思的存在本身**在起作用**"，在起作用打了着重号。这两者在面相学中本来是漠不相干的，表情和自我意识本身这两者之间，你想要让它们建立起一种必然的联系，说明是失败的。但是现在呢，由于自身中的反思的存在本身在起作用，"这种漠不相干性就消失了"。就是本来是漠不相干的东西，它可以由于这个自身中反思的存在发生了作用而联系起来，从而使这种漠不相干性消失了。这个自身中反思的存在，就是前面讲的大脑器官的存在，面相学必须由脑科学来支撑。我们在设定它们中间有一种必然联系的时候，自身反思的存在、大脑它在里面起作用，我们把这样一个表情看作是一个中介了的存在。我们从表情上通过反思可以看到它里面脑的作用，这就导致我们认为它里面有一种必然联系，"借此那个定在就获得了与自身中反思存在的一种必然的联系"。但是这不是毫无道理的，就是说它们的这种相互的联系是建立在自身中反思的存在本身起作用的过程之中的。当然这个过程你看不到，它在里面，它是自身中反思的存在本身在起作用，我们把它的这个面相看作是这种大脑作用的效果，是这种作用所造成的影响，在这个意义上我们可以把它们联系起来。所以一般来说我们说一个人有什么思想就会有什么样的表情，一般来说我们可以这样想，这种漠不相干性就消失了。当我们从这个角度来看的时候，从内在东西即大脑这个立场上来看的时候，它就不是漠不相干的；但是如果我们要抓住它外部的存在这个定在来看，那么我们就会发现它是漠不相干的。这种必然联系是怎么获得的？并不是在这个定在上面直接看出来的，而是通过把它看作一种中介，看作是大脑的自身反思的存在本身起作用的一种表现。你要直接从对象性的存在上面去判定的话，那么这种必然联系是不存在的，就是你说从观

察的角度,这种联系是不存在的。但是如果你从更高层次上面理解的话,它确实有这种联系,但是这种联系不实用,想要借这种联系判定这个人内心想的什么,那肯定会失败。所以面相学作为科学来说是失败的。并不是说里面毫无必然联系,它是有联系的,但是这个联系观察不到,作为面相学的一种观察是抓不住它的。

但是,自身反思的存在要对定在起作用,它本身必须拥有的是一种并非真正对象性的存在,而且这存在应该作为这样一种器官被指出来。

"但是,自身反思的存在要对定在起作用",自身反思的存在通过本身的作用而与定在建立起一种必然联系,但是要建立这样一种联系,那么"它本身必须拥有的是一种并非真正对象性的存在",它本身就拥有一种存在,这个存在不是真正对象性的,也就是不能作为对象观察到的。脑子就是这样,它肯定是存在的,但却不能作为对象来观察,哪怕它在活动,你也观察不到它是怎样活动的,能够观察的脑已经是泡在酒精瓶里的死脑了。虽然不能作为对象而观察到,但是它毕竟还是要拥有一种存在,因为它要对定在起作用,光凭思想对定在起作用,那个是观察不到的,那样很玄。一种思想如何能够表现在面部表情上,如何能够影响一个人的语气、语调,这些东西必须要设定它拥有一种存在,虽然不是真正对象性存在,但还是存在的。那就要解释,如果它本身不拥有一种存在,它怎么能够对另外一种存在发生作用呢? 存在只能对存在发生作用。"而且这存在应该作为这样一种器官被指出来",这样一种虽然不是真正对象性的存在应该是一种器官,应该能够被指出来。它是哪一种器官,虽然你没有观察到,但是你通过思维,能够确定它是哪种器官在起作用,这种器官是内在性的。前面讲了脑,它就是一种内在性的器官,它不是作用于外在现实性的一种器官。那么在面相学里面,当我们从它的内在东西的立场上来考虑的时候,我们发现它也可以建立一种必然的联系,那就需要指出它的内在的器官。面相学的器官一般来说是外在的,比如说嘴、面部肌肉这都是外在的,这些器官,我们用它来表情。但是当我们用它

来表情的时候，我们的思想，我们的自身中反思的存在，它的作用是通过
另外一种内在的器官而发生的。这种内在器官使得我做出表情来，使得
我很难掩饰自己真正的思想，甚至我尽量想压都压不下去。比如说眼泪，
忍不住就要往下流，拼命也压不下去，它肯定有一种内在的器官在起作
用。那么你必须把它指出来，你这种表情是怎么样通过一个内在的器官
而表现出来、表现在外在器官之上的。

　　在日常生活里，比如说，愤怒，作为这样的一种内在的行动被置于肝
脏中；柏拉图甚至还把某种更高的东西赋予肝脏，[①] 这种更高的东西，甚
至有些人[②]认为是最高的东西，这就是预言作用，或者是以非理性的方式
表达神圣和永恒的那种才能。

　　愤怒就叫动了肝火，愤怒来源于肝。中医经常这样讲，西方也在讲。
一个人经常处于愤怒之中，它的肝就会出毛病，肝火太旺，肝火太盛，人
死了以后你就发现它得了肝病、肝癌。为什么得肝癌呢？成天处于愤怒
之中，所以它的肝就有毛病。"在日常生活里，比如愤怒，作为这样一种
内在的行动被置于肝脏中"，愤怒作为一种内在行动会置于一种内在的
器官中，那就是肝脏。就是人的意识通过肝脏而影响到人的表情，人的
表情表现出愤怒，这是一眼就可以看出来的，但是这种看出来是凭借外
在的器官，凭借你的表情，凭你面部肌肉，你的眉毛，你的眼睛，你的嘴
角等等，而后面内在起作用的是肝脏。"柏拉图甚至还把某种更高的东
西赋予肝脏，这种更高的东西，甚至有些人认为是最高的东西，这就是预
言作用，或者是以非理性的方式表达神圣和永恒的那种才能"，不光是愤

---

① 　参看柏拉图：《蒂迈欧篇》，71.D.。

② 　"有些人"，是暗指艾申迈尔和格列斯，对他们关于"永恒的东西"和"神圣的东西"
　　的表象以及他们先知式的说教方式黑格尔已经在前面"序言"中作了批评。艾申迈
　　尔所援引的也是柏拉图，他相信在柏拉图的哲学中重新发现了他自己的哲学；格列斯
　　则谈论"神圣的柏拉图"。据罗森克朗茨报告，黑格尔在他的耶拿讲座中已经有类似
　　的论证了（参看罗森克朗茨：《黑格尔传》，第 186 页）。——丛书版编者

怒，柏拉图甚至还把某种更高的东西、甚至是最高的东西赋予了肝脏，什么东西呢？这就是预言作用，或者是以非理性的方式表达神圣和永恒的那种才能。这个地方有一个黑格尔的原注："参看柏拉图《蒂迈欧篇》，71D"，就是说柏拉图在《蒂迈欧篇》里面曾经谈到过肝脏还有更高的作用，就是预言作用，这种作用有些人甚至认为它是最高的东西。特别是迷信的人，相信先知，神庙里面有巫师，有预言家或女祭司，那么你有什么问题去请教他们，你的命运，你的一些困惑不解的问题都可以求助于神谕。或者是以非理性的方式表达神圣和永恒的那种才能，先知或预言家就是以非理性的方式表达神圣和永恒的人。有这种才能的人就可以做预言，他是在跟神打交道，和永恒打交道，他看到了过去、现在和未来，看到了一切。而这种能力、这种天赋，柏拉图认为就处于肝脏之中。为什么处于肝脏之中呢？因为它是非理性的，你通过大脑来思维，但不能通过肝脏来思维，而那些预言不是通过推理能够推出来的，它是通过一种灵感，通过一种说不出来的迷狂，预言的迷狂或宗教的迷狂，通过一种神意、神灵附体。神灵附体附到什么地方？附在肝脏上，它不是附在大脑里，附在大脑里你就认识它了，你就能够讲出它的规律来了。但是它不是，它是附在你的肝脏里面。你的肝脏你可以体验的到，肝脏有了毛病的时候，肝区这个地方就会疼，就会有感觉，但是你说不清楚那是什么原因。这就是一种非理性的体验，你体验到神意你就可以做预言。所以有些人认为它是最高的东西，那些宗教徒认为这样一种才能是最高的能力。但柏拉图不是宗教徒，当然他也信宗教，但是他跟宗教的巫师还不一样，柏拉图还是很崇尚理性的。所以柏拉图把某种更高的东西加之于肝脏，这种更高的东西甚至有些人认为它是最高的东西，这就是预言作用，或者是以非理性的方式表达神圣和永恒的那种才能，那种才能是在肝脏里面。

只不过，个体在肝脏、心脏等等中所具有的那种运动，不能视为是个体的完全在自身中反思的运动，毋宁说，它在这里是这样运动的，即这个运动对于个体来说已经是被纳入到身体中的，并拥有了一种动物性的、针对着外在性而发出来的定在。

　　肝脏或其他内脏的这样一种运动，似乎应该说是自身中反思的，它没有超出自身，就是在内部反思，它又不直接影响外界。你可以做出预言，也可以做出神谕，你感应到了神的意旨，你可以代神说话。但这个内部活动黑格尔认为并不完全是内部的。"只不过，个体在肝脏、心脏等等中所具有的那种运动，不能视为是个体完全在自身中反思的运动"，它并不是完全在自身中反思的。像大脑的思维运动那就是完全在自身中反思的，但是肝脏、内脏的运动等等并不完全是这样。"毋宁说，它在这里是这样运动的，即这个运动对于个体来说已经是被纳入到身体中的"，也就是说它的运动跟整个身体是相关的、不可分的。这跟大脑不一样，大脑的运动它跟整个身体不是直接相关的，一个病人他照样可以思考，并不比他没有生病的时候思考得差，有时候甚至还更好。比如说霍金躺在轮椅上，只有眼睛可以动，还有一根手指头可以敲键盘，全身瘫痪，但他是当今世界上最伟大的科学家。他通过电脑键盘跟全世界人对话，虽然他的嘴巴不能动，全身不能动，但他的思维丝毫不受影响。但是肝脏、心脏那就不一样了，它们受到整个身体状况的影响，你不能把肝脏和心脏的运动单独孤立起来，对于个体来说，这些运动都不是它自身内在的，而是被纳入了整个身体的运动，哪怕只是肝脏在那里作用，但是它也是整个身体的状况。"并拥有了一种动物性的、针对着外在性而发出来的定在"，这些器官的运动拥有了一种动物性（animalisch）的定在，而不是自我意识的活动，不是精神或思想的活动。它是针对外在性、而不是针对内在反思所发出来的一种定在，它的作用在外部定在上、在整个身体上都是可以直接看到效果的。所以肝脏、心脏等等的活动本身连带着整个身体反应都是动物性的，处于理性的层次之下，所以是非理性的。这里把器官从外部的器官引到了内部器官，最终是要引到大脑，但是这中间有个过渡，就是像肝脏、心脏这些内部器官和大脑相比还低一个层次，它们还带有一种动物性的定在，这个跟大脑不一样。所以下面接下来就讲这个大脑和神经系统了。休息一下吧。

我们刚才讲了，从面相学里面引出了它其实后面也可以找到一种内在的器官，这个内在器官不是对象性的，不是可直接观察的，肝脏的情况你不能够直接观察到，只能通过看脸色等等，心脏出了问题，是通过心率血压等等推测的。当然现在有 X 光、B 超了，但仍然不是直接能够观察到的。而且这样一些脏器的运动，它不能够完全孤立起来，而是跟全身状态联系在一起，并且具有一种动物性的定在。人的这样一种内在器官的活动还是动物性的，也就是说面相学借助于解剖学而深化了的观察，所观察到的那种内在器官的活动仍然是动物性的。但是在这里毕竟把内在器官跟外在器官区分开来了，面相学它外在器官就是人的面部肌肉，五官，手和嘴，这是外在器官；内在器官就是肝脏、心脏这样一些脏器，它做了一个区别。但这个区别是不彻底的，肝脏等等仍然不是完全内在的，而只是半内在半外在的。做这个区别的目的是引向另外一种真正内在的器官，这就是下面要讲到的。

反之，**神经系统**乃是有机物在它的运动中的直接静止。

神经系统也是一个器官，神经、神经元跟神经末梢这些东西都是器官，它在这里是和内脏器官相反的。"反之，**神经系统**乃是有机物在它的运动中的直接静止"，神经器官是静止的，我们在解剖学里面解释为电脉冲的传导器官，传导各种信息，传导生物电，来支配人的肌肉、人的内脏，包括人外在的面部表情。但是神经系统作为信息通道，它本身是不运动的，它只是传导信息，并不改变自己的位置。心脏要改变它的脉搏、速度，肝脏也有它的运动，肝脏蠕动，分泌胆汁。但是神经系统它是完全静止的，是有机体在它的运动中的直接静止。你哪怕在激烈的运动中，你的神经系统是不变的，它不改变自己的位置，它只是传导。用机械的眼光看它就像电线一样，你通过电线去驱动那个机器，但是电线本身它是静止的。

它也不卷入到整个身体中,像肝脏、心脏那样卷入到整个身体运动中。

　　各种神经本身虽然又是那已经沉浸于自己的对外倾向中的意识的器官;但是大脑和脊髓却可以被看作是自我意识停留于自身的——既非对象性的也不走出去的——直接的当下在场。 {181}

　　这里又区分了两个层次。在神经系统里面,首先是各种神经,复数的神经,人的身体各个部分都有它的神经,在五官中有视觉神经、听觉神经、有嗅觉神经,在肌肉中有运动的神经,在心脏的跳动起搏等等方面都有神经的参与。"各种神经本身虽然又是那已经沉浸于自己的对外倾向中的意识的器官",神经本身都是意识的器官,每根神经都直达意识,凡是神经的反应你都能意识到。所以神经是意识的器官,而这意识是已经沉浸于自己的对外倾向中的意识,还不是自身反思的自我意识。我们前面讲,意识就是对外部事物的对象的意识。胡塞尔也讲过,一切意识都是对于某物的意识,所以我们把意识又称之为对象意识,跟自我意识相对。对象意识还不直接等于自我意识,我意识到对象了,但是我还不一定意识到自我,所以意识跟自我意识是两个不同的层次。神经系统,各种神经本身是意识的器官,但是还不一定是自我意识器官,因为意识的器官已经沉浸于自己对外倾向中,换言之,神经本身是对象意识的器官。凡是神经受到刺激,你就意识到有个对象,哪怕你把自己的身体当作对象,也是一种对象意识。各种神经本身虽然又是那已经沉浸于自己的对外倾向中的意识的器官,为什么讲"虽然"? 就是还没有到位,虽然已经到了意识,但是还没到自我意识。所以他接下来讲:"但大脑和脊髓却可以被看作是自我意识停留于自身的——既非对象性的也不走出去的——直接的当下在场。"各种神经虽然已经达到意识,但大脑和脊髓却更进一层,达到了自我意识,它们可以被看作是自我意识停留于自身,而不是一心外骛,既不是对象性的,也不走出自身之外,而是直接当下在场的自我意识。各个神经的意识器官还有对外倾向,它还不完全是自己内在的器官;但大脑和脊髓却可以被看作自我意识的自身持存的直接的当下在

701

场。大脑和脊髓才是真正内在的，它们当然也是神经系统，但是跟其他的神经都不一样，它是中枢神经系统，神经中枢那就达到了自我意识，大脑和脊髓皆可以被看作是自我意识的自身的器官，是自我意识在自身中的直接在场。前面的神经还是沉浸于对象之中的，但是大脑和脊髓它是非对象性的，也不走出去，而是停留于自我意识内部，它把自己的身体都当作是身外之物，都当作是自我意识之外的东西，它是纯粹生活在自身之中，它在自身之中当下在场，当下就在那里，就在大脑和脊髓之中。这个跟前面又是一个不同层次，前面那个层次还没到位，那么大脑和脊髓才可以说是到位了。前面的神经系统是意识的器官，大脑和脊髓作为神经中枢，它是自我意识的器官，自我意识器官才真正是内在的、精神的个体性的器官。当然这里还讲脊髓，但是马上就要把脊髓排除掉了，只有大脑才能够、才配承担起自我意识的器官这样一个名称。

[217]　　　只要这种器官所具有的存在环节是一种**为它存在**，即定在，它就是僵死的存在，就不再是自我意识的当下在场。

　　"只要这种器官所具有的环节是一种**为他存在**，即定在"，比如神经系统，它所具有的存在环节，神经、神经元、神经末梢，神经纤维，这是以脑为中心的神经系统的存在环节，只要这个环节是一种为它存在或定在，比如说它是为了刺激肌肉，肌肉里面有神经，或者它是为了眼睛的转动，或者为了耳朵听力等等，所以这些存在都包含有为他存在。神经刺激其他的器官，身体的各个器官里面都有神经在起作用，神经系统是分布全身的一个系统，它对其他的各个部分都有一种刺激作用，是一种为它存在。它本身是一种定在，它能够在其他的比如说肌肉运动、眼球的运动、各种各样活动上面体现出来，并且从这些器官的解剖中都可以观察到神经纤维。那么在这种情况下，只要是这样，"它就是僵死的存在，就不再是自我意识的当下在场"。这时它就是解剖学上的存在了，解剖学可以把一根神经挑出来，你看这根白白的纤维，这根神经它就是支配你这一块肌肉的。在眼球后面的视神经，解剖学家也可以把它挑出来，在显微镜下来观察它。那么这样一些定在就是僵死的存在，就不再是自我意识的当下在场了。唯有脑，或者还加上脊髓，才是自我意识的当下在场。尤其是大脑，它不是用来支配别的肌肉的，它就是自己思维，或者更精确一点，大脑皮层是自己思维的。我们现在讲大脑皮层，小脑还可以支配全身的其他的神经，大脑皮层，它不但不是支配什么肌肉，它也不支配其他神经，它是进行思维的。它整理信息，各种神经都汇集于它，它搜集了各种各样的信息，然后它自己进行处理，作出判断或决断，至于运动神经，它交给小脑去处理。此外，它还进行创造性的思维，记忆和想象，所以它不是一种为他存在，也不是定在。你不能把人的脑挑出一块来，说你看这一块就是管自我意识的，它不是。它不是通过一个什么东西来管自我意识，它整个就是自我意识的当下在场。除此而外，那些为他存在的环节就是僵死的存在，就不再是自我意识的当下在场。我们现在医学对死亡的定义就是脑死亡，脑死亡了，其他的器官尽管还有活力，那都是植物人，植物人的那些神经就是僵死的存在了，在解剖学意义上他还活着，他还没有死去，他还没有分解，但是脑已经不存在了，那么作为那样一种定在就是一种僵死的存在，就不再是自我意识的当下在场。唯有脑这样一个神经中枢，它不是用来激发其他器官的，它本身的作用就是思维，唯一的就是自我意识的器官。其他神经环节都是脑的延伸出去的存在环节，本身孤立起来看就是僵死的存在。

　　<u>但按照其概念来说，这种**在自身中存在**是一种流动性，在其中各个被投入进去的领域都直接地自行消溶，没有任何区别表现为**存在着的**区别。</u>

　　前面是讲的这种器官作为一种存在，作为一种为他的存在，作为一种定在，那就是僵死的存在，就不再是自我意识的当下在场了。"但按照其概念来说"，按照这个器官的概念来说，这是从另外一个角度看的。前面是从存在的角度看，这里是从概念的角度看，也就是说存在和概念之间是两个不同的角度，或者说存在和思维之间还没有统一。我们讲思维

和存在的统一,但是在这里面,存在和思维还是两码事,还没有统一。前面是按照存在来看,那么你就只能把这种器官看作一种定在,看作一种僵死的存在,也就不再理解自我意识如何能够在场。但按照其概念来说,从概念上我们可以理解,"这种**在自身中存在**是一种流动性,在其中各个被投入进去的领域都直接地自行消溶,没有任何区别表现为**存在着的区别**"。这是按照它概念来说的。按照概念来说,大脑这种器官,或者以大脑为中心的神经系统,它是在自身中存在的,但它是一种流动性。你按照存在来看,它是僵死的,它是不动的,它是静止的;但是你按照概念来说,你就可以发现它是流动的,它是运动的,它在运动中体现出它的本质。"在其中,各个被投入进去的领域都直接地自行消溶",在定在中那些领域都是有区别的,各有自己的范围,视觉不同于嗅觉,嗅觉不同于触觉,你可以把它们从存在上区别开来,这个范围那个范围,这个区域那个区域;但是在概念上,它们被投入到自身中存在的流动性中,都直接地自行消溶,没有任何区别表现为存在着区别。在大脑的思维里面,各种区别都被打通了,比如说所谓"通感",我们可以"听"到颜色,可以"看"到旋律,各种不同渠道而来的信息都被汇聚到大脑的流动性里面,消融了它们的界限,汇成一股创造性的思维之流。你不可能把自我意识划分为这一部分那一部分,从概念来说,大脑就是自我意识的器官,大脑的活动是一种流动性,在其中各种被投入进去的范围都直接的自行消溶。在各种神经的定在中,都有各自的管辖区域,这条神经是管腿,那条神经是管手的,那条神经是管眼睛的,那条神经是管听觉的;但是在脑的概念中,这些界限全被打破了,没有任何区别表现为存在着的区别。你不可能把这条神经割裂开来,说它就是管这条腿的,你如果不联系大脑来理解,它就是一种僵死的存在,尽管这条神经是管腿的运动,但是它不是一种存在着的区别,不是能够在外在的区域划分上面把它定下来的。从概念上来看,它是一个系统,整个系统是以大脑为中枢,所有的神经都汇集到大脑里面来,它的范围的区分都消溶了,没有界限,没有专门的管辖区,没有任何区别表现为存在着的区别，只有互相交织的功能的区别。只有这样一种概念的理解，把内在器官理解为一种流动性的东西，才能够承担起自我意识的器官这样一种任务。因为自我意识本身就是流动的，自我意识本身就是不可分的，虽然它也分自我和对象，但是同时它又意识到这个对象其实不是对象，其实是没有区分。你不能说自我意识就在某个地方，自我意识就在腿上，在手上，实际上它无处不在，自我意识在全身。每一点，一个手指尖、一个脚趾尖受到的刺激，你马上就意识到，这是"我"受到了刺激。所以自我意识的器官是不分区域的，但是这是按照概念来说的，而不是按照这个器官的为他存在或者定在来说的。

在此时，当精神自身不是一种抽象单纯的东西，而是一个诸运动的系统，在这个运动系统里，精神既区别自身为各环节，但又在这种区别中自由地保持其自身，并且当精神把它的躯体一般地划分为不同的职能，并且把躯体的每一个别的部分只对一种职能规定下来，那么也可以设想它的**在自身中**存在的流动性**存在**是一种被划分了的存在；

我们现在看这半句，它很长，它有个句型，"当……，并且当……，那么也可以设想……"，在这两个前提之下就可以设想。就是说精神在自身中存在是流动性的存在，它是不能够被从定在上划分的，这是按照概念来说的，这个已经定了。"在此时"，也就是在此期间，"当精神自身不是一种抽象单纯的东西，而是一个诸运动的系统"。精神自身不是一种抽象单纯的东西，我们按照概念来理解，当然是把它理解为一种抽象单纯的东西了，但是与此同时，如果精神自身不是一种抽象单纯的东西，而是一个诸运动的系统，就说我们不是从单纯抽象的概念来看它，而是把它看作一个各种运动的系统，"在这个运动系统里，精神既区别自身为不同环节，但又在这个区别中自由地保持其自身"。也就是精神通过它的器官，表现为一个诸运动的系统，那就可以把自身区分为不同的环节了，只不过它在这种区别中又自由地保持自身，也就是这种区别对它来说又不是什么区别，并不能限制它的自由。精神肯定要运动起来，精神不是一个静止在那里不动的东西，一个抽象单纯的概念，而是一个运动的系统。前面讲了它是一种流动性，那么既然它是一种流动性，它就是一个运动的系统。在这个运动系统里，精神区别自身为各环节，你要运动，作为一个运动的系统来说，精神就要把自己区别为各个环节。起码它的运动有不同的阶段，有推动环节和被推动的环节，还有诸运动，复数的各种运动。精神的各种运动，如思维运动，情感运动，还有各种各样的感觉、想象、回忆，这些运动区别自身为不同环节；但又在这种区别中自由地保持其自身。虽然精神有种种表现，种种运动系统，但在所有这些活动中，精神又是一个统一体，这些环节都是同一个运动之流的环节。在这些运动环节中，精神居高临下，它统帅一切，它在其中自由地保持其自身，也正是借助于这些运动来体现自身，如果没有这些运动的话，它作为一个单纯抽象的概念，也就不可能存在了。这是第一个"当……"。下面是第二个："并且当精神把它的躯体一般地划分为不同的职能，并且把躯体的每一个别的部分只对一种职能规定下来"。不仅仅当它是一个运动系统，而且更进一步，并且当精神把它的躯体划分为不同的职能。我们刚才讲了神经系统，神经系统就是精神的躯体，它有不同的职能，并且躯体的每一部分只对应于一种职能，每一部分的神经都是针对某一种职能而规定下来的。管眼睛的就管眼睛，管视觉的就管视觉，管听觉的就管听觉，管肌肉运动的就管肌肉运动。当精神这样把它躯体的每一部分只对一种职能规定下来，就会怎么样。这里有两个当，前面一个是初级的，一般的，后面一个是比较具体的。前面的一般就是说精神作为一个运动系统，它也有它的不同环节，尽管它在这些环节中又自由地保持着自身，维持一个精神的统一体，但它毕竟分成不同的环节了。那么后面一个，那就不光是精神区别自身为不同环节了，而且是把它自己的身体，也就是把它的神经系统一般的划分为不同的职能，进行了分工，精神要把它的神经系统加以分了，把躯体的每一部分只对一种职能规定下来。当然后来的医学发现这种分管也不是绝对的，还有代偿功能，有替代功能，但是一般的来说，有一种大致的职能分工。当这样的时候，"那么也可以设想它**在自身中**存在的流动性**存在**是一种被划分了的存在"，前面是讲的这个精神不能在自身作出区别，从存在上说没有任何区别表现为存在着区别；但是如果在这样两个前提之下，一个是精神它本身是一个运动系统，把自己区别为不同的环节，再一个我们考虑到精神把它的躯体也划分为不同的职能，也做了分工。那么这样也就可以设想，精神的在自身中存在的流动性存在是可以被划分的。存在打了着重号，这个存在就不再是前面那种和精神对立的存在了，而是精神的在自身中存在，精神自己所具有的一个存在的环节。精神是流动性的，但是流动性也有流动性的存在，那么也就可以设想，它的在自身中的存在是一种被划分了的存在。前面讲到没有任何区别表现为存在着的区别，那么这里讲到，如果我们在前两个条件之下，我们也可以设想它的自身中的存在是一种被划分了的存在。这实际上又体现出了自我意识的结构，我们前面讲到自我意识的结构就是这样，自我意识把自身区别开来，同时又意识到这种区别不是区别，或者同时又意识到没有区别。自我意识无非是把自己区别为自己和对象，如果连这个区别都没有，那就没有自我意识，自我意识就是用对象的眼光来看自己，或者是把自己看作对象，那你就必须有自己和对象的区别。但是自我意识之所以是自我意识，就在于这个对象和自我的区别其实又不是区别。你把对象看作自己，你把自己又看作对象，那自己和对象岂不是没有区别，就是一个东西了。但是你要把它们看作一个东西，前提是你必须把它们区别开来，而当你把对象看作自己，把自己看作对象的时候，这种区别又被取消了。自我意识的结构就是这样一个对立统一的辩证结构，既有区别又没有区别。那么在这里，精神没有任何表现为存在着区别，但也可以设想它的自身中存在作为流动性的存在，是一种被划分了的存在，也就是有区别的存在，这个时候就有区别了，这是和自我意识同构的。这句话还没有完。

　　而且似乎还不能不这样设想，因为精神在大脑里的自身中反思的**存**

在本身，又只是它的纯粹本质与它的躯体划分之间的一个中项，所以这样一个中项就必然又在自身中，对于两者的自然本性、因而对于后者也具有**存在着**的划分。

"而且似乎还必须这样设想"，你不但可以这样设想，而且必须要这样设想，设想精神的这种流动性存在是被划分开来的存在。前面是讲了，你不可能在概念上把任何区别表现为存在着的区别；然后说，如果涉及存在的话，从流动性的存在的角度来看，那么精神的存在可以设想为一种被划分了的存在；而这里说，不仅仅是可以，而且似乎还必须这样设想，这里头有种必然性。为什么呢？"因为精神在大脑里的自身中反思的**存在**本身，又只是它的纯粹本质与它的躯体划分之间的一个中项"，精神在大脑里面的存在是它的本质和它的躯体划分之间的一个中项，什么意思呢？也就是说精神的器官大脑是一个中项，它一方连接着精神的在自身中反思，另一方它连接着躯体上的划分了的存在。大脑自身也是存在的，但大脑自身也是自身中反思的，所以它是一个中项，一头它连接着精神，精神的纯粹本质，它是自身中反思的，另一头它联系着它的身体上的划分。既然它是存在，它就有身体上的划分，你就可以在大脑上面把它划定一个区域出来，它有多大的体积，有多大的脑容量。所以精神在大脑里面自身反思的存在本身，又只是两者之间的一个中项，它属于中间的，既具有精神的纯粹本质，又具有躯体上的存在划分，它两者兼而有之。这样一个中项，就必然一方面含有精神的本性，另一方面含有器官的存在，成为精神和物质存在的统一体。"所以这样一个中项就必然又在自身中，对于两者的自然本性、因而对于后者也具有**存在着**的划分"，这个中项必然也在自身中划分为两种自然本性，"因而对于后者"，哪个后者？就是前面讲了两者，一个是纯粹的本质，一个是它的躯体上的划分，其中的后者也就是躯体上的划分，它本身"也具有**存在着**的划分"。就是说，由于大脑作为两者的中介被划分为两种自然本性，所以它在躯体上也必须把这种划分体现出来，必须在器官的存在上也作出自己的划分。这就是引出了大脑和头盖骨之间的划分了。这里"存在着"打了着重号。我们必须把大脑也看作必然具有存在着的划分的,也就是说,大脑也有它的存在着的定位的问题。大脑本身它是存在的东西,那么它在什么部位存在着? 它在头盖骨底下,我们必须把它定位在这个地方。并且它的功能也有划分,大脑本身的功能划分,哪一部分管哪一部分,有人画了一个图,视觉区、味觉区、听觉区,思维和情感,大脑左右半球等等。这些具体的定位当然在黑格尔时代还没有提出来,但是已经有人主张要划分为一些区域,就是大脑本身它的存在着的划分。那么如何划分和定位? 由此就过渡到要讲头盖骨了。但是要讲头盖骨你就还必须要排除一个刚才提到的脊髓,脊髓它是在脊椎骨里面,大脑是在头盖骨里面,那么你就必须要把它再区分出来。

精神的有机的存在,同时也拥有一个**静止的持存的**定在的必然方面;前者必须作为自为存在的一端而返回,并把后者作为对立的另一端来拥有,于是后者就是对象,前者就作为原因而作用于它。

"精神的有机的存在",这指的大脑,或者指整个神经系统,"同时也拥有一个**静止的持存的**定在的必然方面"。这个有机存在、这个大脑的有机存在,它拥有一个必然方面,这个必然方面是静止不动的持存的定在。前面讲到它必然含有存在着的划分,我们为什么必然要把它划分开来呢? 我们可以设想它是划分了的,而且还必须这样设想,为什么必须这样设想? 那么这里就讲到了,在这个精神的有机存在身上,同时也拥有一个静止的持存的定在的必然方面。这就是躯体上的划分了,精神的躯体本身拥有另一部分躯体,它必然拥有一个静止的持存的定在,作为自己的必然方面。这里没有说出来的一句话,就是大脑必然拥有它的头盖骨,头盖骨就是它的定在,就是它的必然的方面,就是它的持存的静止不变的定在。"前者",就是说大脑,"必须作为自为存在的一端而返回",大脑这个有机存在,必须回到作为自为存在的一端。它是自为存在,大脑不是为了别的,所有别的都是为了它。大脑就是人,就是人本身,人脑就是人本身,它是自为存在的,它不是为它存在的,所有其他的有机部分都是为它而存在的。所以前者必须作为自为存在的一端而返回,它把自身当作目的,它是自为的。大脑不是为了腿,也不是为了脚,也不是为了五官,它返回自身,它自身是什么? 它自身是精神的器官,精神就是它的目的,所有别的东西都以它为目的,以自我意识为目的。"并把后者作为对立的另一端来拥有",后者就是这个静止持存的定在,它的必然方面,它把这个必然方面作为对立的另一端来拥有,大脑拥有它的头盖骨。"于是后者就成了对象,前者就作为原因而作用于它",这就是头盖骨相学的预设了。头盖骨相学就是说,大脑作为原因而作用于对象,作用于头盖骨,后者于是就成了对象,成了大脑的作用对象。大脑是头盖骨的原因,头盖骨相学就是讲这个的。人的头盖骨为什么长成这个样子? 就是由于大脑作用于它的结果,所以头盖骨就是大脑的必然方面,就是大脑的静止的持存的定在。这里头有一种因果关系,内部的原因造成了外在的结果,由此我们就可以建立一门科学了。

如果现在说大脑和脊髓是精神在躯体上的**自为存在**的前一端,那么头盖骨和脊椎骨就加上了那分离出去的另一端,即固定的静止的事物。

这个分的很清楚了。"如果现在说大脑和脊髓是精神在躯体上的**自为存在**的前一端",精神有在躯体上的自为存在,身体性的自为存在,表现在大脑和脊髓上,大脑和脊髓都是精神在身体上的自为存在的前一端,前一端也就是有机存在这一端。"那么头盖骨和脊椎骨就加上了那分离出去的另一端,即固定的静止的事物",这个时候头盖骨和脊椎骨都提到了,是分离出去的另一端。是从什么东西分离出去的呢? 就是从大脑分离出去的。大脑是精神的有机存在,这个精神有机存在把自己分离出去,把自己变成一个定在的对象,把自己外化为一个固定的静止的事物,作为另一端而与大脑和脊髓这一端对立。头盖骨和脊椎骨都成了加在大脑和脊髓之上的固定的静止事物,那么我们必须把这个静止的事物看作是由大脑分离出来的。当然在大脑和脊髓之间、在头盖骨和脊椎骨之间，我们还要做一个区分。

　　——但是由于每个人在思考到精神定在的真正位置时，都不是想到脊椎，而只想到头脑，所以我们在研究作为现有的这种认知时，就可以满足于这样一种——对这认知并不是太坏的——理由，来把这种定在限制于头盖骨之上。

　　就是我们现在要把这种定在限制于头盖骨之上，而要排除脊椎骨，为什么呢？"但是由于每个人在思考到精神定在的真正位置时，都不是想到脊椎，而只想到头脑"，这就是理由。精神在什么地方？一般人都会说在头脑里，在脑子里头，不说在脊椎里头。我们不是用脊椎来思考的，我们是用脑子来思考的。一个人脑子出问题了，我们就说他是"用背思考的"。但一般的都说人是用脑子思考的，说一个人的脑子很好使，但是没有人说他的脊椎很好使。"所以我们在研究作为现有的这种认知时，就可以满足于这样一种——对这认知并不是太坏的——理由，来把这种定在限制于头盖骨之上"，所以我们在研究作为现有的这种认知时，现有的这种认知，就是现在流行的头盖骨相学。我们研究头盖骨相学这种流行的民间科学时，就可以满足于这样一种看起来很不靠谱的理由，就是援引通常人们的说法，好像说大家都这样看，这可以成为一个理由似的。但黑格尔说，这对于这种认知来说并不是太坏的理由，就是在头盖骨相学这样一个层次上，这种理由就足够了。这明显有种讽刺，就是说你们只配这种理由，更高深的还谈不上。就是一般人都会用头盖骨而不是用脊椎骨来给人的精神定位，这就是理由。这个理由当然很经验，不过是从众而已，既然大家都这样说，我们也就随大流吧。但这种理由对于现在流行的认知来说并不是太坏的理由，至少不比头盖骨相学的其他理由更差。大家都认为，人的精神是定位在头盖骨、在大脑里面进行思维，而不是在脊椎和脊髓里面进行思维。出于这样一种理由，就把这种定在限制于头盖骨之上，而把脊髓和脊椎骨排除掉了，我们要讲的是大脑和头盖骨的关系，我们不讨论脊髓和脊椎的关系。

也许有人会想到脊椎，是由于认知和行为有时的确也是部分被它**纳入**、部分由它**发出**的，但这对于证明脊髓必须一起被视为精神的居住地，并证明脊椎必须一起被视为反映出来的定在，[①]将会是毫无用处的，因为可以证明这一点的东西太多了；

先看这半句。"也许有人会想到脊椎，是由于认知和行为有时的确也是部分被它**纳入**，部分由它**发出**的"，也许有人会想到脊椎，这个是虚拟式，前面讲了，我们有一种不坏的理由来把这种定在限制于头盖骨之上，但是也许有的人会想到脊椎，那么他们想到脊椎的理由是什么呢？"是由于认知和行为有时的确也是部分被它**纳入**，部分由它**发出**的"，部分由它纳入就是认知，部分由它发出就是行为，认知和行为有时候的确是由脊髓所干的，不一定经过大脑。有时候它的确可以不经过大脑，如直觉的认识，下意识的行为，体操运动员的熟练动作，的确可以从脊髓那里纳入或者发出。从生物发育和进化的过程来说，也可以看出来，这个脊索动物它最初是没有脑的，但是它有一条脊索神经，有一条主干神经，那就是脊髓，脊髓在先，然后才产生分化出脑，最开始是没有的。这里涉及伽尔的一个有关脑产生于脊髓的假设，德文丛书版编者加了个注释，但是这个注加的不是地方，加到前面一句去了，应该加在这里。伽尔提出大脑是由脊髓产生出来的，这个在胚胎发育的过程中也是可以看出来。而这里说，有些人会认为脊髓、脊椎也可以适合于当作精神的所在地，黑格尔似乎承认他们有一定的道理，因为认知和行为有时的确也是部分被它纳入、部分由它发出的。但他仍然认为，"这对于证明脊髓必须一起被视为精神的居住地，并证明脊椎必须一起被视为反映出来的定在，将会是毫无用处的，因为可以证明这一点的东西太多了"，如果这一证明成立，

---

① 黑格尔在这里所涉及的是伽尔（Gall）有关大脑产生于脊髓的假设，参看 K.A.Blöde：《D.F.J. 伽尔有关脑的职能的学说》，德累斯顿，1805，第 4 页；还可参看 Bischoff：《伽尔的脑和头盖骨学说述评》，第 6—7 页。——丛书版编者

那就有很多东西都可以证明是精神的居住地了。

因为人们同样可以想到，甚至其他一些影响精神活动以激发它或抑 [218]
制它的外在途径，也成了可以被采用的。

"因为人们同样可以想到，甚至其他一些影响精神活动以激发它或
者抑制它的外在途径，也成了可以被采用的"，就是说，你要想用脊髓作
为精神的居住地，那还会有其他一些备选方案，都是可以考虑的。这样
一些方案涉及这样一种外在途径，它们也可以影响精神活动，不光是脊
髓可以影响精神活动，还有其他一些也可以影响精神活动，要么激发它，
要么抑制它。比如说，肺部也影响精神活动，我们经常说，我们要平心静
气，我们在练气功的时候，要调息，要意守丹田等等。还有心脏，横隔膜
等等，中医讲经络，任督二脉，这个督脉就是脊髓，还有任脉这一条线，
都能够要么是激发、要么是抑制精神活动。你说凡是影响精神活动的，
就是精神的所在地，那这些也是，肺部也是，丹田也是，横膈膜也是，那
可以证明的所在地就太多了。所以我们不能够依从这样的意见，把脊髓
和脊椎也纳入进来考虑。

——因此脊椎骨就可以，如果人们愿意的话，**名正言顺地**撇开不谈；
并且，正如很多别的自然哲学的学说那样，也被合适地**构想出来**的是，单
是头盖骨诚然不包含精神**器官**。

"因此脊椎骨就可以，如果人们愿意的话，**名正言顺地**撇开不谈"，如
果人们愿意的话，这种用语有点玩世不恭的口气，因为对待头盖骨相学
用不着过于严肃。但至少把脊椎骨撇开不谈，这是名正言顺的，或者是
有理由的。"并且，正如很多别的自然哲学的学说那样，也被合适地**构想
出来**的是，单是头盖骨诚然不包含精神**器官**"，我们不但可以把脊椎骨
名正言顺地撇开不谈，而且很可以构想"单是头盖骨诚然不包含精神的
器官"，这观点可以与很多别的自然哲学的学说同样合适地被构想出来。
构想出来打了着重号，konstruieren，构想、设想，还有虚构的意思，表明
这种构想有很大的主观性。别的自然哲学学说指什么？就是前面讲到的，

所有的对无机自然和有机自然的观察，包括自然的面相学。前面讲的那些自然哲学学说都被构想出来了，但是都没能站住脚，一路走过来，黑格尔不断地扬弃它们，但是那些学说当初都是构想得很好的。那么现在呢，我们同样可以很好地构想出来一种说法，就是单独的头盖骨诚然并不包含精神的器官。诚然不包含精神器官，为什么加个诚然？ zwar，虽然，诚然，这个话说了半截。虽然不包含精神器官，——但仍然可以建立起一门自然哲学学说，这半句话吞掉了。就是说正如很多别的自然哲学学说被构想出来了一样，我们在这里也可以构想出一个头盖骨相学来，虽然单独的头盖骨并不包含精神的器官，但是我们可以把它当作一门自然哲学来建构，而且建构得跟其他那些自然哲学学说一样好。首先我们构想这样一种说法，就是单独的头盖骨不包含精神器官，精神的器官是大脑，头盖骨你把它单独来看的话，它是不包含大脑的。当然我们一般说头盖骨是大脑的外部形态，外部定在，但是单独把头盖骨拿来，它是不包含精神的器官、不包含大脑的。但是我们同样好的可以构想出一门头盖骨相学来。当然这样的头盖骨相学完全是从自然的定在方面来看的。

　　因为前面已经把这一点从这个关系的概念中排除出去了，正因此头盖骨曾被归于定在方面；或者假如不让提及事情的**概念**，那么经验却的{182} 确告诉人们，如果说眼睛是用来看的器官的话，那么头盖骨却**并不**是用来杀人、偷窃、赋诗等等的器官。①

　　"因为前面已经把这一点从这个关系的概念中排除出去了，正因此头盖骨曾被归于定在方面"，这一点，就是把头盖骨看作精神器官这一点，已经被排除了。前面是指哪里？看前一页，217 页的上面，从 216 页的最下面一行开始："只要这种器官所具有的存在环节是一种**为它存在**、即定

_____

① 　这里涉及的似乎是伽尔在《有关他的已完成了的绪论的信》中提出的比较，见第 321 页："同一个心灵，通过视觉器官来看，通过嗅觉器官来闻，它也学会通过记忆的器官来回忆，通过好心的器官来表现善。"又参看伽尔：《答辩文集》，第 29 页。——丛书版编者

在,它就是僵死的存在,就不再是自我意识的当下在场了。"这里就已经把自我意识的当下在场排除掉了,也就是从这个关系的概念中排除出去了。所谓关系的概念就是上一句讲的,头盖骨和精神器官的关系的概念,也就是头盖骨与自我意识的当下在场的关系的概念,我们已经把自我意识的当下在场即精神的器官从这种关系中排除了,那头盖骨就只剩下自己的定在了,它就被归于定在方面。如果把头盖骨看成为他存在或定在,那它就是一种僵死的存在,就不再有自我意识的当下在场了。本来如果按照这个关系的概念来说,正如第 217 页接下来讲的,这种在自身中存在就是一种流动体,它就会把大脑体现为一个中介,连接精神和定在这两端;但如果不按概念来讲的话,头盖骨就是一个骨头摆在那里,只能被纳入定在方面,它本身不包含精神的器官,它跟大脑就是分离的,甚至是对立的。头盖骨跟大脑就不是包含的关系,而是外在的关系,这种外在关系是可以由经验来确定的。所以,"或者假如不让提及事情的**概念**,那么经验却的确告诉人们,如果说眼睛是用来看的器官的话,那么头盖骨却**并不**是用来杀人、偷窃、赋诗等等的器官",就是说如果我们不谈事情的概念的话,那我们就只有从经验方面来谈了,也就只能看到定在了。这就把头盖骨讲死了,头盖骨就是一个僵死的存在,它和精神的器官是完全不同的,凭经验就可以把握。经验明确告诉人们,如果说眼睛是用来看的器官的话,那么头盖骨却并不是用来杀人、偷窃、赋诗等等的器官。从经验方面来看,头盖骨确实不是一种精神的器官,它只是一个定在,一个事物,头盖骨是一个东西。你可以说眼睛是用来看的器官,而头盖骨却并不是用来杀人、偷窃、赋诗等等的器官,也就是头盖骨并不是精神的器官,这是经验可以确定的一个事实。我们不谈概念,单独看头盖骨,它是不包含精神器官的,你把头盖骨割裂出来,就头盖骨来看头盖骨,它当然跟精神没有关系,它就是一个东西。

　　——所以甚至有必要放弃把**器官**这个术语用于头盖骨的还要谈到的那种**含义**上。

"所以甚至有必要放弃把**器官**这个术语用于头盖骨的还要谈到的那种**含义**上"，在这个地方暂时还没有谈到的头盖骨的含义，但是在那种将要谈到的含义上，我们甚至要放弃使用器官这个术语，连这个词都不能用。你谈头盖骨你不要把头盖骨看作一种器官，不要看作精神的器官，头盖骨不是器官。头盖骨跟器官有关系，大脑是精神器官，那么头盖骨就跟大脑有关系，但是头盖骨跟大脑的关系不是概念上的统一的关系，而是经验中相分离的关系。头盖骨相学就把头盖骨看作是大脑这种器官的作用对象，头盖骨对外部世界有它的存在的关系，但是这种关系不是一种精神的关系。比如说头盖骨保护人的大脑不受外部世界的伤害，但这还不是器官。我们要"放弃把**器官**这个术语用于头盖骨还要谈到的那种**含义**上"，含义打了着重号，含义为什么打着重号？含义是通过概念来理解的，不是通过定在；通过定在你可以把握头盖骨作为经验事物，但是头盖骨的含义还是要通过概念来理解。你知道头盖骨不是器官，你通过经验就知道了，头盖骨不是用来杀人、偷窃、赋诗等等的器官，但是为什么会这样呢？你还得通过事情的概念来设想，虽然你在经验中已经确实知道这一点，但是你要理解这一点，你还得通过它的含义、通过概念。所以这里有两个层次，一个从概念上理解，一个从存在上观察，这两者并不是吻合的。

因为尽管人们习惯于说对于有理性的人要紧的不是言词而是**事情**，由此却毕竟不能获得允许去用一种不属于事情的言词表示这一事情；因为这样做是不恰当的，同时也是欺骗，这种欺骗自以为并且装作只是没有找到适当的**言词**，而掩饰自己实际上欠缺的事情，也就是概念；假如概念现成在手了的话，那它也就会有自己适当的言词。

"因为尽管人们习惯于说对于有理性的人要紧的不是言词而是**事情**"，人们通常认为对于有理性的人，重要的不是言词而是事情，就是说用不用"器官"这个术语都没有什么关系，要紧的不是言词而是事情，是Sache，只要事情本身你把握了，那用什么言词去说是无关紧要的。很多人都是这样说,你怎么说它、怎么命名这个没关系,只要你把握住了事情本身就够了,用什么术语是次要的事情。"由此却毕竟不能获得允许去用一种不属于事情的言词表示这一事情",尽管这样,但是我们并不因此就能够允许我们用一种不属于事情的言词去表示这一事情。器官如果本来就不属于头盖骨,虽然怎么说它好像是无所谓的,但用词不当毕竟是不行的,要正名,名不正则言不顺,要名副其实才能够行得通。"因为这样做是不恰当的,同时也是欺骗",如果你用了"器官"这样的词,它本身就是带欺骗性的,不但是不恰当的,也是一种欺骗。什么欺骗呢? "这种欺骗自以为并且装作只是没有找到适当的**言词**",这种欺骗一种是自欺,一种是欺人,自欺欺人。"自以为"就是自欺,"装作"就是欺人了。这种欺骗自以为并且装作只是没有找到适当的言词,好像只是用词的问题,"而掩饰自己实际上欠缺的事情,也就是概念",这就是黑格尔的批判了。就是说表面上看起来是言词的问题,实际上是事情本身的问题,事情本身是什么,就是概念,也就是头盖骨的真正含义只有通过概念才能够把握到。概念才是头盖骨后面的事情本身,它不是言词问题,言词不过是掩盖了自己实际上欠缺的事情,也就是缺少概念,没有把握到概念,没有把握到事情本身。你仅仅从外在的定在、从表面现象去理解头盖骨,你把头盖骨和器官割裂开来,这不光是一个言词的问题,这暴露出这样看问题的人没有把握到事情本身,也欠缺概念。"假如概念现成在手了的话,那它也就会有自己适当的言词",如果有了概念的话,如果你把握了概念的话,那么言词就会适当了,就名副其实了,你把握到了实际的含义,那么你就知道怎么表达它了。黑格尔在这里的主要思想,就是想把我们一般在头盖骨相学上面受到局限的那种表面的观点,那种外在的定在的观点,为他存在的观点,把它扭转过来,扭转到概念思维。这样我们就可以理解 217 页上面第二行的那句话:"但按照其概念来说,这种**在自身中存在**是一种流动性,在其中各个被投入进去的领域都直接地自行消溶,没有任何区别表现为**存在着的**区别。"而按刚才讲的观点,就会把头盖骨变

717

成一种僵死的存在,头盖骨跟石头跟木头就没什么区别了,就是一样的事物了;但不是,头盖骨按照概念来说,可以看出它里面的含义。但是人们往往局限于定在眼光,局限于观察的眼光,因为你要按照概念来说,那是一个更高的层次了。这种概念必然会把我们引导到实践的层次,而不再是观察的层次。但这些都是后面将要讨论的问题了。

——在这里,暂且规定了的只是这一点:如同大脑是活的头,头盖骨则是死的头。[①]

这"死的头"他用的是拉丁文 caput mortuum,本来的意思是废物,但是按照字面直译可以翻译成"死的头",和前面的"活的头"对照。在这里暂时我们有了这样一个规定,就是头盖骨是死的,那么活的决定死的,所以大脑是头盖骨的原因,头盖骨是大脑活动的结果。这是头盖骨相学的暂时的规定,最初的规定,这个规定后面肯定要被扬弃的。头盖骨相学最初是想要从原因和后果的这样一种关系中找到某种规律,建立起一门科学来。活的头决定死的头,怎么决定的,那么里头似乎就会有一种必然的因果关系,这就可以建立起一门头盖骨相学了。这里就引出了下面要讲的,头盖骨的形状与个体性的关系,头盖骨之所以是这种形状,是因为它的原因就在于大脑里面的个体性精神,什么样的个体精神就有什么样的头盖骨。所以我们看相除了看面相以外,还要看骨相。今天就到这里。

＊　　　　　＊　　　　　＊

好,我们今天接下来讲下面这个小标题。

[2. 头盖骨的形状与个体性的关系]

实际上头盖骨的形状与个体性的关系,主要是讲头盖骨和大脑的关

---

① "死的头",原文为拉丁文;caput mortuum,意思是"废物",字面直译是"死的头"。——译者

系,头盖骨里面是大脑,那么大脑代表个体性,代表一种内在的东西。当然大脑也是外在的东西,它也是一个器官,但是它跟头盖骨这种外在的东西之间有一个关系,一种关联。上一次最后一句话已经讲到了,大脑是活的头,头盖骨是死的头,这个已经把它们的关系作了一个定位。上次也讲到,要真正理解头盖骨的意义,只能够从概念的角度来看,只能从事情本身来看,事情本身是什么呢? 事情本身就是概念。你不能从机械论的或者是外部的自然的这种定在、这种表面的现实性去规定头盖骨的作用。头盖骨相学致命的地方就在这里,就是说它没有抓到事情本身。不是没有找到适当的言辞,而是实际上它欠缺的就是概念,没有从概念的层面上来谈头盖骨的意义,这就是上次谈到的这一段,已经介绍到这一点。但是还没有完,头盖骨相学还有其他方面的一些讨论,所以最后这一句说,暂且规定了的只是这么一点,大脑是活的头,头盖骨是死的头。我们暂时在这里,在这个阶段上,让观察的理性作出一个定位,就是这样。它们都是头,但是大脑是活的,头盖骨是死的。我们接下来就来看,头盖骨相学怎么在活的头跟死的头之间建立起一种联系来。头盖骨相学无非就是要在死的头上面看出活的头到底是怎么活的,无非是要达到这样一个理论目的。

　　<u>于是大脑的各种精神运动及被规定的方式就会不得不在这个僵死的存在里给自己提供自己外在现实性的体现,而这种体现却仍然还在个体自己身上。</u>

　　紧接着上一句话,大脑是活的头,头盖骨是死的头,"于是大脑的各种精神运动及其被规定的方式",大脑的精神运动就是它的活力所在,大脑就是干这个的,它就是发动各种精神运动。那么"被规定的方式",大脑的运动是如何被规定的。"就会不得不",这个用的是虚拟式,"在这个僵死的存在里",在这个死的头里,"给自己提供自己外在现实性的体现",就必须在头盖骨上面把大脑自己的活的运动体现出来,以至于我们可以建立一门头盖骨相学,我们可以从一个人头盖骨的外部形状,看出

一个人大脑里边是一种什么样的活动方式。如果能够看出这一点，那么活的东西在死的东西里面就会有它的现实性，有它的体现。"而这种体现却仍然还在个体自己身上"，就是说，这种活的东西在死的东西身上的体现，还是在个体自己身上，这种体现是最直接的体现。大脑活动不是体现在表情姿态或者是体现在他所做的事情上面，那都太间接了，而且那是可以装出来的，我们的头盖骨相学要探讨的是大脑最直接的体现，这个是无法假装的。比如这个人他的头型，生下来基本是不变的。所以这样一种最直接的体现仍然是在个体自己身上，没有体现在别的东西上。这个大脑始终是在头盖骨里面的，头盖骨始终是大脑自己的头盖骨，它不是释放出其他的信息，不是作出姿态，不是作出表情，不是说出语言，更不是作出的一件事情，一些行为业绩，而就是主体自己。头盖骨就是个体自己身上的一块东西，这是最直接的，头盖骨相学就是想能够直接地把大脑的内在东西在它上面定下来，形成一门科学，形成一种规律。

对于这种体现与那作为僵死存在并不在自身中驻扎有精神的头盖骨的关系而言，首先呈现出来的是上面所固定下来的那种关系，即外在的机械关系；以至于真正的器官——它们都在大脑里——就在此一处把头盖骨挤成圆的，在那一处把它压成扁的，或者磨成平的，或者不管用什么其他方式体现这种作用。

"对于这种体现与那作为僵死存在并不在自身中驻扎有精神的头盖骨的关系而言"，对这种关系而言，对什么关系而言？对这种体现与头盖骨的关系而言，什么头盖骨？作为僵死存在的头盖骨，它并不在自身中驻扎有精神。就是一个是这种体现，一个是头盖骨，头盖骨如何体现出大脑的精神活动呢？既然头盖骨"作为僵死存在并不在自身中驻扎有精神"，那么它和大脑精神活动的体现究竟是一种什么样的关系？对于这种关系而言，"首先呈现出来的是上面所固定下来的那种关系，即外在的机械关系"。这种精神活动的体现和头盖骨的关系首先显露出来的、最直接的、一眼看去就能看得出来关系，就是上面所固定下来的那种关系，即外在的机械关系。上面所固定下来的头盖骨的那种形状，是死的，这种关系是一种僵死的关系，已经被固定下来了。它不是器官，也不是符号，它就是一个事物，就是一个东西，这个已经固定下来了。那么这样一种东西、这样一种事物，几乎跟无生命的东西好像没有什么区别，跟一块石头没有本质的区别，它是一种固定的关系，那当然就是外界的机械关系了。一种外在的固定的僵死的东西，它所体现出来的现实性，它所体现出来的定在，那就是一种外在的机械关系。当然这是首先体现出来的，以后还会有别的，但首先显露出来的就是这样一种外在的机械关系。"以至于真正的器官——它们都在大脑里——就在此一处把头盖骨挤成圆的，在那一处把它压成扁的，或者磨成平的，或者不管用什么其他方式体现这种作用"，这就是机械关系，挤、压、磨，当然都是用的一个词：ausdrücken，挤压。既然是机械关系嘛，那就会是这样的啦。真正的器官、精神的器官都在大脑里面，大脑本身就是思维的器官，就是主体性精神的器官，里面各个分区也都是一些器官，所以"真正的器官"用的是复数。头盖骨不是器官，只是一个定在，真正的器官是在大脑里面，是脑髓、脑干、大脑皮层、神经元这样一些东西。那么作为一种机械的关系，真正的器官就在这个地方把头盖骨挤成了圆的，把那里压成了扁的。它要跟头盖骨发生作用，要在头盖骨上面体现出它的现实性来，怎么体现呢？首先显露出来的就是这样一种体现。大脑是沟沟壑壑的，头盖骨也是坑坑洼洼的，它是不规则形状的，那么这些形状我们就可以看作是由大脑里的器官所挤压而成的。大脑器官跟头盖骨之间的关系，那就是一种挤压关系、打磨的关系，这种作用就是一些机械作用。这是首先显露出来的作用。

　　甚至<u>有机体的一部分</u>，虽然在头盖骨中，也必须像在任何骨头里的一种活的自我形成作用那样被设想，以至于从这一观点来看，头盖骨毋宁是从自己这一方面对大脑施加压力，建立大脑的外部界限；它作为更坚硬的东西倒也更有能力这样做。　[219]

这就不再是最初呈现出来的了。前面讲的是首先呈现出来的情况，是大脑对于头盖骨的加工打磨这样一种关系；而现在是，"甚至"，也就是进一步说，还有另外一种关系，就是："有机体的一部分，虽然在头盖骨中，也必须像任何骨头里的一种活的自我形成作用那样被设想"。前面讲的是大脑对头盖骨的加工作用，那么甚至于我们还可以设想，头盖骨它自己也有一种活的自我形成作用，这是任何骨头里面都有的。这就是进一步的设想了，就是发现，有机体的一部分，虽然在头盖骨中，也就是头盖骨本身也是有机体的一部分，大脑是有机体，头盖骨也是有机体。虽然好像它是一件死的事物，好像跟石头没有什么区别，但当然是有区别的，它在人身上，是人的身体的一部分。它是作为骨头的有机体，所以它必须像任何骨头一样，有一种活的自我形成作用。骨头是长出来的，头盖骨也是长出来的，因此它们都有一种活的自我形成作用。婴儿的头盖骨跟成人的头盖骨就不一样，婴儿的囟门尚未闭合，成人则是完全闭合的，就说明骨头本身它也有一种自我形成作用。那么这样一种设想就是另外一套了，当然它也是机械作用，但是这个机械作用就颠倒过来了，不是大脑作用于头盖骨，而是头盖骨作用于大脑。所以他下面讲，"以至于从这一观点来看，头盖骨毋宁是从自己这一方面在对大脑施加压力，建立大脑的外部界限"。倒过来也可以看到，你对它加工，它是不是也对你加工呢？我们把骨头看作是一种自我形成作用，头盖骨它是自我形成的；那么它要是自我形成，就会对于它里面的大脑形成一种压力，形成一种作用。前面讲大脑对头盖骨可以有形成作用，这里讲头盖骨对大脑也有一种形成作用，是它在建立大脑的外部界限，头盖骨有多大，脑容量就有多大。今天考古发掘，原始人类的脑容量达到了多少？当然你可以解释为，因为他的头盖骨已经扩张了，所以他的脑容量就可以舒展一点，在猴子那里，在猩猩那里，脑容量是很小的，它的脑部从头盖骨得到的空腔很小，脑容量很小，所以它的大脑发育不全，它只能长那么大，所以它就不如人那么聪明。那么从这个角度来看，人类聪明不聪明，是由头盖骨来决定的，你的头盖骨越大你就越聪明，因为它能够容纳更多的脑容量，就可以想更多的问题。从这个角度也可以说，如同机械作用一样，作用力等于反作用力，你作用于它，它也作用于你，你决定了它，它的容量也限制了你，这是反过来看。当然这个就不是最初首先呈现出来的，而是反过来看的。最初显露出来的就是脑子对头盖骨起到挤压的作用，反过来头盖骨对脑子也起到一种的限制作用。"它作为更坚硬的东西倒也更有能力这样做"，头盖骨要比脑子坚硬，脑子就像豆腐脑一样，软的，它是内部的器官，没有头盖骨的保护，脑子就没法活了。头盖骨则是坚硬的，那么它对大脑的压力也是更有效的，你说大脑对头盖骨的压力能抵挡过头盖骨对它的压力吗？它只能被装在头盖骨里边。大脑会对头盖骨进行打磨，在一个地方把它挤成圆的，在一个地方把它压成扁的，这个好像不太说得过去。当然你也可以这样想，水滴石穿嘛，长期不断地在那里打磨，它也许会影响头盖骨。但是头盖骨那是够硬的，它把你限定了长成那个样子，你就必须成这个样子。西方有一些犯罪心理学家也有这样的思路，测量这个罪犯的头盖骨，他哪个地方有缺陷，甚至于他没有犯罪，都可以看出来。我一看就知道他是一个犯罪型的人，犯罪型的人格，从头盖骨就可以看出来。诸葛亮一眼就看出来魏延将来终究是会造反的，先把他杀了，西方的犯罪学家也有这样的思路，预防犯罪，这些人是可能要犯罪的，要加强对他的监视和预防。

　　但这样一来，在这双方的相互活动的规定中，就会总是仍然保持同一种关系；因为无论头盖骨是规定者还是被规定者，这对于一般的前因后果的关联丝毫不改变什么，只是这样一来，头盖骨就会被当作自我意识的直接器官，因为在作为**原因**的头盖骨里面就会出现**自为存在**的方面。

　　"但这样一来，在这双方的相互活动的规定中"，就是说前面正和反两个方面都看了，大脑可能对头盖骨起到挤压作用，头盖骨可能对大脑形成限制作用，这两方面都有作用。但这样一来，在这种双方的相互规定中，"就会总是仍然保持同一种关系"，不管是哪个作用于哪个，在这种相互作用中就会总是保持同一种关系，这里是虚拟式。"因为无论头盖骨是规定者还是被规定者，这对于一般的前因后果的关联丝毫不改变什么"，同一种关系就是这种因果关系，前因后果。大脑规定头盖骨是前因，头盖骨是后果；头盖骨规定大脑是前因，大脑是后果，这是同一种关系，或者说是同一个机械关系。它们之间不管哪个规定哪个，都是按照机械关系来规定的，对于这种机械因果关系来说，丝毫不改变什么。"只是这样一来，头盖骨就会被当作自我意识的直接器官，因为在作为**原因**的头盖骨里面就会出现**自为存在**的方面"，这里话头一转。本来没有什么，作用力等于反作用力嘛，彼此都在起作用；但是头盖骨在这种情况下就会作为自我意识的直接器官了，这与前面讲的，头盖骨不是精神的器官，是相违背的。人的自我意识是由头盖骨作用于大脑而形成的，那么头盖骨就成为了自我意识的直接器官，大脑反而是间接的器官了。我们前面说，大脑是自我意识的直接器官，但是现在看来头盖骨也作为了自我意识的直接器官，因为它和大脑是双向作用的，大脑可以作用于头盖骨，头盖骨也可以作用于大脑，那么头盖骨当它作用于大脑的时候，它岂不成了自我意识的直接器官作用于大脑？因为在作为原因的头盖骨里面，就会出现自为存在的方面，既然它作为原因，不是由大脑决定的，而是决定大脑的，它就有了自为存在的方面，它是独立存在的、为自己而存在的了。对照前面的解释，头盖骨就是一件死的事物，头盖骨是死的头，大脑是活的头；但在它们的关系中间我们可以发现，头盖骨也是活的，它也有了自为的方面，它也能作用于大脑。头盖骨在人的身上，作为人体的一部分的时候，它当然是活着的，人死了以后，它也就死了，你从坟墓里挖出来的头盖骨当然就是死的。但是当它是活的时候，它就具有自为存在这方面，它就可以在某种意义上代表自我意识，就是作为自我意识的器官而起作用。我们前面讲了，头盖骨不能看作器官，不是用头盖骨去打人，去偷窃，去赋诗；但是这个时候，倒过来了，头盖骨成为了精神的器官，它可以用来挤压大脑。

　　不过由于这自为存在作为有机物的生命活力,以同样的方式被归于这双方,所以两者之间的因果关联实际上就取消掉了。

　　就是说,头盖骨被当作自我意识的器官,具有自为的方面,但是,这样的自为的方面并不是它单方面具有的,双方都有的。所以,"不过由于这**自为存在**作为**有机物的生命活力**,以同样的方式被归于**这双方**",这种自为存在不是单独来看的,不是说从坟墓里挖出来的头盖骨也具有生命活力,而是作为有机物的生命活力长在活人身上的时候,它才具有自为存在。所以它的自为存在需要从更高的层面去把握,是作为有机物的生命活力。既然作为有机物的生命活力,而不是单独作为头盖骨本身、作为死的头,那么这种自为存在是以同样的方式归于双方的,同样的生命活力在头盖骨上体现出来,在大脑上也体现出来,双方都体现了生命活力。所以头盖骨的这种自为存在是代表整体的生命活力而起作用的,它对大脑的这种加工或者限制是代表整体的生命活力,并不是单独代表头盖骨本身。既然双方都代表着有机体的生命活力,"所以两者之间的因果关联实际上就取消掉了",这种机械的因果关系由于这样的层次提升而被取消掉了。如果是机械的关系,本来双方是没有关系的,它们碰到了一起才产生了挤压,应该是这样的。但是既然这样一种挤压关系都来自于整体的有机体的生命活力,那么这样一种因果关联实际上就被取消了,就是说不是头盖骨作用于大脑,也不是大脑作用于头盖骨,而是整体的生命活力使它们相互之间有一种相互依赖。头盖骨在这个地方凸出来了,大脑也会凹进去一块,不是由于头盖骨扩展了这么大的容量来容纳它,也不是由于大脑有一种挤压,把它挤出去了,而是由整个的生命活力这样设计的。那么它们之间就没有什么因果关系,而是由整体的生命活力所安排的,它们这种机械的挤压关系就被取消掉了。前面那种解释企图把双方归结为机械作用,实际上是说不通的,头盖骨怎么会去限制大脑呢? 它凭什么由自己产生自为存在的效果呢? 无非是凭它作为整个机体的生命活动,它是整体的生命活力的一种表现。并不是它在用力挤压,而是生命活力把它设定为这样，就是这个形状。那么这样一来双方都是自为存在，都代表生命活力，都是来自于同一个生命，而这两个自为的东西之间的因果关联就消失了，它们的关系是被一种更高的东西设定的，就它们本身而言，它们没有关联。

但双方的这种持续养成（Fortbildung），却会在内在东西中关联起来，它将会是一种有机的预定的和谐，这种和谐听任相互联系的两个方面互相独立，而每一方又有其独特的**形态**，不需要和另一方的形态相符合；更加相互独立的则是形态与质——正如葡萄的形状与葡萄酒的味道之相互独立一样。

"但双方的这种持续养成"，大脑也好，头盖骨也好，它们的双方都有一种持续的养成，都是自我养成的，都是自我形成起来的。这里用了一个词 Fortbildung，Bildung 我们前面翻译为教养、教化，这里指生物体的自我生长和自我培养，都是具有一贯性的。大脑从小到大就是这样发育出来的，头盖骨也是这样发育成形的。双方的这种持续性的养成，"却会在内在的东西中关联起来"，就是说，相互之间各自养成，并没有关联，但一起在内在东西中却有关联，也就是说它们不是一种外部的关联，而是在内在的东西中的关联。从外部机械关联来说，它们没有这种机械因果关系，不是这个作用于那个，也不是那个作用于这个，都不是。但是它们有没有关联呢？有关联，这个关联不是它们自己关联起来的，而是在内在的东西中，更深刻的关系中，在大脑的精神活动中，在生命的活力中，才使得它们关联起来的。"它将会是一种有机的预定的和谐"，预定的和谐也翻译成前定的和谐，来自莱布尼茨的思想。莱布尼茨的单子论主张，整个宇宙都是由无数的单子构成的，但是每个单子都是自行其是，互不相干，但这样一来，整个宇宙不就天下大乱了吗？于是莱布尼茨就设定了一个上帝的预定和谐，说上帝在创造每一个单子的时候，都设定好了它们的内部程序，同时也在内部程序中设定了这个单子跟那个单子之间的和谐关系，就像两个走得很准的时钟，到时候就一起报时。所以天下不会大乱,反而显出了一种和谐,一种规律性,每一件事情都可以找到原因,都是合理的,都是由上帝设定好的。这个单子恰好在这一刻引起了另外一个单子的那样一个后果,它们自己也许以为是自己的因果作用所导致的,其实都是预先由上帝所设定好的。所以看起来是你的举动导致了相应的后果,但实际上不是。所以说,"这种和谐听任相互联系的两个方面互相独立,而每一方又有其独特的**形态**,不需要和另一方的形态相符合",黑格尔在这里引进莱布尼茨前定和谐的理论,当然是借用了,他这里没有谈到上帝,而是讲有机体的活力,整个有机体的统一性。那么它里面各个因素、各个环节之间的那种和谐是由这个整体生命所预先安排好的。这个脑子要长成这个样子,头盖骨要长成那个样子,这两个样子先定就是相互适合的,这个不是由于头盖骨对于脑子的限制,也不是由于脑子对于头盖骨的挤压,而是由于有机体本来就是这样预定的。头盖骨在生长,大脑也在生长,但是呢,恰好又是互相吻合的,这种吻合不是它们相互之间的作用造成的,而是一种前定和谐。这也是一种解释,这是头盖骨相学在解释不通的时候,又提出来的一种解释。原来是说机械关系,头盖骨相学最原始的解释就是机械关系,就是说大脑和这个头盖骨相是有关的,它们是相互挤压和限制的,但是这样一来头盖骨就成了一种主动的自为存在的东西,它的主动性从何而来? 头盖骨是死的头,它的自为存在怎么解释呢? 只有上升到整个有机整体,头盖骨是整个有机整体的一部分,它也就具有了一种自为的方面。这种解释当然比前面的解释要高明一点,前面那个太机械了。但是这样一种前定和谐的解释,其实仍然是很机械的。"更加相互独立的则是形态与质——正如葡萄的形状与葡萄酒的味道之相互独立一样",更加相互独立的,这是相对于大脑的形态和头盖骨的形态两者的相互独立而言的,也就是这两者不但是两种形态的差异,而且是形态和质的差异。在它们的关系中,头盖骨代表外部形态,大脑则代表内在的质,这两者的关系不是两件东西的关系,而是像葡萄的形状和葡萄酒的味道一样的关系,实际上体现了物质和精

727

神的关系。两者虽然都有物质的形态，但大脑是自己思维的，而头盖骨它是不会自己思维的。所以这两者不光是作为两种形态而相互独立，而且作为形态和质而相互独立，这是更加难处理的。

　　——但是由于**自为存在**的规定落在大脑一方，而**定在**的规定落在头盖骨一方，所以在有机的统一体内部，这两方面**也**可以建立起一种因果关联；它们的一种必然的联系作为外在的联系是互相为他的，就是说，是一种本身外在的联系，所以通过这种外在的联系，好像双方的**形态**就会互相由对方来规定了。

{183}

　　"但是由于**自为存在**的规定落在大脑一方，而**定在**的规定落在头盖骨一方"，我们在最开始规定的时候就是这样规定的，就是大脑是自为存在，而头盖骨是它的现实性的定在，这个自为存在要表现出来、实现出来，就要表现在定在上。本来就是这样规定的，而通过上面的分析你会发现它们是相互作用的，而且这种相互作用又来自于前定和谐，于是就把这样一种相互作用、这种机械关系取消掉了。实际上它们本身并没有相互之间的关系，只有前定和谐给它们安排的一种相符合。但是由于自为存在的规定落在大脑一方，而定在的规定被派给了头盖骨，"所以在有机的统一体内部，这两方面**也**可以建立起一种因果关联"。这就是我们刚才讲的，上升到更高的层次了，你把它看作是一个有机体内部的两个环节，那么从这个角度来看，这两方面也可以建立一种因果关联。这个"也"字打了着重号，就是说，虽然两者没有机械的因果关系，但是在有机体内部的关系这个前提下，也可以重新把某种因果关系建立起来。莱布尼茨的前定和谐其实也是这样解释的，虽然每个个体都是孤立的单子，但是我们也可以把它们看作有一种因果关联，因为虽然在上帝看起来没有什么因果关联，都是他提前安排好了的一种命运，但是在我们人的眼睛看起来，这个是那个的原因，那个是这个的结果，也可以设定一种因果关联，因为我们不是上帝。这种机械因果性在它们的背景理解上已经被取消掉了，但是在有机的统一体的内部的前定和谐这个前提之下，我们再来看，我们也还是可以建立一种因果关联。这个因果关联不是说原来就有的，不是说它们单独就可以造成一种因果关联，它们单独放在一起，把大脑放在一边，把头盖骨放在另一边，它们相互之间是没有什么因果关联的。但是如果你把它们放在一个有机统一体里边来看，那么就可以建立一种因果关联。这种因果关联是被我们观察出来的，并不是它们本身固有的，在观察的眼光下，那么它就会显示出一种因果关联。"它们的一种必然的联系作为外在的联系是互相为他的，就是说，是一种本身外在的联系"，这样建立起来的一种因果关联就是一种外在的因果关联，当然它实际上背后是前定的和谐，是在有机统一体的内部发生的，而表现出来则是外在的因果关联。实际上这双方是没有关联的，但是如果你外在地把它们联系起来，也可以建立一种因果关联，不会错的。它们的一种必然的联系，作为外在的联系，是互相为他的，不是自为的，都是为他的，大脑为头盖骨，头盖骨也为大脑。但是这种为他是外在的，是被安排好这样的，而不是说大脑自己要去为头盖骨，头盖骨自己要去为大脑。它们本身没有自为的因素，自为的因素已经被提升到整个有机统一体上去了，由它来前定的安排一种和谐关系。所以它们本身来说互不相谋，只是由于在这个有机统一体中它们双方相对角色的不同，一方面是自为存在的规定，另一方面是定在的规定，有机统一体分配给它们的角色不同，所以我们也可以从外在的方面给它们建立一种联系，就是说是一种本身外在的联系。从本身来说它们没有必要建立这种联系，但是由于有机统一体，所以它们被外加了一种本身是外在的联系。"所以通过这种外在的联系，好像双方的**形态**就会互相由对方来规定了"，这里用的虚拟式。大脑的形态和头盖骨的形态，这两种外在形态就可以由对方的形态来加以解释了，大脑为什么这个地方凸出一块，是因为头盖骨在那个地方凹进去一块，就好像是双方的形态互相由对方来规定似的。这种规定是配给它的，因此是外在的，而不是由它自己去规定的。每一方的形态都由对方加以解释，而这个解释必须源于一个更高的统一体，即前定和谐。我们现在走到了这一步，就可以这样来解释：由于生命有机体的前定和谐，把大脑和头盖骨安排成了这样一种因果关系，一种外在的因果关系，安排成了一种互相呼应互相吻合的关系。

但是，对于自我意识的器官在对立一方上面将是能动的原因这一规定，可以用各种不同的方式这样那样地来谈论；因为这里所谈的是原因的一种性状，这种性状是按照原因的**漠不相干的**定在、按照它的形状和大小来考察的，而它的内在东西和自为存在恰好应当是这样一种与直接的定在毫不相关的东西。

"但是，对于自我意识的器官在对立一方上面将是能动的原因这一规定，可以用各种不同的方式这样那样的来谈论"，对于自我意识的器官，自我意识器官在这个时候就成了两个器官了，一个是大脑一个是头盖骨。头盖骨本来不是器官，但是在这样一种相互关系相互作用中也成了器官，它具有了自为性，当然这个自为性来自有机整体。既然这个有机整体用头盖骨来作用于大脑，或者把它安排成跟这个大脑之间相互作用的，那么这两者就被看作两个对立的器官了。所以我们也就可以把一个自我意识的器官看作在另一个对立的自我意识器官上的能动的原因，不管是大脑也好还是头盖骨也好，它们都可以规定为对于对方的能动的原因，建立起一种互为原因的因果关系。那么对于这样一个规定，"可以用各种不同的方式这样那样地来谈论"，可以正过来谈论也可以反过来谈论，可以说头盖骨作用于大脑，也可以说大脑作用于头盖骨。"因为这里所谈的是原因的一种性状，这种性状是按照原因的**漠不相干的**定在、按照它的形状和大小来考察的"，因为这里所谈的是原因的一种性状，而与实际上的原因本身没有关系，所以它是可以这样那样来谈论的。它并不涉及在前定和谐中本来是如何实际规定的，而只考虑它表现出来的样子，也就是只根据原因的漠不相干的定在，根据它外部的形状和大小来考察。所以它是机械论的而不是有机论的。机械论就是根据一种漠不相干的定在来谈论的原因，大脑和头盖骨相互之间的作用，都是漠不相干的，都是根据它的形状和大小来谈论的。当然在这一方面头盖骨占有优势，因为头盖骨更硬，更加固定，更加适合于机械论，但这只是一种性状，而它的内在的东西和自为存在恰好应当是这样一种与直接的定在毫不相关的东西。不管你怎么样规定头盖骨和大脑的大小、形状，都没有触及到它们的更高的内在东西和自为存在。它们只是自我意识的器官之间的一种相互影响，一种外在的关系，形状和大小的关系。但是这个形状和大小是否就表达了这种内在的东西，这个毫不相干。那么讲来讲去，头盖骨相学不管在大脑和头盖骨之间建立了一些什么样的关系，一些什么样的规律，一些什么样的必然性，这个跟精神毫无关系，跟内在的东西毫无关系，都是一些不着边际的东西。你想要通过头盖骨的观察来把握人的内心的东西，那是枉然，是根本不可能的。你只是在一个层面上讲来讲去，那种把握的方式，可以有多种方式，却跟内在的东西是漠不相干的。

首先，头盖骨的有机的自我养成对于机械的影响作用是漠不相干的，而且这两种关系之间的关系，由于前者是自身与自身相联系，就正是这种无规定性和无限制性本身。

前面讲到头盖骨和大脑的关系跟内在的东西毫不相干，毫无关系，那么这种毫无关系体现在什么地方呢？分别体现在头盖骨和大脑两个方面。"首先，头盖骨的有机的自我养成对于机械的影响作用是漠不相干的"，第一个方面是讲头盖骨的外在机械作用和它内在的联系无关，就是说头盖骨的有机的自我养成（Selbstbildung），它属于内在的有机的统一体。我们刚才讲了，前定和谐是由内在的有机统一体设立起来的，头盖骨在有机养成这个层次上，对于机械作用是漠不相干的。你的那些因果联系都是机械作用，而头盖骨的自我养成作为有机整体的一部分，它服从有机整体的统一原则，而这个原则是不服从机械作用的，是不能用机械因果性来解释的。所以从生命的有机性这样一个层面上来说，与这种因果关系是毫不相干的，头盖骨的形状和大脑的形状相互之间怎么作

731

用？没有什么相互作用，它们都是由有机体设定成那样的。那么有机体为什么要这样设定？是根据有机的原则，而不是根据机械的原则。所以这种有机的自我养成对于机械的作用是漠不相干的。"而且这两种关系之间的关系，由于前者是自身与自身相联系，就正是这种无规定性和无限制性本身"，这两种关系之间的关系，一个是有机关系一个是机械关系，有机的养成和机械的影响作用之间的关系。由于前者是有机的自我养成，因而是自身与自身相联系，这跟机械关系是不一样的，所以它就正是这种无规律性和无限制性本身。也就是说，这两种关系之间的关系，有机关系和机械关系之间的关系，恰好就是这种无规定性和无限制性本身。这是没有办法规定的，这两种关系之间如何规定？你如何能够把有机的关系还原为有限的机械关系？不能还原，因为有机关系是自身与自身的关系，而机械关系不是。所以你不能还原。你也不能解释，你不能用机械关系去解释有机关系。所以这两方面的关系是无规定性和无限制性，你没有对它们之间是什么关系做出任何规定和限制，这是两个完全不同层次的东西，双方谁也限制不了谁。这是一个方面，就是从头盖骨的有机性来看，它与机械关系是没有关系、无法规定的。

其次，即使大脑会把精神的区别当作存在着的区别接受于自身中，

[220] 并成为各占一个不同空间的那些内在器官的某种多数性——这是与自然相矛盾的，自然让概念的诸环节各有一个独自的定在，从而把有机生命的**流动的单纯性纯粹地**置于**一·方**，而把同样在生命的区别中它的**结合与划分**置于**另一方**，以至于这些区别像此处所应理解的这样，作为特殊的解剖学上的事物显示出来——即使这样，也将无法确定，究竟一个按其本原是强的或是弱的精神环节，是否就必定要么在前一种情况下具有一个**比较扩张的**脑器官，在后一种情况下具有一个**比较收缩的**脑器官，要么则恰恰相反。

这是第二个方面。第一方面是讲头盖骨的有机性跟机械性是漠不相关的；第二方面则讲大脑的精神区别和它的存在区别也是漠不相关的。

"其次，即使大脑会把精神的区别当作存在着的区别接受于自身中，并成为各占一个不同空间的那些内在器官的某种多数性"，即使，即使什么呢？这是虚拟语气了，整个这一长句都是虚拟式。即使大脑会把精神的区别当作存在着的区别接受于自身中，大脑当然有精神的区别，但是这种精神的区别是不是能够当作存在着的区别来接受呢？大脑本身是存在的，但是大脑的精神区别是不是就可以当作存在着的区别？可不可以在大脑的存在上面找到精神上的区别的划分标准？比如说大脑定位问题，是否这个地方就代表着某种情感，那个地方代表了某种思想，这里是语言中枢，那里是视觉中枢。这就是把精神的区别当作存在着的区别而接受于自身中，成了各占一个不同空间的那些内在器官的某种多数性。本来大脑是一个单一性、统一性，现在成了一个多数性，大脑本来是一个器官，现在里面有了许许多多的器官，每个器官各占一个空间，视觉区、听觉区、语言区等等。下面是破折号，两个破折号之间是一个插入语，这个插入语很长，我们先把它撇开。"即使这样，也将无法确定，究竟一个按其本原是强的或是弱的精神环节，是否就必定要么在前一种情况下具有一个**比较扩张的**脑器官，在后一种情况下具有一个**比较收缩的**脑器官，要么则恰恰相反"，即使在大脑上区分了诸多器官各自的管辖范围，它们有强有弱，这样也还无法确定，究竟某一个精神环节在强势的情况下，是否就必须具有一个比较扩张的脑器官，而在弱势的情况下则具有一种比较收缩的脑器官；或者恰恰相反，强势的精神环节只需要一个比较收缩的脑器官就够了，而弱势的精神环节则需要一个比较扩张的脑器官。这也涉及前面讲的大脑的形态和它的质的关系，就像葡萄的形状和葡萄酒的味道一样，那么大脑的形状和它的"味道"、也就是和它的精神环节之间是否有某种对应关系呢？显然是无法对应的，想要从这里面找到某种规律性也是白费力气的。再看破折号之间的插入语。"这是与自然相矛盾的，自然让概念的诸环节各有一个独自的定在，从而把有机生命的**流动的单纯性纯粹地**置于一方，而把同样在生命的区别中它的**结合**与**划分**

置于**另一方**"，也就是把大脑划分为各个区域，把这样一种多数性等同于精神的各环节，这是跟大脑本身的自然本性相矛盾的。从大脑本身的这个结构来看，即使你可以把它的精神功能分配到各个区域、各个不同的部位，把它变成一大堆多属性的器官的结合体，各占一个不同的空间；但大脑的自然本性却仍然在赋予概念的诸环节各自一个定在的同时，把有机生命的流动的单纯性单独提出来置于一方，而把那些多数性的区别置于另一方，互不混淆。"以至于这些区别像此处所应理解的这样，作为特殊的解剖学上的事物显示出来"，就是这种划分使得那些区别的多数性被限制在解剖学上的划分，而不至于干扰精神的事务。所以接着这个插入语下来就说，就算是这样我们也没有办法确定，究竟一个精神环节按照其本源是强者和弱者，是否就必须在前一种情况下具有一种比较扩张的脑器官，在后一种情况下就具有一种比较收缩的脑器官，或者相反。就是说大脑的这种划分是不是就是根据它的质的强弱来分区的呢？是不是强的那一部分精神环节或者大脑的精神功能就必须占据一个比较大的区域，如果大脑某种功能很弱，是不是就只能拥有一个收缩的脑器官，或者恰恰相反？这都是无法确定的。因为精神是完全看不见摸不着的，它跟物质之间怎么会有那一种对应的关系呢？从这个强和弱是不是就能确定大和小呢？不管是正比例还是反比例都是没法确定的。为什么没办法确定？他说这是与自然相矛盾的，自然让概念的诸环节各有一个独自的定在，大脑和头盖骨是两个不可缺少的环节，它们各自有一个独自的定在。头盖骨有一个容量，大脑也有一个体积，而把有机生命流动的单纯性纯粹置于一方，它高高在上，这是流动的单纯性，这一方只能用概念本身来加以把握，是独立于它的诸环节的定在的。另外又把同样是在生命的区别中它的结合与划分置于另一方。一方面是生命的单纯性，只能用概念来把握，而另一方面同样是在生命的区别中，它的结合与划分，以至于这些区别像此处所应理解的这样作为特殊的解剖学上的事物显示出来。当然这两方面本来就是自然所设定的，由生命的本性所设定的，生命的本性就是有两方面，一方面它的本质只能通过概念来把握，但是另一方面它的定在确实可以通过解剖学来解释，而且应该通过解剖学来理解。那么在这里人们都是从解剖学上的事物来理解大脑的，但是他们自以为理解了生命，解剖学怎么能理解生命呢？解剖学只能理解生命定在的那一方，但是无法把握纯粹的那一方。纯粹的单纯的那一方是需要通过概念来把握、通过哲学思辨来把握的，通过解剖学是把握不了的。精神区别就是精神区别，精神区别只能从概念来把握，存在的区别只能从解剖学上来把握，你把精神的区别当作解剖学的存在的区别，接受于自身中，这是与自然相矛盾的。自然是划分得很清楚的，不能把解剖学上的这种划分的当作精神的划分。但就算是这样，就算我们不顾与自然相矛盾，设想大脑的精神的区别就是定在的区别，但是我们也无法确定，究竟一种精神的区别环节与一个定在的区别之间有什么样的对应关系，你还是无法建立起它们的因果性的规律来。

　　——同样不能确定的是，究竟大脑的**养成**会使器官扩大呢，还是使之缩小，究竟它会使器官变得更粗重厚实呢，还是更轻巧。

　　我们无法确定精神的强或弱是不是必然扩张和必然收缩脑器官，"同样不能确定的是，究竟大脑的**养成**会使器官扩大呢，还是使之缩小"。养成（Ausbildung）打了着重号。前面讲不能确定的是一种静止的对应种关系，而这里讲的是动态的关系，大脑的养成是一个动态的过程，在这个过程中，大脑器官是不是变得越来越粗大？或者是越来越小巧？我们知道很多高级动物，大脑非常发达的动物，它的脑是很小的。例如乌鸦是很聪明的动物，它的智商是非常高的，但是它的脑的体积很小，它的脑结构很精致，功能非常强。有些体型巨大的动物，它的脑部相对其他动物来说也是很大的，但是很蠢，因为它要支配的身体太大了，需要更多的脑容量。像恐龙的脑容量跟它巨大的身体相比显然很小，但是比其他动物还是要大，但是它的智商是不高的。脑的养成过程的趋势是使脑器官扩大还是缩小，再就是，究竟会使器官变得更粗重厚实，还是更精巧呢？这

735

个也是没有办法确定的。

由于仍然不确定这个原因具有何种性状，所以对头盖骨发生何种影响作用，这种作用是扩张的还是压缩和让其缩小，这也就同样是悬而未定的。①

"由于仍然不确定这个原因具有何种性状"，就是我们把大脑的自为存在看作是它的原因，大脑的养成、大脑功能的强和弱，我们都把它看作是原因，那么这种原因具有何种性状，它是如何起作用的，仍然是不确定的。"所以对头盖骨发生何种影响作用，这种作用是扩张的还是压缩和让其缩小，这也就同样是悬而未定的"，这里有三个层次，前面讲大脑的精神环节对于大脑器官扩大还是缩小是没有办法确定的；然后讲大脑自身的养成对大脑器官的扩大或缩小、粗重或精致是没法确定的；而这里讲大脑对头盖骨的影响作用是扩大还是让其缩小，同样没有办法确定。精神对大脑的影响相当于质和形态的关系，即葡萄酒的味道和葡萄的形状的关系；大脑自身的养成与大脑的影响则相当于一个过渡，即大脑的形成过程和它自己的形状之间的关系；而这里讲大脑对头盖骨的影响则是两个自为存在的东西相互之间的关系，即大脑的形状对头盖骨的形状的关系。所有这三个层次的关系都是悬而未定的。

如果这种影响作用被规定为例如说比一种**激动更高级**的作用，那么究竟它是以一种斑蝥素药膏的方式起发泡作用，还是以一种醋酸的方式起收敛作用，这也是不确定的。②

––––––––––––––––––––

① 以上到这一段的开关的详细讨论可参看伽尔：《有关他的已完成了的绪论的信》，第318—323 页。——丛书版编者

② "斑蝥素药膏的方式"，参看《上流阶层的德意志普遍实在百科全书》第 4 卷，第 7 版，莱比锡 1830 年，第 152 页："在药房里那些以斑蝥素命名的斑蝥被用在发泡性的膏药上。有人在雷雨天或者太阳初升时，当它们完全静止不动的时候搜集它们，把它们装进玻璃瓶里面，用醋熏死它们，或者置于烟囱里面，然后将它们风干。为了起泡人们把这些研磨成粉状的斑蝥撒在任何一贴膏药上并贴于患处。人们不可长久使用它们而不带来副作用；……"——丛书版编者

"如果这种影响作用被规定为例如说比一种**激动更高级**的作用"，这个地方有一种提升、有一种进一层的意思。前面讲的大和小、强和弱、压缩和扩张等等，都是一些机械作用，那么这里讲到一种更高级的作用，就是由机械作用提升到化学作用，机械性和化学性是两个不同的层次。我们知道在黑格尔的自然哲学里面，机械性是最低的，前面讲的都是机械性，扩大或缩小，量的或形态的区别，这些都是机械作用。我们现在要谈一种比激动更高级的作用。"那么究竟它是以一种斑蝥素药膏的方式起发泡作用"，大家读过鲁迅的《从百草园到三味书屋》，里边讲到斑蝥。斑蝥素，西方人喜欢把它作为药膏，来起一种发散作用，发泡作用。用中医的说法，斑蝥就是一种"发物"，起一种发泡作用。"还是以一种醋酸的方式起收敛作用，这也是不确定的"。上火了，你喝一点醋，可以起一种降火的收敛作用。那么大脑对头盖骨是不是有类似于这样一种作用呢？这也是不确定的。就是从化学性的角度来确定它的作用，也是不确定的。

　　——对于所有这类观点，都可以提出言之凿凿的理由，因为同样有影响的那个有机联系，让这个理由和那个理由同样畅行无阻，这种联系在一切这样的理解面前都是无所谓的。

　　前面讲的这个作用那个作用都是没有办法确定的，所以破折号后面是做总结。"对于所有这类观点"，包括上面讲的种种观点，大脑的精神环节对大脑的扩张或收缩的关系，大脑的养成对大脑本身的轻或重的关系，大脑对头盖骨的扩张和压缩的关系，以及大脑对头盖骨的化学作用、激发或收敛的关系，所有这些虽然都没办法确定，但"都可以提出言之凿凿的理由"。你尽管可以去提，尽管可以去解释，对各种理由进行具体的研究和分析，但是所有这些理由，都是不相干的。"因为同样有影响的那个有机联系"，那个有机联系也在里面有影响，那个有机联系，那个有机生命流动的单纯性，它比所有这些机械的、化学的作用都更高，所以它"让这个理由和那个理由同样的畅行无阻"。你们去说吧，你说这个理由也好那个理由也好，你们都言之有理，持之有故，你都可以自圆其说，它

737

听任这个理由和那个理由同样畅行无阻。那个有机联系在发生影响，但是它和这些理由不相干，它高高在上。"这种联系在一切这样的理解面前都是无所谓的"，不管你怎么去解释，你做机械的解释也好，你做化学的解释也好，这些东西都对它没有影响。有机的联系就是有机的联系，你讲来讲去都是把握了一些外在的东西，没有涉及根本。怎么样涉及根本？只能通过概念，概念才是事情本身，才能把握有机联系。你必须要通过有机体的概念，来把握它的各个环节，离开这个概念，从各个诸环节的独自定在去把握，你当然也可以讲出种种理由来，但是都不涉及根本。机械的也好，化学的也好，都还不是有机的，有机性比机械性、化学性更高。真正要把握的话还得上升到有机性，上升到有机性就必须提升到概念。好，休息一下。

我们再看下面。刚才讲了对大脑有机体的一种观察，你可以做任何解释，但是这些解释都没有涉及有机体本身。你从它的多数性，各式各样的存在方式、定在方式去解释都可以，但是所有的解释都没有涉及那个单纯的、有机生命流动的单纯性，这个可以放到一边。但是往往人们把这两个混淆起来，以为在解剖学上面解释了有机体，就已经揭示了生命的流动性了，这个就搞错了。从生命的本性来说，它是把这两方面区分开的，不能混淆。机械性就是机械性，化学性就是化学性，有机性是更高的层次。所以你的各式各样的解释最终都要拿到有机性上面来解释，而有机性是不能用机械性和化学性来把握的。有机性只能从有机体本身的概念上来加以把握，概念才是有机体的事情本身。所以在这个黑格尔的自然哲学中讲完有机性、目的性以后就进入到了精神哲学之中。逻辑学里面也是这样，有机性进入到主观概念，也就是有机性要得到彻底的把握，必须提升到主观概念上来加以把握。

不过，对观察的意识来说，所关注的并不是要去规定这种联系。

对观察的意识来说，所关心的不是去规定这个有机的联系。这样一个有机的联系层次还不够高。你光是讲把大脑看作是有机联系，有机的统一体，前定的和谐，使得大脑内部的机能以及它和头盖骨之间有一种和谐关系，还是不够的。观察的意识所关注的并不是规定这个联系，它真正想观察的不是要观察有机体，而是要观察有机体里面的精神。头盖骨相学不是要从你的头盖骨上面看出你的有机生命力，而是想要从头盖骨上面看出你的思想。

因为这毕竟不是作为动物性的部分而立于其中一方的大脑，而是作为自我意识到的个体性的存在的大脑。

"因为这毕竟不是作为**动物性**的部分而立于其中一方的大脑"，这个大脑毕竟不是作为动物性部分的大脑。观察的意识所关注的是大脑和头盖骨的联系，但并不只是把大脑作为动物性的部分。当然大脑有它的动物性的部分，也就是作为有机体的部分，但观察并不是要把它看作动物性的一方，去和另一方也就是和头盖骨相对立。不是说，其中一方是大脑，另一方是头盖骨，这双方是动物性的两部分的关系。观察的意识在这里所考察的不是这样的大脑，不是作为动物性的部分立足于和头盖骨对立的一方的大脑，"而是作为**自我意识到**的个体性的**存在**的大脑"。自我意识到的打了着重号，存在也打了着重号。也就是说观察的意识所关心的是作为自我意识的个体性的存在，这是大脑的含义。大脑是作为自我意识到的个体性，但是它又是存在。自我意识到的个体性和存在之间的关系才是观察的意识在这里所关心的，也就是它不仅仅是从动物性的角度来看大脑，它是从精神和自我意识的主体的角度来看大脑的。所以它真正的目的还不是动物性的大脑，而是自我意识的大脑，作为自我意识的个体性存在的大脑。它想要搞清的还不是有机关系，而是想搞清事情本身；它立足于大脑和思想的关系，而不是立足于大脑和有机体的关系。但是在跟头盖骨联系在一起考察的时候，最初当然只能考察它们的有机联系，因为这两个都是有机体的部分。但是考察有机联系最终是为了考察思想，这就比前面更加提升了一层，就是考察大脑作为一种思想器官跟头盖骨的联系。前面是讲大脑作为一种有机体跟头盖骨的联系,它在生长过程中怎么样打磨头盖骨,头盖骨怎么限制它的生长,这都是有机体,最后归结为有机体的统一性,例如前定和谐。其实它真正观察的还不是这个,它真正所想要达到的目的,就是想要通过头盖骨来解释大脑的思想,大脑的自我意识。

——个体性,作为持存的性格和运动着的意识行为,是**自为的**并且**在自身中的**;与这个自为而在自身中的存在对立着的是这个体性的现实性以及为他的定在;自为而在自身中存在是本质和主体,这主体在大脑那里具有一种存在,这种存在**归摄于大脑之下**并且只通过驻于其中的含义才获得自己的价值。

"个体性作为持存的性格和运动着的意识行为",个体性不管你怎样变来变去,它的个体性始终是持存不变的,不管你生长也好,养成也好,对头盖骨起作用也好,在大脑里面的这种持存的性格是不变的。而且它是运动中的意识行为,也就是说运动中的一贯意识,意识也可以看作一种行为。这里有两个方面,一个是持存的性格,一个是运动中的意识行为。性格是持存不变的,但是它的意识是一种行为,是运动的。它的性格是不动的,是静止的,是一贯的;而它的意识行为是运动着的,这两方面合起来形成了个体性。这种个体性,"是**自为的**并且**在自身中的**",这也是两个方面,自为的就是它是一种运动着的意识行为,在自身中就是它始终是它的性格,它是不变的。"与这个自为而在自身中的存在对立着的是这个体性的现实性以及为他的定在",个体性就是自为的而且在自身中存在,这是一方;而与之对立着的是这个个体性的现实性以及为他的定在。个体性的现实性也是在运动着的,但是它是在客观的现实中表现出来、显现出来的,并且是为他的定在。这两方面,也构成一个内外关系,个体性在自身中自为存在是内在一方,它同时具有现实性和为他的定在,这是外在的一方。在自身中的跟在现实性中的双方是对立的,自为的和为他的也是对立的。"自为而在自身中存在是本质和主体,这主体在大脑那里具有一种存在,这种存在**归摄于大脑之下**并且只通过驻于其中的含义才获得自己的价值",这是确定这两方面的关系。自为而在自身中存在,这是个体性的本质和主体,个体性是自为的,又是自身中存在的,在自身中存在是本质,自为是主体;而这主体在大脑那里具有一种存在,但这种存在归摄于大脑之下,并且只通过驻于其中的含义才获得自己的价值。个体性是本质也是主体,当然这个主体也有它的存在,它的存在在大脑那里;而这个存在归摄于大脑之下,它只有通过大脑的含义才有价值。什么是大脑的含义? 当然就是这种个体性和主体性了,在这种意义上,存在归摄在大脑之下,也就意味着存在归于个体性和主体性之下,归于意识和思维之下。大脑的存在价值就在于它能思维,大脑是思维的器官,是自我意识的器官。离开了思维和离开了自我意识它没有价值。一个脑如果没有了思维和自我意识的功能,那它也就没有价值了,只有这样一种功能,只有这样一种含义,才使它获得了自己的价值。

　　至于自我意识到的个体性的另一方面,即它的定在的方面,则是独立的和作为主体的**存在**,或者作为**事物**的**存在**,也就是一块骨头;**人的现实性和定在就是人的头盖骨**。 {184}

[221]

　　"至于自我意识到的个体性的另一方面",自我意识到的个体性的前一方面是作为本质和主体,那就是在大脑那里,大脑就是主体性的存在,是作为个体性的自为存在的方面;另一方面,"即它的定在的方面,则是独立的和作为主体的**存在**"。它也是作为主体的,它是独立的,但是它是存在,存在打了着重号。前面的是本质和主体,大脑是本质,但是它同时又是主体。这个地方也是主体,但是它是存在。存在和本质在这方面可以做一个区分,大脑是本质的主体;头盖骨作为自我意识的另一方,它也是作为主体,但是它作为存在的主体。前面讲过,大脑和头盖骨各自都是作为独立的主体在和对方打交道。大脑是在本质意义上的主体,头盖骨是存在意义上的主体,"或者作为**事物**的**存在**"。事物的存在也打了着重号。作为存在就是作为事物,事物就是它的定在。"也就是一块骨头",

这块骨头是自我意识的个体性的另一方面,也就是这种个体性的定在的方面,是作为存在的主体或者作为主体的存在,这跟大脑是不一样的。大脑是一种本质和主体,大脑也是具有存在,但是这种存在是归摄于大脑之下,并且只是通过驻于其中的含义才获得它的价值的。而头盖骨就不一样,头盖骨并不归摄于大脑之下,并且也不通过驻于其中的含义才获得它的价值,它是独立着的作为主体的存在,作为一种事物的存在。它是一种事物,作为自我意识个体性的另一方面、定在的方面,它不需要再去追溯其中的含义。**"人的现实性和定在就是人的头盖骨"**,整个这句都打了着重号,这句很重要,是为后面的"精神是一块骨头"命题作铺垫的。这里出现了人,人就相当于自我意识的个体性,他的现实性和定在就是人的头盖骨。头盖骨就是起这样的作用的,前面一直是讲脑,上面整个一段都讲到脑,自我意识的器官,虽然头盖骨也被变成了自我意识的器官,实际上它不是的,只有脑才是自我意识的器官。头盖骨不能看作是器官,头盖骨是自我意识个体性的现实性和定在,它就是一个外在的事物,它是自我意识现实性的另一方面,定在的方面。这里已经迈出了把精神和物质统一起来的重要的一步。

　　——这就是这个关系以及这一联系的双方在对之进行观察的意识里所具有的理解。

　　上述两个方面的关系就是自我意识的个体性所体现出来的脑和头盖骨的关系。在脑这方面它是体现出了一种本质的主体,而在头盖骨方面则是一种存在的主体,这里有两个主体,各自独立,但是它们同时都是自我意识的两方面,一个是本质的方面,一个是定在或存在的方面。所以这个前定和谐在这个理解上被提升到了自我意识个体性的高度上面来讲,不再是单纯的有机统一性了。有机统一性当然也是前定和谐,但是更高的前定和谐是自我意识的个体性,是这样的前定和谐。这个前定和谐从一方面来说就是头盖骨,人的现实性和定在就是头盖骨,从另一方面来说就是自我意识到的个体性。"这就是这个关系以及这个联系的双方在对之进行观察的意识里所具有的理解"，在进行观察的意识里，虽然还只能把这种关系理解为对立的，被理解成本质和存在、自为和外在的定在的对立关系，还确定不了它们之间的规律，但毕竟从一个方面、即从现实的定在方面认定了它们的同一性。

对观察的意识而言，现在所关注的是这两方面的更确定的联系；一般说，头盖骨的确具有本身就是精神的直接现实性的含义。

"对观察的意识而言，现在所关注的是这两方面的更确定的联系"，前面已经有这样一种联系了，一个是本质，一个是定在，一个是内一个是外，双方前定地和谐。这样的理解当然是很外在的，它们双方都是独立的，大脑和头盖骨都是独立的，头盖骨就是一块骨头，一种事物，不是一种思想，不是意识的主体，当然它是那个意识主体的事物，是这个主体的现实性定在。而现在对观察的意识而言，需要更进一步确定这两方面的联系，前面那种前定和谐的理解只是一般的理解、抽象的理解，形不成一种规律性的东西。观察的意识就是要找出规律，它现在所关注的是这两方面更确定的联系。"一般说头盖骨的确具有本身就是精神的直接现实性的含义"，前面讲了，人的现实性和定在就是人的头盖骨，但这只是一般说来而已。精神的直接现实性的含义，一眼看去，就体现在头盖骨上面。比如说人猿之分，人从猴子那里区分出来一个最明显的标志就是头盖骨，我们看北京猿人的化石，一看那个复原图，他的这个额头是往后倾的，眉骨很突出，下巴很大，但是脑相对来说比现代人要小，说明他的智力还不如现代人。所以精神的直接现实性的含义在头盖骨上面已经体现出来了，头盖骨的确具有这样一种含义。

但精神的多面性也赋予它的定在同样一种多义性；所必须获得的，是对这个定在被分配于其中的个别位置的含义的规定性，而这就必须看看，这些个别位置怎么样在自身中包含着对于这种含义的暗示。

虽然一般来说头盖骨的确具有精神的直接现实性含义，"但是精神的多面性也赋予它的定在同样一种多义性"。一般来说我们都可以承认头盖骨是跟精神有关的，但是头盖骨相学还想要确定下来，精神的哪一方面与头盖骨的哪一处位置有关。精神是多方面的，它也必定会赋予它的定在同样的一种多义性，那就不能笼统地说头盖骨具有精神的直接现实性的含义，而必须具体地确定它们对应的位置关系。"所必须获得的，是对这个定在被分配于其中的个别位置的含义的规定性"，观察的意识现在要做的是什么呢？就是对这个定在被分配于其中的个别位置、也就是头盖骨上被划分来管某个精神方面的具体位置，加以精确的规定。要对头盖骨的结构和形状上分管精神的各个方面的那些位置加以定位，要对这些位置的含义加以规定。这个位置它具有什么含义，它是管什么的？这个地方挖凹进去一块，意谓着什么？那个地方凸出一块，又意谓着什么？我们要把它规定下来，这是观察的意识目前要做的。"而这就必须看看，这些个别位置怎么样在自身中包含着对于这种含义的暗示"，这些个别位置在头盖骨上各自意谓着什么，我们要加以确定。这是更高层次上的一种科学分析，也就是对头盖骨进行定位分析。位置这个概念很重要，头盖骨相学无非就是考察头盖骨上面的空间位置，确定每一个位置意谓着什么。

头盖骨既不是什么能动性的器官，也不是一种富于表情的运动；人们既不是用头盖骨来进行偷窃、杀人等等，同时，在做出这些行为业绩时，头盖骨也丝毫不动声色，因而它也不会成为一种富于表情的示意。——甚至这种存在着的东西连一个符号的价值都没有。

前面讲了头盖骨就是一块骨头，是僵死的，是死的头，是一种事物的存在而不是精神的器官。那么显然，"头盖骨既不是什么能动性的器官，也不是富于表情的运动"，头盖骨不运动，它是僵死的，如果没有肌肉牵拉它，它就静止地摆在那里。从考古发掘把几万年几十万年以前的头盖骨挖出来，它还是那个样子。它没有运动也没有表情，不像脸上的肌肉、也不像语言那样的赋予表情。"人们既不是用头盖骨来进行偷窃、杀人等等，同时，在做这些行为业绩时，头盖骨也丝毫不动声色"，这个前面已经讲了，它不是杀人、偷窃的器官，也不是用来作诗的器官，在人进行偷窃、杀人、或者在写诗的时候，头盖骨丝毫也不动声色。"因而它也不会成为一种富于表情的示意"，它没有表情，也不示意什么，它只有两个黑洞洞的眼眶，就是那么一副样子，天下的头盖骨都是一副样子。"——甚至这种**存在着的东西**连一个**符号**的价值都没有"，它既不是器官，甚至于也不是符号，而只是存在着的东西。符号虽然也存在着，但它的价值只在于它所意谓的东西，而头盖骨连这种意谓都没有，所以它也不是符号，连一个符号都不如。它现在连退回到符号的面相学去都不可能了。

表情和手势、声调，甚至竖立在荒岛上的一根柱子，一个木桩，都立即宣示着它们在直接地**仅仅是**这些东西之外还意谓着某种别的东西。

符号的价值有很多，比如前面讲的表情、手势，语气语调，都是符号，它们都表达了另外一种东西，表达了在这样一个存在着的东西之外的另外一种含义。你可以通过这样一种符号去猜测、去体会另外一种含义，听话听音，锣鼓听声，看人要看脸色，这些都是符号。"甚至竖立在荒岛上的一根柱子、一根木桩，都立即宣示着它们在直接地**仅仅是**这些东西之外还意谓着某种别的东西"，竖立在荒岛上的柱子，这显然跟长在荒岛上的一棵树是不一样的，这个柱子为什么在这个地方？我们去旅行的时候，到了一个荒岛，这个海滩上有根柱子，我们一下就发现这肯定是有含义的。我们就要去猜测它到底是用来做什么的，不光是说一根柱子就是一根柱子栽在那里了，而是在单纯的柱子之外，还意谓着某种别的东西。比如这个木桩，它是用来拴住船的，免得船被风刮跑了。这个柱子，它是原始人用来祭祀的，用来悬挂什么什么的。不管是什么，反正它是有意义的，它不仅仅简单地就是一根柱子。所有这些符号都是意谓着别的东西，不仅仅是这些东西本身。你可以去猜测，这猜测有可能是对的，也有可能是无稽之谈，但总而言之有另外一种含义，这个是没错的。

它们由于在自身中拥有一种本来并不属于它们，因而暗示着某种别的东西的规定性，于是马上就作为符号而现身。

它们在自身中拥有一种别的规定性，这种规定性本来并不属于它们，栓船也好，做祭坛也好，都不属于柱子和木桩的本身的意义。"因而暗示着某种别的东西的规定性"，它拥有一种规定性，这种规定性不属于它，而是暗示着某种别的东西的规定性。"于是马上就作为符号而现身"，你看到了一个柱子，但你马上意识到你看到的是一个符号，你看到的是一个有意义的事件，你得到的是一个发现，你发现这个无人的荒岛上有一根柱子，这是你的一个发现。所以它是作为符号暗示着别的东西而现身的。

当然，像哈姆莱特对于约里克的头盖骨那样，[①] 人们也能在一个头盖骨上触发种种念头，但是头盖骨自身是一种如此漠不相干、没有偏私的事物，以至于在它身上直接看不到也想不出除它自身以外的任何别的东西；

"当然，像哈姆莱特对约里克的头盖骨那样"，这讲的是在莎士比亚《哈姆莱特》的第五幕第1场，他一共写了六幕。哈姆莱特到坟场去，跟他的朋友一起左找右找，找出一个头骨，那个头骨是约里克的头骨。约里克是当时的哈姆莱特宫廷里的一个小丑，专门逗笑的，这个小丑死了，头盖骨埋在那里。哈姆莱特把它挖出来拿在手里，敲打它，说你生前那么能说会道，现在怎么不做声了，回忆起他当年活着的时候种种动作、表情、形态、语言等等。但是它现在已经不会说话了，已经死了，这个头盖骨拿在手里，你可以把玩，也可以踢到一边去。那么"人们也能在这个头盖骨上触发种种念头"，那是你的念头，但是这个头盖骨并不意谓着那个东西，那是他当年的一种动作，早就过去了。头盖骨并不具有那种含义，它跟这个符号是不一样的，跟一个柱子也是不一样的。那个柱子它意谓

---

① 见莎士比亚：《哈姆莱特》，第五场，第1幕。——丛书版编者

着另外一种含义，但是头盖骨并不意谓着那样的含义，比如说意谓着一种幽默的含义。头盖骨并不意谓着幽默的含义，头盖骨人人都差不多的。一个人也可以幽默也可以不幽默，他给你留下的印象记忆是幽默，他当年曾经幽默。但是那是触发了你的回忆的念头，"但是头盖骨自身，是一种如此漠不相干、没有偏私的事物，以至于在它身上直接看不到也想不出除它自身以外的任何别的东西"，头盖骨都是差不多的，约里克的头盖骨如果没有那个墓碑，你不会知道这是约里克的头盖骨。哈姆莱特还捡了很多别的头盖骨，不知道是谁的，捡了就随手扔掉了。因为这些头盖骨都是差不多的，是些如此漠不相干、没有偏私的事物。你直接的在它身上根本看不到也想不出，也联想不到除它自身以外的任何别的东西。你能够把它跟约里克生前的那些故事联系在一起，那是你哈姆莱特，你认识这个人，换了另外一个漠不相干的人，拿到这个头骨，他不会有任何特别的联想。谁知道这是约里克的头骨？谁知道约里克是一个幽默的滑稽大师，一个小丑？只有你哈姆莱特知道，那是特定的。

　　<u>它诚然也令人想到大脑及其规定性，想到具有别种形式的头盖骨，但却不是想到一种有意识的运动，因为它在自身既没有印下表情和手势，也没有印下某种预示自己来自一个有意识的行为的东西；</u>

　　"它诚然也令人想到大脑及其规定性"，当然，你把它拿在手里，想到里面曾经是有一个大脑及其规定性的。"想到具有别种形式的头盖骨"，这个人的头盖骨是这种形式，有的人颧骨高一点，有的低一点，有的下巴宽一点或者窄一点，在这个头盖骨上你可以想到可能有别的形状的头盖骨。"但却不是想到一种有意识的运动"，你要从大脑上想到一种有意识的运动，那是没有必然性的，你不可能直接从大脑上看出一种有意识的运动。你可以想到它里面是装大脑的，也可以想到装大脑的这个头盖骨可能是另外一种形式，可能不是人的大脑而是黑猩猩的大脑；但是却不会想到一种意识的运动，想到一种思维活动。虽然它的额头、颧骨、下巴的形制还在，但你知道它显然已经没有思维了，连思维的痕迹都没有留

下。"因为它在自身既没有印下表情和手势，也没有印下某种预示自己来自于一个有意识的行为的东西"，头盖骨上的某种形状或者某种凸凹，是否就预示或者暗示着自己是来自于一个有意识的行为呢？这个是看不出来的，所以也是想不到的。

因为它是这样的一种现实性，这种现实性本来就应该在个体性上呈现出这样一个另外的方面：它不再是自身中反思的存在，而将是纯粹**直接的存在**。

这是重申前面讲的头盖骨是死的头的规定了。"因为它是这样一种现实性，这种现实性本来就应该在个体性上呈现出这样一个另外的方面"，它是个体性的现实性，个体性要实现出来，当然必须要有头盖骨，没有头盖骨它的大脑就不能存在，没有大脑那它的个体性也不能存在了。所以它是这样一种现实性，这种现实性本来就应该在个体性上呈现出一个另外的方面。"本来就应该"（sollte），这是过去时，也有虚拟的意思，就是前面已经规定了头盖骨是主体性的另一个方面。哪一个方面呢？"它不再是自身中反思的存在，而将是纯粹**直接的存在**"，这也是虚拟式，纯粹直接的存在，直接的存在打了着重号，这是个体性的另外的一个方面，也就是现实性的定在方面。个体性不能没有外在的方面或者定在的方面，而这个方面本身不再是自身中反思的存在，不再像是个体性本身那样的内在的东西，而是纯粹直接的存在，就是一个硬邦邦的存在。我们讲硬骨头，骨头要硬，骨头硬体现在什么地方？你把它埋在坟墓里面，一万年它还不朽，它还在那里，还是原来那个样子。这就是硬骨头，它是纯粹直接的存在，而不是自身中反思的存在。这是观察的意识、观察的理性现在所达到的阶段，就是说这样一个头盖骨既不是能动的器官也不是能够赋予表情的运动，而是硬骨头，就是一块拿在手里可以敲打、可以观摩、可以玩弄的这么一个东西。但是它又是自我意识个体性的一个外在的方面，这个外在的方面没有运动，它没有表情，没有手势，它不能够直接的表明它的内在的东西。它本身是一个完全是外在的东西,直接的存在。

　　另外,既然头盖骨也不感到自身,那么对它来说似乎还可以得出一 [222]
种更为确定的含义,以至于,某些确定的感觉由于相接近,也许会让人认
识到借头盖骨被意谓的是什么;

　　前面已经得出结论了,就是头盖骨与内在的东西无关,与它底下大
脑的自我意识,意识活动无关。"另外,既然头盖骨也不感到自身",头
盖骨是没有感觉的,你敲打它也不会做声,也不会有表情,你把它敲碎
了它也不会喊痛。既然如此,"那么对它来说似乎还可以得出一种更为
确定的含义,以至于,某些确定的感觉由于相接近,也许会让人认识到
借头盖骨被意谓的是什么",头盖骨本身没有感觉,但是对于头盖骨来
说,似乎还可以得出一种更为确定的含义,那么我们可以这样来规定
它,也就是按照它的某一部位与某种感觉的接近关系来规定它。也就
是某些确定的感觉由于相接近,也许会让人认识到可以借头盖骨来意
谓一点什么,来意谓那种和它靠近的感觉。头盖骨本身当然没有感觉,
但是呢有些感觉跟它靠得比较近。那也许会让人认识到在头盖骨上被
标志出来的含义,就是头盖骨的某一部分接近于某种感觉,这也许可以
得出某些更为确定的含义,把这种感觉的位置在头盖骨上标出来。这
也是头盖骨相学的一种观点,某个部位不是因为它是一种感觉的器官,
而是因为它与某种感觉器官接近,所以我们可以在这种意义上给它在
头盖骨上定位。这比把头盖骨本身就看作具有某种感觉的意谓来,要
更确定一些。

　　并且,由于一种有意识的精神方式在头盖骨的一个确定位置上拥有
自己的感情,那么也许在头盖骨的形态中的这个地方就将暗示这个精神
方式及其特殊性。

　　这是更进一步了。"并且,由于一种有意识的精神方式",比如说感
情或者情感或者感觉,"在头盖骨的一个确定位置上拥有自己的感情",

感情和感觉我们把它区分开来，感觉是 Empfindung，感情是 Gefühl。当然实际上在德文里面它们的区别是很小的，一般来说这两个词可以通用，都可以理解为感觉、感情、感触，感受。这些词都是汉语里面作出的区分。汉语是比较重视感情的，中国人比较重感情，所以这方面的词汇也比较多。这带来一种方便，德文还有英文就没有这种方便，经常把一种外部感官的感觉和内心的情感混为一谈。当然在这里我的区别也是一种权宜之计，也不是说就定了，凡是 Gefühl 就是感情，Empfindung 就是感觉，也不一定。别的地方也有相反的用法，在这里先把它们区分开来。"那么也许在头盖骨的形态中的这个地方就将暗示这个精神方式及其特殊性"，这种感情是在头盖骨的一个确定位置上拥有的，它经常是在这里发生的，那么也许在头盖骨的形态中的这个地方就会暗示这个精神方式及其特殊性。不光是前面讲的知道这个位置与某个感觉相对，而且还暗示出这个精神的方式和它的特殊性。这就更进一步了，不单纯是确定了那种感情的位置，而且暗示了那种感情的特殊方式，这样我们就可以把头盖骨看成是一种暗示，一种符号。前面讲它不能够成为一种符号，但是在这种意义上，似乎我们可以把它当作一种符号。当然这是一种虚拟式，黑格尔这里是帮观察的意识来设想，他其实并不认可。

{185}　　比如有些人在努力思考或哪怕是做一般的**思考**的时候都抱怨说，感到头脑里什么地方紧张得发痛，同样，也许像**偷窃、杀人、赋诗**等等也可能各有一种独特的感觉伴随着，而且这种感觉此外还必定会有自己特殊的位置。

　　这样的例子很多，"比如有些人在努力思考或哪怕是做一般的**思考**的时候"，在努力思考的时候，一个喜欢思考的人努力思考，用脑过度的时候会感到头脑发痛。或哪怕是做一般思考的时候，这就是指一般老百姓了，一般老百姓不思考，一思考脑子就痛，我们叫作"伤脑筋"。学者知识分子用脑过度了就伤脑筋，而老百姓一用脑就伤脑筋，因为他平常不大用脑。这些时候，"都抱怨说，感到头脑里什么地方紧张得发痛"，一般来说就是太阳穴，或者别的什么地方，总有个地方，脑子都想痛了。所以我们看到绘画和雕塑上描绘一个人紧张思考的时候，都要扶着头，或者是用手指头按着太阳穴，这就叫做"思想者"。有这样的形象出现，马上就好像一个符号一样，标志着这个人在思考。思考是有它的位置的，人在思考的时候那些位置就有反应，他的手甚至全身就会做出某些动作，表示某个位置正在紧张，感到一种"智慧的痛苦"。"同样，也许像**偷窃**、**杀人**、**赋诗**等等也可能各有一种独特的感觉伴随着"，在偷窃的时候也许在脑子里面也有个位置紧张，杀人的时候也许是另一个地方。有些杀人犯被抓了以后就会说："当时脑子里一片空白"。药家鑫就说，"当时脑子里一片空白"。赋诗的时候也是，灵感没有来的时候，经常搔头发，说是"想破了脑袋"。都可能各有一处独特的地方有感觉，这样一种脑的活动在伴随着这样一种行为，"而这种感觉此外还必定会有自己特殊的位置"。肯定是在某一个地方，在脑子里面甚至可以指出来在哪一个地方，在紧张的活动，这个是很有可能的。在现实生活中，人们一般都会认为头盖骨的某个地方就暗示出了精神的某种特性。

假如大脑的这个位置以这种方式被推动和被操控得越多，似乎它也就会更多地养成骨头上的邻近的位置；或者，这个位置由于同感（Sympathie）或相契，也不会顽钝不敏，而会扩大自己，或缩小自己，或者以任何一种方式来形成自己。

"假如大脑的这个位置以这种方式被推动和被操控得越多"，我们说头脑里面某个地方发痛，肯定不是头盖骨上某个地方发痛，头盖骨是不会发痛的，头盖骨是一块骨头，我们是讲大脑痛，不是骨头痛；但是我们为什么扶着头、指着太阳穴呢？说明两者是相应的，有种推动和被推动的关系。大脑的这个位置以这种方式被推动和被操控的越多，大脑当然是思维器官，你的思维器官用得越多，"似乎它也就会更多地养成骨头上邻近的位置"。这个大脑部位输送和消耗的养料多，它对于骨头上面邻近的位置就会产生作用，就会养成或者是培育起骨头上相应的位置。某个人的大脑某一个区域使用得更多，那么相应地他的头盖骨的某一个地方就会发达一些。"或者，这个位置由于同情或相契，也不会顽钝不敏，而会扩大自己，或缩小自己，或者以任何一种方式来形成自己"，这还是同一个意思。或者这个位置由于同感或相契，同感Sympathie 一般翻译成同情，Mitgefühl 也译同情，同感和同情其实是一回事的，但是两者的词根不一样。这个位置由于同感或相契，由于一种扩大的作用，就是说脑子里面有这种感情，那么就会波及其他方面，对其他方面有影响，相契，相契合 Konsensus，实际上就是赞同、相呼应的意思。这个位置由于同感或相契，也不会顽钝不敏，而会扩大自己或缩小自己。骨头也是有机体的一部分，它受到影响也不会完全僵死，虽然它是死的头，但是它跟活的头之间有相互作用，也不会那么样的坚持自己，而会扩大自己或缩小自己，或者以任何一种方式来形成自己。这里都是用的虚拟式，这是一种猜想。观察的理性就会猜想这里面有一种共鸣，有一种同感，有一种契合，既然在大脑里面已经有一种推动作用和操控作用，那么这种作用在头盖骨上面应该也反映出来，作为一种同感或相契的作用。大脑的作用跟头盖骨的某一个位置、某一个部位相互之间互相感动，然后有一种相契合、相吻合的作用。所以这某一个部位会扩大自己或缩小自己，你活动得越多，它就越是扩大，你的情感很苍白，你麻木不仁，那么你这个地方就会萎缩，头盖骨上面这个位置就会缩小，或者以任何一种方式来形成自己。这是一种假设，当然实际上是不可能的。

——然而，使这种假设完全没有可能性的是，一般感情是某种不确定的东西，在作为中枢的脑里，这感情可以是对一切痛苦的普遍的同情（Mitgefühl），以至于与小偷、强盗、诗人的头痒或头痛混杂在一起的可能会有别的头痒、头痛，而这些痛痒会很难互相区别，也很难与那些可称之为单纯躯体上的痛痒区别开来,这正像当我们把头痛的症状只限于躯体上的含义时,就不可能从中确诊疾病一样。①

　　这后面的一句话把前面的都否定了。前面都是设想,是不是能得出一种更确定的含义呢? 头盖骨不仅仅是与一般的意识,一般的主体性,一般的意谓相呼应,而且是与感觉、感情有某种具体的呼应关系,感觉与感情与一般的意识相比当然更加具体更加确定一些,与身体的联系更直接一些。那么观察的意识就会想,既然这个有意识的精神方式在头盖骨确定的位置上发生,那么这种精神的活动方式,比如感情,它就会定位在某个确定的位置上面,对头盖骨发生一种相感相契的作用。它经常在这个位置上发生,推动和操控得越多,它就会更多的养成骨头上的临近的位置,在这个上面产生它的影响,那么这个位置也就会扩大自己或者缩小自己,作为有机体来说它不会那么样的迟钝,它会相应地扩大或缩小自己,来形成自己。"——然而,使这种假设完全没有可能的是",也就是说这种假设是 unwahrscheinlich,连可能性都没有,或者说完全是不可能的。因为,"一般感情是某种不确定的东西,在作为中枢的脑里,这感情可以是对一切痛苦的普遍的同情",它可以是一种普遍的同情,并不在乎同情的对象是什么。这种同情对一切痛苦普遍都有,这都是感情。每个痛苦的产生都是不确定的,小偷有小偷的痛苦,诗人有诗人的痛苦,都是

---

①　黑格尔在这里明显是赞同 C.W.Hufeland 对伽尔的头盖骨学说的批评,参看 Bischoff :《伽尔的脑及头盖骨学说述评》,第 134 页:"现在,不论这些未知的器官是否被发现,我们都必须把它们假定为现成在手的,并且在这两种情况下事情都很糟糕。要么它们未被发现,这就会使对于现在已知的器官的阐明变得极不确定,因为这就可能并且必须将在头盖骨上为它们指定的那部分区位一起归属于另一些器官,而谁又能够区分出其中有多少是隶属于那些已知的器官,或者是隶属于那些尚属未知的器官? 要么它们已被发现了,那么我们最终就会看到头盖骨表面是这样被器官所覆盖,以至于单个的区位会越来越缩小,而把它们通过感情完全区别开来就成为不可能的了。"对于 Hufeland 来说,伽尔的学说仍然是一种假说。参看同上,第 124 页:"这整个都是、并且仍然是一种假说,尽管它已在或然性上达到了很高的程度;因为这些所提出的证明尚未穷尽一切情况,也未消除一切异议。"——丛书版编者

各不相同的，而同情是普遍的，你怎么能知道它是对哪一种感情的同情呢？同情当然也是一种感情，是一种更高的感情，它是对其他一切感情的感情、一般的感情，所以它是不确定的，它本身不卷入那些特定的感情中。它可以是对一切痛苦的普遍的同情，"以至于与小偷、强盗、诗人的头痒或头痛混杂在一起的可能会有别的头痒头痛，而这些痛痒会很难互相区别"，既然它是一种普遍的同情，那么它就无差别地一视同仁，以至于在它的同情对象中，与小偷、强盗、诗人所有这些头痒头痛混杂在一起的可能还会有别的头痒头疼。不光是小偷、强盗、诗人他们的痛痒，每个人都有他特殊的痛痒，你都可能会发生同情，那么这个同情的性质就很难定性了，它到底是发生在哪一个部位呢？对小偷的那种同情发生在哪一个部位？对诗人的同情发生在哪一个部位？还有农民、工人、士兵呢？这些痛痒会很难互相区别，都混杂在一起。"也很难与那些可称之为单纯躯体上的痛痒区别开来"，单纯躯体上的痛痒，那就是五官感觉了，前面讲的是感情，跟感觉也很难区别开，我们还提到过"通感"，这些都混杂在一起，很难定位的。"这正像当我们把头痛的症状只限于躯体上的含义时，就不可能从中确诊疾病一样"，这反过来也是同样的道理，就像我们把头痛的症状只从躯体上来诊断是不行的一样。头痛时你去看医生，如果一个医生单从身体器质上找原因，那往往会出错。因为头痛往往是心病，思虑过多或者是情绪激动或者是恐惧、忧郁症等等，都会导致头疼。你要从两方面来看。一方面你当然去照一照CT，拍张X光片，来确诊你有没有身体上器质性的病变；但另一方面，你还要看他心理上有什么问题。经常有些医生就说，我可以保证你器质上没有什么病变，但是你可以再去看看心理医生。那么心理医生在这方面很有经验，就知道你这是忧郁症，或者失眠是由什么心理上的问题导致的，他就可以给你诊断出来。两方面同时都要看，也就是说身和心都要考虑到。所有这些感觉或者感情都很难区别，心和心的感情很难区分，身和心的感觉也很难区分，心理问题和生理问题相互之间也很难区分，你想从头盖骨上找到一个确定的位置代表某种确定的含义，那几乎是不可能的。头盖骨就那么固定的一个形状，你能从里面分析出人的思想、人的感情、人的感觉的千差万别？那是做不到的。这里就彻底地批判了这样一个取向，批判了人们所提出的一个思路。其实头盖骨与它的主体自我意识无关，与感觉和感情也无关，不仅仅与他的自我意识无关，而且与感觉和感情这些更加具体一些的精神活动更无关，更难区分。要从这里建立一门头盖骨相学，完全是一种想当然。这是两个不同的层次，我们在这里特别要注意的是黑格尔对于层次的划分，层层递进，一层又一层的剥离下来，这个是非常细的。有时候我都觉得他细得太过分了，好像没有必要分那么细，你大致上讲一下就够了。但是他作为一个科学家，他把哲学当一门科学，他就是要搞得那么细，他就是要搞得无懈可击，每一个层次都要考虑到。这就是他的书为什么我们很难读的原因。他好像讲来讲去，讲一回事情，好像没有很大的区别，但是他里面有区别，有层次，你要把他分析出来很不容易的。好，今天就讲到这里。

＊　　　　＊　　　　＊

好，我们再继续讲头盖骨这节。上次已经讲到在头盖骨相学里面，遇到的这样一个问题，就是头盖骨和大脑的关系，并且通过大脑跟人的内在的情感和感觉的关系。这三者之间的关系应该是，大脑可以说是一个中项，一端是人的精神特征，人的性格，人的意念，人的情感和感觉；另一端是头盖骨，头盖骨上面的一些分区的位置。所以这是一个身、心之间的关系，并且里面还掺杂着有心和心的关系、身和身的关系。但是在头盖骨相学里面，这些关系都是不确定的。心和心的关系，比如说同感、同情与具体的痛苦等等感情的关系；身和身的关系，比如说大脑和头盖骨之间的相互挤压的关系；身和心的关系，比如说人的精神和人的头盖骨的位置之间到底有什么样的对应关系，——这些东西都是不确定的。所以它们的区别是很难说清楚的，通常所有这些关系都是混杂在一起，这是头盖骨相学所遇到的问题。你一定要说里头有什么关系，那是说不出来的，那只是一种意谓，让你指认，你指不出来，但是你觉得总有。那么今天我们讲的这段，就是继续这个思路再深入。

实际上无论我们从哪一方面来看这件事情，对立双方的一切必然联系，以及它由自身而来的富于表情的暗示都消失了。

"实际上无论我们从哪一方面来看这件事情，对立双方的一切必然联系"都消失了，这件事情就是指头盖骨相学研究的对象，头盖骨相学想要把握头盖骨的事情本身，想了很多办法，总是把握不了，因为对立双方，即自为存在的方面和定在的方面，精神的方面和头盖骨方面，双方的一切必然联系都消失了。就是说双方之间的必然联系，身心的必然联系，无论从哪一方面，无论站在身的立场，还是站在心的立场，无论站在精神的属性立场，还是站在这个僵死的头盖骨的立场，它们之间的一切必然联系都消失了。"以及它由自身而来的富于表情的暗示都消失了"，连同必然联系消失的，就是由自身而来的富于表情的暗示，你在头盖骨上面看不到任何表情，没有任何暗示。这个有一个凸起，那儿有一个凹陷，在什么位置，这意谓着什么，这是看不出来的。在面相学那里是有暗示的，你的一个表情，你的一种语调暗示了什么，那个是有的，但是在头盖骨这里它没有。不能说在这个位置上面就代表着小偷的心情，在那个位置上就暗示了一位诗人的心情，这个是看不出来的。首先是两者没有必然联系，然后是由头盖骨自身而来的暗示也消失了。

即使两者之间毕竟还应该有联系，那么留下来的，也是而且必然是双方的相应规定之间的一种**无概念的**、自由的、预定的和谐罢了；因为其中一方面**应该**是**无精神的现实性**、**纯然的事物**。

"即使两者之间毕竟还应该有联系"，前面讲的是必然联系消失了，但是两者之间毕竟还应该有联系，因为它们也就是精神和头盖骨双方毕竟都属于同一个有机体。"那么留下来的，也是而且必然是双方的相应规定之间的一种**无概念的**、自由的、预定的和谐罢了"，我们前面讲到了预定和谐,如果说有联系的话,那这种联系顶多是一种预定和谐。什么叫预定和谐,预定和谐就是说在双方之间并没有直接联系,不直接发生作用,它们是由第三者或者一个更高的力量来保证它们不发生冲突,保证它们互相和谐。这是由莱布尼茨所建立起来的一种模式。如果双方应该有某种联系的话,那么就只剩下一种可能,就是、而且必然只能是在双方的相应规定之间的一种前定和谐。双方之间的相应规定,就是这一方有一种什么感觉,那一方就有一个相应的位置,两相对应。只不过这种相应的关系首先是无概念的,讲不清道理的,无法进行研究和找到规律的;其次是自由的、不受约束的,自由的也可以理解为自由散漫的,而不是必然的;再就是预定的、先定的,不能再让你有什么自己的选择,一切都预先规定好了。自由散漫本来是很难和谐的,免不了要有冲突,但是由于预定,所以它们又不冲突,它们由有机体已经预定好了是不相冲突的。如果两者还应该有一种关系的话,那么就剩下这样一种关系还可以考虑一下,"因为其中一方面**应该**是**无精神的现实性、纯然的事物**"。其中一方那就是头盖骨这一方,它在研究一开始就已经被设定为"死的头"了,所以它"应该"保持这一规定,即无精神的现实性、纯然的事物。精神那一方就不用说了,但另一方头盖骨已经被设定为无精神的现实性,如果它是有精神的,那就不存在问题,精神与精神自然可以相通;但正是因为头盖骨应该是一种无精神的现实性,是一种僵死的事物,赤裸裸的一块骨头,所以才出现了两者如何相互协调的问题。

　　——于是站在一方的是头盖骨上一批静止的位置,站在另一方的是一批精神属性,它们的多数性和规定取决于心理学的状态。

　　"于是站在一方的是头盖骨上一批静止的位置",那些位置是固定不变的,这个是一方,是纯然事物的一方,僵死存在的一方。那么"站在另一方的是一批精神属性,它们的多数性和规定取决于心理学的状态",另有一批精神的属性,例如感觉、感情、同感、同情,所有这些都是精神的属性。这些感情、这些感觉,分别和小偷、强盗、诗人等等这样一些人的精神状况相联系，但却和头盖骨毫不相干，因为它们的多数性和规定只取决于心理学的状态。它们的多数性，这是从量的方面讲的，它们的规定则是从质的方面讲的，它们的多数性和规定，也就是它们的量和质，都取决于心理学的状况，而无关乎头盖骨上的位置。心理学的状况我们前面已经讲了，这样一些精神的属性，如果要从量和质量的方面来考查的话，那就是从心理学的考察；而心理学的考察，实际上最后发现找不出规律来，心理学想要把握人的精神属性是失败的，只能在量和质上做一些机械论的假定。正因为失败了，所以后来才要走向实践。所以你要从量和质的方面来考查心理学里面这些精神属性，那是没有出路的，是找不出规律来的。那么在头盖骨相学这里，也沿用这样一种机械的眼光，从量和质方面来考查这样一批精神的属性，无非就是堕入心理学的老路。

[223] 　　精神的表象越是贫乏，事情在这个方面就越是变得简化；部分是因为这些属性就越少，部分是因为它们越分离、越固定、越骨化，因而就与骨头的规定越近似、越具有可比性。

　　"精神的表象越是贫乏，事情在这个方面就越是变得简化"，这是走心理学的老路的结果。心理学就是这样一种情况，我们要考查人的精神属性的话，按照心理学的方式，就是要使精神尽量减少它的规定，进行归类，因为精神的表象越贫乏，事情就会越简化，越是有利于总结出一般规律来。这就导致精神越来越被一种机械的方式所限定，比如说量和质，量和质实际上是很贫乏的表象，由量和质的表象来研究精神，那就导致了这些精神表象的贫乏化。精神方面的事情就是精神的内在的东西，它才是事情本身，你从心理学到面相学直到头盖骨相学，要追求的就这个东西，就是要把这种内在东西用外在的东西规定下来。而这样做的一条捷径就是用一种机械的眼光来看精神的事情，那就越简化越好。所有这些科学都是通过这样一种简化的方式，想要把无限复杂的精神把握在量和质之中。"部分是因为这些属性就越少"，这是从量的方面来讲的，从多数性方面来讲的。你要以这个贫乏化、简化了的方式来研究精神的事情,就导致了精神的属性越来越少。你就可以归纳,列出一个表来,感觉、感情、同情等等,都在这里了,你就可以用来把握小偷、强盗、诗人等等,他们的精神属性是怎么样的。"部分是因为它们越分离、越固定、越骨化,因而就与骨头的规定越近似、越具有可比性",这是从质的方面来讲的。前面是从量的多少方面讲,这里是从质的规定方面来讲。它们就越分离,精神属性相互之间分散开来,漠不相干;越固定,越是固定不变了;越骨化,越僵硬,越是跟骨头相接近了。这样一来,精神的规定就和骨头越具有可比性,因此就越是接近于头盖骨相学的目标了。你要把它们放到一起来比较,如果是把精神的事情本身来跟骨头作比较,那么没法比,没有可比性,完全是两码事。所以有必要把精神这一方面把它改变一下,把它简化一下,不要那么复杂,把它分离开来,固定下来。精神的东西我们通常说是不好分析的,至少不好像机械的东西那样加以分割,那样切开那样割裂;但是你做了处理以后,使精神东西愈固定,愈硬化,硬邦邦的像骨头一样,就与头盖骨愈近似,愈具有可比性了。精神它是事情本身,它本来不是事物,但是你可以把它加以固化,加以硬化,把它变成事物,这样便于把它跟骨头相比较、相对应。头盖骨相学无非就是干这个事情的,就是把头盖骨和精神的活动把它对应起来,从中找出固定的规律,找出一种固定的联系。

　　不过,虽然由于精神表象的贫乏,许多东西都被简化了,这两方面毕竟还有很大一批东西仍然保留着,保留下来的是它们之间的联系对观察而言的那种完全的偶然性。

　　"不过,虽然由于精神表象的贫乏,许多东西都被简化了,这两方面毕竟还有很大一批东西仍然保留着",这两方面,精神的方面和头盖骨方面,还有很大一批东西仍然保留着。就是说你把它简化,能简化到什么程度呢? 你再简化,你把精神的表象列个表,这个表恐怕也是很长很长的,有很大一批东西仍然保留着。骨头上面也有很大一批东西仍然保留着,精神方面更不用说。头盖骨的那些形状,那些位置,细微的差别还是很多很多的。那么保留下来的是什么呢？"保留下来的是它们之间的联系对观察而言的那种完全的偶然性"，双方都保留了那么多东西，那么实际上保留下来的是双方联系的偶然性，对于观察而言的偶然性。也许对于"前定和谐"来说是必然的，但是你观察不到，你所观察到的联系完全是偶然的，而不是必然性。前面讲那个必然联系已经消失了，这个没办法，你虽然还保留下一些东西，但是保留下来的都是一种偶然的联系，实际上是没有联系的，是碰巧混杂在一起的东西，你要从里面找一种联系都很困难，更谈不上什么必然联系了。

假如要那些以色列儿童从据说与之相当的海边沙数中，每人捡取一粒作为自己的符号的话，[①] 那么这里头的漠不相干性，以及给每个孩子分配他自己那颗沙粒的任意性，其过分程度就正相当于，要给更为精致的心理学和"识人学"所惯常谈论的每一种心灵能力，每一种激情，以及在这里同样必须加以考查的，各种性格的不同色调层次，都指出它们在头盖骨上的位置和骨头的形状。

这里打了一个比方。"假如要给那些以色列的儿童从据说与之相当的海边沙数中，每人捡取一粒作为自己的符号的话"，这典故来自于《圣经·创世记》，里面有这样的说法，就是耶和华传话给亚伯拉罕说，你的子孙一定会像天上的星、海边的沙一样多。德文丛书版这里加了一个注。所以说，每一个以色列的儿童据说在海边都有一颗沙粒代表他自己，但是哪一颗呢？那么多沙粒，以色列儿童也有那么多，你要把每个儿童和每一颗海边沙粒都对应起来，何其难也！基本上做不到的，只是大致上泛泛而谈，你可以这样说，以色列儿童就像海边沙粒那么多，以后子子孙孙繁衍生息，会越来越多，你只能一般泛泛而言。但是你要给每一个以色列儿童指定一个沙粒，这种偶然性太大。"这里头的漠不相干性，以及

---

① 参看《圣经·创世记》，22，17：我必叫你的子孙多起来，如同天上的星，海边的沙。——丛书版编者

给每个孩子分配他自己那颗沙粒的任意性"都是太过分了。那么同样,"要给更为精致的心理学和'识人学'所惯常谈论的每一种心灵能力,每一种激情,以及在这里同样必须加以考查的,各种性格的不同色调层次,都指出它们在头盖骨上的位置和骨头的形状",这也太过分了。所以他这里打了这个比方,《圣经》里面随口说了一句话,是带象征性的,假如你要把它坐实了,让那些以色列儿童每人都从海边沙粒中捡取一颗作为自己的符号,这就太蠢了。这样一个比方跟头盖骨相学的那种愚蠢的想法是可以类比的,就是好比人的每一种精神属性都要到头盖骨上找到某个位置,作为这个精神属性的符号,那么这里头的漠不相干性和任意性,就相当于上面这个儿童和沙粒的比喻。这又回到本题了,就是你要给更为精致的心理学和"识人学"所惯常谈论的每一种心理能力、每一种激情,以及各种性格的不同色调层次,都指出其在头盖骨上的位置和骨头的形状,这是根本不可能的,甚至于它的难度更大,这种偶然性太大了,几乎可以说是无限的。

　　——强盗的头盖骨所有拥有的这种东西,——不是器官,也不是符号,而是这种隆起的骨节;但这个强盗还有一大堆别的属性,以及另外一些骨节,而这些骨节也连带有一些凹陷;在各种骨节与凹陷之间,人们有选择的余地。

　　这是举例说明了。比如说强盗的头盖骨所拥有的这种东西,这种东西是什么东西呢? 它"不是器官,也不是符号",这个前面讲到了,头盖骨不是器官,就是说如果是器官的话,那就不需要联系了,你就分析这个骨节就可以了,任何一个器官它本身就可以看出来它是干什么的。也不是符号,符号也可以暗示出某些东西。但它都不是,"而是这种隆起的骨节"。在头盖骨上拥有的就是一些骨节而已,就是一个事物。"但这个强盗还有一大堆别的属性,以及另外一些骨节",你要用这个骨节来说明这个强盗的属性,比如说他的强盗性,他当强盗的那种厚黑心肠,但这个强盗还有一大堆别的属性。强盗也是人,他也有家有老小,也有他的喜怒哀乐,也有他的情感,也有他的良心发现,有很多别的属性,它们往往是与这个厚黑心肠相冲突的。心理学和识人学经常谈论,说人性是复杂的,有那么多心灵能力,那么多的激情,那么多的性格层次,每个强盗他在精神方面还有一大堆别的属性。还有另外一些骨节,强盗的骨头上面,除了代表这样一种精神属性之外,还有代表很多别的精神属性的骨节。再者,"这些骨节也连带有一些凹陷",有骨节就有凹陷,就像山谷一样,有山必有谷,有一种精神属性就必有与之相反的精神属性。"在各种骨节与凹陷之间,人们有选择的余地",在这些相反的精神属性之间,或者在各种骨节与凹陷之间,人们可以有选择的余地。即算是个强盗,他在头盖骨上面有强盗的骨节,但是他也可以不选择这个骨节,而选择这个骨节下面的凹陷,或者选择另外与之不同的骨节,这样他照样可以不成为强盗。为什么他一定要选择这个骨节呢? 他有那么多骨节,他也可以选择做一个慈善家,说不定一个强盗也有慈善家的骨节。所以在这之间人们有选择,并不是固定就不能动了,并不是你有强盗的骨节,那你就注定是个强盗,他还有别的骨节,或者有凹陷,这都可以让他不做强盗。所以精神的属性与某个骨节之间很难确定一种对应关系,因为他是有选择的。即算有骨节他也可以选择,不是被骨节所注定的。

　　而且他的强盗意向又是可以与不论哪个骨节或哪个凹陷相联系的,这些骨节和凹陷也是再次可以与不论何种属性相联系的;因为强盗既不只是强盗的这种抽象性,也不只是具有一个隆起部分和一个凹陷。

{186}

　　前面讲即算他有一个强盗的骨节,他也可以不成为强盗,因为他有选择,他可以选择另外的骨节,或者骨节下的凹陷。那么这里进一步说,"而且他的强盗意向又是可以与不论哪个骨节或哪个凹陷相联系的"。前面是讲,姑且我们认为他的确有一个骨节是代表强盗意向的,但是他可以不选择强盗意向的骨节;这里是说,他的强盗意向又是可以与不论哪个骨节或哪个凹陷相联系的。就是说前面讲强盗意向是跟某个固定的骨节相联系的,但是就连这一点也很难确定下来。一个人当了强盗,你说他就是因为这个骨节，但是也可能是由于那个骨节或者是那个凹陷，这个你都没法确定下来。前面只是姑妄言之，我们把它确定下来，但它也是可以松动的。你把两个强盗拿来比较一下看看，你说这个强盗的骨节在什么位置，但另外一个强盗也许就没有，他的可能在另外一个位置。所以这个强盗的意向和骨节之间的联系是很不可靠的，你可以随便指定一个位置，说这就代表他的强盗意向，都是可以的，反正死无对证。你说是那个骨节，那个凹陷，我说是这个，那你也没办法证明。"而这些骨节和凹陷也是再次可以与不论何种属性相联系的"，为什么是"再次"呢？就是说前面讲同一个精神属性可以与不同的骨节和凹陷相联系，这里讲同一个骨节或凹陷也可以与不同的属性相联系，这是立于一个相反的立场而得出同样的结论。不论是立于同一个骨节或凹陷，还是立于同一个精神属性，答案都是两者漠不相干。在这个里头有一种双重的不确定性。第一重是说强盗确定了，骨节和凹陷不确定；第二重是骨节或凹陷确定了，强盗或诗人或慈善家又不确定了。所以你要把它们一一对应起来，这个跟那个确定就只有一种固定的联系，那是根本不可能的。"因为强盗既不只是强盗的这种抽象性，也不只是具有一个隆起部分和一个凹陷"，因为强盗不只具有一种抽象的强盗性，还有很多别的精神属性；同时也不只具有一个隆起部分和一个凹陷，而是在头盖骨上高低不平、坑坑洼洼，有很多不同的形态。这里两个"一个"都打了着重号，表明头盖骨上的区别也不是单一的。双方都很复杂，这就更难对应起来了。

　　因此在这方面进行的那些观察，听起来必然就恰好也像赶集的小贩，或洗衣服的家庭妇女遇到下雨那样。那位小贩和家庭妇女当时同样也可以作出观察，说每当这位邻居路过、或者每当吃猪排的时候就下雨。

　　"因此在这方面进行的那些观察"，在头盖骨相学方面进行的那些观察，"听起来必然就恰好也像赶集的小贩和洗衣服的家庭妇女遇到下雨那样"。小贩和家庭妇女的例子前面已经讲了，这个地方又提到这个例子。这个下雨跟赶年集、或者是洗衣服之间是没有任何必然联系的，但是在

763

小贩和家庭妇女看起来，好像里面有了一种必然联系，每次都碰上了，真倒霉；而且他们两个人所倒的霉也是毫不相干的，他们却以为是一回事，这就更好笑了。这就像头盖骨相学把某种精神环节和骨头上的某处凸起联系起来一样，都没有必然性，都是碰上的。而且这种联系也完全可以做另外的解释，所以下面延伸一下："那位小贩和家庭妇女，当时同样也可以作出观察，说每当这位邻居路过、或者每当吃猪排的时候就下雨"。如果恰好有几次邻居从门口路过时，或者恰好每次吃猪排的时候就下起雨来，那么按照这种思维方式，你也可以建立起一种以为是必然的联系来，并从中总结出一种"规律性"，这当然也是很可笑的。不一定要说赶集或者洗衣服，你也可以任意编一个理由，如某某人从门口路过，或者说那天刚好吃猪排，或者上街忘了带伞，有很多很多的情况，都可以跟这个下雨碰到一起。而头盖骨相学所提出的就是这样一类的联系。

　　正像下雨与这些情况漠不相干一样，对观察来说，精神的**这一个**规定性与头盖骨上**这一个**确定的存在，也是漠不相干的。

　　"就像下雨与这些情况漠不相干"，下雨和赶集或者洗衣服、或者吃猪排等等这些情况其实都是漠不相干的。"对观察来说，精神的**这一个**规定性与头盖骨的**这一个**确定的存在，也是漠不相干的"，两处"这一个"都打了着重号。在感性确定性中，任何一个偶然的东西都是"这一个"，但在此阶段它们还谈不上任何联系，无法建立起规律来。精神的这一个与头盖骨的这一个、与特定的某个隆起、某个凹陷，都是漠不相干的。

　　因为这种观察的两个对象之一是一个干巴巴的**自为存在**，一个骨化了的精神属性，而另一对象则是一个干巴巴的**自在存在**；一个像这两个[224] 对象这样骨化了的事物，对于一切别的东西都是完全漠不相干的；对凸起的骨节而言，是否有一个强盗在他的近邻，以及对强盗而言，是否挨着这骨节有一个平坦之处，这同样都是漠不相干的。

　　"因为这种观察的两个对象之一是一个干巴巴的**自为存在**，一个骨化了的精神属性，而另一对象则是一个干巴巴的**自在存在**"，干巴巴的自为存在,就是一个骨化或者说僵化了的精神属性。就是说你把它简化了,你用一种机械的方式、用量和质的方式来观察精神的属性,来固定精神的属性,你就把它骨化了,就跟头盖骨拉近了距离、具有一种可比性了。而另一个对象则是一个同样干巴巴的自在存在,那就是头盖骨了。一个是自为存在,一个是自在存在,两个都打了着重号,两者都成了干巴巴的,静止不变的,僵化的。精神属性本来不是僵化的,你们把它僵化了,你把它也变成一个类似于骨头的东西;而另外一个对象本来就是骨头,它不能自己动起来。而自为的存在,本来是可以自己动起来,现在它被僵化了,这样一来,观察所面对的就是两个僵化的事物了。"一个像这两个对象这样骨化了的事物,对于一切别的东西都是完全漠不相干的",这样僵化了的事物对于别的东西是完全漠不相干的,或者都只有一种外在的机械关系,即使碰在一起也不会有真正的联系。这也是我们通常讲的,如果你用孤立的、静止的、片面的眼光来看待一个事物,那么它跟其他事物都是不相干的,你建立不起任何必然联系来。例如,"对凸起的骨节而言,是否有一个强盗在他的近邻,以及对强盗而言,是否挨着这骨节有一个平坦之处,这同样都是漠不相干的"。骨节是骨节,强盗是强盗,两者各自都有自己的关联对象,而相互之间却没有任何关联。对凸起的骨节而言,是否有一个强盗在他的近邻,以及对强盗而言,是否挨着头盖骨上的这个骨节旁边有一个平坦之处,这同样都是漠不相干的。这一大段就是举了几个例子,儿童和沙粒,下雨和赶集和洗衣和吃猪排等等,来说明头盖骨上的位置和形状跟人的精神属性,跟人要当强盗还是要当小偷,还是要当诗人,根本就不沾边。

当然无法否认的是,仍然还留有这种可能性,即头盖骨某个位置上的一个骨节是与某一种属性或激情等等结合着的。

"当然无法否认的是,仍然还留有这种**可能性**",可能性打了着重号。就是说前面是从现实性来讲的,头盖骨的形状和某种精神属性和某个人要当强盗，根本就不相干，完全是偶然的，找不到任何必然的联系。但是无法完全否认的是，仍然还留有一种可能性。从可能性来说，虽然我们在一个骨节上面根本就找不到跟精神方面的属性的某种必然联系，但是找不到不见得就不可能。也许现在还未发现，但仍然还保留着某种可能性，"即头盖骨某个位置上的一个骨节是与某一种属性或激情等等结合着的"。并非没有可能，虽然在现实中根本不靠谱，你找不出任何必然联系，但是说这里有一种可能性，这个总是可以说的。当然这就是一种狡辩了，要讲抽象的可能性的话，任何事情都是有可能的。如果一个人在理论上躲到抽象的可能性后面，那是任何人都把他无可奈何的。这里讲这种可能性也是"无法否认的"，就有点这种无可奈何的意思，就是说如果头盖骨相学拿抽象可能性来说事，那谁也无法说服他。但是从这里将会引出各种荒谬可笑的结论来，以至于我们不必认真对待这种狡辩。下面黑格尔的话就带点玩笑的口吻了。

人们**可以想象**强盗在头盖骨这一位置上，窃贼在另一位置上带有一个凸起的骨节。在这方面头盖骨的科学还是可以有很大的扩展的；因为首先它似乎只把自己局限在了**同一个体**的某个骨节与某种属性的结合上，以至于这个个体占有头骨和属性这双方。

"人们**可以想象**"，可以想象打了着重号，前面是可能性打了着重号，这个地方就是想象（vostellen）这样一种可能性。什么可能性？"强盗在头盖骨这一位置上，窃贼在另一位置上带有一个凸起的骨节"。这种可能性不论是不是偶然的，但是它是有可能的，就某个强盗或某个小偷来说完全可能发生。但这种事情就算发生了，又有什么意义呢？如果以为从中可以推出某种规律性的东西来，那么可以推出的东西还有很多。"在这方面头盖骨的科学还是可以有很大的扩展的；因为首先它似乎只把自己局限在了**同一个体**的某个骨节与某种属性的结合上，以至于这个个体占有头骨和属性这双方"，就是说，按照这种推法，头盖骨相学还太保守了，它应该还有更大的扩展余地，应当扩展为关于头盖骨的"科学"，大有"前途"啊！但它并没有想到自己这方面的前景,而只是把自己局限在了同一个体的某个骨节与某种属性的一对一的结合上,很可惜啊！"同一个体"打了着重号,就是说,它本来不必局限于同一个体,不必把头骨和属性这双方都限制在一个人身上,而可以扩展开来看,把一切限制都打破。当然这里说的都是反话,带有恶作剧的意思了,就是怂恿头盖骨相学把自己的原则进一步扩展开来,运用到更广的空间,看它如何出洋相。

　　但是自然的头盖骨的科学——因为正如有自然的面相学一样,必定也有这样一种自然的头盖骨的科学,——已经超越了这个限制;它不仅断定一个狡猾的人,有一个位于耳朵后面的拳头大的骨节,并且它还想象不忠实的妻子不是在她自己的前额上长有骨节,而是在她丈夫的前额上长有骨节。

　　"但是自然的头盖骨的科学",自然的也就是未经加工的,天然自发的,自然而然形成起来的。注意这里没有用"头盖骨相学"(Schädellehre),而是用的"头盖骨的科学"(Schädelwissenschaft)。破折号中间的解释"因为正如有自然的面相学一样,必定也有这样一种自然的头盖骨的科学",就是前面第 211 页讲到有一种自然的面相学:"对精神的被意谓的当下的直接意谓,就是自然的面相学,就是对于内在的自然本性及对其形态的性格凭最初的一瞥就仓促做出的判断。"那么自然的头盖骨相学也类似于这样,就是凭借内心直觉去猜测人的相貌,这就打破了头盖骨相学想成为科学的主观愿望,但它却仍然自以为还是一种科学。所以说它"已经超越了这个限制",就是超越了上面讲的,局限于在同一个个体身上考察他的骨节和精神属性的关系的限制,成为一种胡乱联想了。这种自然的头盖骨的"科学"已经不是那些骨相学家、解剖学家所研究的,而是一般老百姓可能都会有的那种随意联想,或者是爱屋及乌,或者是疑神疑鬼。它突破了头盖骨相学的那种限制,看起来对头盖骨相学能够有更大的扩展。什么扩展？"它不仅断定一个狡猾的人,有一个位于耳朵后面的拳头大的骨节，并且它还想象不忠实的妻子不是在她自己的前额上长有骨节，而是在她丈夫的前额上长有骨节"，这就很搞笑了，就是完全凭想象而下断语了。断定一个狡猾的人有一个位于耳朵后面拳头大的骨节，这还属于一般头盖骨相学的范畴；但却还要想象不忠实的妻子会在她丈夫前额上长有骨节，那么我们一看一个男人，就会知道他妻子不忠实，就知道他戴了绿帽子，看他的头骨就知道他有没有戴绿帽子，这就太无厘头了。我们说一个人"爱屋及乌"，爱一个人连同他屋顶上的乌鸦都爱上了，虽然是一种可以理解的心情，但却是毫无道理的，这是一种嘲讽。

　　——人们同样也可以**想象**，与强盗住在同一个屋顶下的人，或者甚至于他的邻人，乃至于更进一步说，他的同乡等等，都在头盖骨某个位置带有凸出来的骨节。正如可以想象一头飞牛先被骑在驴身上的巨蟹所爱抚，然后又如何如何一样。①

　　这里就更是一种病态的狂想了。"人们同样可以想象"，想象是无所不能的，想象有什么限制呢？想象是漫无边际的。人们同样也可以想象，"与强盗住在同一个屋顶下的人，或者甚至于他的邻人，乃至于更进一步说，他的同乡等等"，与强盗住在同一个屋顶下的人，那就是他家里的人，甚至他的邻人，他的邻居，还有他的同乡等等，他是哪一国的人，那么他那个国家的人都会和强盗一样，在头盖骨某一个位置带有凸出的骨节。这就扩大化了，扩展为地域攻击了。就像说中国出了一个强盗，人家就说中国人都是强盗，那么我们就被他代表了。他家里人不用说，他们一家都是强盗；他的邻居，他们那伙人都是强盗，这就是以偏概全，就可以这样来想象、来"推理"。那些网络愤青很多都是这样来推理的。还有更加荒唐的。"正如可以想象一头飞牛先被骑在驴身上的巨蟹所爱抚，然后又如何如何一样"，这就完全是一种疯狂的想象，一种神话的狂想，一

---

① 黑格尔这里这段文字所指为何，无法查明。——考证版编者

种奇思幻想。一头飞牛，牛本来就不能飞，想象一个飞牛会被骑在驴身上的巨蟹所爱抚，这是漫无边际的臆想。这些荒谬的例子都是由前面那种可能性扩展而来的，既然你不能够否认那种可能性，那么人们就可以索性在想象中做出更大的扩展，这样一步一步扩展开来，就变得越来越荒谬了。

　　——但是如果这种**可能性**，不是在**想象**的可能性的意义上，而是在**内在的**可能性或**概念**的可能性这种意义上来理解，那么对象就是这样一种现实性，它就是而且应该是纯粹的事物，不包含也不应包含诸如此类的、因而只有在想象中才能具有的含义。

　　前面讲，如果由那种自然的头盖骨的"科学"扩展开来的话，那就变得很荒谬，成为胡思乱想了。"但是如果这种**可能性**，不是在**想象**的可能性的意义上，而是在**内在的**可能性或**概念**的可能性这种意义上来理解"，可能性、想象、内在的和概念都有着重号。这里有两种可能性，一种是想象的可能性，一种是内在的可能性或概念的可能性。想象的可能性就是我们前面讲的抽象可能性，在抽象可能性的意义上，一切都是有可能的，只要你想象的出来而不自相矛盾。但内在可能性和概念的可能性就不是随便什么都可能的了，必须是有根据有理由的。这种可能性就叫做现实的可能性，前面的那种可能性是在想象的可能性意义上面来理解的，它只是形式的可能性，所以就可以任意遐想。黑格尔在《逻辑学》中曾经区分了形式的可能性和实在的可能性①。既然你在想象的可能性意义上来理解这种可能性，那你就可以胡思乱想，你就可以通过想象把这种可能性尽可能扩展到荒谬的境界，漫无边际，没有限制。如果不是这样，而是理解成内在的可能性或概念的可能性，"那么对象就是这样一种现实性，它就是而且应该是纯粹的事物，不包含也不应包含诸如此类的、因而只有在想象中才能具有的含义"。内在的可能性或者概念的可能性也就是

---

① 参看 [德] 黑格尔：《逻辑学》，杨一之译，商务印书馆 1981 年，第 200—201 页。

这个事物本身的可能性,它跟这种外在的、偶然碰到的那种可能的机遇无关。外在可能性就是可能碰到什么外部情况,那个是无边无际的,可以任由想象发挥的。前面讲的这个头盖骨的某一个位置与某一种属性和激情,作为外在凑巧碰上的可能性,都是有可能凑在一起的,这是外在的可能性,因为这两个东西都是外在的,头盖骨和精神的某种属性,相互之间是一种外在的关系。你把它当作内在的必然关系,这本身就是依靠你的想象了,你已经把它扩展为一种想象的可能性了,那就会导致任何事情都有可能这种抽象的可能性,即只要是逻辑上不矛盾的,都是可能的。这种抽象的可能性其实没有意义,黑格尔重视的是一种现实的可能性,现实可能性是一种内在的可能性和概念的可能性,就是你要能够用来解释这个现实的内在性。如果你从这种意义上来理解的话,那么对象的可能性就是跟现实性一致的。黑格尔所理解的可能性并不是说不顾现实,以为只要逻辑上不矛盾,那就可以胡思乱想,这不是真正的可能性。真正现实的可能性是可以用来解释现实事物的。于是对象就是这样一种现实性,它只可能是一种事物,而和只有在想象中才能具有的含义无关。不管它由于外在的机遇碰到什么情况,跟别的东西发生联系,那都不是它的现实可能性。休息下吧。

[3. 禀性与现实]

接下来这个小标题,是德文编者加的,原来贺、王译本标为"潜在与现实"。这个潜在翻译得不太好,我把它改了一下。Anlage,本来的意思是禀赋,词根的意思就是设置,就是一个人天生的那种设置或者是配备、配置,它的结构。用到这个生理学、解剖学上面我们可以说是禀赋。一个人的天赋,一个人天生的禀性,有这么一些意思。翻译成潜在当然也有道理,就是说这些禀赋没有发展出来之前,它是潜在的。它生下来就有这样一种素质,就有这样一种设置,但还有待于发展出来才能成为现实的。特别是潜在与现实,从亚里士多德以来这是一对很重要的范畴。

但是在黑格尔这里主要就是指人的内在禀赋,而不是一般的潜能和现实,我们把它翻译成禀性。禀性和现实,这里特指头盖骨相学的一种解释,用禀性和现实的关系来解释内在东西和外在东西的关系。因为前面讲到了想象的可能性,还讲到了现实的可能性,可能性必须要立足于内在的禀性之上才有可能是现实的,而不只是想象中的。这个解释比前面那种抽象可能性的解释要更学术化一些,当然最终仍然是站不住脚的。

　　然而,当观察者不顾双方的漠不相干性,还是要着手于规定这些联系的工作,一方面通过**外在的东西是内在东西的表现**这个普遍的理性根据来保持这种做法的新鲜感,另一方面借与动物头盖骨的类比来支撑自己[①]——动物尽管可能有比人类更为单纯的性格,但同时要说出人类有什么性格,却更加困难了,因为并不是每一个人的表象都能那么容易把自己十足地想象为一种动物的本性——,那么这时,观察者在对他所声称揭示出来的那些规律做担保时,就找到了一种区别作为**绝佳帮手**,这种区别是我们在这里也必然不能不想到的。 {187}

[225]

　　"然而,当观察者不顾双方的漠不相干性,还是要着手于规定这些联系的工作",就是前边已经讲了,头盖骨和精神属性这两个方面是漠不相干的,即使有某种可能的联系,也是完全偶然碰上的。但是观察者不顾这种漠不相干性,还是要来规定这些联系,如何来规定呢? "一方面通过**外在东西是内在东西的表现**这个普遍的理性根据来保持这种做法的新鲜感,另一方面借与动物头盖骨的类比来支撑自己"。也就是从两个方面来规定这样一些联系,一方面,总而言之,外在东西是内在东西的表现,这是一个普遍的理性根据。用这样一个普遍的理性根据来保持这种做法的新鲜感,就是说前面很多这种规定都失败了。那么这一次是不是也会失败? 我们已经屡见不鲜,多次失败了,还不接受教训吗? 但是观察者

────────────

① 黑格尔援引的是伽尔关于动物和人之间头盖骨的相似之处的学说,参看伽尔:《有关他的已完成了的绪论的信》第317—318页,第325页;及 Bischoff:《伽尔的脑和头盖骨学说述评》第67页。——丛书版编者

认为,这次可不同,这次又是新的,因为他的这个根据,外在东西是内在东西的表现这样一个普遍的理性根据,这个根据是颠覆不破的真理。特别是讲到有机体的时候,有机体的内在东西肯定是要表现在外的,凡是外在东西都是内在东西的表现。所以你讲这种做法已经过时了,已经多次被证明此路不通,但是我还是要这样做,重新再一次这样做,进行一种新的尝试,根据就是这样一条原理,"外在东西是内在东西的表现"。我坚持这样做有它的理由,有再次尝试的理由,这是对这条原理、这个根据的再次刷新,使它保持一种新鲜感,这是一个方面。另外一方面就是借与动物头盖骨的类比来支撑自己,或者来给自己撑腰。就是说人也是动物,动物的行为跟它的头盖骨是有关的,人的行为跟他的头盖骨也是有关的,那么人的精神也是跟头盖骨有关的。比如说考古发现,从类人猿到人的进化,类人猿的眉骨是很凸出的,下颌骨也是很粗重的,前额却往后削;那么人的前额更加前倾,下颌骨则非常弱,这就给大脑留下了更多位置,所以人比类人猿更聪明啊。这是另外一个方面。两个根据,一个是根据抽象的理性原则,另一个根据是和动物的类比,从这两个方面来为双方的联系建立一种确定的规定。后面一个破折号,是专门插入来讲动物和人的类比的。"动物尽管可能有比人类更为单纯的性格,但同时要说出人类有什么性格,却更加困难了,因为并不是每一个人的表象都能那么容易把自己十足地想象为一种动物的本性",下面又是破折号,两个破折号中间是这个插入语。为什么要借用动物头盖骨的类比呢? 是因为动物它的性格比人类更加单纯。前面已经讲了,哪怕是人的性格,观察也把它简化了,为的是能够跟头盖骨有一种可比性,把精神的东西简化一点,就跟头盖骨更接近一点。那么简化一点,达到最简,那就是动物了,动物的性格比人的性格当然更单纯了。动物我们一眼可以看出来它的意图何在,它想要干什么,它的气质,它的内在的东西,它的这个属性,比较更容易把握一些。然而,动物尽管可能有比人类更为单纯性格,但同时要说出人类有什么性格,却更加困难了。你把人动物化以后,你要

说出人有什么性格，不是更加容易，反倒是更加困难了。为什么？"因
为并不是每一个人的表象都能那么容易把自己十足地想象成一种动物
的本性"，因为人是千差万别的，动物是类型化的。动物当然也有它的性
格，有它的个性，同样一种动物，它每一个个体也是不一样的。但是它们
毕竟比较单纯、比较简单。那么要说人类有什么性格，就更加困难，因为
并不是每一个人的表象都那么容易把自己想象成一种动物的本性。人有
无限丰富的内心世界，这个是动物没法比的，所以人的性格跟动物的性
格相比，那不在一个档次上，这种比较无非更加突出了人和动物的距离。
实际上这里是批驳借动物头盖骨的类比来为自己撑腰的做法，这一条路
其实是走不通的。"那么这时，观察者在对他所声称揭示出来的那些规
律做担保时，就找到了一种区别作为**绝佳帮手** (eine vorzügliche Hilfe)，
这种区别是我们在这里也必然不能不想到的"，这跟两个破折号前面是
相衔接相呼应的。前边是讲，当观察者不顾双方的漠不相干性，还是要
着手于从两个方面来规定这些联系的工作时，那么这时，观察者在对于
他所声称揭示出来的一些规律做担保时，就找到了一种区别作为绝佳帮
手，或者说，找到了一根救命稻草。观察者担保他所声称揭示出来的那
些规律是有效的，担保说我所揭示出来的那些联系就是必然规律。那么
做这种担保的时候，他找到了一种区别，作为绝佳的帮手，前面两个都不
足为凭，外在的东西是内在东西的表现也好，与动物性格的类比也好，都
还不够，真正能够作为他的辅助论据的，就是这样一个区别。什么区别
呢？就是这个小标题里面讲到的"禀性与现实性的区别"，我们在这里不
能不加以讨论。

　　——精神的**存在**，至少不能被看作这样一种绝对未被触动和不可动
摇的东西。

　　"精神的**存在**"，存在打了着重号，头盖骨相学就是想要从精神的存
在这方面找到某种确定的规律。但是精神从它的存在方面来看，"至少
不能被看作这样一种绝对未被触动和不可动摇的东西"，也就是不能被

看作那种天生的、固定不移的禀性。精神的存在跟物质的存在、跟事物的存在是不一样的，内在东西的存在跟外在东西的存在是不一样的，或者接着上面讲的来说，人的禀性与动物的本性是不一样的。精神不能够看作是一种静止地埋藏那里、永恒摆在那里不变的东西，精神的存在，哪怕是它的存在，也至少不能被看作是一种绝对未被触动、不可动摇的东西，不能被看作一种天生的禀性。

　　人是自由的，这就等于承认人的**本原的**存在只是些**禀性**，超出这些禀性之上，人有能力做很多事，或者说这些禀性要得到发展，需要一些有利的环境；就是说精神的一种**本原**的存在，同样也可以说成是这样一种存在，这种存在作为存在并不是实存的。

　　这一句就讲到精神的存在和其他事物的存在的真正区别所在了。"人是自由的，这就等于承认人的**本原的**存在只是些**禀性**"，本原的存在打了着重号，禀性也打了着重号。人是自由的，这个是黑格尔承认的前提，人既然是自由的，就等于承认了，人的"本原的存在"、也就是天生的、未受触动的存在，只不过是一些禀性。人是自由的意味着什么呢，意味着人的那些一开始就被注定了的存在、人的原始的存在，也就是人的本来的存在，只是一些禀性而已，那并不是人的自由。这跟前面一句话是联系起来的，就是说精神的存在，至少不能被看作一种绝对未被触动和不可动摇的东西。那么本原的存在也就是这种还没有被触动的存在，还没有被改变的存在。这种本原的存在，只是些禀性，禀性就是天赋，禀赋。我们经常说这个人有音乐家的天赋，这个孩子有音乐家的禀赋，但是他是不是能够成为音乐家，那要你去培养，也要他去努力。你光说他有禀赋，并不意味着他就是一个音乐家了。所以人是自由的，就等于承认了，人的原始的存在只是一些禀性，这个禀性要发展起来，需要人的自由去发展它，人发展自己的这些禀赋，这才是人的自由。所以为什么说人是自由的，这等于承认人的本原的存在只是一些禀性，就是人不是被这些禀性注定的，不是被他天生的东西注定的。"超出这些禀性之上，人有能力做很多事"，超出这些禀性之上，就是说人不被这些禀性所决定，人的自由就在于超出这些注定的禀性，所谓你的能力超乎你想象。人的天赋这些东西，不是决定人的。我们讲什么是天才，天才就是勤奋。当然还是要有禀赋，你再勤奋，如果没有禀赋的话，那也成不了天才。但是勤奋是很重要的，在这些禀性之上，人有能力做很多事情，人可以勤奋，发愤图强，努力成才，这是人的主观努力。当然也可以不这样做，但是那你就一事无成，你靠你的禀赋，靠小聪明，如果你完全不努力的话，你将一事无成。"或者说这些禀性要得到发展，需要一些有利的环境"，这是客观的条件。一个有禀赋的人，如果没有条件，如果他生在一个很偏僻的乡村，没有机会接触教育，他的禀赋就不能形成和发展起来，那他也很难成才。所以除了禀赋、禀性以外，主观和客观上都有很多东西，是超出禀性之上、之外的。人的主观的努力和客观的条件，都不包含在禀性里边，禀性只是一种本原的存在，或者只是一种最初的起点、出发点，虽然已经不是抽象的可能性了，而是现实的可能性，但毕竟还只是可能性，而不是现实性。"就是说精神的一种**本原**的存在，同样也可以说成是这样一种存在，这种存在作为存在并不是实存的"，精神的一种本原的存在即这种禀性的存在，是这样一种存在，这种存在作为存在并不是实存的。实存打了着重号，existieren，名词 Existenz，后来的存在主义也是用的这个词，Existentialismus，实际上应该翻译成"实存主义"或者"生存主义"。这个词在日常用语中有"生活"、"活着"的意思，比 Sein 这个词更具体、更有能动性，它更接近于海德格尔所谓的"此在"（Dasein）。就是说，这种存在要实现出来才可以存在，在没有实现出来之前，它还只是一种禀性，一种可能性。所以精神的本原的存在作为存在并不是实存的，它只是一种抽象的静止的存在，一个起点而已，而没有现实的能动性。人的存在是以这种方式存在的，即主观的条件和客观的条件构成了人的实存。而人的禀赋作为存在还不是实存的，虽然有，但还没有"有起来"。从抽象的眼光来看，它可以是作为一种本原的存在；但是从现实的眼光来看，还不是作为一种实存。所以，想用天生的既定的禀性来充当精神的代用品，作为"绝佳帮手"，以解释内在东西与外在现实性的关系，这种救命稻草也是无效的。

所以，<u>假如这些观察跟任何一个人作为规律而想到要加以保证的东西相矛盾，假如在赶年集或洗衣服时是一个好天气</u>，则小贩和家庭妇女就可能会说，这天**本来是要**下雨的，毕竟要下雨的**禀性**是**现成**存在的；

"所以，假如这些观察跟任何一个人作为规律而想到要加以保证的东西相矛盾"，假设这样一些观察，这些在绝佳帮手的辅助下进行的头盖骨相学的观察，当它们和任何一个人作为规律而想到要加以保证的东西相矛盾了，这种观察与头盖骨相学所想要得出的规律对不上号了，或者说当这种解释失败了的时候，当他的观察不支持他的这种保证的时候。下面又有一个，"假如在赶年集或者洗衣服时是一个好天气"，这是一个类比了。本来这个小贩和这个家庭妇女就说了，每当我们赶集或者洗衣服的时候就下雨，但是有一次赶集或者洗衣时刚好碰到一个好天气，跟他们原来的所谓的必然的规律相矛盾了。那时，小贩和家庭妇女将会如何说呢？他们"就可能会说，这**本来是要**下雨的"，"本来是要"打了着重号。本来是要下雨的，而且"毕竟要下雨的**禀性**是**现成**存在的"，"现成"打了着重号。就是本来要下雨的，今天没有下，但是如果有禀性这根救命稻草，这并不会推翻当初的规定。虽然现在没有下雨，但是下雨的那种禀性仍然是现成的。就是说那种禀性是看不到、观察不到的，但是它还是现成在手的，因为它是禀性，它是固定不变的东西，只是这一次没有兑现而已。当然这就有一点强词夺理了，你说的每次洗衣服都要下雨，但这次却没有下雨，你又说它有下雨的禀性，这只是你的避风港而已。你说我讲的是禀性，而不是现实。禀性是看不见的。一个人没有当成音乐家，但是他的禀性中有音乐家的气质，你不能否认这一点，虽然他后来没有走这一条路，但是他这个气质是现成在手的，是一种现实的可能性，那种可能性植根于本原的存在。可能有人自己会这样认为，我本来是要当一个音乐家的，那才是我的一个真我，现在我去卖小菜、去卖商品，这是不符合我的禀性的。作为一个自由人来说，他本来可以不随波逐流，但是他没有现实出来。那么用来解释下雨和天晴的关系的时候，小贩和家庭妇女也可以振振有词地说，本来是要下雨的，但是没有下；虽然没有下，但是毕竟要下雨的禀性是现成的。这还是用上面的例子来打比方。

对头盖骨的观察，也是同样的情况，——这个个体**本来应该**是像头盖骨按照规律所表明的那个样子，它有一种**本原的禀性**，**但是**它的禀性没有被培养起来；这种质不是现成的，但它**应该**是**现成的**。

前面举的是下雨的例子，下面回到本题了。"对头盖骨的观察，也是同样的情况——这个个体**本来应该**是像头盖骨按照规律所表明的那个样子"，"本来应该"打了着重号，本来应该是像头盖骨的规律所表明的那个样子，那个才是它本原的存在，"它有一种**本原的禀性**，**但是**它的禀性没有被培养起来"。它有一种本原的禀性，这种禀性就应该体现在头盖骨的形状、头盖骨的骨节凸起和凹陷上面。如果头盖骨上没有找到它本来应该有的那种凸起和凹陷，那就说明这种内在的禀性还没有被培养起来，由于受到某种偶然的阻碍，还没有被体现在头盖骨上。所以"这种质不是现成的，但它**应该**是**现成的**"，应该是现成的打了着重号。这种质，也就是这种内在的禀性，它虽然现在还不是现成在手的，你要观察还观察不到，但是它"应该是"现成的。为什么应该？是你先入为主地断定它应该，这种断定有了这样的救命稻草，就可以永远立于不败之地，不会被任何现实所驳倒了。这样的根据就永远是由想象来保证的，而这就和前面所讲到的想象的可能性、抽象的形式的可能性没有什么区别了。

——这种**规律**和**应该**基于对现实的雨的观察和在头盖骨的这个规定性上现实感官的观察之上；但当这种**现实性**并非现成的时候，**空洞的可能性**就被看作有同样多的价值了。①

---

① 关于伽尔的"禀性"的理论，参看伽尔：《有关他的已完成了的绪论的信》第315页。——丛书版编者

"这种**规律**和**应该**"，规律和应该都打了着重号，其实并非什么规律，而只是想当然的应该的规律。这种禀性没有实现出来，不是现成在手的，但却应该是现成在手的，所以这是一个应该的规律。但是这种规律和应该"基于对现实的雨的观察和在头盖骨的这个规定性上现实感官的观察之上"。这种规律或者应该是基于观察之上的，对于现实的雨的观察，和对于在头盖骨的这一个规定性上的现实感官的观察，这两者都是现实的观察。"但当这种**现实性**并非现成的时候，**空洞的可能性**就被看作有同样多的价值了"，本来是建立在现实的观察之上的，但是当这种现实性并非现成在手的时候，那种空洞的可能性就会被看作有同样多的价值了。这个时候，我们的塑造出一种空洞的可能性，就是他的禀性本来应该这样的，但这种应该实际上成了一种空洞的可能性，没有内容。为什么应该？只是因为上一次我观察到了，我就设定了它里面有种禀性，所以这一次也应该。这里面其实没有规律的，所以是一种空洞的可能性，或者成了一种抽象的可能性，即凡是不矛盾的都是可能的。既然上一次是这样，下一次也应该可以，类似于休谟所说的"习惯性联想"。前一个强盗被抓了，我们看他头盖骨上面有这样一个隆起，有这样的骨节，那么下一个强盗可能也有，也应该有。至于为什么应该有，讲不出来道理，它只是一种可能性。因为前面一个强盗已经证明了有这种现实性，那么我们就推论，这个强盗肯定也应该有。如果他没有的话，那肯定是某种别的原因导致了他没有，但是他本来是应该有的。所以这种可能性最初似乎是立足于现实性之上的，但在它没有现实性、并非现成在手的情况下，只凭应该来断言它的可能的现实性，这就只是一种空洞的可能性了。但因为它原先是从现实性中观察得来的，所以它就被看作与现实性有同样多的价值了。于是空洞的可能性就代替了现实性的价值，来完成头盖骨相学要寻求现实规律的任务了。这就造成了头盖骨相学的一种理论上的诡辩。

——这种可能性，也就是所提出的规律的非现实性，因而与这规律相矛盾的那些观察，之所以有必要引进来，正是因为，个体的自由和发展

着的环境都是与一般的**存在**漠不相干的,无论这存在是本原的内在东西
还是外在的骨化了的东西都不相干,而且还因为,个体也可以是某种不
同于它内在本原的并且还不只是一块骨头那样所是的东西。

　　"这种可能性,也就是所提出的规律的非现实性,因而与这规律相矛
盾的那些观察",这种可能性就是空洞的可能性,也就是所提出的规律的
非现实性,观察则是与这种规律相矛盾的,这都是上面提出来的。"之所
以有必要引进来,正是因为,个体的自由和发展着的环境都是与一般的
存在漠不相干的",这就是揭示出上述绝佳辅助手段的症结了。在这个
地方之所以要引入这种辅助手段,说明一个什么问题? 就是为了说明,
个体的自由和发展的环境是与一般存在不相干的。一个是个体的自由,
主观的,一个是发展中的环境,客观的,它们都与一般的存在漠不相干。
"存在"打了着重号。一般的存在,这是作为一种静止的,不变的固定的
东西而言的。我们刚才讲了,这种抽象的存在、作为禀赋、作为本原的存
在,它作为存在不是实存的。而主观的个体自由和客观的发展着的环境
都属于具体能动的实存,而和空洞的存在无关。"无论这存在是本原的
内在东西还是外在的骨化了的东西都不相干",总而言之与一般的存在
漠不相干,不管这一般的存在是本原内在的东西,还是外在骨化的东西。
个体自由与本原内在的东西不相干,变化发展的环境则与外在骨化了的
东西不相干。本原内在的东西就是前面讲的自然的禀性,它只是一个起
点,还未进入到实存,你把它固定了,骨化了,变成一种动物式的性格,
它和精神的东西就脱离了关系。这正是上述辅助手段的失足之处,就是
你把精神的东西变成僵化、骨化的东西,以便跟头盖骨能够具有可比性,
能够兼容,这就误解了精神的本质,就是用一种物质性的禀性偷换了个
体的自由。"而且还因为个体也可以是某种不同于它内在本原的并且还
不只是一块骨头那样所是的东西",就是说,之所以要引进这个话题,不
仅因为个体的自由跟一般的存在漠不相干,而且因为个体也可以是某种
不同的东西,与什么不同呢? 与它内在的本原那样所是的东西,哪怕这

东西不止是像一块骨头那样被骨化了，而且还是内在的禀性，一种看不见但却可能看见、应该看见的东西。注意这里"所是的东西"，也就是"所存在的东西"，它是和上面"一般存在"相呼应的。个体的自由是创造性的实存、是一种生存，这是前面那种头盖骨相学的解释完全没有涉及的，头盖骨相学一心想把自由的精神束缚在某种内在动物性的禀性或某种可能的现实性中，以便对它作出某种规律性的解释。但是当他们把这种空洞的可能性，空虚的可能性，这种非现实的现实性引进来时，当他们强调这种规律只是一种非现实性，只是一种应该的规律，这种应该的规律实际上并未现成在手时，他们实际上是给自由留下了余地。必须要引进这样一种空洞的可能性，就像德谟克利特的原子论，必须要引入虚空，原子才动得起来。如果没有虚空，整个宇宙就是一块死板的存在，如同巴门尼德所说的，存在就是存在，非存在即不存在。一切都存在，那就永远固结在那个地方了，那就没有自由了。所以我们引进这种规律的非现实性，就是为了要揭示出这种托辞其实是给人的自由留下了余地。在这个方面，头盖骨相学应该说有了一个很大的进展，所谓禀赋和现实性就是在自然的头盖骨相学的范围内为人的自由、为人的生存发展留下了余地。当头盖骨相学自以为还停留在自然的范围内时，它其实已进入到超越自然的领域了。但是，一旦为了自由而引进了规律的非现实性，那你的整个规律就都垮台了，你建立在自然主义之上的头盖骨相学整个就垮台了。

于是我们就获得了这样的可能性：头盖骨上的这种骨节或凹陷，可以既表示某种现实的东西，又只是表示一种**禀性**，也就是不确定指什么东西的某物，而骨节可以表示非现实的东西；我们眼看着陷入了一种如过去一样坏的遁词：它用自身所反对的正是那种它应当去扶持的东西。

[226]

"于是我们就获得了这样的可能性：头盖骨上的这种骨节和凹陷，可以既表示某种现实的东西，又只是表示一种**禀性**，也就是不确定指什么东西的某物"，这是从上在推出来的一种可能，就是现实的东西以及那本应该是现实的东西但现在还是非现实的东西的禀性,可以通过同一个头盖骨上面的骨节或凹陷表示出来。同一个骨节,一方面表示现实的东西,看得见摸得着的;另一方面又表示一种禀性,它现在还是非现实的东西,也就是不确定指什么东西的某物。正因为禀性是非现实的东西,它不确定指什么东西,所以你可以任意给它加上什么东西,你总是可以立于不败之地,不会被人家证伪。"而骨节可以表示非现实的东西",骨节本来是很现实的东西,而现在竟然成了非现实的,就是你可以说这个骨节本来不应该是这样的,它的禀性应该是凹陷,只是由于某种偶然的变故把它的禀性掩盖了。所以骨节可以表示两种东西,一个是现实的,一个是非现实的,它只是禀性,即现实的非现实性。禀性不确定指什么东西,但它被看作是现成在手的一种可能性,是一种现成在手的非现实的东西。于是,"我们眼看着陷入了一种如过去一样坏的遁词:它用自身所反对的正是那种它应当去扶持的东西",我们眼睁睁地陷入了一种遁词,这种遁词如过去那些遁词一样的糟糕。什么遁词?就是用自身去反对它本来应该去扶持的东西,也就是自相矛盾,自我否定的论证。这个绝佳的辅助手段,它自己否定了它本来应当扶持、应当辩护、应当保证的东西。它本来要加以保证的是,规律是现实的,规律绝对不只是一种空洞的可能性,而是有内在的禀性作根据的实现的可能性,是现成在手的可能性。但现在眼睁睁地看到自己反过来否定了自己努力要证明的东西,使这种可能性成为了一种随意想象的可能性,一种完全不可能证实、当然也不会被证伪的抽象形式的可能性。这种遁词扭来扭去,想找到某种出路,想另辟蹊径,但是和以往那些遁词一样,它走来走去,走到死胡同里面去了,走向了自我否定。这可不是我们让它这样的,是它自己走到这一步的。我们只是旁观者,所以我们是眼睁睁地看着它走进了这样一个死胡同,就是用自身去反对它本来应该扶持的东西。

我们看到由于事情的本性,意谓被带到了它所坚持认为的、但却**不假思索地**自己说出来的东西的**反面**:——它说,这块骨头暗示了点什么,

但同样也没有暗示什么。

　　"我们看到"，我们作为旁观者，我们没有加进任何东西，是它自己一步一步走到这里来的。这就是事情本身固有的辩证法。在黑格尔整个精神现象学，以及在他的全部著作里面，所贯通始终的就是这种观点，我们要体会到这一点，就是让事情自己去发展，就是让概念凭自己的本性去运动，看它走到哪一步。你就会发现，任何一个概念，当你听凭它自己把自己发展出来的时候，它就走向了自己的反面，走向自我否定。不是我们在旁边使了什么诡计，这个是没有办法的，这是理性自身的狡计。很多人读黑格尔的时候，总是有一种误解，以为是黑格尔在边上使了什么诡计，其实黑格尔没有。他就是很客观地解释，你提这个观点，他会帮你解释。有点像苏格拉底，你提这个观点，我来帮你解释，你看这样解释对不对，对啊，那我再解释一下你看对不对，也对啊，最后一看，不对，把原来的观点推翻了。这就是事物本身的辩证法，在这里特别凸显出来。所以他讲，我们看到，我们是旁观者，我们在看，我们看见了什么呢？"由于事情的本性，意谓被带到了它所坚持认为的、但却**不假思索地**自己说出来的东西的**反面**"，意谓是可以意会不可言传的，是不确定地体会到的东西。而由于事情的本性，意谓就被引向了某个方向，被带到了它所坚持认为的那个东西的反面。意谓自身有它的辩证法，它一步一步走，就会走到自己的反面。最初是坚持认为的、但却不假思索地自己说出来的东西，现在成了相反的东西，不假思索打了着重号。最初是不假思索的理性，观察的理性开始说出来的只是就事论事，不假思索，没有思考的东西，它不动脑子，只是观察，只是记录。观察的理性的特点就是不假思索，没有把概念思维加进去；但一旦进入到思维，就会陷入到概念的辩证法，走向自己最初不假思索地自己说出来的东西的反面。反面也打了着重号，就是走向自我推翻，自我否定。破折号，"——这块骨头暗示了点什么，但同样也没有暗示什么"，它本来应该暗示点什么，或者它想暗示什么，但是它没有暗示出来。它在意谓中暗示了点什么，但由于只是意谓，你猜不到,所以实际上又没有暗示什么。观察的理性走到这一步已经到头了,陷入到了只可意会不可言传的东西,没什么可说的了。

在这种遁词那里,这种意谓自身所浮现出来的东西,就是那真实的、恰好清除着意谓的思想,即:像这样一种**存在**,根本就不是精神的真理。

"在这种遁词那里",遁词前面讲了,如过去一样坏的遁词,它像过去一样把意谓带进了自相矛盾。那么在这种遁词那里,"这种意谓自身所浮现出来的东西,就是那真实的、恰好清除着意谓的思想"。这种遁词使得那不可言说的意谓从自身中浮现出来了一种真实的思想,就是这种自相矛盾恰好使得一种真实的思想浮现出来、让人家看到、暴露出来了,或者揭示出来了。这种真实的思想恰好把那些意谓都清除掉了,变得明确起来,不再模棱两可,而是确定的了。什么真实的思想呢? "即:像这样一种**存在**,根本就不是精神的真理",像这样一种存在,存在打了着重号,完全不是精神的真理,这种存在与精神完全不相干,完全对立。头盖骨相学费尽心思想要证明的,正是外在东西是内在东西的表现,存在是思维的表现,它绞尽脑汁在骨头上寻找精神的蛛丝马迹,但种种努力都失败了,反而证明了存在不能够表现思维,骨头不能够暗示精神。这是因为,观察的理性还停留在存在论的水平,由这样的层次来把握精神那是不行的。这样一种存在根本就不是精神的真理,要把握精神的真理,就必须提升到概念;而要提升到概念,则要经过一个过程,那就是自我否定,自我否定才是存在的本质。所以现在已经显露出来了一个本质,就是自我否定、自相矛盾性,这是通往概念的,但是如果不动脑子的话,是抓不住的。

既然禀性是一种并不参与精神活动的**本原的存在**,那么属于这存在一方的骨头也正是这样一种存在。

"既然禀性是一种并不参与精神活动的**本原的存在**",你说精神有它本原的存在,那就是它的禀性,但是这个禀性并不参与精神活动,它只是一种被认定了的、不受触动的、可能的现实性，或现成在手的可能性。既然如此，"那么属于这存在一方的骨头也正是这样一种存在"，骨头也正是这样一种不参与精神活动的存在。这是两个方面，一方面是禀性，另外一方面是骨头，但它们都属于同一方。既然禀性不参与精神活动，那么骨头也属于存在这一方，它也不参与进来。当初把禀性作为固定不变的骨化的东西设定起来，就是为了和骨头站在一起，或者说就是为了头盖骨能够和它站在同一水平上发生联系。但这样一来，两个方面都不参与精神活动，那就与精神活动根本没有关系了，又如何能够说禀性是精神的本原的存在、头盖骨是精神的表现呢？牵强附会而已。

{188}　　　没有精神活动而存在着的东西，对意识而言是一个事物，它不是意识的本质，所以毋宁是意识的反面，而意识本身只有通过对这样一种存在的否定与清除，才是**现实的**。

　　这就是结论了。"没有精神活动而存在的东西，对意识而言是一个事物"，它是一个死的东西，是一个事物，是物质性的存在。"它不是意识的本质，所以毋宁是意识的反面"，头盖骨相学想把物质的存在解释成意识的本质，但是这两个方面都成了事物，而与意识和精神都脱离了关系。"而意识本身只有通过对这样一种存在的否定与清除，才是**现实的**"，这样一种存在，不管是禀性也好，头盖骨上现实的凸起也好，只不过是意识本身的作用靶子，它们不是意识的本质；而意识只有在对这个靶子起作用的时候，也就是对于这样一种存在加以否定与清除的时候，才能成为现实的，"现实的"打了着重号。所以这些靶子对于意识成为现实的是具有重要的作用的，但是它们本身决不能看作是意识的本质，而只是意识的作用对象。意识之所以是对象意识，就在于它面对着它必须去否定与清除的对象，它必须去否定与清除那个没有精神活动而存在的东西，那个与它相对立的事物。如果没有这个对象供它所否定和清除，那么意识就不是现实的，连有没有这个意识都不能确定了。现实的意识不是体现在头盖骨上，而是体现在对头盖骨的否定上，否定头盖骨对它的注定，对它的限制,否定头盖骨可以形成对它进行限制的规律。在这个过程中,才有意识的现实性。所以意识的现实性不是一种存在的现实性,而是一种本质的现实性,当然最后是一种概念的现实性。所以通过对这个存在的否定与清除,意识才是现实的,它必须超越、跳出对它的两个方面的规定,一个方面是作为精神的本原存在的那种禀赋对它的决定,另外一个方面是头盖骨从外在方面对它的决定,这两个方面都必须加以否定和清除,意识或者精神才是现实的。意识在这里就代表精神,因为精神现象学是意识的经验的科学。

　　——从这个方面说,把一块骨头冒充为意识的**现实的定在**必须看作是对理性的彻头彻尾的否认;而一块骨头之所以被这样冒充,是由于它被看作精神的外在东西,因为这外在东西正是存在着的现实性。

　　"从这个方面说,把一块骨头冒充为意识的现实的定在必须看作是对理性的彻头彻尾的否认",也就是从精神和存在的对立这方面说,把一块骨头冒充为意识的现实的定在,这是完全非理性的。前面讲了,意识要否定这些存在才是现实的。从这个方面来看,把一块骨头直接冒充为现实的存在,这必须看作是对于理性的完全否认。这完全是搞反了,你连前面的那种区别都没有搞清楚,你拿不相干的东西甚至相反的东西来冒充意识、冒充精神。骨头当然是定在,但并不是意识的现实的定在,意识的现实的定在必须靠否定骨头的定在才能完成,这才是合理的。无视这一点,就是对于理性彻头彻尾的否定。"而一块骨头之所以这样被冒充,是由于它被看作精神的外在东西",人们用一块骨头来冒充意识的现实性,是由于它被看作是精神的外在东西,他们相信外在东西是内在东西的表现,那么人的头盖骨就肯定是人的精神的外在表现。于是他们就用骨头的外在存在着的现实性冒充精神的现实性,这就完全搞错了,这完全是不假思索、没有概念、仅凭观察所得出来的一种错觉,一种误置。

　　对此毫无帮助的是这种说法,说这**只是**从这种外在的东西**推论**到了作为**另外一种东西**而存在的内在的东西,外在的东西不是内在东西本身,而只是它的**表现**。

这种说法就是一种辩解了，它援引了"外在东西是内在东西的表现"这样一个原则。"对此毫无帮助的是这种说法，说这**只是**从这种外在的东西**推论**到了作为**另外一种东西**而存在的内在的东西"，就是头盖骨相学也许会辩解说，我并没有混淆内在的东西和外在的东西，这只是一种推论，"只是"和"推论"都打了着重号。既然外在东西是内在东西的表现，那么抓住这个外在的东西，去推论内在东西，这有什么不可以。我只是从一种东西推论到了另外一种东西，内在东西我是把它看作另外一种东西，这并不存在混淆。"外在东西不是内在东西本身，而只是它的**表现**"，所以这种说法是一种辩护，你说他是冒充，但是他说我并没有混淆，我只是利用这样一条理性原则，外在东西是内在东西的表现，这个并没有错。我并没有说外在的东西就是内在的东西，这两者肯定是不同的。我只是说外在东西是内在东西的"表现"，我仅仅是从这种外在的东西中推论到了作为另外一种东西而存在的内在东西，表现和被表现的东西显然是不同的。但是黑格尔认为，这种辩护对此毫无帮助。

因为在双方相对的关系里，正是内在的一方作出了对自身**思维着和被思维着的现实性**的规定，但外在的一方作出的则是**对存在着的现实性**的规定。

这句话，实际上是把那个根据也推翻了。前面讲，外在东西是内在东西的表现，这是一个普遍的理性的原则，那么用在这里恰当不恰当呢？黑格尔认为不恰当，以这种理由来辩护是毫无帮助的。"因为在双方相对的关系里，正是内在的一方做出了对自身**思维着和被思维着的现实性**的规定"，就是说在这种双方的相对关系里，不适用于外在东西是内在东西的表现这样一条理性的原则。因为在这里正是内在的一方作出了对自身思维着和被思维着的现实性的规定，或者说仅仅是内在的一方，对思维着的现实性和被思维着的现实性作出了规定，而不需要外在的一方插手。"但外在的一方作出的则是**对存在的现实性**的规定"，外在的归外在，它规定的只是外部存在着的现实性。这两方面各顾各，互相毫不相干。一方是思维，另外一方是存在，思维和存在在这样一种解释里面还是分裂的。你想要把握思维，通过头盖骨相学来把握思维，但是你的思维和存在是分裂的，在观察的理性看起来，思维和存在是两码事。内在的一方只管对自身思维着和被思维着的现实性进行规定，而外在的一方停留在了外边，没有进去，它进不去，它做的则是对存在着的现实性加以规定。也就是思维的现实性和存在的现实性仍然是漠不相干的，还没有发生联系。当然如果真要发生联系，就必须要付诸实践，而不再只是从旁边观察了，在观察这里，是没有这种联系的。一方面内在的东西它有它的现实性，但是这个现实性你观察不到，它只是一种意谓；那么另一方面是外在存在的现实，这个你可以观察到，但是它又跟内在思维毫无关系。

——因此，如果对一个人说：你（你的内在东西）所以是这个样子，**是因为**你的**骨头**是这样的性状，那么这无异于说，我把一块骨头看作是**你的现实性**了。

也就是如果我对你说，你之所以是这么个人，是因为你的骨头是这样的性状，或者说是这样长的，因为你的骨头就长成这个样子，你的脑后有反骨，所以你是个坏家伙。那这无异于说，我把一块骨头看作是你的现实性，我把一块骨头等同于你的现实性。每个人都把自己的现实性看作成一种内在的现实性，我的人格，我的自由，我的思维，我的情感、情绪这些东西都是内在的；但是在这种眼光之下，就把一块骨头等同于一个人的现实性了。

在讨论面相学时曾提到用一记耳光来对这样一种判断加以回报，那是暂时给这些**柔软**部分改变一下其面貌和位置，所证明的只是它们不是真正的**自在**，不是精神的现实性；

这里又提到上面讲的面相学的例子了，在那里曾经说到用一记耳光来对这样一种以貌取人的判断加以回报，根据一个人的面相来判断一个人的内心是好人还是坏人，那就活该得到一记耳光的回报。但是，"那是暂时给这些**柔软**部分改变一下其面貌和位置"，这说得很文雅了。一记耳光被说成是给一个人的这些柔软的部分改变一下其面貌和位置。他的面貌本来是这样，一记耳光把脸打歪了，眼睛嘴巴痛得挤到一起了，这就改变了它的位置，这个说的非常学术化啊。一记耳光只是暂时给这些柔软的部分改变一下位置，打完耳光，他还是那个样。柔软部分打了着重号，这是要跟后面的骨头相对而言，头盖骨肯定是坚硬的部分。改变了面貌和位置，"所证明的只是它们不是真正的**自在**，不是精神的现实性"。这一记耳光只是证明了，这些柔软的部分并不是真正的自在，不是这个人的精神的现实性，因为面貌是可以改变的，而内在的、自在的东西并不因此而改变。

　　——而在这里，这个回报真正说来想必会更进一步打破做这种判断的人的头盖骨，以便正像他的智慧所能理解的那样证明，一块骨头对人而言不是什么**自在**的东西，更不是**他的**真正现实性。

　　"而在这里"，也就是说在头盖骨相学这里。前面是在面相学那里，在头盖骨相学这里也可以照此类推。"这个回报真正说来想必会更进一步打破做这种判断的人的头盖骨"，那就不只是一个耳光那么文雅了，这个回报应该是更进一步了，要打破做这样一种判断的人的头盖骨。前面只是改变一个人面貌的位置，现在是要打破他的头盖骨，现在是打破头了，这个回报就更加厉害了。"以便正像他的智慧所能理解的那样证明，一块骨头对人而言不是什么**自在**的东西，更不是**他的**真正现实性"，打破人的头盖骨是为了像他的智慧所能理解那样来证明，人不是一块骨头。做这样判断的人他的智慧就这个水平，他只能理解到这个程度，那么我们就按照他能理解的程度来向他证明，一块骨头对人而言，不是什么自在的东西，更不是他的真正的现实性。这个跟前边的道理是一样的，打人一记耳光，就说明了人的面部肌肉、面部表情并不是精神的现实性，因为面部表情是由肌肉的位置构成的，这种位置的改变并不意味着内在精神的改变。那么打破人的头骨，也说明了一块骨头不是什么自在不变的东西,也不是精神的真正的现实性。你把他的现实性看成是一块骨头,这是对他的一种侮辱,你必然会得到一种报复。你把他看成一块骨头,那么他就也会只和你的骨头打交道,他这回改变的不是你的面部肌肉的位置,而是你的骨头的形状,这没有什么道理可以讲。我们通常要进行精神上的交流,必须要讲道理,必须要谈话,必须要互相感动等等。但是当你侮辱人家的时候,就没有什么道理可讲。那就是一记耳光,或者在这个情况下就会打破你的头骨。你想人就是一块头盖骨,那么他就用对付你的头盖骨的方式和你打交道。这就是你的智慧所能理解的对等关系。这恰好证明了一块骨头对人而言,不是什么自在的东西,更不是人真正的现实性。今天就讲到这里了。

*　　　　　*　　　　　*

我们上次讲到了头盖骨相学,最后黑格尔把它跟面相学所遇到的问题联系起来。在面相学里面,就是说凭借一个人的外貌和表情来判断一个人的内心,这就会得到一记耳光的回报。那么,头盖骨相学也是这样。你凭借一个人的头盖骨来判断一个人是好人还是坏人,是小偷还是强盗,这也会遇到这样的回报,就是把你的头盖骨改变一下,打破你的头盖骨,那就变成一个坏人了。这是一般的人的智慧都可以理解的,就是说凭借一个人的头盖骨也好,面部表情和外貌也好,来判断一个人的内心,都是做不到的。这是头盖骨相学和面相学它们共同面临的问题,这个问题从本质上看就是一个思维与存在的关系问题。存在究竟在什么意义上能够表达思维,能够表达精神,能够成为精神的符号或精神的标志? 这个问题在面相学和头盖骨相学那里是没得到解决的。今天讲的这一段也是这个意思。

自我意识到的理性的原始本能未经思考地就抵制头盖骨的科学——抵制它自己的另一种观察本能,这种观察本能已成长到了能预感**认识**, [227] 并以外在东西是内在东西的表现这样一种无精神的方式来把握认识。

789

"自我意识到的理性"，我们这里都是讲的理性，而面相学、头盖骨相学，包括前面讲的心理学，都是一种自我意识到的理性。观察的理性，当它进入到一种对观察活动本身进行观察的时候，那就是观察的理性进入到了自我意识，我们前面已经讲到这一点。那么自我意识到的理性，它的"原始本能未经思考地就抵制头盖骨的科学"，自我意识到的理性有一种最初的未经思考的原始本能。本能嘛，本能本身就是未经思考的，但是它还是一种原始的本能；这个原始的本能就是它最初的那个初衷，但是它后来越来越偏离了它的初衷。所以它是不加思考地就抵制头盖骨的"科学"，与其自称为科学，不如干脆凭借本能直觉还更可靠些。你到了头盖骨相学这样一个层次了，从上面举的好几个例子看，它已经越来越不像话了，它就已经超出理性的原始本能所能容纳的限度了，已经违背理性本能的初衷了。于是自我意识的理性的原始本能就对它加以抵制，这个抵制也是本能的，是未经思考的。破折号后面是进一步的解释，"——抵制它自己的另一种观察本能，这种观察本能已成长到了能预感**认识**，并以外在东西是内在东西的表现这样一种无精神的方式来把握认识"。到了头盖骨的科学，已经是另一种观察本能，它已经遭到了它自己的原始本能的抵制，走向了一种自我否定。因为这种本能已成长到了能预感（Ahnung）认识，经过心理学、面相学直到头盖骨的科学，它已经能够预感知识了！本来理性的本能只想要进行简单的观察，找出内在东西和外在东西的某种联系就行了，谁知道发展到这一步，居然通过神秘的预感来获得知识，这是理性的原始本能都不能容忍的。什么是预感？就是前面讲的，凡是说不通了就用某种神秘的预定和谐以及内在的禀性来解释，这种前定和谐及内在禀性都是没有任何实证的根据，而只是通过"应该"来任意确立的，但头盖骨相学却以此为基础，自以为建立起了一门"头盖骨的科学"。实际上它当然不是知识了，但是它预感认识，它预先就认定了头盖骨和精神之间有一种和谐关系，问题只是如何找出这种关系来。所以它已不再是那种理性的原始的本能了，这种原始的本能还是比较小心谨慎的,力图找到实证的证据再说话,它只愿意从旁边观察,而不敢贸然加进自己的预先判断。但到了头盖骨的科学,理性的本能是越来越胆大妄为了,居然能预感认识。它本来是原始本能的一种发展,但是这种发展受到了它自己最初的原始本能的抵制,可见这种发展是一种自我否定,自己走向了自己的反面。除了这种预感之外,它还"以外在东西是内在东西的表现这样一种无精神的方式来把握认识",就是说,要么是对精神的预感式的知识,要么是以无精神的方式来把握认识。什么样的方式叫做无精神的方式? 就是这条原则——外在东西是内在东西的表现。这当然是一条理性的原则,但是这个理性的原则是无精神的,它可以用在任何事物上,包括自然界的无机物都可以。前面一直在用,比如力和力的表现,前面对无机自然的观察,包括对有机自然的观察,其实都在运用这条抽象的原理,而这条原理实际上是无精神的,抽象的。那么它为什么走到了这样一种违背自己初衷的地步? 这个它是没有思考过、甚至根本没有意识到的。

　　但是思想越是糟糕,有时就越是难以凸显出它的糟糕之处确切地在什么地方,越是不容易对之加以分辨。因为被这思想看作本质的那种抽象越纯粹、越空洞,这个思想就可以说越糟糕。

　　"思想越是糟糕",理性的原始本能是无思考的,即使它已经知道情况不对,而自发地抵制头盖骨的"科学",它也不知道问题究竟出在哪里;而头盖骨的科学本身只是预感认识,而且是以一种无精神的方式来把握认识,这些都是糟糕的思想。不是说无思想,无思考其实也在思想,所以它是一种糟糕的思想。思想越是糟糕,"有时就越是难以凸显出它的糟糕之处确切地在什么地方,越是不容易对之加以分辨",就是说,正因为它没有经过思考,所以它是如何走到这一步来的,这个理性的本能是怎样陷入这一条死胡同中的,它对此仍然是一团糨糊,分辨不清。"因为被这思想看作本质的那种抽象越纯粹、越空洞,这个思想就可以说越糟糕",这句话就点出了它的毛病所在。就是说,这种思想把那种抽象、空洞的可能性看作是本质，比如说那种内在的、既不能证实也不能证伪的禀性，那种预设的"前定和谐"，都是纯粹的抽象；而这种抽象越纯粹越空洞，那么这个思想就越糟糕。或者说，这种思想的糟糕之处就在于它的抽象性，它把抽象的东西看作是本质，而不去思考它的具体的内涵。

　　但在此起决定作用的那个对立，在自己的各方中统握了双方的被意识到的个体性，也统握了那完全成了**事物**的外在性的抽象，——把精神的那个内部存在统握成固定的无精神的存在，并恰好使之与这种存在相对立。

　　前面是讲这种思想的毛病，它的糟糕之处就在于抽象。但尽管如此，这种思想却并不是没有意义的。"但在此起决定作用的那个对立，在自己的各方中统握了双方的被意识到的个体性"，就是说，在这个抽象思想里面起决定作用的是那个对立，虽然它是把抽象的东西理解为本质，但是我们现在已看出来了，它有一个矛盾，有一个对立，这个对立在自己的各方中，也就是在对立的两个环节中，统握了双方的被意识到的个体性。就是这种抽象，它实际上是在双方的对立中对某种被意识到的个体性的统握。虽然是抽象的统握，但是它在自己的两个环节的对立中，不仅统握了这两部分的被意识到的个体性，"也统握了那完全成了**事物**的外在性的抽象"。就是说，在头盖骨相学的这个抽象里面，虽然是糟糕的思想，但它是对于双方所体现出来的意识的个体性的一种统握，因而也把外在事物的抽象统握进来了。尽管你根据人的头盖骨去判断这个人的精神、面貌，他的精神的内涵，这种做法是不可靠的，是凭预感和想象的，但实际上你是把它当作个体性看待了。所以，头盖骨也好，你的内在精神也好，双方都是以个体性的方式出现的，对立的两方各自都代表了它的被意识到的个体性。这种个体性已经被意识到了，它不像在一般的生物有机体中那样是无意识的，而是经过思想被意识到、被统握起来的。而它所统握到的这个外在性也不光是内在东西的外在性，而是已完全成为了事物的外在性，所以这也是两个事物之间的一种统一关系。下面破折号，"——

把精神的那个内部存在统握成固定的无精神的存在，并恰好使之与这种存在相对立"，破折号后面是进一步解释，统握了外在事物的抽象有什么意义？它的意义就在于，这样就把精神的内部存在统握成固定的无精神的存在，并且让这种内部存在与这种无精神的存在相对立。这就使这两种存在，精神的内部存在和事物的无精神的存在，成为了同一个意识个体性的统握之下的两个对立面，或一对矛盾。精神的存在被统握成了无精神的存在，但精神的存在仍然与无精神的存在相对立。这就形成了一个对立面统一的结构，这种结构正是由这种糟糕的思想所揭示出来、暴露出来的，从这一点来看，它还并不是那么糟糕，而是有它的重要意义的，并且是向下一个更高阶段提升的必经阶段。

　　——但实际上就连观察的理性借此似乎也已达到了自己的顶峰，它必须由此抛弃它自己和超越它自己；因为只有完全糟透了的东西本身才有颠倒自身的直接必然性。

　　这就是"物极必反"的道理了。"但实际上就连观察的理性借此似乎也已达到了自己的顶峰"，观察的理性在这个时候走入到了糟糕的绝境，但实际上借此也就达到了自己的顶峰，达到了自己的极限。头盖骨相学是观察的理性最后一个环节，当这最后的一个环节走完了它的历程，就已达到了它的极限。头盖骨相学在这里暴露出了它内在的深刻矛盾，或者它的本质，就是它所包含的精神和物质、意识和事物、思维和存在之间的矛盾。但观察的理性要在双方的对立中统握这一矛盾的意向却是如此强烈、如此不可阻挡，这使它处于自我撕裂的危机中。以前总以为观察的理性可以深入到人的内心，比如心理学呀，面相学呀，都还存有幻想，似乎可以通过一种观察来把握内心，似乎可以从外部把握精神的本质。但头盖骨相学最终已暴露出来这不可能。你要从外在的东西去观察内在的东西，只有一个办法，就是把内在的东西也变成外在的东西，也变成事物，但是一旦变成事物，它就成了两个事物之间的关系，两个事物之间的对立，而到这个时候就已经走入死胡同了，走到绝路了。所以，就连观察

793

的理性本身也已达到了自己的顶峰，头盖骨相学已经连带着把整个观察的理性都带入了绝境。如何走出这一危机？"它必须由此抛弃它自己和超越它自己，因为只有完全糟透了的东西本身才有颠倒自身的直接必然性"，我们通常讲物极必反、否极泰来，达到了顶峰就必须要超越它自己，抛弃它自己，进入到另外一个更高的境界。它有一种必然性，正因为糟到了极点了，所以才是好的开端，才必然要颠倒自身。

{189} ——这就好像犹太民族一样，它可以说是并且已经是最遭遗弃的民族，这正是因为它已直接立于拯救的门前了；它自在自为地本来应当是的东西以及这个自身本质性，不是它自身，而是它置于自己的彼岸的东西；

这里举了个例子，"这就好像犹太民族一样"。这里为什么突然提到犹太民族？其实在黑格尔心目中，整个观察的理性在更深层次上都具有宗教上的待拯救的含义，他是真正认真地对待了康德的命题：我要扬弃科学，为信仰留下位置。理论理性是为实践理性留下位置的，所以他才会在理论理性的末路处，想到了犹太民族的宗教处境。这就好像犹太民族一样，"它可以说是并且已经是最遭遗弃的民族"，它已经是天之弃民，上帝已经不管它了，让它到处流浪。他们失去了家园，在全世界流浪，到处被人欺负，已经亡国了，连安身之地都没有了。但"这正是因为它已直接立于拯救的门前了"，犹太民族这么糟糕，但实际上表明它立在拯救的门前，它即将被拯救，打开大门就可以得救了。它遭遗弃正是它将得救的一种标志，当然它还没有得救，真正的得救要到基督教。但是它有一个前提，犹太民族的遭遗弃，表明它已经直接站在拯救的门前了。"它自在自为地本来应当是的东西以及这个自身本质性，不是它自身，而是它置于自己的彼岸的东西"，自在自为地本来应当是的东西，就是犹太民族按照自己的本性来说，他们应该有他们自己的国家，自己的家园，应该安居乐业；但是它并不是它自在自为地应当是的东西以及这个自身本质性，那个本质性已经是它置于自己彼岸的东西。也就是，它把自己重新获得自己的家园放在自己的彼岸，寄托于上帝的拯救。上帝许诺它，你们将来会有自己的家园的，我将把最好的迦南地赐给你们这个民族，你们是上帝的选民。犹太人自认为是上帝的选民，但现在还没有得救，现在还在遭受苦难。只有当他们得救以后，他们才回到自身。它把自己的本质放在自己的彼岸去追求，在此岸的受苦受难，那是上帝对他们的考验。在此岸它还不是它自己，只有在彼岸它才是它自己。所以犹太人对这个世界有一种悲观主义，但是实际上也是乐观主义，就是他们终究会被拯救。它把自己的本质置于自己的彼岸，这本身就是犹太民族站在拯救门前的一个标志，因为它不是沉溺于此岸的现实生活，而是有它的理想，有它的追求，有它的信仰。从黑格尔的时代直到今天，犹太人确实也是世界上最能够承担苦难、最奋发有为的民族。

通过这种外化，如果真能将它的对象重新收回自身，它就有可能使自己成为一种比它如果始终停留于存在的直接性内部要更高的定在，因为精神越是从更大的对立中返回自身，它就越是伟大；但精神是通过扬弃自己的直接统一和外化自己的自为存在而造成这种对立的。

前面说犹太人已经站在拯救的门前了。为什么这样说呢？因为它虽然遭遗弃，它没有把它的本质放在现实生活中，而是把自己的本质置于彼岸，在此岸与彼岸之间拉开了距离。它有了彼岸的本质性的意识，就已经站在获救的门口了，但还没进去。那下面就讲如何才能真正获救了。"通过这个外化"，把自己的本质放在彼岸当然就是外化了，这里的外化也相当于异化。宗教是人的本质的外化，它把人的本质寄托到上帝那里。但是通过这个外化，"如果真能将它的对象重新收回自身，它就有**可能**使自己成为一种比它如果始终停留于存在的直接性内部要更高的定在"，这个就是讲的基督教了。前面讲的是犹太教，后面这句话讲的是基督教。基督教就是通过耶稣基督下凡救世，将人的本质的异己对象重新收回到了自身，人的本质就有可能使自己成为一种比它停留于直接存在中要更为高级的定在。犹太人就是始终停留于存在的直接性以内，此岸和彼岸无法沟通,他们有一个信仰,有一个彼岸,但是彼岸就是彼岸,此岸就是此岸,这些都是直接存在,而不能沟通。彼岸只能相信,而不可见,可见的都是此岸。所以在现实生活中他们就是被遗弃的民族。如果它真能把它的对象收回于自身,达到道成肉身,它就可以成为一种更为高级的定在,那就是基督教了。这里头隐含着有这个意思,就是实际上基督教比犹太教要更高。犹太教已经站在上帝拯救的门口了,它不愿意跨出这一步。必须要把它的对象重新收回自身,把上帝的本质重新变成人的本质,耶稣基督就是这样做的,我们每个人也都应该这样做。"精神越是从更大对立中返回自身,它就越是伟大",最大的对立是什么对立呢?精神与事物的对立,思维与存在的对立,彼岸与此岸的对立,这是对立的极限。如果返回不了自身,那就相当于犹太教;能够返回自身,那就相当于基督教。精神要成为伟大就必须要有自身的更大对立,而且要能够容纳它自身最大的对立。"但精神是通过扬弃自己的直接统一和外化自己的自为存在而造成这种对立的",这种对立不是外部原因造成的,而是精神自己努力地扬弃它自己的直接统一,在自否定中使自己的自为存在成为自己的对立面。精神本来有它的直接统一,但它努力地超越它自己,打破自己的直接统一,和外化它的自为存在。精神本身是自为存在或独立存在的,但是它把这个独立存在外化为彼岸的上帝,真正的独立存在是上帝。本来人是独立的,是自由的,但我放弃这些自由,把它交给上帝,把它寄托在上帝那里。我把自己交给上帝,上帝的自为存在就代表我的自为存在。我已经没有自为存在了,我完全是被动的,但上帝能代表我,行使我的自由意志。精神如果能够从这种对立中返回自身,它就会成就伟大的精神。

　　不过如果这样一种意识并不自我反思,那么它身处其中的那个中项就是不祥的虚空,因为本应充实它的那个东西变成了固定的一端。

　　就是说,前面讲的,它有可能使自己成为一个更高的定在,但这只是"有可能",如果犹太人能够把它的对象重新收回自身的话。"不过如果这样一种意识并不自我反思，那么它身处其中的那个中项就是不祥的虚空"，就是说，如果这样一种意识并不自我反思，并不将它的对象重新收回自身，那么它身处其中的那个中项就是不祥的虚空了。犹太民族实际上是处在一个中项，这个中项本来是可以让它跟彼岸相沟通的，但是如果它不反思的话，这个中项就是不祥的虚空。不祥，unselig，意思是不吉利的、带来灾祸的，不幸的，犹太民族是个多灾多难的民族，苦难的民族，在他们的精神中也意识到这一点，他们找不到一条路让上帝降临人间，来充实他们世俗的心灵，而只能把上帝悬在高远的彼岸，"因为本应充实它的那个东西变成了固定的一端"。当他们不知道自己心中就有上帝，而只知道顶礼膜拜那个居于彼岸一端的上帝时，他们自己的内心就是一个虚空，一个只能承接上帝恩宠的容器。彼岸是彼岸，它跟此岸没有关系，没有沟通。那么你的此岸就什么都没有了，就像《传道书》里面讲的，虚空的虚空，一切都是虚空。一切都没有意义，此岸的生活一切都没有意义，我们只有期待来世，这就陷入不祥的意识或者说不幸的意识而不能自拔。但基督教就不一样了，基督教已经开始超越这个层次了，当然它也是从那里走过来的，它努力要从不幸的意识中走出来。所以犹太教只意识到不祥，只是消极地等待；而基督教意识到了不幸，开始积极地寻求解脱。由于有上帝，也由于有耶稣基督，道成肉身，现实的人就有了得救的希望，而本来应该充实它的那个东西就不再是固定的一端了，它成为了一个真正的中项。这个中项就是耶稣基督，道成肉身就把彼岸的上帝与此岸联系起来了，使得此岸的生活有了神圣的意义。否则的话，此岸的生活是没有意义的，那个中项只是不祥的意识，是虚空的意识。这里两三句话实际上把从犹太教一直到基督教，连同基督教的不幸意识的历程，都包括在内了，它跟自我意识章后面的那个阶段是相平行的。因为头盖骨相学本来就是从观察的理性进入到对自我意识的观察而引起来的，那么这个历程当然是跟前面的自我意识的进程是平行的。自我意识当它的自由意识确立了以后，从斯多亚派、怀疑主义到不幸的意识，最后才进入到理性的光天化日。我们前面也讲到，不幸的意识相当于《旧约》犹太人的精神，那么从不幸的意识里面走出来，经过基督教，最后达到了理性。而在理性这一章，同样的过程在更高的层次上又重新开始一轮循环，不是自我意识的历程，而是对自我意识的观察的历程，也走了同样的一个过程。理性最初是观察的理性，但观察的理性最后阶段实际上需要理性的更新，它本身显得不是理性了，本身显得没有思想，它是一种非理性的思想，一种糟糕的思想，它需要拯救。所以它跟犹太人需要拯救有同样的结构。这个时候的拯救就需要一种新的理性，这个新的理性就是我们后面要讲的实践理性，一种把对象据为己有的理性。现在对象是对象，精神是精神，精神也成了另一个对象。那么，精神的这个对象跟事物的这个对象互不相谋，这个烂摊子没法收拾了，我们已走入绝境了。此岸与彼岸如此对立，怎么样才能把双方沟通起来？如何通过一个道成肉身的方式把两端统一起来？这是下一步要考虑的。

因此，观察的理性的这个最后阶段乃是它的最糟的阶段，但因此也必然是它的回转。

最糟的阶段，必然是它的回转。回转就是回到理性最初的那个出发点。我们还是要从理性出发，理性首先是作为观察的理性，观察的理性走了一大圈，走到最后，它变成了一种非理性的东西，变成了一种解释不通的东西。那么如何才能解释得通？要在已经达到的阶段上从头来过。头盖骨相学实际上是观察的理性的最后阶段，这个最后的环节到此已经结束了。但是它的结束预示了它的必然回转，起死回生。在此之前我们要看一看它的结束语。

[结束语]

结束语是对整个观察的理性的过程的一个总体回顾，并指明了通往实践理性的道路。

于是，通观至今所考察过的构成观察之内容和对象的这一系列的关系,表明在观察的**最初方式**中,即在对无机自然关系的观察中,**感性存在**对观察就已经**消失**了;这种关系的诸环节体现为一些纯粹的抽象和单纯的概念,它们本来应该是与事物的定在牢牢地结合着的,但这定在却失 [228] 去了,以至于该环节表明自己是一种纯粹的运动和普遍的东西。

"于是,通观至今所考察过的构成观察之内容和对象的这一系列的关系",这就是回顾,通观嘛,也就是现在回过头来综述一下我们前面所经过的历程。我们至今所考察的构成观察之内容和对象的这一系列的关系,都"表明在观察的**最初方式**中,即在对无机自然关系的观察中,**感性存在**对观察就已经**消失**了"。观察的最初方式是对无机自然的观察,在对无机物的观察中,感性存在已经消失了。观察的理性它已经不是感性了,不是感性确定性;观察的理性是在理性的基础之上来进行观察的,它是在自然科学这样一个高度,在牛顿物理学这样一个高度来对无机自然进行观察的。所以,在这种观察的最初阶段,我们不是要考虑感性存在,我们要考虑的是规律。"这种关系的诸环节体现为一些纯粹的抽象和单纯的概念",这就是对无机物的观察的内容和对象。它所考察的这种关系的诸环节,体现为一些纯粹的抽象和单纯的概念。规律就是纯粹的抽象,前面讲了,这种思想越是糟糕,就越是难以凸显它的糟糕之处究竟何在,糟糕之处究竟何在,就是抽象思维。但这个抽象是老毛病了,不是说在头盖骨相学里才体现出这个毛病,这个抽象性的毛病从一开始就有,在观察的最初方式中,在观察的理性的原始本能中,也就是在对无机自然的关系的观察中,感性存在就已经消失了,我们所面对的只是一些抽象,一些纯粹的抽象和单纯的概念。纯粹的抽象和单纯的概念是一个意思,什么纯粹的抽象呢? 就是一些单纯的概念,它们仅仅是些概念而已。"它们本来应该是与事物的定在牢牢地结合着的,但这定在却失去了,以至于该环节表明自己是一种纯粹的运动和普遍的东西",它们本来应该是与具体事物结合着的,与定在结合着的,这定在里面就包含着感性的东西了。本来是应该跟感性的东西结合在一起的,但这定在却失去了。

定在在这些规律里面、在这些概念里面，都没有被考虑到。以至于该环节，该环节就是定在的环节了，它表明自己是一种"纯粹的运动和普遍的东西"。定在的环节表明自己是一种纯粹的运动和共相。定在的环节在运动中不断地被取消，它本身也成为了运动和共相。在感性的确定性里面我们也看到，"这一个"就是定在，但这一个，又不是这一个，而是那一个，而那一个也是一个"这一个"，所以，这一个就成了纯粹的运动和共相。"这一个"一旦说出来就是共相，任何东西都是这一个。所以对无机自然的观察不是对这一个的观察，这一个的观察没什么意义，而是要对规律加以观察。比如说牛顿物理学，苹果掉下来，打在他的头上，他要研究的不是这个苹果，他要研究的是这个苹果所代表的那个规律，万有引力，包括天体的运行，包括地上物体的自由落体，包括一切事物的运动规律。这是对无机自然的观察，它的出发点就是这样的，也就是它一开始就是走向抽象。这个抽象就是观察的理性本身的毛病，与生俱来的毛病。

这个在自身中完成了的自由过程，保持着某种对象性的东西的含义，但却只是作为"一"而出场；在无机物的过程里，一是并不实存着的内在的东西；但如果该过程作为"一"而实存，它就是有机物。

"这个在自身中完成了的自由过程"，这是讲的整个观察的理性所经历的过程，它是一种在自身中完成了的自由过程。自由的过程，就是说没有人为干扰的过程，观察者客观地看待这一过程，让它在自身中完成。这一过程从头至尾，"保持着某种对象性的东西的含义，但却只是作为'一'而出场"。就是说，虽然让它保持对象性的东西的含义，让它不加人为干扰地自由地进展，但是它变来变去，它是同一个对象性的东西。它是作为"一"而出场的，而不是以此岸与彼岸分裂为二的方式出场的。但这种"一"也有不同的阶段。"在无机物的过程里，一是并不实存着的内在的东西"，在无机物中这种"一"只是内在的东西，而不体现在具体的实存中。我们把纷然杂陈的无机自然看作是一个统一的对象，这种统一性在自然界本身里面并未出场，而只是在那些变化不定的物质现象中

作为内在的原则而抽象地贯穿着,如物质不灭和能量守恒的原则。你可
以相信物质不灭,你所面对的这个无机自然就是物质,就是这一堆物质,
比如说一块木头。但是这一堆物质并不是实存,这个物质看不见摸不着,
你看得见摸得着的是木头,它变成烟,燃烧,火光,这是你看得见的,但
是物质你看不见。物质不是作为实存的东西,它是内在的东西。实存,
existieren,本身就带有变化的意思,可以翻译成"生存",它就是一个过
程,它是可以变化的。在无机物的过程里,一是并不实存的内在的东西。
"但如果该过程作为'一'而实存,它就是有机物",这我们前面也讲了,
过程如果作为一而实存,前后一贯地维持自身,它就是有机物了。本来
一在无机物里不是实存的,它是隐含在实存之下的一个内在抽象的东西。
但是自然过程如果作为一而实存,那就是有机物。黑格尔在《自然哲学》
中也说:"就现实存在而言,各个化学过程并不是联结在一起的,否则,我
们就会得到生命,得到过程的圆圈式回归。"① 有机物作为一,那就是实
存的了,它保持它自身,这是可以看得见的。有机物就是一个个体,而且
它要维持自己为一个个体,在各种变化中它始终维持它作为一个个体。
这是明明白白的。一块木头,你把它烧了,当然它还是那一块木头的物
质,但是你是看不见的,你要称量它的生成物,你要通过外围的手段去测
量才测得出来。而有机物是看得出来的,这个东西无论环境怎么变,它
都是要想尽办法维持它为一。

　　——这个一作为自为存在或否定的本质而与共相对立,摆脱共相并
自为地保持着自由,以至于那只实现于绝对个别化元素中的概念在有机
的实存中,就找不到它的真正的表现,即找不到**作为普遍的东西**而定在
着的表现,而仍然是有机自然的一个外在的东西,或者这样说也一样,是
有机自然的一个**内在的东西**。

　　"这个一作为自为存在或否定的本质而与共相对立",每一个有机体

---

① [德] 黑格尔:《自然哲学》,梁志学等译,商务印书馆1986年版,第354页。

都是一个自为存在,这好理解,但是它也是否定的本质。否定什么呢?
否定外在环境对它的否定,它不被外在环境所支配、所消灭。外在环境
要是侵犯了它,它就有办法来抵挡。所以它是一个否定的本质,它抗拒
外在对它的改变。它与共相对立,有机物,它当然也有共相,它也是物质,
它有骨头,它有皮肤,它也有血液这些东西,这都是由水呀什么东西构成
的,都是由自然的元素构成的,它也有与它的外界环境相通的共相。但
有机物与这共相相对立,它不被解构到这些共相里面,它不融化自己,不
在共相里面解构自己的个体。虽然你可以说人体百分之七八十都是水,
但是你绝不能把人看作大部分都是水。《红楼梦》里讲女儿是水做的骨
肉,那是一种文学的表述,没有人把人看作是一大堆水。所以,它与共相
对立,"摆脱共相并自为地保持着自由",自为地保持着自由,不被共相所
普遍化。除非人死了,那它就成了共相了。人死了变成土,化为气,跟大
地融为一体,那就是跟所有的事物没有区别了,那就是融化在共相之中
了。但是人活着,他就要摆脱共相,并自为地保持着他的自由,保持着他
的独立。"以至于那只实现于绝对个别化元素中的概念在有机的实存中,
就找不到它的真正的表现",只实现于绝对个别化元素中的概念是什么
概念呢? 就是生命,就是生命的概念。有机物的概念就是生命的概念,
这个生命的概念只实现于绝对个别化元素中。每一个生命都是绝对个别
的,都是个别化的元素。但是在绝对个别化的元素中,它又是概念的实现,
一个个的生命,绝对个别化的,丰富多彩的、各色各样的生命。但生命的
概念在有机的实存中,找不到它的真正的表现,也就是说,你要在有机物
的实际存在中,找到它的表现,那你就把有生命的东西理解得太狭隘了,
那你就是用一种机械论的眼光来理解生命了,你就把生命解构了。正如
前面提到① 黑格尔在《自然哲学》中的那句话说的:"生命只能思辨地加
以理解,因为生命中存在的正是思辨的东西。"在有机的实存中你要去找

---

① [德]黑格尔:《自然哲学》,梁志学等译,商务印书馆 1986 年版,第 377 页。

到它的真正表现,那你就是用一种实存的眼光来解释生命的概念。我们前面已经讲了,黑格尔对当时流行的对生命的种种解释都进行了批判,这些解释都是想把生命的概念归结为实存。有机物的实存是什么呢? 实际的存在,用一种机械的方式,用一种理解其他事物实存的量和质的方式来理解生命。但是实际上生命的概念是高高在上的,它不会融化在有机的实存里面。它当然体现在这些实存里面,但是你不能单凭这些实存来解释生命,否则你就把生命的概念给解构了。生命的概念本身对它的实存有一种超越性,虽然它只是实现在绝对个别化的元素中,实现在生命的实存之中,但是它本身仍然凌驾于这些个别化的元素之上,对它们进行支配和调控。所以,它在有机的实存中,就找不到它的真正的表现,"即找不到**作为普遍的东西**而定在着的表现",生命是个普遍的概念,但是这个概念如何找到它的定在着的表现,那是找不到的。如果你一定要找到它,那就是机械论,生命的概念就被取消了,就可以不用生命的概念了,你用牛顿物理学就可以解释了。虽然生命的概念要表现在实存中,甚至要表现在牛顿物理学中,表现在力学和化学之中,但是它不能用力学和化学来解释,它跟实存有一个不同的层次,概念和存在有一个不同的层次。"而仍然是有机自然的一个外在的东西,或者这样说也是一样,是有机自然的一个内在的东西",就是说,生命这样一个概念仍然是有机自然的一个外在的东西。就是有机自然,你可以用实存的眼光去看它,你可以测量它,你可以把握它,定量、定性都可以,都可以把握它。但是生命的概念高高在上,它外在于你的这些测量,这些定量定性之上。或者这样说也一样,就是说是有机自然的一个内在的东西。外在的东西是高高在上,不受触动;内在的东西,它藏在里头,这两种说法都可以。像康德的说法就是外在的说法,就是说似乎有一个大自然的天意,把有机自然安排成合目的性的,这是外在的说法。内在的说法就是物活论的说法,就是说,生命在每一个自然物的内部作为内在的东西起作用。黑格尔一般更倾向于内在的说法,物活论的说法,万物有灵论的说法。但是不管哪种说法,这种生命的目的,它跟有机自然的实存实际上还是两张皮,还是格格不入的。你不能直接用一方去解释另一方,科学家的解释把动物看成是机器,那能解释动物吗? 人们还是宁可相信,除了机器以外里面还有某种活力。

　　——有机的过程只**自在地**是自由的,但这并不是**本身自为的**;它的自由的自为存在发生在**目的**中,是作为另外一种本质而**实存的**,即作为一个存在于过程之外而对自由本身有所意识的智慧。

　　这就解释了,有机的过程如果要把它理解为生命的概念的话,应该怎么样理解。你不能从有机自然的实存中直接加以解释。"有机的过程只**自在地**是自由的,但这并不是**本身自为的**",有机的过程,前面讲了,它自由地存在,不受外界的干扰,不融化于共相之中,这个已经体现出它的自由了。但是这里讲,这种自由只是自在的自由,但并不是自为的自由。"它的自由的自为存在发生在**目的**中",必须要从目的的角度来考虑,才能够有自为的自由,有自己造成的自由。自在的自由只是不受干扰而已,自为的自由则是自己造成自己,目的才是自己造成的自由,而不是自在的自由。一个生物体,它有它自在的自由,你不能干扰它,它有对付你的手段,有对付一切外部干扰的手段。而自为的自由就是有意识、有目的的。当然低等的生物也可以看作是有目的的,细菌、昆虫甚至植物,你都可以看作是有目的的,但那目的是你加给它的,就它本身来说它没有什么目的,它是自在的,它有自由也是自在的自由。但自为的自由或者目的"是作为另外一种本质而**实存的**,即作为一个存在于过程之外而对自由本身有所意识的智慧"。这目的是作为另外一种本质,而且有它的实存,即作为一个存在于过程之外而对自由本身有所意识的智慧。这里讲的就是人了,从有机体到人的智慧,到人的目的。人才有真正的目的。有机体,你也可以说它有目的,但那是人加给它的,是人设想中的。有机体有什么目的呢? 它没有意识,没有意识就没有目的。但是自在地说,它好像有目的。所以康德说这是反思性的判断力,他有他的道理。我们对自然界的目的，我们说它好像有一种目的。但当我们说它好像有一种目的的时候，我们是把它拟人化了，人有目的，我们把自己的目的加给了自然界。这样来把握自然界，我们就发现很多事情说得通，如动物学、解剖学和医学，都是这样解释的，不这样解释还不行。但是我们也知道，这只是我们的解释。动物哪里是要长成这个样子的呢？动物并不知道它一定要长成这个样子来适合于某种目的。但是我们在解剖它的身体的时候，我们就要说，它长成这个样子是为了什么什么，但这个目的还是人给它的。生长的过程不一定是为了什么，但是我们旁观者可以说它是为了什么。所以这里讲到，它的自由的自为存在发生在目的中，是作为另外一种本质而实存的，即作为一个存在于过程之外而对自由本身有所意识的智慧。真正说来只有人才是这样，我们作为一个在有机过程之外而对自由本身有所意识的智慧，来对有机体加以解释，那我们的这种解释这种智慧是作为另外一种本质而实存的。这种实存跟前面那种实存就不一样了，前面那种实存是物理学的实存，是有机体的外部实存。作为一个事物，有机体也有它的实存，它有它的重量，它有它的构造，它可以测量，等等，这些东西是它的实存。但另外一种实存是指人的目的，人的智慧，人的意识，它也是实存的，它实实在在地存在着。它可以对有机体加以测量，加以观察，观察的理性本身的活动就是这种实存的证明。那么这种目的性，它也是另外一种实存，于是在人那里就有了身心关系的问题，也就是两种实存的关系问题。

　　于是，观察的理性就转向这个智慧，转向精神，转向作为普遍性而实存着的概念或作为目的而实存着的目的；而观察的理性自己的本质从此就成了它的对象。

　　"于是，观察的理性就转向这个智慧"，就是你把这个有机体作为有目的的对象来观察，那么这个观察就被观察的理性所注意、所观察了，观察的理性就向内转向了。观察的理性就开始对观察的理性自身进行观察，因为当你把有机体的存在看作是有目的的时候，实际上是你的观察的理性把你自己的目的加给了它，那么观察的理性要观察这个目的，实际上就是在观察它自己，观察的理性就进入到自我意识阶段了。于是观察的理性就转向这个智慧，"转向精神，转向作为普遍性而实存着的概念或作为目的而实存着的目的"。转向智慧，转向这个精神，也就是转向它自身，观察的理性本身就是智慧，就是精神。转向作为普遍性而实存着的概念，这个概念在有机体那里，它还不能够作为普遍性而实存，只能够体现在个别性中，而且在个别性中它还没有自己的实存。你不能从个别性的实存来看概念，否则你就是机械论，在有机体那里本来是这样的。但现在这样一个概念是作为普遍性而实存的，是在观察的理性本身的这种目的性中，它才能够作为普遍的理性而实存。就是说，生命的概念作为目的，它是一个普遍的概念，而且是实存的。我们观察的理性把目的性加给了有机体，那么，这个目的性在我们的理性中获得了它的普遍的实存。因为我们把目的性加给有机体是个实实在在的活动，我们正在做这样一件事情。那么我们现在来考察我们在做的事情，这件事情就是一个实存，就是作为普遍性而实存着的概念，或作为目的而实存着的概念。目的本来是我们加给有机体的，在有机体身上这个目的并不实存，是外加的；但是当我们反思自己的时候，这个目的在我们这里是作为目的本身而实存的。我们把目的加给有机体的时候，这个过程是个实存的过程，现在我们把这个过程当作对象来加以考察。"而观察的理性自己的本质从此就成了它的对象"，也就是观察的理性把自己当作了自己的观察对象，观察的理性从此就达到了自我意识。这是我们前面走过的路程，这里加以概括，概括得很简略，但是很清晰，比前面要清晰。观察的理性有两个阶段，一个是意识的阶段，那就是无机自然和有机自然；一个是自我意识的阶段，那就是后面讲到的逻辑学、心理学、面相学、头盖骨相学，这都属于自我意识的阶段，都是把观察的理性本身当作观察的对象。

　　观察的理性首先转向的是这个对象的纯粹性；但由于观察的理性是

对于在自身区别中自己运动着的对象作为一种存在着的东西的统握，于是对它而言，**思维的规律**都是持存的东西与持存的东西的联系；但既然这些规律的内容只是各环节，这些环节就融汇进了自我意识的一之中。

这句是回顾逻辑学了，就是说观察的理性当它把自己当作观察的对象的时候，"观察的理性首先转向的是这个对象的纯粹性"。观察的理性，它的自我意识首先把它指向了它的对象的纯粹性。这个对象当然是它自己，观察的理性自己。观察的理性这个对象的纯粹性，也就是你在观察的时候，我们来看一看，它的纯粹性是什么呢？就是逻辑嘛！观察的理性首先是凭逻辑去观察的。牛顿物理学也好，化学也好，生物学也好，首先你是有一种形式上的逻辑的把握。"但由于观察的理性是对于在自身区别中自己运动着的对象作为一种存在着的东西的统握，于是，对它而言，**思维的规律**都是持存的东西与持存的东西的联系"，它的对象的纯粹性是什么？本来应该就是形式逻辑。但是，由于观察的理性是对于在自身区别中自己运动着的对象作为一种存在的东西的统握，也就是观察的理性并不把这种形式逻辑看作是抽象的形式，而是把它自己作为在自身区别中自己运动着的对象，作为一种存在的东西，来加以统握。也就是说，由于观察的理性对形式逻辑的理解是一种存在论的理解，是一种对象性的理解，而不是单纯形式的理解，于是思维规律就是持存的东西与持存的东西的联系。因为观察的理性把自己首先当作一个存在着的对象来统握，所以它的纯粹性，作为思维的规律，也就是作为逻辑，是持存的东西与持存的东西的联系。这就不单纯是形式逻辑的理解，而是康德对先验逻辑的理解了。康德的先验逻辑就是把形式逻辑的判断运用于持存的东西之上，也就是运用于对象之上，而建构起来的。它就不再是一种空洞的形式，而是有内容的逻辑了。所以当我们不是单纯运用思维规律，而是要来观察思维规律的时候，它就被看作持存的东西与持存的东西的联系。"但既然这些规律的内容只是各环节，这些环节就融汇进了自我意识的一之中"，思维规律的各种内容都是一些环节，例如康德的诸范畴，它们构成了一些先天综合判断。康德讲先天综合判断何以可能？只有通过自我意识的统一性才得以可能。所以，所有这些环节就融汇进了自我意识的一之中，就由自我意识的综合统一把它们统摄起来，融汇成自我意识的运动。观察的理性作为自我意识的运动，由此就进入到了心理学。

——这个新的对象同样也被当作**存在着的东西**，它就是**个别的、偶然的**自我意识；因此，观察活动就置身于被意谓的精神之内，置身于有意{190}识的现实性对无意识的现实性的偶然关系之内。

"这个新的对象同样也被当作**存在着的东西**，它就是**个别的、偶然的**自我意识"，这个新对象也就是心理学的对象，观察的意识前面是把自己当作一个逻辑过程来研究，现在是把自己当作一个心理学的过程来研究。这个新的对象即心理学同样也被看作存在着的东西，这就是我们前面讲的，它是作为另外一种本质来实存的。心理学也是一种实存，经验的自我意识是心理学研究的对象，心理学是一门经验科学。物理学当然也是一门经验科学，但心理学是另外一门经验科学。所以，这个对象它也被看作存在着的东西，当然这个存在跟物理学的存在是不一样的，它是另外一种实存，是在内心经验中的实存。"它就是个别的偶然的自我意识"，进入到心理学里面，它是经验的自我意识，是个别的偶然的自我意识。每个人的自我意识都是个别的、偶然的。"因此，观察活动就置身于被意谓的精神之内，置身于有意识的现实性对无意识的现实性的偶然关系之内"，被意谓的精神，什么是被意谓的？就是你以为的，你认为的，因为它是个别的偶然的自我意识，它没有普遍性。它是在每一个具体场合之下偶然地有它的意谓，而且下不为例。它是一去不复返的，每一个都是当下的，都是特殊的。所以，观察的活动置身于这种被意谓的精神之内，置身于有意识的现实性对无意识的现实性的偶然关系之内来进行探讨。这个我们前面已经讲了很多，有意识的现实性对无意识的现实性，也就是主观意图对于客观环境的现实性，客观的一般世界状况，客观的伦理世界、道德世界，思维方式和传统，所有这些东西对你的心理都有影响。时势造英雄，人是环境的产物，有意识的现实性是无意识的现实性的偶然的产物。但主观现实性也绝对不是完全由外界的环境所决定的。环境改变人，这个不错；但是环境怎么改变人，还取决于你自己的自由选择，你可以决定你改变成一个什么样的人。双方都起作用，而双方的作用凑到一起都是偶然的，都是一种偶然的作用，没有什么固定的必然规律。

　　<u>精神单就其自在的本身来说，是这种联系的必然性；所以观察就逼近到了精神，将精神的愿望中和行为中的现实性跟它的在自身中反思并进行考察的、本身是对象性的现实性加以比较。</u>

　　"精神单就其自在的本身来说，是这种联系的必然性"，前面讲这完全是偶然的，有意识的现实性对无意识的现实性的偶然关系，心理学就是在这种关系之内来进行的。但是观察的理性不满足于这个，完全是偶然的关系，那就没有规律啦。所以它讲，精神单就其自在的本身来说，是这种联系的必然性。精神，你要找到它的规律，那你就要找到这种联系的必然性。内在的东西和外在的东西之间的联系应该有规律，应该有蛛丝马迹，至少单就精神本身来说，不能够是完全碰巧、偶然地结合在一起，应该有它的联系的必然性。"所以观察就逼近到了精神"，观察不满足这种外在的偶然性，那么要找必然性，这就逼近到了精神。注意不是达到了精神，而是逼近到了精神。"将精神的愿望中和行为中的现实性跟它的在自身中反思并进行考察的、本身是对象性的现实性加以比较"，也就是说，把精神的内在现实性和它的表现出来的现实性加以比较。从心理学走出来，我们还是要探讨精神跟它自身的外在东西之间的一种必然联系，这种必然联系不可能是与外在环境的联系，那只是偶然的相遇。只有人的精神和他的面部表情、语言之类的联系才有可能是必然的，是由自己的内心现实性支配他自己的外部现实性的联系。所以，将愿望和行为中的现实性跟精神的自身中反思并进行考察的、本身是对象性的现实性加以比较，那就是面相学。面相学才能够找到内在的精神与外在的表现之

间的一种必然联系,心理学是找不到的,心理学里面都是偶然的,内和外凑合在一起,就造成了一个人这样的心理。而面相学考察的恰好是人的精神跟它的本身是对象性的现实性之间的一种必然联系,你至少可以对两者加以比较,将精神的愿望的和行为的现实性,也就是主观的现实性,跟它的自身中反思并进行考察的这种对象性的现实性加以比较。本身是对象性的现实性,这个现实性本身是对象,同时又是自身中反思并进行考察的,这就是人的表情,是符号和语言,这些东西都是自身中的反思的。这就是这样一种面相,它在自身中反思,并且它也对自己进行考察,但是它本身又是对象性的,它表现在外。试图把这样一种面相、表情、语言和它的内在的精神性、它的精神的愿望、它的精神的行为的现实性加以比较,找到某种必然联系,这就产生出了面相学。

[229] 　　这个外在的东西虽然是个体在自己身上所拥有的一种语言,但同时作为符号又是某种与它要表示的内容漠不相干的东西,正如符号自己所建立的东西也与这个符号漠不相干一样。

　　"这个外在的东西",也就是表现在外的现实性、表情、语言等。这个外在的东西"虽然是个体在自己身上所拥有的一种语言",这个跟外在的环境就不一样了。外在的环境虽然也作用于人的心理,但它不是个体在自己身上所拥有的。而人的外部的表情、语言是个体在自己身上所拥有的一种表现。它虽然是在个体自己身上拥有的一种语言,"但同时作为符号又是某种与它要表示的内容漠不相干的东西"。它是在自己身上表现出来的,但是它与它所要表示的内容是漠不相干的,它只是一种符号,一种声音要表示什么内容,这是偶然的,约定俗成的。你绝不能把这个符号等同于它所要表现的内容,它有一种间接性。"正如符号自己所建立的东西也与这个符号漠不相干一样",符号跟它的内容漠不相干,它的内容跟符号也漠不相干。你要想在这两者之间建立起一种必然的联系,仍然不可能。所以这两者要建立一种必然联系,仍然是做不到的,面相学仍然没有解决内和外的关系问题。休息一下吧!

　　因此，观察最终从这种变动不居的语言返回到了**固定的存在**，并且根据自己的概念而宣称：精神的外在的和直接的现实性不是作为器官的外在性，也不是作为语言和符号的外在性，而是作为**僵死的事物**的外在性。

　　这里实际上是从头追溯了观察的理性的整个历程，从无机自然到有机自然，从有机自然到逻辑学、心理学、面相学，全部追溯了一遍，现在就回到了头盖骨相学这个最后的环节。头盖骨相学是达到了顶峰的，这个顶峰是怎么样的？我们来看看。"因此，观察最终从这种变动不居的语言返回到了**固定的存在**"，这是观察理性的最终阶段，最高阶段，最后一个环节了。面相学还是一种变动不居的语言，这种语言是广义的，包括人的表情、语言，包括人的各种表现，它们都是变动不居的，捉摸不定的。你如何从人的一种表情来猜测这个人的内心，建立起一种必然的联系，这个很难。那么，要建立起规律，你就必须要返回到固定的存在。面相学本来已经是存在与思维、身和心的关系了，但是这个身体的存在在面相学那里还是变动不居的。只有在头盖骨相学这里，它才是一种固定的存在了。在固定的存在上面我们要找到规律似乎更容易一些，不管怎么样，你的头盖骨是不变的，头盖骨的形状是不变的。这种观察最后就落实到了头盖骨的固定存在上，"并且根据自己的概念而宣称：精神的外在的和直接的现实性不是作为器官的外在性，也不是作为语言和符号的外在性，而是作为**僵死的事物**的外在性"。最后就宣布了，根据它的概念，也就是说，观察的理性最后达到了它的概念，头盖骨相学最直接地展示了观察的理性的概念。观察的理性的概念无非就是，你不管是器官也好，语言和符号也好，最后是要在一种僵死的事物上面来赋予精神外在性，赋予精神以外在的和直接的现实性。你最后是要在一个事物上面赋予它现实性，这是观察的理性本来的概念的意思，而最把握得住的事物就是那种僵死的事物。现在经过一步一步漫长的历程，我们走到了这一步。这叫图穷匕首见，最后露出了它的底牌。说了那么多，观察的理性无非就是要在精神的现实性和僵死的事物的外在性之间建立起一种必然的联系。如果舍不得直接落到僵死的事物上，而总想给它加上某种符号或意谓，这就还未到位。最后暴露出来的，是赤裸裸的精神和赤裸裸的物质的对立，而这正是事情的实质，新的起点要从这里开始。

曾经被对无机自然的最初的观察扬弃了的是，概念据说是作为事物而现成在手的，这一点又被最后这种方式恢复了，这种方式把精神的现实性本身变成了一种事物，或反过来说，给僵死的存在赋予了精神的含义。

"曾经被对无机自然的最初的观察扬弃了的是"，是什么呢？是这样一个命题，"概念据说是作为事物而现成在手的"。这在对无机自然的最初观察的时候当然是要被扬弃的，你想在现成在手的事物中追寻到概念，那是追寻不到的。所以，无机自然就没办法，它的这个"一"作为一种内在的东西始终显现不出来。于是它就进入到有机自然。有机自然就把这个一显现出来了，把生命的概念显现出来了，但有机自然显现出来的只是机械定在的方面，它不但与生命概念格格不入，而且是对这概念的解构。于是最后就走到了自我意识，就是对于观察的理性本身的观察。但是对观察的理性本身的观察也走了一个很长的过程，这个过程走到了头盖骨相学。走到头盖骨相学以后，就把原来已经被扬弃的东西又恢复了，就是概念作为事物而现成在手这样一个命题，"这一点又被最后这种方式恢复了"，现在概念作为事物才是现成在手的了。观察的理性一开始就想要做到这一点，但是没办法，它做不到。你想在事物中去把握它的概念，这本来是观察的理性所做的工作，就是要在现成在手的事物中去观察，去把握它里面的概念，但一直把握不到。但现在又被最后这种方式恢复了，"这种方式把精神的现实性本身变成了一种事物"。也就是头盖骨相学的方式把精神的现实性本身变成了一种事物，变成了一个头盖骨。头盖骨就是精神的现实性。精神要作为现实的定在存在的话，那就是存在于头盖骨上，所以根据头盖骨相，我们可以来把握精神的现实性。

那么，精神的现实性本身成了一种事物，"或者反过来说，给僵死的存在赋予了精神的含义"。头盖骨是僵死的存在，本来是跟石头，跟泥巴没有什么区别的。你在坟墓里面经过几千年几万年挖出来，它还是那个样子，它经过风化，跟石头跟木头一样受到侵袭，逐渐腐朽，最后变成泥土。这是一种僵死的存在。但是现在在头盖骨上面给它赋予了精神的含义。或者说，要么是把精神性贬低成了事物，要么是把僵死的存在拔高到了精神性，一个贬低，一个拔高。观察的理性走到了这样一个地步，以这种方式恢复了一开始就被扬弃了的那个命题，就是概念作为事物而现成在手，这是它要达到的理想，最后在头盖骨相学这里把它点穿了。一直做不到，直到现在最后才做到了这一步，但是做到了这一步，又并没有跳出原来的贬低精神的思路，这就走进了死胡同，这种思想成了一种最糟糕的思想。

于是，观察就走到了这个地步，说出了我们对观察曾经持有的那种概念，即理性的确定性把它自己作为对象性的现实性来寻求。

"于是，观察就走到了这个地步，说出了我们对观察曾经持有的那种概念"，观察的理性所走到的头盖骨相学的这个地步才把它的底牌揭示出来了，"即理性的确定性把它自己作为对象性的现实性来寻求"。这整个第五章的标题就是"理性的确定性与真理性"（第154页）。那么现在观察走到了这一步，我们对观察曾经持有的那种概念，即理性的确定性把它自己作为对象性的现实性来寻求，也就是把它自己作为真理性来寻求。理性把理性自己作为一种对象性的现实性来寻求，寻求是一种理性的行为，寻求的对象，也是理性，作为一种对象性的现实性的理性，作为真理的理性。理性在寻求理性，观察的理性在寻求作为对象性的现实性的理性，也就是作为确定性的理性要寻求作为真理性的理性。

虽然人们同时并不以为由一个头盖骨来表象的精神就会被说成是事物；在这个思想里，据说并不包含任何人们所说的唯物主义，相反，精神

813

据说还是某种与骨头不同的东西；[①] 但是精神**存在着**，这本身无异于说：它是一个**事物**。

　　"虽然人们同时并不以为由一个头盖骨来表象的精神就会被说成是事物"，在头盖骨相学里面，人们的确就是把头盖骨说成是精神的一种表现，但是在人们的意谓中并不是说，由一个头盖骨来表象的精神就会被说成是事物。精神在头盖骨上表象出来，是不是就意谓着这个精神也是一个事物呢？并不是这样的意思。"在这个思想里，据说并不包含任何人们所说的唯物主义"，就是说，你把精神看作可以由头盖骨表象出来的，这种思想并不是在宣扬唯物主义，并不是把精神归结为一块骨头。头盖骨相学会为自己辩护，说我没这个意思，我的意思并不是说精神就是一块骨头那样的东西。"相反，精神据说还是某种与骨头不同的东西"，就是说，头盖骨相学并不认为自己是唯物主义，并不是把精神就看作一种物质的存在。但是你总要在精神与物质之间找到某种联系，这是头盖骨相学的出发点，否则就什么也不必说了。所以，如果它不承认自己是唯物主义，那么相反，它就可能会认为自己是唯心主义。唯物主义和唯心主义，我们可参看前面第 154 页，那里讲到理性的确定性与真理性的时候，第一个标题就是"唯心主义"，就是讲如果你立足于理性的确定性，这个时候你的立足点就是唯心主义的。理性的确定性和真理性，它本身是从对精神的唯心主义的立场出发来探讨精神的。如果从唯物主义来看就太简单了，那就把一切都还原为牛顿物理学了，就什么都不用谈了。但既然要谈理性，那么它的立足点肯定是唯心主义的了。如果你要把这思想解释为唯物主义的，这就是死胡同了。前面我们讲了，精神是一个事物，头盖骨也是一个事物，在这两个事物之间，你要去寻找某种规律，这就把精神贬低了，头盖骨相学也是不认可的，它也不认为我就是这个

---

① 这里黑格尔是指伽尔针对别人指责他的头盖骨学说会导致唯物主义而作的辩护，参看伽尔：《答辩文集》，以及 Bisschoff：《伽尔的脑和头盖骨学说述评》，第 140 页以下。——丛书版编者

意思。身心关系，它还是坚持一种身心二元论。但身心二元论如何能够使它们得到一种必然的规律呢？所以这是个死胡同，要么是唯物主义，要么是唯心主义。要是唯心主义，你就不能够把它物化，你不把它物化，你跟头盖骨就联系不起来。要么你就是唯物主义，那你就把精神取消了。怎么办？所以，这是个很糟糕的思想。但是这种思想据说并不包含任何所谓唯物主义，相反，精神据说还是某种与骨头不同的东西，它只是在骨头上表现自己，但它本身跟骨头是不同的。"但是精神**存在着**，这本身无异于说：它是一个**事物**"，精神只要存在着，这本身无异于说它是一种事物，你就已经把它事物化了，把它物化了。你想要给精神找到存在，你就已经把它物化了。精神跟存在，或者说，思维与存在本身是势不两立的。这是头盖骨相学所陷入到的最尖锐的矛盾，一个困境。思维与存在的关系问题，精神与物质的关系问题，究竟怎么解决？你只要说精神存在着，你就已经把它物化了。

如果**存在**本身或事物的存在被精神宾词化了，那么真实的表达因此就是：精神就**是像一块骨头**这样一种东西。

这里是在寻求解脱困境之道了。"如果**存在**本身或事物的存在被宾词化了"，宾词化，Prädikat 就是宾词，或者说谓词，prädiziert 就是宾词化或谓词化。如果存在本身或事物的存在被宾词化了，讲得通俗点，就是被精神当作自己的宾词，存在被精神当作是它的谓词。康德早就讲过，存在不能被当作实在的谓词，"不是有关可以加在一物的概念之上的某种东西的一个概念"。① 当然这一点被黑格尔解构了，存在怎么不能被当作实在的谓词呢？你如果把存在当作一个动词来看待而不是一个系词，那它就可以当作一个实在的谓词。存在，存在起来，精神存在起来，它就可以当作一个谓词。如果你说"精神是"，那人家当然会问你精神是什么，你的话还没说完。但是说"精神存在起来"，这就可以解决这个问题，它

––––––––––––––––––

① 参看 [德] 康德：《纯粹理性批判》A598=B626。

已经是一个完整的句子。当然还可以附加上某个成分,比如精神是作为骨头而存在起来的。存在起来已包含了它是什么,它是一个存在的活动。那么,如果存在本身或事物的存在被精神宾词化了,被精神谓词化了,"那么真实的表达因此就是:精神就**是像一块骨头**这样一种东西"。或者说,"精神就是存在"的意思,如果把存在当作精神的谓词来看待,那就是精神使自己像一块骨头那样存在起来。精神就是一块骨头,这听起来很荒谬,好像说精神等于骨头,那还有什么精神呢?这是头盖骨相学尽量要避免的;但是实际上它的真实的意思应该是这样:精神就是像一块骨头那样存在起来。在这种意义上,精神就"是"一块骨头,这是一个真实的表达。你不要回避,你不要躲躲闪闪,你要分辨清楚。你这个糟糕的思维分辨不清楚,我来帮你分辨清楚,你说出的其实是一句真实的表达:精神就是一块骨头,意思是,精神像一块骨头一样存在起来。当然不一定是一块骨头,也可能是别的东西,也可能是事物,也可能是万物。精神就是事物,精神就是万物。

因此必须被视为具有最高重要性的,就是找到了把精神纯粹地说出来的真实的表达,即**精神存在着**。

头盖骨相学最后达到了这样一个荒谬的结论,但恰好这里面包含有它的真理性。你把精神等同于一块骨头,那当然很荒谬了,但"存在"或"是"并不就是"等于"的意思。"因此必须被视为具有最高重要性的,就是找到了把精神纯粹地说出来的真实的表达",把精神纯粹地说出来的真实的表达,这样一种不仅具有确定性,而且具有真理性的表达,是什么表达呢?"即**精神存在着**",这里"存在着"应理解为"存在起来"。存在成为了精神的宾词,存在被精神宾词化了。在头盖骨相学里面做了这样一种努力,不要完全否认它。虽然它达到了它的顶点,这个糟透了的顶点,但是它包含着转机:精神存在起来。

当平常人们谈到精神,说**精神存在着**,它有**一个存在**,它是一个**事物**,它是一个个别的**现实性**的时候,那么借此所**意谓**的并不是某种人们可以看得见的、拿在手中、碰得着之类的东西，但**被说出来**的却就是这样一种东西；而在真理中所说出来的东西在此就表达为，**精神的存在是一块骨头。**

"当平常人们谈到精神，说**精神存在着**，它有**一个存在**，它是一个**事物**，它是一个个别的**现实性**的时候，那么借此所**意谓**的并不是某种人们可以看得见的、拿在手中、碰得着之类的东西"。也就是说，平常人们在谈到精神的时候说的那些话，把精神和存在、事物、现实性联系在一起，这个时候，在他心目中所"意谓"的其实并不是那种可以看得见摸得着的事物，精神在这里仍然躲在这些事物底下的意谓里面，并不认可这些外在的东西就等于自己。这就是头盖骨相学为什么要否认自己把精神等同于一块骨头，因为它的意思并不是这样。头盖骨相学争辩说，我不是把精神等同于一块骨头那样的事物，精神和骨头还是不同的，但是这种不同只是在意谓中。所以在这里"意谓"打了着重号。就是说人们意谓着的并不是某种人们可以看得见的、拿在手中、碰得着之类的东西，精神在意谓中不是这样。"但**被说出来**的却就是这样一种东西"，"说出来的"下面打了着重号，这是跟前面的"意谓"相对而言的。你的意思并不是那个，但是你已经说出来的那就是这个，你已经说出了这个了，说出来的东西比你那个捉摸不定的意谓更可靠。说出了什么呢？就是精神就是这样一种东西，就是这样一种人们可以看得见的、可以拿在手中、可以碰得着的东西。"而在真理中所说出来的东西在此就表达为，**精神的存在是一块骨头**"，这是在真理中，前面是在意谓中。意谓和真理是不同的。从巴门尼德开始，就已经把意谓或意见与真理区分开来。真理是要凭借逻各斯，要说出来才是真理，而在意谓中那是定不下来的，那是没有确定性的。所以在意谓中你并不是那样认为的，但是实际上你说出来的，在真理中所说出来就是这样：精神的存在是一块骨头。你的意谓，那是你个人的事情，各人有各人的意思，那哪能确定下来？反正你说出来了，精神有一个存在，它是一个事物，它是一个个别的现实性，那么这就相当于说，精神的存在就是一块骨头。在真理性中就是

817

这样的。那么这句话如何来评价它？精神是一块骨头，听起来很荒谬，已经无比地荒谬，但是如何来评价这样一个结论呢？

这个结果现在具有双重的含义：一方面是它的真实的含义，就此而言，它是对自我意识以往所经历的运动结果的一个补充。

这个时候，黑格尔并不是在嘲笑头盖骨相学，前面有嘲笑，这个地方不完全是嘲笑，而是严肃的。他从里面看出了双重的含义，我们先来看它的正面含义、积极的含义。"一方面是它的真实的含义，就此而言，它是对自我意识以往所经历的运动结果的一个补充"，这个结果有双重含义，首先讲它的真实的含义或正面的含义。这命题听起来很荒谬，但是它有它积极的含义，有它的真理性，因为它是对自我意识以往所经历的运动结果的一个补充。自我意识以往所经历的运动，我们要追溯到自我意识章，自我意识章完了以后才是理性章。但是在观察的理性最后结尾的部分，恰好形成了对自我意识以往所经历的运动结果的一个补充，也就是再一次说明了自我意识运动的结果。前面讲自我意识运动的结果，讲到了不幸的意识，讲到了从犹太教到基督教，经过了基督教漫长的历程才进入到理性，才最后把不幸的意识扬弃掉了。那么在这个地方重新回顾自我意识最后的结果，我们发现，它在这里有一个补充说明，是在观察的理性结尾部分。我们前面讲了，黑格尔为什么在这里要提到犹太人，为什么要提到不祥的虚空，它就是在回顾自我意识章的结论了。这个地方也点出了这一点。就它的积极的含义、真实的含义而言，它是对自我意识以往所经历的运动结果的一个补充。

不幸的自我意识曾经放弃了自己的独立性，把自己的**自为存在**竭力外化为**事物**。

"不幸的自我意识曾经放弃了自己的独立性，把自己的**自为存在**竭力外化为**事物**"，这里"放弃"，原文为 entäußerte sich，也可以译作"外化"，就是把自己的独立性寄托在外部事物上，当然也就是放弃自己的独立性了。这就是从自我意识到理性的一个过渡，自我意识最后在理性中得到了拯救。在上帝那里它始终排除不了此岸和彼岸的巨大的鸿沟，因为它永远也到达不了上帝，除非死后，那么在现实生活中它始终感到空虚和不幸。通过文艺复兴和宗教改革，自我意识达到了理性，进入到理性的光天化日之下，发现了自然，发现了人。原来这就是上帝，上帝不在彼岸，上帝就在自然中，上帝就在人心中，那么在每一个事物中我都看到了上帝。所以不幸的自我意识就放弃了它对自然和人的拒斥，放弃了它的精神的独立性，而跟自然界相亲和，它跟人性相融洽。它不再是高高在上，不再凌驾于自然之上直接跟上帝打交道，而是跟自然界打交道。把自己的自为存在竭力外化为事物，把自然界的事物看作是它自己的自为存在的一种外化。原来这种外化是一种异化，是一种在上帝那里才能找得到的自为存在，现在在自然界的事物中我们也可以找到自己的自为存在了。我们进行科学研究，发现了自然，进行探险，发现新大陆，在这些外在的事物里面我实现了我的自我。这就把不幸的意识排除掉了，进入到了劳动和享乐，尽可能把你的存在实现出来。那么，这个事物就成了你的自我意识、你的精神的一种表现，一种外化。所以，虽然你放弃了精神的独立性，但是你在你的事物中又找回了你的独立性。

　　它由此而从自我意识退回到了意识，也就是退回到了认为对象就是存在、事物这种意识；——但是这种本身是事物的东西就是自我意识；所以它就是自我与存在的统一，即**范畴**。　　{191}

　　"它由此而从自我意识退回到了意识"，意识，我们前面讲了，相当于对象意识，从自我意识又退回到了对象意识。它本来从那里走出来的，从意识到自我意识，好不容易走出来了，但最后它放弃了自己的独立性。自我意识放弃了它的独立性，又回到了意识，又投身于整个对象世界。"也就是退到了认为对象就是**存在、事物**这种意识"，自我意识本来是把对象意识扬弃了，对象就是自我，在对象上看到了自己。现在它又重新退回到了这样一种意识，就是认为对象就是存在，就是事物。这个存在、这个事物并不是我,我要把它当作对象来看待。这是自我意识进入到理性的时候已经走过的历程。我们现在在头盖骨相学上最后又回到了这样一个对象意识的起点,就是说对象是一块骨头,一个存在,主体又和客体互相对立。主体是精神,客体是事物,是骨头。"但是这种本身是事物的东西就是自我意识;所以它就是自我与存在的统一,即**范畴**",但是这种本身是事物的东西,我们把它看作是事物,看作对象,它其实就是自我意识,是我的自我意识外化出去的。我把自己外化为事物了,把自己的自为存在外化为事物的存在了,那这个事物就是自我意识和存在的统一了,这就是范畴。我面对着这个对象世界万事万物,不管是骨头也好,石头也好,大地山川也好,所有这些事物,它其实就是自我意识所建立起来的,所以它就是自我与存在的统一,即范畴,范畴就是自我意识在事物中所建立起来的对象的本质。前面在第 157 页上的第二个标题就是"范畴",在那里说:"自我只是存在者的**单纯本质性**,或只是单纯**范畴**","范畴意味着:自我意识和存在是**同一个**本质"。或者说,思维与存在的统一,就是范畴。这个自然界,这些万事万物,包括骨头在内,从本质上看其实都是范畴。所以在这个意义上,我讲精神的存在就是骨头,没错呀! 但不是在头盖骨相学那个意义上讲没错,而是要升到更高的意义上讲,就是我把它们都看作是一个范畴。那么,精神是存在,精神和存在都是范畴,范畴是客观的存在,也是客观的精神,所以它是客观的思想。范畴就是客观的思想,这客观的思想既是客观的自我,也是客观的存在,它是自我和存在的统一。康德已经讲到过,我的一切表象都是我的表象,我的一切对象都是我的对象,所有的对象里面都有一个我,对象的本质就是我。那么这样一个客观的对象就是范畴。

[230]　　由于对象对意识来说得到了这样的规定,**意识就具有了理性**。意识以及自我意识本来**自在地就是**理性;但只有对于那种意识到对象已把自己规定成了范畴的意识,才能说它是**具有**理性的;——不过,具有理性与还认知到什么是理性,这是有区别的。

"由于对象对意识来说得到了这样的规定"，对象不是唯物主义所讲的那种对象，而是唯心主义所讲的那种对象，即范畴。那么"**意识就具有了理性**"，对象意识就达到了理性，我们对对象的意识就是对理性的意识。在头盖骨相学所得出的最后这个命题里面，精神存在着，或者精神的存在是一块骨头，在这样一个看起来很荒谬的命题里面，实际上已达到了这样一个规定，就是意识具有了理性，意识具有了范畴。"意识以及自我意识本来**自在地就是**理性；但只有对于那种意识到对象已把自己规定成了范畴的意识，才能说它是**具有**理性的"，意识以及自我意识本来自身就是理性，但还不能说它们"具有"理性，它们没有把理性作为自己的宾词来具有。只有对于那种意识到了对象把自己规定成了范畴的意识，才能说它是具有理性的。"具有"打了着重号，跟前面的"自在地"相对照。它自身是理性的时候，它还不一定具有理性，因为它还没有意识到它的对象就是范畴。只有意识到了对象把自己规定成了范畴，这种意识才能说它是具有理性的。这种对于对象的意识就是对于范畴的意识，也就是对于理性的意识，只有这种意识才是把理性当作自己的宾词来拥有的。在你观察对象的时候，当你观察到对象自己把自己规定成了范畴，这个时候你的意识才是具有理性的。就是说，这个理性是客观的，不是你主观设想的，或者主观先验地加给对象的，而是你在观察的时候发现，对象已把自己规定成了范畴，对象的本质显现为范畴，这个时候你才具有理性。所以康德的理性跟黑格尔的理性是不一样的，康德的理性还是主观的，人为自然立法；黑格尔的理性是客观的理性，是自然的理性在为自身立法。不是人的主体先天固有的一套范畴体系，而是对象自己把自己规定成了范畴。当然，这个规定还是在人的观察中一步步地进行的。"不过，具有理性与还认知到什么是理性，这是有区别的"，进一步说，具有了理性，还有待于弄清楚它所具有的理性到底是什么，什么是理性？头盖骨相学已经具有了理性，但是它具有了理性而不自知，它以为自己是个错误，它认为自己进入到了死胡同，所以它在自己的意谓中要否定它。因此,虽然它已经具有了理性,但是它不知道什么是理性,这还是有区别的。这里有三个层次:意识和自我意识就是理性、具有理性和认知到理性。

——作为**存在**与**他的直接**统一的范畴,必须历经这两种形式,而观察的意识正是这个统一以**存在**的形式向它呈现出来的那个意识。

"作为**存在**与**他的直接**统一的范畴",一个是存在,一个是"他的",两者的统一就是范畴。这里"他的"一词原文是 des Seinen（第二格）,原型是 Sein,是个物主代词,这跟"存在"的德文 Sein 写法完全一样,但意思不同,严格译出来是"他的"。这个"他的"的意思,就是另外的、客观的意思,它和"我的"（Mein）相反,所以还不太好译作"它的",而是与"他者""他在""其他"属于一个系列。这个"他的",在前面第 159 页和161 页都讲到了。第 159 页下面这一段:"意识的前一个表述仅仅就是这样一句抽象的空洞的话:一切都是**他的**（sein）";第 161 页"观察的理性"一节,一开始就说:"这个把**存在**（Sein）视为具有'**他的**'（Seinen）含义的意识,虽然又再次进入了意谓和知觉之中,但却不是进入了一个仅仅是**他者**的确定性,而是伴随着自己即是这个他者自身这种确定性",这里"他的"和"我的"相对照,相当于"客观的"和"主观的"相对立。因为确信自己是一切实在性这个确定性的,最初就是那个纯粹的范畴,"他的"跟范畴是相关的,就是范畴是客观的,是一个属于"他的"的东西,它不只是我的。后面也讲到了我的,我的怎么样变成他的,这是把事物看成范畴的关键的一步。观察的理性进入到了把存在视为具有"他的"含义的这种意思,存在就成了宾词,它并不是由你去想的、"我的"的东西。存在是 Sein,"他的"也是 Sein,Sein 作为一个物主代词,跟作为一个系动词,它们在德文里的写法是一样的。黑格尔利用了德文构词的一种方便,我相信这个在别的语言里是没法翻译出来的。存在与"他的"都是 Sein,都有客观性的意思。范畴是存在与"他的"的直接统一,也就是说,范畴既是存在,同时又是对象所具有的东西,也就是存在所具有的东西,或者说是作为宾词的存在。范畴既是主词,又是宾词;既是存在,又是存在所具有的东西。作为存在与"他的"的直接统一的范畴,"必须经历这两种形式",一个是存在,一个是"他的"。它必须把这两种形式统一起来,它贯通这两种形式,使它们成为一个东西,在范畴中主词就"是"宾词,主词和宾词就是一个东西。前面讲到精神把存在宾词化了,在这里体现出来了。存在就是他的,那就是把存在变成一个宾词了。范畴既是一个主词,也是一个宾词;它既是对一个对象的规定,也是那个被规定的对象。"而观察的意识正是这个统一以**存在**的形式向它呈现出来的那个意识",观察的意识正是这个存在与"他的"两者的统一以存在的形式向它呈现出来的意识,存在打了着重号。观察的意识是一个怎样的意识呢? 就是在这个统一里面,它已经意识到了存在,以存在的形式把这个统一呈现出来了。但是它还没意识到这个存在是"他的",还没意识到它的这个对象同时又是一个宾词。所以,它还是以为这样一个精神的东西是它加给存在的,而不是存在自己所拥有的。是它把精神加给一块骨头,而不是这块骨头本身拥有精神。观察的意识已经走到这一步了,实际上它已涉及范畴的双重性、双重含义了,但是它只从一重含义上来理解它,只从存在的形式来理解这个对象。这个统一的范畴有两个方面,但是它只是以存在这一方面向意识呈现出来,这就是观察的意识。但是一旦它意识到它的双重含义,也就是范畴不光是我的存在,而且是"他的"存在,是可以作为对象来看待的存在,是存在本身具有的范畴,那么情况就要起变化了。

　　在其结果中,这种意识就把自己无意识地确信的东西作为命题说了出来, ——这命题是包含在理性的概念里的。

　　就是观察的意识在这样理解的时候,其结果是什么呢? "在其结果中,这种意识就把自己无意识地确信的东西作为命题说了出来"。它本来是无意识地确信的东西,也就是确信范畴具有双重含义,但在有意识中,它只认为这个范畴是存在的,是以存在的形式表现出来的一个范畴,但是它并不是存在自己所固有的一个范畴,而是我们加给它的。它只是无意识地确信这个范畴的双重性,确信这个存在本身固有它的范畴。是对象、存在把自己规定成了范畴。范畴既是存在，又是他的，而不是我的。这个不是我的，但是在有意识的范围里面，它还是把范畴看成是我的，精神是我的，而骨头是他的，骨头不是我的。而在它无意识中确信的东西则是：精神是他的，范畴是他的，是这块骨头固有的。它把自己无意识地确信的东西作为命题说了出来，什么命题？就是前面讲的："精神的存在是一块骨头"。精神的存在是骨头所固有的，而不只是我的。"这命题是包含在理性的概念里的"，头盖骨相学说出来了这样一个命题，这个命题已经包含在理性的概念里面，意识已经具有了理性，但意识还没有认知理性，它自以为自己只是诉之于预感和非理性，以为自己走进了死胡同。

这一命题就是这个**无限判断**：自我是一事物——这是一个自我扬弃的判断。

"这一命题就是这个**无限判断**"，什么叫无限判断？无限判断在黑格尔的《逻辑学》里和在康德的《纯粹理性批判》里面都有说明。康德的无限判断，他举出的例子是这样一个例子：灵魂是不死的。灵魂是不死的，这是一个肯定判断。但是它还有另外一种等价的表述方式，叫作否定判断：灵魂不是有死的。康德的这个判断分类表里面，质的判断底下有三种判断，肯定判断、否定判断、无限判断。那么，肯定判断就是直言判断，一切直言判断都是肯定的，玫瑰花是红的，这片树叶是绿的，等等，都是肯定判断。否定判断就是"什么不是什么"，如松树不是杨树，等等。但是灵魂是不死的，这可以有两种方式表示，除了肯定的方式外，还可以表示为否定的方式：灵魂不是有死的。而康德所看重的是"灵魂是不死的"这个判断，它既是一个肯定判断，灵魂**是**什么，但是它又包含一种否定，灵魂是**不**死的。它肯定了一个否定，灵魂肯定的是一个不是什么，所以，它是肯定判断和否定判断的统一，是一个合题，即无限判断。所以康德在他的《纯粹理性判断》的第九小节"知性在判断中的逻辑机能"讲到，灵魂是不死的，这是个"无限判断"。无限判断是什么意思呢？比如"灵魂是不死的"这样一个判断，它只是从灵魂的无限多的可能性中排除了

"死"这样一种可能性，剩下的领域仍然是无限的。灵魂是无限的，是没有限制的，它唯一的限制就是它不是有死的，就是限制了这一点，其他的都没有限制，其他的领域还有无限的可能性，在死亡之外还有无限多的可能性。灵魂可以是这个，可以是那个，其中它可以是不死的，或者它不是有死的，这里只是对它做了一种限制，但是其他的都没有限制。所以它剩下的领域是有无限可能性的。这是康德对无限判断的解释。那么，黑格尔对无限的判断的解释呢？他和康德相反，不是指可能性多到没有限制，而是指主谓词之间的距离太大。他举了这样一些例子，比如说，骆驼不是钢笔。谁都知道骆驼不是钢笔，要把骆驼和钢笔联系在一起，这两者之间有无限的距离。黑格尔的这个无限判断是这个意思，骆驼和钢笔风马牛不相及嘛！这根本就扯不上，这太荒谬了，这中间的无限性已达到荒谬的程度。你需要无限多的中介才能够把钢笔和骆驼联系到一起。那么这里提出来，"自我是事物"，这也是个无限判断。"自我是事物"这个无限判断，除了距离太大以外，它还有更深一层的意思，它带有辩证逻辑的意思。他紧接着就说了，"自我是一事物——这是一个自我扬弃的判断"。什么叫自我扬弃的判断？自我是一事物，同时它又不是一事物。这就是自我扬弃自身的判断，自我否定的判断。自我是一事物，这是个无限判断，因为自我跟事物中间是无限遥远的，自我是精神的东西，事物是物质的东西，这中间是绝对不可能混淆的。一个是客观的东西，一个是主观的东西。你不能以主观代客观，你也不能以客观代主观，这中间八竿子打不着。所以，它同时又不是事物。但是这个"是又不是"中间有运动。它不是完全否定，它是扬弃。自我要成为事物，它必须从不是事物做起，经过无限的自我否定和扬弃自身的过程，自我才能成为事物，事物才能成为自身。但这句话已经说出来了："自我是事物"，这就给你提供了一个追求的目的。就是说，你要寻找自我，你必须到事物中去寻找，你不能在自己身上去找。但这个寻找是无限的。事物多么广袤无边呀！多么无限呀！无边无际！所以你要寻找自我，你的这个扬弃的过程也是无边无际的，也是无限的。你不断地到事物中去寻找，在这个过程中你才能显露出来你是谁，你是什么人。自我是事物，当然这个自我这里用的不是 das Ich，而是 das Selbst，严格说起来应该翻译成"自身是一事物"。但是翻译成"自身是一事物"就没意思了，它实际上讲的就是"自我是一事物"，精神是一事物。这是一个扬弃自身的判断，这是一个动态的命题，而不是形式逻辑的静止的命题。如果从形式逻辑上来看，它是无限的，自我和事物之间有无限的区别。但这个无限的区别是可以克服的，通过自我的这样一种能动性、自我否定来克服。自我否定自己，自我不是自我，而是事物，它要成为事物，要在事物中返回到自我。这个命题就是个辩证的命题，所以它是一个扬弃自身的判断。

　　——于是通过这个结果，在范畴上额外得到的规定是：范畴就是这种扬弃自身的对立。

　　"于是通过这个结果"，也就是通过"精神的存在是一块骨头"这样一个命题，这个是头盖骨相学已经得出来的最终的命题。通过这个结果的积极的含义——整个这一段讲的都是它的积极的含义，于是，"在范畴上额外得到的规定是：范畴就是这种扬弃自身的对立"。为什么是额外得到的规定？前面讲，观察的意识只是这个统一以存在的形式向它体现出来的意识，在观察的意识上只是体现了双方统一的一个方面，就是它的存在的方面；但是当它说出这个命题以后，它就额外地得到了它的另一方面：范畴就是这种扬弃自身的对立。这种对立本来在观察的意识里它只是从一个方面、从存在的方面向它显示出来了，这个范畴只对它体现为一种存在。但是这个命题一旦提出来，这个结果一旦说出来，就额外得到一个规定，就是说它不但是存在的方面，而且"他的"那一方面也对它体现出来了。范畴是存在与"他的"两者的直接统一嘛，在观察的意识那里只是体现了它的存在这一方面，而"他的"那一方面没有体现出来。但是一旦它提出这个命题以后，"他的"这另一方面就额外地得到了规定。范畴就是这种扬弃自身的对立，范畴是对立，一方面是存在，另一方面是"他的"，或者说，一方面是存在，另一方面是另一个存在、他在，这两方面对立。但由于范畴扬弃自身，这种对立已经不是对立了，已经扬弃了这种对立，已经成为对立面的统一。但是观察的意识还没有意识到这一点，它只意识到范畴是存在的，而没意识到这个存在的范畴自己扬弃自己的对立，把"他的"据为己有，使之成为"我的"。所以这个范畴不是外加给"他的"，而是对象自己所固有的，对象所具有的"他的"范畴，已经不是"我的"范畴了。

纯粹的范畴以**存在**的形式或**直接性**的形式对意识而存在，这种范畴是尚未**被中介的**、仅仅**现成在手**的对象，而这意识是一种同样未经中介的态度。

这句话是对前面的进一步加以解释。"**纯粹**的范畴"，纯粹的范畴也可理解为抽象的范畴，它"以**存在**的形式或**直接性**的形式对意识而存在"。前面已经讲了，观察的意识正是这个统一以存在的形式向它呈现出来的意识，这是体现了存在的这一面，也就是它的纯粹抽象的那一面。观察的意识最糟糕的就是那种抽象性和僵化性，在这里，纯粹的范畴以存在的形式或直接性的形式对意识存在，还没有把"他的"这一间接性方面体现出来。以存在的形式或直接性的形式对意识而存在，"这种范畴是尚未**被中介的**、仅仅**现成在手**的对象"，如果把"他的"这一方面考虑进去，那就是已经中介了，已经有间接性了，是作为宾词的了。当范畴作为宾词时，这个范畴就是存在的范畴，是"他的"范畴了。而在这里是尚未被中介的，仅仅现成在手的对象。"而这意识是一种同样未经中介的态度"，这就是观察的意识，它是一种未经中介的态度，这种态度有待于提升到经过中介的间接性，并在此基础上再回到直接性。

前面那种无限判断的环节则是**直接性**向中介活动或**否定性**的过渡。

"前面那种无限判断的环节"，就是"自我是一种事物"这样一个无限判断，它的环节。这个在观察的意识内是不被承认的，自我怎么可以是一种事物呢？精神怎么可以是一块骨头呢？我不是那个意思，它不承认。但实际上这种无限判断的环节，"则是**直接性**向中介活动或**否定性**的过渡"。本来是直接性，现在通过这个无限判断而向中介活动、向否定性过渡了。这个无限的判断成为了自身扬弃的判断，它就是向中介性和否定性的过渡，它就动起来了。它不再是形式逻辑的一种固定的规定，而是一种辩证的过程。向中介活动过渡，自己把自己当作中介，存在把自己当作中介，成为了"他的"。范畴本来是存在，但是范畴又是存在的范畴。当然，范畴要成为存在的范畴，必须要经过一个过程，经过一个自我否定的过程，这就是中介的活动。自我要去寻找自己的存在，寻找自己，到哪里去寻找？必须到事物里面去寻找，那么这就是个自我否定的过程。这个无限判断的环节已经在过渡了，头盖骨相学已经把这个命题说出来了，但是它还是停留在存在的方面，不愿意过渡。

这样一来，现成在手的对象就被规定为一种否定的对象了，而这意识却被规定为与这对象对立的**自我**意识，或者说，在观察里历经过**存在**的形式的那个范畴现在就以自为存在的形式被建立起来了；意识不再想**直接找到**自己，而想通过它自己的活动来产生自己。

"这样一来，现成在手的对象就被规定为一种否定的对象了"，现成在手的对象事物，包括一块骨头，就被规定为一种否定的对象了。事物不是事物，骨头不是骨头，是什么呢？是范畴。我们不要把事物看作就是一块骨头，看作一个僵死的东西，它是活的！哪怕是僵死的骨头作为一个事物，它也是活的，它里面有一种自否定。现成在手的对象就被规定为一种否定的对象，它会否定自身。"而这意识却被规定为与这对象对立的**自我**意识"，意识在这个意义上就被理解为自我意识。在头盖骨相学中它是退回到了意识，从自我意识退回到了对象意识，但是它还得从这里出发，还得从这个对象意识出发，把自己规定为自我意识。这就是把这个意识、把这个意识对象规定为一种能动的对象，一种自我否定的对象，对象的这个自我否定就跟我自己的这个自我意识的自我否定是同步的。"在观察里历经过**存在**的形式的那个范畴现在就以自为存在的形式被建立起来了"，前面讲的在观察的意识里面，这个范畴是以存在的形式体现出来的，那么现在这个观察的意识历经了这个范畴的存在的形式，于是就以自为存在的形式被建立起来了。现在不光是存在的形式，而且是自为存在的形式，也就是以"他的"、以他者自为的这样一种形式被建立起来了。那个范畴原来是存在，现在是自为存在；原来只是存在，现在也是"他的"，也是客观的存在自己自为的范畴。"意识不再想**直接找到**自己，而想通过它自己的活动来产生自己"，意识不再想直接找到自己，直接找到自己那是观察的理性；而是想通过它自己的活动来产生自己，这就是不只是观察的理性了，而是实践的理性了。所以我们下面要考察的就是实践的理性了，马上就要进入到"理性的自我意识通过其自己本身的活动而实现"，要产生自己，要实现自己。

它自己就是它的行为的目的，正如在观察里它所关心的曾经只是事物一样。

"**它自己**就是它的行为的目的"，它要产生的就是它自己，它要在对象中寻找自我。"正如在观察里它所关心的曾经只是事物一样"，它曾经只关心事物，哪怕是精神，也只有当它把精神僵化成事物时它才去关心。它关心自己也是把自己当作事物来看待，而没有把自己当作目的。它的目的还在外部，还在事物上。现在它通过自己的行为、自己的活动来产生自己，那么它就是一种实践的理性，它就把它自己的实现作为它自己行为的目的。这是最后的归结点。整个这一段就是讲，头盖骨相学最后得出的荒谬的结论实际上隐含着积极的含义。那么下一段就是讲它的消极含义，就是它毕竟是一种错误，因此头盖骨相学就被扬弃了。为什么被扬弃？因为它们的层次太浅，有待于提高，这是它的结论的双重含义。今天就讲到这里！

＊　　　　＊　　　　＊

我们再看今天要讲的这一段。上一次我们讲到了，就是经过观察的理性，一路走来，最后走到了头盖骨相学，走到头盖骨相学实际上是把底牌亮出来了，最后得出了这个结论，什么结论呢？就是精神的存在就是一块骨头，或者说自我是一个事物，这样一个无限判断。因为精神跟存在或者思维跟存在的距离是无限遥远的，你怎么能够把这两个极端的东西拉到一起来构成一个判断呢？这看起来是一个无限判断，如果从形式逻辑上来说是没什么意义的。从形式逻辑上来讲，精神就是精神，存在就是存在，我就是我，事物就是事物，这是完全不相干的事情。但是这样一个无限判断有它积极的意义，如果我们不是从静止的、僵死的眼光去看待这样一个判断，不是单单从形式逻辑的眼光来看待这个判断，那么这个无限的判断会成为一个非常有意义的判断。把思维和存在通过这样一个无限判断联结起来，这就构成了一个运动，构成了一个自我扬弃、自我否定的过程，在这个过程中两个极端对立的东西可以融为一体。一个看起来很荒谬的命题，本来黑格尔是要借它来否定头盖骨相学作为一门科学，这个目的他达到了；但是同时还达到了另外一个结果、一个额外的结果，就是引出了它的积极的意义，什么积极的意义？就是说精神和自我不再是抽象地、空洞地在它自身内部转来转去，而是把自己实现出来，实现为对象，并且同时把这个对象据为己有，那就是进入到了实践的领域。前面讲的是观察的理性，那么从这里就过渡到了实践的理性。精神是一个事物，精神是事物的意思是什么？不是头盖骨相学自以为的那种意思，好像精神和事物还是不同的，还是不能融合的，只不过是借助事物来作为一个象征或者作为一个符号，来确定精神本身的位置，但精神本身又没有位置，它不占空间。所以头盖骨相学的这种理解把自己引向了荒谬，引向了自相矛盾，我的意思并不是说精神是一块骨头，但是我说出来的恰好就是精神是一块骨头。但是我们上次讲到了，这样一个结果有双重含义，一方面有积极的含义，积极的含义就是无限的判断它是通往实践理性的，它是自我意识把自己实现出来这样一个过程。精神是一块骨头，这个"是"它是一个动词，它不是一个系词。如果你把这个"是"理解为一个是起来的过程，那就是精神把自己作为一个事物使自己存在起来、实现出来了，精神就不再只是主观的精神了，它就是一种客观的精神、客观的思想，这是黑格尔的客观唯心主义到处都在强调的。思想有客观性，事物其实是思想，事物不是一个孤立的、静止的东西，它是有内涵的，事物的内涵其实是自我，其实是精神。我们要在实践中理解客观东西怎么是思想、事物怎么又是精神，其实这是精神不断地把对象世界据为己有的这样一个实践过程，它不断地在向思维和存在的同一性逼近，不断地接近它的目标，这就是上述命题它里面所包含的积极方面的含义。那么下面我们来看它的消极方面的含义。

　　<u>这个结果的另一个含义是已经考察过了的无概念的观察的含义。</u>

　　"这个结果的另一个含义"，就是它的消极的含义了。上面一段讲了它的积极的含义，而消极的含义前面其实也已经讲过了，就是"无概念的观察的含义"。头盖骨相学作为一门科学已经暴露出它是一种无概念的观察，所以它不可能作为一门科学，不可能由观察的理性建立起任何一种规律性，这个前面已经考察过了。

　　<u>这种观察不知道怎样把握和表述自己，只知道为了自我意识的**现实性**而直统统地把骨头说成是就像它作为感性事物而发生的那样，这感性事物同时并不丧失其对于意识的对象性。</u>

　　"这种观察不知道怎样把握和表述自己"，因为这种观察无概念，所以它不知道怎样来把握和表述自己。其实如果你从概念的角度来理解，它还是有积极意义的，但是由于它只是无概念的观察，所以它不知道怎样来把握和表述自己。它"只知道为了自我意识的**现实性**而直统统地把骨头说成是就像它作为感性事物而发生的那样"，就是它不知道用概念来把握和表述自己，为了坚持自我意识的现实性，要把自我意识变成可以看得见、摸得着、可以抓得住的这样一个东西，它就直接地、不加掩饰地把骨头说成是就像它作为感性事物而发生的那样，把骨头说成是就像一般的感性事物、一般我们所眼见的石头木头那样的感性事物，把骨头就当成骨头，就是我们日常看到的骨头。这个是缺乏概念的理解，就是

831

为了自我意识的现实性而退回到感性。"这感性事物同时并不丧失其对
于意识的对象性"，这感性事物一方面你把它看作是自我意识的现实性，
但是另一方面又并不丧失其对于意识的对象性，或者说对于自我意识的
对象性。一方面它是自我意识的现实性，另一方面它跟自我意识又不同，
它并没有失去它对于自我意识的对象性，它还在自我意识的对面，不被
自我意识据为己有。你本来是想要把握自我意识的现实性，你才把它归
结为一块骨头，以为这样就能够把握自我意识，但是这个骨头作为一个
感性的事物，它仍然与自我意识格格不入，与之对立。所以头盖骨相学
一方面说自我意识就是一块骨头，但是同时又说自我意识跟这个骨头还
是不一样的，我的意思并不是说它就是一块骨头了，我的意思是说自我
意识可以用这个骨头来代表，但是它跟这个骨头还是不一样的。那么自
我意识到底是怎么样的呢？那我也说不出来，你要我说出来，我就只能
说它就是一块骨头那样，但是你们不要听我说的，你们要体会我的意思，
我的意谓。但是既然已经说出来了它是一块骨头，又不承认它就是一块
骨头，这就是自相矛盾了，自我意识既是一块骨头又不是一块骨头，那
是什么呢？那只可意会不可言传，词不达意，说出来的并不是我想说的。
头盖骨相学所陷入的矛盾就在这里，它说出来的跟想说的完全是两码事，
它既然要说出来，它又不承认它说的东西，它自己跟自己打架。

　　然而，无概念的观察除了说出这一点之外也并不具有意识的任何清
晰性，对它的命题并没有在命题的主词和宾词的规定性及它们的联系中
来把握，更没有在自我消解着的无限判断和概念的意义中来把握。

　　"然而，无概念的观察除了说出这一点之外"，这一点就是这个命题
了，除了说出这个命题之外，"也并不具有意识的任何清晰性"，这就是
我们刚才讲的，它的这种自相矛盾它自己也说不清楚，并不具有清晰性。
它的自我意识还停留在意谓之中，还没有说出来，或者根本就不可能说
出来。它说出来的是它不想说的，它说了精神是一块骨头，这是它不想
说的，但它想要说的精神到底是什么呢，它又说不出来，只好还是说精神

832

是一块骨头。所以除了说出这一点之外，它并不具有意识的任何清晰性。这就是说，它"对它的命题并没有在命题的主词和宾词的规定性及它们的联系中来把握"，对它的命题，也就是说自我是一事物，或者精神是一块骨头，或者精神像一块骨头那样存在着，它可以简化为精神存在着。对这样一个命题，它有个主词，自我或精神，有一个宾词，事物或者存在着，但是它并没有在命题的主词和宾词的规定性、事物的规定性、存在的规定性中，以及在它们的联系中，来把握该命题，或者说，没有在它的主词和宾词的内容上来把握它。它的规定性可以看作是内容，但这里只是在形式上来把握它，只是看作一个形式逻辑的无限判断，它的主词和宾词相距无限遥远，本来是不可能用一个系词把它们联结起来的。你要把它们联结起来形成一个真实的无限判断，那就只能够在它的规定性的内容方面来加以理解，要在主词和宾词的规定性中，以及在它们的联系中来把握。主词、宾词只有在它们的规定性的意义上才能具有联系，在空洞的、抽象的意义上面它们是毫无联系的，它们相隔无限遥远，没有办法联系起来。"更没有在自我消解着的无限判断和概念的意义中来把握"，这个更没有。这就进一步点出来了，没有在什么样一种联系中呢？主词和宾词如果要从它们的规定性来把握它们的联系，那么就应该是一种什么样的联系呢？这种联系应该具有自我消解着的无限判断和概念的意义。一个是自我消解着的无限判断，无限判断如果说它真的有什么意义的话，只能够在自我消解的这个意义下面来理解：自我消解，自我扬弃，"自我是一事物"这个命题自我扬弃，自我又不是一事物，它还有待于成为事物。这两个命题是矛盾命题，既是又不是，那就必须在它们的运动中来加以理解，矛盾产生运动，要在一个过程中来理解。自我还不是事物，但是自我要使自我成为事物，要把自己实现为事物，要把自己外化出去，再据为己有，要自行达成自我和事物的同一性、思维和存在的同一性、精神和存在的同一性，那么这样一个过程就是自我消解着的无限判断。而这种无限判断只能够在概念的意义下面来理解，因为概念是能动的。如果你在表象的意义上来理解，在形式逻辑的意义上来理解，那就理解不了，形式逻辑是静止地、孤立地、片面地看待主词和宾词，看作两个静止不变的、固定的、僵死的东西，那当然理解不了。但是如果你从概念的意义上面把它理解为一种自我否定、自身消解着的无限判断，那么这是可以理解的。但是头盖骨相学没有这样理解，这是它致命的缺陷。所以这个结果的这样的一个含义就是它的消极的含义了，它导致了它的那些规定的崩溃，导致了它作为一门科学的自我否定。

[231]　　——毋宁说，观察出于精神的某种更深层次的、在此显现为一种自然的诚实性的自我意识，而把视一块骨头为自我意识之现实性的那种无概念的、赤裸裸的思想的可耻之处隐藏起来，对这种思想通过无思想性自身之加以粉饰，就是将一些在此处毫无意义的因果关系、符号、器官等等关系混杂进来，并通过从它们那里取得的区别来掩藏这命题的刺眼之处。

　　这句话等于是揭示观察的这种做法的内在心理原因。"毋宁说，观察出于精神的某种更深层次的、在此显现为一种自然的诚实性的自我意识"，观察是出于精神的这样一种自我意识，这种自我意识在更深层次上显现为一种自然的诚实性，就是说头盖骨相学在这里虽然陷入到了一种矛盾，但是它的潜意识中，在更深层次上的自然的诚实性中，也就是在它的原始的理性本能中，它的出发点已经不像它自己所自以为的那样，真的是想建立一门头盖骨的科学，而仅仅只是为了顾全面子。也就是"把视一块骨头为自我意识之现实性的那种无概念的、赤裸裸的思想的可耻之处隐藏起来，对这种思想通过无思想性自身之加以粉饰"。这种诚实性导致了它的造假，它本来是出于一种诚实性，它知道精神不能够等于普普通通的一块感性存在着的骨头，不能够昧着良心说精神就是一块骨头，它也觉得这个话说得太过了。于是出于它的学术良心，它必须要掩饰一下，把它的那些不妥之处掩盖起来，这样一种无概念的、赤裸裸的思想，如果没有概念而赤裸裸地说出来，它自己也觉得是很可耻的，所以要加以粉饰。但却是通过无思想性自身来对这种思想加以粉饰，也就是"将一些在此处毫无意义的因果关系、符号、器官等等关系混杂进来,并通过从它们那里取得的区别来掩藏这命题的刺眼之处"。这个命题太刺眼了,直统统地说出来,没有人会同意,觉得你完全是胡说八道。那么为了避免这样一种印象,他们就通过无思想性自身加以粉饰了,拉来一些在此处毫无意义的因果关系、符号、器官等关系,做出一副正在进行科学研究的样子。也就是用因果关系、符号、器官等关系中取得的区别来掩藏这命题的刺眼之处,把它弄得模糊一点,弄得不太刺眼一些。所以前面讲了这种思想没有任何清晰性,虽然话说得很明确,精神就是一块骨头,自我就是一个事物,但是它的意思不具有任何清晰性,还尽量要把它搞得含糊一些。为什么要搞得含糊一些呢? 就是因为他们还知道羞耻,他们还有一点理性的本能,有一种自然的诚实性。这就是这个命题的另外一个含义,即消极的含义、否定的含义,它暴露出了这种学说的拙劣,已经走入了绝境。

大脑纤维 ① 一类的东西 ② 作为精神的存在来看,已经就是一种被思维的、仅仅假设的现实性,——而不是**定在着的**现实性,不是被感到、被看到的现实性,不是真实的现实性;当它们**定在于此**时,当它们被看见时,它们就是些僵死的对象,于是就不再被当作精神的存在了。

---

① 第一、二版均为"大脑热度"(Gehirnfieber),据拉松版校为"大脑纤维"(Gehirnfieber),参看"意识的纤维理论",见黑格尔的论文"费希特和谢林体系的差别",《全集》第1卷。——袖珍版编者

② 黑格尔在此讨论的可能主要是 Charles Bonnet 所阐明的有关"智性纤维"的定理。参看该作者:《关于心灵力的分析性研究》第1卷,不来梅和莱比锡,1770,XVII,第68、108、287页,特别是第290页以下。"在一个判断或者推理中之所以产生和谐,是因为凡是存在着对一个效果的产生相一致的关系的地方,那个地方就都有和谐[……]/ 主体和属性,以及中间概念和结论,在不同层次上被这些纤维联结起来了[……] 这些层次在其中被推动的那个秩序则构成判断和推理的和谐[……] 在知性获得的印象中有道德的和谐[……] 因为在知性中毕竟要有某种与智性纤维的和谐活动相符合的东西,因为否则的话,这种印象就根本不可能被激发起来[……] 所以,就大脑从来不会在推理的秩序中被推动而言,知性也从来不会进行推论;因为那种推理能力的运用依赖于智性纤维的活动[……] 毕竟这种推理能力总是会为知性保持着的[……]。"——丛书版编者

"大脑纤维一类的东西"，这个地方提到大脑纤维，黑格尔在《费希特和谢林体系的差别》这篇文章里曾经提到过当时的所谓意识的纤维理论，就是当时有一种大脑学说，把意识看成一种纤维，也是跟这个头盖骨相学有类似之处的，但是不是归结到骨头上面，而是归结到大脑里面的纤维。我们今天讲的脑神经细胞，脑神经细胞就是一些纤维组织嘛，50亿神经细胞组成了大脑的纤维结构，这些细胞都是一些纤维交织在一起。我们经常说思维短路了，短路了就是说接不上去了，断了联系了，都是用纤维理论来解释大脑的活动。这是当时流行的一种大脑纤维的解释，跟头盖骨相学有类似之处，当然比头盖骨相学更加内在一些，不是归结为外部头盖骨上看得见的位置和突起，而是归结为大脑里面的一种解剖学的纤维结构。这些东西"作为精神的存在来看，已经就是一种被思维的、仅仅假设的现实性，——而不是**定在着的**现实性，不是被感到、被看到的现实性，不是真实的现实性"。大脑纤维也是把精神当作现实的存在来看，也是一种还原论或者机械论的观点，就是说人的精神、人的思维没有那么复杂，它无非就是人的 50 亿个神经纤维相互之间的纠缠、相互之间的交织。那么它作为精神的存在来看，已经就是一种被思维的、仅仅假设的现实性，这种现实性只是在你的思维中被假设的、你想象中的一种现实性，但是它还不是定在着的现实性，不是看得见摸得着的真实的现实性。当然这些纤维你可以解剖出来，但它们不等于精神的存在，是你把它假定为精神的存在。精神在大脑纤维中还不是一种定在着的现实性，它并不被感到、被看到，虽然你把它解剖开来你可以发现里面有一些纤维，但是它们还不是精神的真实的现实性。"当它们**定在于此**时，当它们被看见时，它们就是些僵死的对象，因而就不再被当作精神的存在了"，凡是看得见摸得着的东西都是些僵死的对象，都是事物，而不是精神的存在了。这跟头盖骨相学有类似之处，头盖骨相学更加外在一些，大脑纤维的理论更加内在一些，但实际上是一样的，当你能够看见它的时候它就已经是僵死的存在，就像骨头一样。

但是，真正的对象性必须是一种**直接的、感性的**对象性，以至于在这种对象性里的精神是被当作死的精神——因为骨头是就其存在于活的东西自身中而言的死的东西——而被建立为现实性的。

"但是，真正的对象性必须是一种**直接的、感性的**对象性"，用这种标准来衡量，精神的存在当然就不是真正对象性的东西了。"以至于在这种对象性里的精神是被当作死的精神……而被建立为现实性的"，为什么被当作死的精神而建立为现实性呢？"因为骨头是就其存在于活的东西自身中而言的死的东西"，虽然在活的东西中，活着的人就有骨头在起作用，但是在活体中骨头是作为死的那一部分，作为活的东西中的死的东西而起作用。你把它解剖出来，它就是一块物质，它就是一个事物，它已经不是活的精神了。不是活的精神，那就不是精神，因为精神就是活的，死了的精神就不再是精神了。所以，真正的对象性必须是一种直接的、感性的对象性，那就必须是一种死的东西。你把精神当作这样一个对象性来建立，那它就是作为一种死的精神而被建立起来。你把精神看作是可以拿在手里看一看、拍一拍、闻一闻这么一个东西，那它还是精神吗？真正的对象性是这样一种东西，所以要讲到骨头，它就是这样一个直接的、感性的对象性，它就是真正的现实对象，但是它是僵死的，你要把它看作精神的话，那就是僵死的精神。

——这个表象的概念是说，理性自身就是**一切事物性本身**，甚至也是**纯粹对象性的事物性本身**；

这个破折号后面的语气有一种转折。"——这个表象的概念是说"，什么表象？也就是前面说的，"精神的存在是一块骨头"，这是前面得出来的结论或者结果。它本来是一个表象，被说出来了，却没有从概念上来理解。但是如果你从概念来理解这个表象，那么它就说出了一个意思。就是说，"理性自身就是**一切事物性本身**，甚至也是**纯粹对象性的事物性本身**"，"一切事物性本身"和"纯粹对象性的事物性本身"都打了着重号。我们从这个方面来理解"精神的存在是一块骨头"的意思，它说的其实就是，理性是万物本身，哪怕是那些纯粹对象性的事物，也就是前面讲的真正对象性的事物，它们都是理性自身，它们和理性都是相通的，它们的本质就是理性。就是说这个表象你如果从概念来理解，你就会得出这样的结论，理性就是一切事物性本身，就是纯粹的、真正的对象性的事物性本身。也就是说精神就是一切客观事物，不光是头盖骨，也不光是脑纤维，凡是这些在表象中被看作僵死的存在的事物，其实都是精神，理性和精神就是存在的本质，是存在的存在性和事物的事物性。这个意思就完全翻过来了，不是把理性、精神归结为事物，而是把事物归结为理性、精神了。

但是理性**在概念中**才是这种东西，或者说，只有概念才是理性的真理，而概念自身愈纯粹，它就愈降低为无意思的表象，如果它的内容不是作为概念而是作为表象存在的话，——如果自我扬弃着的判断不是带有它的这种无限性的意识、而是被当作一个持续不变的命题，而这命题的主词和宾词每个都独自有效、自我固定为自我、事物固定为事物、但一个又毕竟应该是另一个的话。

前面已经讲了，这个表象的概念是说，理性自身就是一切事物性本身，甚至是纯粹对象性的事物性本身。"一切事物性"打了着重号，为什么要打着重号？这就提升到概念了，不再是表象了。在表象中，理性、精神就是这块骨头，这是很具体的、很感性的；但是如果把这个表象提升到概念上来说，那么我们就可以看出，里面实际上表达了一个意思：理性是一切事物性。理性无所不包，在所有的事物里面都有理性，或者说理性就是存在，思维就是存在，一切存在都是思维。所以说理性自身就是一切事物性本身，就是提升到概念来理解了，甚至于是纯粹对象性的事物性本身，哪怕这个事物性是纯粹对象性的，是感性的对象性的，是死的对象性的，理性也是这个对象性、这个事物性本身。"但是理性**在概念中**才是这种东西"，这里讲了一个"但是"，就是说前面讲"这个表象的概念"，但是还没有强调出这个"概念"，这里就特别强调这个概念。就是说表象的概念已经说出了理性是一切事物性本身了，但是理性只有在概念中才是这种东西，才是一切事物性本身，"在概念中"打了着重号。"或者说，只有概念才是理性的真理"，只有概念才是理性的真理，表象则还达不到理性的真理。观察的理性还不是概念，观察的理性是表象，从旁观察，不动脑子，就是看，看到什么是什么，所以它没有上升到概念，即使接触到概念，也没有用概念来思考，而是把概念表象化了，使它成为了空洞的抽象概念。所以"概念自身愈纯粹，它就愈降低为无意思的表象"，无意思的、albern、愚蠢无聊的、乏味的、瞎扯的，我译作无意思的。抽象的概念是观察的理性的先天缺陷，它注定会被降低为无意思的表象，一种数学化、机械化的表象。这些表象追求的是无思想性，不动脑子，能够像数学一样被当作一些符号和数目来操作、来计算，那就是一种表象思维。所以概念自身愈纯粹、愈抽象，它就愈降低为无意思的表象。下面就是一连串的"如果"，都是解释这种无意思的表象的状态的。就是说如果在这样一些情况下，概念就降低为无意思的表象了。在哪些情况下？首先，"如果它的内容不是作为概念而是作为表象存在的话"，概念的内容不是作为概念而是作为表象存在，概念有内容和形式两方面，表象思维只抓住了概念的形式，而用表象替换了概念的内容，那这个概念就徒具概念的形式，而没有概念的内容了，它的内容都是表象。这就是抽象概念，而不是具体概念。具体概念应该有概念的内容，它包含一系列的概念，包含这些概念的矛盾冲突和对立统一，它是由一系列的概念发展出来的，这样的概念才是从概念的内容来理解的概念。如果你把它当作一个孤立的概念，一个静止的、孤零零的概念固定在那里，那你就不是从概念的内容、而仅仅是从它的形式上面来理解概念，那这个抽象的概念形式就变成了一个表象了，它就跟一个感性的表象没什么区别了。下面还有，"如果自我扬弃着的判断不是带有它的这种无限性的意识、而是被当作一个持续不变的命题"，如果自我扬弃着的判断不带有无限性的意识，也就是如果这个判断虽然自我扬弃着，但又不是作为无限判断来意识的话。这个涉及前面讲的那个自我扬弃的无限判断，自我就是一事物，精神就是一块骨头，它即使作为一般判断来看也是自我取消的，但这就没有什么意思了，这就是口是心非了；而如果作为无限判断来看，这个无限判断的自我扬弃就表达了一种辩证法的真理，一种能动的概念运动过程。但缺了这种理解，那就只能把这种判断"当作一个持续不变的命题"，而这是任何一个理智正常的人都不会接受的，甚至会被视为理性的一种耻辱。在这种情况下，概念就被降为表象了。再下面，"而这命题的主词和宾词每个都独自有效、自我固定为自我、事物固定为事物、但一个又毕竟应该是另一个的话"。比如说"自我是一个事物"这个命题，自我如何才能成为一个事物？首先自我它必须不是自我，自我是事物嘛，那自我就不是自我了，自我要成为事物，它不固定为它自己，而要成为它的对象，那这就是一个自我否定的过程。但是如果自我只能是自我，事物只能是事物，它们每一个都独自有效，不依赖于对方；主词就是主词，宾词就是宾词，单独看都能成立；但一个又毕竟"应该是"另一个的话，这也是把概念表象化了。这就无法理解"自我是一事物"这一命题，主词和宾词的关系就只停留在"应该"之中，而在现实中这种关系被看作不可能的、荒谬的。而在概念的思维中，自我是一事物这一命题意味着，自我意识就是不断地打破自己的限度、走向无限性、成为任何事物的这样一个过程。但表象思维则静止僵硬地对待这一命题，自我就是自我，事物就是事物，精神就是精神，骨头就是骨头，它们各自独立的有效，而相互完全没有内在联系，却又持续不变地被扣在一起。但这只是用一个"是"字把两端联系起来了，虽然它们完全互不相谋，但是毕竟我用一个"是"把它们联系起来了，是我觉得它们"应该"有联系；那么这种"一个毕竟应该是另外一个"的联系是很勉强的，是外在强制性的。你强行把两个互不相干的东西结合在一起，那能够站得住脚吗？总之，由于上面这些"如果……"，就使得概念下降成了无意思的表象，这种抽象概念就会降为一个表象，甚至是愚蠢的、荒谬的表象。

　　——理性，本质上亦即概念，直接被分裂为它自身与它的对方，分裂成一个对立，而这个对立正因此就同样也直接地被扬弃了。

　　"——理性，本质上亦即概念，直接被分裂为它自身与它的对方"，也就是说理性概念直接被分裂为它自身与它的对方。理性本质上来说就是概念，当然观察的理性把概念变成表象了，那是因为它只有抽象概念；但是如果从本质上来看，理性就是具体概念。而这种概念直接被分裂为它自身与它的对方，"分裂成一个对立"。这是反过来说了，前面讲我们已经进到概念了，但是如果你把概念作那种纯粹的理解，作那种抽象的理解，那么它就会下降为一个表象；但是如果不下降为表象，是什么样的呢？这里就讲了，理性本质上就是概念，而这概念直接被分裂为它自身与它的对方，就是说是这概念本身自己分裂出它的对方，它是自我分裂的，直接一分为二。不是我把双方拉到一起来，使它们相对立，而是一个概念自身就包含有它的对方，因为它会把自己直接地分裂出来，分裂成一个对立。"而这个对立正因此就同样也直接地被扬弃了"，这个对立正因此，因为什么呢？因为它是由这个概念自己直接分裂出来的，因此就同样直接地被扬弃了。就是说这个对立因为它是同一个概念里面分裂出来的对立，所以这个对立又不是对立，它在同一个概念里面嘛，它直接就被扬弃了。直接的，概念本身就有对立的统一，从对立方面来看是它自己直接分裂出来的，但是从它的统一性来看这个对立又被扬弃了，这个对立又没有把这个统一性肢解掉，它还在统一性之中，它只是自己和自己对立。这都是直接的，概念本身一方面直接地分裂为对方，另一方面直接地又扬弃对方，这是概念本身的本性。

　　但当把理性这样呈现为它自身又呈现为它的对方、并把它固定在这种破碎不堪的完全个别环节里时，理性就被无理性地统握了；而这些破碎不堪的环节愈是纯粹，这种要么只对意识而言、要么只由意识直统统地说出来的内容，显现出来就愈是刺眼。

　　概念本身包含有对立统一，这是概念的本性。"但当把理性这样呈现为它自身又呈现为它的对方、并把它固定在这种破碎不堪的完全个别环节里时"，把理性根据它的概念的这种自身分裂，一方面呈现为它自身，另一方面又呈现为它的对方，并且把这两方面分别固定下来，使它们变成破碎不堪的完全个别的环节，当人们这样做时，"理性就被无理性地统握了"。这就是观察的理性陷入的误区了，它看到了概念的对立，但却把这种对立当成一种破碎的对立、一种没有统一的对立来加以理解，这就陷入了无理性。在这种无理性的前提下，如果还想让对立双方有什么联系，那就只能诉之于前定和谐或内在禀性之类的预感了。如果你不把这种对立理解为还是在一个统一之中的对立，理解为概念的自己和自己的对立，而是把双方完全对立起来，固定在完全个别的环节里，认为理性本身是一个环节，理性的对象是另一个环节，理性跟它的对象之间的关系是一个个别性对另一个个别性之间的关系，那就是一种破碎的关系了。理性在这种关系中没有一种超越，它不能够跳出这种矛盾和对立来作一个统一的把握，那么它就被撕碎了。在这种破碎的关系中，每一个环节只是作为其中的一个碎片，于是理性是一半，事物是另外一半。这样你对理性的理解就是一种无理性的理解，或者说你对理性的理解就是一种表象的理解，甚至于是一种感性的理解，你把理性也当作一种感性的东西、一个事物来理解了。我们现在有两个事物，一个是精神，一个是骨头，它们各自都是一个事物，都是一个个别的东西，互不相谋，它们的关系是一种破碎的关系，没有一个更高的统一体来把它们统摄起来、综合起来。"而这些破碎不堪的环节愈是纯粹，这种要么只对意识而言、要么只由意识直统统地说出来的内容，显现出来就愈是刺眼"，破碎了的环节一方面是精神，已经被物体化了，另一方面是骨头，是事物，这两个环节是破碎的环节。那么这些破碎的环节愈是纯粹，精神纯粹是精神，骨头纯粹是骨头，它们在这种纯粹性之下有无限的距离；精神一点都没有物质的东西，物质一点都没有精神的东西，它们愈是纯粹，那么这种内容就愈是刺眼。什么内容呢？要么只对意识而言，也就是意谓，只可意会不可言传的；

要么只由意识直统统地说出来，那就是说出来的命题，它不顾意谓而就事论事地表述，比如说"精神就是一块骨头"，就这么说出来了。这是两个层次，说出来的层次和没有说出来的层次。这种分成两个层次的内容，它显现出来就愈是刺眼。这里又用了刺眼这个词 grell，这个词前面已经用了，上一段的末尾最后一句话讲，头盖骨相学找来一些毫无意义的区别来"掩藏这命题的刺眼之处"，它也知道这种直统统的命题很丢人，人们看着就觉得不顺眼，说精神是一块骨头，谁能接受啊？这是非常刺眼的。这里就说出来了，为什么会刺眼呢？就是因为这种破碎了的环节各自都是很纯粹的，各个环节越是纯粹，越是不能够综合在一起，你要硬把它们结合在一起，那么这种内容显现出来当然就越刺眼了。

　　——精神发自内部的、但却只推进到它的**表象意识**为止的、被意识遗留在精神中的这种**深刻性**，——以及这种意识对它自己所说的东西是什么的那种**无知**，是高级与低级的这样一种结合，这种结合在生物身上，是由自然界当使生物达到最高完成的器官即生殖器官在与小便器官相结合时才质朴地表现出来的。　[232]

　　"精神发自内部的、但却只推进到它的**表象意识**为止的、被意识遗留在精神中的这种**深刻性**"，这是一方面，即概念的方面。它本身是很深刻的，是精神发自内部的，但是它却只推进到它的表象意识为止，成为一个抽象概念；但它的内容却留在精神中，是一种可意会不可言传的意谓。我可以把它表象为前定和谐，内在禀性，这些都很深刻，但却没有说出它的概念内容，而只是些表象，一些想象和预感。精神在这一方面有它的深刻性，它本来是发自内心的，可惜只推进到它的表象意识，就是说它的来源是很深刻的，但是它只是通过表象意识表现出来，这样一种深刻性就被意识遗留在精神中，发不出来。这里我们想起海德格尔的所谓"存在的遗忘"，遗忘了存在本身，所抓住的是存在者。黑格尔在这里也有这个意思，本来是精神发自内部的，但是只推进到它的表象意识为止，那么发自内部的那个东西就变成了意谓，说不出来，说不出来就被遗忘了。

你要不遗忘它，你必须说出来啊，你必须用命题把它表达出来啊。但是一旦表达出来，就不是你想要表达的东西了，想要表达的东西在被表达的东西中已经被遗忘了，它只是表象在物质中，表象在骨头上面，精神也变成一块骨头那样的东西了。而另一方面，就是说出来的方面。虽然说出来了，却又不知其味："以及这种意识对它自己所说的东西是什么的那种**无知**"，"无知"也打了着重号。一个是深刻性，一个是无知，深刻性是那种精神发自内部的东西，那么无知呢，是表述出来的、已经说出来的东西。说出来的东西到底意味着什么呢？在意识看来是不知所云，它不知道自己所说的东西到底意味着什么，它以为所说出来的东西跟它意谓的东西无关，它意谓的东西是另外一回事情，没有说出来，它说出来的却不是它想说的，因此不重要。其实它说出来的东西才是真正重要的东西，而意识对它自己所说出来的东西一无所知。"精神是一块骨头"，这个命题很重要，真理性就包含在里头，你别看它很刺眼、很荒谬，其实它倒是说出了真正重要的东西。它说出来的就是，一切事物性的东西里面都有精神，万物都有理性，骨头里面、事物里面当然有精神，当然有理性。但是它意识不到这一点，它认为这个命题太荒谬了，我们要把它掩盖起来，要把它缓和一下，要把它的锋芒藏起来，不要让它太刺眼、太丢人了。所以这就表现出意识对它自己所说的东西是什么的那种无知。一方面它有深刻性，另一方面它又无知，这种深刻性和这种无知"是高级与低级的这样一种结合"，高级的东西与低级的东西以这样一种方式结合起来。深刻性是高级的，无知是低级的。"这种结合在生物身上，是由自然界当使生物达到最高完成的器官即生殖器官在与小便器官相结合时才质朴地表现出来的"，这里打了一个比方，也就是相当于生殖器官和小便器官的高低的关系。发自内部的这种深刻性相当于生物界里面的生殖器官，生物界它的最高的完成就是生殖器官，或者说生殖器官是生物界的最根本的、最本质的、最深刻的器官。生物它就是生殖嘛，包括生长、成长、长大其实都是生殖，新陈代谢嘛，新陈代谢把新细胞生长出来，把旧的细胞死掉，一茬一茬地换掉，一个生物从小到大，一个幼体长成，它已经换掉了一批又一批的细胞，这就是广义的生殖。然后它作为个体要死亡，它就要留下它的后代，所以广义的生殖器官就是生物本身，就是生物的最高完成性，它以狭义的生殖器官为代表。作为生殖器官就是达到生物最高完成性的那个器官。而小便器官它是一种排泄器官，在生物的生长过程中或者生殖过程中是一种非常低级的一种功能，或者它只是一个出路、一个出口，它产生的是这个过程的副产品。没有它当然也不行，但是它只是一种附带的、起一种辅助作用的器官，它本身是低级的，而生殖是高级的。那么你把这样一个发自内部的精神推进到表象意识，然后你对所说出来的东西又无知，所说出来的东西实际上相当于小便器官了，它是一种最后的排泄通道。你精神本身发自内心，但它必然要说出来，相当于要有一个排泄口，那么对于这个说出来的东西你又有一种无知，你不清楚这个排泄口它本身跟生殖器官之间的那种本质的联系，你仅仅把它当作一个孤立的东西来看待。那么这种高级和低级的关系就相当于生殖器官和小便器官之间的一种关系，小便器官当然是必要的，当你联系到生殖器官来理解它的时候你就会理解它的意义，但是单独来看它是低级的，或者它是附属的器官。你把它当作一个孤立的器官，小便器官跟生殖器官好像是两个并列的器官，那你就陷于一种无知了，你就不懂得小便器官它的作用究竟何在了。这里举了这么一个例子来类比，当然这里头带有一种讽刺的意味了。

　　——无限判断作为无限的东西就会是自我理解的生命的完成；但对无限判断的停留于表象的意识却相当于小便。

　　这有一种讽刺的意味在里头。"无限判断作为无限的东西"，无限判断，你要从它的内容去理解，它是打破界限的东西，这种打破界限相当于生殖器官的繁殖，繁殖也就是打破界限，破茧而出，出来一个新生命，那么无限判断就是这样一种无限的东西。"将会是自我理解的生命的完成"，自我理解的生命、自我意识的生命它的最高的完成就是无限的判断，就是打破界限，就是自我否定，把对象据为己有，这个就是生命的完成。"但对无限判断的停留于表象的意识"，你把这个无限判断只是放在表象这样一个层面上面来加以意识，"却相当于小便"，那就还不是小便器官了，是拉出来的小便了，那就是一种纯粹的排泄物了，是很低级的废物了。所以对这种表象思维黑格尔是很蔑视的，觉得这样一种思维根本就不可能把握到本质的东西，不可能把握到精神的生命。

德汉术语索引

（所标页码均为德文《黑格尔全集》考订版第9卷页码，即本书边码中大括号里的数字；凡有两种译法的词均以"/"号隔开，并以此分段隔开页码；原文中出现太多的词不标页码，只将字体加粗）

A

Abdruck 模本 151, 155

Absolute 绝对

Abstrahieren, Abstraktion 抽象

Affektion 刺激 157

Ahnung 预感 137, 138, 188

Aktion 动作 152

Akzidentelle 偶然的，偶然性 140, 142, 147—149, 154, 164, 166, 169, 174—176, 178, 185, 189, 190

Allgemein 普遍的，普遍

Allgeneine 共相 132, 139—142, 144, 148—150, 155, 164—167, 169, 170, 189

Analogie 类比 143, 168, 186

Analysieren 分析 27

Anatomie 解剖学 155, 183

Anderes 他者 134—138, 140, 145—148, 157, 159, 161, 173, 174

Anderssein 他在 132—136, 161—163, 168

andeuten 暗示 149, 162, 184, 185, 187

animalisch 动物性的 180, 183

Anlage 禀性 186, 187

Anschauung 直观 136, 138, 148, 166, 168

an sich 自在

Anspielung 暗示 166

Anstoß 冲击 136, 137

Apperzeption 统觉 136, 137

a priori 先天 154

Arbeit 劳动 48, 114—117, 119, 124, 126—130, 173, 180

Aristoteles 亚里士多德 134, 140

Art 种，种类 135, 140, 145, 154, 161, 163—165, 169, 185

847

einbilden 想象 187

einfach, Einfachheit 单纯，单纯性

Einheit 统一性

Eins "一" 159, 189

Einsicht 明见 143, 156

Einssein 成为 123

Einzeln 个别

Elastizität 弹性 150

Element 元素 140, 145, 146, 151, 158, 159,
　　165—167, 169, 173, 179, 189

Empfinden 感觉 136, 184, 185

Empirische 经验性的 137, 141, 143

Empirismus 经验主义 136

Entzweien 分裂为二，分裂 133, 141,
　　147, 167, 192

Erfahrung 经验 133, 136—139, 142, 143,
　　151, 181

erinnern 回忆 169

Erkennen 认识 136, 138, 140, 141, 143,
　　148, 158, 172, 179, 184, 188

Erkenntnis 知识 155

Erklären 解释 152, 179

Erregen 激动 183

Erscheinung 现象 143, 152—154, 157,
　　158, 160, 166, 169, 174—177

Ewige 永恒 180

Existenz 实存 148, 149, 154, 155, 161,
　　164, 167, 175, 179, 187, 189

Exposition 布局 162

Extension 外延 153, 161

Extreme 端 132, 159, 164—166, 180, 181,
　　189

F

Faktoren 因子 152, 153

Figuration 造型 162

Flüssigkeit 流动性 145, 150, 151, 155, 181

Form 形式

Formation 构造 172

Formell 公式 162

Fortbildung 持续养成 182

Freiheit, freie 自由，自由的 132, 133,
　　145, 146, 148, 154, 158, 159, 161, 163,
　　165—167, 171, 172, 174, 181, 185, 187,
　　189

für anderes 为他的，为他者 145, 151,
　　159, 163, 173, 174, 183

für sich 自为

Fürsichselbstsein 自为本身的存在 168

G

Gallerie 画廊 170

Ganze 整体 / 全体 149—151, 154, 155,
　　159, 160, 162, 165, 166, 168, 172, 173

Gattung 类 135, 139, 140, 150, 151, 163—
　　167

Gebilde 构成物 140

Gedanke 思想 / 观念 132, 133, 136,
　　139, 141, 146, 149, 151, 154, 156,
　　158, 164, 167, 176, 187, 188, 190,
　　191/143

Gefühl 感情 184—186

Gegenstand 对象

汉德词汇对照表

（按照汉语拼音字母顺序排列；凡有两个译名的分别在两处重现并带上另一译名。）

A

暗示 andeuten
暗示 Anspielung

B

保证 Versicherung
被碰到的 vogefunden
本能 Instinkt
本性 Natur
本心 Herz
本质 Wesen
本质性 Wesenheit
彼岸 jenseitig
比重 spezifische Schwere
必然性 Notwendigkeit
辩证法，辩证的 Dialektik, dialektisch

变化 Veränderung
表现 Ausdruck
表象 Vorstellung
宾词 Prädikat
禀性 Anlage
柏拉图 Plato
不安息 Unruhe
不幸的 unglücklich
布局 Exposition

C

财富 Reichtum
材料 Stoff
掺合作用 Synsomatien
差异性 / 差别 Verschiedenheit
诚实性 Honnetetät
成为一 Einssein

855

持存 Bestehen

持续养成 Fortbildung

冲动 Tribe

冲击 Anstoß

抽象 Abstrahieren, Abstraktion

出场 Auftreten

刺激 Affektion

存在 Sein

存在者 Seiende

D

大脑 Gehirn

大脑纤维 Gehirnfiber

大小 Größe

单纯，单纯性 einfach, Einfachheit

当下，当下在场 Gegenwart

颠倒 Verkehrte

顶级的 ausgezeichnet

定在 Dasein

动物性的 animalisch

动作 Aktion

斗争 Kampf

独立性 Selbständigkeit

独特性 Eigenheit

端 Extreme

兑换 Umtauschung

对象 Gegenstand

遁词 Ausrede

多数性 Vielheit

F

法律 Gesetz

法权 Recht

反光 Wiederschein

反思 Reflexion

反应性 Reaktion

反映 Gegenbild

范畴 Kategorie

分裂为二，分裂 Entzweien

分析 Analysieren

风俗习惯 Gewohnheiten

否定 Negation, negativ

浮面的东西 Spiel

符号 Zeichen

富于表情的 sprechend

G

概念 Begriff

感官 Sinn

感觉 Empfinden

感情 Gefühl

感受性 Sensibilität

感性的 sinnlich

个别 Einzeln

个体 Individuum

根据 Grund

公式 Formell

工具 Werkzeug

共相 Allgemeine

构成物 Gebilde

构形 gestalten

构造 Formation

关系 Verhältnis

观察 Beobachten

规定性 Bestimmtheit

规律 Gesetz

规则 Regeln

H

哈姆雷特 Hamlet

含义 Bedeutung

合目的性 Zweckmäßigkeit

和解 Versöhnung

画廊 Gallerie

怀疑主义 Skeptizismus

环节 Moment

换位 Verwechslung

回忆 erinnern

J

激动 Erregen

激活 begeisten

激活作用 Bgeistung

激情 Leidenschaft

机器 Machine

机械的 Mechanische

假象 Schein

价值 Wert

建立 setzen

建立规律 Gesetzgeben

僵死的 tot

教养，教化 Bilden

解剖学 Anatomie

解释 Erklären

经验 Erfahrung

经验性的 empirisch

经验主义 Empirismus

精神 Geist

具体的 konkret

绝对 Absolute

绝佳帮手 vorzügliche Hülfe

K

科学 Wissenschaft

肯定的 positiv

空间 Raum

空虚 / 空洞 Leere

L

劳动 Arbeit

类 Gattung

类比 Analogie

理念 Idee

力 Kraft

立法 Gesetzgeben

历史 Geschichte

李希屯伯格 Lichtenberg

理论的东西 Theoretische

理性 Vernunft

连续性 Kontinuität

联系 Beziehung

量的 quantitativ

灵魂 Seele

流动性 Flüssigkeit

伦理道德 Sitte

逻辑 Logik

M

满足 Befriedigung

矛盾 Widerspruch

面具 Maske

面相学 Physiognomik

描述 Beschreiben

明见 Einsicht

命题 Satz

命运 Schicksal

模本 Abdruck

漠不相干（关）gleichgültig

目的 Zweck

目的论的 teleologisch

N

内涵 Intension

内容 Inhalt

内在的东西 Inneres

能动性 Tätigkeit

凝聚性 Kohäsion

O

偶然的，偶然性 Akzidentelle

偶然性 Zufälligkeit

P

普遍的，普遍 Allgemein

Q

器官 Organ

情况 Umstände

球面 Kugelfläche

区别 Unterschied

躯体 Körper

确定性 Gewißheit

R

认识 Erkennen

认知 Wissen

任意 Willkür

肉体的 leiblich

S

身体 Leib

神圣 Heilige

神圣的 göttlich

生命 / 生活 Leben

实存 Existenz

实践 Praktische

实体，实体性的 Substanz, substantiell

实在性 Realität

世界状况 Weltzustand

事情本身 Sache selbst

事物 Ding

事物性 Dingheit

试验 Versuch

手 Hand

识人学 Menschenkenntnis

属性 Eigenschaft

思辨的 spekulativ

思维 Denken

思想 / 观念 Gedanke

死亡 Tod/tot

梭伦 Solon

数，数目 Zahl

T

他在 Anderssein

他者 Anderes

弹性 Elastizität

特殊 Besondere

特征 Merkmal

特征 Züge

统觉 Apperzeption

统握 auffassen

统一性 Einheit

同感 Sympatie

同情 Mitgefühl

同义（语）反复的 tautologisch

头盖骨相学 Schädellehre

头盖骨的科学 Schädelwissenschaft

透明的 durchsichtig

图型 Schema

推论 Schließen

W

外化 Äußerung

外延 Extension

外在的东西 Äußere

唯心主义 Idealismus

威力 Macht

为他的，为他者 für anderes

文字 Schrift

我 Ich

我的 Mein

我们 Wir

无概念的 begrifflos

无机的 unorganisch

无所谓的 gleichgültig

无限, 无限性 Unendliche, Undlichkeit

物体 Körper

物 Ding

物性 Dingheit

物质 Materie

X

系统 System

心灵 Seele

先天 a priori

现成的，在手的 vorhanden

现实的，现实性 wirklich, Wirklichkeit

现象 Erscheinung

相契 Konsensus

相同性 Gleichheit, gleich

想象 Vorstellung

想象 einbilden

心理学 Psychologie

形式 Form

形态 Gestalt

行动 Handlung

行为 Tun

行为业绩 Tat

性格 Charakter

性状 Beschaffenheit

虚无 Nichts

Y

亚里士多德 Aristoteles

言词 Wort

扬弃 Aufheben

养成 Ausbildung

"一" Eins

意识 Bewußtsein

意谓 Meinung

意义 Sinn

因次化 Potenzierung

因子 Faktoren

应激性 Irritabilität

永恒 Ewige

有机的，有机物 organisch, Organische

有机体 Organismus

原始的 ursprünglich

原则 Prinzip

语言 Sprechen, Sprach

预定和谐 prästabilierte Harmonie

预感 Ahnung

预言作用 Prophezeiung

欲求 Begehren

元素 Element

约里克 Yorik

运动 Bewegung

Z

在自身中存在 Insichsein

在自身中反思的存在 In sich
  Reflektiertsein

再生性 Reproduktion

造型 Figuration

这一个 Dieses

哲学 Philosophie

真理, 真理性 Wahrheit

真实的东西，真实 Wahre

整体 Ganze

知觉 Wahrnehmung

知识 Erkenntnis

知性 Verstand

肢节 Glieder

职能 Verrichtung

直观 Anschauung

直接性 直接的 Unmittelbarkeit unmitelbar

智慧 Weisheit

质，质的 Qualität, qualitativ

中介 Vermittelung

中项 Mitte

中心点 Mittelpunkt

种，种类 Art

重力 Schwere

主体 / 主词 Subjekt

转化 Wechsel

字体 Handschrift

自然 Natur

自为 für sich

自为本身的存在 Fürsichselbstsein

自我 Ich

自我 Selbst

自我保存 Selbsterhaltung

自我等同性 Sichselbstgleichheit

自我感 Selbstgefühl

自我养成 Selbstbildung

自我意识 Selbstbewußtsein

自由，自由的 Freiheit, freie

自在 an sich

宗教 Religion

组织 Organisation, sich organisieren

作品 Werk

后　记

　　本卷可能是这部句读中篇幅最长的一卷了（有 70 多万字），内容包括"理性"章的三个部分中的第一部分，即"观察的理性"，亦即理论理性部分，涵盖了黑格尔的全部自然科学、心理学和人类学思想。我从第 44 次课一直讲到第 65 次课，一共花了 22 次课（一个半学期）才讲完这一部分。参加录音整理的同学有：王运豪和曾瑞昌（各 4 次），王娟、崔志军、代福平（各 2 次），郑建锋、陈兵、李格非、高志泓、宋朝普、程寿庆（各 1 次），另外刘彤和高志泓、胡小伟和史洪飞又两两合作各整理了一次（共 2 次）。据录音整理的组织者之一史洪飞先生告诉我，有好几位整理者并不是我的学生，而是素昧平生的"粉丝"，他们都分散在全国各地的不同单位，被发布在网上的我的讲课视频所吸引，大都不是专门做哲学研究的。我听了以后感到非常吃惊，一个是他们的整理如此专业和细致，再就是对于如此枯燥抽象的黑格尔哲学居然有这么多人肯花大量的时间投入进去，不求回报，纯粹是为了思想的兴趣，这是难以想象的。在这个物欲横流的时代，仍然有一些思想的翅膀在黑暗中振翅高飞，追寻着微弱的星光，我听到他们的羽翼在奋力鼓动，不禁感慨万千。中国人毕竟是中国人！我不知道在非西方的世界中，还有哪一个国家和民族的年轻人会对高度形而上的异族思想有如此高涨的热情和持之以恒的耐力，这些思想越是艰深晦涩，就越是呈现出巨大的诱惑力。我曾经想，在这个世界上，我做的工作只要有几个人关心，就算没有白费。看来我可

能太保守了，现在这本拒人于千里之外的"天书"（萧焜焘先生语）竟然
有了一大群狂热的拥趸，他们不一定是想成为黑格尔哲学的专家，而是
一心想拿黑格尔的书开练，从中获得一种超强的思维能力。而这，不正
好是我做这种研究的初衷吗？

　　《精神现象学》中"观察的理性"这一部分是特别不好懂的，其难度
和它的无趣大概成正比。说它"无趣"，是因为大家似乎公认，尽管黑格
尔在那个时代站在当时的自然科学的奥林匹斯山的顶峰，被誉为"百科
全书式的学者"，他自己也给自己的体系命名为"哲学百科全书"，然而
他的渊博的自然科学知识在今天看来已经大部分都过时了，而且有不少
是错误的。这就导致我们在读这一部分的时候，特别难以调动起一种求
知的欲望，需要有一种超越的眼光。我们要理解，这一部分的价值不在
于能学到多少当时的自然科学（包括心理学、面相学、解剖学等）的知识，
而在于看黑格尔是如何摆脱当时渗透在自然科学中的机械论而立足于一
个更高的层次来分析各种自认为是牢不可破的"科学规律"的，看他是如
何借助于这些规律的自身矛盾性而一步步从事物外部的形态关系越来越
深入到内部隐秘的本质，如何从机械论提升到有机论和自由论，最后在
精神、自我意识与物质存在相统一的理解中，进入到人类社会的精神生
活。这会让我们对这整个现实世界的看法深刻许多。在这方面，本卷的
最后部分或许会成为读者最感困难的地方。我曾有一篇专门谈这个问题
的文章《"面相学"和"头盖骨相学"在黑格尔〈精神现象学〉中的意义》
（载于《现代哲学》2014 年第 1 期），本来想附在本卷后面，以帮助了解。
但考虑到篇幅已经够大，只好作罢，有兴趣的读者不妨找来一读。

　　最近有一位湖南大学的青年化学教授、国家杰出青年科学基金获得
者何先生和我联系，说他 2000 年开始就读我的《思辨的张力》上瘾，后
来又跟随网上视频听了我的黑格尔《精神现象学》句读，认为对他的本行
化学研究有很多启发作用，上月还专程来武汉看我，我俩相谈甚欢。我
的自然科学知识相当有限，但我也相信，如果在哲学思维的层次上经历

过黑格尔思辨哲学的训练,肯定能够在自然科学的研究中大开眼界,这是局限于实证主义或实验主义的科学头脑所见不到的。当代自然科学的最前沿越来越和人文科学及哲学相互渗透了,其发展方向绝不是把人文科学还原为自然科学的机械主义,而是相反,把以往被机械论所笼罩的自然观越来越提升到自然和自由的统一,或者说,天人合一。我对这一前景十分看好。

邓晓芒

2015 年 2 月 7 日